FORSCHUNGEN
ZUR DEUTSCHEN SOZIALGESCHICHTE

BAND 3

FORSCHUNGEN
ZUR DEUTSCHEN SOZIALGESCHICHTE

HERAUSGEGEBEN
VON DER HISTORISCHEN KOMMISSION
BEI DER BAYERISCHEN AKADEMIE
DER WISSENSCHAFTEN

BAND 3

HARALD BOLDT VERLAG · BOPPARD AM RHEIN

Säkularisation und Grundbesitz

Zur Sozialgeschichte des Saar-Mosel-Raumes 1794-1813

von

Michael Müller

HARALD BOLDT VERLAG · BOPPARD AM RHEIN

CIP-Kurztitelaufnahme der Deutschen Bibliothek

Müller, Michael:
Säkularisation und Grundbesitz: zur Sozialge-
schichte d. Saar-Mosel-Raumes 1794–1813 / von
Michael Müller. – Boppard am Rhein: Boldt,
1980.
   (Forschungen zur deutschen Sozialgeschichte;
   Bd. 3)
   ISBN 3-7646-1762-4

Gedruckt mit Unterstützung
der Franz-Schnabel-Stiftung

ISBN: 3 7646 1762 4

1980
© Harald Boldt Verlag · Boppard am Rhein
Alle Rechte vorbehalten · Printed in Germany
Herstellung: boldt druck boppard gmbh

Inhaltsverzeichnis

Vorwort

Die Anregung zu der vorliegenden Untersuchung, die sich mit der Säkularisation und ihren sozialen und wirtschaftlichen Auswirkungen am Beispiel der linksrheinischen Region um Trier in der Zeit der französischen Herrschaft zwischen 1794 und 1813 befaßt, verdanke ich Herrn Professor Dr. Wolfgang Schieder.

Für die stetige Förderung und kritische Begleitung bin ich Herrn Professor Dr. Schieder zu herzlichem Dank verpflichtet. Herrn Professor Dr. Georg Droege (Universität Bonn) danke ich sehr für seine Beratung und Unterstützung. Herrn Dr. Christof Dipper (Universität Trier) danke ich sehr für vielfältige Hinweise und Anregungen.

Für ihr Entgegenkommen und ihre Hilfsbereitschaft bei der Archivarbeit habe ich dem Direktor der Stadtbibliothek Trier, Herrn Professor Dr. Richard Laufner, dem Direktor des Landeshauptarchives Koblenz, Herrn Dr. Franz-Josef Heyen, Frau Dr. Theresia Zimmer vom Landeshauptarchiv Koblenz und dem Direktor des Bistumsarchivs Trier, Herrn Professor Dr. Alois Thomas zu danken.

Die Arbeit wurde im Wintersemester 1975/76 vom Fachbereich III der Universität Trier als Dissertation angenommen; die für den Druck etwas gekürzte Fassung wurde 1977 fertiggestellt.

Der Historischen Kommission bei der Bayerischen Akademie der Wissenschaften in München bin ich für die Aufnahme der Arbeit in die Schriftenreihe „Forschungen zur deutschen Sozialgeschichte" dankbar verpflichtet, ebenso wie der Franz-Schnabel-Stiftung für die gewährte Förderung.

Quellen- und Literaturverzeichnis

UNGEDRUCKTE QUELLEN

1. LANDESHAUPTARCHIV KOBLENZ (LHK)

a) Abteilung 276
Préfecture du Département de la Sarre
Administration des Domaines

Nr. 3001–3169 Procès-verbaux d'adjudications, de ventes et d'expertise des biens nationaux

Nr. 2554, 2555 Etats des biens nationaux provenants des corporations ecclesiastiques et de leur revenus; Rélevées sommaires Vol I, II

Nr. 2387, 2475, 2476, 2480, 2481, 2499, 2503, 2504, 2531, 2532, 2557–2579, 2604, 2614, 2615, 2708, 2819, 2820
Biens des corporations ecclesiastiques

b) Abteilung 360
Österreichisch-bayerische Landesadministrationskommission Domänendirektion Trier 1814–1816

Nr. 43 Aufstellungen über überfällige Erträge aus dem Verkauf von Domanialgütern 1815

c) Abteilung 587
Notariatsakten und -urkunden

1. 587–34 Notare in Saarburg
   Nr. 6–17 Notar Staadt 1803–1814
   Nr. 20–31 Notar Keller 1803–1814

2. 587–35 Notare in Bernkastel
   Nr. 4–9 Johann Nikolaus Jacobi 1803–1814
   Nr. 18–23 Hubert Merrem 1803–1814
   Nr. 24–33 Carl Philipp Doufner 1805–1814

3. 587–38 Notare in Wittlich
   Nr. 335–348 Johann Heinrich Deuster 1804–1814
   Nr. 349–357 Philipp Hensch 1805–1814
   Nr. 384 Heinrich Schoene 1806–1809
   Nr. 385 Johann Wilhelm Deuster 1814

4. 587–53 Notare in Neumagen
   Nr. 56 Franz Doufner 1804–1805
   Nr. 58–67 Jodocus Longuich 1805–1814

Maßnahmen der Trierer Zentralverwaltung gegen „prêtres fanatiques"
v. 4. 5. 1798

Deportation Trierer Augustinermönche auf das rechte Rheinufer 25. 8. 1799
(Plakatdruck)

679 Schließung der Klostergefängnisse durch den Regierungskommissar Rudler 7. 1. 1798 (Plakatdruck)

689 a) Statistique de 1807, Nr. 2
Tableau des Productions indigènes que l'arrondissement de Trèves verse dans le Commerce
b) Statistique de 1809 et de 1810, Nr. 3, 4, 5
Produktion von Blei, Eisen und Kalk
c) Statistique de 1809
Bevölkerung in der Mairie Trier
d) Statistique de 1807 et de 1808, Nr. 1
Tableau d'Information des Manufactures et fabriques qui sont en activité dans l'arrondissement de Trèves
e) Statistique de 1810, Nr. 6
Tableau des draperies et bonneteries. Tableau des fabriques de cuir.
f) Statistique de 1810, Nr. 5
Tableau des produits de la Manufacture de porcelaine établie à St. Martin près Trèves
g) Direction des Contributions: Etat indicatif de la nature, de la Quantité et de la Valeur des Productions indigènes de l'Arrondissement de Trèves 30. 4. 1810
h) Tableau des Renseignemens sur la culture de la Betterave et sur la fabrication du sucre 7. 9. 1811

690 Tableau des Mairies du Département de la Sarre avec la nomenclature des communes et hameaux qui en dépendent

GEDRUCKTE QUELLEN UND LITERATUR

Wilhelm Abel, Agrarkrisen und Agrarkonjunktur, Hamburg-Berlin [3]1978.

Wilhelm Abel, Massenarmut und Hungerkrisen im vorindustriellen Europa. Versuch einer Synopsis. Hamburg-Berlin 1974.

Almanach ecclésiastique de France, Paris 1806, 1807, 1811.

Der Trierische Ankündiger für das Saardepartement, 1801—1803.

Erhard Antoni, Studien zur Agrargeschichte von Kurtrier, Bonn 1931. (Rheinisches Archiv, Bd. 16)

Atlas de la France divisée en Départements, Paris An X. (1802)

Hermann Aubin, Agrargeschichte. In: H. Aubin, Th. Frings, J. Hansen u. a.: Geschichte des Rheinlandes von der ältesten Zeit bis zur Gegenwart. Bd. II, Essen 1922, S. 113—148.

Ernest Babelon, Au pays de la Sarre. Sarrelouis et Sarrebrück, Paris 1918.

Max Bär, Die Behördenverfassung der Rheinprovinz seit 1815, Bonn 1919.

Georg Bärsch, Beschreibung des Regierungsbezirkes Trier, Bd. I, Trier 1849.

Willi Ballensiefen, Die Agrarlandschaft der Wittlicher Senke und ihrer Nachbar-gebiete, Bonn 1957. (Arbeiten zur rheinischen Landeskunde 12)

J. N. Becker, Beschreibung meiner Reise in den Departementern vom Donners-berge, vom Rhein und von der Mosel im sechsten Jahr der französischen Re-publik, Berlin 1799.

Helmut Berding, Napoleonische Herrschafts- und Gesellschaftspolitik im Königreich Westfalen 1807-1813, Göttingen 1973. (Kritische Studien zur Geschichts-wissenschaft 7)

Louis Bergeron, L'Episode napoleonien, Aspects intéreurs, 1799–1815, Paris 1972.

Trierisches Offizielles Blatt, 1802–1804.

Ferdinand Bodmann, Annuaire statistique du Département du Mont Tonnerre pour l'an 1809, Mainz 1809.

Heinrich Boos, Geschichte der rheinischen Städtekultur von ihren Anfängen bis zur Gegenwart mit besonderer Berücksichtigung der Stadt Worms, Bd. IV, Berlin 1901.

J. A. Boost, Was waren die Rheinländer als Menschen und Bürger und was ist aus ihnen geworden? Mainz 1819.

Knut Borchardt, Die Industrielle Revolution in Deutschland 1750–1914. In: Euro-päische Wirtschaftsgeschichte, hg. v. Carlo M. Cipolla. Deutsche Ausgabe hg. v. Knut Borchardt, Bd. IV. Die Entwicklung der industriellen Gesellschaften, Stuttgart-New York 1977, S. 135–202.

K. Th. F. Bormann/A. v. Daniels (Hgg.), Handbuch der für die königlich-preußi-schen Rheinprovinzen verkündigten Gesetze, Verordnungen und Regierungs-beschlüsse aus der Zeit der Fremdherrschaft 8 Bde., Köln 1833–1845. Zitiert: Bormann/Daniels.

Martin Born, Die Entwicklung der deutschen Agrarlandschaft, Darmstadt 1974.

G. M. de Bourdelois, De Coblens (sic) à Trèves, Metz 1840.

Max Braubach, Der große Umsturz und die französische Herrschaft. In: Rheini-sche Geschichte, Bd. II, Neuzeit, hg. v. Franz Petri/Georg Droege, Düsseldorf 1976, S. 322–351.

Max Braubach, Die Zeit der französischen Herrschaft. In: Aloys Schulte (Hg.), Tausend Jahre deutscher Geschichte und deutscher Kultur am Rhein, Düssel-dorf 1925, S. 313–325.

C. A. Buchheit, Säkularisation und Enteignung der Güter weltlicher Fürsten in der französischen Revolution im linksrheinischen Bayern (Pfalz), Speyer 1933.

Richard Büttner, Die Säkularisation der Kölner geistlichen Institutionen. Wirt-schaftliche und soziale Bedeutung und Auswirkungen. Köln 1971.

R. Capot-Rey, Le développement économique des pays sarrois sous la Révolu-tion et l'Empire (1792–1815), Paris 1928.

Hans Caspary, Kloster Springiersbach, Neuß 1968 (Rheinische Kunststätten, Heft Springiersbach)

Aimé Coiffard, La vente des biens nationaux dans le district de Grasse 1790–1815, Paris 1973.

Alexander Conrady, Die Rheinlande in der Franzosenzeit, 1750–1815, Stuttgart 1922.

Otto von Czarnowsky, Die Mosel und ihre nächsten Umgebungen von Metz bis Coblenz, Koblenz 1841.

Karl von Damitz, Die Mosel mit ihren Ufern und Umgebungen von Koblenz aufwärts bis Trier, Köln 1838.

Paul Darmstädter, Studien zur napoleonischen Wirtschaftsgeschichte. In: VSWG 2, 1904, S. 559–615 und 3, 1905, S. 112–141.

C. H. Delamorre, Annuaire topographique et politique du Departement de la Sarre, Trier 1810.

J. A. Demian, Statistisch-politische Ansichten und Bemerkungen auf einer Reise durch einen Theil der neuen preußischen Provinzen am Nieder- und Mittelrheine, Köln 1815.

J. A. Demian/Ch. Stein, Der preußische Staat nach seinem gegenwärtigen Länder- und Volksbestande, Berlin 1818.

Peter Dohms, Die Geschichte des Klosters und Wallfahrtsortes Eberhardsklausen an der Mosel von den Anfängen bis zur Auflösung des Klosters im Jahre 1802, Bonn 1968.

Winfried Dotzauer, Das aufgeklärte Trier. Freimaurer und Lesegesellschaften bis zum Ende der napoleonischen Zeit. In: Geschichtliche Landeskunde, hg. v. J. Bärmann, A. Gerlich, L. Petry, Bd. IX, Wiesbaden 1973, S. 214–277.

Georg Droege, Zur Lage der rheinischen Landwirtschaft in der ersten Hälfte des 19. Jahrhunderts. In: Landschaft und Geschichte, Festschrift für Franz Petri, hg. v. Georg Droege u. a., Bonn 1970, S. 143–156.

Georg Droege, Deutsche Wirtschafts- und Sozialgeschichte, Franfurt/M. – Berlin – Wien 1972.

Franz und Alfred Ecker, Der Widerstand der Saarländer gegen die Fremdherrschaft der Franzosen 1792–1815, Saarbrücken 1934. Teil B: Alfred Ecker, Der Widerstand der Saarländer gegen die napoleonische Herrschaft 1800–1815.

Bernhard Edelmann, Wirtschaftliche und soziale Wandlungen auf dem hohen Hunsrück, Wirtschafts- und sozialwiss. Diss., Mschr., Frankfurt/M. 1922.

Adam Eismann, Umschreibung der Diözese Trier und ihrer Pfarreien 1802–1821, Saarbrücken 1941.

Wilhelm Engels, Beiträge zur Domänenveräußerungspolitik Preußens in der Rheinprovinz. In: Aus Geschichte und Landeskunde, Forschungen und Darstellungen, Franz Steinbach zum 65. Geburtstag gewidmet von seinen Freunden und Schülern, Bonn 1960, S. 621–636.

Louis Engerand, L'Opinion publique dans les provinces rhénanes et en Belgique 1789–1815, Paris 1919.

Karl-Georg Faber, Andreas van Recum 1765–1828. Ein rheinischer Kosmopolit. Bonn 1969.

Wilhelm Fabricius, Erläuterungen zum geschichtlichen Atlas der Rheinprovinz, Bd. II, Die Karte von 1789, Bonn 1898. (Publikationen der Gesellschaft für rheinische Geschichtskunde, Bd. 12)

Katharina de Faria e Castro, Die Nationalgüter im Arrondissement Koblenz und ihre Veräußerungen in den Jahren 1803 bis 1813, Bonn 1973. (Rheinisches Archiv, Bd. 85)

Geheime Geschichte der Rastadter Friedensverhandlungen in Verbindung mit den Staatshändeln dieser Zeit. Von einem Schweizer. Zweiter Theil. Germanien 1799.

Zur Geschichte der Trierer Porzellanmanufaktur. In: Trierische Chronik VIII, Trier 1912, S. 64.

Jacques Godechot, Les institutions de la France sous la Révolution et l'Empire, Paris ²1968.

Walter Grab (Hg.), Die Französische Revolution. Eine Dokumentation. München 1973.

J. E. Gräff, Das Eigentum der katholischen Kirche an den ihrem Cultus gewidmeten Metropolitan-, Cathedral- und Pfarrkirchen nach den in Frankreich und in den übrigen Ländern des linken Rheinufers geltenden Gesetzen, Trier 1859.

J. E. Gräff, Chronologische Sammlung der rheinpreußischen Rechtsquellen mit Ausschluß der fünf Gesetzbücher nebst einer Übersicht der Territorial-Veränderungen, Trier 1846.

Adolphe Guillou/Armand Rebillon, Documents relatifs à la vente des biens nationaux dans les districts de Rennes et de Bain, Paris 1911.

Helmut Hahn/Wolfgang Zorn (Hgg.), Historische Wirtschaftskarte der Rheinlande um 1820, Bonn 1973.

Konstantin d'Hame, Über die Verhältnisse der vier neuen Departemente am linken Rheinufer bei ihrer Einverleibung mit der fränkischen Republik, Köln Floreal IX (1801).

J. A. J. Hansen, Beiträge zur Geschichte und Beschreibung der einzelnen Pfarreien des Stadtkapitels Trier, Trier 1830.

Joseph Hansen, Quellen zur Geschichte des Rheinlandes im Zeitalter der Französischen Revolution 1780—1801, 4 Bde., Bonn 1931—1938.

Joseph Hansen, Von der französischen Revolution bis zur Gegenwart. In: H. Aubin, Th. Frings u. a., Geschichte des Rheinlandes von der ältesten Zeit bis zur Gegenwart, Bd. I, Essen 1922, S. 239—435.

Justus Hashagen, Die rheinische Kirche unter französischer Herrschaft. In: Studium Lipsiense, Ehrengabe für Karl Lamprecht, Berlin 1909, S. 295—320.

Justus Hashagen, Das Rheinland und die französische Herrschaft, Bonn 1908.

Justus Hashagen, Die Rheinlande beim Abschlusse der französischen Fremdherrschaft. In: Joseph Hansen (Hg.), Die Rheinprovinz 1815—1915. Hundert Jahre preußischer Herrschaft am Rhein, Bd. I, Bonn 1917, S. 1—56.

Volker Henn, Zur Lage der rheinischen Landwirtschaft im 16. bis 18. Jahrhundert. In: Zeitschrift für Agrargeschichte und Agrarsoziologie 21, 1973, S. 173—188.

Franz Paul Hermens, Handbuch der gesamten Staats-Gesetzgebung über den christlichen Kultus und über die Verwaltung der Kirchen-Güter und Einkünfte in den königlich-preußischen Provinzen am linken Rheinufer, 4 Bde., Aachen und Leipzig, 1833—1852.

J. B. Hetzrodt, Ansprüche und Hoffnungen der Stadt Trier bei Gelegenheit der Organisation des königl. preußischen Großherzogthums Nieder-Rhein, Trier 1815.

Ernst Rudolf Huber, Dokumente zur deutschen Verfassungsgeschichte, Bd. I, Stuttgart 1961.

Conrad von Hugo, Verkehrspolitik und Straßenbau im Regierungsbezirk Trier von 1815 bis 1875. Phil. Diss. Bonn 1962.

Journal du Département de la Sarre, 1804 ff.

Ludwig Käss, Die Organisation der allgemeinen Staatsverwaltung auf dem linken Rheinufer durch die Franzosen während der Besetzung 1792 bis zum Frieden von Lunéville (1801), Mainz 1929.

Paul Kaiser, Der kirchliche Besitz im Arrondissement Aachen gegen Ende des 18. Jahrhunderts und seine Schicksale in der Säkularisation durch die französische Herrschaft, Aachen 1906.

Kalender zum Gebrauch der Bewohner der vier neuen Departemente auf dem linken Rheinufer, Koblenz 1798.

Gottfried Kentenich, Beiträge zur Geschichte des Landkreises Trier.

    I   Beschreibung des Amtes Pfalzel (Trierische Chronik VIII, Trier 1912, S. 83—88)

    II Beschreibung des Amtes Welschbillig (Trier. Chronik VIII, Trier 1912, S. 133—137)

    III Beschreibung des Amtes St. Paulin (Trier. Chronik VIII, S. 177—180)

    IV Beschreibung des Amtes Grimburg (Trier. Chronik IX, Trier 1913, S. 79—90)

    V Beschreibung des Amtes Wittlich (Trier. Chronik IX, S. 179—189; X, 1914, S. 21—26, 57—60, 117—122, 178—184.

    Zitiert: Kentenich, Amtsbeschreibungen

Gottfried Kentenich, Gautarel. In: Trierische Chronik IX, Trier 1913, S. 154—158.

Gottfried Kentenich, Geschichte der Stadt Trier von ihrer Gründung bis zur Gegenwart, Trier 1915.

Joachim Kermann, Die Manufakturen im Rheinland 1750—1833, Bonn 1972. (Rheinisches Archiv, Bd. 82)

A. Klebe, Reise auf dem Rhein durch die Deutschen Staaten von Frankfurt bis zur Grenze der Batavischen Republik und durch die Französischen Departemente des Donnersberg, des Rhein und der Mosel und der Roer im Sommer und Herbst 1800, 2 Bde., Frankfurt 1801/02.

Georg Kliesing, Die Säkularisation in den kurkölnischen Ämtern Bonn, Brühl, Hardt, Lechenich und Zülpich in der Zeit der französischen Fremdherrschaft, Bendorf 1932.

Wilma Klompen, Die Säkularisation im Arrondissement Krefeld 1794—1814, Kempen 1962.

Trierische Kronik, hg. v. J. A. Schröll, Trier 1816 ff.

Gottlob Kunth, Bericht über die Regierungs-Departements von Trier, Coblenz, Cöln, Aachen und Düsseldorf vom 12. Oktober 1816. In: Friedrich und Paul Goldschmidt, Das Leben des Staatsrath Kunth, Berlin 1881, S. 181—246.

Bruno Kuske, Gewerbe, Handel und Verkehr. In: H. Aubin, J. Hansen u. a., Geschichte des Rheinlandes von der ältesten Zeit bis zur Gegenwart, Bd. II, Essen 1922, S. 149—248.

J. Ch. Lager, Die Kirchen und klösterlichen Genossenschaften Triers vor der Säkularisation. Nach den Aufzeichnungen von Fr. Tob. Müller und anderen Quellen bearbeitet, Trier (1918).

André Latreille, L'Eglise catholique et la Révolution Française, 2 Bde., Paris 1970.

Georges Lefebvre, La vente des biens nationaux. In: ders., Etudes sur la Révolution française, Paris 1963, S. 307—337.

Johann Leonardy, Geschichte des trierischen Landes und Volkes, Trier ²1877.

Philipp de Lorenzi, Beiträge zur Geschichte sämtlicher Pfarreien der Diöcese Trier, 2 Bde., Trier 1887.

Friedrich Lütge, Deutsche Sozial- und Wirtschaftsgeschichte, Berlin — Heidelberg — New York ³1966.

Marcel Marion, La vente des biens nationaux pendant la Révolution, Paris 1908. Reprint Genf 1974.

Peter Marschalck, Deutsche Überseewanderung im 19. Jahrhundert, Stuttgart 1973.

Jakob Marx, Geschichte des Erzstiftes Trier als Churfürstenthum und als Erzdiöcese von den ältesten Zeiten bis zum Jahre 1816.
3. Abt., Bd. V, Geschichte des Trierischen Landes seit dem Regierungsantritt des letzten Churfürsten Clemens Wenzeslaus (1768) bis zum Jahre 1816, Trier 1864.
(Die Nummer und der Titel des Bandes V werden bei Zitaten im Text nicht eigens wiederholt.)

Jakob Marx, Zur Geschichte der Säkularisation im Trierer Lande. In: Pastor bonus. Zeitschrift für kirchliche Wissenschaft und Praxis, hg. v. P. Einig und A. Müller, 6. Jg., 1894, S. 318—328.

Roland Marx, La Révolution et les classes sociales en Basse-Alsace. Structures agraires et vente des biens nationaux. (Commission d'Histoire économique et sociale de la Révolution française. Memoires et Documents XXIX), Paris 1974.

Felix Meyer, Weinbau und Weinhandel an Mosel, Saar und Ruwer. Ein Rückblick auf die letzten hundert Jahre. Koblenz 1926.

Boris Minzes, Die Nationalgüterveräußerung während der französischen Revolution mit besonderer Berücksichtigung des Departement Seine und Oise. Ein Beitrag zur sozialökonomischen Geschichte der großen Revolution, Jena 1892. (Staatswissenschaftliche Studien, hg. v. L. Elster, Bd. IV, Heft 2)

Rudolf Morsey, Wirtschaftliche und soziale Auswirkungen der Säkularisation in Deutschland. In: Dauer und Wandel in der Geschichte. Festschrift für Kurt von Raumer. Bonn 1966, S. 361—383.

Michael Franz Joseph Müller, Tagebuch 1803—1812.
(J. Ch. Lager, Mitteilungen aus einem trierischen Tagebuch aus der Zeit der französischen Revolution, Trierische Chronik 1915, S. 179—187) Zitiert: M. F. J. Müller, Tagebuch.

Michael Franz Joseph Müller, Summarisch-geschichtliche Darstellung der klösterlichen Institute unserer Vaterstadt und ihrer Umgebungen, Trier 1824.

Servatius Muhl, Der Weinbau an Mosel und Saar, Trier 1845.

Johann Daniel Ferdinand Neigebaur, Darstellung der provisorischen Verwaltung am Rhein vom Jahre 1813 bis 1819, Köln 1821.

Heinrich Nießen (Hg.), Geschichte des Kreises Merzig, Merzig 1898.

Josef Niessen (Bearb.), Geschichtlicher Handatlas der Rheinprovinz, Köln — Bonn 1926.

9

Rudolfine Freiin von Oer, Zur Beurteilung der Säkularisation von 1803. In: Festschrift für Hermann Heimpel, hg. v. den Mitarbeitern des Max-Planck-Instituts für Geschichte, Bd. I, Göttingen 1971, S. 511—521.

Ferdinand Pauly, Die Säkularisation im linksrheinischen Teil des alten Erzbistums Trier. In: Archiv für mittelrheinische Kirchengeschichte 15, 1963, S. 482—486.

Hans Pelger, Karl Marx und die rheinpreußische Weinkrise. Ein Beitrag zur Lage der Moselwinzer um 1840 und zu Marx' erster Auseinandersetzung mit sozialökonomischen Fragen mit sechs unbekannten Marx-Artikeln. In: Archiv für Sozialgeschichte, XIII, 1973, S. 309—375.

Clemens Theodor Perthes, Politische Zustände und Personen in Deutschland zur Zeit der französischen Herrschaft, Bd. I, Das südliche und westliche Deutschland, Gotha 1862.

J. Peuchet/P.-G. Chanlaire, Description topographique et statistique du Departement de la Sarre, Paris 1808.

Prümer Gemeinnützige Blätter, hg. v. Georg Bärsch, Prüm 1821 ff.

Anton Rauscher (Hg.), Säkularisierung und Säkularisation vor 1800, Paderborn 1976.

F. G. Rebmann, Rückerinnerungen an unser Elend und fromme Hoffnungen von der Zukunft. Von einem Bewohner des linken Rheinufers. Germanien 1814.

Katharina M. Reidel, Geschichte der Gesellschaft für nützliche Forschungen zu Trier (1801—1900), Trier 1975.

Ernst Reifart, Der Kirchenstaat Trier und das Staatskirchentum, Jur. Diss., Mschr., Freiburg 1950.

Georg Reitz, Die Größe des geistlichen und ritterschaftlichen Grundbesitzes im ehemaligen Kur-Trier, Koblenz 1919.

Erwin Schaaf, Die niedere Schule im Raum Trier — Saarbrücken von der späten Aufklärung bis zur Restauration, 1780—1825, Trier 1966.

Hubert Schiel (Hg.), Johann Friedrich Lintz und sein Tagebuch von 1794—1799 aus der Trierer Franzosenzeit. In: Kurtrierisches Jahrbuch 1971, S. 69—90 und 1972, S. 81—103.

Charles Schmidt, Les sources de l'histoire des territoires de 1792—1814 dans les archives rhénanes et à Paris, Paris 1921.

Ambrosius Schneider (Hg.), Himmerod, Eine Festgabe zum 50. Jahrestag der kirchlichen Wiedererrichtung des Klosters U. L. Frau, Himmerod 1972.

Aloys Schulte, Frankreich und das linke Rheinufer, Stuttgart — Berlin 1918.

Constantin Schulteis, Die Karten von 1813 und 1818. (Erläuterungen zum geschichtlichen Atlas der Rheinprovinz, Bd. I) Bonn 1895.

Marieluise Schultheis-Friebe, Die französische Wirtschaftspolitik im Roer-Departement 1792—1814. Phil. Diss., Bonn 1969.

Johann Nepomuk von Schwerz, Beiträge zur Kenntniß der Landwirthschaft in der Rhein- und Moselgebirgsgegend. In: Möglin'sche Annalen der Landwirtschaft, hg. v. der Königl. Preuß. Akademie des Landbaues zu Möglin, Bd. 26, 1831, S. 380—440.

Johann Nepomuk von Schwerz, Beschreibung der Landwirthschaft in Westfalen und Rheinpreußen. Mit einem Anhang über den Weinbau in Rheinpreußen. Stuttgart 1836.

J. J. Scotti, Sammlung der Gesetze und Verordnungen, welche in dem vormaligen Churfürstenthum Trier über Gegenstände der Landeshoheit, Verfassung, Verwaltung und Rechtspflege ergangen sind, 3 Bde., Düsseldorf 1832.

Max Springer, Die Franzosenherrschaft in der Pfalz 1792–1814, Berlin — Leipzig 1926.

Statistik der preußischen Rheinprovinzen in den drei Perioden ihrer Verwaltung, Köln 1817.

Statistisch-topographische Beschreibung des Regierungsbezirks Trier nach seinem Umfang, seiner Verwaltungs-Eintheilung und Bevölkerung, Trier 1820.

Statistisch-topographische Beschreibung des Regierungsbezirkes Trier, Trier 1828.

Franz Steinbach, Die Veränderungen der Agrarverhältnisse vom 12. bis ins 18. Jahrhundert. In: Aloys Schulte (Hg.), Tausend Jahre deutscher Geschichte und deutscher Kultur am Rhein, Düsseldorf 1925, S. 163–173.

Franz Steinbach, Die Veränderungen der Agrarverhältnisse im 18. Jahrhundert unter der Fremdherrschaft und im 19. Jahrhundert. In: Aloys Schulte (Hg.), Tausend Jahre deutscher Geschichte und deutscher Kultur am Rhein, Düsseldorf 1925, S. 454–463.

Trierischer Taschenkalender, hg. v. Johann Anton Schröll, Trier 1806 ff.

Alois Thomas, Das Priesterseminar in Trier in der ersten Hälfte des 19. Jahrhunderts. In: Archiv für mittelrheinische Kirchengeschichte 24, 1972, S. 195–222.

Michael Tritz, Geschichte der Abtei Wadgassen, Wadgassen 1901.

Eberhard Weis, Ergebnisse eines Vergleichs der grundherrschaftlichen Strukturen Deutschlands und Frankreichs vom 13. bis zum Ausgang des 18. Jahrhunderts. In: VSWG 57, 1970, S. 1–14.

Rudolf Werner, Die Nationalgüter im Departement Donnersberg. Ihre Verwaltung und Veräußerung bis zur Wiederkehr der deutschen Herrschaft auf dem linken Rheinufer mit besonderer Berücksichtigung der Güter in der heutigen Pfalz. Phil. Diss., Speyer 1922.

Denis Woronoff, La République bourgeoise de Thermidor à Brumaire 1794–1799, Paris 1972.

Louis Zegowitz, Annuaire historique et statistique du Département de la Sarre, Trier An XI (1802).

Franz Josef Zens, Das Anerbenrecht der Stock-, Schafft- und Vogteigüter in der Südwesteifel vor der Einführung des Code Civil, Köln 1938.

Wolfgang Zorn, Neue Forschungsansätze zur Wirtschafts- und Sozialgeschichte der Rheinlande im 18., 19. Jahrhundert. In: Blätter für deutsche Landesgeschichte 102, 1966, S. 47–61.

I. Einleitung

1. BEGRIFF UND GESCHICHTE DER SÄKULARISATION

„Säkularisation" heißt Verweltlichung und bezeichnet die Aufhebung geistlicher Territorien (Herrschaftssäkularisation), wie auch die Enteignung kirchlichen Besitzes (Vermögenssäkularisation) durch die staatliche Gewalt.

In einem weiteren Sinne wird auch die Loslösung des Einzelnen und der Gesellschaft von kirchlichen Vorstellungen und Bindungen im ideellen Bereich miteinbezogen, jedoch bietet sich hier zur besseren Unterscheidung der Begriff der „Säkularisierung" an[1]. Obwohl diese Unterscheidung sich weitgehend durchgesetzt hat, wird dennoch hin und wieder auch die Enteignung von Kirchengut als „Säkularisierung" bezeichnet[2].

Der Übergang von kirchlichen Rechten und Gütern erfolgt durch den einseitigen Akt der Säkularisation zugunsten des Staates und kann sich in verschiedenen Bereichen auswirken:

1. Einzug geistlicher Territorien und Neuverteilung dieser Gebiete an weltliche Landesherren
2. Auflösung von Diözesen und Pfarreien
3. Aufhebung kirchlicher Korporationen, Entlassung ihrer Mitglieder und Einzug ihres Vermögens an Mobilien, Immobilien, Renten und Kapitalien
4. Aufhebung von Zehnten, Privilegien und anderer geldwerter Rechte[3]

Der Begriff „Säkularisation" wurde erstmals bei den Vorverhandlungen zum Westfälischen Frieden im Jahre 1646 durch den französischen Bevollmächtigten Heinrich von Orléans verwendet[4]. Die Sache selbst jedoch ist viel älter.

Schon im Römischen Reich wurde bei den Christenverfolgungen das Eigentum christlicher Gemeinden eingezogen. Dabei handelte es sich um Vorformen einer Säkularisation, da die Kirche erst durch Konstantin den Großen die staatlich anerkannte Rechtsfähigkeit, Vermögensträger zu sein, erwarb.

Im fränkisch-deutschen Reich kam es zu drei großen Säkularisationsschüben[5]:

---

[1] Lexikon für Theologie und Kirche, begr. v. Michael Buchberger, hg. v. Josef Höfer, Karl Rahner, Bd. IX, Freiburg ⁹1964, Sp. 253.

[2] Vgl. Knut Borchardt, Die Industrielle Revolution in Deutschland 1750–1914. In: Europäische Wirtschaftsgeschichte, hg. v. Carlo M. Cipolla. Deutsche Ausgabe hg. v. Knut Borchardt, Bd. IV, Die Entwicklung der industriellen Gesellschaften, Stuttgart–New York 1977, S. 149, 158.

[3] Vgl. Staatslexikon, hg. v. der Görres-Gesellschaft, Bd. VI, Freiburg ⁶1961, Sp. 1070.

[4] Die Religion in Geschichte und Gegenwart, Bd. V, Tübingen 1961, Sp. 1280.

[5] LTHK, Bd. IX, Sp. 248 ff.; RGG, Bd. V, Sp. 1281 ff.

Im 8. und 9. Jahrhundert säkularisierten der karolingische Hausmeier Karl Martell und seine Nachfolger kirchliche Ländereien zur Finanzierung der fränkischen Heeresreform im Zuge der Araberkriege.

Im 16. bis 18. Jahrhundert brachten Reformation und Aufklärung umfangreiche Säkularisationen mit sich. Bistümer wurden zu weltlichen Herzogtümern. Die evangelischen Landesherren hoben die in ihren Territorien gelegenen Klöster und Stifte auf und zogen deren Güter ein. Auch katholische, von aufgeklärtem Gedankengut beeinflußte Herrscher nahmen Enteignungen vor. Joseph II. säkularisierte 1782 im Rahmen seiner Kirchenreformpläne über 700 Klöster in Österreich und den Österreichischen Niederlanden.

Die dritte große Säkularisationswelle wurde durch die Französische Revolution ausgelöst und erfaßte im ersten Jahrzehnt des 19. Jahrhunderts zunächst das Rheinland, dann ganz Deutschland. Sie wird im heutigen Sprachgebrauch im allgemeinen als d i e Säkularisation bezeichnet. Die Aufhebung aller Herrschaftsrechte und der Verlust fast aller Eigentumsrechte brachte eine tiefgreifende Erschütterung der Kirche mit sich. Allerdings ist zu beachten, daß im Gegensatz zum Geschehen in Frankreich die Pfarrgüter im Rheinland unangetastet blieben. Die Ausstattung der Pfarreien mit Gütern blieb der Kirche bis auf ganz wenige Ausnahmen erhalten.

In Frankreich wurde das gesamte Kirchengut im Jahre 1789 zu Nationaleigentum erklärt. Im Verlauf der Koalitionskriege besetzten französische Truppen das linksrheinische Deutschland, das schließlich durch den Frieden von Lunéville 1801 Bestandteil des französischen Reiches wurde. Ein Jahr später, am 20. Prairial X/9. Juni 1802 erging für die linksrheinischen Gebiete der Säkularisationsbeschluß[6]. Der Friedensvertrag sah zur Entschädigung der weltlichen Landesherren, die durch die Abtretung des linken Rheinufers an Frankreich Verluste an Territorien und Vermögen erlitten hatten, die Säkularisation der geistlichen Gebiete und des kirchlichen Eigentums auch im rechtsrheinischen Deutschland vor. Sie wurde durch den Reichsdeputationshauptschluß vom 25. Februar 1803, der gleichzeitig die Neuverteilung der Gebiete regelte, ausgesprochen[7], so daß die geistlichen Territorien in ganz Deutschland untergingen. Durch die Aufhebung der geistlichen Institutionen kamen die Kirchengüter zur Entschädigungsmasse und wurden als National- oder Staatsgüter bald darauf zum Verkauf gestellt.

---

[6] Franz Paul Hermens, Handbuch der gesamten Staats-Gesetzgebung über den christlichen Kultus und über die Verwaltung der Kirchen-Güter und Einkünfte in den königlich-preußischen Provinzen am linken Rheinufer, Bd. I, Aachen und Leipzig 1833, S. 652 ff.

[7] S. Ernst Rudolf Huber, Dokumente zur deutschen Verfassungsgeschichte, Bd. I, Stuttgart 1961, S. 1 ff. Zur Vorgeschichte des RDH im 18. Jahrhundert vgl. Heribert Raab, Geistige Entwicklungen und historische Ereignisse im Vorfeld der Säkularisation. In: Anton Rauscher (Hg.), Säkularisierung und Säkularisation vor 1800, Paderborn 1976, S. 9–41.

2. FORSCHUNGSGEGENSTAND UND -ZIEL

Die vorliegende Arbeit befaßt sich mit der Vermögenssäkularisation der kirchlichen Korporationen im Saardepartement, das mit der Zentrale Trier im Gebiet von Mosel und Saar, Eifel und Hunsrück eines der vier linksrheinischen Departements zur Zeit der französischen Herrschaft bildete. Der Verkauf der Kirchengüter und die Auswirkungen dieses Vorgangs stehen im Mittelpunkt der Untersuchung.

In diesem Zusammenhang sind drei Fragenkomplexe zu behandeln:
1. Das Ausmaß der Vermögensumschichtung
2. Die staatliche Verkaufspolitik
3. Die wirtschaftlichen und sozialen Folgen

1. Die Größe der kirchlichen Anteile an Grund und Boden und der daraus resultierende Umfang der Güterverkäufe sind zu klären. Gab es wirklich eine „massenhafte Veräußerung"[8]) von Immobilien? Zur Beantwortung dieser Frage ist eine genaue Erhebung der von den Behörden zum Kauf angebotenen und der verkauften Objekte notwendig. Anzahl und Flächengröße der Hofgüter, Weingüter, Häuser, Mühlen, Kloster- und Kirchengebäude, der Ländereien und Einzelparzellen müssen überprüft und in Beziehung zur Gesamtfläche und zur landwirtschaftlichen Nutzfläche des Untersuchungsgebietes gesetzt werden. Die Frage, wie die verschiedenen Bodennutzungsarten repräsentiert waren, wie groß also die Anteile von Ackerland, Wiesen, Wildland, Weinbergen, Gartenland, Gewässern und Wald gewesen sind, führt zu einer Strukturanalyse des kirchlichen Grundbesitzes. Größe und Zusammensetzung der von der Umschichtung betroffenen Vermögensmasse sind wichtige Indikatoren des Mobilisierungs- und Wandlungsprozesses, den die Säkularisation auslöste.

2. Die staatliche Verkaufspolitik und -gesetzgebung bestimmte die Kaufmodalitäten und nahm damit erheblichen Einfluß auf Ablauf und Ergebnis der Transaktionen. Wurde durch die Gewährung von Zahlungserleichterungen der Grundbesitzerwerb auch weniger begüterten Interessenten ermöglicht oder konnten nur Vermögende steigern? Außerdem war es für die Zusammensetzung des Käuferkreises ganz entscheidend, ob die Immobilien wie in Frankreich in Einzellose aufgeteilt oder nur als geschlossene wirtschaftliche Einheiten abgegeben wurden. Die zeitliche Dosierung des Güterangebotes und die Art der Kapitalwertbestimmung durch die Behörden vor dem Verkauf sind weitere Einflußgrößen, deren Untersuchung die These von der „Verramschung"[9]) überprüfbar werden läßt.

3. Die wirtschaftlichen und sozialen Auswirkungen bilden den dritten Fragenkomplex der Untersuchung.

Es ist weitgehend unbekannt, in wessen Hände der enteignete kirchliche Grundbesitz gelangte und wie sich dementsprechend die agrarischen Besitzver-

---

8) Clemens Theodor Perthes, Politische Zustände und Personen in Deutschland zur Zeit der französischen Herrschaft. Bd. I, Das südliche und westliche Deutschland, Gotha 1862, S. 312.
9) Alexander Conrady, Die Rheinlande in der Franzosenzeit 1750–1815, Stuttgart 1922, S. 184.

hältnisse änderten. Die Beteiligung der Bevölkerung an den Verkäufen und die Zugehörigkeit der Steigerer zu den verschiedenen Bevölkerungsschichten sind zu analysieren. Dann klärt sich auch, ob der größte Teil der Bevölkerung wirklich aus Gewissensbedenken und aus Pietät das Feld auswärtigen Spekulanten[10] überließ oder ob sich auch die Einheimischen bemühten, Grundeigentum zu erwerben.

Die Frage, welche Rolle Bauern und Bürger, Adel und Klerus spielten, führt zu Rückschlüssen darauf, wer von der Besitzumschichtung profitierte. Die Tätigkeit von Maklern und die Frage, ob Aufkaufgesellschaften, die mit Säkularisationsgut handelten[11], nachweisbar sind, gehören zu einem weiteren Problembereich. Wichtig ist auch, ob und in welchem Umfang die Pächter die Gelegenheit ergriffen, selbst Grundbesitzer zu werden.

Die Höhe der Verkaufspreise und deren Verhältnis zu den amtlich geschätzten Mindestpreisen gibt vor dem Hintergrund weiterer Daten für das allgemeine Lohn-Preis-Gefüge und für die Lebenshaltungskosten Auskunft darüber, ob die Güter auf einem angemessenen Preisniveau gehandelt oder unter Wert „verschleudert"[12] wurden. Dabei ist auch festzustellen, ob ein großes Angebot dämpfend auf die Bodenpreise einwirkte oder ob der Landhunger der Bevölkerung so groß war, daß sich für den Staat ein finanzieller Erfolg einstellte.

Die hier entwickelten Überlegungen zum Gegenstand der Arbeit beziehen sich ausschließlich auf die erste Phase der Besitzumschichtung, in der die Kirchengüter von den staatlichen Behörden öffentlich versteigert wurden.

Eine Analyse der ersten Phase jedoch genügt keineswegs, um die sozialen und wirtschaftlichen Folgen der Säkularisation mit hinreichender Genauigkeit in den Griff zu bekommen. Dazu muß auch die zweite Phase der Transaktionen, in der Güter von den Ersterwerbern weiterveräußert wurden, berücksichtigt werden. Wenn es durch die Weiterverkäufe unter Privaten im Anschluß an die erste Phase zu einer neuerlichen Umstrukturierung der Besitzverhältnisse kam und wenn dabei ein weiterer Interessentenkreis Grundbesitz erwerben konnte, dann hat die Säkularisation möglicherweise zu einer Bodenzersplitterung beigetragen und damit zu weitreichenden Folgen für die Lage der bäuerlichen Bevölkerung geführt.

Die Untersuchung der staatlichen Verkäufe allein verleitet zu Fehlschlüssen in der Beurteilung der tatsächlich eingetretenen Folgen. Dies ist in der bisherigen deutschen Forschung übersehen worden. Die vorliegende Arbeit versucht erstmals, den Verbleib der Kirchengüter über zwei Umschichtungsphasen hinweg zu verfolgen und die Auswirkungen des Vorgangs in einem größeren Zusammenhang zu analysieren.

---

[10] Vgl. Ferdinand Pauly, Die Säkularisation im linksrheinischen Teil des alten Erzbistums Trier. In: Archiv für mittelrheinische Kirchengeschichte 15, 1963, S. 485; Conrady, S. 214.

[11] Vgl. Justus Hashagen, Die Rheinlande beim Abschlusse der französischen Fremdherrschaft. In: Joseph Hansen (Hg.), Die Rheinprovinz 1815–1915. Hundert Jahre preußischer Herrschaft am Rhein. Bd. I, Bonn 1917, S. 25.

[12] Vgl. Jakob Marx, Zur Geschichte der Säkularisation im Trierer Lande. In: Pastor bonus. Zeitschrift für kirchliche Wissenschaft und Praxis, hg. v. P. Einig und A. Müller, 6. Jg., 1894, S. 326 f.

3. FORSCHUNGSSTAND

Die sozialgeschichtliche Dimension der Nationalgüterversteigerungen wurde zuerst in Frankreich gegen Ende des 19. Jahrhunderts Gegenstand des wissenschaftlichen Forschungsinteresses. Boris Minzes legte im Jahre 1892 den Versuch einer strukturgeschichtlichen Analyse der Säkularisation am Beispiel eines innerfranzösischen Departements vor[13]). Er untersuchte erstmals mit Hilfe der deskriptiven Statistik den Besitzwechsel in freilich nur sieben Gemeinden, die von ihm für typisch gehalten wurden[14]). Trotz dieses sehr eingeschränkten Arbeitsfeldes konnte er jedoch dank seiner Fragestellung erste Ergebnisse erzielen, die die Beteiligung der Bevölkerung an den Immobilienverkäufen mit Zahlen belegten. Seine Differenzierung zwischen ländlicher und urbaner Bevölkerung ist in der französischen Säkularisationsforschung bis in die jüngste Zeit beibehalten worden. So hat zuletzt Roland Marx 1974 in seiner Untersuchung des Besitzwechsels im Unter-Elsaß einen ähnlichen Fragenkatalog verwendet, allerdings auf einer ungleich breiteren Quellenbasis[15]). Bedauerlich ist, daß Marx die Käufer, die weniger als 20 Morgen oder 6 ha Land erwarben, unberücksichtigt ließ, so daß die weniger bemittelten Ansteigerer der Analyse entzogen blieben. Ein entscheidender Fortschritt über die gesamte einschlägige Literatur in Frankreich hinaus liegt jedoch in der erstmaligen Behandlung der Transaktionen unter Privaten nach den offiziellen Verkäufen der enteigneten Immobilien durch die staatlichen Behörden.

In der Zeit zwischen den Veröffentlichungen von Minzes und Marx ist in Frankreich eine Fülle von lokal- und regionalgeschichtlichen Arbeiten sehr unterschiedlicher Art zu den Güterenteignungen und -verkäufen erschienen. Als Beispiele seien hier die Publikationen von Guillou/Rebillon[16]) und von Coiffard[17]) genannt, die als Quellensammlungen zu Dokumentationszwecken dienten und dabei von der staatlichen Verkaufsgesetzgebung und der innerbehördlichen Verkaufsorganisation ausgingen. Strukturierungsmerkmale für das Quellenmaterial waren entweder die Erscheinungsdaten von Erlassen und Gesetzen oder Verwaltungstermini wie „biens de première origine, biens de seconde origine". Sozialgeschichtlich relevante Fragen blieben unberücksichtigt oder wurden nur dilatorisch behandelt. Marion[18]) dagegen bemühte sich in einer vergleichenden Studie, die sich mit den Departements Gironde und Cher befaßte, aber auch Forschungs-

---

13) Boris Minzes, Die Nationalgüterveräußerung während der französischen Revolution mit besonderer Berücksichtigung des Departement Seine und Oise. Ein Beitrag zur sozial-ökonomischen Geschichte der großen Revolution, Jena 1892, (Staatswissenschaftliche Studien, hg. v. L. Elster, Bd. IV, Heft 2).

14) Minzes, S. 85 ff.

15) Roland Marx, La Révolution et les classes sociales en Basse-Alsace. Structures agraires et vente des biens nationaux. (Commission d'Histoire économique et sociale de la Révolution française. Mémoires et Documents XXIX), Paris 1974.

16) Adolph Guillou/Armand Rebillon, Documents relatifs à la vente des biens nationaux dans les districts de Rennes et de Bain, Paris 1911.

17) Aimé Coiffard, La vente des biens nationaux dans le district de Grasse 1790–1815, Paris 1973.

18) Marcel Marion, La vente des biens nationaux pendant la Révolution, Paris 1908. Reprint Genf 1974.

ergebnisse aus anderen Teilen Frankreichs miteinbezog, die Problematik der Verkäufe zu analysieren. Seine Fragestellung, die er dem Ansatz von Minzes gegenüber weiter ausgebaut hatte, galt vor allem dem finanziellen Aspekt der Operationen, zielte aber auch auf die Folgen der Besitzumschichtung für das soziale Gefüge der französischen Gesellschaft. Damit war der Weg für weitere Untersuchungen vorgezeichnet. Bereits 1928 konnte Lefebvre[19] einen ersten, umfassenden Forschungsbericht vorlegen, der in der zweiten Auflage eine Erweiterung bis zum Jahre 1953 erfuhr. Die Problemfeldbeschreibung, die Lefebvre in diesem Zwischenresumee vornahm, hat bis heute ihre Gültigkeit behalten, auch wenn neue Gesichtspunkte hinzugekommen sind.

Als erste Untersuchung im linksrheinischen Deutschland erschien im Jahre 1906 die Arbeit von Kaiser, der sich mit dem Kirchenbesitz und dessen Verbleib im Arrondissement Aachen befaßte[20]. Thematische Schwerpunkte waren für ihn die allgemeine Geschichte der Säkularisation im Rheinland, die Größe und Bedeutung des Kirchenbesitzes im Bezirk Aachen, sowie der Güterverkauf[21]. Kaiser wählte zur Darstellung seiner Ergebnisse den zusammenfassenden Abriß und benannte die Käufer nur in Einzelfällen, wenn es sich um besonders wertvolle und große Güter handelte. Es fehlten in den von ihm benutzten Quellen die Berufsangaben für die Ansteigerer, so daß die Frage nach der Beteiligung der verschiedenen sozialen Schichten am Verkauf der Kirchenimmobilien offenbleiben mußte. Die Flächenausdehnung der Güter und deren Schätzwert dagegen konnte er mit Hilfe der von den französischen Behörden erstellten Suppressionetats näher bestimmen[22].

Erst nach mehr als 25 Jahren folgte eine zweite Untersuchung der Vorgänge im nördlichen Teil des linksrheinischen Deutschland. Kliesing befaßte sich 1932 mit der Säkularisation in Kurköln und beschränkte sich dabei auf die Ämter Bonn, Brühl, Hardt, Lechenich und Zülpich[23]. Seine Darstellung enthielt eine nach Ortschaften gegliederte Auflistung der zum Verkauf gelangten Kirchengüter mit Angaben über kirchliche Vorbesitzer, Käufer und Preise. Da auch hier die Käuferberufe fehlten, konzentrierte sich Kliesing in seiner knappen Auswertung auf Fragen des Preisniveaus, der verkauften Flächen, der Anzahl der Verkäufer und der allgemeinen wirtschaftlichen Lage. Sein besonderes Interesse galt außerdem der Beteiligung von Maklern.

Klompen stellte 1962 für das Arrondissement Krefeld in ähnlicher Weise die Immobilien und ihre neuen Eigentümer sowie die unverkauft gebliebenen Güter vor[24]. Die Analyse erbrachte Gesamtzahlen über Flächen und Preise, über das

---

[19] Georges Lefebvre, La vente des biens nationaux. In: ders., Etudes sur la Révolution française, Paris 1963, S. 307—337.

[20] Paul Kaiser, Der kirchliche Besitz im Arrondissement Aachen gegen Ende des 18. Jahrhunderts und seine Schicksale in der Säkularisation durch die französische Herrschaft, Aachen 1906.

[21] Kaiser, S. 2.

[22] Kaiser, S. 12 ff.

[23] Georg Kliesing, Die Säkularisation in den kurkölnischen Ämtern Bonn, Brühl, Hardt, Lechenich und Zülpich in der Zeit der französischen Fremdherrschaft. Phil. Diss. Bendorf 1932.

[24] Wilma Klompen, Die Säkularisation im Arrondissement Krefeld 1794—1814, Kempen 1962.

Ausmaß der Kauftätigkeit in den verschiedenen Jahren und über die Anzahl von Höfen, Häusern und Mühlen. Für die besonders wichtige Frage nach den Käufern waren nur Hinweise und Schätzungen möglich, da wie schon bei den vorgenannten Autoren das Quellenmaterial nur lückenhaft über die Berufe informierte. Dennoch versuchte Klompen eine Aufgliederung nach der Schichtenzugehörigkeit der Steigerer, benutzte aber als Berechnungsbasis die Anzahl der Güter und nicht den Kapitalwert oder die Flächengröße der Objekte[25]).

Einen wichtigen Fortschritt zur Bewältigung der Fragen und Probleme, die mit den Grundbesitzverschiebungen in Zusammenhang stehen, brachten die Arbeiten von Büttner für Köln (1971)[26]) und de Faria e Castro für Koblenz (1973)[27]). Dies gilt vor allem für die Genauigkeit, mit der die Güter und deren Verbleib erfaßt und in allen Einzelheiten aufgeführt wurden und für die Klärung der Rahmenbedingungen. Büttner bearbeitete den sehr umfangreichen Besitz der kirchlichen Korporationen Kölns, während de Faria e Castro alle Nationalgüter, also auch die weltlicher Provenienz, im Arrondissement Koblenz aufnahm. Büttner berechnete das Vermögen an Grundgütern, Kapitalien und Renten, sowie die Schulden aller geistlichen Institutionen mit Sitz in Köln[28]. Er schilderte die Bedingungen und den Ablauf der Verkäufe und bemühte sich, die soziale Stellung der Käufer zu erschließen. Dabei stand auch er vor dem Problem lückenhafter Berufsangaben in den Quellen. Dennoch gelang es ihm, die Großkäufer, Makler und Bankiers zu identifizieren und ihre Rolle bei den Transaktionen zu verdeutlichen.

Nicht ganz verständlich ist, daß Büttner die Kölner geistlichen Institutionen allein in den Mittelpunkt seiner Untersuchung stellte. Die Streulage ihrer Güter außerhalb Kölns macht die Analyse der sozialgeschichtlichen Zusammenhänge von Zufälligkeiten abhängig. Der Verkauf von Kirchengütern anderer Provenienz in ähnlicher geographischer Lage wie die Kölner Güter blieb unberücksichtigt. Die Auswahl einer in sich geschlossenen Region wie etwa der Stadt Köln oder des Arrondissements Köln und die Aufnahme aller Kirchengüter in diesem Gebiet hätten vielleicht einen günstigeren Ansatz geboten.

Die Dissertation von de Faria e Castro aus dem Jahr 1969, die 1973 offensichtlich unverändert zum Druck gelangte[29]), beschrieb zunächst das Arrondissement Koblenz, sowie Vorgeschichte und Ablauf der Enteignung von Adel und Klerus. Ganz entscheidend aber für die Beurteilung der Vermögensumschichtung war es, daß de Faria e Castro in ihren Katalog der Nationalgüter fast alle Käufer mit Berufsangaben aufnehmen konnte. Die Quellenlage war ungleich günstiger als bei den vorgenannten Untersuchungen.
Die Materialerschließung erbrachte insgesamt fünf Tabellen, von denen sich zwei mit der Beteiligung der verschiedenen sozialen Gruppen am Erwerb von Gebäuden und Grundgütern befaßten[30]), eine dritte über die Anzahl der verschiedenen

---

25) Klompen, S. 204.
26) Richard Büttner, Die Säkularisation der Kölner geistlichen Institutionen. Wirtschaftliche und soziale Bedeutung und Auswirkungen, Köln 1971.
27) Katharina de Faria e Castro, Die Nationalgüter im Arrondissement Koblenz und ihre Veräußerung in den Jahren 1803 bis 1813, Bonn 1973.
28) Büttner, S. 78 ff.
29) Die Untersuchung von Büttner aus dem Jahr 1971 wird nicht erwähnt.
30) de Faria e Castro, S. 134 f.

Objektarten, über die Schätz- und Verkaufspreise informierte[31]) und die beiden letzten die Verteilung der staatlichen Grundgüter auf die Gemarkungen und auf die Kantone des Arrondissements Koblenz beschrieben[32]).

Bedauerlich ist, daß die Autorin der sehr gründlichen Quellenerschließung nur eine verkürzte Analyse folgen ließ. Als Hauptkriterium diente dabei die Anzahl der Güter und die Anzahl der Käufer. Vernachlässigt wurden dagegen die von den Berufsgruppen jeweils investierten Mittel und erworbenen Flächen. Die Herstellung von Relationen nach Wert und Umfang auf der Grundlage der erarbeiteten Aufstellungen, sowie eine Differenzierung nach Bodennutzungsarten hätten die Bedeutung der Verkäufe für die einzelnen Bevölkerungsteile sicher klarer hervortreten lassen.

Die Güterveräußerungen im südlichen Teil des linksrheinischen Deutschland sind von Werner (1922)[33]) und Buchheit (1933)[34] untersucht worden.

Ihre Angaben über die Verwaltung und den Verkauf der Nationalgüter in der Pfalz können nur mit Vorbehalt registriert werden. Werner legte zwar eine Gesamtrechnung über Umfang und Wert der versteigerten Immobilien vor, verzichtete aber auf eine detaillierte Güteraufstellung und -berechnung. Da ihm aufgrund der Quellenlage die Berufe der Käufer nicht bekannt waren, müssen seine Ausführungen über die Folgen der Verkäufe in Zweifel gezogen werden.

Buchheit führte im Gegensatz zu Werner in seiner, der enteigneten Kirche verpflichteten Arbeit[35]) die Objekte einzeln nach Gemeinden und Verkaufsterminen geordnet auf, nahm jedoch keine Auswertung vor. Als Quellen dienten ihm zum größten Teil die Verkaufsankündigungen und nicht die autenthischen Verkaufsurkunden, so daß Lücken und Fehler auftraten.

Rudolf Morsey hat 1966 als erster die bis dahin erschienene Literatur zur Säkularisation in ganz Deutschland gesichtet und dabei vor allem die Forschungsergebnisse für Bayern und das Rheinland zu einer Problemfeldbeschreibung herangezogen[36]). Seine Fragen richteten sich an erster Stelle auf die unmittelbaren wirtschaftlichen und sozialen Folgen der Vermögensumschichtung, dann aber auch auf die Entfeudalisierung der Kirche, auf die Innovationen im Bereich einer modernen Staatsverwaltung, auf den Vorgang des Herrschaftswechsels und schließlich auf die Auswirkungen der Schließung zahlreicher Bildungsanstalten für den katholischen Bevölkerungsteil[37]).

---

[31]) de Faria e Castro, S. 118.

[32]) de Faria e Castro, S. 121 ff. und S. 133.

[33]) Rudolf Werner, Die Nationalgüter im Departement Donnersberg. Ihre Verwaltung und Veräußerung bis zur Wiederkehr der deutschen Herrschaft auf dem linken Rheinufer mit besonderer Berücksichtigung der Güter in der heutigen Pfalz. Phil. Diss., Speyer 1922.

[34]) C. A. Buchheit, Säkularisation und Enteignung der Güter weltlicher Fürsten in der französischen Revolution im linksrheinischen Bayern (Pfalz), Speyer 1933.

[35]) „Res clamat ad Dominum" (Buchheit, S. 14).

[36]) Rudolf Morsey, Wirtschaftliche und soziale Auswirkungen der Säkularisation in Deutschland. In: Dauer und Wandel. Festschrift für Kurt Raumer, Münster 1966, S. 361–383.

[37]) Dies habe den „Beginn einer geistigen und kulturellen Inferiorität im katholischen Deutschland" verursacht. (Morsey, S. 376). Ähnlich auch: Rudolfine Freiin von Oer, Zur Beurteilung der Säkularisation von 1803. In: Festschrift für Hermann Heimpel zum 70. Geburtstag, Bd. I, Göttingen 1971, S. 511–521.

Die sozialgeschichtliche Problematik der Säkularisation im Rheinland wurde im gleichen Jahr auch von Wolfgang Zorn hervorgehoben und als noch unausgeschöpftes Thema zur Erforschung der französischen Zeit bis 1814 besonders in Hinblick auf Adel und Klerus vorgestellt[38]).

4. QUELLEN UND METHODE

Vor der Untersuchung des Besitzwechsels waren die Rahmenbedingungen, unter denen die Säkularisation durchgeführt wurde, zu klären. Dazu gehörten die politische Entwicklung unter der französischen Herrschaft, sowie die Territorial- und die Bevölkerungsstruktur des Untersuchungsgebietes. Wichtig erschienen auch die agrarischen Verhältnisse gegen Ende des Ancien Régime, da erst vor diesem Hintergrund die von der Säkularisation mitbedingten Veränderungsprozesse sichtbar werden. Die Untersuchung der staatlichen Kirchenpolitik und die Zusammenstellung der aufgehobenen kirchlichen Korporationen leiteten schließlich zur Analyse der Kirchengüterverkäufe über.

Die zentrale Frage nach Ablauf und Ergebnis der Vermögensumschichtung bestimmte die Methode und den Aufbau der vorliegenden Untersuchung. Es kam darauf an, die Verkäufe quantitativ zu erfassen, um für die Analyse über gesicherte Zahlen zu verfügen.

Die Wahl der quantifizierenden Methode führte an ein außerordentlich umfangreiches Quellenmaterial heran. Aus diesem Grund wurde die folgende räumliche und zeitliche Eingrenzung vorgenommen: Die Datenerhebung konzentrierte sich auf die Kirchengüterverkäufe im Saardepartement mit den vier Arrondissements Trier, Prüm, Saarbrücken und Birkenfeld und umfaßte die Zeit der Zugehörigkeit zu Frankreich zwischen 1794 und 1813. Trotz dieser methodisch erforderlichen Maßnahme blieb dennoch eine breite Quellenbasis gewährleistet. Dies gilt auch für die Aufnahme der Weiterverkäufe unter Privaten in der französischen Zeit, die erneut große Quellenbestände erschloß.

Als Quellen für die erste Verkaufsrunde standen die Versteigerungsankündigungen (Affiches)[39]) und die Originalverkaufsprotokolle[40]) zur Verfügung.

Bei den Affiches im Stadtarchiv Trier handelte es sich um Plakatdrucke, die die Versteigerungstermine und die Versteigerungsobjekte mit detaillierten Angaben öffentlich bekannt machten.

Die Originalveraufsprotokolle im Landeshauptarchiv Koblenz enthielten bereits vorgedruckt die Kaufbestimmungen. Die genaue Beschreibung der Objekte war handschriftlich eingetragen. Nach erfolgtem Zuschlag wurden die Käufer mit

---

[38]) Wolfgang Zorn, Neue Forschungsansätze zur Wirtschafts- und Sozialgeschichte der Rheinlande im 18./19. Jahrhundert. In: Blätter für deutsche Landesgeschichte 102, 1966, S. 54, 57.
[39]) Im Stadtarchiv Trier (SAT), FZ 334.
[40]) Landeshauptarchiv Koblenz (LHK), Abteilung 276, Préfecture du Département de la Sarre. Administration des Domaines, Nr. 3001–3169.

Vornamen, Familiennamen, Beruf und Wohnort, sowie der Kaufpreis eingesetzt. Die Protokolle sind fast alle erhalten geblieben.

Mit Hilfe der Affiches wurden die Güter nach einem Nummernschema auf Karteikarten aufgenommen. Die Kartei wurde anschließend anhand der Verkaufsprotokolle mit den Angaben über Käufer und Kaufpreise vervollständigt. Die Zusammenstellung der Kirchengüter im Anhang basiert auf dieser Kartei.

Als Quellen für die zweite Phase der Verkäufe wurden die Notariatsurkunden im Landeshauptarchiv Koblenz herangezogen[41]), da die Beurkundung der Weiterverkäufe durch Notare eine quantitative Erfassung auch dieser Verkaufsrunde ermöglichte. Die Menge der erhalten gebliebenen Notariatsbestände ließ jedoch eine Aufnahme aller Zweitverkäufe im gesamten Departement nicht zu. Die Datenerhebung mußte auf das Arrondissement Trier beschränkt werden. Da die Kirchengüter des Saardepartements zum weitaus größten Teil in diesem Arrondissement lagen, erschien die Einschränkung erlaubt. Es blieben immer noch mehr als zehntausend Urkunden zur Überprüfung übrig. Es handelte sich um die Bestände von insgesamt 28 Notariaten in Trier, Saarburg, Bernkastel, Wittlich, Neumagen, Pfalzel, Schweich, Mehring und Konz. Wie schon bei den staatlichen Verkäufen wurde auch hier die französische Zeit als Untersuchungszeitraum gewählt.

Die Quellenlage mit einer fast lückenlosen Überlieferung von Affiches, Verkaufsprotokollen und Notariatsurkunden, sowie die Tatsache, daß die Berufe der Käufer und Verkäufer in den Unterlagen fast immer genannt wurden, boten für die Analyse und die Beurteilung der Vermögensumschichtung nach zwei Phasen günstige Voraussetzungen. Die weiter unten folgenden Statistiken, Tabellen und Übersichten beruhen ausschließlich, soweit nicht anders vermerkt, auf den Daten, die aus den Originalquellen erhoben wurden.

Zur Einordnung der erzielten Ergebnisse in die allgemeine wirtschaftliche und soziale Lage im früher 19. Jahrhundert wurden weitere Quellen in die Untersuchung einbezogen. Das Ziel dieses Arbeitsganges war es, größere Klarheit über den Stellenwert der Vermögensumschichtung und über die Auswirkungen für die Bevölkerung zu gewinnen.

Tagebücher von Zeitgenossen[42]) und Augenzeugenberichte[43]) gaben Informationen und Hinweise, die mit der gebotenen Vorsicht für weitere Nachforschungen genutzt werden konnten. Eine Aufstellung aus der preußischen Zeit ermöglichte die Überprüfung einiger unklarer Kaufvorgänge[44]).

Als sehr hilfreich erwiesen sich Originalstatistiken der französischen Administration über Verbrauchsgüterpreise, Löhne und Einkommen mit Berechnungen der Lebenshaltungskosten im Stadtarchiv Trier[45]). Steuerlisten und Handelskam-

---

[41]) LHK, Abteilung 587.
[42]) LHK, Abteilung 701, Nr. 571, Tagebuch Ludwig Müller, 1972–1802, 1811; Bistumsarchiv Trier (BAT), Abteilung 95, Nr. 337 Tagebuch Michael Franz Joseph Müller 1803–1812.
[43]) BAT, Abteilung 95, Nr. 342 Franz Tobias Müller, Die Schicksale der Gotteshäuser ... 1808.
[44]) LHK Abteilung 701, Nr. 646 Notizen über die Domainenverkäufe ... von Georg Bärsch (um 1841).
[45]) SAT, Hs 1566/200 und Bestand Französische Zeit (FZ).

merberichte über Manufakturen, Warenproduktion und -absatz, Marktberichte und notarielle Vermögensaufstellungen, sowie Darlehensverträge gaben wichtige Informationen. Allerdings sind die Quellen zu diesem Problemkreis nur fragmentarisch überliefert. Deshalb war eine abgerundete Darstellung nicht möglich; die Angaben und Überlegungen haben nur hinweisenden Charakter zur Verdeutlichung der sozialgeschichtlichen Konstellation des Besitzwechsels.

II. Die politische Entwicklung im Rheinland
nach der französischen Besetzung

Als die Franzosen im Verlauf des ersten Koalitionskrieges im Jahre 1794 nach dem Vorstoß von 1792/93, der sie vorübergehend in den Besitz von Kurmainz gebracht hatte, endgültig die Gebiete links des Rheines besetzten, fand eine jahrhundertealte Staats- und Gesellschaftsordnung ein abruptes Ende.

In einer radikalen Umwälzung wurden die alten Autoritäten vertrieben, ohne daß diese ernsthaften Widerstand hätten leisten können. Der Untergang der geistlichen Kurfürstentümer Köln, Mainz und Trier signalisierte gleichzeitig die herannahende Auflösung des Heiligen Römischen Reiches Deutscher Nation, die am 6. August 1806 mit der Niederlegung der Kaiserkrone durch Franz II. vollzogen wurde.

Im französisch besetzten Rheinland, das am 18. Ventose IX/9. März 1801 durch den Frieden von Lunéville mit Frankreich vereinigt wurde[1]), begann eine neue Entwicklung, die sowohl durch rationalistisches, aufgeklärtes Gedankengut und revolutionäre Ideologie, wie auch durch Ausbeutung und Repression gekennzeichnet war, und die über die französische Zeit hinaus tiefe Spuren hinterlassen sollte.

Diese Neuorientierung war nicht das Ergebnis einer inneren Erhebung[2]), sondern erfolgte unter dem Druck eines revolutionären Staates, der gegen die Koalition der alten Mächte Krieg führte aus sehr heterogenen und sich wandelnden Motiven. Dazu gehörten die Verteidigung des bedrohten revolutionären Systems, der Wunsch nach Beglückung anderer Völker mit den Errungenschaften dieses Systems und der schon lange virulente expansive Drang, den Rhein als Ostgrenze Frankreichs zu gewinnen[3]).

Die drei geistlichen Kurstaaten und die kleinen weltlichen Herrschaften links des Rheins erhielten den ersten Stoß und brachen schnell zusammen. Die alte territoriale Gemengelage, die Vielzahl und die Zersplitterung der Gebiete wurden beseitigt. Das Land erhielt eine einheitliche Organisation mit einer zentralistisch geführten Verwaltung, zunächst als erobertes Land, dann als integraler Bestandteil Frankreichs.

---

[1]) Ludwig Käss, Die Organisation der allgemeinen Staatsverwaltung auf dem linken Rheinufer durch die Franzosen während der Besetzung 1792 bis zum Frieden von Lunéville (1801), Mainz 1929, S. 181.

[2]) Max Braubach, Die Zeit der französischen Herrschaft. In: Aloys Schulte (Hg.) Tausend Jahre deutscher Geschichte und deutscher Kultur am Rhein, Düsseldorf 1925, S. 313.

[3]) ders., S. 314 ff.

Die Jahre von 1794 bis 1814 waren in politisch-administrativer Hinsicht ge-kennzeichnet durch drei Perioden: Die Herrschaft der französischen Militärgewalten vom Herbst 1794 bis 1797, die Verwaltung durch die Gouvernementskommissare von 1797 bis 1802 und die Zugehörigkeit zu Frankreich unter Napoleon bis 1814[4]). Die politische Geschichte des Rheinlands in dieser Zeit ist mit der Entwicklung der Administration untrennbar verknüpft. An den unterschiedlichen, rasch aufeinanderfolgenden Verwaltungsorganisationen ist die sich wandelnde politische Zielsetzung der französischen Siegermacht deutlich ablesbar.

Die französische Militärverwaltung

Die französischen Truppen rückten am 9. August 1794 in Trier[5]) und am 23. Oktober 1794 in Koblenz[6]) ein. Kurfürst Clemens Wenzeslaus, der in Koblenz residierte, verließ den Kurstaat am 5. Oktober 1794 für immer[7]). Zwei Tage zuvor hatte der Kölner Kurfürst Maximilian Franz seine Residenzstadt Bonn verlassen[8]). Die Stadt Mainz fiel nach dem Zwischenspiel von 1792/93 am 30. Dezember 1797 endgültig in die Hände der Franzosen[9]).

In den besetzten Gebieten lösten sich verschiedene kurzlebige Verwaltungs-formen und -institutionen in rascher Folge ab, da die militärische Führung auf immer neuen Wegen versuchte, die Ressourcen des Landes optimal für die enor-men Bedürfnisse der französischen Armeen auszuschöpfen.

Die siegreichen Truppen wurden von Volksrepräsentanten, die als Beauf-tragte des Nationalkonvents mit allen Vollmachten ausgestattet waren, begleitet. Unter ihrer Herrschaft wurden Requisitionen und Kontributionen erzwungen, die die einheimische Bevölkerung außerordentlich belasteten, und die kaum dazu geeignet waren, der parallel laufenden Propaganda von der Befreiung des Men-schen aus der feudalen Knechtschaft Überzeugungskraft zu verleihen. So legte der Volksrepräsentant Bourbotte den Bewohnern der besetzten Teile des Erz-stifts Trier und des Herzogtums Luxemburg am 15. Fructidor II/1. September 1794 eine Kontribution von drei Millionen Livres auf, von denen die Stadt Trier und ihre unmittelbare Umgebung die Hälfte zu zahlen hatte[10]). Ein Livre ent-

---

4) Vgl. Perthes, S. 17 f. Perthes fügt die vorübergehende Besetzung von Kurmainz vom 21. Oktober 1792 bis zum 22. Juli 1793 als weiteren Abschnitt hinzu.

5) J. B. Hetzrodt, Ansprüche und Hoffnungen der Stadt Trier bei Gelegenheit der Organisation des königlich-preußischen Großherzogthums Nieder-Rhein, Trier 1815, S. 2. Ernst Reifart, Der Kirchenstaat Trier und das Staatskirchentum. Ein Beitrag zur Geschichte der Säkularisation, Jur. Diss., Freiburg 1950, Mschr., S. 119.

6) Reifart, S. 119.

7) ebd.

8) Büttner, S. 29.

9) ders., S. 33.

10) K. Th. F. Bormann/A. v. Daniels (Hgg.), Handbuch der für die königlich-preußischen Rheinprovinzen verkündigten Gesetze, Verordnungen und Regierungsbeschlüsse aus der Zeit der Fremdherrschaft, Bd. VI, Köln 1841, S. 215 ff.
Georg Bärsch, Beschreibung des Regierungsbezirkes Trier, Bd. I, Trier 1849, S. 120 merkt an, Bourbotte habe in seinem Bericht an den Nationalkonvent das Kurfür-stentum Trier verglichen mit „une vache au lait, capable et fait à fournir aux armées republicains les plus brillantes ressources".

sprach einem Franc[11]), so daß Trier innerhalb kürzester Frist bei Androhung militärischer Exekution 1,5 Millionen Francs aufbringen mußte. Da die vorhandene Menge Bargeld nicht ausreichte, lieferte die trierische Bevölkerung auch Schmuck- und andere Wertgegenstände ab[12]).

Am 24. Brumaire III/14. November 1794 wurde für die eroberten Gebiete eine Zentralverwaltung („administration centrale") errichtet[13]), der bis 1800 als weitere Verwaltungsbehörden die „commission administrative", die „directions générales", die „commission intermédiaire", die „régie nationale", das „commissariat général" und schließlich unter der napoleonischen Herrschaft das Präfektursystem folgten[14]).

Der Zentralverwaltung mit Sitz in Aachen unterstanden die Länder zwischen Rhein und Maas von Holland bis Andernach. Im April 1795 wurden ihr auch die südlich dieser Grenze gelegenen Gebiete zugewiesen, die seit Januar 1795 eine eigene Verwaltung in Trier gehabt hatten[15]).

An die Stelle der Aachener Zentralverwaltung trat durch Beschluß des Direktoriums vom 14. Pluviose IV/3. Februar 1796 die „commission administrative", die aber vor Aufnahme ihrer Tätigkeit bereits am 28. Floreal IV/17. Mai 1796 wieder aufgehoben und durch zwei Generaldirektionen ersetzt wurde[16]).

Die Generaldirektion Koblenz unter Bella war zuständig für das alte Kurfürstentum Trier und die übrigen Gebiete an Mosel und Rhein, die Direktion Aachen unter Pruneau für die Länder zwischen Rhein und Maas[17]).

Die landesunkundigen französischen Verwalter konnten die vielfachen Schwierigkeiten nicht meistern und leisteten zudem einer Ausbeutung des Landes Vorschub, ohne die verheerenden wirtschaftlichen Folgen, die auf die Dauer auch dem Sieger schaden mußten, zu berücksichtigen. In diese Zeit fallen die umfangreichen Holzeinschläge, die den Waldbestand rigoros dezimierten. Daran waren nicht nur die Franzosen beteiligt, sondern auch die einheimische Bevölkerung, die bei den herrschenden wirren Zuständen selbst — so gut es ging — für ihre Bedürfnisse sorgte[18]).

Der Armeeoberbefehlshaber General Hoche reaktivierte deshalb am 1. Germinal V/21. März 1797 die alten Verwaltungsorgane aus der kurfürstlichen Zeit. Als Weisungs- und Aufsichtsbehörde stand die „commission intermédiaire" zwi-

---

11) Kalender zum Gebrauch der Bewohner der vier neuen Departemente auf dem linken Rheinufer, Koblenz 1798, S. 22.
12) Die Art der Umlage und die Liquidation der entstandenen Verschuldungen waren bis in die preußische Zeit hinein heftig umstritten. Im Jahre 1824 hatte man noch keine Lösung gefunden (Trierische Kronik, hg. v. J. A. Schröll, Trier 1824, Januar-, März- und Maiausgabe).
13) Bormann/Daniels, Bd. VI, S. 261 ff.
14) Charles Schmidt, Les sources de l'histoire des territoires de 1792–1814 dans les archives rhénanes et à Paris, Paris 1921, S. 29.
15) Die Trierer Verwaltung war unter der Bezeichnung „Direction générale des domaines" eingerichtet worden und existierte vom 8. Pluviose III/27. Januar 1795 bis zum 30. Germinal III/19. April 1795 (Max Bär, Die Behördenverfassung der Rheinprovinz seit 1815, Bonn 1919, S. 41).
16) Bormann/Daniels, Bd. VI, S. 358 f.
17) Klompen, S. 26; Bär, S. 42.
18) Vgl. dazu Hashagen, Die Rheinlande, S. 26; Kliesing, S. 37 f.

schen der französischen Regierung und den alten Behörden. Der Mittelkommission, die ihren Sitz in Bonn hatte, gehörten fünf Mitglieder unter Vorsitz des Präsidenten Shée an. Sie nahm eine Aufteilung des Landes in sechs Arrondissements vor: Kreuznach, Zweibrücken, Trier, Köln, Jülich und Geldern[19].

Unter Hoche verfolgte die französische Politik eine Zeitlang den Plan, aus den eroberten Gebieten eine cisrhenanische Republik zu bilden. Das Ziel dabei war, nach einem Ausgleich mit Österreich auf der Basis der „Integrität des Deutschen Reiches" das Rheinland dem französischen Einfluß zu erhalten. Dieser Plan fand Unterstützung bei einigen rheinischen Republikanern, die auf diesem Weg eine Rückkehr der alten feudalen Mächte verhindern wollten[20].

Der Friede von Campo Formio am 8. Oktober 1797, in dem der deutsche Kaiser in einem geheimen Zusatz die Gebiete links des Rheins an Frankreich abtrat, machte diesen Bestrebungen ein Ende und ermöglichte de facto die Annexion[21]. Da einem Anschluß des Rheinlands an Frankreich nichts mehr im Wege stand[22] bis auf das noch fehlende völkerrechtlich verbindliche Übereinkommen, begann mit der völligen Neuorganisation der eroberten Länder und der Ablösung der militärischen Administration eine neue Periode der französischen Herrschaft im Rheinland.

Die Verwaltung durch die Gouvernementskommissare und die Zugehörigkeit zu Frankreich unter Napoleon

Nach dem Tod von Hoche ersetzte dessen Nachfolger General Augereau die Mittelkommission am 6. Frimaire VI/26. November 1797 durch die „régie nationale", die aber nur einen Monat lang Bestand hatte[23]. Bereits am 21. Frimaire VI/11. Dezember 1797 trat als Gouvernementskommissar ein von der Pariser Regierung ernannter Zivilist, der Elsässer Rudler, der vorher Richter am Kassationsgerichtshof in Paris gewesen war, an die Spitze der Verwaltung[24]. Nur der

---

[19] Bormann/Daniels, Bd. VI, S. 412 f.

[20] Max Braubach, Der große Umsturz und die französische Herrschaft. In: Rheinische Geschichte, Bd. II, Neuzeit, hg. v. Franz Petri/Georg Droege, Düsseldorf 1976, S. 329 f.

[21] Braubach, Die Zeit der französischen Herrschaft, S. 317 f.; Klompen, S. 26 f.; „S. M. l'Empereur, Roi de Hongrie et de Bohème, consent que les limites de la République Française s'etendent jusqu'à la ligne ci-dessous désignée ... savoir: la rive gauche du Rhin depuis la frontière de la Suisse au dessous de Basle jusqu'au confluent de la Nette au dessus d'Andernach ..." Zitiert nach: Geheime Geschichte der Rastadter Friedensverhandlungen in Verbindung mit den Staatshändeln dieser Zeit. Von einem Schweizer. Zweiter Theil, Germanien 1799, S. 214.

[22] Preußen hatte bereits im geheimen Teil des Friedens von Basel am 5. April 1795 der Abtretung gegen eine in Aussicht gestellte Entschädigung rechts des Rheins zugestimmt. „The second secret article bound the King (Friedrich Wilhelm II.) to concert with France the mode of cession of his left-bank states should his transRhenish lands remain with France at the Franco-Imperial peace. In such case, the King would receive territorial indemnification for the security of which he would accept the guarantee offered him by the Republic ..." (Sydney S. Biro, The German Policy of Revolutionary France I, Cambridge/Mass. 1957, S. 351).

[23] Bormann/Daniels, Bd. VI, S. 447 f.

[24] Bormann/Daniels, Bd. VI, S. 454 ff.

Pariser Zentrale verantwortlich verfügte er im Rheinland über alle Vollmachten. Unter seiner Ägide erfolgte die systematische Übertragung der innerfranzösischen Rechts- und Verwaltungsverhältnisse auf die rheinischen Gebiete.

Am 4. Pluviose VI/23. Januar 1798 verkündete er die grundlegende Neuorganisation des eroberten Rheinlandes. Es wurden die vier Departements de la Roer, de la Sarre, du Rhin-et-Moselle et du Mont-Tonnerre mit den Hauptorten Aachen, Trier, Koblenz und Mainz geschaffen[25]). Diese Territorialeinteilung blieb mit geringfügigen Änderungen auch unter Naopleon bis zum Ende der französischen Herrschaft bestehen.

Die mit Beschluß vom gleichen Tage[26]) geschaffenen Zentralverwaltungen in den Departements bestanden aus fünf Mitgliedern, die aus ihrer Mitte einen Präsidenten wählten und die kollegial die Verwaltungsgeschäfte tätigten. Sie wurden unterstützt von einem Generalsekretär und einem Regierungskommissar, der über die Ausführung der Regierungsanordnungen und über die Einhaltung der Gesetze zu wachen hatte. Der Departementszentralverwaltung untergeordnet waren die Munizipalverwaltungen, die von Munizipalagenten ebenfalls kollegial geführt wurden, und die auf der Ebene von Kantonen organisiert waren. Auch sie hatten einen gewählten Präsidenten, einen Sekretär und einen mit Überwachungsaufgaben betrauten Kommissar.

Die in Frankreich geltenden rechtlichen Bestimmungen wurden von Rudler sukzessiv je nach den Erfordernissen der konkreten Situation in den vier Departements in Kraft gesetzt, das französische Steuersystem wurde eingeführt, alle feudalen Vorrechte und Einrichtungen wurden ersatzlos und endgültig abgeschafft, die französische Währung und die französischen Maße und Gewichte traten an die Stelle des früheren chaotischen Systems, die französische Sprache wurde alleinige Amtssprache, die staatliche Kirchenpolitik bereitete die Säkularisation vor[27]).

Der Staatsstreich Napoleons vom 18. Brumaire VIII/9. November 1799 brachte für Frankreich und die vier neuen Departements eine wichtige Änderung in der Organisation der allgemeinen Staatsverwaltung durch das Gesetz vom 28. Pluviose VIII/17. Februar 1800[28]), das am 24. Floreal VIII/14. Mai 1800 in den vier Departements in Kraft gesetzt wurde[29]). Durch dieses Gesetz wurden die bisherigen kollegialen Entscheidungsorgane von Präfekten abgelöst. Der Präfekt führte allein die Verwaltung im Departement als Vorgesetzter aller Verwaltungsbeamten und war nur der Regierung in Paris verantwortlich, in den vier neuen Departements allerdings bis 1802 dem Gouvernementskommissar in Mainz.

---

[25]) Bormann/Daniels, Bd. VI, S. 466 ff.

[26]) Bormann/Daniels, Bd. VI, S. 518 ff. Vgl. auch: Erwin Schaaf, Die niedere Schule im Raum Trier—Saarbrücken von der späten Aufklärung bis zur Restauration 1780—1825, Trier 1966, S. 115 f.

[27]) Vgl. Klompen, S. 29.

[28]) Käss, S. 164 f.

[29]) A. Klebe, Reise auf dem Rhein durch die Deutschen Staaten von Frankfurt bis zur Grenze oder Batavischen Republik und durch die Französischen Departemente des Donnersberg, des Rheins und der Mosel und der Roer im Sommer und Herbst 1800, Bd. I, Frankfurt 1801, S. 71.

Zwischen den Gemeinden und dem Departement standen die Gemeinde-
bezirke, die Arrondissements, als Verwaltungsschaltstellen mit einem Unterpräfekten an der Spitze. Die Funktionen des Unterpräfekten wurden in dem Arrondissement, in dem der Sitz der Präfektur lag, vom Präfekten wahrgenommen.

Die kleinste Verwaltungseinheit war die Gemeinde mit einem Maire und
Adjunkten an der Spitze. Aus organisatorischen Gründen wurden kleine Gemeinden zu einer Großgemeinde, der Mairie, zusammengeschlossen. Der Maire war
das eigentliche ausführende Organ für die Anordnungen des Präfekten.

Zwischen Gemeinden und Arrondissements standen die Kantone, die ihre
vorherige Bedeutung aus der Zeit der Zentralverwaltungen als wichtige Verwal-
tungsunterorganisationen verloren hatten und nun die Friedensgerichts-, Kon-
skriptions- und Notariatsbezirke, sowie die kirchlichen Pfarrorganisationsberei-
che umschrieben[30]).

Napoleon ernannte bzw. suspendierte die Präfekten, die Präfekturräte, die
Präfekturgeneralsekretäre, die Unterpräfekten, die Mitglieder der Departements-
und Arrondissementsräte, die Maires und die Adjunkten größerer Gemeinden.

Die Präfekten ernannten bzw. suspendierten die Mitglieder der Munizipal-
räte, sowie die Maires und Adjunkten in Gemeinden unter 5 000 Einwohnern[31]).

Das Roerdepartement mit dem Präfektursitz Aachen war in die vier Arrondissements Aachen, Köln, Krefeld und Kleve aufgeteilt. Das Saardepartement mit
dem Präfektursitz Trier wies die vier Arrondissements Trier, Prüm, Saarbrücken
und Birkenfeld auf. Das Rhein-und-Mosel-Departement mit dem Präfektursitz
Koblenz hatte drei Arrondissements: Koblenz, Bonn und Simmern; das Donnersbergdepartement mit dem Präfektursitz Mainz hatte vier Arrondissements:
Mainz, Speyer, Kaiserslautern und Zweibrücken[32]).

Das napoleonische Verwaltungs- und Herrschaftssystem war in seinem zen-
tralistisch-hierarchischem Aufbau deutlich auf das Ziel größtmöglicher Effizienz
ausgerichtet. Der Präfekt war abhängig vom Willen der Regierung, besaß aber im
Departement alle Machtbefugnisse. Ein klarer Instanzenweg — wie übrigens auch
bei der Justiz — und genau definierte Zuständigkeiten machten rasche Entschei-
dungen und Aktionen möglich.

Die Munizipal-, Arrondissements- und Departementsräte sollten wohl dem
System einen demokratischen Anschein verleihen, Volksvertretungen oder Selbst-
verwaltungsorgane jedoch waren sie nicht[33]). Die Mitglieder dieser Räte wurden
aus dem Kreis der Höchstbesteuerten ernannt[34]), ihre Mitwirkungsrechte waren
sehr beschränkt, ihr Einfluß auf Politik und Gesetzgebung bescheiden.

Die Sonderstellung der vier neuen Departements blieb auch nach der Einführung des napoleonischen Verwaltungssystems erhalten, da nach den geheimen
Zusagen Preußens und Österreichs eine völkerrechtlich verbindliche Abtretung

---

[30]) Käss, S. 174 ff.; Klompen, S. 30.
[31]) Näheres zu den Departements-, Arrondissements- und Munizipalräten bei Bär,
    S. 47 ff.; Klebe, Bd. I, S. 63 ff.; Käss, S. 164 ff.
[32]) Bormann/Daniels, Bd. VI, S. 474 ff.; Klebe, Bd. I, S. 73.
[33]) Braubach, Die Zeit der französischen Herrschaft, S. 321.
[34]) Insofern könnte man von einer Notabelnvertretung sprechen. Vgl. Hashagen, Die
    Rheinlande, S. 21.

an Frankreich noch nicht erfolgt war. Die eroberten Gebiete wurden deshalb weiter von einem Gouvernementskommissar verwaltet.

Auf Rudler folgten in dieser Position Marquis[35] (17. Ventose VII/7. März 1799 — Ende August 1799[36]), Lakanal (August — Ende Dezember 1799[37]), der frühere Präsident der Intermediärkommission Shée (1. Nivose VIII/22. Dezember 1799 — September 1800[38]), Jollivet (5. Ergänzungstag VIII/22. September 1800 — Dezember 1801[39]) und Jeanbon de Saint-André (29. Frimaire X/20. Dezember 1801[40]) — 30. Juni 1802[41]).

Im Friedensvertrag von Lunéville wurden am 9. Februar 1801 die Gebiete links des Rheins endgültig an Frankreich abgetreten. Der Artikel VI des Friedensvertrages legte fest:

„S. M. l'Empereur et Roi, tant en son nom qu'en celui de l'empire germanique, consent à ce que la République française possède désormais, en toute souveraineté et propriété, les pays et domaines situés à la rive gauche du Rhin et qui faisaient partie de l'empire germanique; de manière que ... le Thalweg du Rhin soit désormais la limite entre la République française et l'empire germanique, savoir: depuis l'endroit où le Rhin quitte le territoire helvétique, jusqu'à celui où il entre dans le territoire batave[42]." Das französische Gesetz vom 18. Ventose IX/9. März 1801 erklärte deshalb die Einverleibung: „Les départements de la Roer, de la Sarre, du Rhin-et-Moselle et du Mont-Tonnerre font partie intégrante du territoire français. Les lois et les réglements de la République ne seront appliqués auxdits départements qu'aux époques où le gouvernement le jugera convenable, et en vertu d'arrêtés qu'il prendra à cet effet[43]." Eine Gleichstellung mit den übrigen französischen Departements war damit immer noch nicht gegeben; das Amt des besonderen Verwalters, des Gouvernementskommissars in Mainz, blieb noch erhalten, bis der Konsularbeschluß vom 30. Juni 1802 diese Institution aufhob und die französische Konstitution mit Wirkung vom 1. Vendémiaire XI/ 23. September 1802 für die vier rheinischen Departements in Kraft setzte[44]). Diese waren damit unmittelbar der Pariser Zentrale untergeordnet[45]); die alten Territorien waren Bestandteil des französischen Einheitsstaates geworden und blieben dies bis zum Einzug der preußischen Truppen im Januar 1814.

---

[35] Bormann/Daniels, Bd. VI, S. 790, Nr. 374.

[36] Perthes, Bd. I, S. 266.

[37] ebd.

[38] Bormann/Daniels, Bd. VI, S. 824, Nr. 437.

[39] Bormann/Daniels, Bd. VI, S. 843, Nr. 483.

[40] Bormann/Daniels, Bd. VI, S. 873, Nr. 566.

[41] Perthes, Bd. I, S. 266.

[42] Ch. de Martens et Ferd. de Cussy (Hgg.), Recueil manuel et pratique de Traités, Conventions et autres actes diplomatiques ... Bd. II, Leipzig 1846, S. 220.

[43] Zitiert nach: Louis Engerand, L'Opinion publique dans les provinces Rhénanes et en Belgique 1789–1815, Paris 1919, S. 107; J. E. Gräff, Chronologische Sammlung der rheinpreußischen Rechtsquellen mit Ausschluß der fünf Gesetzbücher nebst einer Übersicht der Territorial-Veränderungen, Trier 1846, S. 448.

[44] Käss, S. 181; Gottfried Kentenich, Geschichte der Stadt Trier von ihrer Gründung bis zur Gegenwart, Trier 1915, S. 657.

[45] Braubach, Die Zeit der französischen Herrschaft, S. 320.

III. Das Saardepartement

1. DAS TERRITORIUM

Für den Bereich des Saardepartements liegen mit den Veröffentlichungen von Zegowitz und Delamorre zwei zeitgenössische Werke topographisch-statistischer Art vor, die trotz vieler Mängel, die aus den Schwierigkeiten einer Umbruchszeit zu erklären sind, sehr aufschlußreiche Daten und Informationen bieten[1].

Die Annuaires sind um so wertvoller, da Delamorre, der das Präfekturamt für Maße und Gewichte leitete, und Zegowitz, der Präfekturgeneralsekretär war, sich auf das Material amtlicher Erhebungen stützen konnten.

Das 1798 durch Rudler geschaffene Saardepartement hatte seinen Namen von der Saar, die im Westen einen Teil des Departements durchfloß, erhalten. Eine Benennung nach der Mosel, die das Departement in zentraler Lage von Westen nach Osten durchschnitt, war nicht möglich, weil es im Südwesten bereits das Département de la Moselle mit dem Hauptort Metz gab.

Die Ansicht, daß die Grenzziehung durch die französischen Behörden ohne Rücksicht auf die frühere territoriale Gliederung erfolgt sei[2], trifft für das Saardepartement nur teilweise zu. Die „Flurbereinigung", die kleine und kleinste Herrschaften verschwinden ließ, nahm gerade bei der Bildung des Saardepartements Rücksicht auf größere, historisch gewachsene Territorien, die tief in das Departement hineinreichten und es in der Nähe von Manderscheid fast durchtrennten. Im Gegensatz zu den drei anderen rheinischen Departements, die besser arrondiert waren, bot sich hier ein eher zerrissenes Bild.

Der unregelmäßige Verlauf der Westgrenze, die Existenz von Enklaven und die Aufteilung von Gemeinden finden eine Erklärung in der früheren Landeszugehörigkeit der Gebiete und in dem Zeitpunkt ihrer Vereinigung mit Frankreich. Neidenbach nördlich von Bitburg und Nennig an der Obermosel z. B. gehörten teilweise zum Département de la Sarre und teilweise zum Département des Forêts. Es handelte sich in diesen Fällen um frühere Gemeinherrschaften, die aus zwei Personal-, nicht Territorialgemeinden bestanden hatten. Die Gemeindezugehörigkeit der Dorfbewohner war dadurch bestimmt gewesen, welche Stockhäuser und Feuerstellen dem einen oder anderen landesherrlichen Recht unter-

---

[1] Louis Zegowitz, Annuaire historique et statistique du Département de la Sarre, Trier An XI (1802) und C. H. Delamorre, Annuaire topographique et politique du Département de la Sarre, Trier 1810. Außerdem ist noch zu nennen: J. Peuchet/ P. G. Chanlaire, Déscription topographique et statistique du Département de la Sarre, Paris 1808. Dieses weniger ausführliche Werk basiert vor allem auf Zegowitz.

[2] Bär, S. 43.

standen hatten. In Neidenbach und Nennig hatten jeweils eine kurtrierische und eine luxemburgische Gemeinde nebeneinander bestanden[3]).

Die Österreichischen Niederlande waren nach dem Einmarsch der Revolutionstruppen bereits durch ein Gesetz vom 9. Vendémiaire IV/1. Oktober 1795 von Frankreich vereinnahmt worden. Die völkerrechtliche Abtretung durch Österreich erfolgte im Frieden von Campo Formio 1797. Zu den neugebildeten Departements gehörte auch das Département des Forêts mit dem Hauptort Luxemburg, so daß die zum früheren Herzogtum Luxemburg gehörigen Gebiete um Waxweiler, Neuerburg, Bitburg, Speicher, sowie einzelne Gemeinden an der Obermosel über zwei Jahre vor der Organisation der vier rheinischen Departements französisch geworden und zum Département des Forêts gekommen waren[4]). Eine zweite Einbuchtung bildeten im Nordwesten des Saardepartements die Gemeinden Kronenburg, Berk und Hallschlag, die dem Département de l'Ourthe zugeschlagen worden waren[5]). In den südlichen Teil des Saardepartements griff als dritte tiefe Einbuchtung der Kanton Tholey des Moseldepartements ein. Das Amt Schaumburg (Tholey) gehörte im Mittelalter zu Lothringen, kam 1766 zu Frankreich und 1787 durch Tausch an Pfalz-Zweibrücken, wurde aber durch ein Dekret des Nationalkonvents vom 14. Februar 1793 wieder mit Frankreich vereinigt und dem Departement de la Moselle, Arrondissement Thionville zugeordnet[6]).

Das Saardepartement stieß im Norden an das Département de la Roer, im Osten an das Département du Rhin-et-Moselle, im Südosten an das Département du Mont-Tonnerre, im Südwesten an das Département de la Moselle, im Westen an das Département des Forêts und im Nordwesten an das Département de l'Ourthe[7]).

Die zeitgenössischen Angaben über die Flächengröße des Departements schwanken zwischen 504 450 Hektar[8]), 517 538 Hektar[9]) und 525 229 Hektar[10]).

Die erste Flächenberechnung wurde im Jahre VI (1797) zum Zweck der Steuererhebung vorgenommen und basierte auf den Deklarationen der Grund-

---

[3] Vgl. dazu: Adam Eismann, Umschreibung der Diözese Trier und ihrer Pfarreien 1802–1821, Saarbrücken 1941, S. 15, der sich ausführlich mit dieser Frage auseinandersetzt, da bei der Umschreibung der Pfarrgemeinden die Grenzen der Zivilgemeinden maßgebend waren. Zu Neidenbach und Nennig s. Wilhelm Fabricius, Erläuterungen zum geschichtlichen Atlas der Rheinprovinz, Bd. II, Die Karte von 1789, Bonn 1898, (Publikationen der Gesellschaft für rheinische Geschichtskunde, Bd. 12), S. 169 und S. 45 f.

[4] Statistisch-topographische Beschreibung des Regierungsbezirkes Trier nach seinem Umfange, seiner Verwaltungs-Eintheilung und Bevölkerung, Trier 1820, S. 4; Eismann, S. 14; Georg Bärsch, Beschreibung des Regierungsbezirkes Trier, Bd. I, Trier 1849, S. 129.

[5] Zegowitz, S. 5; Eismann, S. 21.

[6] Eismann, S. 79; Fabricius, S. 408.

[7] Atlas de la France, divisée en Departemens (!), Paris An X, 1802; Eismann, Karte im Anhang. Diese Karte, die die Diözese Trier zeigt, konnte herangezogen werden, da nach der kirchlichen Neuorganisation unter Napoleon Diözesan- und Departementsgrenzen identisch waren. S. auch: Trierischer Taschenkalender für das Jahr 1811, hg. v. Johann Anton Schröll, S. 83.

[8] Zegowitz, S. 16.

[9] Zegowitz, S. 200.

[10] Delamorre, S. 5.

eigentümer[11]), die naturgemäß wenig Interesse gehabt haben können, allzu genaue Auskünfte zu geben.

Dies scheint auch den französischen Behörden bewußt gewesen zu sein, denn sie verließen sich bei einer zweiten Erhebung im Jahre IX (1801) nicht mehr auf diese Angaben, sondern gingen vor „d'après le relevé des anciens cadastres, qui avant l'entrée des français servaient de bases à la répartition des charges publiques, et à leur défaut par des renseignements fidèles, qui avaient été recueillis à cette fin"[12]). Man konnte sich dabei der kurtrierischen Lagerbücher, die anläßlich der allgemeinen „Landmaß" von 1718 bis 1721 unter dem Kurfürsten Franz Ludwig von Pfalz-Neuburg angefertigt worden waren[13]), und der unter dem letzten Kurfürsten Clemens Wenzeslaus 1784—1790 entstandenen Amtsbeschreibungen[14]) bedienen. Zudem war im Jahr 1801 auch der Besitz der Toten Hand den französischen Behörden weitgehend bekannt, wenn auch in den folgenden Jahren immer wieder „verheimlichte Güter" entdeckt wurden, die jedoch flächenmäßig kaum ins Gewicht fielen. Die Größenangabe von 517 538 Hektar für das Saardepartement erscheint demnach besser abgesichert zu sein als das Ergebnis der ersten Berechnung. Dennoch war eine hinreichende Genauigkeit nicht erreicht, da viele Unterlagen und Urkunden in den Kriegswirren abhanden gekommen oder außer Landes gebracht worden waren. Fehler in den Lagerbüchern, die keine Fortschreibung erfahren hatten, Fehler bei der Umrechnung der alten Flächenmaße in das französische Maßsystem[15]), sowie die heterogene Zusammensetzung des Territoriums machten exakte Aussagen unmöglich. Deshalb wurde die Anlage eines neuen Katasters in Angriff genommen und ab 1803 von französischen Geometern systematisch durchgeführt. Die karthographische Aufnahme des Rheinlandes, die in der französischen Zeit nicht mehr abgeschlossen werden konnte, stand bis 1813 unter der Leitung des Obersten Tranchot und wurde in der preußischen Zeit unter Generalmajor von Müffling bis 1820 fortgeführt[16]).

Die dritte Flächenberechnung, die für das Saardepartement eine Größe von 525 229 Hektar ergab, stammt aus dem Jahre 1809 und berücksichtigte erste Ergebnisse der Katasterarbeiten. Gegenüber der Berechnung von 1801 hatten sich Änderungen nur in bezug auf die Ausdehnung von Wäldern und unproduktiven Flächen ergeben, die offensichtlich größer waren als man angenommen hatte[17]).

Die naturräumlichen Gegebenheiten weiter Teile des Saardepartements waren nicht geeignet, die wirtschaftliche Lage der Bevölkerung — soweit sie auf diesen Faktoren beruhte — positiv zu gestalten. Eifel und Hunsrück sind klimatisch

---

11) Zegowitz, S. 15.
12) ders., S. 199.
13) Erhard Antoni, Studien zur Agrargeschichte von Kurtrier, Bonn 1931, S. 8.
14) Willi Ballensiefen, Die Agrarlandschaft der Wittlicher Senke und ihrer Nachbargebiete, Bonn 1957, S. 37.
15) Zegowitz, S. 201.
16) Die Landesvermessungsämter Nordrhein-Westfalen, Rheinland-Pfalz und Saarland sind um eine Neuauflage bemüht und haben bereits den größten Teil der Einzelkarten als Reproduktionen nachgedruckt (Publikationen der Gesellschaft für rheinische Geschichtskunde, XII, 2. Abteilung — Neue Folge).
17) Vgl. Delamorre, S. 5 und Zegowitz, S. 200. Die Nutzflächenanteile für das Departement und für die verschiedenen Bezirke werden weiter unten im Kontext der wirtschaftlichen Fragen behandelt.

und von der Bodenbeschaffenheit her im wesentlichen benachteiligte Mittelge-
birgsregionen, von denen die erste zwar ein abwechslungsreiches Bild der naturräumlichen Gliederung bietet, die zweite eine eher einheitliche Gestaltung auf-
weist, die aber beide der um 1800 weitgehend von der Landwirtschaft abhängigen
Bevölkerung eine nur ärmliche Lebens- und Erwerbsgrundlage boten. Günstigere
natürliche Voraussetzungen sind nur in einem kleinen Teil der Eifel um Bitburg
und Wittlich, in einigen Landstrichen südlich des Hunsrücks und vor allem in den
Flußtälern anzutreffen. Dort entsprechen längeren und intensiveren Wärmeperio-
den kürzere und mildere Winter, so daß die Blütezeiten früher beginnen und die
Wachstumszeiten länger anhalten. Ertragreiche Sonderkulturen wie Wein-, Obst-
und Gemüseanbau sind praktisch nur in diesen Bereichen möglich. Hinzu kommt
die bessere verkehrsmäßige Erschließung, da die Flüsse selbst als Verkehrswege
dienen können.

Als begünstigte Räume sind die Täler von Mosel, Saar und Ruwer, aber auch
von Glan, Blies und Prims hervorzuheben. Der Befund gilt vor allem für die Un-
terläufe der Flüsse mit Ausnahme der Mosel, die als größter Fluß im Saardepartement eine Vorrangstellung einnahm.

In krassem Gegensatz zu den fruchtbaren Tälern präsentierten sich die Berg-
landschaften des Departements dem Zeitgenossen: „Das Departement ist voller
Berge; Ebenen sind selten... Der größte Theil dieser Berge ist mit Waldungen be-
deckt; am ausgedehntesten ist der Hochwald, welcher sich über den Hundsrücken
hinzieht, ein wildes, ödes und trauriges Gebirg... Dagegen sind die Anhöhen und
Seiten der Berge, welche die Ufer der Mosel und Saar einschließen, größtentheils
mit Weinreben bepflanzt, und gewähren einen lachenden Anblick. Überhaupt sind
die Thäler dieser beiden Flüsse eben so reizend als gut kultiviert, und bilden den
besten und schönsten Theil des Saar-Departements[18].“ „Am wenigsten frucht-
bar sind die wüsten Steppen der Eifel und die großen Strecken, welche der
Hundsrücken einnimmt...“[19]

„Le pays (die Eifel) est froid, peu fertile, montueux et coupé de vallées
étroites... La végétation y est plus tardive que dans les arrondissements de
Trèves et Sarrebruck, de 15, 20 et 30 jours[20].“

„On y rencontre... de plateaux découverts, condamnés à une sterilité ab-
solue[21].“ Kahles Heideland, Sümpfe und unzugängliche Waldungen „tel est le
tableau toujours uniforme que présente l'aspect extérieur du pays de l'Eiffel“[22].

Für die administrative Gliederung des Territoriums liegen mehrere gedruckte
Quellen vor[23]. Die Angaben differieren etwas in bezug auf Mairien und Einzel-

---

[18] J. A. Demian, Statistisch-politische Ansichten und Bemerkungen auf einer Reise
durch einen Theil der neuen preussischen Provinzen am Nieder- und Mittelrhein,
Köln 1815, S. 74 f.

[19] J. A. Demian/Ch. Stein, Der preußische Staat nach seinem gegenwärtigen Länder-
und Volksbestande, Berlin 1818, S. 41.

[20] Zegowitz, S. 95 f.

[21] Delamorre, S. 8.

[22] ebd.

[23] Bormann/Daniels, Bd. VI, S. 489 ff.; Bärsch, Bd. I, S. 125; Constantin Schulteis, Die
Karten von 1813 und 1818 (Erläuterungen zum geschichtlichen Atlas der Rheinprovinz, Bd. I), Bonn 1895, S. 60 ff.; Delamorre, S. 123 ff.; Zegowitz, S. 63, 80, 89,
97; Tableau des Mairies du Département de la Sarre (SAT FZ 690).

gemeinden. Dies liegt daran, daß im Verlauf der französischen Herrschaft geringfügige Korrekturen stattgefunden haben. Hier soll die umfassende Darstellung von Delamorre aus dem Jahr 1810 maßgebend sein.

Das Saardepartement hatte 34 Kantone, von denen acht auf das Arrondissement Trier, acht auf das Arrondissement Saarbrücken, neun auf das Arrondissement Birkenfeld und neun auf das Arrondissement Prüm entfielen. Es waren im Bezirk Trier die Kantone Bernkastel, Büdlich, Konz, Pfalzel, Saarburg, Schweich, Trier und Wittlich, im Bezirk Saarbrücken die Kantone Arnual, Blieskastel, Lebach, Merzig, Ottweiler, Saarbrücken, St. Wendel und Waldmohr, im Bezirk Birkenfeld die Kantone Baumholder, Birkenfeld, Grumbach, Hermeskeil, Herrstein, Kusel, Meisenheim, Rhaunen und Wadern, im Bezirk Prüm die Kantone Blankenheim, Daun, Gerolstein, Kyllburg, Lissendorf, Manderscheid, Prüm, Reifferscheid und Schönberg.

In diesen Kantonen waren 164 Mairien mit insgesamt 1 082 Gemeinden zusammengefaßt. Von den Mairien entfielen 41 auf den Bezirk Trier, 42 auf den Bezirk Saarbrücken, 38 auf den Bezirk Birkenfeld und 43 auf den Bezirk Prüm.

Arrondissement Trier

Kanton Bernkastel
　　Mairien Bernkastel, Lieser, Mülheim, Zeltingen
Kanton Büdlich
　　Mairien Beuren, Heidenburg, Leiwen, Neumagen, Niederemmel, Talling
Kanton Konz
　　Mairien Irsch, Konz, Oberemmel, Schöndorf
Kanton Pfalzel
　　Mairien Aach, Ehrang, Idenheim, Pfalzel, Ruwer, Trierweiler, Welschbillig
Kanton Saarburg
　　Mairien Freudenburg, Irsch, Meurich, Perl, Saarburg, Sinz, Zerf
Kanton Schweich
　　Mairien Hetzerath, Longuich, Mehring, Schweich, Sehlem, Trittenheim
Kanton Trier
　　Mairie Trier
Kanton Wittlich
　　Mairien Bengel, Kröv, Neuerburg, Osann, Salmrohr, Wittlich

Arrondissement Saarbrücken

Kanton Arnual
　　Mairien Dudweiler, Kleinblittersdorf, Ludweiler, Ruhlingen, Völklingen, Zettingen
Kanton Blieskastel
　　Mairien Blieskastel, Bliesmengen, Ensheim, Herbitzheim, St. Ingbert
Kanton Lebach
　　Mairien Dirmingen, Heusweiler, Hüttersdorf, Lebach, Nalbach, Saarwellingen, Sellerbach, Schwalbach
Kanton Merzig
　　Mairien Besseringen, Bietzen, Hausbach, Losheim, Merzig, Wahlen

Kanton Ottweiler
  Mairien Neunkirchen, Ottweiler, Stennweiler, Uchtelfangen, Urexweiler, Werschweiler
Kanton Saarbrücken
  Mairie Saarbrücken
Kanton St. Wendel
  Mairien Niederkirchen, Oberkirchen, St. Wendel, Theley, Walhausen
Kanton Waldmohr
  Mairien Limbach, Münchweiler, Obermiesau, Schönberg, Waldmohr

Arrondissement Prüm

Kanton Blankenheim
  Mairien Blankenheim, Dollendorf, Lommersdorf, Marmagen, Tondorf
Kanton Daun
  Mairien Daun, Dockweiler, Gillenfeld, Sarmersbach, Üdersdorf
Kanton Gerolstein
  Mairien Gerolstein, Hillesheim, Rockeskyll
Kanton Kyllburg
  Mairien Burbach, Kyllburg, Mürlenbach, Spang, Seffern
Kanton Lissendorf
  Mairien Kerpen, Lissendorf, Stadtkyll, Wiesbaum
Kanton Manderscheid
  Mairien Landscheid, Manderscheid, Niederöfflingen, Strohn, Weidenbach
Kanton Prüm
  Mairien Büdesheim, Dingdorf, Niederprüm, Olzheim, Prüm, Rommersheim, Schönecken, Wallersheim
Kanton Reifferscheid
  Mairien Hollerath, Reifferscheid, Wahlen
Kanton Schönberg
  Mairien Auw, Bleialf, Manderfeld, Schönberg, Winterscheid

Arrondissement Birkenfeld

Kanton Baumholder
  Mairien Baumholder, Böschweiler, Mittelbollenbach, Nohfelden, Reichenbach
Kanton Birkenfeld
  Mairien Achtelsbach, Birkenfeld, Leisel, Niederbrombach
Kanton Grumbach
  Mairien Grumbach, Offenbach, Schmidthachenbach, Sien
Kanton Hermeskeil
  Mairien Farschweiler, Hermeskeil, Kell, Otzenhausen, Thalfang
Kanton Herrstein
  Mairien Fischbach, Herrstein, Hottenbach, Oberstein
Kanton Kusel
  Mairien Burg-Lichtenberg, Konken, Kusel, Quirnbach, Ulmet
Kanton Meisenheim
  Mairien Hundsbach, Meddersheim, Meisenheim, Merxheim

Kanton Rhaunen
  Mairien Merscheid, Morbach, Rhaunen, Wirschweiler
Kanton Wadern
  Mairien Neunkirchen, Wadern, Weierweiler

Vor dem Einmarsch der französischen Truppen gab es im Bereich des Saardepartements gegen Ende des Ancien Regime 41 verschiedene Landesherrschaf-
ten, deren Ausdehnung vom reichsritterschaftlichen Splitterbesitz bis zum relativ
geschlossenen, größeren Territorium eines Kurfürstentums reichte[24].

Kurtrier besaß in 422 der 1 082 Ortschaften die volle und in weiteren 32 Orten eine partielle Landeshoheit und war damit das größte Staatsgebilde sowohl
von der Fläche als auch von der Zahl der Untertanen her gesehen. Der Mosellauf
bildete den eigentlichen Kernraum des Kurstaates, der sich aus dem Obererz- und
dem Untererzstift mit den beiden Zentren Trier und Koblenz zusammensetzte.

Von der Mosel her griff der Kurstaat tief in die Eifel hinein, nachdem mit der
Einverleibung der Reichsabtei Prüm 1576 der letzte größere Gebietszuwachs erreicht worden war[25]. Rechts der Mosel gehörten Teile des Hunsrücks bis hinauf
zur Gebirgskammlinie zu Kurtrier, während am Unterlauf der Saar die Expansion
des Kurfürstentums in der Gegend von Merzig ihr Ende gefunden hatte.

Das Obererzstift kam durch die rudlersche Landesorganisation im wesentlichen zum Saardepartement, das Untererzstift bis auf die rechtsrheinischen Teile
zum Rhein-und-Mosel-Departement.

Die Arrondissements Trier und Prüm wiesen den höchsten Anteil ehemaliger
kurtrierischer Besitzungen auf, während in den Arrondissements Saarbrücken
und Birkenfeld, die durchweg unter der Hoheit protestantischer Herrscherhäuser
gestanden hatten, nur geringer Splitterbesitz des geistlichen Staates festzustellen
ist[26].

Das Saardepartement umfaßte vom Obererzstift die Hauptstadt Trier, die
Pallast-Kellnerei Trier und die Ämter Baldenau, Bernkastel, Daun, Grimburg,
Hillesheim zum Teil, Hunolstein, Kyllburg, Manderscheid, Merzig, Pfalzel, Prüm,
Saarburg, St. Maximin, St. Paulin, St. Wendel, Schönberg, Schönecken, Schmidt-
burg, Weiden, Welschbillig und Wittlich.

Neben dem Kurfürsten von Trier, der als einziger Landesherr ein Territorium
von überregionaler Ausdehnung besaß, verfügten die Grafen von Nassau-Saarbrücken, die Herzöge von Pfalz-Zweibrücken, die Grafen von Sponheim, die
Wild- und Rheingrafen und die Grafen von Blankenheim und Gerolstein über
mittlere, regional begrenzte Territorien, während den übrigen Souveränitätsträ-
gern Gebiete eher lokalen Zuschnitts unterstanden.

Die Grafschaft Nassau-Saarbrücken, deren Besitz sich vor allem auf den
Raum Saarbrücken-Völklingen-Heusweiler-Ottweiler erstreckte, kam in der fran-

---

[24] Vgl. Tableau de la population du Département de la Sarre avec le nombre de feux
que chaque Commune contient, la souveraineté dont elle dépendait et le nom du
Maire (Zegowitz, S. 302–358).

[25] Josef Niessen (Bearb.), Geschichtlicher Handatlas der Rheinprovinz, Köln–Bonn
1926, Nr. 22, 23.

[26] Die folgenden Ausführungen stützen sich auf Fabricius, S. 110–131, 344 ff., 463–
474, 490 f., 496, 541 f.

zösischen Zeit im wesentlichen zum Arrondissement Saarbrücken, ein kleinerer Teil zum Arrondissement Birkenfeld.

Das frühere Herzogtum Pfalz-Zweibrücken lag nur zum Teil im Saardepartement; die Besitzungen um Kusel und Meisenheim gehörten zum Arrondissement Birkenfeld.

Die Grafschaft Sponheim war nach den Teilungen von 1707 und 1776 in drei Teile zerfallen, die an Kurpfalz, Pfalz-Zweibrücken und Baden gekommen waren. Kurpfalz hatte das sponheimische Amt Kreuznach, das 1798 dem Rhein-und-Mosel-Departement zugeordnet wurde, erhalten, Pfalz-Zweibrücken das Amt Allenbach (Arrondissement Birkenfeld) und den Anteil am Kröver Reich (Arrondissement Trier), die Markgrafschaft Baden die Oberämter Birkenfeld und Naumburg (Arrondissement Birkenfeld) und weitere Ämter, die jedoch außerhalb des Saardepartements lagen.

Die Wild- und Rheingrafschaft war zum Zeitpunkt der französischen Okkupation im Besitz der drei Linien Salm-Salm, Grumbach und Salm-Kyrburg. Der Territorialbestand an der Nahe und auf dem Hunsrück kam zum Arrondissement Birkenfeld.

Die Grafschaften Blankenheim und Gerolstein in der Eifel waren im Verlauf der historischen Entwicklung der Landesorganisation in den Besitz der Grafen von Manderscheid gelangt. Diese starben jedoch 1780 im Mannesstamm aus. Die Grafschaften gingen durch die Heirat der letzten Erbtochter mit dem böhmischen Grafen von Sternberg in dessen Hände über und wurden 1798 dem Arrondissement Prüm zugeschlagen. Die Grafschaft Manderscheid selbst war schon vorher als luxemburgisches Lehen dem Département des Forêts angegliedert worden.

Unter den Angehörigen der Reichsritterschaft traten die Grafen von der Leyen hervor, die mit den Herrschaften Blieskastel, Herbitzheim und Münchweiler am Glan über ein für die linksrheinischen Verhältnisse der Reichsritterschaft ungewöhnlich arrondiertes Territorium verfügten. Die übrigen reichsritterschaftlichen Landesherren besaßen nur kleine, zerstreute Ortschaften bzw. Ortsteile.

Vor 1789 existierten im Bereich des späteren Saardepartements einige wenige Territorien, die unter der Hoheit von geistlichen Korporationen standen. Es handelte sich um insgesamt 18 Dörfer, die sechs verschiedenen Abteien und Stiften (Irminen, Springiersbach, St. Marien, Echternach, St. Maximin, Fraulautern), sowie dem Domkapitel von Trier gehörten. Das Dorf Michelbach hatte seine Reichsfreiheit bis zum Ende des Ancien Regime bewahrt.

2. DIE BEVÖLKERUNG

Zur Bevölkerungsentwicklung zwischen 1787 und 1809 liegen die Ergebnisse vier verschiedener Zählungen vor[1]. Obwohl eine Analyse wegen des kurzen Zeitraumes und wegen des mit Fehlern behafteten Quellenmaterials nicht unproblematisch ist, bietet sich dennoch die Möglichkeit, Erkenntnisse über einen wich-

---

[1] Fabricius, passim; Bormann/Daniels, Bd. VI, S. 489 ff.; Zegowitz, S. 297 f., 302 ff.; Delamorre, S. 123.

tigen Faktor und aufschlußreichen Indikator des gesellschaftlichen Veränderungs-
prozesses zu gewinnen.

Die Einzelangaben bei Fabricius sind für jedes Arrondissement addiert worden. Die Summen sind wegen der großen Lücken mit Sicherheit zu niedrig und
entziehen sich deshalb einem Vergleich mit denen der drei anderen Quellen.
Lediglich die Einwohnerzahl des Arrondissements Trier dürfte den tatsächlichen
Verhältnissen nahekommen, da die Untertanen des Kurfürsten von Trier, der
die Landeshoheit im weitaus größeren Teil des Arrondissements besaß, in den
kurtrierischen Amtsbeschreibungen, auf die Fabricius sich stützte, erfaßt worden waren.

Die Familien- und Haushaltungszahlen, die bei Fabricius für Gemeinden des
Arrondissements Birkenfeld erscheinen, sind für die Berechnung mit dem Faktor 5 multipliziert worden, um zu einer absoluten Einwohnerzahl zu kommen. Es
handelt sich dabei um eine Annahme, die aus dem Material erschließbar, aber
nicht verifizierbar ist.

*Die Bevölkerung der vier Arrondissements des Saardepartements zwischen 1787
und 1809*

Quelle	Jahr	Trier	Saarbrücken	Prüm	Birkenfeld
Fabricius	1787	56 660	35 004	22 477	36 891
Bormann/Daniels	1799	66 196	57 478	31 573	63 802
Zegowitz	1802	76 656	69 036	44 037	67 656
Delamorre	1809	81 364	75 980	45 176	75 174

Die Gesamtbevölkerung im Gebiet des Saardepartements belief sich demnach 1787 auf mindestens 151 032, 1799 auf 219 049, 1802 auf 257 385 und 1809
auf 277 594 Personen[2]).

Die prozentuale Verteilung der Bevölkerung auf die vier Arrondissements

Jahr	Trier	Saarbrücken	Prüm	Birkenfeld
1799	30,2	26,2	14,4	29,2
1802	29,8	26,8	17,1	26,3
1809	29,3	27,4	16,2	27,1

Aus den Zahlen für die Gesamtbevölkerung ergibt sich ein außerordentlich
starker Zuwachs von 17,5 % zwischen 1799 und 1802, bzw. von 7,8 % zwischen
1802 und 1809. Die Bevölkerung hätte sich also in einem Zeitraum von nur zehn
Jahren (1799—1809) um mehr als ein Viertel vergrößert[3]).

---

[2]) Es liegen weitere Zahlen vor, deren Ursprung jedoch nicht klar ersichtlich ist:
Engerand, S. 19, 1806: 265 599 E.; Bärsch, Bd. I, S. 125, 1810: 273 569 E.; Trierischer
Taschenkalender, S. 41—49, 1810: 276 552 E.; Bärsch, Bd. I, S. 125, 1812: 277 596 E.;
Engerand, S. 19, 1813: 288 641 E.
[3]) + 26,7 %.

Der Bevölkerungsanstieg im Saardepartement zwischen 1799 und 1809

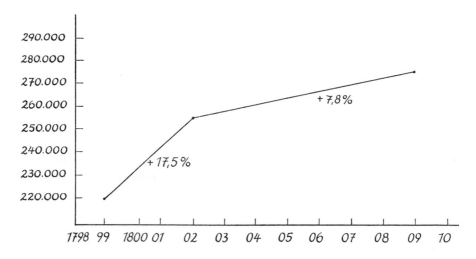

Der Zuwachs in den drei Jahren 1799–1802 wäre demnach sehr hoch gewesen und hätte den in den sieben Jahren 1802–1809 um ein Mehrfaches übertroffen. Die Zahlen für die einzelnen Arrondissements verdeutlichen dieses Bild.

Der Bevölkerungsanstieg in %

	1799–1802	1802–1809	1799–1809
Trier	+ 15,8	+ 6,1	+ 22,9
Saarbrücken	+ 20,1	+ 10,1	+ 32,2
Prüm	+ 39,5	+ 2,6	+ 43,1
Birkenfeld	+ 6,0	+ 11,1	+ 17,8

In einer graphischen Darstellung werden die Unterschiede zwischen den einzelnen Arrondissements hinsichtlich der absoluten Bevölkerungszahl und hinsichtlich des Wachstumstempos noch besser erkennbar. (S. 41)

Der bevölkerungsreichste Bezirk war das Arrondissement Trier, das diese Position auch im Gesamtzeitraum hielt. Im Zuwachs übertroffen wurde es durch den bevölkerungsärmsten Bezirk Prüm, dessen Einwohnerzahl um mehr als zwei Fünftel anstieg. Die Bevölkerung des Bezirkes Saarbrücken nahm um ein Drittel, die des Bezirkes Trier um etwas mehr als ein Fünftel zu, während der Bezirk Birkenfeld die geringste Steigerung mit 17,8 % verzeichnete.

Derartige Wachstumsraten in geringen Zeitintervallen müssen in Zweifel gezogen werden, zumal weitere Berechnungen, die auf der Basis des vorhandenen Quellenmaterials getrennt nach Einzelgemeinden, Mairien, Kantonen und Arrondissements vorgenommen werden können, zu sehr unterschiedlichen Ergebnissen führen. Auch die Berücksichtigung der Geburts- und Sterberegister bringt keine Klarheit.

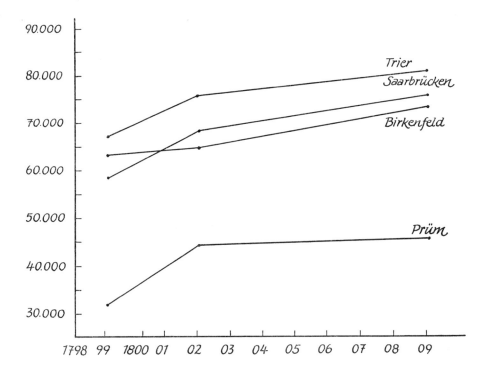

Die Ursachen der offensichtlichen Fehler bei den Bevölkerungsaufnahmen dürften in falschen Angaben und in Irrtümern bei Erhebung, Zusammenstellung, Abschrift und Drucklegung zu suchen sein.

Die Gemeinden scheinen vor allem bei der Zählung von 1799 bemüht gewesen zu sein, durch zu niedrige Angaben die Steuerlastquote zu senken[4]. Da zu dieser Zeit die französische Verwaltung noch mit den Folgen der Mißstände unter der Militärverwaltung zu kämpfen hatte, scheinen Verheimlichungen durchaus möglich gewesen zu sein. Der französischen Bürokratie war dies auch bewußt. „Il faut attribuer cette difference exagérée (zwischen den Zählungen von 1799 und 1809) aux erreurs que devait commettre une administration naissante, dans un pays où les communes méfiantes alors, se croyaient intéressées à deguiser le nombre véritable de leurs habitans[5].“ Auch Zegowitz spricht von einem „intérêt de cacher la veritable population“[6]. Die meisten falschen Angaben wurden offensichtlich im Arrondissement Prüm gemacht, denn anders ist die Zuwachsrate von 39,5 % zwischen 1799 und 1802 kaum zu erklären. Aus diesem Grund ist der Zählung von 1799 ein geringerer, den Zählungen von 1802 und 1809 ein höherer Grad an Zuverlässigkeit beizumessen, wenn auch von einer hinreichenden Genauigkeit nicht gesprochen werden kann. Das Land war nach Lunéville Frankreich angegliedert worden, die Behörden hatten sich etabliert, die Kontroll-

---

4) Schulteis, S. 62 f.
5) Delamorre, S. 122.
6) Zegowitz, S. 297.

4 Säkularisation

möglichkeiten waren größer geworden. Die politische Zukunft des Rheinlandes schien endgültig entschieden zu sein, was nicht ohne Einfluß auf eine kontinuierliche administrative Entwicklung bleiben konnte.

Wenn also auch Einschränkungen gemacht werden müssen, so ist das Quellenmaterial, das die verschiedenen Aufstellungen bieten, doch von großer Bedeutung, zumal sich hier die einzige Möglichkeit bietet, die Bevölkerung überhaupt quantiativ zu erfassen.

Wie gering die Siedlungsdichte zu Anfang des 19. Jahrhunderts war, zeigt die Berechnung der Einwohnerzahl pro Quadratkilometer in den Arrondissements und im Departement.

Als Berechnungsgrundlage wurden die Flächenangaben von Zegowitz herangezogen, da nur dieser nach Arrondissements differenziert[7]). Dort sind jedoch bei den Forsten nur die Gemeindewälder aufgeführt, so daß die Ausdehnung aller Wälder nach früheren Erhebungen berechnet werden mußte[8]).

Als weiteres Problem kommt hinzu, daß die Flächen der Flüsse, Wege, Felsengebiete, Moore und anderer unproduktiver Gebiete nur für das ganze Departement, nicht jedoch für die einzelnen Arrondissements bekannt sind. Es handelt sich deshalb bei den folgenden Daten um Annäherungswerte.

Arrondissement Trier	— 97 253 ha
Arrondissement Saarbrücken	—133 589 ha
Arrondissement Prüm	— 97 112 ha
Arrondissement Birkenfeld	—145 228 ha
Saardepartement	—473 182 ha

Einwohner pro qkm

Jahr	Trier	Saarbrücken	Prüm	Birkenfeld	Saardept.[9])
1799	68	43	32	44	42
1802	79	52	45	47	50
1809	84	57	46	52	54

Das relativ bevölkerungsreiche Arrondissement Trier hebt sich von den anderen Arrondissements deutlich ab, wobei der dünn besiedelte Raum Prüm in der hohen Eifel besonders auffällt. Das Arrondissement Saarbrücken liegt mit einer spürbaren Aufwärtstendenz noch über der durchschnittlichen Besiedlungsdichte, das Arrondissement Birkenfeld knapp darunter. Hier sind die weiträumigen, siedlungsfeindlichen Kammzonen des Hunsrücks zu berücksichtigen, für Saarbrücken die großen Waldgebiete des Warndt, des Saarkohlenwaldes und des Kirkeler Waldes. Es ist wegen des hinsichtlich der Flächengrößen nicht ganz zuverlässigen Quellenmaterials zu vermuten, daß die Siedlungsdichte in den vier Arrondissements noch geringer war.

---

[7]) Zegowitz, S. 200—203.
[8]) Zegowitz, S. 61, 79, 88, 95.
[9]) Für das Saardepartement wurden an dieser Stelle 517 538 ha Gesamtfläche zugrunde gelegt (Zegowitz, S. 200).

Die Berechnung der durchschnittlichen Einwohnerzahl pro Ortschaft unterstreicht das Bild der Bevölkerungsverteilung im Saardepartement[10]).

Einwohner pro Ortschaft

Jahr	Trier	Saarbrücken	Prüm	Birkenfeld	Saardept.
1799	281	229	105	217	202
1802	325	275	146	230	254
1809	345	303	150	256	257

Die Ortschaften des Arrondissements Prüm waren durchschnittlich nicht einmal halb so groß wie die des Arrondissements Trier. Die starke Aufwärtsbewegung im Bezirk Saarbrücken ist nicht zu übersehen, während der Sprung im Bezirk Prüm, der zwischen 1799 und 1809 die Einwohnerzahl pro Ort fast um die Hälfte in die Höhe schnellen läßt, wieder auf den fehlerhaften ersten Wert von 1799 zurückzuführen ist.

Charakteristisch für die Bevölkerungsstruktur ist ferner die Verteilung auf ländliche und städtische Gemeinden. Bei der Zuordnung wurde mangels anderer Möglichkeiten die Trennungslinie bei einer Einwohnerzahl von 1 000 Personen gezogen. Dieses Zuordnungskriterium erscheint problematisch, da die Bezeichnung „Stadt" von höheren Einwohnerzahlen, sowie von anderen Faktoren abhängig gemacht werden kann. Um den terminologischen Schwierigkeiten zu entgehen, könnte man auch von eher ländlich bzw. eher städtisch strukturierten Gemeinden sprechen. Von den Zeitgenossen wurden Orte mit mehr als 1 000 Einwohnern als „villes" angesehen[11]). Aus diesem Grund und da nur wenige Orte im Saardepartement überhaupt die Marge von 1 000 Einwohnern erreichten, ist diese Grenze zur Unterscheidung herangezogen worden.

Ortschaften mit mehr als 1 000 Einwohnern

Orte	1787	1799	1802	1809
Arrondissement Trier				
Bernkastel	1 112	1 263	1 578	1 564
Neumagen	—	1 050	1 025	1 025
Saarburg	—	1 276	1 197	1 240
Schweich	—	1 020	1 120	1 205
Trier[12])	9 748	9 494	13 021	13 481
Wittlich	1 236	1 545	1 505	1 629
Zeltingen	—	—	—	1 074

---

[10]) Arrondissement Trier: 236 Ortschaften; Arrondissement Saarbrücken: 251 Ortschaften; Arrondissement Prüm: 301 Ortschaften; Arrondissement Birkenfeld: 294 Ortschaften; Saardepartement: 1 082 Ortschaften.

[11]) Delamorre, S. 22.

[12]) mit Vororten.

43

Orte	1787	1799	1802	1809
Arrondissement Saarbrücken				
Blieskastel	—	1 278	1 733	1 519
Dudweiler	—	—	—	1 414
Losheim	—	1 062	1 045	1 210
Merzig	1 974	1 832	1 924	2 200
Neunkirchen	—	—	1 144	1 409
Ottweiler	1 264	1 460	1 476	1 883
Saarbrücken[13])	7 125	7 185	8 732	9 562
St. Ingbert	—	1 201	1 352	1 834
St. Wendel	1 470	1 313	1 400	1 428
Arrondissement Prüm				
Prüm	1 519	1 072	1 721	1 800
Arrondissement Birkenfeld				
Birkenfeld	1 075	1 181	1 105	1 352
Kusel	—	1 269	1 267	1 425
Meisenheim	—	1 730	1 801	1 890
Oberstein	—	1 095	1 214	1 355

Im Gebiet des Saardepartements wuchs zwischen den Jahren vor dem Einmarsch der Franzosen und 1809 sowohl die Anzahl der Orte mit mehr als 1 000 Einwohnern wie auch die Größe dieser Orte selbst. Im Jahr 1787 existierten mindestens neun dieser Gemeinden mit zusammen 26 523 Einwohnern, 1799 18 dieser Gemeinden mit 37 206 Einwohnern, 1802 19 dieser Gemeinden mit 45 360 Einwohnern und 1809 21 dieser Gemeinden mit 51 498 Einwohnern. Der Anteil der Gesamtbevölkerung, der in Ortschaften mit mehr als 1 000 Einwohnern lebte, belief sich demnach 1799 auf 17,0 %, 1802 auf 17,6 % und 1809 auf 18,6 %. Die zunehmende Konzentrationsbewegung der Bevölkerung auf größere Orte ist im Ansatz zu erkennen — wenn auch in einem sehr bescheidenen Umfang.

Ein Blick auf die vier verschiedenen Arrondissements läßt allerdings dieses Bild differenzierter erscheinen.

Im Arrondissement Prüm hatte nur Prüm selbst über 1 000 Einwohner — im Jahr 1809 waren es genau 4,0 % der Arrondissementsbevölkerung. Im Arrondissement Birkenfeld lebten im gleichen Jahr 8,0 % in Orten dieser Größe, im Bezirk Trier aber 26,1 % und im Bezirk Saarbrücken sogar 30,0 %. Das Arrondissement Saarbrücken zeigte wiederum die stärkste Wachstumstendenz vor Trier, Birkenfeld und weit vor Prüm. Die absolut größten Städte waren bei allen Erhebungen Trier und Saarbrücken, die 1809 unter Einschluß der Vororte auf einen Einwoh-

---

[13]) mit Vororten.

nerstand von 13 481 bzw. 9 562 Personen kamen und in denen somit 16,6 % bzw. 12,6 % der jeweiligen Arrondissementsbevölkerung lebten.

Zusammenfassend läßt sich sagen, daß die Bevölkerung des Saardepartements in einem trotz des relativ geringen Zeitraumes deutlich erkennbaren Wachstumsprozeß begriffen war, der sich besonders im Arrondissement Saarbrücken auswirkte, während das Arrondissement Trier seine führende Position hinsichtlich der Personenzahl behauptete. Trotz dieses Wachstums bewegte sich die Bevölkerung zahlenmäßig auf einem niedrigen Niveau. Die begünstigten Räume des Moseltals und der Saarbrücker Gegend standen dabei in Gegensatz zu den Mittelgebirgslandschaften der Eifel und des Hunsrücks, so daß sich ein bemerkenswertes Gefälle in bezug auf die Einwohnerzahlen ergab. Die durchschnittliche Siedlungsdichte und die Ortsgrößen zeigten ein ähnlich abgestuftes Bild. Wenige Menschen pro Flächeneinheit und kleine Orte waren trotz variierender lokaler Gegebenheiten charakteristisch für das Departement.

Der weitaus größte Teil der Bevölkerung lebte auf dem Lande (1809 — 81,4 %); nur wenige Ortschaften erreichten mehr als 1 000 Einwohner. Trier und Saarbrücken als die größten Städte wiesen gerade knapp 14 000 bzw. 10 000 Bürger auf.

Dieser außerordentlich niedrige Verstädterungsgrad ist bei der Beurteilung der Kirchengüterveräußerungen zu berücksichtigen.

3. AGRARISCHE STRUKTUR UND AGRARVERFASSUNG UNTER DEM ANCIEN REGIME

Die Agrarverfassung und die Agrarstrukturen waren im linksrheinischen Deutschland durch eine jahrhundertelange Entwicklung zu Ausprägungsformen sehr vielschichtiger und komplizierter Art gelangt, so daß jede Beleuchtung der Verhältnisse, so, wie sie sich gegen Ende des 18. Jahrhunderts darstellten, notwendigerweise Gefahr läuft, entweder zu generell und damit pauschal oder aber zu konkret, zu sehr an den Einzelfall gebunden, und damit ebenfalls wenig aussagekräftig zu geraten. Am sinnvollsten erscheint daher der Versuch, an konkreten Beispielen mit ihren differenzierten Erscheinungsbildern die charakteristischen Grundstrukturen freizulegen.

Die Landwirtschaft als die Existenzgrundlage des überwiegenden Teiles der Bevölkerung wies eine altüberkommene Agrarverfassung auf, die die Agrarstruktur nachhaltig beeinflußt hatte. Unter Agrarverfassung werden hier die rechtlichen Bestimmungen und Gewohnheiten in bezug auf das Eigentum, den Besitz und die Vererbung von Grund und Boden, die Formen von Herrschafts- und Abhängigkeitsverhältnissen und die Position der Bauern als Bewirtschafter des Bodens verstanden, unter Agrarstruktur die ganz oder teilweise aus der Agrarverfassung resultierenden Bodennutzungssysteme und deren Betriebsformen, die Produktions- und Absatzbedingungen und die daraus sich ergebende wirtschaftliche Lage der bäuerlichen Bevölkerung.

Für die Agrarverfassung im Rheinland des 18. Jahrhunderts war das System der Grundherrschaft von entscheidender Bedeutung. Die Grundherrschaft war im Gegensatz zur ostelbischen Gutsherrschaft mit Eigenbewirtschaftung des Bodens durch den Gutsherrn dadurch gekennzeichnet, daß der Grundherr seinen Besitz anderen Personen zur Bewirtschaftung gegen den Erbzins verliehen hatte[1]). Die Bauern hatten de facto die Verfügungsgewalt über die Güter, wenn sie nur den im späten Mittelalter fixierten Erbzins als Bodenlast weiter dem Grundherren zahlten.

Die Eigenwirtschaft des Grundherrn auf allodialem Gut hatte sich noch in Resten erhalten[2]), in Weinbaugebieten auch die Naturalerbpacht. Auf altem Frohnhofsland gab es außerdem auch das Vertragsverhältnis der Zeitpacht[3]).

Maßgebend für die Grundherrschaft war die Teilung des Eigentums in einem System, dessen Wurzeln bis in die germanische Zeit zurückreichten[4]). Der Grundherr besaß das Obereigentum (dominium directum), der Bauer das Untereigentum (dominium utile)[5]). Mit dem Obereigentum war ursprünglich auch die Verfügungsgewalt über Personen verbunden gewesen, jedoch hatten sich die Bauern seit dem 13. Jahrhundert mehrheitlich aus dieser umfassenden Abhängigkeit emanzipieren können[6]). Sie waren zwar wie im Osten politisch ohne Bedeutung, jedoch anders als die meisten Bauern im Osten persönlich frei. Nur wenige lebten in Abhängigkeit und Dienstbarkeit auf dem vom Herrn bewirtschafteten Gut[7]). Im Raum des Saardepartements sind Leibeigene noch auf dem Hunsrück nachweisbar[8]). Es handelte sich jedoch um Ausnahmefälle.

Mit der Einschränkung der alten Betriebsgrundherrschaft in Eigenbewirtschaftung hatte sich eine Rentengrundherrschaft herausgebildet, die schließlich zur reinen Rentenbezugsorganisation wurde[9]). Insofern und im Zusammenhang mit der Zerstückelung der Lehen, die von dem weitverbreiteten Erbrecht der Realteilung gefördert worden war, ist von einer „versteinerten", „innerlich ... längst ausgehöhlten" Grundherrschaft gesprochen worden[10]). Es bestand eine

---

1) Friedrich Lütge, Deutsche Sozial- und Wirtschaftsgeschichte, Berlin–Heidelberg–New York ³1966, S. 57, 215 ff.
2) Volker Henn, Zur Lage der rheinischen Landwirtschaft im 16. bis 18. Jahrhundert. In: Zeitschrift für Agrargeschichte und Agrarsoziologie 21, 1973, S. 173.
3) Georg Droege, Deutsche Wirtschafts- und Sozialgeschichte, Frankfurt/M.–Berlin–Wien 1972, S. 30.
4) Droege, Wirtschafts- und Sozialgeschichte, S. 12 ff.
5) Eberhard Weis, Ergebnisse eines Vergleichs der grundherrlichen Strukturen Deutschlands und Frankreichs vom 13. bis zum Ausgang des 18. Jahrhunderts. In: VSWG 57, 1970, S. 2.
6) Franz Steinbach, Die Veränderungen der Agrarverhältnisse vom 12. bis ins 18. Jahrhundert. In: Aloys Schulte (Hg.), Tausend Jahre deutscher Geschichte und deutscher Kultur am Rhein, Düsseldorf 1925, S. 170; Droege, Wirtschafts- und Sozialgeschichte, S. 29.
7) Joseph Hansen, Von der Französischen Revolution bis zur Gegenwart. In: H. Aubin, Th. Frings u. a.: Geschichte des Rheinlandes von der ältesten Zeit bis zur Gegenwart, Bd. I, Essen, S. 243.
8) Nach Fabricius, S. 454 und S. 487, gab es Leibeigene im Hochgericht Kleinich und in der Herrschaft Oberstein.
9) Henn, S. 173 f.; zu Genese und Entwicklung der Grundherrschaft vgl. Lütge, S. 102–127.
10) Hermann Aubin, Agrargeschichte. In: H. Aubin, Th. Frings u. a.: Geschichte des Rheinlandes von der ältesten Zeit bis zur Gegenwart. Bd. II, Essen 1922, S. 136 f.

sehr weitgehende Freiheit der Teilung, Veräußerung und hypothekarischen Belastung, eine Tatsache, die zur Annahme eines vollen Eigentumsrechtes geführt hat[11]). Die Grundherren forderten und erhielten jedoch immer noch Abgaben und Dienste. Bei den Renten und Abgaben handelte es sich oft nur um relativ niedrige Anerkennungsgebühren[12]); im Trierer Raum sind jedoch unterschiedliche Verhältnisse zu konstatieren, die ein volles Eigentumsrecht im römisch-rechtlichen Sinn als fraglich erscheinen lassen. Die teilweise recht starke Belastung der Bauern und ihre damit verbundene schwierige wirtschaftliche Lage resultierte allerdings aus einer Kombination grundherrschaftlicher Ansprüche, landesherrlicher Gerechtsame und privatrechtlicher Verpflichtungen, die sich zu einem kaum auflösbaren Knäuel von Lasten verdichtet hatten und deren Ursprünge den betroffenen Dienst- und Zahlungspflichtigen vielfach selbst nicht mehr klar waren. Die Art dieser Lasten läßt sich am besten an konkreten Beispielen darlegen.

Über die Gemeinde Krames im kurtrierischen Amt Wittlich berichtet ein kurfürstlicher Beamter in den schon erwähnten Amtsbeschreibungen[13]): „Crames besteht aus 14 Kameral-Erbhöfen, soviel Bürger und Wohnungen ... Die sämtlich Höfe oder die Gemeind nimt ihren Unterhalt von denen besagten Kameral-Ländereien, wovon sie zusammen 14 Malter Korn und soviel Haaber, dann 15 Reichstaler 30 alb. Geld an die Kellerei jährlich zahlen. Jeder Hof hat seine besonderen angehörigen Ländereien und nach Verhältnis derenselben seinen Teil Pacht nebst der gewöhnlichen Schatzung abzutragen. Die Hofländerein werden nie verteilet, sondern vom ältesten Kind oder nächsten Anverwandten des Besitzers im Ganzen ererbt ... Die Gemeind Crames hat zugleich den Last auf ihrer Gemarkung, der Kanonie Clausen für 10 Stück Rindvieh und von Mai bis Michelstag für 15 Stück Hämmel die Weide zu gestatten ... Übrigens ist der Ort Crames mit sehr vielen Frohnden behaftet, und muß jeder Crameser Einwohner oder Hofmann nebst denen ungemessenen Frohnden auch 2 Täge Haaber säen, 2 Tag braachen, 2 Tag rühren, 2 (Tag) Dung führen, 2 (Tag) Korn säen, 2 Tag Korn schneiden, 1 Tag mähen, jede Hausstatt jährlich 1 Pfund Werk spinnen und zusammen 3 Fuder Wein von der Mosel fahren, sind auch auf die anliegende churfürstliche Mühle gebannet."

Die Pacht war eine Abgabe an den Grundherren, bei der Schatzung handelte es sich um die landesherrliche Steuer, und die Frohnden waren teils landes-, teils grundherrliche Verpflichtungen.

Die Gemeinde Minheim an der Mosel war ebenfalls stark belastet und deshalb in Schulden geraten. Die in der Quelle aufgeführten Zahlungsverpflichtungen setzten sich zusammen aus der Steuer, der Pacht und den Schuldzinsen.

„Sie (die Gemeinde) muß jährlich 2 Ohm ständige und wiederum nach Verhältnis unständige Beeth, dann 2 Reichstaler 42 Albus Hühnergeld und 14 Albus

---

11) Klompen, S. 22; Büttner, S. 24; de Faria e Castro, S. 37; Aubin, Agrargeschichte, S. 137, spricht nicht von einem vollen Eigentumsrecht, sondern von einem vollen Eigeninteresse der Besitzer.

12) Klompen, S. 22.

13) Die Amtsbeschreibungen sind in Auszügen abgedruckt bei Gottfried Kentenich, Beiträge zur Geschichte des Landkreises Trier in der Trierischen Chronik 1912 ff. Die Quelle wird im folgenden zitiert als Kentenich, Amtsbeschreibungen. Zu Krames s. Kentenich, Amtsbeschreibungen, Trierische Chronik IX, 1913, S. 185 f.

Schnittergeld an die Kellerei Wittlich — auch an Rauhhaaber ohngefehr 6 Malter Haaber, 2 Reichstaler 36 Albus Oel — und 1 Reichstaler 24 Albus Bottengeld, an das gräfl. Berleburgische Haus von sicheren Wildlandt 3 Malter Korn, 2 Malter Haaber, an die Fruhmeß nacher Emmel 1½ Ohm, an den Emmeler Gerichtsbotten 1 Ohm, an sichere dasige Erben 10 Sester Most, an die Gemeind Wintrich 1 Reichstaler 30 Albus, an die Gemeindt Osan 12 Albus Wachsgeld und an die Witlicher Amtsbotten 1 Maß Oehl jährlich entrichten. Diese schweren Zinsen, welche von jedem Bürger auf den Kopf und nach Proportion seines Weinwachs erhoben werden und die vielen Hofgüter, welche das hohe Domkapitel, das Stift Simeon, Abtey Matheus[14]), das Kloster Agneten und mehrere allda haben, mögen schon einige Ursache sein, daß die mehreste Minheimer Einwohner sehr verschuldet und unvermögend sind, besonders dieselbe nach Art deren Moseler nicht genug sparsam und in Kleidung sowohl, als Nahrung etwas zu viel verschwenderisch sind[15])."

Die Amtsbeschreibungen aus den letzten Jahren der kurfürstlichen Herrschaft enthalten weitere Beispiele dieser Art, aber auch Gegenbeispiele, aus denen hervorgeht, wie weit der Rückgang herrschaftlicher Ansprüche bereits gediehen war.

Die Einwohner der Gemeinde Karl im Amt Wittlich „sind churfürstlicher Rentkammer mit keinen besonderen Frohnden behaftet, sondern bei Gebäulichkeiten nur zu Spannfrohnden gehalten"[16]). Weitere Belastungen existierten offensichtlich nicht mehr; grundherrliche Rechte werden nicht erwähnt.

Zu den Rechten des Grundherrn gehörte die Erhebung der Kurmede oder des Besthauptes beim Tod des Bauern und dem Übergang des Gutes auf dessen Sohn. Damit sollte das Obereigentum des Grundherrn ausdrücklich anerkannt werden. In Olkenbach konnte das Trierer Simeonstift als Grundherr die Zahlung des zehnten Pfennig als Kurmede noch verlangen. Gegen die Einziehung des gleichen Betrages bei Wegzug aus dem Ort und bei Landverkauf hatte indessen die Gemeinde geklagt und bis zur endgültigen Entscheidung, die aus der Quelle nicht hervorgeht, eine Aussetzung erreicht[17]).

Der Entwicklungsstand des grundherrschaftlichen Systems gegen Ende des 18. Jahrhunderts kann also nicht mit einer generellen Aussage hinreichend beschrieben werden. Unterschiedliche Verhältnisse, die sogar von Ort zu Ort auf kleinem Raum wechselten, erfordern eine differenzierte Betrachtungsweise. Charakteristisch für die Agrarverfassung und für das Verhältnis zwischen Grundherren und Bestände alten Herrenlandes war die Ausgestaltung des Teilbaues, der zur Aufbringung und Sicherstellung der vereinbarten Pachtleistungen diente und dem für die Landwirtschaft, besonders aber für die agrarische Sonderkultur des Weinbaues und dessen wirtschaftlicher Entwicklung erhebliche Bedeutung zukam[18]).

---

14) Abtei St. Matthias in Trier.
15) Kentenich, Amtsbeschreibungen, Trierische Chronik X, 1914, S. 59.
16) ders., Trierische Chronik IX, 1913, S. 185.
17) ders., Trierische Chronik X, 1914, S. 118 f.
18) Dazu ausführlich Felix Meyer, Weinbau und Weinhandel an Mosel, Saar und Ruwer. Ein Rückblick auf die letzten 100 Jahre, Koblenz 1926, S. 13 ff.; Steinbach, Die Veränderungen, S. 169; Henn, S. 176 f.; Georg Reitz, Die Größe des geistlichen

Beim Teilbau lieferte der Pächter einen Teil des Bruttoernteertrages an den Grundherrn, der ihm Hof und Felder, bzw. Weingut und Weinberge überlassen hatte. Der abzuführende Anteil war vertraglich zwischen den beiden Parteien festgelegt und betrug beim Ackerbau meist die Hälfte[19]), beim Weinbau ein Drittel der Ernte. Je nach der besonderen wirtschaftlichen Konjunktur zum Zeitpunkt des Vertragsabschlusses konnte die Pachtzahlung aber auch im vierten, fünften, sechsten oder sogar nur im siebten Teil bestehen. Der Obereigentümer erhielt bei diesem Verfahren eine jährlich schwankende Leistung, denn das Ernteergebnis hing neben anderen Faktoren von der Witterung, aber auch von den Bemühungen des Pächters ab. Die erbliche Vergabe sollte neben den entsprechenden Vertragsbestimmungen eine pflegliche Behandlung des Gutes sicherstellen, da dem Bauern oder Winzer nicht daran gelegen sein konnte, seinem Sohn ein vernachlässigtes Objekt zu übergeben. Andererseits wirkte sich der Teilbau aber auch nachteilig aus, weil persönliche Anstrengungen des Pächters zu einer Erhöhung der von ihm zu leistenden Abgaben führten. Der Zins wurde mit Naturalien bezahlt, teilweise auch mit Geld, wobei der Übergang zur Fixpacht seit dem 15. Jahrhundert bedeutsam war. Die Fixpacht war für den Grundherrn günstiger, da die Bindung an die landwirtschaftliche Konjunktur entfiel. Der Teilbau und die Naturalabgaben waren aber auch noch im 18. Jahrhundert gebräuchlich, vor allem in Gegenden des Weinbaues, weil hier die Erträge sich sehr unterschiedlich gestalteten und in schlechten Jahren sogar ganz ausfielen. Eine Fixierung der Pacht auf eine bestimmte Höhe ließ sich daher kaum durchführen[20]). Die Winzer, die Kirchengüter bewirtschafteten, konnten in mageren Jahren mit Pachtnachlässen rechnen, da die Klöster am wechselseitigen Treueverhältnis zwischen Grundherrn und Erbpächter festhielten und traditionell soziale Funktionen wahrnahmen. Das alljährliche Hofgeding mit der Neubelehnung diente der Kontrolle des Beständers und der Abrechnung für das zurückliegende Wirtschaftsjahr.

Zur Sicherung des Renteneingangs und zur Verhinderung von Unterschleife hatten die Klöster für ihre ausgedehnten Besitzungen an Mosel und Saar ein Kontrollsystem entwickelt, das einer Qualitätsverbesserung im Weinbau außerordentlich hemmend entgegenstand und das seine Erklärung in dem natürlichen Bestreben der Winzer fand, nicht allzuviel vom Ertrag der eigenen Arbeit abgeben zu müssen. Neben dem Recht, über die Art der Bewirtschaftung und die Auswahl der Rebsorten bestimmen zu können, hielten die Klöster vor allem daran fest, den Beginn der Lese von ihrer Zustimmung abhängig zu machen. Nur so ließen sich die Erntearbeiten überwachen und eine ordnungsgemäße Teilung in Anwesenheit des grundherrlichen Beauftragten, des Windelboten, sicherstellen. Dieses Verfahren hatte zur Folge, daß, bedingt durch die Entfernung des Grundherrn vom Ort, die Dringlichkeit oder Nichtdringlichkeit der Lese oft falsch beurteilt wurde. Nicht selten mußten deshalb in der einen Lage Trauben geerntet werden, die ihre volle Reife noch nicht erreicht hatten, während die überreifen

und ritterschaftlichen Grundbesitzes im ehemaligen Kur-Trier, Koblenz 1919, S. 14 f.
[19]) Deshalb wurden die bäuerlichen Pächter auch als Halfen bezeichnet.
[20]) Aubin, Agrargeschichte, S. 129.

Trauben in einem anderen Weinberg zu faulen begannen. Es war für den Qualitätsweinbau außerdem abträglich, daß auf diesem Weg Spät- und Auslesen unmöglich gemacht wurden. Nach Abschluß der Lese hatte der Verpächter das Recht, den ihm zustehenden Teil aus dem Lesegut auszuwählen. Außerdem durfte das Keltern der Trauben nur in seinem Kelterhaus geschehen.

Es ist klar, daß die Teilwinzer dieses demoralisierende Kontrollsystem zu umgehen versuchten. Einige Möglichkeiten bestanden darin, die schönsten Trauben trotz des Verbotes vorher zu lesen, die gelesenen Trauben zu verstecken, mit einem Nachbarn zu kooperieren und ihm einen Teil der Trauben zum Keltern anzuvertrauen oder bei der offiziellen Lese Stöcke oder sogar Zeilen auszulassen und erst nach der Teilung zu lesen.

Wie schon angedeutet, bot die Fixpacht dem Grundherrn, der auf den sicheren Renteneingang bedacht war, eine Alternative, die auch für den Pächter Vorteile haben konnte. Es stand dem Grundherrn frei, ob er ein Lehen, das durch Aussterben der Pächterfamilie heimgefallen war, erneut in Erbpacht gab oder ob er es nur zeitlich begrenzt weiterverpachtete. Die Pachtfristen schwankten dabei ungefähr zwischen 6 und 24 Jahren. Ihre Dauer hing mit der weitverbreiteten Dreifelderwirtschaft zusammen, die die Düngung aller Flächen erst nach 6 Jahren erlaubte. Nach Ablauf der Frist konnte je nach der wirtschaftlichen Lage ein neuer Pachtpreis ausgehandelt werden. Bei dieser Art der Verpachtung wurden intensive Bemühungen des Pächters belohnt, da der Mehrerlös nach Abzug des Fixums nicht mehr geteilt werden mußte. Das Zeitpachtwesen hatte sich daher im Verlauf der Entwicklung immer weiter verbreitet.

Unter den Reallasten, die auf Bauern und Winzern ruhte, war der Zehnte, der wie die Teilrente als proportionale Abgabe erhoben wurde, von besonderer Bedeutung[21]. Der Zehntberechtigte trieb während der Ernte noch auf dem Feld oder im Weinberg die zehnte Garbe oder die zehnte Traube ein. Flur- und Lesezwang dienten dabei als Mittel gegen Betrug.

Die Bede war eine Abgabe, die ursprünglich aufgrund verschiedenster vogteilicher Schutzverhältnisse vom Landesherrn „erbeten" wurde und die auf dem Besitz eines Grundstückes lastete. Sie war zunächst freiwillig gewesen, hatte sich dann aber als eine Art obligatorischer Grundsteuer etabliert.

Die Gilten waren meist auf dem Wege der Kreditaufnahme entstanden, wobei sich der Darlehensnehmer dem Kreditgeber gegenüber verpflichtet hatte, einen Teil der jährlichen Ernten als Rückzahlung abzutreten. In Phasen wirtschaftlicher Schwierigkeiten, die einerseits die Begleichung der Schuld erschwerten und andererseits einen erhöhten Geldbedarf hervorriefen, geriet der Schuldner immer weiter in Abhängigkeit von seinen Gläubigern, die vielfach identisch mit den Grundherren waren.

Das Ungeld wurde auf den zu verzapfenden Wein erhoben und hatte das grundherrliche Weinzapfmonopol abgelöst, das ebenso wie die Einrichtung des Bannwirtshauses den Verkauf des herrschaftlichen Weines sichern sollte. Gegen Zahlung der Abgabe erhielten die Winzer das Recht, ihren eigenen Wein zu verzapfen, auch wenn der Grundherr seinen Wein noch nicht hatte absetzen können.

---

[21]) Büttner, S. 25; Meyer, S. 18 ff.

Während die Winzer an das Bannkelterhaus gebunden waren, unterlagen die Bauern dem Mühlenzwang, der sie verpflichtete, nur in der Mühle des Grundherrn mahlen zu lassen.

Diese und andere Steuern, Abgaben, Gerechtsame, Gebühren und Dienste, die entweder dem Landes- oder dem Grundherrn zustanden, waren geeignet, die wirtschaftliche Lage der Winzer und Bauern negativ zu beeinflussen. Hinzu kam, daß Adel und Klerus Steuerfreiheiten genossen und die unteren Schichten der Bevölkerung entsprechend höhere Lasten zu tragen hatten.

Die Menschen lebten in einem Rechtssystem, das im Verlauf einer langen Entwicklung zu verwickelten Verhältnissen geführt hatte. Ein Beispiel liefert die Beschreibung des Amtes Welschbillig im Bitburger Gutland[22]): „Landeshoheit: Churtrier allein mit allen Vorzügen ohnstritig. Keine Gränz- und Hoheits-Irrungen. Kurtrier hat die hohe Criminal-, Mittel- oder Civil-, willkürliche (voluntarium)[23]), streitige Gerichtsbarkeit. Zu Idesheim und Besselich ist das Stift Simeon privative Mittel-Gerichtsherr, und zu Welschbillig, Eisenach, Giltzem ist das Domkapitul, zu Ittel das Stift Pfalzel, zu Idesheim und Besselich das Stift Simeon, zu Dahlem die Abtei Himmerod, zu Nowel, Hofweiler und Udelfangen Probstey zu St. Paulin Grundgerichtsherrn, zu Trierweiler Landcommende[24]) zu Trier und Abtei Epternach sind Grundgerichtsherrn, zu Eisenach und Gilzem aber sind Kurtrier und Domkapitul gemeinschaftliche Grundgerichtsherrn und haben zwei gemeinschaftliche Grundgerichten. Hingegen exerciret das Hochgericht zu Welschbillig alle actus voluntariae iurisdictionis privative."

Während Entwicklungsstand und Auswirkungen der Grundherrschaft, sowie Zusammensetzung und Schwere der Abgaben an die Landes- und Grundherren gegen Ende des Ancien Regime keine einheitliche Beurteilung erlauben, können die Formen des Erbrechts, von dem die Agrarstruktur erheblich mitgeprägt worden ist, nach Inhalt und Bedeutung bis zu exakten geographischen Bestimmungen hin genauer abgegrenzt werden.

Im Raum des Saardepartements existierten nebeneinander das Erbrecht der Realteilung und das Anerbenrecht, wobei das erste die größere Verbreitung gefunden hatte. Freiteilbarkeit und Freivererbbarkeit sicherten bei der Realteilung allen Kindern des Erblassers Gleichberechtigung zu, so daß eine progressive Parzellierung und Zersplitterung des Bodens sowie eine große Mobilität des Grundbesitzes in allerdings immer kleineren Teilen eingetreten war[25]). Einerseits erfuhr die Existenzbasis der Bauern eine Schmälerung, andererseits kam es zu einer Aushöhlung der überkommenen grundherrschaftlichen Agrarverfassung[26]).

Beim Anerbenrecht blieben die Güter, die Stock-, Stamm- oder Schafftgüter genannt wurden, grundsätzlich als Ganzes erhalten, da nur das älteste Kind erb-

22) Kentenich, Amtsbeschreibungen, Trierische Chronik VIII, 1912, S. 134.
23) Vom Autor der Beschreibung in Klammern gesetzt.
24) des Deutschen Ordens.
25) Steinbach, Die Veränderungen, S. 170; Henn, S. 175.
26) Nach Aubin, Agrargeschichte, S. 136, kam es vor, daß die Ausgaben des Grundherrn für das Essen, das den Pächtern aus Anlaß der Pachtablieferung gegeben wurde, durch die gestiegene Zahl der Beständer höher lagen als seine Pachteinnahmen, daß also die Aufteilung der Lehen bis zur Unrentabilität gediehen war.

berechtigt war. Diese Erbsitte, die in den Räumen Prüm und Manderscheid[27]), sowie in einigen Gemeinden der Wittlicher Senke[28]) üblich war, hatte tiefgreifende Folgen für die wirtschaftliche und soziale Struktur dieser Gebiete.

„Das Kind, welchem der Stock zukommt, das älteste, es sey Sohn oder Tochter, heirathet mit 16 bis 18 Jahren, wahrscheinlich um desto mehr dienstbare Hände zum Betriebe des Gutes zu erzeugen. Es ist daher nicht selten, drei Stockväter oder eben so viele Stockmütter in einem Haus zu finden. So lange die älteste dieser Personen, der einmal der Stock angehörte, noch lebt, sey Groß- oder Urvater, Groß- oder Urmutter, so behält sie die Alleinherrschaft, und alle übrigen Personen sind nicht viel mehr, als dem Hause angehörige Knechte und Mägde... Da auf jene Arte sich nur eins der Familienmitglieder verheirathet, so fehlt es an Oheimen und Muhmen in den Stockhäusern nicht. Ist der Stockerbe eine Tochter, so muß ihr nothwendig ein Sohn, Nichterbe, aus einem anderen Stockhause zugelegt werden. Dieses setzt... einen ordentlichen Handel ab, und wird kaufmännisch betrieben. Der Vater des jungen Menschen kommt zum Vater der Stocktochter, und fragt, wieviel er zu geben habe, wenn sein Sohn die Tochter heirathen würde. Forderungen und Gebote folgen sich, bis daß... die Waare losgeschlagen wird. Der Vater der Stocktochter bedient sich dann dieses Geldes, um einen seiner eigenen Söhne mit einer anderen Stocktochter zu verkoppeln. Der junge Mann, der auf jene Art in das Haus seiner Schwiegerältern tritt, lebt nur als Meisterknecht darin, indem die Regentschaft seiner Frau allein zukommt, wenn anders seine Ältern und Vorältern schon mit Tode abgegangen sind, denn sonst bleiben diese bis zu ihrem Absterben Herr vom Hause. Stirbt endlich die junge, wirkliche Stockfrau, vor ihrem eingeheiratheten Manne, so wird dieser Herr. Eben so ist es mit der eingeheiratheten Frau, wenn ihr wirklicher Stockmann vor ihr mit Tode abgeht[29]).“ Die Geschwister des Alleinerben erhielten eine Abfindung in Mobiliar oder in bar, die aber nicht zur Gründung eines eigenen Hausstandes ausreichte, so daß die Zahl der Haushaltungen in der Westeifel wesentlich niedriger lag als in den Gegenden der Realteilung[30]). Den zwangsweise Unverheiratenen blieb kaum etwas anderes übrig, als gegen Kost und Logis auf dem Hof des Bruders oder der Schwester zu arbeiten. Die im Verband wirtschaftende Großfamilie war in jedem Fall dem Regiment des Stockbesitzers bis zu dessen Tod unterworfen.

---

[27]) Statistisch-topographische Beschreibung des Regierungsbezirkes Trier, Trier 1828, S. 117 ff.; Johann Nepomuk von Schwerz, Beiträge zur Kenntniß der Landwirtschaft in der Rhein- und Moselgebirgsgegend. In: Möglinsche Annalen der Landwirtschaft, hg. v. der Königl. Preuß. Akademie des Landbaues zu Möglin, Berlin 1831, S. 383 ff.; J. J. Scotti, Sammlung der Gesetze und Verordnungen welche in dem vormaligen Churfürstenthum Trier... ergangen sind. Bd. III, Düsseldorf 1832, Nr. 733 vom 29. 4. 1777; Franz Josef Zens, Das Anerbenrecht der Stock-, Schafft- und Vogteigüter in der Südwesteifel vor der Einführung des Code Civil, Köln 1938, passim.

[28]) Kentenich, Amtsbeschreibungen, Trierische Chronik IX, 1913, S. 185 und X, 1914, S. 59. 17 Stockgüter in Krames und 6 Erbhöfe in Musweiler.

[29]) Schwerz, Beiträge, S. 384 f. Im Auftrag der preußischen Regierung hatte Schwerz im Jahre 1816 das Rheinland bereist und in seinem Bericht, der erst nach 1830 im Druck erschien, auch Informationen über die Zeit vor der Zugehörigkeit zu Frankreich mitgeteilt.

[30]) Stat.-top. Beschreibung 1828, S. 118; Schwerz, Beiträge, S. 383, 386.

Für den auf einen sicheren Eingang der Renten bedachten Grundherrn bedeutete diese Art der Vererbung eine vorteilhafte Regelung, da auf seinem Gut nur ein einziger Erbpächter saß, dessen Bindung an den Herrn nicht so leicht zu lösen war. Das Anerbenrecht wirkte durch die geschlossene Hofübergabe einer Zersplitterung des Grundbesitzes entgegen. Die Teilung wurde dort am stärksten behindert, wo Landes- und Grundherr identisch waren. Im Weistum von Manderscheid findet sich die Bestimmung: „Man soll keine Hofgüter zersplittern, damit der Landesherr wisse, wo er seinen Schatz und der Hofherr, wo er seine Kurmede erheben soll"[31].

Während in den übrigen Teilen der Eifel und an Mosel und Saar die Freiteilbarkeit den Besitz an Grund und Boden bestimmte, gab es in einigen Gebieten des Hunsrücks neben der Realteilung die Sonderform der Gehöferschaften. Dabei besaßen alle Gemeindeangehörigen gemeinsam Güter, die gewöhnlich für 12 bis 15 Jahre zur Bebauung verteilt wurden. Danach fand eine Neuverteilung statt, die den Bauern andere als die bisher bearbeiteten Felder zuwies. Es bestand also kein Eigentum an einem bestimmten Stück Land, wohl aber eine Teilhaberschaft am Ganzen. Ein Anreiz zu intensivem Wirtschaften und zur Kulturverbesserung war damit kaum gegeben, weil die eigenen Anstrengungen unter Umständen erst dem Nachfolger zugute kamen[32].

Neben diesen Einflußgrößen des Eigentums- und des Erbrechts, sowie der Formen von Abhängigkeit und Herrschaft waren die seit Jahrhunderten üblichen Bodennutzungssysteme, die ein außerordentliches Beharrungsvermögen entwickelt hatten, aber auch die Reformansätze in diesem Bereich für die Agrarstruktur im 18. Jahrhundert von Bedeutung[33].

Hinsichtlich der Bodennutzung ist zwischen verschiedenen Ackerbau- und Wildlandnutzungssystemen zu unterscheiden[34].

Die Bauern bewirtschafteten die Flächen der Dorfgemarkung je nach Standortbedingungen und Herkommen in genau festgelegten Formen, für die eine Unterteilung des Bodens in Gewanne, der Flurzwang, der mehrjährige Umlauf in der Fruchtfolge und die Gemeinweide auf der Brache und auf den in Kollektiveigentum stehenden Außenländereien typisch waren. Die Gemengelage der Parzellen und die Art der Viehhaltung erforderten eine gemeinsame Nutzung der Gewanne, die durch den Flurzwang sichergestellt wurde. Die verschiedenen Fruchtfolgesysteme sollten einer einseitigen Ausbeutung der Bodennährstoffe vorbeugen und durch Einschaltung von Brachejahren eine Erholung der Felder gewährleisten.

Die Viehwirtschaft fand ihre Futtergrundlage im genossenschaftlich organisierten Weidgang auf den Stoppel- und Brachweiden und auf den Allmendeflächen, die sich an das Ackerland anschlossen, so daß dem Wiesenbau geringere Bedeutung zugemessen wurde[35]. Der Fruchtfolgerhythmus war durch die An-

31) Zitiert nach Ballensiefen, S. 36.
32) Stat.-top. Beschreibung 1828, S. 119.
33) Die kurtrierischen Lagerbücher von 1718–21 bieten zur Frage der Bodennutzung wichtiges Material, das vor allem Antoni in seiner Arbeit ausgewertet hat.
34) Antoni, S. 11–53.
35) Ballensiefen, S. 35.

baumethoden der drei Grundformen Ein-, Zwei- und Dreifelderwirtschaft bestimmt, von denen die letzte im Untersuchungsgebiet vorherrschte. Reste von Zweifelderwirtschaft hatten sich außerhalb des Saardepartements an der unteren Mosel im Raum der Pellenz und des Maifeldes erhalten[36]), während die Einfelderwirtschaft nur selten vorkam. In Arenrath bei Wittlich wurde auf der einzigen Flur Jahr für Jahr Roggen angebaut; in Longen bei Schweich folgte man zwar dem System der Dreifelderwirtschaft mit dem Ablauf Brache, Winter-, Sommerfrucht über drei Jahre hinweg, ohne aber die Gemarkung aufzuteilen, so daß Brachland, Roggen- und Haferfelder nicht synchron nebeneinander existierten, sondern sukzessiv sich ablösten[37]).

Zweifelderwirtschaft ist nachweisbar für die Orte Trittenheim, Ensch, Kollesleuken und für die fruchtbaren Gebiete an Blies und Glan[38]). Die am Niederrhein verbreitete Feldgraswirtschaft mit mehrjähriger Ackernutzung des Landes und anschließender Anlage in Gras zu Weidezwecken ist auch in der Eifel festgestellt worden, allerdings in der außerordentlich extensiven Form der Wildlandnutzung mit stark variierenden Brachzeiten, während Mehrfruchtwechselsysteme dem nördlichen Rheinland vorbehalten blieben[39]).

Die gebräuchlichen Fruchtfolgen wiesen bei allen Anbaumethoden zahlreiche Variationen je nach den lokalen Verhältnissen auf. Die Dreifelderwirtschaftsfolge ein Jahr Brache — ein Jahr Roggen — ein Jahr Hafer hatte das größte Verbreitungsgebiet; einige weitere Möglichkeiten waren[40]):
1. Brache 2. Spelz 3. Hafer (Ämter Daun und Kyllburg)
1. Brache 2. Roggen und Spelz 3. Hafer (Ämter Daun u. Hillesheim)
1. Brache 2. Mischelfrucht[41]) 3. Hafer 4. Brache 5. Spelz 6. Hafer (Amt Kyllburg)
1. Brache 2. Roggen, Weizen 3. Hafer, Erbsen (Amt Saarburg)

Dem Anbau von Roggen und Hafer kam generell und besonders in den Höhengebieten entscheidende Bedeutung zu, während der Anbau von Weizen sich, bedingt durch die Bodenqualität, auf das Bitburger Gutland und den Saargau konzentrierte[42]).

Die auf Dauerackerland gewonnenen Rohprodukte reichten nicht aus, um die Ernährungsbasis der Bevölkerung zu sichern. Dabei beeinflußte die Art der Viehhaltung in doppelter Weise die Ertragslage negativ, indem sie einmal an einem zu geringen Viehbestand und damit an einer unzureichenden Dungproduktion festhielt und zum anderen durch die Unkenntnis oder Ablehnung des Futterbaues

---

36) Georg Droege, Zur Lage der rheinischen Landwirtschaft in der ersten Hälfte des 19. Jahrhunderts. In: Landschaft und Geschichte. Festschrift für Franz Petri, hg. v. Georg Droege u. a., Bonn 1970, S. 147; Antoni, S. 14; Johann Nepomuk von Schwerz, Beschreibung der Landwirtschaft in Westfalen und Rheinpreußen. Mit einem Anhang über den Weinbau in Rheinpreußen. Bd. II, Stuttgart 1836, S. 218 ff.
37) Antoni, S. 13.
38) ders., S. 14, 16; Delamorre, S. 403.
39) Droege, Lage der Landwirtschaft, S. 147.
40) nach Antoni, S. 22, 28 ff.
41) Getreidemischung von Weizen und Roggen im Verhältnis 1 : 2 (Stat.-top. Beschreibung 1828, S. 116); der Weizen hatte den früher verwendeten Spelz zurückgedrängt (Antoni, S. 29).
42) Leider fehlen Produktionsstatistiken, die eine Quantifizierung der Erntemengen und eine Analyse ihrer Zusammensetzung nach Fruchtsorten ermöglichen würden.

und der Stallfütterung die gesamte Gemarkung einer Ortschaft mit Ausnahme der bebauten Äcker dem Vieh als Weidefläche überließ. Durch die Weidegerechtigkeiten wurde der zweite Wiesenschnitt (Grummet) unmöglich gemacht und jede individuelle Initiative verhindert, da der Bauer seine gerade nicht im Flurzwang angebauten Felder der Allgemeinheit zur Verfügung stellen mußte. Die Einsicht in den Zusammenhang zwischen Wiesenbau, Viehbestand, Düngergewinnung und Ernteergebnis war offensichtlich wenig verbreitet, denn noch zur französischen Zeit wurde darüber geklagt, daß der Flächenanteil der Wiesen zu gering sei. Dies wirke sich nachteilig auf die Landwirtschaft aus, „qui sans prairies ne peut point élever de bestiaux, sans bestiaux ne peut recevoir d'engrais, et sans engrais ne peut féconder la terre"[43]. Zu kleine Mengen Dünger wurden auf zu große Flächen gebracht anstatt diesen Dünger zur Erzielung einer besseren Ernte konzentriert auf kleineren Flächen zu verwenden.

Neben der mangelhaften Dungzufuhr bewirkte die extensive Bodennutzung mit einseitiger, permanent wiederkehrender Fruchtwahl ein Nachlassen der Bodenproduktivität[44]. Diese Sachlage, die durch einen steigenden Bevölkerungsdruck noch verschlimmert wurde, hatte den Anbau von Mehlfrüchten auch auf der Allmende erzwungen und zu Wildlandnutzungssystemen geführt, die als Wald- und Rasenbrandwirtschaft[45] oder als ungeregelte Feldgraswirtschaft[46] bezeichnet worden sind.

Das Wildland schloß sich an die Daueräckerfluren an und ging unmerklich in die Waldzone über, da die durch den Brauch der ewigen Weidgänge degradierten Außenländereien keine deutliche Trennung von den Innenländereien mehr aufwiesen. Diese kargen Flächen, die oft weit entfernt vom Dorf lagen, waren mit Ginster-, Wacholder-, Heide- oder Waldrasen, mit Unkraut, Gestrüpp, Reisig, Niederhecken und Wald bewachsen und dienten als Weide für das Vieh; der Wald wurde außerdem zur Streu-, Brennholz- und Bauholzgewinnung genutzt. Auf diesem Wildland wurde Getreide auf dem Wege der Schiffel-, Rott- und Haubergwirtschaft angebaut[47]. Nach einer Ruheperiode von mehreren Jahren schlug man das emporgewachsene Gestrüpp ab, schälte („schiffelte") die verfilzte Grasnarbe mit einer besonderen Hacke, ließ die Stücke trocknen und verbrannte sie mit dem vorher abgeschlagenen Holz und Reisig. In die ausgebreitete Asche wurde Roggen gesät, dessen Ertrag ein als Saatgut geschätztes Korn ergab. Nach ein- bis zweijähriger Nutzung blieb das Land wieder sich selbst überlassen. Der Brandvorgang diente bei dieser Technik als Düngung, weil die Mineralstoffe des Bodens in leichtlösliche Formen verwandelt wurden.

Als Rottland und Hauberge oder Hageberge wurden Niederwalddistrikte verstanden, die zur Lohe- und Holzproduktion und periodisch zum Getreideanbau nach vorherigem Brennen wie beim Schiffelland Verwendung fanden. Dieses Rottland, das oft an Berghängen gelegen war und in einem Zeitraum von 20 bis

---

43) Delamorre, S. 406.
44) Ballensiefen, S. 40.
45) Antoni, S. 11 f.
46) Ballensiefen, S. 38. Ungeregelt im Sinne von sehr variablen Nutzungszeiten.
47) ebd. und S. 39; Karl-Georg Faber, Andreas von Recum 1765–1828. Ein rheinischer Kosmopolit. Bonn 1969, S. 149 f.; Antoni, S. 11 f., 51; Schwerz, Beiträge, S. 418 ff.

30 Jahren eine meist zweijährige landwirtschaftliche Nutzung erfuhr, diente außerdem als Viehweide und sank deshalb bei rücksichtsloser Beweidung zu Schiffelland ab[48]. Die Rott- und Haubergwirtschaft war weit verbreitet in der Westeifel und auf den zur Mosel abfallenden Gebirgshängen[49]. Da in den Tälern von Mosel und Saar wegen des Weinbaus kaum Platz für den Getreideanbau blieb, mußte das Wildland auf den Höhen für den Nahrungsmittelbedarf bearbeitet werden[50].

Die ungünstigen klimatischen Bedingungen und die wenig ergiebigen Böden in weiten Teilen des Departements machten die Schiffelwirtschaft als eine den Ackerbau ergänzende Anbauform existenznotwendig. Die zahlreichen landwirtschaftlichen Kleinbetriebe in der Eifel „würden nicht leben können, wenn sie nicht das Wild-, Gemein- oder Schiffelland für sich hätten. Sie suchen sich daher mit Schiffeln (Hacken und Brennen), so gut wie sie können, zu helfen"[51]. In Meisburg (Amt Kyllburg) und auf dem Hof Hütt (Amt Manderscheid) gab es sogar überhaupt kein, in Schleid (Amt Kyllburg) fast kein Ackerland. Die langjährigen Ruhezeiten waren durch die hochgradige Erschöpfung des Bodens bedingt; so betrugen bei diesen Wildlandnutzungssystemen die Fristen in Pölich (Amt St. Maximin) beispielsweise 9 Jahre, Mehring (Amt Pfalzel) 15 Jahre, in Faha (Amt Saarburg) 18 Jahre, in Elzerath (Amt Hunolstein) 30 Jahre und in Steiningen (Amt Daun) sogar bis zu 60 Jahre[52].

Die Notwendigkeit von Reformen mit dem Ziel der Einführung rationeller Produktionsweisen zur Intensivierung des Anbaus, zur Produktionssteigerung und damit zur Verbesserung der wirtschaftlichen und sozialen Lage der bäuerlichen Bevölkerung war unübersehbar. Seit der Mitte des 18. Jahrhunderts etwa kam es auf Initiative der Landesherren zu Neuerungen, die auf evolutionärem Wege einen allmählichen Wandel der agrarischen Verhältnisse begründeten.

Nach dem Vorbild größerer Staaten, die sich unter dem Einfluß merkantilistischen und physiokratischen Gedankengutes um die innere Kolonisation bemühten, ergriffen die Landesherren im Rheinland Maßnahmen, die zu einer Aufweichung der herrschenden Agrarverfassung und zu Änderungen in der Agrarstruktur führten. Die Auswirkungen dieses Prozesses dürfen jedoch nicht überschätzt werden, da allein schon die Kürze der zur Verfügung stehenden Zeit bis zur Auflösung der Feudalstaaten eine durchgreifende Umstellung, die in der Landwirtschaft naturgemäß nur langsam vor sich geht, verhinderte.

Durch die Reformen von oben wurde angestrebt:

a) Der Einbau neuartiger Futterpflanzen in die Fruchtfolge und der Übergang von der extensiven Weidewirtschaft zur Stallfütterung bei der Viehzucht als Mittel gegen die Düngernot[53].

---

48) J. A. Demian, Statistisch-politische Ansichten, S. 60; Ballensiefen, S. 39.
49) Droege, Lage der Landwirtschaft, S. 147.
50) Trittenheim: „Der Ackerbau ist sehr beschwerlich, da die mehrste Länderei, besonders das Rodt- und Schiffelland in weit entlegenen steilen Bergen entlegen ist." (Kentenich, Amtsbeschreibungen, Trierische Chronik VIII, 1912, S. 58).
51) Schwerz, Beiträge, S. 381. Die Klammer ist von Schwerz gesetzt.
52) Antoni, S. 39, 40, 42, 44.
53) Droege, Lage der Landwirtschaft, S. 147; Antoni, S. 70; Ballensiefen, S. 110.

b) Die Besömmerung der Brache mit bodenschonenden und -verbessernden Pflanzen unter verstärkter Hackfruchteinschaltung[54]).

c) Die Aufhebung der Weideservitute[55]).

d) Die Umwandlung des Wildlandes in Daueracker- oder Wiesenland und damit verbunden

e) die Aufteilung des Gemeindelandes[56]).

Am 18. März 1776 schränkte eine Verordnung des letzten trierischen Kurfürsten Klemens Wenzeslaus die Weiderechte auf Wiesen ein: „Zur Beförderung des Wiesenbaues in besonderer Beziehung auf die Gewinnung des Grummets, wird landesherrlich bestimmt, daß in Zukunft alle Wiesen im ganzen Erzstift jedesmal nach dem 15. März geschlossen und mit aller Viehtrifft verschont werden sollen, damit der Eigentümer solche gehörig reinigen und zubereiten könne, auch das im Frühjahr aufkeimende frische Gras nicht eingetreten oder mit der Wurzel herausgerissen werde[57]).“

Eine im Mai 1776 begonnene Fragebogenaktion diente der Vorbereitung weiterer Erlasse. Alle Gemeinden hatten die dabei gestellten Fragen zu beantworten, von denen einige die Intentionen des Landesherrn sehr deutlich machten: „Ob es gut oder nicht vielmehr schädlich sei, daß dem Eigentümer oder Pächter die freie Besamung des Brachflors wegen der gemeinen Viehweide nicht gestattet werde? Ob nicht der Vorteil, welcher einem jeden zuwachsen würde, wenn er das Brachland nach Wohlgefallen benutzen könnte, weit größer als derjenige sein würde, welchen die Einwohner von der geringen Weide auf demselben haben, weil alsdann ein jeder Eigentümer oder Pächter Klee- und Futterstücke nach Belieben anlegen, folglich mehr Vieh halten und mehr Dung gewinnen könnte? Ob es nicht wahr, daß von einem Stück Rindvieh, so im Stall gefüttert würde, an Milch und Dung ebensoviel Vorteil erscheine als von 2 bis dreien, wenn sie zumal auf weit entlegene Distrikte zur Weide getrieben werden[58])?“ Der pädagogische Unterton dieser Fragen, die wohl auch Ansichten und Stimmung der Betroffenen eruieren sollten, ist nicht zu verkennen.

Am 17. März 1778 wurde eine Verordnung erlassen, die zur Intensivierung des Anbaus von Futterkräutern festlegte, daß „... nach dem gesegneten Vorgang mehrerer benachbarter höchst- und hoher Stänsden ... allen erzstiftischen begüterten Unterthanen, wie deren Forensen Hofleuthen, von nun an erlaubt seyn

---

54) Franz Steinbach, Die Veränderungen der Agrarverhältnisse im 18. Jahrhundert unter der Fremdherrschaft und im 19. Jahrhundert. In: Aloys Schulte (Hg.), Tausend Jahre deutscher Geschichte und deutscher Kultur am Rhein. Düsseldorf 1925, S. 454; Martin Born, Die Entwicklung der deutschen Agrarlandschaft. Darmstadt 1974, S. 105; Faber, S. 140.

55) Aubin, Agrargeschichte, S. 136; Ballensiefen, S. 42; Steinbach, S. 455.

56) Born, S. 116 f.; Castro, S. 36 f.; Steinbach, S. 455; Henn, S. 185, Anm. 63 a; R. Capot-Rey, Le développement économique des pays sarrois sous la Révolution et l'Empire (1792–1815), Paris 1928, S. 211 betont, die Aufteilung des Gemeindelandes habe schon vor der französischen Zeit begonnen.

57) Scotti, III, Nr. 722. Zur Schonung des Waldes war zuvor schon allen Besitzern einer Kuh die Haltung von Ziegen verboten worden. Mittellose Untertanen, die keine Kuh besaßen, durften höchstens zwei Ziegen halten, diese aber nicht aus dem Stall lassen (Scotti, III, Nr. 707, 2. Juni 1773).

58) Zitiert nach Antoni, S. 71.

solle, die in den Brach-Flören gelegene Ländereyen nach ihrem Gutdünken mit beliebigem Getraydt, Gemüß, Klee und anderen Futter-Kräutern anzubauen, fort auch diese besaamt oder besetzte Felder hiernächst mit allem Vieh-Betrieb, bey Vermeidung schwerester Strafen . . . geschonet werden sollten . . ." Man solle sich dabei durch „zeitheriges diesem entgegen stehendes Herkommen nicht irrmachen . . . lassen"[59]. Gerade im Anbau von Klee wurde, wie die spätere Entwicklung zeigt, mit Recht, ein entscheidender Fortschritt gesehen. Diese Futterpflanze und daneben Luzerne, Esparsette und Runkelrüben ermöglichten eine stärkere Viehhaltung mit erhöhter Dungproduktion, eine Verbesserung der Böden und damit eine Steigerung der Getreideernten[60]. Schon vor diesen Futterpflanzen hatte die Kartoffel, der in der Folgezeit eine wachsende Bedeutung für die Ernährung gerade der armen Bevölkerungsschichten zukommen sollte, Eingang in die Landwirtschaft gefunden. Die „Grundbirne" oder „Krumper" ist an der Saar bereits für das Jahr 1685 belegt[61], im Erzstift Trier erfolgte die Einführung zwischen 1727 und 1730[62]. Durch Zehntexemption bestand für die Bauern ein Anreiz, die neue Frucht anzubauen. Die Entwicklung wurde durch heftigen Widerstand der Zehntberechtigten verlangsamt, konnte aber nicht aufgehalten werden.

Die Reformansätze standen in einem permanenten und unlösbar erscheinenden Gegensatz zur alten Agrarverfassung, die strukturellen Verbesserungen hemmend im Wege stand. Diese Spannung spiegelte sich auch in der landesherrlichen Agrarpolitik, die einerseits auf eine Verbesserung der Verhältnisse, d. h. auf eine Modernisierung im Agrarbereich ausgerichtet war, die andererseits aber geltendes Recht nicht einfach beseitigen konnte, ohne letztendlich die Existenz des Feudalstaates, der auf eben diesem Recht basierte, in Frage zu stellen.

Eine kurtrierische Verordnung vom 15. September 1783, die wegen der Streitigkeiten um den Zehnten für den immer größere Verbreitung findenden Klee notwendig geworden war, offenbarte diesen Widerspruch recht deutlich: „Nachdem durch die von Uns dem Landmann und Grundeigentümer gnädigst verliehene unbeschränkte Cultur aller seiner Ländereien, der Kleebau in verschiedenen Aemtern bereits sehr merklich zugenommen hat, dabei aber die Frage entstanden ist, ob von demselben, wenn er in die ordentlichen Korn-Fluren eingesäet worden, die Decimatoren den Zehnden zu erheben nicht berechtigt seien, so haben Wir, nach reifer der Sache Erwegung, theils zur unverletzten Beibehaltung des bisherigen allgemeinen Herkommens, theils auch zur Beseitigung kostspieliger Rechtsstreitigkeiten, Nachstehendes gnädigst zu verordnen für nöthig befunden. 1. Zwar belassen wir es bei der bisherigen Observanz, nach welcher alle sogenannte Krautfutter-Stücke, sie mögen angeleget werden, wo immer sie wollen, von der Zehend-Abgabe frei geblieben sind, wollen folglich auch, daß die Besitzere deren mit Klee bestellten Ländereien, in so fern als dieselben, gleich nach den erwehnten Krautfutter-Stücken grün abgemähet, und so zum Unterhalt des Viehestandes

---

[59] Scotti, III, Nr. 738.
[60] Aubin, Agrargeschichte, S. 134.
[61] Die Arbeiter der in dieser Zeit neu errichteten Eisenhütte in Dillingen bei Saarbrücken kamen aus den Niederlanden und brachten die Kartoffel mit (Antoni, S. 61).
[62] Antoni, S. 60; Born, S. 106.

verwendet werden, einer gleichen durchgängigen Exemption und Freiheit zu genießen haben sollen. 2. Wenn aber der Grundeigentümer oder Besitzer dergleichen in den Kornfluren angelegte Kleestücke nicht grün abfüttern, sondern ganz oder zum Theil zu ordentlichem Heu, und Samen-Aerndten reif werden läßt, so sind auch alsdann dieselben der gewöhnlichen Zehend-Abgabe allerdings unterworfen[63]."

Es handelte sich um einen Kompromiß, der die Individualwirtschaft hinsichtlich des Futterkräuteranbaus ermöglichen sollte, und diese dann doch mit halbherziger Rücksicht auf alte Rechte anderer wieder einschränkte und deshalb keine der beteiligten Parteien zufriedenstellte.

Am 20. November 1786 folgte ein Erlaß, der für die Urbarmachung von Außenländereien und für die Trockenlegung von Sumpfgebieten „zur Vermehrung des landesväterlich bezweckten Wohlstandes der Ackerbau treibenden Unterthanen" Steuerfreiheit auf eine allerdings unbestimmte Anzahl von Jahren versprach und der die Zehntberechtigten aufforderte, ihrerseits „ihres eigenen Interesse halber" den rodungswilligen Bauern zehntfreie Jahre einzuräumen[64]. Ähnliche Intentionen hatten Klemens Wenzeslaus schon vorher veranlaßt, die Militärdienstzeit zu verkürzen[65].

Ein anschauliches Bild über die Lage der Landwirtschaft gegen Ende des 18. Jahrhunderts läßt sich auf der Grundlage der von den Franzosen durchgeführten Erhebungen gewinnen. Aufschlußreich sind dabei die Flächenanteile der verschiedenen Nutzungsarten[66].

Die Flächen des Saardepartements

Nutzungsart[67] .	Fläche (ha)	%[68]
Ackerland	136 956	26,5
Wiesen, Gärten, Teiche	42 630	8,2
Wildland	99 856	19,3
Weinberge	3 053	0,6
Wege und Straßen	2 760	0,5
Flüsse und Bäche	5 420	1,1
Felsen, unfruchtbares Land	34 560	6,7
Bebaute Flächen	1 616	0,3
Wald	190 687	36,8
Total	517 538	100,0

---

[63] Scotti, III, Nr. 782.
[64] ders., III, Nr. 833.
[65] ders., III, Nr. 829, 7. September 1786. Alle jungen Männer zwischen 16 und 26 Jahren hatten „nur" noch 4 Jahre als Soldat zu dienen.
[66] Zegowitz, S. 61, 79, 88, 95, 200–203.
[67] Die von Zegowitz vorgenommene Unterteilung ist mangels weiterer Angaben nicht näher aufzuschlüsseln. Die Wiesen können deshalb nicht von den Gärten und Teichen getrennt werden.
[68] Prozentualer Anteil an der Gesamtfläche des Departements.

Der Wald bedeckte um die Wende vom 18. zum 19. Jahrhundert über ein Drittel der Gesamtfläche und stand damit an führender Position. An zweiter Stelle folgte das Ackerland mit einem Viertel der Fläche, an dritter Stelle das nur periodisch genutzte Wildland mit einem Fünftel. Die übrigen Nutzungsarten nahmen jeweils weniger als ein Zehntel der Departementsfläche ein und zwar in der Reihenfolge Wiesen, unfruchtbares Land, Flüsse, Weinberge, Wege und mit Häusern bebaute Flächen.

Eine Zusammenfassung nach Gruppen ergibt für die dauernd landwirtschaftlich genutzte Fläche 35,3 %[69]), für den Wald 36,8 % und für die übrigen Flächen 27,9 %[70]) und damit vereinfacht gesehen eine ungefähre Drittelung der Departementsfläche. Ein Drittel wurde dauerhaft für die Produktion von Grundnahrungsmitteln genützt, ein weiteres Drittel war mit Wald bestanden und der Rest entzog sich entweder der Bearbeitung oder diente als Wildland einer sporadischen und extensiven Bewirtschaftung. Eine Gegenüberstellung der landwirtschaftlichen Nutzflächen unter Einbeziehung des Wildlandes einerseits und der übrigen Flächen des Waldes und des unproduktiven Bodens andererseits, eine Aufteilung der Departementsfläche in zwei Gruppen also, ergibt ein Verhältnis von 282 495 ha zu 235 043 ha. Etwas mehr als die Hälfte des Bodens, 54,6 %, wurde demnach teils dauernd, teils periodisch landwirtschaftlich genutzt, während 45,4 % von Wald und anderen Flächen eingenommen wurde[71]). Fast 100 000 ha oder 20 % der Gesamtfläche wurden in den Formen der Schiffel- und Rottwirtschaft zur agrarischen Produktion herangezogen. Dieser hohe Anteil zeigt sehr deutlich, wie sich Agrarverfassung und Wirtschaftssysteme ausgewirkt hatten und welche Aufgaben dem Landesausbau am Ende des 18. Jahrhunderts gestellt waren.

Das Saardepartement war reich an Wald. Hinsichtlich der Qualität ist zu unterscheiden zwischen dem Gemeindewald, der durch die Weidgänge des Viehs je nach den lokalen Gewohnheiten und Rechten eine Degradierung erfahren hatte, und dem Wald, der als Eigentum der Grund- und Landesherren besser geschützt und gepflegt worden war[72]). Wege, Flüsse, unproduktive und bebaute Flächen erreichten zusammen einen Anteil von 8,6 %, während die Wiesen 8,2 % und die Weinberge 0,6 % des Departements einnahmen.

---

[69]) Ackerland, Wiesen, Weinberge.

[70]) Wildland, Wege, Flüsse, Felsen, bebaute Flächen.

[71]) Nach den ersten Ergebnissen der von den Franzosen begonnenen Katasteraufnahmen war der Waldanteil noch höher.

[72]) Nach Zegowitz, S. 200, umfaßte der Gemeindewald insgesamt 84 675 ha und der herrschaftliche Wald 106 012 ha. Von den 190 687 ha Gesamtfläche entfielen auf die Arrondissements Trier 34 470 ha, Saarbrücken 60 396 ha, Prüm 36 981 ha, Birkenfeld 58 840 ha. (Zegowitz, S. 61, 79, 88, 95).

Die landwirtschaftliche Gesamtnutzfläche im Departement und in den vier Arron-dissements in ha[73])

	Trier	Saar-brücken	Prüm	Birken-feld	Saar-depart.
Ackerland	26 070	49 967	18 108	42 811	136 956
Wiesen, Gärten, Teiche	8 090	12 242	9 260	13 038	42 630
Wildland	26 236	10 975	32 763	29 882	99 856
Weinberge	2 387	9	—	657	3 053
Total	62 783	73 193	60 131	86 388	282 495

Die landwirtschaftliche Gesamtnutzfläche im Departement und in den vier Arron-dissements (Anteile in % der Gesamtnutzfläche des jeweiligen Arrondissements, bzw. des Departements)

	Trier	Saar-brücken	Prüm	Birken-feld	Saar-depart.
Ackerland	41,5	68,3	30,1	49,5	48,5
Wiesen, Gärten, Teiche	12,9	16,7	15,4	15,1	15,1
Wildland	41,8	15,0	54,5	34,6	35,3
Weinberge	3,8	—	—	0,8	1,1
Total	100,0	100,0	100,0	100,0	100,0

Arrondissement Trier[74]

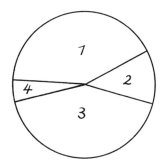

Arrondissement Saarbrücken

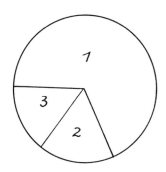

[73]) Die Aufschlüsselung aller Flächen in den Arrondissements analog zur Tabelle für das Departement ist nicht möglich, da die Ausdehnung der Wege und Straßen, der Flüsse und Bäche, der Felsen und unproduktiven Ländereien nur für das Departe-ment insgesamt, nicht aber für die einzelnen Arrondissements bekannt ist (vgl. S. 42).

[74]) 1 Ackerland / 2 Wiesen, Gärten, Teiche / 3 Wildland / 4 Weinberge.

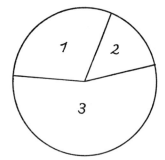

Arrondissement Prüm

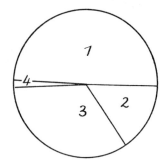

Arrondissement Birkenfeld

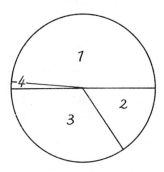

Saardepartement

Die Zusammensetzung der landwirtschaftlichen Nutzfläche in den einzelnen Arrondissements wies bis auf das Arrondissement Birkenfeld, das dem Gesamtbild für das Departement sehr nahe kam, beträchtliche Abweichungen auf. Im Departement diente fast die Hälfte der Nutzfläche als Daueraderland der agrarischen Produktion, im Arrondissement Saarbrücken jedoch über zwei Drittel, im Arrondissement Prüm dagegen weniger als ein Drittel. Eine Mittelstellung nahmen das Arrondissement Birkenfeld mit 50 % und das Arrondissement Trier mit rund 40 % ein.

Der Wildlandanteil von mehr als einem Drittel der gesamten Nutzfläche des Departements wurde im Bezirk Saarbrücken weit unter- und im Bezirk Prüm weit überschritten. Die Abweichungen waren hier besonders kraß; die Ausdehnung des Wildlandes in den beiden Arrondissements stand in einem umgekehrten Verhältnis zu der des Ackerlandes in den genannten Räumen. Ein hoher Wildlandanteil von fast 55 % und ein niedriger Ackerlandanteil von 30 % charakterisierten die strukturschwache Eifel, ein niedriger Wildlandanteil von 15 % und ein hoher Ackerlandanteil von 68 % das Gebiet um Saarbrücken.

Die Zurückdrängung des Wildlandes zugunsten des Ackerlandes ist im Arrondissement Birkenfeld nicht zu übersehen, wenn diese Entwicklung auch noch nicht so weit gediehen war wie im Bezirk Saarbrücken, während die beiden

Bodenarten im Arrondissement Trier deckungsgleich je 42 % der landwirtschaftlichen Nutzfläche einnahmen.

Die Innovationen zur Kultivierung der Außenländereien hatten im Gebiet des Arrondissements Trier zu einem Gleichstand der Acker- und Wildlandanteile geführt. Noch zu Beginn des 18. Jahrhunderts hatte das Wildland eine größere Ausdehnung gehabt. In der Beschreibung des kurtrierischen Amtes Pfalzel heißt es dazu: „Der Fleiß des Bauers hat es in hiesigem Amtsbezirk so weit in der Landkultur gebracht, daß man allenthalben die fruchtbarste Gegend antrifft, selbst der Hoh-Wald und die zur Eifel gelegene Ländereien sind jene Wilde und Öde nicht mehr, die sie noch spat in dem laufenden Jahrhundert waren. Die zugenommene Bevölkerung und vermehrte Bedürfnissen trieben den Landmann an, ganze Wilden, die ihre Voreltern nicht achteten, auszureißen und in Fruchtfelder oder Weingärten umzuschaffen. Der vergossene Schweiß wird auch von der freigebigen Erde durch die vielfache Erzeugnissen reichlich vergolten[75]." Trotz dieser hier so freudig begrüßten Bemühungen bestand die landwirtschaftliche Nutzfläche des Arrondissements Trier gegen Ende des 18. Jahrhunderts jedoch immer noch zu zwei Fünfteln aus Wildland.

Die Anteile der Wiesenflächen lagen in allen Departementsteilen auf einem relativ einheitlichen niedrigen Niveau zwischen 13 und 17 %. Zu berücksichtigen ist, daß die Größe der in den Zahlen mitenthaltenen Gärten und Teiche unbekannt ist und die Ausdehnung der Wiesen deshalb noch geringer anzusetzen ist. Dies unterstreicht die Berechtigung aller Klagen über den Wiesenbau und über die Landwirtschaft allgemein und weist auf die Notwendigkeit der im 18. Jahrhundert initiierten Reformen hin, denen aber bis zum Ende der alten Staaten noch kein durchschlagender Erfolg beschieden war. Nur im Arrondissement Saarbrücken hatte der Wiesenanteil die Wildlandflächen überflügelt.

Der mit 1,1 % extrem niedrige Anteil der Weinberge im Departement findet seine Erklärung sowohl in den naturräumlichen Gegebenheiten als auch in der intensiven und arbeitsaufwendigen Wirtschaftsweise, die eine solche Monokultur erfordert. Der Weinbau wurde nur im Arrondissement Trier an der Mosel und an der unteren Saar im größeren Umfang betrieben und blieb mit 3,8 % der Nutzfläche in diesem Bezirk auf kleine Räume begrenzt. In bezug auf den Produktionswert aber nahm er neben der Forstwirtschaft eine führende Position ein[76]. Ein kleineres Weinbaugebiet existierte im Arrondissement Birkenfeld an der Nahe und ganze 9 Hektar wurden an der Saar oberhalb Saarbrücken bebaut. Generell gesehen war die Lage im agrarischen Bereich nach der Nutzflächenverteilung im Arrondissement Saarbrücken am günstigsten. Es folgten die Bezirke Birkenfeld und Trier und mit weitem Abstand das Arrondissement Prüm, dessen schwierige Situation von den Daten sehr deutlich belegt wird. Dafür waren nicht nur Wirtschaftsweise und mangelnde Bodenqualität bestimmend. Die Eifel lag

---

[75]) Kentenich, Amtsbeschreibungen, VIII, 1912, S. 48 f.
[76]) Wein und Holz gehörten zu den wichtigsten Exportgütern. Bedeutende Abnehmer für Wein waren die Klöster im heutigen Belgien und Holland, wo kein Weinbau betrieben werden konnte. Sie wurden auf dem Wasserweg oder mit Fuhrwerken über Land beliefert. (Meyer, S. 166 f.) Das Holz wurde mosel- und rheinabwärts nach Holland geflößt und dort als Schiff- und Bauholz abgesetzt (Kentenich, Amtsbeschreibungen, Trierische Chronik VIII, 1912, S. 49).

in der damaligen Zeit 5 bis 6 Monate des Jahres unter einer geschlossenen Schnee-
decke, so daß die Wachstumsperiode der Vegetation kürzer ausfiel als in anderen
Gebieten[77]).

Bestrebungen zur Verbesserung der Verhältnisse stießen auf zahlreiche
Hemmnisse, zu denen wohl auch die Mentalität der Bauern und Winzer gehörte. „... l'agriculture est partout dans le plus mauvais état; la principale cause
parait en être dans l'ignorance du cultivateur, qui ne scait, ni profiter, au dégré
possible, de l'avantage que lui présente un terrain fertile, ni corriger la sterilité
d'un sol ingrat[78]).“ Der Hunsrückbauer wolle absolut nur das tun, was schon
sein Vater getan habe. Er nehme nur dann eine Neuerung an, wenn er durch schla-
gende Beispiele überzeugt oder durch Verwaltungsmaßnahmen dazu gezwungen
werde[79]). Auch für die Zeit vor der französischen Besetzung wird man eine
ähnliche Einstellung der ländlichen Bevölkerung auch im Hinblick auf die außerordentlich negativen Zustände im Schulwesen annehmen dürfen. „Der Waldlän-
der ist noch sehr roh und von einer gesitteten Bildung weit entfernt, er hält seine
altväterliche Tracht bey, begnügt sich mit der gewohnten rauhen und einfachen
Nahrung. Der Wein ist für ihn ein sehr rarer Trank, und nur aus Not oder Andacht
getrieben besucht er die Stadt[80]).“ Manche Winzer an der Mosel scheinen eine
etwas andere Mentalität gehabt zu haben: Die Einwohner von Kesten „sind überhaupt nahrhaft, aber auch viele seit einigen Jahren dem Saufen, Tollen und Pro-
zessen sehr ergeben, und ohngeachtet vorgegangenen exemplarische Bestrafung
noch sehr schwärmerisch“[81]). Etwas zurückhaltender urteilte ein anderer kurtrierischer Berichterstatter: „Der Moselmann scheint ... etwas gesitteter zu sein
(als die Bauern), und man bemerkt schon an ihm eine Art von Luxus, wovon seine
Vorfahren nichts wußten ... Das eigene Weinwachstum und der aus dem Wein
ziehende Gelderlös reitzt ihn an, wenigstens mehrmalen den Tisch besser zu be-
stellen und den Durst mit Wein bis zur Fülle zu stillen[82]).“

Diese privaten Meinungen, die Eingang in offizielle Berichte gefunden hatten,
waren sicherlich durch persönliche Ansichten gefärbt und deshalb nicht repräsentativ; sie deuten aber doch in die gleiche Richtung. Wenn allerdings der Bauer in
den Mittelgebirgszonen sich mit seiner „rauhen und einfachen Nahrung“ be-
gnügte, so ist diese Tatsache wohl kaum auf Mentalitätsfragen als vielmehr auf
den Zwang der wirtschaftlichen Verhältnisse, von denen die soziale Lage der Bevölkerung bestimmt wurde, zurückzuführen.

Über die Zustände in der hohen Eifel berichtete 1799 ein Reisender, der eine
Fußwanderung in Richtung Prüm unternommen hatte, um das Land kennenzuler-
nen: „Von Kellberg geht es nach und nach bergan über traurige Heiden und Ge-
büsche, in denen man vor Nachstellungen nicht sicher ist. Nur nahe an den Dör-
fern, die im höchsten Grade armselig sind, sieht man angebaute Felder, alle mit
Roggen, Hafer und Kartoffeln. Der Bauer düngt hier seinen Acker mit Gesträuch,

---

[77]) Schwerz, Beiträge, S. 406.
[78]) Zegowitz, S. 359.
[79]) Unterpräfekt van Recum aus Simmern an Innenminister Chaptal 1802 nach Faber,
S. 165.
[80]) Kentenich, Amtsbeschreibungen, Trierische Chronik VIII, 1912, S. 50.
[81]) Kentenich, Amtsbeschreibungen, X, 1914, S. 23.
[82]) Kentenich, Amtsbeschreibungen, VIII, 1912, S. 50.

und dürrem Grase, das sie in den Sommermonaten sammt der daranhängenden
Erde auf den ungeheurn Heiden ausgraben, und ihrem Vieh unterlegen. Dieser
schlechte Dünger ist auch eines Theils Schuld daran, daß der schlechte Boden nicht
veredelt, sondern noch immer mehr und mehr ausgesaugt wird. Die Häuser sind
durchaus von Leimen (Lehm), und so schlecht gebaut, daß man mit einem Kno-
tenstocke ganze Wände einschlagen kann. Die Dächer sind mit Stroh gedeckt,
denn die Schiefer sind zu theuer, und müßten erst aus den Moselgebirgen hierher
gebracht werden, und auf die Ziegelbrennerei versteht man sich nicht ... Man
bereitet hier das Brot meist nur aus Hafer und Kartoffel-Mehl, und oft werden
selbst ganze Kartoffeln mit hinein gebacken ... Auffallend ist es, daß es in kei-
nem Dorfe Bier gibt. Der gemeine Bauer trinkt Wasser ..."[83]

Wenn auch Agrarstruktur und Agrarverfassung dringend radikaler Veränderungen bedurften, wie sie durch die politischen Umwälzungen nach der französischen Revolution im Rheinland zum Teil eintraten, so darf jedoch nicht übersehen werden, daß der Boden für den tiefgreifenden Umbruch bereits vorbereitet war[84]. Schon bevor das feudale System zusammenbrach und die Bauernbefreiung endgültig auch im juristischen Sinne durchgesetzt wurde, hatte der Mo-
dernisierungsprozeß in der Agrarwirtschaft seinen Anfang genommen und zu
einer allmählichen Aushöhlung überkommener Wirtschaftssysteme und Herr-
schaftsverhältnisse beigetragen. Wie ein Vergleich ergeben hat, war die rechtliche
und wirtschaftliche Lage der Bauern im vorrevolutionären Frankreich aufgrund
einer entgegengesetzten Entwicklung wesentlich ungünstiger als die Situation der
Bauern im westlichen Deutschland[85]. Dementsprechend hatten die revolutionären Maßnahmen — soweit sie auf die Bauernbefreiung abzielten — in Frankreich
eine größere Bedeutung als im Rheinland.

83) J. N. Becker, Beschreibung meiner Reise in den Departementern vom Donners-
    berge, vom Rhein und von der Mosel im sechsten Jahr der französischen Republik.
    Berlin 1799, S. 339 ff.
84) Droege, Lage der Landwirtschaft, S. 148; Faber, S. 137.
85) Weis passim, besonders S. 13 f.

IV. Die staatliche Kirchenpolitik

Die Säkularisation im linksrheinischen Deutschland erfolgte nach den Gesetzen und Bestimmungen, die durch die Französische Revolution geschaffen worden waren und die teils unverändert, teils in modifizierter Form auf die eroberten Gebiete übertragen wurden.

Die französische Nationalversammlung hatte am 2. November 1789 beschlossen, „que tous les biens ecclésiastiques sont à la disposition de la nation"[1]) und damit in einem revolutionären Akt, der tiefgreifende Folgen für das Verhältnis von Kirche und Staat hatte und zu einer Umgestaltung der Gesellschaftsordnung beitrug, den kirchlichen Besitz zugunsten des Staates eingezogen[2]). Schon vorher war die katholische Kirche empfindlich getroffen worden, als mit der Zerstörung des Feudalsystems im August 1789 alle Feudallasten aufgehoben wurden und jahrhundertealte Rechte und Privilegien, darunter besonders der geistliche Zehnte, entschädigungslos verlorengegangen waren[3]).

Die Suspendierung der feierlichen Gelübdeablegung von Konventualen am 20. Oktober 1789[4]) kündigte die Aufhebung der kirchlichen Korporationen in Frankreich an. Am 13. Februar 1790 wurden in einem Grundsatzbeschluß die Gelübde endgültig verboten und die geistlichen Korporationen aufgelöst[5]). Die geistlichen Genossenschaften und Bruderschaften, die sich dem Erziehungswesen und der Armen- und Krankenpflege gewidmet hatten, blieben vorläufig verschont. Sie fanden ihr Ende am 18. August 1792[6]). Bis zum 1. Oktober 1792 waren alle noch von Klostergeistlichen bewohnten Gebäude zu räumen und mit Ausnahme der Häuser, die sozialen Zwecken dienten, von den Behörden zu verkaufen[7]).

---

[1]) Bormann/Daniels, Bd. I, S. 124 f. Die Enteignung erfolgte „à la charge de pourvoir d'une manière convenable aux frais du culte, à l'entretien de ses ministres, et au soulagement des pauvres". Im Artikel 2 des Dekretes wurde den Pfarrgeistlichen die Zahlung von mindestens 1200 Livres pro Jahr zugesichert.

[2]) Zur Diskussion in der Nationalversammlung über die Problematik dieses Vorgehens im Hinblick auf die Eigentumsfrage vgl. Hermens, Bd. I, S. 91 ff. und de Faria e Castro, S. 47–51.

[3]) Dekret der Nationalversammlung vom 4./5. August 1789. Vgl. Joseph Hansen, Quellen zur Geschichte des Rheinlandes im Zeitalter der Französischen Revolution 1780–1801, Bd. I, Bonn 1931, S. 405 ff. und Bormann/Daniels, Bd. I, S. 114 ff. Der Artikel 5 erklärte die übrigen Zehnten für ablösbar.

[4]) Bormann/Daniels, Bd. I, S. 124.

[5]) Hermens, Bd. I, S. 122 ff. und Bormann/Daniels, Bd. I, S. 147 f.

[6]) F. W. Gräff, Das Eigentum der katholischen Kirche an den ihrem Cultus gewidmeten Metropolitan-, Cathedral- und Pfarrkirchen nach den in Frankreich und in den übrigen Ländern des linken Rheinufers geltenden Gesetzen, Trier 1859, S. 53.

[7]) Hansen, Quellen, Bd. II, S. 321; Bormann/Daniels, Bd. I, S. 224, Anmerkung 1.

Zur Deckung der Staatsschulden hatte die Nationalversammlung schon kurz nach dem Enteignungsbeschluß am 19. Dezember 1789 den Verkauf von „Biens nationaux" im Wert von 400 Millionen Livres angeordnet[8]), stellte dann aber am 9. Juli 1790 alle Güter zum Verkauf „considerant que l'alienation des domaines nationaux est le meilleur moyen d'éteindre une grande partie de la dette publique[9]), d'animer l'agriculture et l'industrie, et de procurer l'accroissement de la masse générale des richesses, par la division de ces biens nationaux en propriétés particulières, toujours mieux administrées, et par les facilités qu'elle donne à beaucoup de citoyens de devenir propriétaires"[10]). Diese in der Präambel des Dekretes festgehaltenen Intentionen der Revolutionäre verdeutlichen die zweifache Stoßrichtung der erzwungenen Säkularisation: Sanierung der staatlichen Finanzen und Umverteilung des Eigentums an Grund und Boden. Erklärtes Ziel war die Schaffung einer möglichst breiten Schicht von neuen Bodeneigentümern, die nach der Befreiung von allen Feudallasten im wohlverstandenen Eigeninteresse rationeller und effektiver als unter den traditionellen Verhältnissen wirtschaften konnten. Der Paragraph 6 des Dekretes verfügte „... de diviser les objets autant que leur nature le permettra, afin de faciliter, autant qu'il sera possible, les petites soumissions et l'accroissement du nombre des propriétaires". Die Zerschlagung des Besitzes der Toten Hand in kleine Lose sollte es den Bauern ermöglichen, Eigentum zu erwerben und gleichzeitig die Entstehung neuen Großgrundbesitzes verhindern.

Die Kaufmodalitäten, die in dem Dekret vom 14. Mai 1790 festgelegt wurden[11]), beweisen, daß es sich bei dem Präambeltext nicht um ideologische Phraseologie handelte, sondern daß es den führenden revolutionären Kräften mit der Bauernbefreiung ernst gemeint war. Die Güter wurden frei von allen Lasten verkauft. Innerhalb von 15 Tagen nach der Ansteigerung war eine Anzahlung von 30 % des Kaufpreises bei Mühlen, 20 % bei Häusern und 12 % bei Ackerland, Wiesen und Weinbergen zu leisten[12]). Der Rest war in 12 Jahresraten abzutragen. Diese außerordentlich günstigen Zahlungsbedingungen galten allerdings nur für die bis zum 15. Mai 1791 getätigten Käufe. Das steigende Geldbedürfnis des französischen Staates bei gleichzeitigem Verfall der Assignaten ließ die revolutionären Ideale in den Hintergrund treten. Als Anzahlung waren nun 20 % des Kaufpreises zu leisten; die restliche Summe mußte bei höherwertigen Objekten in einem Zeitraum von 4½ Jahren, bei geringeren Gütern in 2½ Jahren beglichen werden[13]).

Während die kirchlichen Korporationen in Frankreich mit dem Verkauf ihrer Güter seit 1790 und der Räumung der Klöster im Oktober 1792 ihr endgültiges Ende gefunden hatten, war über die Besitzungen geistlicher Institutionen des

---

8) Bormann/Daniels, Bd. I, S. 126. Durch dasselbe Dekret wurden auch die Assignaten „jusqu'à concurrence de la valeur desdits biens à vendre" eingeführt.
9) Dazu gehörten seit dem 16. April 1790 auch die Schulden des Klerus. Vgl. Kaiser, S. 3.
10) Hermens, Bd. IV, S. 5; Bormann/Daniels, Bd. I, S. 219 ff.
11) Bormann/Daniels, Bd. I, S. 192 ff.
12) Die Waldungen blieben vom Verkauf ausgenommen (Bormann/Daniels, Bd. I, S. 254).
13) Kaiser, S. 3; Bormann/Daniels, Bd. I, S. 361 f.

Auslands in Frankreich noch nicht entschieden worden. Der Nationalkonvent bestimmte deshalb am 13. Pluviôse II/1. Februar 1794, daß die von den früheren Jesuiten in Trier und von den Abteien, Klöstern und sonstigen Körperschaften des Auslands herrührenden Güter wie die anderen Nationaldomänen verwaltet und verkauft werden sollten[14]).

Das Schicksal der kirchlichen Korporationen war in Frankreich innerhalb eines kurzen Zeitraumes besiegelt. Im Rheinland dagegen fiel die Entscheidung über die Auflösung der Abteien, Stifter, Klöster und Orden und über den anschließenden Verkauf ihrer Güter erst sehr viel später im Jahre 1802 nach einem achtjährigen, wechselvollen Vorbereitungsprozeß, der von 1794 an Kirche und Kirchengut immer neuen Bestimmungen unterwarf und die geistlichen Institutionen schon vor der Säkularisation sehr in Mitleidenschaft zog. Die Maßnahmen in dieser Phase der Revolutionskriege und Staatsstreiche widersprachen sich vielfach und waren nicht immer auf die Säkularisation ausgerichtet. Vor allem in den ersten Jahren stand die Ausschöpfung der Ressourcen eines eroberten feindlichen Landes zugunsten der siegreichen Truppen nach den jeweiligen Erfordernissen im Vordergrund. Darüber hinaus belegen Diktion und Inhalt vieler Verordnungen ihre antifeudale und antiklerikale Motivation. Eine systematische und differenzierte Kirchenpolitik unter Berücksichtigung längerfristiger Perspektiven wurde im Grunde erst von Napoleon betrieben, der sowohl eine Aussöhnung zwischen Kirche und Staat mit dem Konkordat von 1801 erreichte, als auch die Säkularisation in den vier linksrheinischen Departements 1802 durchführte[15]).

Die ersten Maßnahmen, die nach dem Einmarsch von Trier aus durch die Volksrepräsentanten angeordnet wurden, betrafen die beweglichen Güter der Klöster, des Adels und aller Personen, die vor den heranrückenden Truppen geflüchtet waren. Am 30. Thermidor II/17. August 1794 wurden aus deren Besitz alle Pferde mit Ausnahme der Ackerpferde und alle Getreidevorräte requiriert[16]). Am 4. Fructidor II/21. August 1794 nahmen Kommissare das Vermögen der Klö-

---

14) Hermens, Bd. I, S. 279 ff. Der Kurfürst von Trier hatte es in bezug auf die in seinem Territorium gelegenen Güter französischer Korporationen etwas eiliger gehabt und bereits am 4. Januar 1790, also nur zwei Monate nach dem Säkularisationsbeschluß der Nationalversammlung in Paris, befohlen, „... daß bei einem solchen (französischen) geistlichen Körper etwa zustehende, im Erzstifte gelegene Güter von jedem betreffenden Beamten, sobald ihm von der vollzogenen Aufhebung die zuverlässige Nachricht zugegangen sein würde, also gleich als bona vacantia in Besitz genommen werden sollen, ohne jedoch den Titel von dem Besitz vorher bekannt zu machen". Dementsprechend wollte der kurtrierische Amtsverwalter Artois die Propstei Merzig, die der Abtei Wadgassen gehörte, am 30. März 1790 in Besitz nehmen. Die Abtei Wadgassen lag am linken Ufer der Saar auf französischem Staatsgebiet. Der Propst von Merzig wehrte sich mit Erfolg gegen diese Maßnahme, da die Abtei Wadgassen noch gar nicht aufgehoben war und da außerdem die Einkünfte der Propstei zum Unterhalt des Pfarrers verwendet wurden. Die Güter wurden erst 1807 von den Franzosen versteigert (Michael Tritz, Geschichte der Abtei Wadgassen, Wadgassen 1901, S. 167, 185). Vgl. auch Scotti, Bd. III, Nr. 874, der aber die kurfürstliche Anordnung auf den 4. Januar 1791 datiert.
15) Zur französischen Kirchenpolitik nach der Revolution vgl. André Latreille, L'Eglise catholique et la Révolution Française, Bd. I, Paris 1970, S. 81 ff.
16) Bormann/Daniels, Bd. VI, S. 213.

ster auf[17]). Die Inventarisierung des Kirchenbesitzes wurde in der Folgezeit mehrfach wiederholt, da zunächst kein genauer Überblick möglich war. Die Kloster-
archive mit den Besitztiteln über Grundgüter und Gerechtigkeiten waren zum
Teil auf die andere Rheinseite gebracht worden. Die Klosterinsassen gaben nur
widerstrebend Auskunft. So bemerkte der Prior der Karthause in Konz-Merzlich,
Albergatus Ehlen, am Schluß einer 1796 von den französischen Behörden verlang-
ten Aufstellung: „Les Régistres et les Archives étants outre Rhin, il n'a pas été
possible de determiner les Terres, Près, Vignes, Forêts etc. par arpens ni la Con-
somption annuelle de Bois, ou le produit d'i ceux" (SAT, B III 2 b). Die Franzosen
versuchten deshalb, die Angaben von den Pächtern zu erhalten. Diese waren aber
anfänglich ebenfalls zurückhaltend, da sich die Möglichkeit bot, Pachtzahlungen
einzusparen. Die Verwaltung setzte sich schließlich mit der Androhung rigoroser
Strafen durch. Dennoch wurden noch gegen Ende der französischen Zeit in einigen Fällen verheimlichte Güter entdeckt. Außer den Archiven hatte der Klerus
seit dem Frühjahr 1794 besonders von Plünderungen bedrohte Wertgegenstände
aus den Kirchenschätzen über den Rhein gebracht[18]).

Die Militärhospitäler wurden mit dazu geeigneten Kirchenmobilien ausgestattet, die übrigen Mobilien und Effekten gelangten im Dom zur Versteigerung[19]). Ein trierisches Tagebuch, dessen Verfasser[20]) als Anhänger der katholischen Kirche die Ereignisse sehr kritisch schilderte und kommentierte, merkt an,
daß die Bevölkerung, die fast nur aus Katholiken bestand, keineswegs nur mit
Abscheu und Empörung auf diese Behandlung des Kirchengutes durch die Okku-
panten reagierte, wie es eine lange Tradition wissen will. Die Bevölkerung beteiligte sich vielmehr sehr rege an den Versteigerungen, die über den ganzen Winter 1794/95 hin stattfanden[21]). „Mit der Versteigerung im Dom ging es so gut für
die Franzosen, daß sie die noch übrigen Sachen in der Emigrierten[22]) Häusern, so
sie vorhin nicht haben mochten, itzt auch wegnahmen. Die Trierer waren so un-
verschämt, daß sie die Versteigerung auf Sonntag auch begehrt, die die Franzosen
zu Anfang nicht halten wollten[23])."

---

17) Hansen, Quellen, Bd. III, S. 180.
18) Vgl. Jakob Marx, Geschichte des Erzstiftes Trier als Churfürstenthum und als Erz-
    diözese von den ältesten Zeiten bis zum Jahre 1816, 3. Abt., Bd. V: Geschichte des
    Trierischen Landes seit dem Regierungsantritt des letzten Churfürsten Clemens
    Wenzeslaus (1768) bis zum Jahre 1816, Trier 1864, S. 292 und Hansen, Quellen,
    Bd. III, S. 196 f.
19) Bormann/Daniels, Bd. VI, S. 223 f. Arrêté des Agenten Réné Legrand vom 3. Vend.
    III/24. September 1794.
20) Es handelte sich um Ludwig Müller aus Trier, dessen Tagebuch im LHK, Abt. 701,
    Nr. 571 aufbewahrt wird. Die Notizen reichen von 1792 bis 1802. Außerdem sind
    einige Anmerkungen für das Jahr 1811 enthalten.
21) Die Verkäufe zogen sich bis Ostern 1795 hin. Danach wurde der Dom als Heu-
    magazin benutzt. Vgl. L. Müller, fol. 31 und M. F. J. Müller BAT 95, 337, fol. 292.
22) Zu diesen gehörten vornehmlich der höhere Klerus und die Insassen der wohl-
    habenderen Klöster.
23) L. Müller, fol. 26. Auch F. T. Müller, der sich als katholischer Pfarrer von Longuich
    verständlicherweise außerordentlich erbittert über die Maßnahmen gegen die
    Kirche äußerte, schrieb 1808, daß sich die trierischen Bürger an diesem Geschäft
    beteiligten, „denn nicht alles thaten hier und anderwärts die ausschweifenden
    Franzosen" (BAT 95, 342, S. 226).

Am 27. September 1794 erließ die „Agence der Handels- und Vorraths-Commission der Republik" eine Verordnung, die die weitere Bebauung und Erhaltung der Weinberge, die der geflohenen Geistlichkeit gehörten, sicherstellen sollte und dafür die Gemeindeverwaltungen verantwortlich machte[24]. Wenige Tage später wurden alle Ländereien der Emigranten zur Verpachtung ausgeschrieben unter der Bedingung, „que la moitié du produit de la récolte sera versée, par les cultivateurs, dans les greniers de la republique"[25]. Gültige Pachtverträge blieben unter derselben Bedingung bestehen. Dem im Lande verbliebenen Klerus wurde die Nutznießung seiner Güter belassen, um ihn zur Zahlung von Kontributionsgeldern heranziehen zu können. Durch die Schaffung der „Direction des domaines nationaux" in Trier am 8. Pluviose III/27. Januar 1795 als zentraler Verwaltungsinstanz, der die Aufsicht über die Nationalgüter und die Erhebung der Kontributionen übertragen wurde, sollten die organisatorischen Unzuträglichkeiten und die zahlreichen Willkürmaßnahmen einzelner Agenten abgestellt und eine effizientere Nutzung des eroberten Landes im Hinblick auf die Truppenversorgung gewährleistet werden[26]. Die früheren Landesherren hatten bereits im November und Dezember 1794 ihre beweglichen und unbeweglichen Güter, die als Eigentum feindlicher Fürsten von der Republik eingezogen worden waren, verloren[27]. Die Emigranten, zu denen alle gezählt wurden, die über den Rhein geflohen waren, wurden gleichzeitig depossediert, konnten aber bei einer unter bestimmten Bedingungen möglichen Rückkehr ihr Eigentum zurückerhalten[28]. Diese Maßnahme und die Tatsache, daß die französischen Kirchengesetze im Rheinland nicht publiziert und die immobilen Kirchengüter nicht zum Verkauf gestellt worden waren, verursachten 1795 eine Rückwanderungswelle, in deren Verlauf viele Konventualen in ihre Klöster zurückkehrten[29]. Diese aber waren durch die Wirren der ersten Besatzungsmonate teilweise unbewohnbar geworden. Die adligen Stiftdamen von St. Irminen in Trier kamen „wiederum zurück, behalfen sich kümmerlich ... und wohnten bei den Einwohnern der Stadt. Denn ihr Kloster war nicht mehr zu bewohnen: alle Zimmer waren ausgeplündert, die Fenster zerschmettert, die Fußböden aufgerissen und die Thüren fortgeschleppt"[30]. Auch die Abtei St. Maximin war ähnlich mitgenommen, als Abt Willibrord Wittmann, der mit einem Teil seiner Mönche in die kaiserliche Festung Luxemburg geflüchtet war, während die anderen Mönche über den Rhein gegangen waren, 1795 wieder

---

[24] SAT FZ 325.

[25] 14. Vend. III/5. Oktober 1794 (Bormann/Daniels, Bd. VI, S. 224 ff.).

[26] Reifart, S. 120. Im Beschluß wurde auf „l'irregularité des mouvemens dans les opérations de l'agence du commerce et approvisionnemens dans l'électorat de Trèves, les abus qui en résultent ..." hingewiesen (Bormann/Daniels, Bd. VI, S. 232).

[27] Gedruckte Bekanntmachung SAT FZ 331 und Bormann/Daniels, Bd. VI, S. 275 f.; Perthes, Bd. I, S. 275.

[28] Bormann/Daniels, Bd. VI, S. 301 f.

[29] Aus den Personalstandslisten der Trierer Klöster geht hervor, daß alle 21 Insassen von St. Agneten und alle 11 Karthäuser geflohen waren und zurückkehrten. Von St. Irminen waren 8 der 15 Insassen geflohen und wieder zurückgekommen, von St. Marien 7 der 13 Mönche, von St. Paulin 5 der 16 Kanoniker (SAT B III 2 b).

[30] F. T. Müller, S. 256.

zurückkehrte[31]). Die Klostergebäude, die nicht verlassen worden waren, hatten dagegen kaum Schäden davongetragen.

Die Angehörigen der adligen Stifte verloren im April 1795 einen Teil ihrer Einkünfte, als alle Prärogative, Exemtionen und Privilegien des Adels aufgehoben und dessen Heranziehung zur Erfüllung öffentlicher Abgabepflichten verkündet wurde[32]). Der Verlust der alten Rechte, besonders der Wegfall der Zehnteinnahmen, die ständigen Requisitionen und Kontributionserhebungen führten schließlich zur Zahlungsunfähigkeit vieler geistlicher Korporationen. In dem Bestreben, dennoch weitere Kontributionsgelder von den Abteien, Klöstern und Stiften zu erhalten, ermächtigte deshalb der Volksrepräsentant Meynard am 13. Brumaire IV/4. November 1795 den geistlichen Stand zwischen Maas und Rhein, Anleihen aufzunehmen und als Sicherheit für die Darlehensgeber Grundgüter hypothekarisch zu belasten. Dieser Beschluß, „wodurch alle geistlichen Häuser ... ermächtiget werden, die zur Auszahlung der ihnen auferlegten Kontributionen erforderlichen Summen zu entlehnen, dagegen nach den bis hierhin üblich gewesenen Gebräuchen die ihnen zugehörige Güter bis zur Errichtung ihres schuldigen Anteils zu verpfänden, um den Darleihern alle Sicherheit zu leisten, die immer nur erforderlich ist und in ihrer Gewalt stehet", wurde am 2. Frimaire IV/23. November 1795 für den Raum des Saardepartements bekanntgemacht[33]). Die Entscheidung weist darauf hin, daß 1795 an eine endgültige Säkularisation noch nicht gedacht wurde, denn die Klöster verschuldeten sich in der Folgezeit immer mehr. Diese Schulden aber übernahm der französische Staat bei der Säkularisation 1802. Die von der Toten Hand für die Steuern aufgenommenen Gelder mußten an die Gläubiger zurückgezahlt werden, und der Gewinn aus den Nationalgüterverkäufen reduzierte sich dementsprechend.

Die Verfügungen der Agenten und Volksrepräsentanten hatten vielfach nur regionale Geltung, trafen nur vorläufige Regelungen und konnten eine systematische, vollständige Erfassung des Kirchenbesitzes nicht erreichen[34]). Aus diesem Grund wurde bei der Errichtung der beiden Generaldirektionen in Aachen und Trier am 28. Floreal IV/17. Mai 1796 generell der Sequester über die Kirchengüter verhängt[35]). Zu den Aufgaben der neuen Verwaltung gehörte: „La régie et perception des revenus des domaines nationaux corporels et incorporels, des forêts, forges, mines, usines, pêches, étangs, rivières, et enfin de toutes les propriétés quelconques et droits de toute espèce et de toute denomination, acquis au profit de la republique, et qui étaient perçus à celui des princes, seigneurs, evêques, chapitres, abbayes, monastères, corporations et émigrés[36])." Weiter wurde bestimmt: „Font partie des revenus nationaux dans tous les pays conquis non unis à la republique, les dîmes, cens et rentes de toute nature et denomination", die

---

31) ders., S. 341 f.
32) Perthes, Bd. I, S. 267.
33) Johann Friedrich Lintz und sein Tagebuch von 1794–1799 aus der Trierer Franzosenzeit, hg. v. Hubert Schiel, Kurtrierisches Jahrbuch 1971, S. 87; Bormann/Daniels, Bd. VI, S. 348.
34) Büttner, S. 50.
35) Hansen, Quellen, Bd. III, S. 784 ff.; Bormann/Daniels, Bd. VI, S. 359 ff. und 366 ff.
36) Bormann/Daniels, Bd. VI, S. 360.

früher zugunsten desselben Personenkreises erhoben worden waren[37]). Die Bevölkerung wurde in diesem Stadium noch nicht von den Feudallasten befreit, wie es in Frankreich geschehen war. Die Abgaben wurden von dem revolutionären Staat, der gegen den Feudalismus angetreten war, weiter erhoben. Der für das Gebiet an Mosel und Rhein zuständige Generaldirektor Bella sprach dies sehr deutlich aus, um jedes Mißverständnis auszuschließen. Neben den Gütern „der weltlichen sowohl als Klostergeistlichkeit, der Bruderschaften, der Kirchen und der milden und der Zivilstiftungen wie Schulen und Kollegien" mit Ausnahme der Spitäler gehörten zur Nationaldomäne der Zehnte „und überhaupt alle in Frankreich abgeschafften herrschaftlichen Rechte und Gefälle, welche so lange in den eroberten Ländern zum Vorteil der Republik gehoben werden, bis sie für gut findet, die Bewohner davon zu befreien"[38]).

Mit diesen Beschlüssen war den Geistlichen die Nutzung ihrer Güter entzogen worden. Die Erträge ihres Landes und ihrer Gerechtigkeiten fielen an den Staat, der den Pächtern unter Strafandrohung die Anzeige der bestehenden Pachtverhältnisse innerhalb von acht Tagen nach der Sequestration abverlangte und ihnen strengstens jede Zahlung an die alten Herren untersagte[39]). Die freie Verfügungsgewalt als ein konstitutives Element von Eigentum war der Kirche verloren gegangen, nicht jedoch das Eigentum selbst, das zumindest nominell bestehen blieb[40]). Als Entschädigung für den Fortfall der Einkünfte wurden dem Klerus finanzielle Leistungen des Staates in Aussicht gestellt, die aber wegen ihrer geringen Höhe den Verlust nicht ausgleichen konnten und zudem sehr unregelmäßig erbracht wurden[41]). Bella erklärte in einer Proklamation vom 20. Prairial IV/8. Juni 1796 der Bevölkerung, die Beschlagnahme des Kirchengutes sei verfügt worden „animé du désir de soulager l'humanité souffrante ... pour que le fardeau de la guerre pesât moins sur les malheureux habitans du pays conquis ... vos

---

[37]) Bormann/Daniels, Bd. VI, S. 361.

[38]) Verfügung vom 27. Oktober 1795 (Hansen, Quellen, Bd. III, S. 785, Anmerkung 4).

[39]) Bormann/Daniels, Bd. VI, S. 366 ff. und 373; Hansen, Quellen, Bd. III, S. 800.

[40]) Justus Hashagen, Die rheinische Kirche unter französischer Herrschaft. In: Studium Lipsiense, Ehrengabe für Karl Lamprecht, Berlin 1909, S. 300.

[41]) Hansen, Quellen, Bd. III, S. 785; Bormann/Daniels, Bd. VI, S. 361. Die wirtschaftliche Notlage des Klerus war Anlaß zu heftigen Klagen, die in einer Vielzahl von Quellen zu finden sind. So schrieben die Mönche der Abtei St. Maximin in Trier am Schluß einer von den Domänenbehörden angeforderten Personal- und Güteraufstellung: „Considerant que la République tire toutes les Révénus cy-contre, et au dessus mentionnées, les Individus dans ce Tableau denommés attendent avec Empressement la Pension en Numéraire, qui leur a été promise par le gouvernement français, ne pouvants d'ailleurs pourvoir à leur stricte nécessaire, ayants perdu tout le Crédit pour la saisie de tous leurs Biens faite par la Nation française." (SAT B III 2 b). L. Müller, fol. 35 f. schrieb dazu: „Diesen Sommer wurden allen sowohl Kloster- als auch Weltgeistlichen der Zehnte abgenommen, die Bauern mußten solchen itzt den Franzosen liefern. Die Franzosen haben allen Pastören aufm Land den Zehnten eingetrieben, den Klöstern wie auch den Stiftern ihre Renten und Einkünfte all weggenommen und nichts geben. Viele Herren kamen daher soweit, daß sie sich im September schon entschlossen, auseinanderzugehen, weil sie nichts mehr zu leben gehabt. Hierunter waren die Maximiner Herren und die Herren im Collegio S. Trinitatis. Endlich nach eingelegten Klagen bekamen sie zu Ende Oktober Geld ... ist aber von keiner langen Dauer gewesen."

prêtres cependant continueront à jouir d'un revenu en numéraire metallique qui sera plus que suffisant pour leur subsistance: vous continuerez à jouir du libre exercice de votre culte ..."[42])

Die Auswirkungen des Sequesterbeschlusses auf die Lage des Klerus beleuchtet ein Schreiben der trierischen Geistlichkeit an den Stadtrat vom 28. August 1796 mit der Bitte um Befreiung von allen öffentlichen Lasten: „Hochverehrliche Munizipalbeamte! Es ist Euch bekannt, wie willfährig der geistliche Stand zu allen öffentlichen Lasten, ohne irgendeine auch gegründete Einwendung zu erheben, bis hierhin die Hand geboten habe. Es ist Euch aber auch zugleich bekannt, in welch äußerst traurige Lage das Arreté vom 28. Floreal abhin diesen Stand für die Zukunft versetzt hat, in eine Lage, worin derselbe nicht nur außer dem Genuß seiner Gefälle, sondern auch, der ihm versprochenen Pension ungeachtet, außer allem Kredit bei seinen Mitbürgern gesetzt ist.

Graben kann er nicht; zu betteln schämt er sich. Bei aller seiner Willfährigkeit sieht sich daher derselbe dermalen in dem Stande der Unmöglichkeit, fernerhin zu den öffentlichen Lasten beizutragen.

Dieses so wahrhafte, als traurige Loos leget dieser Stand andurch einer Hochlöblichen Munizipalität vor Augen, und ersuchet dieselbe um führohin von den Frohnds- und Einquartierungs-Lasten in so lange losgezehlt zu bleiben, bis man ihm eine solche Pension, wodurch ihm die Tragung dieser Läste wird möglich werden, wirklich verabreichen wird. Haubs von versammelter Geistlichkeit hiezu beauftraget[43]." Erst unter der Herrschaft Napoleons wurden die Pensionen nicht mehr sporadisch, sondern regelmäßig ausgezahlt[44].

Der über das Kirchengut verhängte Sequester galt auch für die Bibliotheken der geistlichen Stifter und Klöster. Im Oktober 1796 begann der eigens für die Einsammlung von Gegenständen der Kunst und der Wissenschaften vom französischen Innenminister ernannte Kommissar Anton Keil seine Rundreise durch die von den französischen Truppen besetzten Gebiete in Trier und konfiszierte die wertvollsten Handschriften- und Buchbestände, um sie nach Paris zu schicken[45]. Die Entnahme erfolgte unter militärischem Schutz, so daß protestierende Klosterbibliothekare schnell eingeschüchtert waren. Bei seiner Abreise ließ Keil die Bibliotheken versiegeln, um jede heimliche Entfernung von Büchern durch den Klerus zu verhindern. Ähnlich verfuhr er in den folgenden Wochen mit den Bibliotheken in Koblenz, Bonn, Köln und Aachen. Bereits im Herbst 1794 hatte schon einmal eine solche offizielle Aktion stattgefunden, durch die Bücher und Kunstschätze aus Bibliotheken und Kirchen nach Frankreich gekommen waren[46].

Das Jahr 1797 brachte im Zuge der Verwaltungsneuorganisation, bei der General Hoche die Generaldirektionen auflöste und die Intermediär-Kommission in

---

[42]) Bormann/Daniels, Bd. VI, S. 393 f.

[43]) SAT FZ 326, 284.

[44]) Vgl. dazu das Journal du Département de la Sarre 1804 ff., in dem die Geistlichen vierteljährlich aufgefordert wurden, ihre Pension gegen Vorlage eines „Lebensscheines", der von den Gemeindeverwaltungen ausgestellt wurde, beim Payeur der Domänenverwaltung abzuholen.

[45]) H. Schiel, Tagebuch Lintz, Kurtrierisches Jahrbuch 1972, S. 88; Hansen, Quellen, Bd. III, S. 856 ff.

[46]) Hansen, Quellen, Bd. III, S. 305 ff.

Bonn schuf, eine Umorientierung der französischen Kirchenpolitik. Die staatlichen Maßnahmen, die das Kirchengut betrafen, schienen nicht mehr die Säkularisation anzuvisieren, sondern deuteten eher auf das Fortbestehen der Abteien und Klöster hin. Ganz offensichtlich hat Hoche einen solchen Eindruck im Zusammenhang mit seinen cisrhenanischen Staatsgründungsplänen zu wecken versucht. Ausschlaggebend für die Anordnungen, die teilweise die früheren Rechte des Klerus wiederherstellten, waren aber Nützlichkeitserwägungen, die auf eine bessere Verwaltung und auf bessere Erträge des Kirchengutes abzielten[47]). Am 28. Ventose V/18. März 1797 setzte er unter der Aufsicht der Commission intermédiaire die alten staatlichen Verwaltungsorgane aus der Zeit vor 1794 wieder ein und hob im Artikel 6 des Arrêtés den Sequester über die Kirchengüter auf: „Den Mitgliedern der geistlichen Gemeinden[48]), zusammen oder einzelnen steht frei, die Verwaltung der Güter der Korporationen wozu sie sonst gehörten, zu übernehmen. Ein Drittel des Ertrags der von ihnen verwalteten Güter soll ihnen für ihren Unterhalt und Verwaltungskosten überlassen, die zween andern Drittel aber von ihnen den Empfängern der Auflagen abgegeben werden[49]).“

Damit trat eine Entspannung der schwierigen wirtschaftlichen Lage des Klerus ein, wenn auch die Abgabe an die Steuerbehörde sehr hoch war. Inhalt und Tenor der Verfügung gaben wieder Raum für neue Hoffnungen[50]). Diese Hoffnungen wurden bereits am 20. Germinal V/9. April 1797 zerstört, als Hoche die Kirchengüter erneut beschlagnahmte und sie der Regie seines Schwagers Karl Durbach, der die Verwaltung der Nationaldomänen übernommen hatte, unterstellte. Die Agenten von Durbach trieben die Erträge ein; das für den Unterhalt des Klerus bestimmte Drittel wurde von den Behörden an die Geistlichen ausgezahlt[51]). Zur Begründung führte Hoche an, daß die Ablieferung von zwei Dritteln der Einkünfte nicht ordnungsgemäß erfolgt sei und daß die Geistlichkeit ohne Erlaubnis frei über ihre Güter verfügt habe[52]).

Die außerordentlichen Mißstände, die unter der Regie Durbach auftraten, veranlaßten Hoche jedoch am 16. Prairial V/4. Juni 1797 den Vertrag mit Durbach aufzuheben, diesen als Generaleinnehmer der Domänen abzuberufen und den

---

47) Ausführlich zur Politik von Hoche: Max Springer, Die Franzosenherrschaft in der Pfalz 1792–1814, Berlin und Leipzig 1926, S. 111–130; zur Kirchenpolitik des Direktoriums in dieser Zeit vgl. auch: Jacques Godechot, Les institutions de la France sous la Révolution et l'Empire, Paris ²1968, S. 526 ff. und Denis Woronoff, La République bourgeoise de Thermidor à Brumaire 1794–1799, Paris 1972, S. 139 ff.

48) Im französischen Text „communautés réligieuses". Gemeint sind die geistlichen Korporationen.

49) SAT FZ 9.

50) General Hoche schrieb am 30. Vent. V/20. März 1797 an den Finanzminister Duramel: „Les moines surtout sont parfaitement contens de l'article 6..., qui leur laisse la faculté d'exister au moment où ils croyaient avoir tout perdu. Je laisserai à chaque curé une pension de mille livres... afinque la malveillance n'ait plus le droit d'insinuer au peuple que nous voulons détruire le culte, et que nous réduisons ses ministres à la mendicité." (Hansen, Quellen, Bd. III, S. 915).

51) Bormann/Daniels, Bg. VI, S. 413 f.; H. Schiel, Tagebuch Lintz, Kurtrierisches Jahrbuch 1972, S. 96.

52) SAT FZ 331.

Klerus wieder in seine Güter einzusetzen[53]). Dafür war dieser fortan kontributionspflichtig, nachdem er vorher mangels eines Einkommens von Steuerzahlungen befreit gewesen war. Der Beschluß wurde lebhaft begrüßt, da er nicht nur der Geistlichkeit ihr Eigentum zurückgab, sondern auch für die Gesamtbevölkerung Erleichterungen brachte. Der trierische Hofrat J. B. Hetzrodt schrieb am 8. Juni 1797 an die Verwaltung in Trier: Das Arrêté „übertrifft alle Erwartungen. Die verhaßte Durbachsche Regie ist aufgehoben, Durbach mitsamt seinen Agenten entlassen . . ., die Geistlichkeit wird wieder in ihre Güter eingesetzt unter dem einzigen Last, die Steuern mitzutragen . . . Die Requisitionen sind auf die Kontribution anzurechnen . . . Das Land wird von Schurken gereinigt, die Geistlichen erhalten ihre Güter gerade vor der Ernte und helfen uns die Kriegslasten tragen . . ."[54])

Die kirchlichen Grundeigentümer begannen im Glauben, die freie Verfügungsgewalt über ihre Güter sei ihnen wieder zugestanden, diese zu verpfänden oder zu verkaufen. Nach dem Friedensschluß von Campo Formio mit der österreichischen Zustimmung zur Abtretung des linken Rheinufers registrierten die Behörden ein deutliches Ansteigen der Transaktionen, die einerseits für eine Verbesserung der finanziellen Lage des Klerus sorgen sollten, andererseits aber auch durch die Furcht, die Korporationen würden schließlich doch aufgelöst, veranlaßt gewesen sein mögen. Mit dem Hinweis, die Korporationen besäßen aufgrund des Beschlusses von Hoche nur ein Nutzungsrecht an ihren Gütern, erließ die Intermediär-Kommission am 4. Frimaire VI/24. November 1797 ein striktes Verpfändungs- und Veräußerungsverbot[55]). Alle seit 1794 abgeschlossenen Verkäufe und Hypothekenbelastungen von Kirchengut wurden für null und nichtig erklärt, sofern die Behörden nicht ihre ausdrückliche Zustimmung gegeben hatten. Alle Vorauszahlungen, die Schuldner der Korporationen an diese geleistet hatten, wurden annulliert. Die Nutznießung der Güter blieb dem Klerus jedoch vorläufig erhalten.

Die Unschlüssigkeit der französischen Kirchenpolitik hatte die Säkularisationsfrage im Rheinland über drei Jahre lang offen gelassen. So konnte am 7. Februar 1797 noch ein neuer Abt für die Abtei St. Maximin in Trier gewählt werden, obwohl es in Frankreich keine Orden mehr gab. Die französischen Behörden genehmigten die Wahl mit dem Hinweis, sie wollten sich nicht in die religiösen Angelegenheiten der eroberten Länder einmischen[56]).

53) „Le clergé est rétabli dans la jouissance de tout ce qui leur appartient en propre, ou à titre d'usufruit (les forêts, mines et usines exceptées). (Bormann/Daniels, Bd. VI, S. 425); Hashagen, Die rheinische Kirche, S. 300; Hansen, Quellen, Bd. III, S. 940, 999 ff.

54) Hansen, Quellen, Bd. III, S. 1002 f.

55) SAT FZ 331 Gedruckte Bekanntmachung. Der französische Text bei Bormann/Daniels, Bd. VI, S. 445 f.

56) Reifart, S. 128 f.; Michael Franz Joseph Müller, Summarisch-geschichtliche Darstellung der klösterlichen Institute unserer Vaterstadt und ihrer Umgebungen, Trier 1824, S. 17. Zum Nachfolger des 1796 verstorbenen Abtes Willibrord Wittmann wurde Benedikt Kirchner gewählt. Eingehende Darstellung bei J. Marx, Geschichte des Erzstiftes, S. 335 ff.

Gegen Ende des Jahres 1797 änderte sich diese Einstellung, als die Annexionisten ihre Vorstellungen vom Rhein als der natürlichen Ostgrenze Frankreichs im Frieden von Campo Formio durchgesetzt hatten und kein Zweifel mehr daran bestand, daß die linksrheinischen Gebiete mit Frankreich vereinigt würden. Damit begann die letzte Etappe auf dem Weg der kirchlichen Institutionen hin zur Säkularisation, die nun systematisch vorbereitet wurde. Der neue Gouvernementskommissar Rudler versprach in seiner Proklamation vom 21. Frimaire VI/11. Dezember 1797[57]) der Bevölkerung, sie werde von den bisher weitererhobenen Feudalabgaben befreit und publizierte am 6. Germinal VI/26. März 1798 die entsprechenden französischen Gesetze[58]). Die Kirche verlor dadurch endgültig Rechte, die sie zwar nicht mehr hatte geltend machen können, weil der Staat die daraus resultierenden Abgaben eintrieb, die ihr aber zumindest formal noch zugestanden hatten.

Am 11. Nivose VI/31. Dezember 1797 verbot Rudler den Ordensoberen, die Auswanderung ihrer Untergebenen anzuordnen. Dagegen durften alle Ordensangehörige, die sich freiwillig ins rechtsrheinische Deutschland begeben wollten, nach vorheriger Erklärung vor den Behörden das Land verlassen. „Tout religieux qui sera sorti ainsi de son monastère pour aller habiter l'intérieur de l'Allemagne, ne pourra revenir dans les pays conquis, sous peine d'y être traité comme espion[59])." Aufgrund eines Vorfalls in Aachen wurde den Klostervorstehern untersagt, Konventangehörige in besondere Klostergefängnisse einsperren zu lassen[60]). Vom 21. Pluviose VI/9. Februar 1798 an durften keine Novizen mehr aufgenommen werden und angehende Mitglieder, die vor der Gelübdeablegung standen, hatten innerhalb von zwanzig Tagen die Klöster zu verlassen[61]).

Im darauffolgenden Monat publizierte Rudler die französischen Gesetze über die Verwaltung der Nationaldomänen und definierte bei dieser Gelegenheit den Begriff genau, um jedes Mißverständnis auszuschließen. Diese Definition galt für die gesamte französische Zeit bis 1814. „On entend sous le nom du domaine national, les forêts, mines et usines, les droits incorporels non féodaux, les terres, prairies, vignes, maisons et biens de toute nature, appartenant aux ci-devant sourverains, au ci-devant clergé francais et à celui des département réunis, au clergé des pays situés de la rive droite du Rhin, aux ordres de Malte et Teutonique, et aux individus des pays conquis qui, ayant quitté leurs foyers depuis l'entrée des Francais, n'y sont pas rentrée en vertu de permissions des représen-

---

57) Bormann/Daniels, Bd. VI, S. 455 ff.; Hansen, Quellen, Bd. IV, S. 415 ff.
58) Bormann/Daniels, Bd. VI, S. 631 ff.; Perthes, Bd. I, S. 267.
59) Bormann/Daniels, Bd. VI, S. 460 f.
60) 18. Niv. VI/7. Januar 1798. Im dortigen Kapuziner-Kloster hatte man einen Geistlichen gefunden, der „seit zwei Jahren da eingesperrt gewesen, weil er seinen Widerwillen gegen das Mönchsleben geäußert hätte" (SAT FZ 679); Perthes, Bd. I, S. 274.
61) F. T. Müller, S. 186; J. Marx, Geschichte des Erzstiftes, S. 367. Der Kommissar Boucqueau bei der Zentralverwaltung in Trier schrieb an Rudler, er habe am 22. Februar diese Anordnung bekanntgegeben „comme une première preuve, que bientôt toutes ces institutions disparaîtraient du sol de ces provinces" (Hansen, Quellen, Bd. IV, S. 545); ergänzend wurde am 9. Vend. VII/30. September 1798 auch jede Gelübdeerneuerung verboten (Reifart, S. 142).

tans du peuple en mission, des généraux en chef et des commissaires du gouvernement dans les pays conquis[62].“ Die Korporationen hatten zwar noch die Nutznießung ihrer Güter, durften aber nicht über diese verfügen. Wiederholt wurden Besitzverzeichnisse und Personalstandslisten angefordert[63]. Erklärtes Ziel dieser Maßnahmen war die Verhinderung von Unterschlagungen und heimlichen Verkäufen.

Am 7. Germinal VI/27. März 1798 wurden alle Klöster, deren Mitgliederbestand durch Tod oder Emigration auf weniger als die Hälfte der Insassen vor 1794 abgesunken war, mit dem Sequester belegt. Die übriggebliebenen Mönche und Nonnen erhielten Unterhaltszahlungen. Den Korporationen, die noch mehr als 50 % der Mitglieder aufwiesen, wurde der Sequester angedroht, wenn sie nicht für eine ordnungsgemäße Bebauung ihrer Landgüter sorgten[64].

Am gleichen Tag verbot die Zentralverwaltung des Saardepartements allen Mönchen im Departement das Predigen[65]. Die mit dieser Anordnung im Zusammenhang stehenden Ereignisse und Maßnahmen sind symptomatisch für die schärfere Gangart gegenüber der Kirche. Der Trierer Augustinerpater Kronenberger hatte Anfang 1798 eine Sammlung von Kanzelreden herausgegeben, die heftige Angriffe gegen den Unglauben im allgemeinen und die französische Republik im besonderen enthielten, und am 19. März 1798 hatte ein Karmeliter in der Trierer Kirche St. Anna eine Predigt ähnlichen Inhalts gehalten. Rudler bat die Zentralverwaltung „s'assurer de la personne de ceux des prêtres, qui par leurs écrits, par leur influence ou leur conduite pourraient être dangereux[66]“. Der Präsident der Zentralverwaltung Johann Friedrich Lintz warnte die Öffentlichkeit in einer Rede vor „aufrührerischen Mönchen“ und „irregeführten Fanatikern“, und auch rheinische Publikationsorgane geißelten diese „niederträchtigsten Verleumdungen“ des republikanischen Systems[67]. Die Klöster der Stadt fürchteten um ihre Existenz und glaubten ihre Auflösung nahe; einige ließen bereits zivile Kleidung anfertigen[68]. Das Pariser Direktorium ordnete am 12. Germinal VI/1. April 1798 die Ausweisung von Kronenberger an. Er sollte von Brigade zu Brigade auf die rechte Rheinseite transportiert werden, konnte aber der Verhaftung entgehen und nach Aschaffenburg flüchten, wo er „comme martyr de la foi“ verehrt wurde[69]. Damit hatte sich die Lage jedoch keineswegs entspannt, denn in den folgenden beiden Jahren demonstrierten kleine Gruppen in Trier öffentlich gegen die staatliche Kirchenpolitik und gegen die Behandlung des Klerus, der sich zunehmenden Repressionen ausgesetzt sah. Bei mehreren Protestprozessionen und -demonstra-

---

62) Bormann/Daniels, Bd. VI, S. 608 f.
63) 29. Pluv. VI/17. Februar 1798; 7. Germ. VI/27. März 1798; 9. Vend. VI/30. September 1798; 28. Frim. IX/19. Dezember 1800. (Bormann/Daniels, Bd. VI, S. 600 ff., 633 ff., 769, 847).
64) Hashagen, Die rheinische Kirche, S. 301; Bormann/Daniels, Bd. VI, S. 635.
65) Hansen, Quellen, Bd. IV, S. 637 ff. In Trier am 31. März bekanntgemacht (L. Müller, fol. 25).
66) Hansen, Quellen, Bd. IV, S. 572 und 637 ff.; J. Marx, Geschichte des Erzstiftes, S. 399.
67) Hansen, ebd.
68) L. Müller, fol. 25, 34.
69) Bormann/Daniels, Bd. VI, S. 638; Hansen, Quellen, Bd. IV, S. 599, 638, 1158.

tionen kam es zu tätlichen Auseinandersetzungen und Verhaftungen[70]). Rudler erließ im Mai und August 1798 scharfe kirchenpolizeiliche Verordnungen mit der Androhung harter Strafen gegen Geistliche, die zum Widerstand gegen die Regierung aufriefen oder in anderer Weise gegen die Republik arbeiteten[71]). Er habe feststellen müssen, „que des ennemis de la République répandent de tous côtés des écrits fanatiques, pour tromper le peuple et l'exciter contre les Francais, que l'on y peint comme les destructeurs de la religion"[72]).

Am 2. Vendemiaire VII/23. September 1798 verfügte das Direktorium die Deportation des Blieskasteler Franziskaner-Guardians Amabilis Billenburger nach Cayenne[73]), und im März 1799 wurde der Pfarrer Haas aus Sehlem wegen aufrührerischer Reden auf die Insel Oléron deportiert[74]). Der Augustinerkonvent in Trier blieb offensichtlich ein Unruheherd, denn am 8. Fructidor VII/25. August 1799 wurde die Deportation von sechs Augustinern über den Rhein angeordnet, weil „diese Mönche . . . einen sehr formellen Misbrauch von ihrem Berufe machen, um den Gemein-Geist und die Ruhe in dem Saar-Departement zu stören"[75]). Die beiden im Kloster verbliebenen Patres wurden unter die Aufsicht der Munizipalität gestellt und durften ihr Kloster nicht ohne besondere Erlaubnis verlassen. In den Auseinandersetzungen kamen der Einführung des Revolutionskalenders mit Abschaffung des Sonntags, den Prozessionsverboten und der Erzwingung der Ziviltrauung besondere Bedeutung zu. Kirchliche Symbole wurden in der Öffentlichkeit nicht mehr geduldet, Geistliche durften sich nicht mehr in ihrem Habit auf der Straße zeigen, die herkömmlichen Beerdigungsriten wurden verboten. (L. Müller, fol. 15, 26).

Im Zusammenhang mit den Verhandlungen auf dem Rastatter Kongreß war im April 1798 ein anderer Konflikt entstanden, der die staatlichen Organe einerseits und den Trierer Klerus andererseits in Frontstellung zueinander gebracht hatte. Anlaß dazu war die Aufforderung des Justizministers Lambrechts an Rudler, Erklärungen der Bevölkerung in den vier neuen Departements zu sammeln, in denen diese den Wunsch nach Vereinigung mit Frankreich aussprechen sollte. Das Direktorium wollte die Stimmung der Bevölkerung zugunsten einer Angliederung in Rastatt anführen können. Rudler ließ von den lokalen Behörden Unterschriftenlisten auflegen und die Einwohner auffordern, sich einzutragen. Da der zunächst erwartete Erfolg ausblieb, und die Reunionsadressen nicht genügend Unterzeichner fanden, rief der Kommissar Lequereux in Trier am 2. Floreal VI/21. April 1798 einen Teil des Klerus der Stadt zusammen und forderte die etwa 200 erschienenen Geistlichen zur Unterschrift auf. Der Dechant des Simeonstiftes Peter Joseph von Hontheim weigerte sich jedoch und betonte in einer Erklärung, daß Kurtrier bisher noch nicht in einem förmlichen Friedensschluß an Frankreich

---

70) Dazu ausführlich J. Marx, Geschichte des Erzstiftes, S. 400 ff. und das Tagebuch von L. Müller, 1798, fol. 26; 1799, fol. 34; 1800, fol. 21, 22.
71) Bormann/Daniels, Bd. III, S. 195; Bd. VI, S. 684, 730 f.; Hansen, Quellen, Bd. VI, S. 842 ff.
72) Hansen, Quellen, Bd. IV, S. 923.
73) Perthes, Bd. I, S. 274; Bormann/Daniels, Bd. VI, S. 768 f.
74) Hansen, Quellen, Bd. IV, S. 966.
75) SAT FZ 678. Gedruckte Bekanntmachung, die an den Kirchentüren angeschlagen wurde.

abgetreten worden sei und daß er sich deshalb an seine alten Untertanenpflichten gebunden fühle. Kein einziger der Anwesenden unterschrieb daraufhin die von Lequereux vorbereitete Adresse. Nach diesem Eklat wurde Hontheim verhaftet, kam jedoch nicht vor Gericht. Unter Hausarrest stehend unterschrieb er schließlich doch und mit ihm auch andere Geistliche[76]). Insgesamt gesehen erwies sich die Aktion als Fehlschlag, da aus der Mehrzahl der Gemeinden überhaupt keine Reunionsadressen eingingen und aus den anderen Gemeinden sich nur 5 % der Bevölkerung des Saardepartements für den Anschluß an Frankreich aussprachen[77]).

Die Angst vor der Auflösung stieg in den Klöstern weiter an, als nach den Verboten althergebrachter religiöser Bräuche erneut Kommissare erschienen. „Im Junius und Julius war wiederum große Angst unter den Klöstern wegen ihrer Aufhebung, bald waren sie an diesem, bald an jenem Kloster, und wenn sie fast beschlossen, daß einige sicher aufgehoben seyen, so kam ihnen gleich wiederum etwas in den Weg[78]).‟

Am 8. Messidor VI/26. Juni 1798 wurde den Angehörigen kirchlicher Korporationen, „qui désirent sortir de leurs maisons et rentrer dans la société‟ erlaubt, in ihrem persönlichen Gebrauch stehende Effekten wie Wäsche und Zellenmobiliar mitzunehmen. Ihre Einkünfte und Rechte mußten auf die Domänenverwaltung übertragen werden. Dafür wurde ihnen eine Pension von höchstens 800 Francs pro Jahr zugesichert[79]). Die durch Tod oder Demission der Berechtigten erledigten Pfründe wurden am 19. Ventose VII/9. März 1799 eingezogen, wenn sie nicht unmittelbar seelsorgerischen Zwecken dienten[80]).

Als durch den Staatsstreich Napoleons das Direktorium gestürzt wurde, befand sich das wirtschaftliche und religiöse Leben der kirchlichen Korporationen in einem desolaten Zustand. Die Politik des Direktoriums hatte darauf abgezielt, den Einfluß der Kirche möglichst weit zu reduzieren[81]). Neue Hoffnungen richteten sich auf Napoleon, der offensichtlich einen Ausgleich mit der katholischen Kirche suchte und sich schon kurz nach der Machtübernahme in dieser Richtung aussprach[82]). Das Echo in den vier neuen Departements war außerordentlich lebhaft, und in Trier glaubte man, wie der Beobachter vom Donnersberg im März 1800 schrieb, „daß mit der neuen Ordnung der Dinge auch alle Gesetze über die Polizei des Gottesdienstes abgeschafft seien‟ und „daß der Erste Konsul die katholische Religion als herrschend betrachte‟. Die Trierer Bettelmönche suchten sogar um die Erlaubnis nach, wieder terminieren zu dürfen[83]).

Die Abteien, Klöster und Stifte mußten jedoch bald erkennen, daß Napoleon sich zwar konzilianter äußerte und tatsächlich ein besseres Verhältnis zwischen Staat und Kirche anstrebte, die endgültige Aufhebung der Korporationen aber weiter verfolgte.

---

76) Ausführlich zu diesem Konflikt: Hansen, Quellen, Bd. IV, S. 632 ff., 659 ff., 761 ff.
77) Berechnet nach Hansen, Quellen, Bd. IV, S. 814 f.
78) L. Müller, fol. 26.
79) Bormann/Daniels, Bd. VI, S. 690.
80) Klompen, S. 36.
81) Vgl. Godechot, S. 529 ff.; Latreille, Bd. I, S. 255 ff.
82) Hansen, Quellen, Bd. IV, S. 1252.
83) Hansen, Quellen, Bd. IV, S. 1253.

Am 27. Frimaire IX/18. Dezember 1800 säkularisierte ein Dekret alle geistlichen Häuser, in denen weniger als die Hälfte der zur Zeit des französischen Einmarsches anwesenden Mitglieder lebte[84]. Die Konventgebäude waren innerhalb von drei Monaten zu räumen. Die Oberen der noch weiter bestehenden Institutionen hatten jeden Fall von Abwesenheit und jeden Todesfall umgehend zu melden, damit die Auflösung bei Erreichen der festgelegten Grenze sofort stattfinden konnte. Die Domänenverwaltung übernahm das enteignete Gut dieser Klöster und veräußerte meist die Mobilien. Das Immobiliarvermögen wurde noch nicht zum Verkauf gestellt, sondern von der Behörde öffentlich an den Meistbietenden auf Zeit verpachtet[85]. Die Bevölkerung wurde durch Plakate über die Termine und Bedingungen der Pachtversteigerungen informiert.

Die französische Politik berücksichtigte bei dem Verzicht auf jede Veräußerung von Immobilien der durch das genannte Dekret bereits aufgehobenen Korporationen in diesem Stadium, daß eine völkerrechtlich verbindliche Abtretung der vier rheinischen Departements noch nicht erfolgt und ein Ausgleich zwischen Staat und katholischer Kirche generell und besonders in der Säkularisationsfrage noch nicht herbeigeführt war. Beide Ziele erreichte Napoleon im Jahre 1801. Die Anerkennung der durch die Französische Revolution und deren Folgen geschaffenen Tatsachen wurde de jure im Frieden von Lunéville am 9. Februar 1801 und durch das Konkordat mit Pius VII. am 23. Fructidor IX/10. September 1801 vollzogen[86]. Die außenpolitische Absicherung der Annexion des Rheinlandes und die Aussöhnung mit der römischen Kirche waren Voraussetzung für die angestrebte innenpolitische Stabilisierung[87], die durch Probleme der staatlichen Zugehörigkeit und der Säkularisation nicht länger behindert wurde. Das Konkordat wurde am 26. Messidor IX/15. Juli 1801 unterzeichnet, am 23. Fructidor IX/10. September 1801 ratifiziert, am 18. Germinal X/8. April 1802 zusammen mit den Organischen Artikeln in Frankreich und am 14. Floreal X/4. Mai 1802 in den vier rheinischen Departements publiziert[88]. Es erkannte die katholische Religion als die Religion der großen Mehrheit der französischen Bürger an und garantierte die freie Religionsausübung. Die Kirche in Frankreich sollte in Abstimmung mit der Regierung durch eine neue Diözesan- und Pfarrumschreibung reorganisiert werden. Der Erste Konsul ernannte die Bischöfe, der Papst hatte nur ein Bestätigungsrecht. Die Bischöfe durften ein Domkapitel und ein Priesterseminar errichten, allerdings ohne staatliche Dotierung. Nicht veräußerte Kirchen, die für die Seelsorge benötigt wurden, sollten zurückgegeben werden. Der Staat verpflichtete

---

84) Perthes, Bd. I, S. 275; Bormann/Daniels, Bd. VI, S. 847.
85) SAT Trevirensia J. X, 2, Nr. 34.
86) Gräff, Chronologische Sammlung, S. 465; Hermens, Bd. I, S. 464 ff.; Louis Bergeron, L'Episode napoleonien, Aspects intérieurs, 1799–1815, S. 48 ff.; Latreille, Bd. II, S. 38 ff.
87) Godechot, S. 714 ff. Die Konsuln hatten mit der Proklamation vom 24. Frim. VIII/15. Dezember 1799 die Revolution für beendet erklärt (Walter Grab (Hg.), Die Französische Revolution. Eine Dokumentation. München 1973, S. 300 f.).
88) Gräff, Das Eigentum, S. 69 f.; Bormann/Daniels, Bd. IV, S. 292 ff.; Bd. VI, S. 895; Hermens, Bd. I, S. 355 ff., S. 481 ff.; Perthes, Bd. I, S. 307. Die feierliche Verkündung des Konkordates erfolgte in Trier am 18. Prair. X/7. Juni 1802 unter dem Geläut aller Glocken (Der Trierische Ankündiger für das Saardepartement 1801/02, Nr. 52).

sich, den Bischöfen und Pfarrern ein Gehalt zu zahlen; diese hatten einen Treue-eid auf die Regierung zu leisten. Die Pfarrer wurden vom Bischof mit Genehmigung der Regierung ernannt. Die Organischen Artikel, die von Napoleon ohne Wissen und Zustimmung der Kurie als Ausführungsbestimmungen angefügt wurden, sicherten dem Staat über die Vereinbarungen des Konkordates hinaus weitere Eingriffsrechte.

Entscheidend für die Säkularisationsfrage war der Artikel 13 des Konkordates: „Sa Sainteté, pour le bien de la paix et l'heureux rétablissement de la religion catholique, déclare que ni elle, ni ses successeurs, ne troubleront en aucune manière les aquéreurs des biens ecclésiastiques aliénés, et qu'en consequence, la propriété de ces mêmes biens, les droits et revenues y attachés, demeureront incommutables entre leurs mains ou celle de leurs ayans-cause[89]." Damit hatte die Kirche unwiderruflich auf alle Eigentumsrechte an den säkularisierten Gütern in Frankreich verzichtet und die Säkularisation, die sie als rechtswidrigen Übergriff des Staates offiziell bekämpft hatte, nachträglich sanktioniert. Dieser Verzicht galt auch für die vier neuen Departements, die durch den Vertrag von Lunéville Bestandteil Frankreichs geworden waren. Der Säkularisationsbeschluß für die rheinischen Gebiete, der im Jahre 1802 fiel, brachte als Konsequenz die sinngemäße Übertragung der entsprechenden französischen Gesetze über die Aufhebung der geistlichen Korporationen und den Güterverkauf. Die Gesetze über die Zivilkonstitution des Klerus und über die Durchführung der Säkularisation waren im Rheinland nicht publiziert worden, die Rechtslage mußte deshalb der in Innerfrankreich geltenden angeglichen werden[90].

Der Friede von Lunéville und das Konkordat hatten die Voraussetzungen für die endgültige Durchführung einer rechtlich abgesicherten Säkularisation in den linksrheinischen Gebieten geschaffen. Dies dürfte von erheblicher psychologischer Bedeutung für die katholische Bevölkerung gewesen sein, die beim Kauf von Kirchengut gerade nicht unter der Androhung von Kirchenstrafen und ewigen Strafen stand, wie es immer wieder behauptet worden ist, sondern sich im Gegenteil durch den Artikel 13 des Konkordates von allen Gewissenszweifeln beim Erwerb von Kirchengut frei fühlen konnte.

Den Geistlichen blieb keine Hoffnung auf ein Weiterbestehen ihrer Konvente. Sie versuchten deshalb noch kurz vor der Aufhebung, Güter heimlich zu verkaufen. Am 5. Prairial X/25. Mai 1802 wies der Präfekt des Saardepartements die Unterpräfekten an, gegen Veräußerungen von kirchlichen Gütern durch Geistliche vorzugehen[91], und am 10. Prairial X/30. Mai 1802 beauftragte er sie, auf die richtige Bewirtschaftung der Kirchengüter zu achten, da diese vernachlässigt würden[92]. Klostervorsteher, die bei den Besitzerklärungen Auslassungen begangen hatten, erhielten eine Frist von zwei Monaten für eine straflose Nachdeklaration[93].

---

[89] Bormann/Daniels, Bd. IV, S. 294; Gräff, Das Eigentum, S. 72.
[90] Büttner, S. 36; Klompen, S. 38 f.; Gräff, Das Eigentum, S. 90.
[91] Der Trierische Ankündiger 1801/02, Nr. 49.
[92] Der Trierische Ankündiger 1801/02, Nr. 50.
[93] SAT Trevirensia J. X, 2, Nr. 15.

Am 20. Prairial X/9. Juni 1802 erließen die Konsuln das entscheidende Arrêtê portant suppression des ordres monastiques et congregations régulières dans les départemens de la Sarre, de la Roer, de Rhin-et-Moselle et du Mont-Tonnere"[94]), das am 13. Messidor X/2. Juli 1802 verkündigt wurde[95]).

Dieser grundlegende Säkularisationsbeschluß verfügte im Artikel 1 die Aufhebung aller geistlichen Institutionen mit Ausnahme der Bistümer, Pfarreien, Domkapitel und Priesterseminare, deren Errichtung im Konkordat vorgesehen war. Der Artikel 2 übereignete alle Kirchengüter ohne Ausnahme dem Staat. Um jede Unterschlagung von Effekten, Registern, Titeln und Papieren zu verhindern, hatte der Generalkommissar der vier Departements angeordnet, diese Objekte durch hierzu beauftragte Kommissare in einer überall zur gleichen Zeit durchgeführten Aktion versiegeln zu lassen und erst danach den Säkularisationsbeschluß zu publizieren (Art. 3). Von den Präfekten ernannte Kommissare sollten das Vermögen an Mobilien und Immobilien, Bargeld und Renten, Büchern und Manuskripten, sowie alle ausgeliehenen Gelder und alle Schulden in Gegenwart der betroffenen Geistlichen aufnehmen und darüber ein Verzeichnis anfertigen. Außerdem war eine Liste der Korporationsmitglieder mit Namen-, Alters- und Geburtsortangaben aufzustellen. Diese hatten mit ihrer Unterschrift die Richtigkeit aller Deklarationen zu bestätigen (Art. 4 und 5). Die Domänenregie wurde mit der Güterverwaltung betraut (Art. 6 und 7).

Den Bischöfen und Pfarrern wurden die für den Gottesdienst notwendigen Kirchengebäude überlassen. Außerdem erhielten die Seelsorger, die Domkapitulare und die Priesterseminare die erforderlichen Wohngebäude mit den dazugehörigen Gärten (Art. 11). Der Staat übernahm die Verpflichtung, den Mitgliedern der aufgehobenen Korporationen als Entschädigung für den Verlust ihres Einkommens Pensionen zu zahlen. Den im Inland geborenen Geistlichen wurden 600 Francs jährlich, wenn sie über 60 Jahre alt waren, und 500 Francs jährlich, wenn sie jünger waren, zugesichert (Art. 12).

Die rechts des Rheins geborenen Geistlichen erhielten einmalig 150 Francs als Reisekostenentschädigung und hatten das Land zu verlassen (Art. 17). Innerhalb von zehn Tagen nach Veröffentlichung des Säkularisationsbeschlusses mußten die Klosterinsassen ihre Häuser räumen und ihr Ordenskleid ablegen (Art. 13 und 14). Sie durften ihre persönlichen Effekten und Möbel mitnehmen (Art. 15).

Alle im voraus entrichteten Pachtzahlungen wurden für nichtig erklärt (Art. 18). Die in Innerfrankreich geltenden Gesetze über die Verwaltung, die Verpachtung und den Verkauf der Nationalgüter sollten, soweit dies noch nicht geschehen war, auf die vier Departements übertragen werden (Art. 19).

Von der Aufhebung ausgenommen blieben die kirchlichen Institutionen, die im Bereich der Erziehung und der Krankenpflege tätig waren. Ihnen wurde die weitere Nutznießung ihrer Güter gestattet (Art. 20). Der Generalkommissar sollte für Ordensleute, die zusammen wohnen wollten, sechs Frauenklöster, sowie vier Männerklöster für über 70jährige aussuchen. In diesen Häusern durften sich keine geistlichen Korporationen mit festen Ordensregeln organisieren (Art. 21).

Die protestantischen Kirchengüter blieben von der Einziehung verschont, da sie auf Grund des Westfälischen Friedens als Privateigentum der Konstistorien

---

94) Gräff, Chronologische Sammlung, S. 477; Hermens, Bd. I, S. 652 ff.
95) Bormann/Daniels, Bd. IV, S. 391, Anmerkung 1.

angesehen wurden[96]). Die Vereinigung des Landes mit Frankreich hatte daran nichts geändert, wie der französische Kultusminister Portalis dem Präfekten des Saardepartements mitteilte, der um Anweisungen in dieser Frage gebeten hatte. „Pour satisfaire vos désirs, j'aurai l'honneur de vous faire observer que, selon le traité de paix de Westphalie, (article des biens ecclésiastiques, première règle) tous les biens ecclésiastiques et immédiats que les états protestans avaient possédés l'année 1624, doivent leur rester à toute perpétuité ... C'est par une suite de ce traité que les églises protestantes ont conservé les propriétés dont elles jouissent. Les traités de réunion des quatre départements n'ont rien changé à ces dispositions." Die Güter seien anzusehen „comme des propriétés particulières[97])." Die Verwaltung zog daraus den Schluß: „Tout ce qui est relativ aux biens ecclésiastiques des églises protestantes est étranger à l'administration publique[98])." Dies hinderte Napoleon jedoch nicht daran, in einem Dekret vom 18. Brumaire XIII/ 9. November 1804 die Güter der Heidelberger Administration in den ehemaligen pfälzischen Gebieten zu Nationalgütern zu erklären und verkaufen zu lassen[99]).

Bei der Heidelberger Administration handelte es sich um eine protestantische Anstalt, die während der Reformation säkularisiertes Kirchengut verwaltete und die Einkünfte zum Unterhalt von Kirchen und Schulen verwendete. Dadurch unterschied sie sich rechtlich von „normalem" protestantischen Kirchengut.

Der Präfekt des Saardepartements verkündete nach Aufstellung der Suppressionsetats[100]) den Bestimmungen des Konsularbeschlusses vom 20. Prairial X gemäß am 27. Messidor X/16. Juli 1802 fünf Wochen nach Bekanntgabe des Konkordates in Trier die Säkularisation der geistlichen Korporationen[101]). Ausgenommen waren das sogenannte Kongregations-Kloster der Welschnonnen, die eine Mädchenschule unterhielten, und das Kloster der Alexianer- oder Engelbrüder, die Kranke pflegten und Tote bestatteten. Alle anderen Mönche und Nonnen im Departement mußten ihre Häuser am 7. Thermidor X/26. Juli 1802 verlassen und weltliche Kleidung anlegen. Die Abteien, Klöster und die zugehörigen Kirchen wurden geschlossen. Die Räumung der Kanonikerstifte folgte Anfang August 1802.

Der Verkauf der enteigneten Immobilien setzte nicht unmittelbar nach der Aufhebung ein, sondern verzögerte sich, da die im Konkordat und in den Organischen Artikeln vorgesehene Neuumschreibung der Pfarreien noch vorgenommen werden mußte. Dabei war auch zu entscheiden, welche Baulichkeiten zu

---

96) Bormann/Daniels, Bd. IV, S. 595.
97) Hermens, Bd. I, S. 535 ff.
98) Hermens, Bd. I, S. 534.
99) Hermens, Bd. IV, S. 882 f.
100) F. T. Müller, S. 126, der die Vorgänge als Geistlicher unmittelbar miterlebte, berichtet: Am 4. Juli 1802 erschien „bei den noch geduldeten Kirchen allenthalben eine sehr geheimnisvolle Commißion ..., welche alle Gelder, Capital-Briefe, Rechnungsbücher und andere Schriften ausforderte und in eine Kist brachte, die sie doppelt versiegelte. Ebenso wurden auch alle Paramenten und Kirchengeräthe aufgezeichnet; nur einige zum nöthigen Gebrauch herausgelaßen; und die übrigen verschloßen, wobei noch in jedem Orte ein Mann benannt ward, um alle Tag etliche Male zu sehen, ob noch die Siegel unversehrt seyen".
101) Der Trierische Ankündiger 1801/02, Nr. 60 und SAT Trevirensia J. X, 2, Nr. 35. Als Plakatdruck SAT FZ 331.

seelsorgerischen Zwecken aus der Säkularisationsmasse herausgelöst werden sollten. Die Voraussetzung dafür war eine Hinausschiebung des Verkaufsbeginns[102]. Ein Arrêté vom 28. Brumaire XI/19. November 1802 verbot den Präfekten nachdrücklich jeden eigenmächtigen Verkauf leerstehender Kirchen[103].

Bis ins Frühjahr 1803 dauerte die Neuorganisation der Diözese Trier durch den am 5. Juli 1802 zum Bischof von Trier ernannten und am 18. Juli 1802 geweihten Charles Mannay, der am 26. September 1802 feierlich inthronisiert worden war[104]. Der letzte Kurfürst Klemens Wenzeslaus hatte zuvor nach Aufforderung durch den Papst auf sein Bischofsamt verzichtet und sich im April 1802 mit einem Brief, der in allen Kirchen verlesen wurde, von seinen Gläubigen verabschiedet[105].

Es gelang Charles Mannay bei der Neuumschreibung der Pfarreien in den ersten Monaten seiner Tätigkeit, die meisten der kunsthistorisch wertvollen Abtei-, Kloster- und Stiftskirchen vor dem Verkauf und dem Abbruch zu retten, indem er diese Kirchen zu Pfarrkirchen machte und an ihrer Stelle die alten, weniger erhaltenswerten Pfarrkirchen an den Staat abtrat. In Trier wurden z. B. statt der Liebfrauenkirche und der Matthiasbasilika die Pfarrkirchen Laurentius und Medard verkauft. Mannay erreichte außerdem im Jahr 1805 die Rückgabe der noch nicht veräußerten Güter der 1798 aufgehobenen Universität. Durch seine Verhandlungen mit Talleyrand und Napoleon erhielten das Priesterseminar und die Trierer Sekundärschule, aus der später das Friedrich-Wilhelm-Gymnasium hervorging, in einem außergewöhnlichen Vorgang Grundbesitz vor allem an Weinbergen[106].

Nach Abschluß der vorbereitenden organisatorischen Maßnahmen begannen die Grundgüterverkäufe am 22. April 1803.

[102] Hashagen, Die rheinische Kirche, S. 302.
[103] Gräff, Das Eigentum, S. 86; Bormann/Daniels, Bd. IV, S. 424.
[104] Trierischer Taschenkalender, 1807, S. 54; SAT Trevirensia J. XI, 1, Nr. 4; Almanach ecclésiastique de France, Paris 1806/07, S. 244. Mannay stammte aus Champeix, Departement Puy-de-Dôme, wo er am 14. Oktober 1745 geboren wurde. Er hatte 1775 an der Sorbonne promoviert und war Hauslehrer in der Familie Talleyrand geworden (Kentenich, Geschichte der Stadt Trier, S. 661). Zur kirchlichen Neuorganisation sei noch vermerkt, daß die Diözese Trier räumlich mit dem Saardepartement identisch war und daß in der Regel für je einen Kanton eine Pfarrei eingerichtet wurde.
[105] SAT Trevirensia J. X, 2, Nr. 14; Trierischer Ankündiger 1801/02, Nr. 47; J. Marx, Geschichte des Erzstiftes, S. 441.
[106] Alois Thomas, Das Priesterseminar in Trier in der ersten Hälfte des 19. Jahrhunderts. In: Arch. mittelrh. Kg. 24, 1972, S. 196 f., 202 f.

V. Die aufgehobenen kirchlichen Korporationen

Vor der Säkularisation hatten 48 kirchliche Korporationen ihren Sitz im Saardepartement, davon 35 im Arrondissement Trier, 8 im Arrondissement Prüm, 3 im Arrondissement Saarbrücken und 2 im Arrondissement Birkenfeld. Im Raum Trier waren drei Viertel aller Institutionen konzentriert; in der Stadt Trier existierten allein 25 religiöse Gemeinschaften. Diese ungleiche Verteilung hatte sich vor allem daraus ergeben, daß Trier Zentrum eines geistlichen Kurfürstentums gewesen war und daß die Bevölkerung in den Arrondissements Trier und Prüm fast nur aus Katholiken bestand, während die Arrondissements Saarbrücken und Birkenfeld, in denen sehr viel weniger Katholiken lebten, unter der Herrschaft protestantischer Souveräne gestanden hatten. Der Bevölkerungsanteil der Lutheraner und Reformierten zusammen betrug nach den Angaben von 1802 in den Arrondissements Trier 2,1 %, Prüm 0,3 %, Saarbrücken 33,9 % und Birkenfeld 68,9 %[1]).

Drei der fünf Korporationen in den Arrondissements Saarbrücken und Birkenfeld gehörten Bettelorden an und besaßen dementsprechend fast keine Immobilien. Lediglich das Stift Blieskastel und die Abtei Mettlach, die mit dem Gebiet um Merzig zu Kurtrier gehört hatte und bei der territorialen Neugliederung durch Rudler zum Arrondissement Saarbrücken gekommen war, verfügten über Grundbesitz. Darüber hinaus gab es in den beiden Arrondissements noch vereinzelte, zerstreut gelegene Kirchengüter, deren Eigentümer außerhalb ansässig waren. Die Säkularisation hatte deshalb in der südlichen und südöstlichen Hälfte des Saardepartements in den Räumen Saarbrücken und Birkenfeld eine wesentlich geringere Bedeutung für den Wandel der Besitzverhältnisse an Grund und Boden als in den Arrondissements Trier und Prüm mit einer ganz anderen Dichte an Klöstern.

Für die Konzentration der kirchlichen Korporationen im Raum Trier waren neben politischen, kirchenhistorischen und religionssoziologischen Bedingungszusammenhängen auch wirtschaftliche Faktoren maßgebend. Das in dieser Hinsicht benachteiligte Arrondissement Prüm wies nur 8 Stifte und Klöster auf, obwohl

---

[1]) Berechnet nach Zegowitz, S. 269 f., 297 f., 302 ff. Der protestantische Bevölkerungsteil im Jahre 1802 in absoluten Zahlen:

Arrondissements	Lutheraner	Reformierte	Gesamtbevölkerung
Trier	1 624	15	76 656
Prüm	111	25	44 037
Saarbrücken	15 884	7 531	69 036
Birkenfeld	31 400	14 992	67 656

die Bevölkerung in diesem Teil der Eifel fast rein katholisch war und Kurtrier im größten Teil des Gebietes die Landeshoheit gehabt hatte.

Die 48 Korporationen setzten sich zusammen aus 8 Männerstiften, 1 Frauenstift, 8 Männerabteien, 16 Männerklöstern, 12 Frauenklöstern, 2 geistlichen Seminaren und 2 anderen Gemeinschaften.

Stifte

männlich	weiblich
Arrondissement Trier	
Domstift Trier	St. Irminen, Trier
St. Paulin, Trier	
St. Simeon, Trier	
Pfalzel	
Springiersbach	
Arrondissement Prüm	
Kyllburg	
Prüm	
Arrondissement Saarbrücken	
Blieskastel	

Abteien

männlich	weiblich
Arrondissement Trier	
St. Marien, Trier	
St. Martin, Trier	
St. Matthias, Trier	
St. Maximin, Trier	
Arrondissement Prüm	
Himmerod	
Prüm	
Steinfeld	
Arrondissement Saarbrücken	
Mettlach	

männlich	weiblich
Arrondissement Trier	
Alexianer, Trier	St. Agnes, Trier
Augustiner, Trier	St. Anna, Trier
Dominikaner, Trier	St. Johann, Trier
Kapuziner, Trier	St. Katharina, Trier
Karmeliter, Trier	St. Klara, Trier
Minoriten, Trier	St. Markus, Trier
Kapuziner, Bernkastel	St. Nikolaus, Trier
Franziskaner, Beurig	Welschnonnen, Trier
Helenenberg	Filzen/Mosel
Karthause, Konz	Machern
Klausen	
Franziskaner, Wittlich	
Arrondissement Prüm	
Augustiner, Hillesheim	Niederprüm
	St. Thomas/Kyll
Arrondissement Saarbrücken	
Franziskaner, Blieskastel	
Arrondissement Birkenfeld	
Franziskaner, Meisenheim	
Kapuziner, Wadern	

Außerdem in Trier das Clementinische und das Lambertinische Seminar und die Deutschordenskommende.

Zunächst sei die Aufhebung und die weitere Verwendung der Institutionen in Trier kurz dargestellt.

Das *Franziskanerinnen-Kloster St. Afra* in Trier war schon vor der französischen Zeit im Dezember 1785 von Kurfürst Klemens Wenzeslaus wegen der zerrütteten klösterlichen Disziplin aufgehoben und in ein Mädchen-Waisenhaus umgewandelt worden. Die Gebäude am Breitenstein wurden 1805 der Pfarrschule St. Laurentius zur Verfügung gestellt und schließlich im Juli 1806 an den Friedensrichter Nalbach versteigert[2].

---

[2] F. T. Müller, S. 315; M. F. J. Müller, Summarisch-geschichtliche Darstellung, S. 45 f.; J. C. Lager, Die Kirchen und klösterlichen Genossenschaften Triers vor der Säkularisation. Trier 1918, S. 157.

Aufgrund des Dekretes vom 27. Frim. IX/18. Dezember 1800[3]) lösten die französischen Behörden vor dem entscheidenden Konsularbeschluß vom 20. Prairial X einige der aufgeführten Korporationen im Saardepartement auf, da die Zahl ihrer Mitglieder auf weniger als die Hälfte des ehemaligen Personalbestandes abgesunken war. Es handelte sich um die Abteien St. Martin, St. Maximin, St. Marien und um das Augustiner-Kloster in Trier.

Die *Benediktinerabtei St. Martin* wurde am 24. Pluviose X/13. Februar 1802 nach dem Tod des Konventualen Anselm Kenner aufgehoben[4]). Die letzten sechs Geistlichen siedelten in das noch bestehende, in der Nähe der Kaiserthermen gelegene Agneten-Kloster über[5]). Zunächst wurden die Mobilien versteigert und die Landgüter auf der Präfektur verpachtet[6]). Als erstes Kloster im Saardepartement bot die Domänenverwaltung zu Beginn der Versteigerungen die Abtei St. Martin am 2. Floreal XI/22. April 1803 zum Erwerb an. Der Architekt Peter Goergen erhielt den Zuschlag für sein Gebot von 9 000 Francs[7]). Er ließ 1804 die Kirche und einen Teil des Klosters abreißen und stellte in der Krypta einen Kalkbrennofen auf[8]). Im Kloster wurde eine Gaststätte eingerichtet.

Am 18. August 1810 verkaufte Goergen die übriggebliebenen Abteigebäude zusammen mit 0,52 Hektar Martiner Ackerland, das er hinzugesteigert hatte, und mit der Erbpacht der städtischen Mühle vor der Abtei an der Mosel und der Erbpacht der Spitzmühle im Altbachtal für 22 000 Francs an die Gesellschaft Gand & Co., die 1807 im Kloster eine Porzellanfabrik errichtet hatte[9]).

Die Aufhebung der *Benediktinerabtei St. Maximin* in Trier erfolgte am 15. Vent. X/6. März 1802[10]). Diese war bis Mitte September 1801 von den Franzosen als Lazarett genutzt worden und diente dann als Magazin und Kaserne[11]). Ihre vier Glocken waren 1795 entfernt worden und gelangten im Mai 1802 zum Verkauf[12]). Die Oberteile der Türme wurden abgerissen[13]). Eine Zeitlang verfolgte man den Plan, die Abtei in eine Kunst- und Gewerbeschule für die neun belgischen und vier rheinischen Departements umzuwandeln, und Napoleon erließ auch wirklich am 28. Flor. XIII/18. Mai 1805 ein Dekret diesen Inhalts, das je-

---

[3]) Vgl. oben, S. 80.

[4]) Trierischer Ankündiger 1801/02, Nr. 30; L. Müller, fol. 16, 1.

[5]) F. T. Müller, S. 117.

[6]) Trierischer Ankündiger 1801/02, Nr. 38, 40.

[7]) LHK 276/3001/17.

[8]) Philipp de Lorenzi, Beiträge zur Geschichte sämtlicher Pfarreien der Diöcese Trier, Trier 1887, Bd. I, S. 35 f.; F. T. Müller, S. 413; Der Bürgermeister Recking berichtete am 2. Brumaire XIII/24. Oktober 1804 dem Präfekten: „La ci-devant abbaye de Saint Martin a changé tout a fait sa forme. En l'an XII le Sieur Goergen architecte qui s'est rendu adjudicataire de la domane nationale a fait démolir l'Eglise et une grande partie des Batimens de cette abbaye. Il a laissé exister l'aile qu'on appellait autrefois la Prelature et quelques batimens de l'Economie." (SAT FZ 78, 3307, fol. 1 f.).

[9]) LHK 587—40/44 I/266. Zur Porzellanfabrik s. weiter unten, S. 227.

[10]) L. Müller, fol. 1; Lager, S. 172.

[11]) Lager, S. 170; Lorenzi, S. 39; Zegowitz, S. 252.

[12]) Lager, S. 161; Trierischer Ankündiger 1801/02, Nr. 42 mit der Versteigerungsankündigung. Nach Lager soll ein Franzose die Glocken für 16 000 Francs erhalten haben. Diese Summe ist mit Sicherheit zu hoch.

[13]) F. T. Müller, S. 327.

doch nicht zur Ausführung kam[14]). Auch in preußischer Zeit blieb St. Maximin eine Kaserne[15]).

Die Trierer *Benediktinerabtei St. Marien* (St. Mergen), deren Gebäude nach der Besetzung als Lazarett Verwendung gefunden hatten, wurde am 9. Prair. X/ 29. Mai 1802 aufgehoben[16]). Der Architekt Jean Marc Delapré ersteigerte das nördlich der Stadt gelegene Kloster mit der Kirche am 14. Niv. XIII/4. Januar 1805 für 18 000 Francs[17]). Mit Ausnahme einiger Nebengebäude, in denen das Pulver- und Salpeterdepot Platz fand[18]), ließ Delapré das Objekt abreißen und verkaufte am 9. Juni 1806 das Terrain und das restliche Material der abgebrochenen Abtei an den Ansteigerer der Abtei St. Martin, Peter Goergen, der vor dem Notar Horn als „Entrepreneur des travaux publics" auftrat, für 2 400 Francs[19]). Der Platz wurde 1809 zum neuen Stadtfriedhof gezogen[20]). Die übriggebliebenen Gebäude wurden in preußischer Zeit als Artilleriedepot verwendet[21]).

Die früheste Klosteraufhebung im Saardepartement fand noch vor der Auflösung der drei genannten Abteien statt, als die Domänenregie am 20. Juli 1801 das Trierer *Augustiner-Kloster* in der Brückenstraße, dessen Insassen zum größten Teil des Landes verwiesen worden waren, endgültig übernahm und die Mobilien verkaufte[22]). Bürger aus der Nachbarschaft mieteten die Klosterkirche von der Regie und setzten mit einigen alten Patres den Gottesdienst fort. Sie leisteten einem Kommissar, der 1803 die Kirche schließen wollte, erfolgreich Widerstand,

---

14) Journal du Département e la Sarre 1804/05, Nr. 62; Lorenzi, S. 39.
15) Trierische Kronik, 1818, S. 186; F. T. Müller, S. 548; Johann Anton Joseph Hansen, Beiträge zur Geschichte und Beschreibung der einzelnen Pfarreien des Stadt-Kapitels Trier, Trier 1830, S. 157; Karl von Damitz, Die Mosel mit ihren Ufern und Umgebungen von Koblenz aufwärts bis Trier, Köln 1838, S. 180; Otto von Czarnowsky, Die Mosel und ihre nächsten Umgebungen von Metz bis Coblenz, Koblenz 1841, S. 62.
16) Trierischer Ankündiger 1801/02, Nr. 50; L. Müller, fol. 1; Lager, S. 196 f. Der Abt Placidus Mannebach forderte alle Gläubiger von St. Marien im Trierischen Ankündiger 1801/02, Nr. 51 am 4. Juni 1802 öffentlich auf, ihre Ansprüche geltend zu machen, da der Staat mit dem Vermögen auch die Schulden der Korporationen übernommen hatte und Mannebach offensichtlich darauf Wert legte, daß der Staat dieser Verpflichtung auch nachkam. Die Klöster hatten sich vor allem in den ersten Jahren der französischen Herrschaft verschulden müssen, um ihre Kontributionsanteile zahlen zu können. Für die Abtei St. Martin findet sich eine solche Kreditaufnahme in dem „Gerichtsbuch der Dörfer Irsch, Korlingen und Hockweiler unter abteilich St. Martiner Hoheit", das im Archiv der Abtei St. Matthias aufbewahrt wird. Die Abtei St. Martin hatte anläßlich der Bourbottischen Kontribution 1794 bei dem Gerber Johann Pauly aus Trier ein Darlehen von 612 Reichstalern (1 977 Francs) zu 4 % Zinsen aufgenommen und dafür ihre Mühle in Irsch verpfändet (Archiv St. Matthias III/5 fol. 486 f.).
17) LHK 701/646; 587—40/236 I/155. In der Versteigerungsankündigung sind neben der Kirche, den Wohn- und Wirtschaftsgebäuden auch 137 Fensterrahmen aufgeführt. Diese — sonst unübliche — Hervorhebung beleuchtet, in welchem Zustand sich die Klöster nach der Säkularisation befanden.
18) Delamorre, S. 230; Lorenzi, S. 37.
19) LHK 587—40/236 II/359.
20) F. T. Müller, S. 404 f.
21) Trierische Kronik, 1818, S. 186; Czarnowsky, S. 65.
22) L. Müller, fol. 25; Lager, S. 97.

7 Säkularisation

mußten sich aber schließlich einem Befehl des Präfekten, der ab Pfingsten 1804 jeden weiteren Gottesdienst verbot, beugen[23]). Am 27. Oktober 1808 richteten die Behörden im Kloster eine Bettlerverwahranstalt ein[24]). Die wirtschaftliche Notlage eines großen Bevölkerungsteiles[25]) hatte zu einem Überhandnehmen der Bettelei geführt, eine Erscheinung, die zweifellos durch die Säkularisation verstärkt worden war, da die Aufhebung der Klöster auch eine Beendigung ihrer sozialen Leistungen mit sich brachte. Die Behörden behalfen sich, indem sie die Bettelei verboten und Zuwiderhandelnde in das Augustiner-Kloster zur Arbeitsleistung einwiesen.

Im Jahre 1811 wurde das Dach der Klosterkirche abgedeckt und ein Teil des Schiffes abgerissen[26]). Das Kloster behielt auch in der preußischen Zeit seine Bestimmung als „Landarmenhaus"[27]). Das *Lambertinische Seminar* in der Dietrichstraße und das *Clementinische Seminar* an der Weberbachstraße, deren Alumnen zum Studium der Theologie die Universität besuchten, wurden schon im Oktober 1799 aufgelöst. Die Seminarkirche in der Jesuitenstraße diente zeitweilig als Dekadentempel für die Feier republikanischer Feste.

Durch die bereits geschilderten Bemühungen des Bischofs Charles Mannay kamen das Clementinum und die Kirche an das 1802 neu errichtete Priesterseminar. Das Untergeschoß des Lambertinums wurde 1806 zu Wohnzwecken, das Obergeschoß als Gerichtssaal umgebaut[28]).

Alle anderen kirchlichen Korporationen im Saardepartement wurden am 27. Mess. X/16. Juli 1802 aufgehoben.

Die *Benediktinerabtei St. Matthias* im Süden der Stadt Trier steigerte am 4. Vend. XII/27. September 1803 der Stadtrat Christoph Philipp Nell. Er erhielt zum Kaufpreis von 91 100 Francs die Abteigebäude ohne die Kirche, zwei große Gärten und den „Chammet", der aus 20 Hektar Ackerland und Weinbergen bestand[29]). Am 13. Pluv. XII/3. Februar 1804 erwarb Nell auch die Medumländer der Abtei mit 59,24 Hektar Ackerland und 132,88 Hektar Wildland für 39 000 Francs[30]). Dies bestätigt nicht die sich wiederholenden Angaben in der Literatur, er habe das Land zum Spottpreis von einem Gulden pro Morgen gekauft[31]). Die

23) F. T. Müller, S. 210.
24) Kentenich, Geschichte der Stadt Trier, S. 699.
25) Nach einer amtlichen Aufstellung lebten 1807 in Trier (ohne Vororte) bei einer Bevölkerungszahl von 9 000 Einwohnern 2 250 unterstützungsbedürftige Arme. Dies waren genau 25 % der Bevölkerung (Journal du Département de la Sarre, 1808, Nr. 19).
26) F. T. Müller, S. 208; Hansen, Beiträge, S. 96.
27) Czarnowsky, S. 61.
28) Thomas, S. 195 ff.; Hansen, Beiträge, S. 120; Lager, S. 51, 57; M. F. J. Müller, Tagebuch, S. 182.
29) LHK 701/646 und 276/2555 Rélevées Sommaires.
30) LHK 701/646.
31) Vgl. Lager, S. 189; Marx, Geschichte des Erzstiftes Trier, S. 465. Diese Meinung geht auf die Handschrift von F. T. Müller, S. 386 zurück, der entweder nicht richtig informiert war oder aber aus Zorn über die Enteignung der Kirchengüter falsche Angaben machte. Die Grundtendenz seiner Äußerungen läßt dies durchaus als möglich erscheinen.

Medumländer hätten dann nur 1 652 Francs kosten dürfen[32]). Nell machte aus der Abtei ein landwirtschaftliches Mustergut, das bald wegen seiner zunehmenden Prosperität Gegenstand der allgemeinen Bewunderung wurde[33]).

Die Abteikirche, deren Glocken nach Metz gebracht worden waren[34]), blieb erhalten, weil sie der Pfarrei St. Medard als Pfarrkirche zur Verfügung gestellt wurde. Die frühere Pfarrkirche St. Medard kam an ihrer Stelle zur Nationaldomäne und wurde am 11. Vend. XII/4. Oktober 1803 mit dem Kirchhof an den Kaufmann Matthias Joseph Hayn, der sie für den Präfekturgeneralsekretär Louis Zegowitz erwarb, für 2 225 Francs versteigert[35]). Durch diesen Tausch blieb nicht nur ein Kunstdenkmal vor der Zerstörung bewahrt, sondern auch ein religiöses Zentrum mit großer wirtschaftlicher Bedeutung. Einer langen Tradition zufolge war nämlich hier das Grab des Apostels Matthias lokalisiert, das nicht nur vor, sondern auch nach der Säkularisation große Pilgerströme, die von weitverbreiteten St. Matthias-Bruderschaften organisiert wurden, nach Trier zog.

Das *Alexianer-Kloster* in der Krahnenstraße war bei der Bekanntmachung des Aufhebungsbeschlusses im Juli 1802 ausdrücklich von der Säkularisation ausgenommen worden, teilte jedoch bereits einen Monat später das Schicksal der übrigen Korporationen. Die Domänenregie setzte die Auflösung des Klosters am 25. Therm. X/13. August 1802 mit der Begründung durch, die Alexianer widmeten sich nicht ausschließlich der Krankenpflege[36]). Die Kirche und das Kloster wurden versteigert[37]) und waren 1809 im Besitz des Baumeisters Courteau, der dort ein Kohlenlager unterhielt[38]).

Das *Kloster der Dominikaner*[39]) neben dem Dom wurde in ein Gefängnis umgewandelt, da die Zellen des bisherigen Gefängnisses am Kornmarkt nicht mehr ausreichten[40]). Die große, dreischiffige Kirche wurde gegen Ende des Jahres 1812 niedergelegt[41]), während die staatliche Haftanstalt auch nach 1814 in den Klostergebäuden verblieb.

---

32) Die Berechnung basiert auf den Angaben über den Wechselkurs zwischen der trierischen und der französischen Währung im Trierischen Taschenkalender, 1807, S. 104, 107, 111, im Journal du Département de la Sarre, 1808, Nr. 16 und auch bei F. T. Müller, S. 386, 404.

33) Demian, Statistisch-politische Ansichten, S. 65, 71; Czarnowsky, S. 66, 69; Marx, Geschichte des Erzstiftes Trier, S. 546.

34) M. F. J. Müller, Summarisch-geschichtliche Darstellung, Abt. I, S. 26.

35) LHK 701/646 und F. T. Müller, S. 486 f., der mitteilt, daß Zegowitz die Kirche abreißen ließ und auf dem Friedhof einen Garten anlegte, „den er aber vom Tod übereilt, nicht vollenden konnte".

36) Trierischer Ankündiger 1801/02, Nr. 65. Am 20. August 1802 verließen die Alexianer ihr Kloster. (L. Müller, fol. 2).

37) M. F. J. Müller, Summarisch-geschichtliche Darstellung, Abt. I, S. 62, 64.

38) Journal du Département de la Sarre, 1809, Nr. 52. Die Verwendung als Kohlenlager überrascht nicht, da das Kloster günstig in der Nähe des Moselkranens lag. Mit Hilfe dieses Krans wurden die für Trier bestimmten Schiffsladungen gelöscht, darunter auch die von Saarbrücken kommende Kohle.

39) Auch Prediger genannt. Daher die heutige Predigerstraße.

40) Lager, S. 87; Lorenzi, S. 20.

41) M. F. J. Müller, Tagebuch, S. 187.

„Am 26. Julii morgens nach 8 Uhren wurden alle Leute durch den Commissar aus der *Capuziner* Kirche gewiesen und dem bey sich habenden Leiendecker[42]) befohlen, die Glocke zu nehmen. Darauf wurde selbe verschlossen[43])." Die Kirche des Kapuzinerordens in der Fahrstraße blieb ebenso wie das Dominikanerkloster vom Abriß verschont. Napoleon schenkte sie der Stadt Trier im April 1804 als Schauspielhaus[44]).

Das Kloster der Kapuziner ersteigerte am 12. Januar 1810 der trierische Kaufmann Adalbert Gilquin für 4 300 Francs[45]), um es im Oktober desselben Jahres für insgesamt 4 660 Francs in drei Losen weiterzuverkaufen[46]). Das Terrain des Klostergartens blieb von diesen Transaktionen ausgenommen und wurde als öffentlicher Platz hergerichtet, auf dem am 2. Juli 1811 der erste Viehmarkt stattfand[47]). Das Theater und der Viehmarkt bestanden über die französische Zeit hinaus fort[48]).

Die Kirche des *Karmeliterklosters* in der Fleischstraße wurde zunächst als Magazin für die Mobilien der aufgehobenen Klöster und als Versteigerungsort für diese Mobilien verwendet[49]). Am 11. Vend. XII/4. Oktober 1803 erwarb der Eisenwarenhändler Karl Anton Bernasco aus Trier die Kirche[50]), ließ im Mai 1804 das Dach abdecken und in den folgenden Jahren die ganze Kirche abreißen[51]). Die übrigen Gebäude steigerte am 26. Mess. XI/15. Juli 1803 der Kaufmann Anton Joseph Recking für 15 100 Francs[52]), der nach einigen Umbauten das Karmeliter-Kloster als Renditeobjekt vermietete. Im Jahre 1818 wohnten dort 93 Personen zur Miete[53]). Das Kloster war, „wie man saget, gleichsam zu einem kleinen Dörfchen eingerichtet"[54]).

Das in der Neustraße gelegene *Minoriten-Kloster St. German* kam zu einem Teil an die Pfarrei St. Gervasius, da diese ihre Pfarrkirche dem Staat hatte über-

---

42) Dachdecker.
43) L. Müller, fol. 1.
44) Hansen, Beiträge, S. 96; Lager, S. 104 f.
45) LHK 276/3144/17.
46) LHK 587—40/44 I/318.
47) M. F. J. Müller, Tagebuch, S. 186.
48) Czarnowsky, S. 61.
49) „Saar-Departement, Domänendirektion von Trier. Verkauf der Nationalmobilien, welche von den aufgehobenen Kirchen herkommen. Dem Publikum wird zu wissen gethan, daß in Gemäßheit eines Beschlusses des Präfekten des Saar-Departements vom 18ten Nivos 11ten Jahres, den 18ten künftigen Pluvios zum Verkauf an den Letzt- und Meistbietenden der in den Karmeliter-Kloster zu Trier niedergelegten National-Mobilien geschritten werden wird. Diese Mobilien bestehen in dreyßig Glocken von verschiedener Größe, in Altären, Bildern, Büchern, Gehölze, Leinwand, Kirchen-Sachen und Zierrathen, welche von denen, im Bezirke von Trier aufgehobenen Kapiteln, Abteyen und Klöstern herkommen. Trier, den 20sten Nivos im 11ten Jahre der Republik. Der Direktor der Einregistrierung-Gebühren und der National-Domänen. Lelievre" (Plakatdruck vom 10. Januar 1803, SAT Trevirensia XI, 1, Nr. 17).
50) LHK 587—40/236 I/169.
51) Lager, S. 99.
52) LHK 276/3007/77.
53) Beilage zur Trierischen Kronik vom Dezember 1818, S. 59. Die Beilage enthält das Verzeichnis aller Hauseigentümer und Hausbewohner der Stadt Trier.
54) F. T. Müller, S. 217.

lassen müssen. Durch ein Dekret Napoleons vom 12. Flor. XIII/2. Mai 1805 erhielt die Pfarrei den größten Teil des Klosters, in dem die Pfarrschule und die
Wohnungen des Pfarrers, des Küsters und des Lehrers eingerichtet wurden[55],
nachdem 1803 bereits die Minoritenkirche Pfarrkirche geworden war[56].

Als Käufer der übrigen Teile des Minoriten-Klosters trat am 9. Brum. XIV/
31. Oktober 1805 der Pfarrer von St. Gervasius, Emmerich Raab auf, der für
3 125 Francs den Zuschlag erhielt. Raab steigerte jedoch nicht für sich selbst, sondern gab zu Protokoll, er habe im Auftrag von Johann Peter Kleutgen, Johann
Nikolaus Müller, beide Kaufleute aus Trier und im Auftrag von Peter Herrig,
Gastwirt aus St. Barbeln gehandelt[57].

Kleutgen, Müller und Herrig verkauften am 17. Dezember 1806 das Objekt
für 2 500 Francs an den Geometer J. Ph. Jaeger aus Trier[58], der es seinerseits am
23. Dezember 1811 für 7 000 Francs dem Ingenieur-Verificateur du Departement
de la Sarre, Johann Fasbender, überließ[59].

Die frühere Pfarrkirche St. Gervasius steigerte am 27. Fructidor XI/14. September 1803 der Präfekturgeneralsekretär Louis Zegowitz für 1 250 Francs[60].
Dieser ließ noch im September 1803 die Kirche abreißen und verkaufte das Areal
am 13. August 1807 dem Weber M. Krapp aus Trier für 300 Francs[61].

Das *Agneten-Kloster* diente nach dem Auszug der Nonnen am 28. Juli 1802
als Kaserne[62] und kam 1807 an die Stadt Trier, die dort ein Spinn- und Arbeitshaus als Wohlfahrtseinrichtung gründete[63]. Als die durch die Kontinentalsperre
herbeigeführte Verknappung von Rohstoffen und Kolonialwaren immer fühlbarer
wurde, richtete der Domäneneinnehmer J. Ch. Schmelzer 1811 im Agneten-Kloster
eine Runkelrübenzuckerfabrik ein, um Ersatz für den Rohrzucker aus Übersee zu
schaffen[64]. Dieser Versuch erwies sich wegen der zu hohen Kosten als Fehlschlag
und wurde 1814 mit dem Ende der Kontinentalsperre eingestellt. Vom Jahre 1815
ab wurde das Kloster wieder als Kaserne benutzt[65].

„Heut nachmittag (26. Juli 1802) nach der Vesper wurde auch die S. Anna
Kirch verschlossen. Diesen Morgen wurde allda um 7 Uhren nach der H. Meß
die Litanei vom bitteren Leiden Christi vorgebetet, danach das Miserere gesun-
gen, wobei alle Anwesende geweinet haben. Da heut S. Anna Tag gewesen, so hat
der Präfekt bis nachmittags nach der Vesper Ausstand geben[66]." Das *Kloster*

55) Journal du Département de la Sarre 1804/05, Nr. 48; Hansen, Beiträge, S. 127.
56) F. T. Müller, S. 195; M. F. J. Müller, Summarisch-geschichtliche Darstellung, Abt. I,
    S. 42 ff.
57) LHK 276/3090/33.
58) LHK 587–40/236 II/625.
59) LHK 587–40/45 II/419. Der Preisunterschied ist möglicherweise auf in der Zwi-
    schenzeit durchgeführte bauliche Maßnahmen zurückzuführen.
60) LHK 701/646.
61) F. T. Müller, S. 171; LHK 587–40/237 II/333.
62) L. Müller, fol. 1; Trierischer Ankündiger 1801/02, Nr. 67.
63) Trierischer Taschenkalender, 1807, S. 70; Lager, S. 131; LHK 701/646.
64) Kentenich, Geschichte der Stadt Trier, S. 678; Journal du Département de la Sarre,
    1812, Nr. 48.
65) F. T. Müller, S. 547; Trierische Kronik, 1818, S. 186.
66) L. Müller, fol. 1.

St. Anna am Pferdemarkt gelangte am 21. Floreal XI/11. Mai 1803 zur Versteigerung und wurde von M. Vogel aus Temmels, der sich als „Propriétaire" bezeichnete, und von dem Postmeister J. Guerber aus Püttlingen für 14 100 Francs erworben[67]). Vogel übernahm von Guerber am 7. Germinal XIII/28. März 1805 durch notariellen Vertrag dessen Anteil für 4 820 Francs[68]) und verkaufte am 28. November 1807 die Kirche und einen Teil des Klosters an den Präsidenten der „Société des francs-Macons", N. Rozières, Richter in Trier, für 5 000 Francs[69]). Die Kirche wurde 1812 abgebrochen[70]), während das Kloster im 19. Jahrhundert Sitz der Freimaurerloge blieb[71]). M. Vogel erlöste für die ihm noch verbliebenen Teile des Klosters bei Einzelverkäufen zwischen 1808 und 1812 insgesamt 6 100 Francs[72]).

Das *Franziskanerinnen-Kloster St. Johann* zwischen der Brot- und der Palaststraße wurde mit der Kirche am 14. Prairial XI/3. Juni 1803 von den Metzer Kaufleuten L. A. Simon und Ch. Aubertin für 20 400 Francs gesteigert[73]). Das Objekt fiel jedoch an den Staat zurück, da die Käufer die Zahlungstermine nicht einhielten. Bei der zweiten Versteigerung am 21. Brumaire XIII/12. November 1804 erwarb der Trierer Kaufmann Jakob Kleutgen das Kloster für 8 000 Francs[74]). Kleutgen teilte das Kloster in verschiedene Lose auf und veräußerte bis zum 24. Dezember 1804 für 5 663 Francs Gebäude an sieben Trierer Bürger[75]). Im Jahre 1805 verkaufte er weitere Teile für 1 766 Francs[76]), so daß er insgesamt 8 429 Francs erlöste. In der Kirche richtete der neue Eigentümer, der Kaufmann Anton Müller, 1805 eine Eisenwarenhandlung ein[77]). Im Gesindehaus des Klosters eröffnete der Gastwirt Anton Cleren ein Wirtshaus[78]).

Das *Kloster St. Katharinen* am Moselufer erwarb am 23. Brumaire XII/15. November 1803 der Bürgermeister von Trier, Anton Joseph Recking, für 4 100 Francs. Vor dem Notar Dupré erklärte Recking am 26. April 1806, daß er die Gebäude in der Absicht ersteigert habe, dort die Vereinigten Hospizien unterzubringen, und daß er deshalb nach der mittlerweile erteilten Zustimmung Napoleons das

---

67) LHK 276/3002/61. Die Angaben bei Lager, S. 122 und bei F. T. Müller, S. 266, ein früherer Mönch der Abtei Wadgassen, der Steuerkontrolleur in Trier geworden sei, habe das Kloster gesteigert, sind falsch.

68) LHK 587—40/221/1396. Es ist nicht festzustellen, ob dieser Preis in einer Fehlspekulation Guerbers begründet ist oder ob die Entnahme von Materialien den Wert gemindert hat.

69) LHK 587—40/237 II/478.

70) M. F. J. Müller, Tagebuch, S. 187.

71) Lorenzi, S. 4.

72) Verkauf eines Hauses in der Jakobstraße für 600 Francs an den Gastwirt Dominik Burg aus Trier (LHK 587—40/42/71). Verkauf eines Gartens „neben den Freimaurern" an den Generalsteuereinnehmer Faillu für 5 500 Francs (LHK 587—40/46 I/248).

73) LHK 276/3003/57.

74) LHK 276/3042/65. Dieser Preisunterschied macht wohl deutlich, daß Simon und Aubertin zu hoch geboten hatten.

75) LHK 587—40/235 I/64, 65, 70, 110—113.

76) LHK 587—40/235 III/501; 587—40/236 I/28, 59.

77) LHK 587—40/235 I/64; F. T. Müller, S. 297.

78) LHK 587—40/235 III/501; Lorenzi, S. 21.

Kloster den Hospizien zum gleichen Preis überlasse[79]). Für seine uneigennützige Handlungsweise erhielt Recking ein Belobigungsschreiben des Präfekten[80]). Nach 1814 fand das Kloster Verwendung als Militärlazarett[81]).

Die Aufhebung des *Klarissen-Klosters* in der Dietrichstraße war von spektakulären Szenen begleitet und fand deshalb ein lebhaftes Echo in der Öffentlichkeit. Die Nonnen weigerten sich nämlich, ihr Kloster zu verlassen und blieben hartnäckig, obwohl der Präfekt dem Aufhebungskommissar Soldaten mitgab. Die Soldaten verzichteten jedoch auf Gewaltanwendung, sicherlich auf Anweisung des Präfekten, der mit dem Militäreinsatz wohl hatte drohen wollen, die negativen psychologischen Folgen eines rigorosen Durchgreifens in der öffentlichen Meinung aber scheute[82]). Die Regierung erlaubte schließlich den Klarissen, weiter in ihrem Kloster zu wohnen[83]) und machte das Ordenshaus zu einem der in Artikel 21 des Konsularbeschlusses vom 20. Prairial X vorgesehenen Sammelklöster für Angehörige kirchlicher Korporationen, die bis zu ihrem Tod zusammenleben wollten[84]). Das Klarissen-Kloster galt jedoch als kirchliche Gemeinschaft aufgehoben. Die Nonnen durften ihre Tracht nicht weitertragen, und die Kirche war geschlossen zu halten[85]). Im Jahre 1830 lebten noch sechs Schwestern im Klarissen-Kloster[86]).

Das *Franziskanerinnen-Kloster St. Markus* an der Weberbachstraße neben der Pfarrkirche St. Laurentius kam nach der Aufhebung in den Besitz der Stadt Trier, die das Objekt am 1. Oktober 1811 und am 1. Juli 1812 in mehreren Losen an verschiedene Einwohner Triers veräußerte und dabei eine Einnahme von

79) LHK 587—40/222/1669. Zu den Vereinigten Hospizien s. unten S. 98.
80) SAT FZ 61, 762.
81) Trierische Kronik, 1818, S. 186; Hansen, Beiträge, S. 120; Lager, S. 132.
82) F. T. Müller, S. 303 ff. schildert die Vorgänge sehr farbig aus seiner Sicht: Als am 16. Juli 1802 „der zur Vollziehung beauftragte Kommissar erschien, da machten sie so viele der kläglichsten und erbärmlichsten Vorstellungen, daß er, ohne etwas zu tun wiederum abwich. Der 5. des kommenden Augustes sollte sodann aber für gewiß der Tag seyn, wo sie sich am Abend sich entfernen müßten. Es sammelten sich schon die Leute vor der Tür, um das Wehklagen und die Trauer der aus ihrem zeitlichen Paradiese unschuldig zu verbannenden Ebenbilder Gottes zu beobachten — aber auch damals war kein Erfolg. Darauf kam doch unterdessen der Geheiß, das Kleid zu ändern, sich wiederum weltlich anzuziehen und die guten Nönnchen, in Furcht größeren Übels, setzten anstatt des gewöhnlichen Schleiers schlechte Häubchen auf. Als nun aber ein andermal der Kommissar mit bewaffneten Soldaten wiederum erschien, wem sollten nicht die Tränen fließen! da brachte er die nicht beschuldeten Lämmer ... endlich vor die Mauern — doch nur bis in das Vorhöfchen der Kirche. Hier wurde aber, wer hätte es vermuten sollen! wiederum von Gott Halt gemacht und von den höchst Bedrängten so viel geklaget, gebetet, geschrien und geheulet, daß der Mann — höchst gerühret mit seiner Wache wiederum abtrat und nur seinem absendenden Gewalt den Report machte: Ich kann die Nonnen nicht herauskriegen."
83) L. Müller, fol. 2: „Am 13. August haben endlich die Nönnger zu Clarissen ihren Beschluß aus Paris bekommen, daß sie könnten im Kloster bleiben."
84) Zegowitz, S. 267.
85) Wie F. T. Müller a.a.O. berichtet, wählten die Klarissen heimlich eine Oberin und lebten weiter in klösterlicher Gemeinschaft. Nach der Schließung der Kirche wurden die Gläubigen durch eine Seitentür eingelassen.
86) Hansen, Beiträge, S. 120.

7 710 Francs erzielte[87]). Das Klostergebäude wurde als Wohnhaus verwendet, und die Kirche wurde ebenfalls zu Wohnzwecken umgebaut[88]).

Die Kirche St. Laurentius wurde im Tausch mit der frühgotischen Liebfrauenkirche neben dem Dom zum Verkauf gestellt. Charles Mannay verlegte die Pfarrei nach Liebfrauen und konnte so die Zerstörung dieser Kirche verhindern. Die alte Pfarrkirche am Breitenstein wurde 1803 für 1 010 Francs verkauft und im gleichen Jahr noch niedergelegt[89]).

Die Kirche des *Franziskanerinnen-Klosters St. Nikolaus,* das zwischen dem Dominikaner-Kloster und der Sichelstraße gelegen war, ersteigerte am 25. Prairial XI/14. Juni 1803 Louis Zegowitz für 4 100 Francs[90]). Er richtete in einem Teil der Anlage warme Bäder ein, die gegen Entgelt der Öffentlichkeit zur Verfügung standen, und ließ 1804 die Kirche abreißen[91]). Das Kloster der Grauschwestern diente als Departementsarchiv, in dem vor allem die für die Grundgüterverkäufe wichtigen Besitzurkunden der aufgehobenen kirchlichen Korporationen deponiert wurden und das von einem hauptamtlichen Archivar geleitet wurde[92]). Noch in der französischen Zeit wurden die Gebäude zu einem Gefängnis für weibliche Häftlinge umgebaut[93]).

Das sogenannte Kongregations-Kloster der *Welschnonnen* in der Sichelstraße war zusammen mit dem Alexianer-Kloster zunächst ausdrücklich von der Aufhebung ausgenommen worden, da die Welschnonnen eine Mädchenschule unterhielten[94]). Der Präfekturbeschluß vom 15. Thermidor X/3. August 1802 verfügte jedoch neben der Aufhebung des Alexianer-Klosters auch das Ende der „übrigen geistlichen Körperschaften, die sich dem Unterricht widmen"[95]). Es gelang den Welschnonnen dennoch, einer Vertreibung zu entgehen, da ihre Schule für die Stadt Trier von großer Bedeutung war. Ein Dekret Napoleons bestimmte nach längeren Verhandlungen schließlich am 19. Nivose XIII/9. Januar 1805, daß zwar die klösterliche Gemeinschaft nicht fortbestehen dürfe, daß aber die ehemaligen

---

87) M. F. J. Müller, Summarisch-geschichtliche Darstellung, Abt. II, S. 46; Journal du Département de la Sarre, 1811, Nr. 50; LHK 586—40/228/75. Bei dem genannten Betrag handelt es sich um eine Mindesteinnahme, da nicht alle Kaufakten aufzufinden waren.

88) F. T. Müller, S. 311.

89) Lorenzi, S. 18; Lager, S. 61; F. T. Müller, S. 119.

90) LHK 276/3004/81. Die Nonnen wurden in Trier wegen ihres Habits „Grauschwestern" genannt.

91) F. T. Müller, S. 312 ff.; Lager, S. 155 f. Der Abriß mehrerer Kirchen kurz nach ihrem Verkauf wird im Bericht Reckings an den Präfekten vom 2. Brumaire XIII/24. Oktober 1804 bestätigt: „... les Eglises parossiales de Saint Medart hors de la ville, Saint Laurent et Saint Gervais dans l'interieur de la ville acquises par des particuliers ont été demolies pour en pouvoir vendre les Materiaux. De meme les acquereurs des Eglises du Cidevant Couvent des Soeurs grises et des Carmes s'occupent de leur demolition." (SAT FZ 78, 3307).

92) Delamorre, S. 288; F. T. Müller, S. 312. Alle Klöster im Departement hatten ihre Archive nach Trier schicken müssen.

93) M. F. J. Müller, Summarisch-geschichtliche Darstellung, Abt. II, S. 45; Marx, Geschichte des Erzstiftes Trier, S. 468.

94) Vgl. S. 83.

95) Trierischer Ankündiger, 1801/02, Nr. 65.

Klosterfrauen in ihrem Haus verbleiben könnten, wenn sie weiter unterrichteten[96]).

Neben den genannten Abteien und Klöstern standen in Trier vier Stifte und deren Vermögen zur Disposition. Als einziges von ihnen konnte das Domkapitel weiterbestehen, bzw. sich im Zusammenhang mit dem Konkordat neu formieren. Die Kanoniker, die im Gegensatz zur früheren Praxis nicht mehr vom Adel gestellt wurden, sondern aus dem Bürgertum kamen, erhielten die erforderlichen Häuser zugewiesen. Die übrigen Wohnhäuser des Domstifts in der Kurie und der große Besitz an Grundgütern gelangte zur Versteigerung.

Das *Stift St. Paulin* wurde ganz aufgehoben[97]), die Stiftskirche aber blieb erhalten, weil sie an die Stelle der Pfarrkirche St. Walburgis trat. Der Gottesdienst der Pfarrei, die dem Stift inkorporiert gewesen war, wurde bereits 1794 kurz vor dem Einmarsch der Franzosen in die Kirche St. Paulin verlegt und das Dach der Walburgiskirche, die dicht neben St. Paulin stand, auf Veranlassung der Kanoniker abgedeckt in der heimlichen Absicht, die immer baufälliger werdende Ruine gegen die Stiftskirche eintauschen zu können[98]). Diese Hoffnung erfüllte sich bei der Neuorganisation der Pfarreien durch Charles Mannay, so daß der spätbarocke Bau, den Napoleon 1804 bei seinem Besuch in Trier eigens besichtigte[99]), vom Verkauf ausgenommen blieb. Die Kanonikerhäuser und die Ländereien wurden versteigert, und im September 1808 wurde die Walburgiskirche abgebrochen[100]).

Das *Stift St. Simeon*, dessen Kirche das Obergeschoß der römischen Porta Nigra einnahm, mußte am 10. August 1802 von den Insassen geräumt werden[101]). Die Freilegung des antiken Bauwerkes wurde auf Befehl Napoleons in den folgenden Jahren begonnen, zog sich aber bis 1816 hin[102]). Die wertvollen Materialien wie das Bleidach, die Kupfertüren und die Glocken waren bereits vor der Aufhebung entfernt worden.

Das *Irminenstift* fand nach der Depossedierung der Stiftsdamen eine besondere Bestimmung zu sozialen Zwecken.

---

96) „Les Ex-Religieuses de la Congregation de Trèves conserveront leur mobilier, la jouissance de leur ancien batiment, ou elles pourront vivre en commune, sans que leur reunion puisse être considérée comme corporation monastique; mais à condition, qu'elles y etabliront une maison d'instruction pour les jeunes filles." (Zitiert nach M. F. J. Müller, Summarisch-geschichtliche Darstellung, Abt. II, S. 26). Der Artikel 2 legte fest, daß die Güter und die Schulden der Welschnonnen an den Staat übergingen (SAT FZ 61, 866). Das Dekret wurde in Trier am 5. Vent. XIII/ 24. Februar 1805 publiziert (Journal du Département de la Sarre, 1804/05, Nr. 30).

97) „Am 13. August erschien vormittags − eben da die Canonici im Chor waren − Saal, ein französischer Kommissar und selbst gewesener Canonikus zu Oberwesel, geboren in Coblenz, mit dem donnergleichen Befehl, daß sie nun ... sich fortbegeben müßten. Mit wehmütigster Abhaltung eines Hochamtes ward hierauf der allhier so gar viele Jahrhunderte angedauerte Collegiatstiftische Gottesdienst fest beschlossen." (F. T. Müller, S. 456).

98) F. T. Müller, S. 488.

99) Offizielles Protokoll des Napoleonbesuches im Régistre des Arrêtés de la Mairie de Trèves, SAT FZ 61, 835.

100) Lorenzi, S. 43; Lager, S. 249.

101) L. Müller, fol. 2.

102) Hetzrodt, S. 5 f.; F. T. Müller, S. 535; Demian, Statistisch-politische Ansichten, S. 66.

In Trier hatten mehrere Hospitäler und Waisenhäuser bestanden, die finanziell von den geistlichen Korporationen abhingen[103]). Durch die Kriegswirren, die Abschaffung der Zehnten und schließlich durch die Säkularisation der religiösen Gemeinschaften waren diese Armenanstalten in ihrer Existenzbasis schwer getroffen worden, da sich ihre Einkünfte drastisch verringert hatten. Die Bürgerschaft legte Napoleon anläßlich seines Trierer Aufenthaltes im Oktober 1804 eine Denkschrift vor, in der neben anderen Problemen auch die soziale Frage angesprochen und um Überlassung von geeigneten Häusern und Nationalgütern an die Wohlfahrtseinrichtungen als Entschädigung für die erlittenen Verluste gebeten wurde[104]). Napoleon kam diesen Bitten nach und dekretierte noch in Trier am 17. Vend. XIII/9. Oktober 1804, daß alle Armeninstitute als Vereinigte Hospizien zusammengefaßt und im Irminenstift untergebracht werden sollten. Er schenkte zu diesem Zweck das Stift mit einem Schätzwert von 20 000 Francs den Vereinigten Hospizien mit der Auflage, 50 Betten für zivile Kranke und 100 Betten für das Militär zu unterhalten[105]). Als Startkapital stellte er 15 000 Francs in bar zur Verfügung[106]). Am 1. Ergänzungstag XIII/18. September 1805 und am 7. September 1807 erhielten die Hospizien „en remplacement de leurs pertes"

---

[103]) Es handelte sich um das Bürgerhospital St. Jakob, das Elisabethenhospital bei St. Maximin, das Nikolaushospital beim Simeonstift, das Arbeitshaus, das Knabenwaisenhaus, das Mädchenwaisenhaus, das Siechenhaus Estrich zwischen St. Matthias und Merzlich und um das Siechenhaus St. Jost bei Biewer (Marx, Geschichte des Erzstiftes Trier, S. 514 f.). Eine genaue Aufstellung der Häuser mit detaillierten Angaben über die Höhe der Einkünfte in den Jahren 1794 und 1801, über die Zahl der Insassen und mit weiteren Informationen findet sich bei Zegowitz, Tafel 4 im Anhang.

[104]) „Sire! Des amis de l'humanité avoient généreusement pourvus par des fondations pieuses à l'entrétien des vieillards et infirmes de notre ville. Les révenûs annuels des hospices de la ville de Trêves s'élèvent à la somme de 18 750 Fr. Ceux en stagnation dépuis 10 ans placés sur les états du pays ou sur les corporations supprimées à 8 127 Fr. Ceux enfin, que les hospices ont perdus par la suppression des droits feodaux en dimes, censes et rentes s'élèvent annuellement à la somme de 9 900 Fr. faisant total de 36 777 Fr. Ce tableau suffit pour convaincre votre Majesté Imperiale de la triste situation, dans laquelle les hospices de cette ville se trouvent par le nonpayément pendant dix ans de leur rentes placés sur le trésor public, et par la perte de leurs révénus régardés comme féodaux. Seulement l'objet des interêts arrièrés des capitaux placés sur les cidevant états du pays, forme une somme de 81 270 Fr., sans porter dans le calcul le déficit annuel des rentes feodales supprimées, qui surpasse même la somme cidessus énoncée. Combien des pauvres malades n'a-t-il pas fallu abandonner à leur sort, parcequ'on n'avait pas les moyens, de procurer le baume à leurs plaies. Si jusqu'à présent Votre Majesté s'est vu dans la nécessité, d'ajourner encore la liquidation des dettes publiques dans les quatres nouveaux Départements, les hospices cépendant méritent des considerations particulières; les Cris, et l'appel aux sécours de nos pauvres sont dans cette situation trop percants, pour que la sensibilité du coeur de Votre Majesté Imperiale n'en soit point touchée à leur avantage. Nous supplions donc la bienveillance et la magnanimité d'y celle, de vouloir bien assigner aux hospices ... des Domaines nationaux de la Valeur, et jusqu'à la concourrence des créances, qu'ils ont présentées à la liquidation, et des pertes, qu'ils ont essuyées par l'abolition des droits féodeaux." (SAT FZ 61, 835).

[105]) SAT FZ 61, 874. Publikation am 5. Vent. XIII/24. Februar 1805 im Journal du Département de la Sarre, 1804/05, Nr. 30.

[106]) SAT FZ 78, 3283.

Nationalgüter, die von den kirchlichen Korporationen herkamen[107]). Der Verwaltungsrat der Hospizien verpachtete die Güter und ließ die nicht mehr benötigten früheren Spitalgebäude versteigern[108]).

Die Kirche des Irminenstiftes diente weiter als Pfarrkirche der Pfarrei St. Paulus und entging so dem Verkauf. Der Pfarrgottesdienst war bereits 1780 nach Irminen verlegt worden, als man die eigentliche Pfarrkirche wegen Baufälligkeit hatte abreißen müssen[109]).

Die Wohn- und Wirtschaftsgebäude der *Deutschordenskommende* an der Ausoniusstraße blieben erhalten, weil sie als Staatseigentum von der französischen und später von der preußischen Armee genutzt wurden. Die kommandierenden Generäle der Truppen im Saardepartement hatten hier ihren Wohnsitz, und in den übrigen Gebäuden war das Militärproviantmagazin untergebracht. Die Deutschordenskirche wurde im Mai 1803 abgerissen[110]).

Mitgliederzahlen der trierischen Stifte, Abteien und Klöster im Jahr 1794[111])

Korporation	Mitgl.	Korporation	Mitgl.
Stifte			
Domstift	49	St. Simeon	20
St. Paulin	19	St. Irminen	10
Abteien			
St. Marien	14	St. Matthias	21
St. Martin	14	St. Maximin	33
Klöster			
Alexianer	11	St. Anna	16
Augustiner	14	St. Johann	39
Dominikaner	18	St. Katharina	18
Kapuziner	23	St. Klara	28
Karmeliter	16	St. Markus	20
Minoriten	12	St. Nikolaus	12
St. Agneten	19	Welschnonnen	11

Es handelte sich insgesamt um 437 Personen.

---

107) Marx, Geschichte des Erzstiftes Trier, S. 522; LHK 701/646. Der Gesamtwert der Güter, die alle Hospizien des Saardepartements zusammen erhielten, belief sich auf 315 096 Francs. Neben den Trierern Vereinigten Hospizien existierten solche Institute in Kues, Saarburg, Wittlich, Prüm, Blieskastel, Saarbrücken und St. Wendel.

108) Journal du Département de la Sarre, 1808, Nr. 11; 1809, Nr. 24, 29, 43, 68. F. T. Müller, S. 180, 493 f.; LHK 587–40/228/40. Die Einnahmen betrugen im Jahre 1808 80 640 Francs (Delamorre, S. 384).

109) Lager, S. 77, 117.

110) Delamorre, S. 216; Lorenzi, S. 30; Lager, S. 31. Die kleine Kirche der Johanniter an der Moselbrücke wurde 1804 niedergelegt (Lorenzi, S. 25; F. T. Müller, S. 73).

111) Nach M. F. J. Müller, Summarisch-geschichtliche Darstellung, Abt. II, S. 80 f. und Abt. III, S. 91 f.

1. Stifte

Im Arrondissement Trier wurden 1802 außerhalb der Stadt die beiden Stifte Pfalzel und Springiersbach aufgehoben.

Die Kirche des Kollegiatstiftes *Pfalzel* steigerte am 20. Fruct. XI/7. September 1803 der trierische Anwalt Damian Cardon für 3 650 Francs zusammen mit einem kleinen Haus, dem Kreuzgang und dem Archiv. Da das Stift für Handelszwecke sehr günstig an der Mosel lag, machte Cardon „aus dem Gotteshaus ein Rüsthaus zu holländischen Holzflößen, durch Niederlage von schweren Seilen vielen Tonnen und Lastwagen"[112]). Bis zum Januar 1804 waren auch die Wohnhäuser der Kanoniker verkauft.

Das adlige *Ritterstift Springiersbach* im Alfbachtal an der östlichen Grenze des Saardepartements war bis in die Zeit der Französischen Revolution hinein eine Augustinerchorherrenabtei gewesen, bevor Klemens Wenzeslaus wegen mangelnder Klosterdisziplin nach mehreren vergeblichen Reformversuchen im Verlauf des 18. Jahrhunderts 1791 die Umwandlung zu einem Stift vornehmen ließ[113]). Der Umbau der Klostergebäude in Stiftshäuser war noch im Gange, als auch dieses Stift aufgehoben wurde. Es gelang Charles Mannay, die Stiftskirche aus der Säkularisationsmasse herauszunehmen und zur Pfarrkirche von Bengel zu machen, obwohl Springiersbach außerhalb dieses Ortes lag[114]). Die übrigen Gebäude wurden verkauft, ebenso wie die bemerkenswert großen und geschlossenen Hofgüter des Stiftes in der näheren Umgebung.

Auch die Kirche des weniger begüterten *Stiftes Kyllburg* im Arrondissement Prüm blieb als Pfarrkirche erhalten[115]).

Das *Kollegiatstift Prüm* wurde abgerissen, während die *Benediktinerabtei Prüm* als Pfarrhaus und Schulgebäude Verwendung fand[116]). Die Abteikirche trat an die Stelle der alten Pfarrkirche, die der Färber Goldschmidt für 2 000 Francs erwarb[117]). Die Gebäude des *Stiftes Blieskastel* in Gräfinthal (Arrondissement Saarbrücken) mit insgesamt 109 Hektar Land steigerte am 7. Nivose XII/29. Dezember 1803 der Kaufmann Philipp Cetto aus St. Wendel für 60 000 Francs[118]).

2. Abteien

Anders als die Abtei Prüm wurde die *Zisterzienserabtei Himmerod* im Arrondissement Prüm als geschlossene Anlage mit der Kirche verkauft und von den Ansteigerern bis auf einige Fassadenreste abgerissen. Der Plan, die Abteikirche

---

112) F. T. Müller, S. 461 f.; LHK 701/646.
113) Peter Dohms, Die Geschichte des Klosters und Wallfahrtsortes Eberhardsklausen an der Mosel von den Anfängen bis zur Auflösung des Klosters im Jahre 1802, Bonn 1968, S. 118 ff.
114) Hans Caspary, Kloster Springiersbach, Neuß 1968, S. 9.
115) Lorenzi, S. 299.
116) Lorenzi, S. 483.
117) LHK 701/646.
118) LHK 701/646. Die Anlage ging noch 1803 auf den Kaufmann Johann Baptist Mathieu aus Saargemünd über (vgl. Nikolaus Lauer, Wallfahrt Gräfinthal/Saarland, München, Zürich 1973, S. 10).

zur Pfarrkirche von Großlittgen zu machen, scheiterte wegen der zu großen Entfernung, und die Überlegung, Himmerod als Sitz der nähergelegenen Pfarrei Eisenschmitt heranzuziehen, war nicht realisierbar, da Eisenschmitt zum Département des Forêts gehörte und damit nicht zur Diözese Trier, die räumlich mit dem Saardepartement identisch war. Die Pfarrumschreibungen mußten sich an die Departementsgrenzen halten.

Am 5. Messidor XI/24. Juni 1803 kam das Objekt zur Versteigerung und wurde dem Hüttenbesitzer Karl Wendel aus Himmerod für 40 000 Francs zugeschlagen[119]. Wendel begann bald darauf mit dem Abbruch, mußte aber die Abtei wieder an die Domänenregie zurückgeben, weil er seinen Zahlungsverpflichtungen nicht nachkam. Bei der zweiten Versteigerung am 9. Brumaire XIV/31. Oktober 1805 erstanden der Kaufmann Karl Anton Bernasco und der Bäcker Friedrich Scheer, beide aus Trier, das Domänengut für 21 900 Francs[120] und setzten den Abbruch fort. Am 28. April 1811 verkaufte Scheer seinen Anteil für 6 400 Francs an Bernasco[121], der seinerseits die Anlage im Frühjahr 1816 an die Reichsgrafen von Kesselstatt veräußerte[122].

Einen Teil der *Prämonstratenserabtei Steinfeld* im Norden des Departements kaufte nach der Aufhebung, bei der 27 der 31 Mitglieder noch anwesend waren, der Gastwirt Peter Jonas sen. aus Trier am 15. Prairial XII/4. Juni 1804 für 6 150 Francs, allerdings nicht für sich selbst, sondern für den Müller Hermann-Joseph Römer aus Urft[123]. Dieser Kauf betraf Gebäude und Land innerhalb der Ringmauer des Klosters. Weitere Abteigebäude und insgesamt 125 Hektar Land in

---

119) LHK 276/3005/69.
120) LHK 276/3090/77. Ein Versteigerungsversuch am 16. Messidor XIII/5. Juli 1805 war ohne Erfolg geblieben. Schon vorher waren die Mobilien der Abtei versteigert worden. Die Ankündigung einer Versteigerung in Himmerod sei hier als Beispiel für diese Veräußerungen, die überall vorgenommen wurden, zitiert: „Es wird hierdurch bekannt gemacht, daß Dienstags den ersten Prairial des Morgens um 9 Uhren zu Hemmerodt viele Mobiliar-Geräthschaften, bestehend in Tischzeug, Bettung, Matratzen, Bettstätten, Stühl, Tische, Nachttische von Maahony-Holz mit marmornen Platten, Küchengeschirr von rothem Kupfer verzinnt, Bratenwender, Tellern und große Platten von Fayense auch zinnerne, ein feines porzellanernes Kaffee-Service, eine kleine Feuer-Spritze, sechs sehr schöne Lorbeer-Bäume in Kasten, zwei doppelte Gewehre, wovon eine mit ausnehmendem Geschmack gearbeitet, eine Stutte zum Anspannen, altes Eisen in Stangen, roh und unverarbeitetes Eisen, Bley, zwei Wägen und viele andere Sachen gegen baare Zahlung versteigert werden." (Journal du Département de la Sarre, 1804/05, Nr. 46).
121) LHK 587—40/45 I/153.
122) Ambrosius Schneider (Hg.), Himmerod, Eine Festgabe zum 50. Jahrestag der kirchlichen Wiedererrichtung des Klosters U. L. Frau, Himmerod 1972, S. 7. In vielen Fällen sind mit der Säkularisation Gerüchte über unterirdische Gänge und vergrabene Schätze verbunden, so auch in Himmerod. Kurz vor der Aufhebung sollen die Patres zwei Maurer bestellt und diese mit verbundenen Augen in einen unterirdischen Raum geführt haben. Dort sollen sie Wertgegenstände und Pretiosen der Abtei eingemauert haben, ohne später den Ort angeben zu können, da man ihnen auf dem Rückweg erneut die Augen verbunden habe. Diese Erzählung gewinnt dadurch an Reiz, daß sich der Reichsgraf Ottokar von Kesselstatt im Kaufvertrag vom 29. Oktober 1919, durch den Himmerod wieder Kirchenbesitz wurde, die Hälfte aller etwaigen Schatzfunde vorbehielt (Schneider, S. 12).
123) LHK 276/3021/44.

Steinfeld erwarb am 19. Februar 1807 für 31 100 Francs der Hüttenwerksangestellte Jakob Heinrich Mertens aus Dalbenden (Département de la Roer) bei Urft im Auftrag eines Käuferkonsortiums zur Errichtung eines Hüttenwerkes[124]. Die Abteikirche blieb als Pfarrkirche erhalten, da die Bauern die alte, baufällige Pfarrkirche abgebrochen hatten[125].

Die *Benediktinerabtei Mettlach* an der Saar steigerte am 22. Thermidor XI/ 10. August 1803 und am 8. Prairial XII/28. Mai 1804 der Trierer Kaufmann, Druckereibesitzer und spätere Bürgermeister Jakob Leistenschneider für 18 425 Francs. Im Kaufpreis eingeschlossen waren bis auf die Abteikirche, die Pfarrkirche wurde, alle Gebäude und 27 Hektar Land[126]. Leistenschneider verkaufte am 25. April 1809 die Abtei mit 14 Hektar Land an Johann Franz Boch, „Negociant demeurant à la fayencerie de Septfontaines près de Luxemburg" für 35 000 Francs[127]. Im Jahre 1819 verkaufte die Gemeinde die romanische Abteikirche an Boch auf Abbruch unter der Bedingung, daß er eine neue Pfarrkirche baue[128].

3. Klöster

Die Gebäude des *Kapuzinerklosters Bernkastel* wurden durch den Bürgermeister Anton Cetto zum Kaufpreis von 5 025 Francs für die Gemeinde angesteigert[129]. In den Jahren 1838 und 1841 diente das Kloster als Pfarr- und Schulhaus, bevor es 1857 teilweise abbrannte[130].

Das *Franziskaner-Kloster Beurig* bei Saarburg kauften mit 21,93 Hektar Land die beiden „Propriétaires" Franz Lyon aus Saarburg und Nikolaus Jaeger aus Beurig am 18. Januar 1811[131]. Der Kaufpreis ist nicht bekannt, da das Versteigerungsprotokoll nicht aufzufinden war. Lyon und Jaeger stehen jedoch als Ansteigerer fest, da sie nur sechs Tage später das Objekt weiter veräußerten und in dem neuen Protokoll ausdrücklich als Erstkäufer genannt werden. Sie zerstückelten das Gut in Einzelteile und verkauften es an insgesamt 131 Einwohner aus Beurig und Umgebung für 20 158 Francs[132].

Die Vorgänge beim Verkauf des *Augustinerkreuzherrenklosters Helenenberg* zwischen Trier und Bitburg sind aufgrund der Quellenlage nicht ganz eindeutig zu erhellen. Am 1. Fructidor XI/19. August 1803 erwarb Johann Peter Limbourg, Bürgermeister in Welschbillig, die Klostermühle mit 43,80 Hektar Land für 21 100 Francs[133]. Am gleichen Tag kaufte Matthias Joseph Hayn aus Trier die anderen Klostergebäude mit der Kirche und mit 51,66 Hektar Land zum Preis von 31 000

---

124) Johann Ludolf Cremer und Peter Krämer, Maitres de forge in Dalbenden/Michel Renner, Bauer, Urft/Thomas Klinkhammer, Eigentümer, Steinfeld/Jean Peuchen, Maitre de forge, Schleiden (Département de l'Ourthe) LHK 276/3134/21. SAT FZ 690, Tableau des Mairies, S. 9.
125) Kliesing, S. 97.
126) LHK 276/3020/53; 701/646.
127) LHK 587—40/43 I/143. Boch gründete in der Abtei eine Steingutmanufaktur, aus der später die Keramikfabrik Villeroy & Boch hervorging.
128) Lorenzi, S. 385.
129) LHK 276/3005/21.
130) Damitz, S. 100; Czarnowsky, S. 117; Lorenzi, S. 69.
131) LHK 587—34/28/19.
132) ebd. und LHK 587—34/29/56.
133) LHK 701/646.

Francs im Auftrag von Wilhelm Nessler, Kaufmann aus Völklingen und Jakob Mayer, Gastwirt aus Saarlouis. Diese veräußerten in den folgenden Jahren das Objekt in mehreren Teilen an Einwohner aus Welschbillig, Gilzem, Eisenach und Niederweis, wobei Johann Peter Limbourg als Hauptkäufer in Erscheinung trat und in den Besitz der gesamten Klosteranlage kam[134]).

Das *Karthäuser-Kloster St. Alban* in Konz-Merzlich diente als Kaserne[135]), bevor es am 27. Fructidor XI/14. September 1803 von Charles Aubertin aus Metz, der für den eigentlichen Käufer Laurent Augustin Simon aus Metz erschienen war, zum Preis von 16 100 Francs gesteigert wurde[136]). Elf Monate später, am 23. Thermidor XII/11. August 1804, mußte Simon das Kloster mit erheblichem Verlust verkaufen. Der Brauer Matthias Coupette und der Bäcker Friedrich Scheer aus Trier zahlten nur 9 667 Francs[137]) und begannen wenig später mit dem Abbruch der Gebäude[138]). Nach dem Tod von Coupette verkaufte dessen Witwe am 15. Juni 1808 ihre Hälfte der Karthause an Scheer für 4 800 Francs[139]).

Das *Augustiner-Chorherrenpriorat Klausen* wurde am 22. Juli 1802 säkularisiert. Die Kirche der Marienwallfahrtsstätte blieb als Pfarrkirche von den Veräußerungen ausgenommen, ebenso wie das Brauhaus, das dem neuen Pfarrer, dem letzten Prior Karl Kaspar Lintz, als Pfarrhaus zur Verfügung gestellt wurde[140]). Alle anderen Gebäude innerhalb der Klostermauer steigerte am 16. Thermidor XI/4. August 1803 Matthias Joseph Hayn für 8 100 Francs[141]). Von ihm kaufte Karl Kaspar Lintz das Objekt am 18. Juli 1809 für 3 000 Francs zurück[142]). Lintz veräußerte seinerseits 1809 und 1812 zwei kleinere Gebäude für insgesamt 500 Francs an den Klausener Gastwirt Franz Rhoden[143]).

Das Kloster der *Franziskaner in Wittlich* wurde mit dem Mobiliar am 21. Nivose XII/12. Januar 1804 an Matthias Vogel aus Temmels versteigert, der, wie aus der notariellen Weiterverkaufsurkunde hervorgeht, das Objekt zum Preis von

---

134) LHK 587—40/6/15; 587—40/10/168. Bisher wurde Limbourg als erster Ansteigerer des Klosters angesehen. Aus den nur unvollständig erhaltenen Kaufverträgen ist nicht genau zu erkennen, wann er Helenenberg von Nessler und Mayer erwarb. Es ist nicht auszuschließen, daß er Teile des klösterlichen Grundbesitzes von den anderen Käufern erstand.
135) Trierischer Ankündiger, 1801/02, Nr. 67.
136) LHK 701/646.
137) LHK 587—40/234 II/1296.
138) Coupette und Scheer betrieben ab „Dezember des Jahres 1804 mit vollem Eifer den Umsturz dieses Wohnsitzes der Gottseligkeit. Glasfenster, sauber gemachte Fenstersteine, Türpfosten, Erdplatten und andere Materialien wurden in Mengen weiterum auch auf die Dörfer verhandelt" (F. T. Müller, S. 476 f.). Müller fügt noch hinzu, einer der Käufer (Coupette) sei ein Neffe des letzten Priors der Karthause, Albergatus Ehlen, gewesen und im September 1807 eines plötzlichen Todes gestorben.
139) LHK 587—40/238 II/295.
140) Dohms, S. 175 ff. Bei der Auflösung lebten im Kloster noch 12 Mönche und 2 Pfründner (LHK 276/2709).
141) LHK 587—40/238 II.
142) LHK 587—40/43 II/245. Der Preisunterschied ist wohl mit dem heruntergekommenen Zustand des Klosters zu erklären.
143) LHK 587—40/20/31; 587—40/23 I/164. Rhoden hatte bereits 1803 ein Haus des Klosters in Klausen für 1 250 Francs gesteigert (LHK 701/646).

6 000 Francs nicht für sich, sondern für Dominique Ladoucette, Employé à la regie des droits unis, Wittlich, erwarb[144]). Ladoucette verkaufte am 15. November 1806 den rechten Flügel des Klosters an den Gerichtsvollzieher Failler aus Wittlich, der 1 121 Francs zahlte[145]). In den folgenden Jahren müssen weitere Besitzwechsel, die nicht genau ermittelt werden konnten, stattgefunden haben, denn am 24. Februar 1813 verkaufte der „Propriétaire" Peter Joseph Weiß aus Wittlich die Klostergebäude an mehrere Bauern und einen Schneider für 5 514 Francs[146]).

Das Filialkloster der Trierer Grauschwestern in *Filzen an der Mosel*[147]) kam bei den Versteigerungen ohne die Kirche und mit 1,46 Hektar Ackerland und 0,57 Hektar Weinbergen am 5. Messidor XI/24. Juni 1803 für 12 000 Francs an Matthias Joseph Hayn, der am 17. Brumaire XII/9. November 1803 die Klostergebäude ohne das Land für 5 591 Francs an fünf Bauern aus Filzen weiterveräußerte[148]). Die Klosterkirche von Filzen trat an die Stelle der alten Pfarrkirche, die der Kaufmann Karl Anton Bernasco aus Trier für 475 Francs am 21. Brumaire XIII/12. November 1804 erwarb[149]).

Das an der Mosel gegenüber Zeltingen gelegene adlige *Zisterzienserinnen-Kloster Machern* stand bereits in den achtziger Jahren des 18. Jahrhunderts vor der Auflösung. Kurfürst Klemens Wenzeslaus plante wegen disziplinarischer Schwierigkeiten die Umwandlung des Klosters in ein adliges Damenstift, wozu es aber nicht mehr kam[150]). Am 5. Messidor XI/24. Juni 1803 gelangte die gesamte Anlage mit der Kirche und 10,62 Hektar Land zum Verkauf und wurde für 30 600 Francs durch den Zeltinger „Eigentümer" Karl Ellinkhuysen ersteigert[151]). Dieser veräußerte das Objekt nicht weiter, sondern richtete einen eigenen Wirtschaftsbetrieb ein. Im Jahr 1840 diente die Kirche als Scheune und Viehstall, der Chor als Hauskapelle. Von den übrigen Gebäuden stand nur noch das frühere Krankenhaus, das als Wohnhaus und Magazin genutzt wurde[152]).

Das Kloster der *Augustiner-Eremiten in Hillesheim* (Arrondissement Prüm) wurde am 18. Vendemiaire XII/11. Oktober 1803 an einen Käufer namens Bürkel mit der Kirche und 0,61 Hektar Garten für 3 550 Francs versteigert[153]). Nähere Angaben liegen nicht vor.

Das adlige *Benediktinerinnen-Kloster Niederprüm* mit allen Gebäuden und 0,70 Hektar Garten erwarben am 26. Messidor XI/15. Juli 1803 die Brüder Wilhelm und Andreas Cattrein, beide Kaufleute aus Prüm für 8 400 Francs[154]).

Das adlige *Zisterzienserinnen-Kloster St. Thomas* an der Kyll kaufte mit 14,51 Hektar Land am 6. Pluviose XII/27. Januar 1804 Karl Veyder aus Malberg

---

144) LHK 701/646.
145) LHK 587—38/339/240.
146) LHK 587—38/347/58.
147) Lorenzi, S. 88 f.
148) LHK 276/3005/5 und 587—38/335/25.
149) LHK 276/3042/27.
150) Marx, Geschichte des Erzstiftes, II. Abt., Bd. I, S. 585 f.
151) LHK 276/3005/61.
152) G. M. de Bourdelois, De Coblens à Trèves, Metz 1840, S. 282; Czarnowsky, S. 124.
153) LHK 701/646.
154) LHK 276/3007/49.

für 9 125 Francs. Die Kirche wurde nicht verkauft. Das Objekt ging später an Fräulein de Sart von Vigneuil, wurde aber in der Mitte des 19. Jahrhunderts vom preußischen Staat zurückerworben[155]).

Am 9. Thermidor XI/28. Juli 1803 bot die Domänenverwaltung die Gebäude des *Franziskaner-Klosters in Blieskastel* (Arrondissement Saarbrücken) öffentlich zum Kauf an. Die Kirche war mit einem Schätzwert von 800 Francs und die übrigen Gebäude mit einem Wert von 660 Francs veranschlagt[156]). Es scheinen sich jedoch keine Interessenten eingefunden zu haben, ein Verkauf ist in den Protokollen jedenfalls nicht enthalten.

Das *Franziskaner-Kloster Meisenheim* wurde nicht zum Verkauf gestellt.

Die Kirche des *Kapuziner-Klosters Wadern* steigerte am 21. Nivose XII/12. Januar 1804 Matthias Joseph Hayn für 930 Francs und den Klosterbering von 0,70 Hektar der Kaufmann Johann Zimmermann aus Wadern am 16. Messidor XIII/ 5. Juli 1805 für 2 075 Francs[157]).

Orte mit kirchlichen Grundgütern im Saardepartement[158])

Domstift

I 1. Bernkastel, Graach, Rachtig, Ürzig
   2. Heidenburg, Leiwen
   3. Filzen (Saar), Franzenheim, Geizenburg, Kernscheid, Könen, Pluwig, Wawern
   4. Eisenach, Eitelsbach, Euren, Gilzem, Ittel, Kürenz, Ramstein, Ruwer, Sirzenich, Welschbillig, Zewen
   5. Ayl, Beurig, Biebelhausen, Faha, Kahren, Kesslingen, Oberleuken, Perl, Saarburg, Söst

---

155) LHK 701/646.
156) Trierischer Ankündiger, 1802/03, Nr. 9.
157) LHK 276/3074/73 und 701/646.
158) Die Ortschaften mit Grundgütern kirchlicher Eigentümer sind nach Arrondissements geordnet.
   I Arrondissement Trier
   II Arrondissement Prüm
   III Arrondissement Saarbrücken
   IV Arrondissement Birkenfeld
   Die Ortschaften im Arrondissement Trier sind zusätzlich nach ihrer kantonalen Zugehörigkeit geordnet.
   1. Kanton Bernkastel
   2. Kanton Büdlich
   3. Kanton Konz
   4. Kanton Pfalzel
   5. Kanton Saarburg
   6. Kanton Schweich
   7. Kanton Trier
   8. Kanton Wittlich
   Wegen der geringen Zahl von Orten mit Kirchenbesitz in den drei anderen Arrondissements werden diese Gemeinden in alphabetischer Reihenfolge ohne Berücksichtigung der Kantone angegeben.

```
       7. Trier
       8. Minheim, Monzel, Piesport, Reil, Wittlich
II       Kyllburg, Neidenbach, Spangdahlem, Zendscheid
III      Bietzen, Harlingen, Menningen
IV       Gusenburg, Heddert, Hunolstein, Kell, Sauscheid, Schillingen, Sitzerath,
         Wadrill, Waldweiler
```

Stift St. Paulin

```
I     1. Graach, Kesten, Lieser, Maring
      2. Beuren, Naurath
      3. Konz, Tarforst
      4. Eitelsbach, Kasel, Kürenz, Mertesdorf, Metzdorf, Newel, Ruwer, Trier-
         weiler, Zurlauben, Waldrach
      6. Ensch, Kenn, Schweich
      7. Trier
      8. Monzel, Piesport
IV       Kell, Sitzerath, Wadrill
```

Stift St. Simeon

```
I     1. Bernkastel, Graach, Kues, Lieser, Maring
      2. Leiwen
      3. Lampaden, Niedersehr
      4. Euren, Idesheim, Ittelkyll, Kürenz, Zewen, Zurlauben
      5. Faha, Helfant, Palzem, Rommelfangen
      6. Kenn, Mehring, Schweich
      7. Trier
      8. Olkenbach
II       Hau, Hütt, Landscheid, Spangdahlem
III      Nalbach
IV       Hermeskeil, Wadern
```

Stift St. Irminen

```
I     3. Feyen, Lampaden, Merzlich, Ollmuth
      4. Aach, Eisenach, Kasel, Kersch, Kürenz, Pfalzel, Trierweiler
      5. Mannebach, Schoden
      6. Issel
      7. Trier
      8. Platten
```

Stift Pfalzel

```
I     1. Wehlen
      2. Thörnich
      4. Ehrang, Eitelsbach, Ittel, Kasel, Kürenz, Pfalzel
      6. Kenn
IV       Hinzert
```

Stift Springiersbach

I   1. Ürzig, Zeltingen
     8. Altrich, Bausendorf, Bengel, Diefenbach, Flußbach, Kinderbeuren, Kinheim, Kröv, Platten, Reil, Springiersbach, Wengerohr
II   Ellscheid, Immerath, Katzwinkel, Mehren, Mückeln, Niederwinkel, Oberscheidweiler, Oberwinkel, Schalkenmehren, Steinenberg, Steiningen, Trautzberg, Utzerath

Stift Kyllburg

I   3. Wawern
II   Kyllburg, Kyllburgweiler, Orsfeld

Stift Prüm

I   6. Schweich
II   Giesdorf, Prüm, Tondorf, Uedelhoven

Stift Blieskastel

III   Auersmacher, Blickweiler, Blieskastel, Bliesmengen, Eschringen, Kleinblittersdorf, Ormesheim

Abtei St. Marien

I   1. Bernkastel, Graach, Lieser, Ürzig
    2. Bescheid
    3. Tawern
    4. Biewer, Butzweiler, Kordel, Pfalzel, Zurlauben
    6. Schleich, Schweich
    7. Trier
    8. Kinheim, Piesport
II   Niederöfflingen
IV   Bescheid, Malborn

Abtei St. Martin

I   1. Graach, Ürzig, Wintrich
    2. Dhron, Heidenburg
    3. Hockweiler, Irsch, Korlingen, Pellingen
    4. Kasel, Kimmlingen, Möhn, Newel, Zurlauben
    5. Ockfen
    7. Trier

Abtei St. Matthias

I   1. Bernkastel, Graach, Kues, Maring, Monzelfeld, Wintrich, Zeltingen
    3. Benrath, Feyen, Franzenheim, Konz, Lampaden, Matthias, Medard, Merzlich, Oberemmel, Obersehr, Pellingen
    4. Euren, Sirzenich, Trierweiler, Zewen
    5. Dilmar, Helfant, Hentern, Kahren, Nennig, Palzem, Rommelfangen, Sinz, Söst, Tettingen

6. Trittenheim
7. Trier
8. Piesport
IV   Thailen, Weiskirchen

Abtei St. Maximin

I   1. Graach, Wehlen
    2. Büdlich, Detzem, Naurath, Prosterath, Reinsport, Schönberg
    3. Filzen (Saar), Oberemmel, Pluwig, Staadt, Tarforst, Wawern
    4. Aach, Kürenz, Mertesdorf, Ruwer, Wellkyll, Zewen
    5. Freudenburg, Kastel, Kollesleuken, Roth, Sinz, Taben, Trassem
    6. Fastrau, Fell, Kenn, Lörsch, Longuich, Naurath, Niederfell, Pölich, Riol, Schweich
    7. Trier
    8. Olkenbach
IV   Herl, Kell, Lorscheid, Mandern, Waldweiler

Abtei Himmerod

I   1. Kesten, Maring, Ürzig, Wintrich, Zeltingen
    3. Konz, Merzlich
    4. Euren, Kürenz, Pfalzel, Pfalzkyll, Trierweiler, Welschbillig, Zewen
    6. Kenn, Klüsserath
    7. Trier
    8. Altrich, Bergweiler, Bombogen, Dreis, Hupperath, Kröv, Piesport, Platten, Salmrohr, Wengerohr, Wittlich
II   Großlittgen, Hau, Heeg, Himmerod, Landscheid, Mulbach, Spangdahlem

Abtei Prüm

I   1. Kues
    6. Mehring, Naurath, Schweich
II   Birresborn, Büdesheim, Dausfeld, Gondelsheim, Mürlenbach, Niederhersdorf, Niederlauch, Niedermehlem, Niederprüm, Oberlauch, Olzheim, Prüm, Rommersheim, Seffern, Scheuren, Schwirzheim, Wallersheim

Abtei Steinfeld

I   1. Lieser, Rachtig, Ürzig, Zeltingen
    8. Kröv
II   Boxberg, Häcken, Hellenthal, Kerpen, Loch, Marmagen, Nettersheim, Niederehe, Oberreifferscheid, Ripsdorf, Steinfeld, Üxheim, Untermannscheid, Urft, Wahlen, Wildenburg

Abtei Mettlach

I   2. Müstert
    3. Niedermennig
    5. Faha, Nennig, Oberleuken
    8. Piesport, Salmrohr

III	Bergen, Besseringen, Britten, Brotdorf, Losheim, Menningen, Merzig, Mettlach, Saarhölzbach
IV	Thailen, Zwalbach

Alexianer-Kloster

I   7. Trier

Augustiner-Kloster

I   4. Mertesdorf
    5. Portz, Kahren
    7. Trier

Dominikaner-Kloster

I   1. Kues
    4. Kürenz
    6. Longen
    7. Trier

Kapuziner-Kloster

I   7. Trier

Karmeliter-Kloster

I   3. Feyen
    5. Hentern, Serrig
    6. Mehring
    7. Trier
    8. Altrich

Minoriten-Kloster

I   3. Konz
    7. Trier

Kloster St. Agnes

I   7. Trier

Kloster St. Anna

I   1. Zeltingen
    3. Barbeln, Kernscheid, Niedermennig, Wawern
    4. Eitelsbach, Euren, Zewen
    7. Trier

Kloster St. Johann

I   1. Graach
    3. Filzen (Saar), Kernscheid
    4. Aach
    5. Faha
    6. Hetzerath, Lörsch
    7. Trier

Kloster St. Katharina

I   1. Zeltingen
     3. Gusterath, Lonzenburg
     7. Trier
IV   Osburg

Kloster St. Klara

I   4. Kürenz, Udelfangen, Zewen
     7. Trier

Kloster St. Markus

I   2. Detzem, Naurath
     6. Lörsch, Mehring, Pölich
     7. Trier

Kloster St. Nikolaus

I   1. Bernkastel, Rachtig, Zeltingen
     7. Trier

Welschnonnen

I   1. Wintrich
     4. Eisenach, Gilzem, Mertesdorf, Zurlauben
     5. Niederleuken
     7. Trier

Kapuziner-Kloster Bernkastel

I   1. Bernkastel

Franziskaner-Kloster Beurig

I   5. Beurig

Kloster Helenenberg

I   1. Erden, Graach, Kues, Lösnich, Ürzig
     4. Eisenach, Gilzem, Helenenberg, Metzdorf, Welschbillig
     6. Klüsserath

Karthause Konz-Merzlich

I   1. Dusemond[159]), Wintrich
     2. Leiwen, Müstert
     3. Barbeln, Könen, Matthias, Merzlich
     4. Eitelsbach, Ruwer, Trierweiler, Zewen
     5. Mannebach
     6. Schweich, Trittenheim
     7. Trier
IV   Reinsfeld

---

[159]) Heute Brauneberg.

Kloster Klausen

I   1. Bernkastel, Graach, Kues, Lieser, Wintrich, Zeltingen
    2. Leiwen, Thörnich
    6. Dörbach, Esch, Klausen, Krames, Rivenich, Sehlem
    8. Altrich, Minheim, Monzel, Osann, Piesport, Pohlbach, Reil, Wittlich

Franziskaner-Kloster Wittlich

I   8. Wittlich

Kloster Filzen (Mosel)

I   1. Burgen, Dusemond, Filzen (Mosel), Kesten, Kues, Mülheim, Ürzig, Wehlen, Wintrich
    2. Dhron
    8. Kinheim

Kloster Machern

I   1. Erden, Lieser, Maring, Ürzig, Wehlen
    8. Altrich, Bombogen, Kinderbeuren, Neuerburg, Platten, Wittlich

Kloster Hillesheim

II Hillesheim, Mirbach, Rockeskyll

Kloster Niederprüm

I   6. Schweich
II Niederprüm, Rommersheim, Weinsfeld

Kloster St. Thomas (Kyll)

I   1. Rachtig, Ürzig
    2. Neumagen
    4. Eisenach, Idesheim
    6. Föhren, Klüsserath
    8. Kinheim, Kröv, Platten, Wittlich
II Deudesfeld, Kyllburg, Kyllburgweiler, St. Thomas

Kloster Blieskastel

III Blieskastel

Kloster Meisenheim

IV Meisenheim

Kloster Wadern

IV Wadern

Deutschorden[160]

I   1. Noviand, Rachtig

---

[160] Unter Einschluß einiger Malteser- und Johannitergüter.

3. Barbeln, Feyen, Franzenheim, Kernscheid, Konz, Niedermennig, Oberemmel
4. Euren, Kürenz, Trierweiler, Udelfangen, Zewen, Zurlauben
5. Faha, Portz
6. Rivenich
7. Trier

III   Eschringen, Riesenthal, Rouhling, Saarbrücken

Kurfürst von Trier

I   1. Bernkastel, Gonzerath, Graach, Kues, Lieser, Noviand, Ürzig, Wehlen, Wintrich
     2. Dhron, Gräfendhron, Köwerich, Leiwen, Talling, Thörnich
     3. Könen, Wawern
     4. Ehrang, Eisenach, Hinkel, Ittel, Kasel, Kürenz, Möhn, Morscheid, Pfalzel, Ruwer, Waldrach, Welschbillig, Zewen
     5. Beurig, Bilzingen, Faha, Greimerath, Helfant, Irsch, Körrig, Krutweiler, Mannebach, Münzingen, Niederleuken, Ockfen, Portz, Rommelfangen, Saarburg, Serrig, Südlingen, Trassem
     6. Esch, Föhren, Hetzerath, Kenn, Klüsserath, Krames, Mehring, Schweich, Sehlem, Trittenheim
     7. Trier
     8. Altrich, Bengel, Bombogen, Hontheim, Kinderbeuren, Kröv, Lüxem, Monzel, Neuerburg, Olkenbach, Osann, Platten, Salmrohr, Wengerohr, Wittlich

II   Alscheid, Binsfeld, Birresborn, Bleckhausen, Bleialf, Boverath, Boxberg, Buchet, Burbach, Daun, Ellscheid, Elverath, Gemünden, Großlittgen, Hillesheim, Hinterweiler, Immerath, Karl, Kyllburg, Lanzerath, Manderscheid, Mehren, Mückeln, Mürlenbach, Neichen, Nerdlen, Neroth, Neuendorf, Niederprüm, Niederwinkel, Oberstadtfeld, Orsfeld, Prüm, Rengen, Rockeskyll, Roth, Saxler, Schalkenmehren, Schönbach, Schönberg, Schönecken, Schwickerath, Sellerich, Strohn, Udler, Üdersdorf, Walsdorf, Weiersbach, Weinsfeld

III   Alsfassen, Bachem, Besseringen, Bilsdorf, Britten, Eisweiler, Losheim, Merzig, Mitlosheim, Nalbach, Oppen, Theley, Wahlen, St. Wendel

IV   Bierfeld, Bollenbach, Braunshausen, Etgert, Geisfeld, Gutenthal, Herl, Hermeskeil, Herrstein, Hottenbach, Hunolstein, Idar, Kell, Lascheid, Malborn, Mandern, Merscheid, Mittelreidenbach, Morbach, Nahbollenbach, Nonnweiler, Oberkirn, Oberstein, Odert, Osburg, Otzenhausen, Rappweiler, Rascheid, Reinsfeld, Riedenburg, Steinberg, Thalfang, Wadrill, Weiperath, Zwalbach

Neben den im Saardepartement ansässigen hatten auch andere kirchliche Korporationen, deren Sitz außerhalb des Departements lag, Immobilienbesitz im Departement, der gleichfalls zur Versteigerung gelangte[161].

---

[161] Umgekehrt hatten auch die Trierer Klöster in den anderen Departements Fernbesitz, der aber nicht zum Gegenstand dieser Untersuchung gehört. Es wird ausschließlich das im geographischen Raum des Saardepartements gelegene Kirchengut berücksichtigt.

Benediktinerabtei Deutz
I 1. Ürzig

Benediktinerabtei Echternach
I 1. Graach, Lieser, Rachtig
   2. Köwerich
   3. Konz
   4. Aach, Eisenach, Gilzem, Kersch, Trierweiler, Welschbillig
   6. Klüsserath, Rivenich
   7. Trier
   8. Dreis, Kinheim, Kröv
II   Strotzbüsch
IV   Thomm

Kloster Fraulautern bei Saarlouis
I 2. Neumagen
III   Jägersburg, Labach, Lebach, Schwarzenholz

Geistliche Güteradministration Heidelberg
I 8. Reil

Stift St. Florin Koblenz
II   Gillenfeld

Karthause Koblenz
I 1. Graach
   8. Kröv

Kurfürst von Köln
I 1. Zeltingen
II   Schönbach

Domstift Köln
I 8. Kinheim

Liebfrauen-Kapelle Luxemburg
I 5. Ockfen

Domstift Mainz
IV Staudernheim

Benediktinerabtei St. Hubert (Ardennen)
I 5. Rommelfangen

Benediktinerabtei Stavelot (Ardennen)
I 8. Kröv

Benediktinerabtei Tholey

I   1. Dusemond
     2. Dhron
     7. Trier
III   St. Wendel
IV   Hoppstädten, Schillingen

Trinitarier-Kloster Vianden[162])

I   6. Klüsserath

Prämonstratenserabtei Wadgassen

I   2. Neumagen
     3. Filzen (Saar)
     5. Schoden
     7. Trier
III   Auersmacher, Bous, Düppenweiler, Ensheim, Eschringen, Kleinblittersdorf, Knausholz, Merzig, Ormesheim, Reichenborn, Saarbrücken, Sengschied, Schwalbach
IV   Rohrbach

Die Verteilung des kirchlichen Grundgüterbesitzes korrespondiert auffallend mit den naturräumlichen Gegebenheiten. Verdichtungszonen finden sich in den durch Klima und Bodenverhältnisse begünstigten Regionen der Mittelmosel, der Trierer Talweitung, der Wittlicher Senke, des Saartales, des Mosel-Saar-Gaues und der Eifeler Kalkmulden. Die Gründe für die Unterrepräsentanz des Kirchenbesitzes in den Arrondissements Prüm, Saarbrücken und Birkenfeld im Vergleich zum Arrondissement Trier wurden bereits genannt[163]). Hervorzuheben ist, daß fast alle Korporationen in den Weinbaugebieten an der Mosel begütert waren, sogar auch dann, wenn ihr Stammsitz weit entfernt von den bekannten Weinorten in den Kantonen Wittlich, Bernkastel, Büdlich und Schweich gelegen war. So verfügten in Bernkastel 8 verschiedene kirchliche Institutionen über Grundbesitz, in Graach 13, in Kröv 8, in Piesport 7 und in Ürzig 12. Diese Massierung von Klostergütern beleuchtet die überragende wirtschaftliche Bedeutung des Weinbaues im Saardepartement. Im übrigen ist eine Konzentration auf Gebiete mit günstigen Bedingungen für den Ackerbau festzustellen, während unwirtliche Räume eher gemieden wurden. Im zum Saardepartement gehörigen Teil des Hunsrücks, in dem sich kein einziges Kloster niedergelassen hatte, finden sich sehr viel weniger Ortschaften mit Kirchenbesitz als beispielsweise in den Landstrichen um Saarburg oder Wittlich.

Das Vorhandensein von Kirchengut ist — selbstverständlich mit Ausnahmen — geradezu ein Indikator für gute Böden und andere, die Agrarwirtschaft positiv beeinflussende Faktoren.

---

[162]) Im Jahr 1784 unter Kaiser Joseph II. aufgehoben.
[163]) Vgl. S. 85.

Charakteristisch ist ferner die Streulage der Güter, wenn auch meist klein-
räumige Kerngebiete mit mehreren zusammenliegenden Orten fast immer in Klo-
sternähe Besitzschwerpunkte bildeten. In der Stadt Trier als der politischen und
religiösen Zentrale waren 31 der 48 Korporationen des Departements und 3[164])
der 15 auswärtigen geistlichen Gemeinschaften durch Haus- und Grundbesitz vertreten.

Die Aufstellung der Ortschaften mit Kirchenbesitz erlaubt keine Aussage
über den Wert der Güter und über Reichtum oder Armut der einzelnen Klöster,
da Informationen über Art, Größe und Güte der Objekte hier nicht enthalten
sind, und die Anzahl der Orte, in denen Korporationen Immobilien besaßen, allein nicht zur Berechnung des Vermögens ausreicht; es zeichnen sich jedoch in
gewisser Weise Größenverhältnisse ab. Es gab Abteien und Stifte mit Gütern
in über dreißig Gemeinden, andererseits aber auch Stifte und Klöster mit Gütern
in weniger als fünf Orten[165]).

In einer amtlichen Zusammenstellung aus dem Jahre 1802 wurde eine Ge-
samtberechnung vorgenommen.

*Etat général des ordres monastiques, titres et établissemens ecclesiastiques sup-
primés dans le departement de la Sarre*[166])

Kapital- wert der Grund- güter und Wälder	Kapital- wert der Gebäude	Renten- forde- rungen	Schuld- forde- rungen	Total	Passiv- schulden	Jährliche Pensio- nen
6 937 372	293 706	1 013 611	844 857	9 089 546	1 187 193	317 000
7 231 078						

Zur Ermittlung der Werte für Grundgüter und Waldungen war der jährliche
Ertrag mit dem Faktor 20 multipliziert worden. Der Kapitalwert der Gebäude
hatte sich aus der Verzehnfachung der Jahrespacht oder -miete ergeben. Von der
Gesamtsumme waren abzuziehen die Passiv-Schulden in Höhe von 1 187 193
Francs, zu deren Zahlung sich der Staat verpflichtet hatte, und ein Betrag von
zunächst 317 000 Francs pro Jahr für die Pensionen, die den Angehörigen der
aufgehobenen Häuser im Beschluß vom 20. Prairial X zugesichert worden waren[167]).

Wie die späteren Verkäufe zeigten, war der Kapitalwert für die Immobilien
mit 7 231 078 Francs zu hoch angesetzt. Es ist allerdings zu berücksichtigen, daß

---

164) Abtei Echternach, Abtei Tholey, Abtei Wadgassen.
165) Abtei St. Matthias: 37 Orte; Abtei St. Maximin: 44 Orte; Domstift Trier: 40 Orte;
Stift Kyllburg: 4 Orte; Minoriten Trier: 2 Orte; Kapuziner Trier: 1 Ort.
166) SAT Trevirensia X, 2, Nr. 62. Alle Angaben in Francs.
167) Der Präfekturgeneralsekretär Zegowitz, von dessen Hand die Aufstellung wahrscheinlich stammt, wies in seinem Annuaire darauf hin, daß „cette dernière
(somme) diminuera à proportion de la mort des pensionnés" (Zegowitz, S. 111).

die Wälder nicht zum Verkauf gelangten. Die Zahlen sind als Annäherungswerte zu interpretieren. Die Güter der Toten Hand waren bisher nicht auf dem Immobilienmarkt gehandelt worden, und alle Schätzungen mußten daher ungenau bleiben. Die Art der Berechnung, die von dem jährlichen Ertrag, also der Pacht, der Miete oder dem Erlös aus dem Verkauf der Produkte des betreffenden Objektes ausging, muß wohl als der bestmögliche Ansatz zur Wertermittlung angesehen werden. Die Verwendung der Multiplikationsfaktoren dagegen basierte auf Annahmen, die möglicherweise von Erfahrungen im sonstigen Grundgüterhandel gestützt wurden. Hinzu kam, daß die Auswirkungen eines großen Güterangebotes auf die Preisentwicklung im voraus nicht abzusehen waren. Am besten abgesichert erscheint die Mitteilung über die Höhe der Schulden, denn die Gläubiger der aufgehobenen Korporationen hatten sicherlich ein Interesse daran, ihre Forderungen vollständig anzumelden.

Die Aufstellung enthält außer den Wertangaben auch Informationen über die betroffenen Geistlichen.

Insgesamt mußten 676 Personen ihre Klöster verlassen, darunter, wie schon weiter oben mitgeteilt, allein 437 in Trier. Es handelte sich um 493 Mönche und Kanoniker, 169 Nonnen und Kanonessen und um 14 Brüder. Von ihnen waren 85 auf der rechten Rheinseite geboren. Diese wurden mit einem Reisegeld von 150 Francs dorthin abgeschoben. Von den übrigen waren 376 jünger, 215 älter als 60 Jahre. Es ist bemerkenswert, daß bei der Auflösung 75 % der Klosterinsassen männlichen und nur 25 % weiblichen Geschlechts waren, und daß die Gruppe der über Sechzigjährigen etwas mehr als ein Drittel der Pensionierten ausmachte.

Die regionale Verteilung des kirchlichen Vermögens nach seinem Kapitalwert geht aus einer anderen Aufstellung hervor, die nach Arrondissements und Kantonen untergliedert und in derselben Zeit entstanden ist[168]).

Etat de la valeur capitale des domaines nationaux de toute origine dans le Département de la Sarre
Biens provenant des chapitres et couvens supprimés

Arrondissement	Kanton	Kapitalwert (frs)
Trier	Trier	4 369 292
	Saarburg	17 960
	Pfalzel	224 093
	Büdlich	—
	Konz	994 259
	Schweich	184 902
	Bernkastel	64 844
	Wittlich	842 133
		6 697 483

---

[168]) Zegowitz, S. 106 ff. Die Pfarrgüter sind in dieser Aufstellung in einer anderen Spalte aufgeführt, bleiben jedoch hier, wie in der ganzen Arbeit, außer Betracht, da sie im Gegensatz zu den Kirchenfabrikgütern in Frankreich nicht veräußert, sondern zurückgegeben wurden.

Arrondissement	Kanton	Kapitalwert (frs)
Prüm	Prüm	463 739
	Blankenheim	—
	Daun	—
	Gerolstein	16 977
	Kyllburg	850 750
	Manderscheid	—
	Reifferscheid	699 600
	Schönberg	—
	Lissendorf	—
		2 031 066
Saarbrücken	Saarbrücken	—
	Arnual	—
	Blieskastel	164 132
	Lebach	—
	Merzig	194 385
	Ottweiler	—
	St. Wendel	—
	Waldmohr	—
		358 517
Birkenfeld	Birkenfeld	—
	Baumholder	—
	Kusel	—
	Grumbach	—
	Hermeskeil	—
	Herrstein	—
	Meisenheim	—
	Rhaunen	—
	Wadern	2 480
		2 480

Arrondissement Trier	6 697 483
Arrondissement Prüm	2 031 066
Arrondissement Saarbrücken	358 517
Arrondissement Birkenfeld	2 480
Saardepartement	9 089 546

Zegowitz hat für diese Aufstellung die Zahlen aus dem Etat général übernommen. Die Gesamtsumme von 9 089 546 Francs schließt also die Renten- und Schuldforderungen mit ein, berücksichtigt jedoch nicht die Passiv-Schulden und die Pensionen, während der Kapitalwert der Wälder in der Aufstellung enthalten ist.

Der Schätzpreis für die zum Verkauf gestellten Grundgüter und Gebäude ist aus den beiden Tabellen demnach nicht zu ermitteln. Dennoch wird überdeutlich, wo das kirchliche Vermögen angesiedelt war und wie dessen Wert zwischen den Arrondissements variierte.

Für das Arrondissement Trier ergibt sich ein Anteil von 73,68 %, für das Arrondissement Prüm 22,35 %, für das Arrondissement Saarbrücken 3,94 % und für das Arrondissement Birkenfeld 0,03 %. Im Arrondissement Trier allein waren demnach fast drei Viertel der kirchlichen Vermögenswerte konzentriert, im Arrondissement Prüm fast ein Viertel, in diesen beiden Departementsteilen zusammen 96,03 %. Demgegenüber ist der Anteil von insgesamt 3,97 % in den Arrondissements Saarbrücken und Birkenfeld als fast unerheblich zu bezeichnen. Nach den amtlichen Schätzungen gab es dort nur Kirchenbesitz von geringem Wert, so daß die Säkularisation der geistlichen Korporationen nicht nur hinsichtlich deren Anzahl, sondern auch nach deren Vermögen, im wesentlichen auf die Arrondissements Trier und Prüm beschränkt blieb.

VI. Die erste Phase der Besitzumschichtungen

1. DIE ORGANISATION DES GÜTERVERKAUFS UND DIE KAUFMODALITÄTEN

Bevor der Verkauf der Kirchengüter beginnen konnte, mußte jedes einzelne Objekt erfaßt, beschrieben und abgeschätzt werden, damit die Domänenverwaltung einen exakten, detaillierten Überblick erhielt und in die Lage versetzt wurde, die potentiellen Käufer in den von ihr anschließend zusammengestellten Affiches[1] genau über Art, Lage, Ausdehnung und Preis der Güter zu unterrichten.

Zu diesem Zweck begaben sich vereidigte Sachverständige, die auf Vorschlag des Domänendirektors in Trier ausgewählt wurden, in die Gemeinden und fertigten an Ort und Stelle ein Protokoll für jedes Gut an. Diese Expertisen enthielten in der Regel Angaben über die Namen des Arrondissements, des Kantons und des Ortes, über die Art des Gutes, seine Lage innerhalb der Gemarkung und seine Bezeichnung oder Nummer bei Häusern, über die Flächengröße, wobei die lokalen, alten Maße und die nach dem metrischen System neu errechneten Angaben vermerkt wurden. Außerdem wurde der frühere Eigentümer, der Pächter, der Ertrag des Jahres 1790 und der Ertrag zum Zeitpunkt der Protokollaufnahme genannt. Die beiden letzten Daten dienten als Berechnungsgrundlage für die Abschätzung des Objektes. Der Ertrag des Jahres 1790 oder, wenn dieser unbekannt war, der aktuelle Ertrag wurde mit einem festgelegten Faktor multipliziert und die daraus resultierende Summe mit einem Zuschlag von 10 % vom verantwortlichen Experten als Schätzwert am Schluß der Expertise vermerkt. Je nach den besonderen lokalen Verhältnissen konnte der Sachverständige auch einen anderen Preis empfehlen[2]. Die Arbeiten waren beim Verkaufsbeginn im April 1803

---

[1] Verkaufsankündigungen.

[2] Ein sehr umfangreicher Bestand an Expertisen wird im Landeshauptarchiv Koblenz aufbewahrt. Hier ein Beispiel: „Domaines Nationaux. Procés-verbal d'Expertise d'un Bien situé sur le ban de Kenn, Arrondissement de Trèves, Canton de Schweich. Je soussigné, Expert nommé sur la proposition du Directeur des Domaines, par arrêté du Préfet en date du 5. Vendemiaire an 12 pour l'estimation des biens Nationaux susceptibles d'être vendus dans le canton de Schweich me suis transporté à Kenn, Mairie de Longuich où étant, j'ai parcouru et examiné dans toutes ses parties, l'immeuble ci-après, savoir une Pièce des Vignes provenant du Vicaire Aubing de Ste. Catharine à Pfalzel située dit in der schlimmen Jong de 4690 ceps — en haut Hopital Elisabeth en bas le fossé qui le separe du même Hopital, loué au Citoyen Jacques Boehm dont le bail expire avec l'an 13. Le revenu de 1790: suivant ce qui m'a été déclaré par le citoyen Fourier, Receveur des domaines à Schweich est inconnu. Le revenu actuel, suivant bail en date du 25. Germinal 10 est, pour une année, de vingt Francs. Le revenu multiplié par

noch nicht ganz abgeschlossen, sondern wurden in den folgenden Jahren weitergeführt, wobei etwa ab 1806 die ersten Ergebnisse der Katasteraufnahme berücksichtigt werden konnten. Vorher hatten sich die Sachverständigen, die selbst die Güter nicht vermaßen, auf die Angaben in den Suppressionsetats, in den Pachtverträgen und auf andere Informationsquellen stützen müssen[3]).

Vor den Verkäufen mußte außerdem in den vier neuen Departements erst noch eine gesetzliche Grundlage für den Nationalgüterverkauf geschaffen werden, da die entsprechenden Verordnungen und Gesetze bisher nur in Innerfrankreich gegolten hatten und in den mit Frankreich vereinigten rheinischen Gebieten nicht publiziert worden waren.

Am 4. Frimaire XI/25. November 1802 wurden insgesamt 29 Gesetze „relatives à l'aliénation des biens nationaux" ganz oder teilweise in Kraft gesetzt[4]) und am 4. Pluviose XI/24. Januar 1803 durch zwei weitere Gesetze ergänzt[5]). Für die Arbeit der Abschätzungsexperten war die Bestimmung wichtig, daß Grundgüter nach dem zehnfachen Ertrag des Jahres 1790 und Gebäude nach dem sechsfachen Ertrag des gleichen Jahres bewertet werden sollten. Diese Multiplikationsfaktoren wurden am 5. Ventose XII/25. Februar 1804 verdoppelt, da die Erfahrungen bei den Kirchengüterversteigerungen 1803 gezeigt hatten, daß die Immobilienkäufer bereit waren, wesentlich höhere Preise zu zahlen. Landparzellen waren also mit dem zwanzigfachen und Häuser mit dem zwölffachen Ertrag zu veranschlagen[6]).

Eine andere wichtige Aufgabe der Domänenverwaltung bei der Organisation des Güterverkaufs bestand darin, die Objekte, die zugunsten der öffentlichen Hand veräußert werden sollten, zu trennen von denen, die für verschiedene Zwecke zurückbehalten wurden.

Wälder und Forsten blieben grundsätzlich vom Verkauf ausgenommen und unterstanden einer besonderen Verwaltungsbehörde. Am 5. Frimaire XIII/26. November 1804 wurde das strikte Verkaufsverbot im Saardepartement durch einen Präfekturbeschluß eingeschränkt und der Verkauf der „kleinen National-Gebüsche" erlaubt, sofern die Ausdehnung der Waldungen 150 Hektar nicht überschritt und der nächste, größere Staatswald mehr als ein Kilometer Luftlinie entfernt lag[7]).

Andere Objekte, vor allem Gebäude, blieben vom Verkauf ausgenommen, weil sie für öffentliche Belange genutzt werden konnten. So wurden z. B. die Abtei St. Maximin und das kurfürstliche Palais in Trier in französischer und später auch in preußischer Zeit als Kasernen verwendet.

---

10 donne un capital de 200, le dixième dudit capital 20. Total 220 Francs. Je déclare, qu'en égard à la situation de l'immeuble et au taux actuel de l'argent, la valeur du bien dont s'agit, peut être arbitrée à Deux cent vingt Francs. Ce à quoi je l'estime. Fait à Kenn le 12. Frimaire an 12 de la République. Mohlstadt" (LHK 276/3024/55).

3) So standen etwa Güterverzeichnisse der weiblichen Orden zur Verfügung, die Klemens Wenzeslaus 1782 im Zuge seiner Klosterreformbestrebungen hatte anfertigen lassen (F. T. Müller, S. 272).

4) Bormann/Daniels, Bd. VI, S. 911 ff.

5) Bormann/Daniels, Bd. VI, S. 915 f.; Bd. IV, S. 377 f., 379.

6) Loi concernant les finances, Titre VII, Abt. 105 (Bormann/Daniels, Bd. IV, S. 505 f.).

7) Journal du Département de la Sarre, 1804/05, Nr. 12.

Weitere Güter wurden zu Dotationszwecken von der Domänenverwaltung aus der Säkularisationsmasse ausgesucht. Empfänger dieser Dotationen, die Napoleon seinen innenpolitischen Intentionen gemäß vergab, waren die Ehrenlegion, der Senat und Einzelpersonen, die sich im Sinne des Kaisers um das französische Reich verdient gemacht hatten[8]).

Die Ehrenlegion wurde am 29. Floreal X/19. Mai 1802 gegründet „pour recompense de services militaires et civils"[9]). Ihre Mitglieder, die auf Lebenszeit ernannt wurden, waren in 16 Kohorten, die jeweils mit 200 000 Francs Jahresrente aus Nationalgütern ausgestattet werden sollten, unter der Leitung des großen Verwaltungsrates organisiert. Im Rat, der aus sieben Großoffizieren bestand, führte Napoleon den Vorsitz. Jeder Kohorte wurde eine bestimmte Region, in der das Dotationsgut lag, mit einem eigenen Hauptort zugewiesen. Das Saardepartement gehörte zusammen mit den Departements de la Roer, du Rhin-et-Moselle, du Mont-Tonnèrre, des Forêts et de la Meuse Inférieure zur vierten Kohorte mit Schloß Brühl als zentralem Sitz des Kohortenkanzlers Graf von Salm-Dyck.

Eine Kohorte setzte sich zusammen aus sieben Großoffizieren, 20 Kommandanten, 30 Offizieren und 350 Legionären, denen jeweils jährliche Renten in Höhe von 5 000, 2 000, 1 000 oder 250 Francs zustanden[10]). Die Einnahmen hätten sich dementsprechend auf 192 500 Francs belaufen müssen, lagen jedoch zumindest in den ersten Jahren wesentlich höher, besonders im Gebiet der vierten Kohorte, die zu den bestdotierten in Frankreich gehörte[11]). Schon 1802 war sie mit einer Jahresrente von 529 851 Francs ausgestattet worden, was nach den damaligen Berechnungen einem Dotationsgut im Wert von 10 597 020 Francs entsprach. Das Saardepartement trug dazu mit einer Leistung von 54 813 Francs bei aus Gütern, die einen Kapitalwert von 1 096 260 Francs repräsentierten[12]). Aus dem Trierer Raum kamen also etwa 10 % der Zahlungen, während das Roerdepartement mit 262 284 Francs Jahresrente aus Dotationsgütern im Wert von 5 245 680 Francs oder mit fast 50 % der Zahlungen an der Spitze stand[13]). Der Rest wurde vom Departement du Rhin-et-Moselle mit etwa 10 % und vom Departement du Mont-Tonnèrre mit etwa 30 % aufgebracht[14]).

Die Ehrenlegion behielt nicht lange den Genuß der Pachteinnahmen aus den ihr zugedachten Nationalgütern, denn schon bald wurden die Dotationen wieder rückgängig gemacht[15]) und der Schuldentilgungskasse überwiesen, die sie ab 1807 verkaufte. Die Mitglieder der Ehrenlegion erhielten statt der Gütererträge als Entschädigung Zahlungen aus der caisse d'amortissement[16]). Im Jahre 1809

---

8) Vgl. dazu die Habilitationsschrift von Berding, Napoleonische Herrschafts- und Gesellschaftspolitik, passim, der die Funktion der Dotationen als ein politisches Instrument Napoleons am Beispiel des Königreiches umfassend analysiert.
9) Zegowitz, S. 262.
10) Delamorre, S. 201 f.
11) Kliesing, S. 111; Büttner, S. 208.
12) Zegowitz, S. 110, 263.
13) Klompen, S. 69; Büttner, S. 209.
14) Büttner, ebd.
15) Dekrete vom 5. Ventose XII/25. Februar 1804, 13. Ventose XIII/4. März 1805, 4. März 1808, 28. Februar 1809 (Klompen, S. 70; de Faria e Castro, S. 89).
16) Büttner, S. 210.

wurde der Sitz der vierten Kohorte in Brühl ganz aufgehoben, da der Kohorte alle Güter entzogen worden waren[17]).

Die auf Anordnung Napoleons am 14. Nivose XI/4. Januar 1803 verfügten Dotationen für den Senat hatten den Zweck, die Willfährigkeit und Abhängigkeit der gesetzgebenden Körperschaft sicherzustellen[18]). Am Sitz eines jeden der 31 Appellationsgerichtshöfe in Frankreich wurde eine Senatorie mit einem Haus und einem jährlichen Aufkommen von 20 000 bis 25 000 Francs aus Domänenbesitz begründet[19]) und einem Senatsmitglied als Titelträger auf Lebenszeit übereignet mit der Bestimmung, daß das Gut beim Tod des Titelträgers wieder an den Staat zurückfiel. Während das Roerdepartement zum Appellationsgerichtsbezirk von Lüttich und damit auch zur Senatorie von Lüttich gehörte, war für die drei übrigen rheinischen Departements in Trier als dem Sitz der für diesen Bereich zuständigen Justizinstanz eine Senatorie eingerichtet, zu der später eine weitere im Schloß Poppelsdorf bei Bonn hinzukam[20]). Im Saardepartement waren außerdem auch innerfranzösische Senatorien begütert, so die von Lyon und Nîmes[21]), denn dem Senat waren insgesamt jährliche Einnahmen aus Domänenbesitz zugesprochen worden, die eine Höhe von einer Million Francs erreichten, und die zur Hälfte von den rheinischen Departements aufgebracht werden mußten. Der Anteil des Saardepartements blieb jedoch im Vergleich zum Roerdepartement, das 70 % der Zahlungen leistete, gering[22]).

Ähnlich wie die Güter der Ehrenlegion kamen auch die Dotationen des Senats durch ein kaiserliches Dekret vom 7. Germinal XIII/28. März 1805 an die Schuldentilgungskasse, die dafür Renten auswerfen sollte[23]).

Ein Teil der von der Ehrenlegion und dem Senat zurückerstatteten Dotationsgüter wurde als Sicherheit für noch unbezahltes Kriegsmaterial verpfändet oder als Äquivalent übereignet[24]).

Ein Teil wurde zur Dotierung von Einzelpersonen besonderer Verdienste halber und nicht mehr, wie bisher, zur Dotierung von Körperschaften verwendet[25]). Der Großteil aber wurde von der Domänenverwaltung ab 1807 zum Verkauf gestellt. Dies sorgte für eine neue Belebung des Immobilienmarktes, da es sich bei den für Dotationen verwendeten Objekten meist um besonders wertvolle Güter handelte. Die Dotationen hatten also den Verkauf dieser Kirchengüter nur verzögert, nicht verhindert, während die nach der Aufhebung der Klöster vom Verkauf ausgenommenen Waldungen in Staatsbesitz verblieben und 1815 vollständig von Preußen übernommen wurden.

---

17) Kliesing, S. 111; Demian, Statistisch-politische Ansichten, S. 339. Napoleon schenkte das Schloß dem General d'Avoust.
18) Klompen, S. 70; Büttner, S. 211; Berding, S. 12.
19) Bärsch, Bd. I, S. 131.
20) Kliesing, S. 112.
21) LHK 701/646.
22) Büttner, S. 212 f.; Klompen, S. 70 f.
23) Büttner, S. 213.
24) Siehe S. 146 weiter unten.
25) So erhielt der Generalstabschef Napoleons, Louis Alexandre Berthier, Prince de Wagram, im Saardepartement den Hof der Abtei Tholey in Dhron, den Hof der Abtei Maximin in Kenn und den Hof des Kurfürsten von Trier in Schweich mit zusammen 207 Hektar Ländereien (LHK 587—40/24/242; 587—40/1269/56 und 57).

Da die Ehrenlegion und der Senat nur die Nutznießung der Pachteinnahmen aus den betreffenden Nationalgütern für eine begrenzte Zeit gehabt hatten und unter dem Druck des Staates wieder darauf hatten verzichten müssen, wird der Verkauf dieser Güter an Private durch die staatlichen Behörden der ersten Phase des Besitzwechsels nach der Enteignung der kirchlichen Korporationen zugerechnet und zusammen mit dem Verkauf der anderen Güter, die schon früher zur Veräußerung gelangten, dargestellt und analysiert.

Es ist noch anzufügen, daß die den Hospizien im Saardepartement als Ersatz für entzogene Güter und Kapitalien überlassenen Ländereien im Wert von 315 096 Francs vom Staat nicht zurückgefordert wurden, sondern unangetastetes Eigentum der Anstalten auch über die französische Zeit hinaus blieben[26]).

Der Verkauf der Kirchengüter begann im Saardepartement am 2. Floreal XI/ 22. April 1803[27]) und fand statt in der Form öffentlicher Versteigerungen am Sitz der Präfektur in Trier. Die Interessenten mußten sich während der gesamten französischen Zeit nach Trier begeben, da nur dort der Erwerb von Immobilien möglich war.

Die Termine und das jeweilige Angebot wurden auf zwei Wegen bekanntgemacht: Sie erschienen als amtliche Nachrichten in der Zeitung[28]) und wurden außerdem auf großen Plakatdrucken angekündigt. Diese zweisprachigen Affiches[29]) wurden vor allem in den Gemeinden ausgehängt, auf deren Gemarkung die jeweils zu versteigernden Güter lagen, wohl in der Erwartung, die ortsansässige Bevölkerung werde das größte Interesse an einem Ankauf haben. Die Affiches waren durchlaufend numeriert und boten außerordentlich detaillierte Informationen. Neben der Angabe des Ortes und des Versteigerungsdatums war eine genaue Beschreibung der Objekte, von denen bis zu 40 auf einem Plakat angeboten wurden, enthalten, wobei Mitteilungen über die Zahl und die Art der Gebäude und über die Flächenausdehnung der Landparzellen in dem von den Franzosen eingeführten metrischen Maß differenziert nach Bodennutzungsarten gegeben wurden. Diese Beschreibungen, die in allen Verkaufsprotokollen wiederholt wurden, erlauben eine relativ genaue Analyse der Struktur des kirchlichen Grundbesitzes, da im einzelnen die Anteile an Acker-, Wiesen-, Garten- und Wildland, an Weinbergen und Gewässern berechnet werden können. Soweit die Objekte eine Bezeichnung trugen, etwa Hof- oder Flurnamen, erschien auch diese in der Ankündigung, so daß eine Identifizierung eines Gutes nach seiner Lage in der betreffenden Gemarkung möglich wird. Teilweise geben auch topographische Hinweise Aufschluß. In den Affiches wurden ferner grundsätzlich die

---

[26]) Vgl. oben S. 98 f. und Bärsch, Bd. I, S. 127.

[27]) LHK 276/3001; Trierischer Ankündiger, 1802/03, Nr. 41.

[28]) Diese Zeitungen erschienen alle fünf Tage und dienten als Mitteilungsblätter, die von der Verwaltung als Sprachrohr benutzt wurden und fast nur Anordnungen der Regierung enthielten. Politische Artikel fehlten wegen der Zensur entweder ganz oder waren streng linientreu ausgerichtet. Private Anzeigen nahmen nur einen kleinen Raum ein. Es handelte sich im Jahr XI (1802/03) um den Trierischen Ankündiger für das Saardepartement, der im Jahr XII vom Trierischen Offiziellen Blatt für das Saardepartement abgelöst wurde. Von März 1804 an erschien das Journal du Département de la Sarre als zweisprachiges Organ bis 1813.

[29]) SAT, FZ 334.

ehemaligen Eigentümer aufgeführt, und da nicht nur kirchliche, sondern auch adlige Güter zum Verkauf gelangten, macht diese Quellenaussage eine Identifizierung und Zusammenstellung des Besitzes der geistlichen Korporationen überhaupt erst möglich.

Es folgten die Namen der Pächter, die Höhe der von diesen jährlich gezahlten Pacht in Francs und teilweise die Information über den Beginn ihrer Pachtverträge. Den Schluß bildete die Angabe der von den Experten ermittelten Schätzpreise, die als Mindestgebotspreise, unter denen kein Objekt versteigert werden durfte, galten.

Die Affiches kamen vier bis fünf Wochen vor dem Versteigerungstermin zum Aushang, während die entsprechenden Informationen in der Departementszeitung zwischen fünf Tagen und fünf Wochen vor dem Verkauf gegeben wurden.

Die Kaufbedingungen wurden im November 1802 und im Januar 1803 bekanntgemacht[30]) und auch später mehrfach öffentlich publiziert[31]).

1. Die Güter wurden frei von jeder Schuld, von Hypotheken, Renten oder Grundzinsen verkauft.

2. Eine Gewähr für die Richtigkeit der Objektbeschreibung im Verkaufsprotokoll wurde nicht übernommen. „... l'on n'en garantit, ni la consistance, ni le produit, ni les tenans, ni les aboutissans." Die Güter wurden so verkauft, wie sie den ehemaligen Eigentümern zugestanden hatten. Eine andere Möglichkeit gab es nicht, da Katasteraufnahmen nicht vorlagen. Zahlreiche Streitigkeiten in späterer Zeit gingen auf diese Bestimmung zurück[32]).

3. Der Kaufpreis war mit Bargeld in fünf Raten zu entrichten, die erste Rate innerhalb von drei Monaten nach der Versteigerung, die zweite ein Jahr darauf und die übrigen Raten in den folgenden drei Jahren, so daß insgesamt ein Zeitraum von vier Jahren und drei Monaten für die Abzahlung zur Verfügung stand. Die erste Rate war zinsfrei, bei den übrigen vier Terminen wurde ein Zins von 5 % auf die jeweilige Restschuld erhoben.

4. Innerhalb von zwanzig Tagen nach der Versteigerung hatte der Käufer die Einregistrierungsgebühr von 2 % der Kaufsumme und die Stempelgebühr zu zahlen[33]).

5. Die Forderungen des Staates wurden auf der Grundlage des Steigerungsprotokolls, das die Wirkung einer Hypothekeneintragung hatte, erhoben; der Schuldner brauchte deshalb keine Wechsel zu unterschreiben.

6. Bei einem Zahlungsverzug fiel das Gut an den Staat zurück[34]), wenn der Käufer nicht innerhalb von vierzehn Tagen nach der ihm zugestellten Zahlungsaufforderung seinen Verpflichtungen nachkam. Neben dem Verlust des angesteigerten Objektes traf den Säumigen eine Konventionalstrafe, die 10 % des Kauf-

---

30) Vgl. S. 120.
31) Trierisches Offizielles Blatt, 1803/04, Nr. 8 v. 10. Brumaire XI/2. November 1803. Außerdem in den Affiches. Die Bedingungen wurden ferner jedesmal vor einer Versteigerungseröffnung verlesen.
32) Büttner, S. 204.
33) Die Käufe erlangten nur dann Rechtswirksamkeit, wenn sie auf Stempelpapier, dessen Preis sich nach der Bogengröße richtete, niedergeschrieben waren, und wenn sie außerdem zur Einregistrierung vorgelegt wurden.
34) Déchéance.

preises betrug, wenn noch keine Rate beglichen war, und 5 %/o ausmachte, wenn bereits eine oder mehrere Raten bezahlt waren[35]).

7. Vom Verkaufstag an standen dem Erwerber die Pachtzahlungen zu, und vom gleichen Tag an hatte er die Grundsteuer zu zahlen.

8. Innerhalb von sechs Monaten konnten bestehende Pachtverträge aufgelöst werden. Der Käufer hatte dem Pächter die Hälfte der restlichen Pacht oder Miete als Entschädigung zu zahlen, wenn es sich um ein Haus oder eine Mühle handelte, und ein Viertel der Pacht, wenn ein Grundgut vor Ablauf der regulären Laufzeit gekündigt wurde.

9. Für andere Immobilien wie Minen oder Eisenhütten galt eine Kündigungsfrist von zwei Jahren.

10. Es war möglich, die Ansteigerung auf der Präfektur in Trier durch einen Stellvertreter vornehmen zu lassen. Der „pour command" auftretende Bevollmächtigte mußte innerhalb von drei Tagen nach der Versteigerung vor dem Generalsekretär der Präfektur darüber eine Erklärung abgeben[36]). Der Auftraggeber seinerseits mußte spätestens nach sechs Monaten persönlich vor der Behörde in Trier erscheinen und diese Erklärung bestätigen. Er trat damit in alle Rechte und Pflichten, die sich aus dem Kauf ergaben, ein und löste seinen Beauftragten, der bis dahin verantwortlich war, ab.

11. Der Käufer eines Hauses durfte ohne Erlaubnis des Präfekten dieses nicht abreißen lassen, und der Käufer eines Waldstückes durfte dieses nicht abholzen lassen, wenn der Kaufpreis noch nicht vollständig gezahlt war.

Der Präfekt des Saardepartements präzisierte diese Bestimmungen am 26. Vendemiaire XII/19. Oktober 1803[37]) und verfügte, daß nur solche Personen steigern durften, die entweder einen festen Wohnsitz nachweisen konnten oder Steuern gezahlt hatten oder aber die erste Rate des Kaufpreises sofort zu zahlen bereit waren. Käufer, die auf dem Wege der Déchéance bereits einmal Güter hatten zurückgeben müssen, wurden nur dann neu zu Versteigerungen zugelassen, wenn sie ihre Geldstrafe vorher bezahlt hatten. Personen, deren Bonität und Solvenz zweifelhaft waren, mußten eine hinreichende Bürgschaft stellen. Auffällig übertriebene Gebote wurden nicht angenommen. Ein Bieter, der den Zuschlag erhielt und anschließend das Gut mit anderen teilte oder unter andere aufteilte, blieb für den vollständigen Eingang der Zahlungen verantwortlich, weil die Forderungen des Staates unteilbar an ihm hafteten und das Gut erst mit der letzten Ratenzahlung in sein Eigentum überging. Wenn eine Rate nicht vollständig einging oder ganz ausblieb, galt auch ein aufgeteiltes Objekt als „déchû", es sei denn, daß einer der Mitkäufer durch eine Erklärung vor der Behörde an die Stelle der säumigen Teilhaber trat und die Zahlungen leistete.

Am 5. Thermidor XII/24. Juli 1804 gab der Domänendirektor Lelièvre bekannt, daß den Käufern, die ihre Ratenzahlungen vorzeitig leisteten, ein Nachlaß gewährt würde[38]). Die Höhe des Nachlasses schwankte zwischen 5 und 27,5 %/o je

---

[35]) Die Strafe wurde mit den geleisteten Zahlungen verrechnet. Der Rest wurde zurückerstattet und nicht, wie Kaiser, S. 185 angibt, einbehalten.
[36]) de Faria e Castro, S. 93, gibt irrtümlich eine Frist von sechs Monaten an.
[37]) Trierisches Offizielles Blatt, 1803/04, Nr. 8.
[38]) Journal du Département de la Sarre, 1804, Nr. 25.

nachdem, wie groß die zeitlichen Fristen waren, auf die der Käufer verzichtete. Wenn er die letzte Rate ein Jahr früher zahlte, mußte er noch 95 % der Restsumme entrichten, bei zwei Jahren 85 %, bei drei Jahren 78,5 % und bei vier Jahren nur 72,5 %.

Eine Entscheidung des Finanzministers vom 21. Germinal XII/11. April 1805 änderte diese Regelung dahingehend, daß bei Vorauszahlungen ein Nachlaß von 6 % pro Jahr auf den Kapitalwert und von 5 % jährlich auf die Zinsen eingeräumt wurde[39]). Vom 3. November 1806 an betrug schließlich der Nachlaß für Kapital und Zinsen einheitlich 6 %[40]).

Reklamationen gegen die Veräußerung von Gütern, die „gewöhnlich wenige Tage oder im Augenblick vor der Versteigerung überreicht" wurden, mußten nach einem Präfekturbeschluß vom 27. Juli 1807 mindestens zehn Tage vor dem Versteigerungstermin zur Prüfung eingereicht werden[41]).

Die Versteigerungen wurden unter dem Vorsitz des Präfekten im Beisein des Domänendirektors durchgeführt. Untere Grenze für das erste Gebot war der Schätzpreis, der bei einem Betrag von über 100 Francs um mindestens 5 Francs, bei über 1 000 Francs um mindestens 25 Francs und bei einem Wert von über 10 000 Francs um wenigstens 100 Francs überboten werden mußte. Diese Staffelung galt auch für höhere Gebote, die im übrigen nur während des Abbrennens kleiner Kerzen abgegeben werden konnten. Der Meistbietende erhielt den Zuschlag nach dem Erlöschen der dritten Kerze, sofern nicht anhaltendes Kaufinteresse das Entzünden weiterer Kerzen notwendig machte. Der Zuschlag war endgültig und nicht provisorisch wie im Roerdepartement, wo nach 15 Tagen ein zweiter Termin angesetzt wurde, um möglicherweise einen noch höheren Preis als beim ersten Mal zu erzielen[42]). Für das versteigerte Objekt wurde ein Verkaufsprotokoll angefertigt, das in seinem allgemeinen Teil vorgedruckt die für jeden Kauf geltenden Bestimmungen enthielt und von einem Schreiber der Präfektur mit den Angaben über das Gut, den Ansteigerer und den Kaufpreis ergänzt wurde. In der Regel unterschrieben neben dem Käufer[43]) der Domänendirektor und der Präfekturgeneralsekretär. Eine Erklärung „pour command" und die Annahmebestätigung des Auftraggebers mit den entsprechenden Unterschriften wurden ebenfalls im Protokoll festgehalten.

2. DIE OBJEKTE

Von großer Bedeutung für die ökonomischen und sozialen Folgen ist die Frage, ob die Kirchengüter durch die Behörden in kleine Lose aufgeteilt zum

---

39) Journal du Département de la Sarre, 1804/05, Nr. 49.
40) Büttner, S. 196.
41) Journal du Département de la Sarre, 1807, Nr. 43.
42) Büttner, S. 203.
43) Personen, die nicht lesen und schreiben konnten, setzten ihr Handzeichen unter die Urkunde. Diese Zeichen, die in den Quellen recht häufig erscheinen, bieten einen Beleg für die relativ weite Verbreitung des Analphabetentums zu Beginn des 19. Jahrhunderts.

Verkauf angeboten wurden, wie dies in Innerfrankreich zumindest teilweise geschehen war, oder ob die Güter unangetastet den Besitzer wechselten. Ein Verkauf von kleinen Losen hätte auch kapitalärmeren Schichten der Bevölkerung den Erwerb von Grundbesitz ermöglicht und damit zu einer Bodenzersplitterung geführt, ein Verkauf im großen dagegen eher den vermögenderen Bevölkerungsteil begünstigt. Gleichzeitig stellt sich hier die Frage nach den Zielen der amtlichen Verkaufspolitik. Standen fiskalische Interessen im Vordergrund oder waren soziale Gesichtspunkte maßgebend?

In der Literatur findet sich die Ansicht, Kirchengüter seien „häufig in kleinen Parzellen von Kleinbauern angekauft" worden[44]), und dies hätte vielerorts zu einer Bodenzersplitterung[45]) und zu ländlichem Zwergbesitz geführt. In empirisch fundierten Arbeiten für die Räume Aachen, Köln, Krefeld, Bonn und Koblenz wird dies verneint[46]). Die Verwaltung habe gerade nicht Ländereien parzelliert angeboten, sondern die Betriebsgrößen unverändert gelassen[47]). Dies trifft auch für das Saardepartement zu. Die Güter wurden ohne Rücksicht auf ihre Größe und Qualität unter Verzicht auf Teilungsmaßnahmen als wirtschaftliche Einheiten versteigert. Die Größe eines Objektes war nur dadurch bestimmt, wie es vom früheren Eigentümer verpachtet oder bewirtschaftet worden war. Hatte dieser ein Grundgut in kleinen Teilen verpachtet, so kam es auch in diesen Teilen zum Verkauf, hatte er es aber nur an einen einzigen Pächter gegeben, so wurde es geschlossen veräußert[48]). Bei den Versteigerungsterminen konnten die Interessenten deshalb aus einem breit gestreuten Angebot auswählen und sowohl wertvolle Hof- und Weingüter mit umfangreichen Ländereien als auch kleine Parzellen erwerben. Nur in einem Fall ist ein großes Hofgut, das von einem einzigen Pächter bewirtschaftet wurde, aufgeteilt worden[49]). Für manche Zeitgenossen, die sich eine Art des Verkaufs wie in Innerfrankreich erhofft hatten, mag dieses Vorgehen enttäuschend gewesen sein, hatten sie doch erwartet, daß sich ein

---

44) Hashagen, Die Rheinlande, S. 25.
45) Rudolfine Freiin von Oer, S. 520.
46) Kaiser, S. 203 betont, daß die Regierung nicht die Zahl der Grundbesitzer durch eine Verkleinerung der Lose vermehren wollte. Büttner, S. 199 konnte nur sehr wenige Parzellenteilungen vermerken, und im Arrondissement Krefeld wurde nach Klompen, S. 200, kein Großbetrieb zerstückelt. Kliesing, S. 117 sieht gerade darin einen Grund für das von ihm konstatierte geringe Kaufinteresse der Bevölkerung. Im Arrondissement Koblenz kamen die Güter so, wie sie vorher bewirtschaftet worden waren, zum Verkauf (de Faria e Castro, S. 93).
47) In diesem Sinne auch Rudolf Morsey, S. 365; Wilhelm Engels, Beiträge zur Domänenveräußerungspolitik Preußens in der Rheinprovinz. In: Aus Geschichte und Landeskunde. Forschungen und Darstellungen, Franz Steinbach zum 65. Geburtstag gewidmet von seinen Freunden und Schülern. Bonn 1960, S. 621 f.; Aubin, Agrargeschichte, S. 139.
48) Eine Zusammenlegung von Gütern, die vorher an eine Vielzahl von Personen verpachtet waren und in einem einzigen Posten verkauft wurden, ist im Gegensatz zum Roerdepartement (Büttner, S. 199 f.) im Saardepartement nicht festzustellen.
49) Es handelte sich um den Hof des Klosters Niederprüm in Schweich, dessen Wohnhaus zusammen mit den übrigen Gebäuden und dem Garten getrennt von den zugehörigen, ausgedehnten Ländereien versteigert wurde. Das Haus erwarb der Friedensrichter Johann Englert aus Schweich für 1 525 Francs und das Land Graf Clemens von Kesselstatt für 15 100 Francs (LHK 276/3147/1; 276/3150/45).

„wohlthätiger Einfluß dieser Aufhebung (der geistlichen Korporationen) auf das platte Land in ökonomischer Hinsicht" durch eine „Zerstückelung großer Höfe und Grundstücke" ergebe und zu einer Verbesserung der Landwirtschaft beitrage[50].

Der Grund für die gegenteilige Verkaufspolitik lag offensichtlich in finanziellen Erwägungen der französischen Regierung, für die eine rasche Erschließung einer vielversprechenden Geldquelle Priorität vor anderen Gesichtspunkten hatte. Sie nahm dabei in Kauf, daß größere Güter von einigen wenigen, kapitalkräftigen Käufern erworben wurden, zumal gerade diese den sicheren Eingang der Gelder zu garantieren schienen, und übersah, daß der Verkauf großer, geschlossener Güter einen geringeren finanziellen Gewinn bringen konnte als die Veräußerung von aufgeteilten Objekten[51]. Die von physiokratischem Gedankengut beeinflußte Absicht, den Bauer als den eigentlichen Bearbeiter des Bodens auch zum Grundeigentümer zu machen, war in Frankreich teilweise verwirklicht worden. In den vier neuen Departements dagegen galt als oberste Richtschnur amtlichen Handelns in der Frage der Nationalgüterverkäufe nicht der soziale, sondern der finanzielle Aspekt, möglichst schnell und möglichst viel Geld für den Fiskus verfügbar zu machen. Der Großteil der Bevölkerung blieb deshalb mangels entsprechender finanzieller Mittel an den Veräußerungen der ersten Phase des Besitzwechsels unbeteiligt.

Zwischen 1803 und 1813 wurden im Saardepartement insgesamt 1 811 Kirchengüter zum Verkauf angeboten. Davon wurden 1 575 versteigert, 236 blieben unverkauft. 87 % der Güter wurden also verkauft, 13 % blieben zurück. Ein solches prozentuales Verhältnis läßt auf einen Verkaufserfolg schließen mit der Einschränkung, daß es nichts über die Art, Qualität und Preise der Objekte, die in Privathand kamen, und der Objekte, die in Staatsbesitz verblieben, aussagt.

Der Verbleib von 166 der 1 575 versteigerten Güter konnte nicht geklärt werden, da die Verkaufsprotokolle nicht mehr erhalten sind. Die Analyse basiert also auf 1 409 Verkäufen oder 89,5 % aller 1 575 Kaufakte. Bezogen auf die Gesamtzahl von 1 811 angebotenen Gütern ergeben sich die folgenden Anteile:

1. 1 409 versteigerte Objekte — 77,8 %
2. 236 nicht versteigerte Objekte — 13,0 %
3. 166 Objekte mit unbekannten Steigerern — 9,2 %

Die 1 409 Kaufakte verteilten sich sehr unterschiedlich auf die einzelnen Jahre bis zum Ende der französischen Herrschaft:

1803 — 235	1806 — 29	1809 — 5	1812 — 29
1804 — 321	1807 — 169	1810 — 24	1813 — 1
1805 — 403	1808 — 101	1811 — 96	

Der Schwerpunkt der Versteigerungen lag eindeutig in den ersten Jahren, denn von 1803 bis 1805 einschließlich wurden 68 % aller Käufe getätigt. Die Zahl der verkauften Güter wuchs in dieser Zeit ausgehend von einem hohen Niveau

---

50) Konstantin d'Hame, Über die Verhältnisse der vier neuen Departemente am linken Rheinufer bei ihrer Einverleibung mit der fränkischen Republik, Köln Floreal IX (1801), S. 12, P. 41 und S. 14, P. 45.
51) Dazu siehe weiter unten Kap. VII.

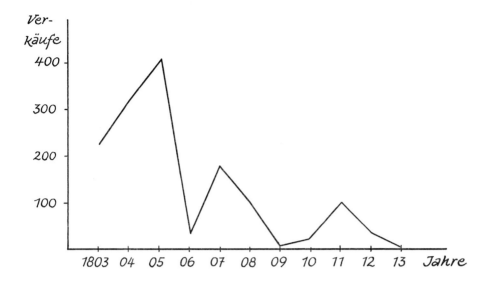

schon im ersten Jahr stetig weiter und erreichte 1805 den Kulminationspunkt für die gesamte französische Zeit. Das Interesse der Regierung, die einen raschen Verkauf der Güter wünschte und die Verwaltung entsprechend antrieb[52]), korrespondierte offensichtlich mit den Bedürfnissen eines Marktes, der sehr aufnahmebereit reagierte und für einen zügigen, sich steigernden Geschäftsverlauf sorgte. Von einem geringen Kaufinteresse kann nicht gesprochen werden[53]), das Gegenteil ist richtig. Anton Joseph Recking vermerkte dazu in seinem Bericht an den Präfekten im Oktober 1804: „La Vente des Domaines Nationaux dans le departement poursuivie avec activité pendant les années XI et XII a naturellement ouvertés des Speculations . . .“[54]).

Im Jahre 1803 setzte die Domänenverwaltung einen Versteigerungstermin pro Monat an, im Jahre 1804 fanden die Versteigerungen alle 5 oder 7 Tage statt und 1805 einheitlich einmal pro Woche. Dieses enorme Tempo des Verkaufsablaufs führte dazu, daß um die Jahreswende 1805/06 die von der Verwaltung zum Kauf angebotenen Güter zum größten Teil ihre Abnehmer gefunden hatten. Das Kaufinteresse ging schlagartig zurück. Bis zum 7. März 1806 wurden insgesamt noch fünf Termine angesetzt, dann aber die Verkäufe eingestellt. Bei den übriggebliebenen Gütern handelte es sich um wirtschaftlich weniger interessante Objekte, während Häuser, Mühlen, Höfe und Weingüter als begehrte Immobilien rasch verkauft worden waren.

52) Klompen, S. 199; Büttner, S. 360, führt ein Rundschreiben des Finanzministers vom 12. Vendemiaire XII/5. Oktober 1803 an, in dem auf einen schnellen Verkauf gedrängt wird. Besonders Häuser, deren Unterhalt für den Staat kostspielig war, sollten zuerst verkauft werden (de Faria e Castro, S. 96).
53) Im Gegensatz zu Kliesing, S. 116 ff.
54) SAT FZ 78, 3307. Recking bezog sich dabei besonders auf Gebäude in Trier; aber auch Landgüter verkauften sich gut, wie aus den Versteigerungsprotokollen hervorgeht.

Als ein zusätzlicher Grund für den extremen Umschwung wäre eine Markt-sättigung denkbar. Dies traf aber nicht zu, denn als die Domänenverwaltung bis-her zu Dotationszwecken verwendete Güter im Lauf des Jahres 1807 erstmals öffentlich zum privaten Erwerb anbot, kam es zu einer zweiten, allerdings im Vergleich zur ersten, kleineren Verkaufswelle, die ihre Höhepunkte 1807, 1808 und noch einmal 1811 hatte.

Auch die ehemaligen Dotationsgüter der Ehrenlegion und des Senats wur-den ungeteilt als geschlossene Einheiten angeboten und stießen wegen ihres meist hohen Wertes auf ein reges Kaufinteresse. Die Versteigerungen auf der Präfek-tur fanden ab Mai 1807 wieder im wöchentlichen Rhythmus statt, wurden aber von 1808 an unregelmäßiger durchgeführt. Wertvolle Objekte nahm der Markt immer noch auf, alle anderen Güter waren aber nur noch schwer zu plazieren. In dieser Zeit häuften sich die Aktenvermerke über angebotene, aber nicht zuge-schlagene Immobilien: „sans enchères, éstimation trop haut, éstimation réduite". Bestimmte Güter wurden mehrfach zu verschiedenen Terminen ohne Erfolg an-geboten.

Während der Kirchengüterverkauf durch den französischen Staat seinen Höhepunkt nach der Anzahl der Übereignungen im Jahre 1805 erreicht hatte, la-gen die Tiefpunkte in den Jahren 1809, 1810 und 1813. Es ist sehr wahrscheinlich, daß die politische Lage gegen Ende des Napoleonischen Reiches als retardierendes Moment auf die Wirtschaft, und hier auf den Immobilienmarkt, nachhaltig ein-wirkte. Als das Departement nach dem Frieden von Lunéville — wie es schien, endgültig — französisch geworden war, und als außerdem der Papst im Konkordat von 1801 der Säkularisation zugestimmt hatte, waren die Güter jedenfalls leichter verkäuflich als am Ende der französischen Zeit.

Neben der Anzahl der versteigerten Güter und der Verteilung der Kaufakte über die einzelnen Jahre sind den Affiches und den Verkaufsprotokollen auch genaue Angaben über die Art der Objekte zu entnehmen.

1. Versteigerte Güter

175	Grundgüter Ackerland
119	Grundgüter Wiesen
63	Grundgüter Wildland
88	Grundgüter Weinberge
45	Grundgüter Garten
17	Grundgüter Gewässer
50	Grundgüter Wald
187	Hofgüter
60	Weingüter
159	Häuser
89	Mühlen
26	Konventgebäude mit 12 Kirchen
10	Einzelne Kirchen
285	Ländereien
36	Sonstige Immobilien
1 409	**Objekte**

Unter „Grundgüter" sind in diesem Zusammenhang Objekte zu verstehen, die durch eine einzige Nutzungsart zum Zeitpunkt der Versteigerung gekennzeichnet waren und aus einer oder auch mehreren Parzellen mit höchst unterschiedlich variierender Flächenausdehnung bestanden. Entscheidend für die Zusammenstellung war nur, wie die Güter zur Versteigerung gelangten; die Größe der Parzellen blieb hier außer Betracht.

Unter der Bezeichnung „Hofgüter" wurden solche Immobilien erfaßt, die Wohn- und Wirtschaftsgebäude und Landbesitz mit verschiedenen Nutzungsarten aufwiesen. Objekte, die kein Zentrum in Form von Wohn- und Wirtschaftsgebäuden hatten, jedoch aus Liegenschaften mit verschiedenen Bodennutzungsarten bestanden, wurden den „Ländereien" zugerechnet[55]).

Zu den Weingütern gehörten solche Immobilien, die sich aus Wohn- und Wirtschaftsgebäuden und aus Weinbergen zusammensetzten, während einzelne Weinberge ohne Verbindung mit einem Weingut den „Grundgütern" zugerechnet wurden.

Als „Häuser" wurden grundsätzlich nur Wohnhäuser vermerkt, soweit diese nicht einem Hof- oder Weingut angehörten.

Abtei- und Klosterbaulichkeiten innerhalb eines geschlossenen Areals wurden unabhängig von der Anzahl der Haupt- und Nebengebäude als je ein „Konventgebäude" aufgenommen. Lediglich die Klosterkirchen wurden gesondert neben den Konventgebäuden erfaßt, da sie oft eine andere Bestimmung als die Klöster erhielten und nicht alle verkauft wurden. Unter den Begriff „Einzelne Kirchen" fallen isoliert stehende, nicht zu einem Kloster gehörige Kirchen, soweit sie von der Säkularisation erfaßt worden waren.

Alle anderen Gebäude wurden als „Sonstige Immobilien" gezählt. Bei der Berechnung, welche Flächen die versteigerten Kirchengüter einnahmen, wurde nicht die Betriebsform, sondern die Bodennutzungsart zugrundegelegt. Entscheidend war nicht, ob eine Parzelle als „Grundgut" zu gelten hatte, ob sie zu einem „Hofgut" zu rechnen war oder ob sie bei den „Ländereien" mitgezählt worden war. Als Kriterium galt, wie der Boden genutzt wurde.

Die Flächen der im Saardepartement versteigerten Kirchengüter (1 409 Objekte) und ihr prozentualer Anteil an der verkauften Gesamtfläche[56])

Nutzungsart	Fläche (ha)	%-Anteil
Ackerland	5 807,39	48,4
Wiesen	1 810,33	15,1
Wildland	3 609,45	30,1
Weinberge	267,68	2,2
Gärten	114,46	0,9
Wald	278,31	2,3
Total	12 000,90	100,0

---

[55]) Vgl. de Faria e Castro, S. 95.
[56]) Es handelt sich um Mindestzahlen, da nicht in allen Fällen die Flächengröße exakt zu ermitteln war. Darüber hinaus liegen für die mit Häusern bebauten Flächen

Den größten Anteil hatte das Ackerland mit fast der Hälfte der Gesamtfläche, gefolgt vom Wildland mit drei Zehntel und dem Wiesenland mit 15 %. Die versteigerten Flächen an Wald, Weinbergen, Gärten und Gewässern waren gering, immer bezogen auf die Ausdehnung, nicht auf den Wert des Landes.

2. Nicht verkaufte Güter

63	Grundgüter Ackerland
53	Grundgüter Wiesen
15	Grundgüter Wildland
21	Grundgüter Weinberge
14	Grundgüter Gärten
2	Grundgüter Gewässer
10	Grundgüter Wald
6	Hofgüter
1	Weingut
10	Häuser
3	Mühlen
3	Konventgebäude
1	Einzelne Kirche
26	Ländereien
8	Sonstige Immobilien

236 Objekte

Die Flächen der unverkauft gebliebenen Kirchengüter und ihr prozentualer Anteil an der unverkauften Gesamtfläche

Nutzungsart	Fläche (ha)	%-Anteil
Ackerland	394,65	35,2
Wiesen	186,43	16,6
Wildland	493,94	44,0
Weinberge	20,03	1,8
Gärten	14,13	1,2
Gewässer	5,08	0,5
Wald	7,94	0,7
Total	1 122,20	100,0

Anders als bei den versteigerten Gütern nahm das Wildland bei den unverkauften Objekten den ersten Platz ein, gefolgt vom Ackerland und dem Wiesenland, dessen Anteil im Vergleich fast konstant blieb. Von den Weinbergen dagegen waren im Verhältnis weniger Flächen unverkäuflich.

---

keine Angaben vor, und Schätzungen dazu sind problematisch. Zegowitz, S. 200, nahm als Durchschnittswert 0,04 Hektar an. Eine Berechnung der versteigerten Grundstücke von Häusern mit Hilfe dieser Zahl ergibt einen Wert von ca. 23 Hektar, der angesichts der Gesamtfläche vernachlässigt werden kann.

Land von minderer Qualität fand demnach ein geringeres Interesse als qualitativ gutes Land.

Um einen Gesamtüberblick über die Ausdehnung des kirchlichen Besitzes zu erhalten, müssen auch die Güter miteinbezogen werden, deren Ansteigerer wegen fehlender Protokolle nicht bekannt sind. Die Beschreibung der Güter konnte mit detaillierten Flächenangaben den Affiches entnommen werden. Für einige dieser Güter wurden Käufer und Kaufpreise durch Rückschluß aus anderen Quellen ermittelt[57]) und in die Zusammenstellung der versteigerten Objekte miteinbezogen. Es blieben schließlich die folgenden Objekte, die sich im Hinblick auf ihren Verkauf dem Zugriff entziehen, übrig:

3. *Güter mit unbekannten Steigerern*

 34 Grundgüter Ackerland
 18 Grundgüter Wiesen
  1 Grundgut Wildland
 16 Grundgüter Weinberge
 30 Grundgüter Gärten
  6 Grundgüter Gewässer
  1 Grundgut Wald
 10 Hofgüter
  3 Weingüter
 14 Häuser
 12 Mühlen
  3 Konventgebäude
  1 Einzelne Kirche
  9 Ländereien
  8 Sonstige Immobilien

166 Objekte

Die Flächen der Güter mit unbekannten Steigerern[58])

Nutzungsart	Fläche (ha)
Ackerland	355,03
Wiesen	152,34
Wildland	156,98
Weinberge	13,07
Gärten	30,69
Gewässer	7,35
Wald	17,81
Total	733,27

[57]) Z. B. aus notariellen Urkunden.
[58]) Auf die prozentuale Auswertung der Flächen wurde hier verzichtet, da die Anteile der verschiedenen Nutzungsarten zufallsbedingt sind.

Die Lücke im Quellenmaterial, die 166 Objekte mit 733 Hektar Fläche umfaßt, ist von der Größenordnung her nicht so erheblich, daß sie eine Analyse der ersten Phase des Besitzwechsels wesentlich beeinträchtigen würde. Dies ergibt sich aus der Anzahl der Güter, die einen Anteil von 9,2 % aller zum Kauf angebotenen Objekte darstellen, und aus der Flächenausdehnung, die mit einem Anteil von 5,3 % noch geringer ist.

Die versteigerten Güter hatten eine Fläche von 12 000,90 Hektar, die nicht verkauften von 1 122,20 Hektar und die zuletzt genannten von 733,27 Hektar. Dies ist eine Gesamtfläche von 13 856,37 Hektar, die sich in Anteile von 86,6 %, 8,1 % und 5,3 % aufgliedert.

Eine Zusammenstellung, die alle Güter unabhängig von ihrem Verbleib erfaßt, macht einen detaillierten Überblick über die Säkularisationsmasse im Saardepartement möglich.

4. Der gesamte zum Erwerb angebotene kirchliche Besitz

272 Grundgüter Ackerland
190 Grundgüter Wiesen
 79 Grundgüter Wildland
125 Grundgüter Weinberge
 89 Grundgüter Gärten
 25 Grundgüter Gewässer
 61 Grundgüter Wald
203 Hofgüter
 64 Weingüter
183 Häuser
104 Mühlen
 32 Konventgebäude mit 12 Kirchen
 12 Einzelne Kirchen
320 Ländereien
 52 Sonstige Immobilien

1 811 Objekte

Die Flächen aller Güter und ihr prozentualer Anteil an der gesamten zum Verkauf gestellten Fläche

Nutzungsart	Fläche (ha)	%-Anteil
Ackerland	6 557,07	47,3
Wiesen	2 149,10	15,5
Wildland	4 260,37	30,8
Weinberge	300,78	2,2
Gärten	159,28	1,1
Gewässer	125,71	0,9
Wald	304,06	2,2
Total	13 856,37	100,0

Es fehlen in dieser Zusammenstellung des Kirchenbesitzes die für öffentliche Belange vom Verkauf ausgenommenen Güter. Diese Objekte, bei denen es sich meist um Gebäude handelte, fallen aber gegenüber den anderen kaum ins Gewicht. Lediglich der außerordentlich umfangreiche kirchliche Waldbesitz, von dem nur ein verschwindend kleiner Teil zum Verkauf gelangte, ist für eine Beurteilung der Größe des kirchlichen Grundbesitzes von Bedeutung[59]). Für die landwirtschaftliche Nutzfläche jedoch läßt sich mit Hilfe der oben genannten Zahlen ein genaues Bild gewinnen.

Fast die Hälfte des landwirtschaftlich genutzten Besitzes der Kirche bestand aus Ackerland, drei Zehntel aus Wildland und 15 % aus Wiesenland. Die übrigen Bodennutzungsarten waren demgegenüber nur in geringem Umfang vertreten. Die Prozentanteile entsprechen fast genau den jeweiligen Ergebnissen für die versteigerten Güter[60]); nur hinter dem Komma sind geringfügige Abweichungen festzustellen mit Ausnahme des Ackerlandes, von dem im Verhältnis 1,1 % mehr verkauft wurde, als es seinem Anteil am gesamten Kirchengut entsprach.

Der geringe Flächenanteil an Weinbergen darf nicht zu Fehlschlüssen verleiten. Die Weinberge gehörten zum wertvollsten Land im Departement. Von daher ist auch die relativ hohe Zahl der Weingüter im Vergleich zu den Hofgütern bei nur geringem zugehörigen Land zu verstehen. Ein Weingut mit mehr als einem Hektar an Weinbergen war schon groß, während Hofgüter normalerweise ein Vielfaches an Land aufwiesen.

Das ebenfalls intensiv genutzte und deshalb von der Ausdehnung her wenig bedeutende Gartenland wurde fast immer zusammen mit Wohn- und Hofhäusern zum Verkauf gestellt. Bei den Gewässern handelte es sich meist um der Fischzucht dienende Teiche und Weiher.

Der behördlich geschätzte Kapitalwert der zum Erwerb angebotenen Güter betrug, wie sich aus den Mindestgebotspreisen in den Affiches und Verkaufsprotokollen errechnen ließ, 4 492 469 Francs, der Schätzwert der versteigerten Güter 3 911 444 Francs und der von den Experten veranschlagte Wert der Objekte, deren Steigerer unbekannt sind, 253 904 Francs. Die unverkauft gebliebenen Güter hatten einen Schätzwert von 327 121 Francs.

Der Gesamtwert von etwa 4,5 Millionen Francs für die zum Kauf gestellten Güter weicht von dem Gesamtwert des Etat général (vgl. S. 115) in Höhe von etwa 9 Millionen Francs deshalb ab, weil dort Waldungen, Renten und Schuldforderungen miterfaßt worden waren.

Eine Tabelle, die alle Prozentanteile für die Anzahl, die Fläche und den Kapitalwert der verschiedenen Objekte zusammenfaßt, macht die geringe Bedeutung der unverkauft gebliebenen und der in ihrem Verbleib nicht mehr zu rekonstruierenden Güter deutlich:

---

[59]) Die Größe des kirchlichen Besitzes ist eine strittige Frage, die an dieser Stelle nicht zu untersuchen ist. Ein Vergleich mit den Departements- und Arrondissementsflächen bietet dazu bessere Anhaltspunkte. Vgl. weiter unten S. 211.
[60]) Vgl. S. 131.

	versteigert	unverkauft	unbekannt
Anzahl	77,8	13,0	9,2
Fläche	86,6	8,1	5,3
Kapitalwert	87,1	7,3	5,6

Es fällt auf, daß bei den unverkauften Gütern der Wert für die Anzahl höher liegt als die Werte für die Fläche und das Kapital, während sich bei den versteigerten Gütern das umgekehrte Bild bietet. Daraus ergibt sich, daß bessere Objekte, obwohl sie teurer waren, eher gekauft wurden als wirtschaftlich weniger interessante Güter, die preiswerter angekauft werden konnten.

Dies findet eine Bestätigung in der Analyse der Verkaufsergebnisse für die verschiedenen Bodennutzungsarten.

Verkaufsergebnisse nach Nutzungsarten in % bezogen auf die jeweiligen angebotenen Flächen

	versteigert	unverkauft	unbekannt
Ackerland	88,6	6,0	5,4
Wiesen	84,2	8,7	7,1
Wildland	84,7	11,6	3,7
Weinberge	89,0	6,6	4,4
Gärten	71,9	8,9	19,2
Gewässer	90,1	4,1	5,8
Wald	91,5	2,6	5,9

Nur bei Wildland blieben mehr als 10 % der zum Verkauf gestellten Flächen unveräußert übrig, während alle anders genutzten Flächen sich erheblich besser verkauften und zwar in der Reihenfolge Wald, Gewässer, Ackerland, Weinberge, Wiesen, Gärten. Der Grund, warum die Gärten die Schlußposition einnahmen, obwohl es sich ähnlich wie bei den Weinbergen um wertvolles Land handelte, scheint bei dem extremen Wert von fast 20 % des in seinem Verbleib unbekannten Gartenlandes zu liegen. Bei den anderen Nutzungsarten bewegte sich dieser Wert an der 5—6 %-Marke.

Die Verteilung der versteigerten Kirchengüter im Saardepartement bestätigt die bereits getroffene Feststellung über die hervorragende Position des Arrondissements Trier. Von den 12 000,90 Hektar Land, die während der französischen Zeit in Privathand kamen, entfielen 8 295,18 Hektar (69,1 %) auf das Arrondissement Trier und 3 807,72 Hektar (30,9 %) auf die drei übrigen Arrondissements zusammen. Von den 567 versteigerten Baulichkeiten im Saardepartement lagen 442 im Arrondissement Trier und insgesamt 125 in den drei anderen Arrondissements[61].

---

[61] Zu den Baulichkeiten werden gezählt: Hofgüter- und Weingütergebäude, Häuser, Mühlen, Klöster, einzelne Kirchen und sonstige Immobilien wie z. B. Scheunen und Kelterhäuser. Ein Vergleich der Baulichkeiten nach Prozentanteilen verbietet sich, da eine einheitliche Berechnungsgrundlage für die höchst verschiedenen Objekte nicht vorhanden ist.

3. DIE KÄUFER

Die Frage, wer ehemaliges Kirchengut kaufte, gehört zu den wichtigsten und umstrittensten Problemen der Säkularisation, denn unter diesem Gesichtspunkt gewinnen die Vorgänge zu Anfang des 19. Jahrhunderts wirtschaftliche, soziale und damit gesellschaftspolitische Brisanz.

Die Anschauungen über die Nutznießer des Verkaufs kirchlichen Eigentums und über die Folgen der Besitzumschichtungen gehen weit auseinander. Besondere Streitpunkte sind die schichtenspezifische soziale Stellung der Käufer, ihre Religionszugehörigkeit, die Tätigkeit von Maklern und Spekulanten und die Rolle von Handelsgesellschaften, wobei besonders die ältere Diskussion durch eher allgemeine Urteile als durch präzise Beweisführung gekennzeichnet ist.

Die Güter seien von „Spekulanten oder Konsortien von Spekulanten" zu einem Spottpreis gekauft worden, während die Bauern sich zurückgehalten hätten. Als Gründe für dieses Verhalten der Landbevölkerung wurden Mangel an geschäftlicher Rücksichtslosigkeit, Mangel an Bargeld, fehlendes Vertrauen in die Stabilität der politischen Verhältnisse und ein Pietätsgefühl gegenüber geraubtem Kirchengut genannt[62].

Eine „beschämende Begleiterscheinung der Säkularisation" sei das Auftreten von eigens zum Aufkauf kirchlicher Güter gegründeter Gesellschaften gewesen, denen eine marktbeherrschende Position zugeschrieben wurde[63]. Diese hätten zu Spekulationszwecken die Immobilien in großen Massen und zu niedrigen Preisen unter der Beteiligung und mit Hilfe der für den Verkauf verantwortlichen Beamten erworben[64]. Eine solche Gesellschaft mit kapitalkräftigen Mitgliedern habe in Trier bei größeren Güterkomplexen jede Konkurrenz ausgeschaltet und die Preise auf einem niedrigen Niveau gehalten[65].

Als Käufer seien in den vier rheinischen Departements nur „unternehmungslustige Spekulanten, Günstlinge der Generäle und obere Beamte" aufgetreten, da die Bevölkerung sich der französischen Herrschaft gegenüber zurückhaltend gezeigt habe[66]) und außerdem wegen mangelnder finanzieller Mittel gar nicht in der Lage gewesen sei, mitzusteigern, so daß nur „Wohlhabende" beteiligt gewesen seien und sich „ungebührlich" bereichert hätten[67]. Auch der Adel, der durch

---

[62] Conrady, S. 214.

[63] Pauly, S. 485. R. Capot-Rey, Le développement économique des pays sarrois sous la Révolution et l'Empire (1792–1815), Paris 1928, S. V, spricht von „financiers anonymes qui sous le manteau d'une Compagnie intriguent, spéculent, raflent les marchés, toujours flairant une affaire, volant l'état ou les particuliers ...".

[64] Heinrich Nießen (Hg.), Geschichte des Kreises Merzig, Merzig 1898, S. 60. Nach Bärsch, Bd. I, S. 127 waren es Spekulanten, die „nichts zu verlieren hatten und nur gewinnen konnten".

[65] Johann Leonardy, Geschichte des trierischen Landes und Volkes, Trier ²1877, S. 965; Marx, Geschichte des Erzstiftes Trier, Bd. V, S. 465.

[66] Heinrich Boos, Geschichte der rheinischen Städtekultur von ihren Anfängen bis zur Gegenwart mit besonderer Berücksichtigung der Stadt Worms, Bd. IV, Berlin 1901, S. 684.

[67] Franz und Alfred Ecker, Der Widerstand der Saarländer gegen die Fremdherrschaft der Franzosen 1792–1815, Saarbrücken 1934. Teil B: Alfred Ecker, Der Widerstand der Saarländer gegen die napoleonische Herrschaft 1800–1815, S. 179; Tritz, S. 588; Morsey, S. 366 f. unterstreicht, daß der größte Teil der Bauern im

die Aufhebung der Feudalrechte und durch die Enteignung der Güter, die ihm aus diesen Rechten zugestanden hatten, wirtschaftlich schwer getroffen worden war, soll durch den Verkauf der Kirchengüter von der Besitzumschichtung profitiert haben[68]).

Die Tätigkeit von Maklern wird unterschiedlich eingeschätzt. Nicht alle in der Literatur hierzu angegebenen Zahlen sind nachprüfbar, da vielfach Begriffsdefinitionen für diese Käufergruppe fehlen. Im Arrondissement Aachen kamen 16 % aller Verkäufe durch die Vermittlung von Maklern zustande, in den ehemals kurkölnischen Ämtern Bonn, Brühl, Hardt, Lechenich und Zülpich dagegen 65 %[69]). Im Arrondissement Koblenz ging ein Achtel der versteigerten Objekte durch die Hände von Maklern[70]) und von den Häusern der kirchlichen Korporationen in Köln wurden ungefähr 43 % über einen Makler erworben, von den Hofgütern, Parzellen und dem Wald ungefähr die Hälfte[71]). Eine überragende Bedeutung der Makler[72]) wäre demnach nur für bestimmte Regionen festzustellen; die Funktion dieser Gruppe, die als Träger des Handels und als Kreditgeber angesehen worden ist[73]), muß deshalb nach den konkreten, lokalen Gegebenheiten beurteilt werden.

Eine oft wiederholte Ansicht weist Juden und Protestanten eine führende Rolle bei den Verkäufen zu. Der Grund dafür liegt weniger in den tatsächlichen Vorgängen als in den religiösen und sozialen Spannungen, die durch eine derart einschneidende Maßnahme wie die Säkularisation eine Verstärkung erfuhren. Die katholische Bevölkerung habe sich von dem „Gottesraub" distanziert und keine Kirchengüter erworben[74]). Es sei eine wesentliche Verschiebung des Grundbesitzes zugunsten der Protestanten eingetreten[75]). Die Juden dagegen hätten

---

Rheinland, die plötzlich aus der üblichen Naturalwirtschaft in die Geldwirtschaft gedrängt worden seien, sich Landkäufe finanziell nicht hätte leisten können.

68) So Morsey, S. 364 f., der sich der Meinung von Ludwig Veit, Zur Säkularisation in Nassau-Usingen, Freiburg 1928, S. 23 anschließt: „Wo materielle Interessen in Frage standen, hat sich der (katholische) Adel blutwenig um Gesetz und Sitte gekümmert. Seine Väter liefen sich in der größten Revolution von oben, die die Welt gesehen, die Füße nach Paris und Regensburg wund, um einen klösterlichen Schafhof zu ergattern." Hier liegt ein Mißverständnis vor. Die Aussage Veits bezieht sich nicht auf den Anteil des Adels bei den Verkäufen, sondern auf das Verhalten der deutschen Landesfürsten bei den diplomatischen Verhandlungen über die Entschädigungsfrage vor dem Reichsdeputationshauptschluß von 1803. Morsey, S. 366, verweist allerdings im Anschluß an Klompen, S. 205, auch darauf, daß es dem Adel nicht gelang, den früheren Besitz zurückzugewinnen.

69) Die Prozentzahlen sind berechnet nach den Angaben bei Kaiser, S. 186 und 190; Kliesing, S. 121.

70) de Faria e Castro, S. 103.

71) Büttner, S. 377; im Arrondissement Krefeld wurde der „weitaus größte Teil der Käufe" über Makler abgewickelt. (Klompen, S. 207).

72) Engels, S. 622.

73) Kliesing, S. 120 f.

74) Der schon mehrfach zitierte Franz Tobias Müller, der zur Zeit der Säkularisation Pfarrer von Longuich war, berichtet über die Versteigerungen und erklärt S. 109, daß „die Juden, um an den Dingen unserer Religion einen wucherischen Gewinn, auch wohl ihren bösen Scherz zu haben, eifrig Gebothe thaten". Die Güter seien häufig in die Hände „der gehässigen Juden" gekommen (S. 275).

75) Aloys Schulte, Frankreich und das linke Rheinufer, Stuttgart, Berlin 1918, S. 290.

den größten Teil der Makler gestellt[76]) und bei ihren Vermittlungsgeschäften Kredite vergeben, für die sie Wucherzinsen zwischen 50 und 100 % gefordert hätten[77]).

Die Untersuchungsergebnisse für verschiedene rheinische Gebiete machen eine Korrektur der Ansichten über die Käufer und das Kaufverhalten der Bevölkerung notwendig.

Danach nahmen vor allem Bauern und Bürger die Gelegenheit wahr, Grundbesitz zu erwerben, wobei das Bürgertum sich vornehmlich in den Städten und in der Nähe von größeren Orten einkaufte[78]). Unter den Bauern profitierten nach Kliesing besonders die früheren Pächter der Kirchengüter, da der relativ vermögende rheinische Halfe das Eigentum an dem von ihm bewirtschafteten Hof erwerben konnte[79]). Soweit das Land jedoch vom städtischen Bürgertum als sichere Kapitalanlage gekauft wurde, blieb nach Kaiser die alte bäuerliche Abhängigkeit bestehen[80]); der Pächter erhielt lediglich einen neuen Vertragspartner. Im Arrondissement Koblenz bildeten die Bauern und die Angehörigen des Bürgertums die wichtigsten Käuferschichten, während der Anteil des Adels und des Klerus minimal war. Die Pächter beteiligten sich rege am Grunderwerb[81]). Auch im Arrondissement Köln waren Bürger und Bauern die Hauptkäufer. Höfe wurden vor allem von der ersten Gruppe, Landparzellen von der zweiten erworben. Der Anteil der ehemaligen Pächter lag je nach Grundgüterart zwischen einem Sechstel und einem Neuntel der verkauften Güter. Eine Besitzverschiebung zugunsten der Protestanten und der Juden fand nicht statt, die Angehörigen dieser Bevölkerungsteile beteiligten sich nur in ganz geringem Maß an den Verkäufen. Die Juden traten auch als Makler nicht sonderlich hervor[82]). Für das Arrondissement Krefeld wird der Anteil der Bürger auf ein Viertel und der Anteil der Bauern auf ein Drittel aller Käufe beziffert. Die Käufe von Adel und Klerus blieben wie in den anderen Regionen unbedeutend, ebenso wie die Beteiligung von Protestanten und Juden[83]).

Im *Saardepartement* traten bei den öffentlichen Versteigerungen während der ersten Phase des Besitzwechsels insgesamt 1 571 Personen als Käufer von Kirchengut auf. Die Untersuchung der Frage, aus welchen Berufen und welchen Schichten die Käufer kamen, kann sich auf eine breite Basis stützen, denn über vier Fünftel sind mit ihrer Berufsbezeichnung in den Verkaufsprotokollen oder in anderen Quellen verzeichnet[84]). 1 298 Steigerer (82,6 %) sind mit Berufen genannt, bei 273 Käufern fehlt diese Angabe (17,4 %).

---

[76]) Morsey, S. 365.

[77]) Conrady, S. 214.

[78]) Kliesing, S. 123; Büttner, S. 369 weist zu Recht darauf hin, daß Kliesings Termini „mittlerer Bauernstand" und „bürgerlicher Mittelstand" wegen der fehlenden Definition unscharf sind.

[79]) Kliesing, S. 124; Aubin, Agrargeschichte, S. 139; Engels, S. 621 f. hält im Anschluß an Kaiser, S. 203 ff. diese Einschätzung für übertrieben.

[80]) Kaiser, S. 205.

[81]) de Faria e Castro, S. 100 ff.

[82]) Büttner, S. 371 ff., 401 f.

[83]) Klompen, S. 204 ff.

[84]) Die Situation ist damit wesentlich günstiger als in den von Kaiser, Klompen und Büttner untersuchten Gebieten im Roerdepartement.

Es scheint demnach nicht sehr schwierig zu sein, die soziale Schichtung der neuen Eigentümer zu analysieren, in Wirklichkeit aber liegt hier eines der größten Probleme bei der Untersuchung der Säkularisation und ihrer Folgen.

Zunächst ist die Deutung der Berufsbezeichnungen nicht immer einfach. Darüber hinaus jedoch stellen sich der unbedingt notwendigen Systematisierung und Klassifizierung nach Berufsgruppen Hindernisse entgegen, die nicht ganz auszuräumen sind. Alle generalisierenden Aussagen über die soziale Stellung der Käufer werden durch solche Fehlerquellen beeinflußt und können daher keinen vollen Wahrheitsgehalt beanspruchen.

Unter den Domänenkäufern im Saardepartement waren Angehörige von 76 verschiedenen Berufen. Die Bauern wurden entweder als „cultivateur" oder als „laboreur" bezeichnet. Diese Unterscheidung hatte jedoch nicht, wie zunächst zu vermuten, einen Aussagewert für die Position des Käufers als Kleinbauer oder als Landwirt mit einem größeren Hof, denn beide Begriffe wurden bei mehreren Käufen derselben Bauern abwechselnd und offensichtlich willkürlich verwendet. Die Einordnung in die Bevölkerungsgruppe der in der Agrarwirtschaft Tätigen bot keine Schwierigkeiten, wohl aber Zuweisung eines sozialen Rangplatzes.

Die Winzer, die wegen der hohen Bedeutung des Weinbaues im Departement als eigene Gruppe behandelt wurden, waren nicht immer zweifelsfrei von den Bauern zu trennen, da sie teilweise Wein- und Ackerbau nebeneinander betrieben.

Die Kaufleute wurden als „negociant" oder als „marchand" in den Akten geführt, ohne daß wirklich damit ein Unterschied zwischen dem vielleicht besser gestellten „Kaufmann" und dem möglicherweise ärmeren „Händler" deutlich erkennbar wäre, denn auch hier wurden die Begriffe oft alternierend für dieselbe Person verwendet.

Ob die „propriétaires" und die „rentiers" keinen Beruf ausübten, sondern nur von den Einkünften ihres Vermögens lebten, ist in vielen Fällen zweifelhaft, denn nicht selten wurden sie bei weiteren Versteigerungen mit präziseren Berufsbezeichnungen vermerkt. In diesen Fällen wurden sie mit der zweiten Bezeichnung erfaßt und in die Statistiken eingegliedert. Charakteristisch für die „Eigentümer" war ihre Finanzkraft, die sie bei den Versteigerungen nachdrücklich bewiesen. In ihren Händen konzentrierten sich erhebliche Vermögenswerte.

Bezeichnungen wie „propriétaire" zur Charakterisierung eines Berufsstandes sind inzwischen ganz weggefallen, andere haben einen Bedeutungswandel erfahren, der zu falschen Interpretationen führen kann. Der „Postmeister" ist nicht mit dem heutigen Postbeamten vergleichbar[85]). Der „brasseur" produzierte Bier zuhause, meist allein oder mit ein bis zwei Gehilfen und berechnete seine Produktion nach Eimern. Der „maire" übte sein Amt ohne Besoldung aus.

Nicht immer zu klären war die Position von Käufern, die ihre Berufe wechselten[86]) oder bei einer Versteigerung mehrere Berufe angaben[87]). Wenn hier die

---

[85]) Der „maitre de postes" Johann Guerber aus Puttelange (Püttlingen/Saar), der sich rege an den Versteigerungen beteiligte, erklärte, weder lesen noch schreiben zu können, und setzte deshalb sein Handzeichen unter die Verkaufsprotokolle.

[86]) Johann Baptist Hetzrodt aus Trier bezeichnete sich 1803 als „imprimeur", 1810 als „juge". Norbert Charles aus Trier war 1805 Gefängnisaufseher, später aber Landwirt.

[87]) Friedrich Scheer aus Trier trat als „boulanger et negociant" auf.

Einordnung schon Schwierigkeiten bereitet, so ist ein denkbarer sozialer Auf- oder Abstieg, der möglicherweise durch Nationalgüterverkäufe mitverursacht wurde, auf diesem Wege nur in seltenen Fällen einwandfrei zu diagnostizieren. Bei Matthias Joseph Hayn aus Trier, der nacheinander als negociant, propriétaire, rentier und banquier firmierte und in großem Stil Kirchengüterhandel trieb, läßt sich der soziale Aufstieg erkennen.

Die Vielzahl der Berufsbezeichnungen verlangte eine Systematisierung und Klassifizierung, die es erlaubte, verschiedene Käuferschichten zu isolieren. Die Einteilung in Berufsgruppen erschien am sinnvollsten, brachte aber die nicht unproblematische Notwendigkeit mit sich, adäquate Oberbegriffe zu finden. Zudem waren Annahmen, die nicht alle voll verifiziert werden konnten, bei der Einordnung von einzelnen Berufen in die Berufsgruppen unvermeidbar.

Es wurden folgende Berufsgruppen gebildet: Bauern, Kaufleute, Beamte, Handwerker, Eigentümer, Selbständige, Winzer, Honoratioren, Geistliche, Müller, Armeelieferanten, Adlige, Sonstige, ohne Angaben. Die Reihenfolge ergab sich aus der Anzahl der Käufer für die einzelnen Berufsgruppen und enthält dementsprechend keine darüber hinausgehende Bedeutung.

Zur Gruppe der Bauern wurden alle „cultivateurs" und „laboureurs" gezählt, zur Gruppe der Kaufleute die „negociants", „marchands", Viehhändler, Kerzenhändler, Pferdehändler, Tabakhändler, Limonadenhändler und Gastwirte. Entscheidend für die Zuordnung zur Gruppe der Kaufleute war, ob bei den betreffenden Personen eine Handelstätigkeit mit den Produkten Dritter angenommen werden konnte. Deshalb wurden hier auch die Gastwirte mitgezählt.

Eine weitere, große Gruppe von Domänenkäufern bildeten die Beamten. Dieser Oberbegriff wurde für diejenigen gewählt, die für staatliche oder kommunale Stellen Dienstleistungen erbrachten und von diesen Stellen fest besoldet wurden. Fragen der Lebenszeitstellung und der Pensionsberechtigung blieben außer Betracht. Es handelte sich um Richter, Förster, Gendarmerieangehörige, Mitglieder der Steuerverwaltung und der Domänenbehörde, Staatsanwälte, Gerichtsschreiber und -vollzieher, Präfekturmitglieder und Lehrer.

Zur Gruppe der Handwerker wurden die gerechnet, die Roh- oder Halbfertigware ver- und bearbeiteten und meist selbst für den Absatz ihrer Produkte sorgten. Dazu gehörten die Bäcker, Gerber, Küfer, Metzger, Färber, Schmiede, Tuchmacher, Weber, Schneider, Perückenmacher, Stellmacher, Tischler, Maurer, Schuster, Zuckerbäcker, Schreiner, Goldschmiede und Brauer. Die „Eigentümer" wurden mangels anderer Möglichkeiten in einer besonderen Gruppe erfaßt[88]). Die Angehörigen der sogenannten freien Berufe wurden als „Selbständige" aufgenommen. Zu ihnen zählten die Ärzte, Architekten, Hütten- und Fabrikbesitzer, Apotheker, Drucker und Verleger. Außerdem wurden die Anwälte und Notare hinzugerechnet. Die Notare hätten auch als Beamte angesehen werden können, da sie vom Staat eingesetzt wurden. Andererseits erhielten sie ihre Bezahlung von ihren Kunden und nicht von einer Behörde[89]). Da die Beteiligung der Winzer

---

[88]) Es wäre zwar auch eine Einordnung unter der Bezeichnung „Sonstige" denkbar, jedoch wäre dann ihre Bedeutung als Käufer von Kirchengut nicht mehr erkennbar.
[89]) de Faria e Castro, S. 136, Anmerkung 5 ordnet die Notare den Beamten zu.

beim Besitzwechsel der Güter im Saardepartement besondere Beachtung verdient, wurde für diese eine eigene Gruppe gebildet.

Die „Honoratioren" waren in einem öffentlichen Ehrenamt tätig und konnten durch keine andere Berufsbezeichnung umschrieben werden. Zu ihnen gehörten vor allem die Bürgermeister. Als Käufer traten auch Geistliche auf, unter ihnen Pfarrer, Ex-Kanoniker, Ex-Mönche und auch Kanoniker des neugebildeten Domkapitels. Die Müller, denen eine wirtschaftliche Sonderrolle zukam, wurden wie die Winzer für sich allein erfaßt.

Die Armeelieferanten, die in der ersten Phase des Besitzwechsels außerhalb der Versteigerungen vom Staat Kirchengüter als Bezahlung ihrer Lieferungen erhielten, wurden als eigene Gruppe vermerkt. Obwohl sie an den Versteigerungen nicht teilnahmen und die Güter zugewiesen erhielten, erschien es dennoch sinnvoll, sie bei der ersten Phase der Vermögensumschichtung zu berücksichtigen, da auch bei diesen Transaktionen Kirchengüter in Privathände gelangten. Die Erwerbungen der Armeelieferanten sind von erheblicher Bedeutung für die Berechnung des gesamten Besitzwechsels.

Mit dem Begriff des „Adels" ist im Grunde keine Berufsbezeichnung, sondern eine Standesbeschreibung verknüpft. Dennoch wurde für diese Käuferschicht eine Gruppe gebildet, um die Frage nach der Beteiligung dieser alten Führungselite beantworten zu können.

Zu den „Sonstigen" gehörten ein Tagelöhner, ein Offizier a. D., ein Schriftsteller, sowie Fischer, Schiffer und Gärtner.

Anzahl der Käufer bei den staatlichen Kirchengüterversteigerungen im Saardepartement nach Berufsgruppen

1. 723 Bauern	6. 53 Selbständige	11. 5 Armeelieferanten
2. 142 Kaufleute	7. 33 Winzer	12. 3 Adlige
3. 120 Beamte	8. 27 Honoratioren	13. 8 Sonstige
4. 79 Handwerker	9. 25 Geistliche	14. 273 ohne Angaben
5. 58 Eigentümer	10. 22 Müller	

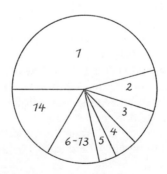

Die Bauern stellten fast die Hälfte aller Käufer. Alle anderen Berufsgruppen, unter denen die Kaufleute und Beamten am zahlreichsten vertreten waren, kamen nicht über einen Anteil von 10 % hinaus. Eine Ausnahme bildeten nur die Käufer, deren Berufe nicht in den Verkaufsprotokollen eingetragen waren, mit einem Anteil von 17,4 % an der Gesamtzahl aller Steigerer. Zwischen 5 und 1 % lag die Beteiligung der Handwerker, Eigentümer, Selbständigen, Winzer, Honoratioren, Geistlichen und Müller, unter 1 % die der Armeelieferanten, Adligen und sonstigen Käufer.

Diese zahlenmäßig überraschend deutliche, unterschiedliche Verteilung der Käufer auf die verschiedenen Berufsgruppen gewinnt jedoch erst dann an Aussagewert, wenn der Kapitaleinsatz und die Flächengröße des ersteigerten ehemaligen Kirchenbesitzes nach Berufsgruppen getrennt dazu in Beziehung gesetzt werden.

Erst der Zusammenhang, der für die Vorgänge durch diese Daten herstellbar wird, macht eine Beurteilung der ersten Phase des Besitzwechsels möglich.

4. FLÄCHEN UND KAPITALEINSATZ

TAB. I: 1. PHASE DES BESITZWECHSELS IM SAARDEPARTEMENT. AUFGLIEDERUNG NACH BERUFSGRUPPEN[90])

1	2	3[91]	4[92]	5	6	7	8	9
723	Bauern	548 987	1 577,89	46,0	8,5	13,1	759	2,18
142	Kaufleute	1 695 491	2 280,15	9,0	26,3	19,0	11 940	16,05
120	Beamte	801 026	2 070,69	7,6	12,4	17,2	6 675	17,25
79	Handwerker	178 472	444,21	5,0	2,8	3,7	2 259	5,62
58	Eigentümer	931 799	1 751,01	3,7	14,4	14,6	16 065	30,18
53	Selbständige	513 662	1 047,32	3,4	8,0	8,7	9 692	19,76
33	Winzer	61 429	43,90	2,1	0,9	0,4	1 861	1,33
27	Honoratioren	205 438	272,37	1,7	3,2	2,3	7,608	10,08
25	Geistliche	110 302	122,95	1,6	1,7	1,0	4 412	4,91
22	Müller	66 505	48,59	1,4	1,0	0,4	3 023	2,20
5	Armeelieferanten	689 973	1 174,66	0,3	10,7	9,8	137 995	234,93
3	Adlige	167 075	293,91	0,2	2,6	2,4	55 692	97,97
8	Sonstige	12 783	47,91	0,5	0,2	0,4	1 598	5,98
273	ohne Angaben	473 926	825,34	17,4	7,3	6,9	1 736	3,02
1 571	Total	6 456 868	12 000,90					

---

90) Schlüssel zu Tabelle I
  1. Käuferzahl
  2. Berufsgruppen
  3. Kaufpreise in Francs
  4. Erworbene Flächen in Hektar
  5. Prozentanteil an der Gesamtkäuferzahl
  6. Prozentanteil am Gesamtkaufpreis
  7. Prozentanteil an der Gesamtfläche
  8. Durchschnittlicher Kapitaleinsatz in Francs
  9. Durchschnittlich erworbene Fläche in Hektar.
91) In den in Spalte 3 ausgewiesenen Kaufsummen sind die Preise für Objekte, die wegen Zahlungsverzuges wieder an den Staat zurückfielen, nicht enthalten. Es wurden nur die endgültigen Kaufsummen verrechnet.
92) In der Spalte 4 sind das zu den Höfen und Weingütern gehörige Land, alle Einzelparzellen und alle Ländereien ohne Rücksicht auf die Nutzungsarten aus Gründen der Übersichtlichkeit zusammengefaßt.

Die Daten für die eingesetzten finanziellen Mittel bieten ein völlig anderes Bild als die für die Anzahl der Käufer in den jeweiligen Berufsgruppen.

Die Bauern zahlten trotz ihres hohen Anteils an der Gesamtkäuferzahl nur 549 000 Francs oder 8,5 % des Gesamtkaufpreises und erwarben dafür 1578 Hektar oder 13,1 % der versteigerten Gesamtfläche.

Das umgekehrte Ergebnis ist bei den Kaufleuten als der zweitgrößten Gruppe zu verzeichnen. Diese stellten 9,0 % der Käufer, erwarben aber mit 2 280 Hektar ein Fünftel der Fläche und zahlten über ein Viertel der Gesamtkaufsumme. Sie investierten 1 695 000 Francs und nahmen damit weit vor allen anderen Gruppen die Führungsposition ein. Die Relation zwischen Bauern und Kaufleuten lag hinsichtlich der Käuferzahl bei 5 : 1, der Kaufsumme bei 1 : 3, der Fläche bei 1 : 1,5. Die relative Annäherung bei der Fläche erklärt sich daher, daß die Kaufleute neben Land sehr viel mehr, in der Flächenberechnung nicht enthaltene Baulichkeiten erwarben als die Bauern. Da die Baulichkeiten häufig zusammen mit Land versteigert wurden[93]), konnte für sie kein eigener Kaufpreis errechnet werden. Erst nach Abzug der Summen für Baulichkeiten wäre ein direkter Vergleich zwischen den verschiedenen Berufsgruppen nach den investierten Mitteln pro Flächeneinheit möglich.

Obwohl die Kaufleute und andere Berufsgruppen in der ersten Phase des Besitzwechsels weit mehr Immobilien hatten erwerben können, war der Anteil der Bauern keineswegs unbedeutend. Sie rangierten in bezug auf die Fläche hinter den Kaufleuten, den Beamten und den Eigentümern an vierter Stelle und hinsichtlich der investierten Mittel hinter den Kaufleuten, den Eigentümern, den Beamten und den Armeelieferanten an fünfter Stelle. Wie groß jedoch das Gefälle zwischen vermögenden Bürgern und weniger vermögenden Bauern war, zeigt der auf jeden Käufer durchschnittlich entfallende Kapitaleinsatz und die von ihm durchschnittlich erworbene Fläche. Ein Kaufmann setzte durchschnittlich 11 940 Francs ein, ein Bauer 759 Francs. Ein Kaufmann erwarb durchschnittlich 16,05 Hektar Land, ein Bauer 2,18 Hektar.

7,6 % aller Käufer waren Beamte, die sich außerordentlich rege an den Versteigerungen beteiligten. Nach den Kaufleuten erwarben sie den zweitgrößten Landbesitz mit 2 071 Hektar oder 17,2 % der Gesamtfläche und investierten im ganzen etwas mehr als 800 000 Francs. Sie kauften damit günstiger ein als die Eigentümer, deren Anzahl kaum die Hälfte der Beamten ausmachte und die dennoch 130 000 Francs mehr als die Beamten aufbrachten. Ihr Flächenanteil lag dagegen mit 14,6 % deutlich niedriger. Daraus ließe sich ableiten, die Beamten hätten ihre Position in der Verwaltung dazu benutzt, die Preise und den gesamten Versteigerungsablauf zu manipulieren und sich auf diesem Weg zu bereichern. In den Quellen läßt sich dazu allerdings kein bestätigender Beleg finden. Ein Grund dafür, daß die Eigentümer mit dem zweitgrößten Kapitaleinsatz weniger Grund und Boden als die Beamten erwarben, lag darin, daß sie als finanzkräftige Interessenten besonders attraktive und daher teure Objekte steigerten. Diese Gruppe gehörte in der Zeit der Säkularisation zur reichsten Käuferschicht. Ein Eigentümer zahlte durchschnittlich soviel Geld wie 21 Bauern und erwarb durchschnittlich soviel Land wie 14 Bauern. (16 065 frs. — 759 frs.; 30,18 ha — 2,18 ha).

---

93) Hof- und Weingüter wurden grundsätzlich mit dem zugehörigen Land veräußert.

Die Beteiligung der Handwerker, die mit 5 % aller Steigerer die viertstärkste Berufsgruppe bildeten, blieb bemerkenswert schwach. Wohl aufgrund ihrer wirtschaftlichen Situation zahlten sie nur 2,8 % des Gesamtkaufpreises und übernahmen nur 3,7 % der Gesamtfläche. Ähnlich wie bei den Bauern kam dieses Ergebnis dadurch zustande, daß relativ viele Käufer jeweils verhältnismäßig wenig Kirchengut in ihren Besitz brachten. Die Durchschnittswerte in Spalte 8 und 9 lassen jedoch erkennen, daß die Handwerker, die sich an den Versteigerungen beteiligten, finanziell besser gestellt waren als die Bauern und pro Person dreimal soviel Geld aufbrachten als diese.

Die Gruppe der Selbständigen lag deutlich hinter den Eigentümern zurück, obwohl die Käuferzahl fast gleich war. Mit der Kaufsumme von 514 000 Francs und dem Flächenerwerb von 1 047 Hektar nahmen die Selbständigen jeweils den sechsten Platz ein und bildeten damit die letzte wichtige Käufergruppe bei den amtlichen Versteigerungen.

Auffallend ist die geringe Beteiligung der Winzer, die pro Kopf mit 1,33 Hektar die absolut kleinste Fläche unter allen Mitsteigerern erwarben, dabei jedoch den relativ hohen Durchschnittspreis von 1 861 Francs zahlten. Dies war im Wert des Weinberglandes, das die Winzer bevorzugt kauften, begründet. Für finanziell Schwächere war es nur in kleinen Stücken erschwinglich. Da die Domänenverwaltung durch die französische Verkaufspolitik dazu angehalten wurde, keine Aufteilungen vorzunehmen, waren die kleinen Winzer praktisch ausgeschlossen. Sie konnten bei den größeren Weinbergen und Weingütern nicht mitbieten und spielten daher bei den Versteigerungen eine untergeordnete Rolle. Der kirchliche Weingüterbesitz ging deshalb in der ersten Phase in die Hände der bürgerlichen Käufer über.

Die Honoratioren tätigten in Einzelfällen ansehnliche Käufe, konnten aber mit 3,2 % der Gesamtfläche nur einen bescheidenen Anteil der Güter an sich bringen.

Insgesamt 25 Geistliche kauften ehemalige Kirchengüter zurück, unter ihnen neben einzelnen Pfarrern auch Ordensangehörige und Kanoniker, die gerade erst von der Säkularisation betroffen worden waren[94]. Bezogen auf die Gesamtmasse der umgeschlagenen Güter blieb ihr Anteil sehr gering.

Ähnliches gilt für die 22 Müller, die jedoch in 17 Fällen vom Pächter zum Eigentümer der von ihnen bewirtschafteten Mühlen aufstiegen.

Unter den Käufern waren auch Angehörige des Adels. Es handelte sich um die beiden Reichsgrafen Clemens und Edmund von Kesselstatt[95] und um die Herzogin von Braunschweig-Bevern, die eine geborene Prinzessin aus dem Hause Nassau-Saarbrücken war[96]. Die eingesetzten Summen und die ersteigerten Flächen waren bei einer Zahl von nur drei Adligen sehr groß, blieben aber bezogen

---

[94] Dazu gehörten der Prior des Klosters Klausen, Karl Kaspar Lintz, der angesteigerte Güter teilweise an die Bevölkerung weiterverkaufte und der Kanoniker Nikolaus Nell, der vor allem Häuser für das Trierer Domkapitel vom Fiskus erwarb.

[95] Über die Herren von Kesselstatt, die zu den wenigen Großgrundbesitzern im Trierer Raum zählten, siehe Ballensiefen, S. 48 f.

[96] Über die Herzogin von Braunschweig-Bevern siehe Johann Daniel Ferdinand Neigebaur, Darstellung der provisorischen Verwaltung am Rhein vom Jahre 1813 bis 1819, Köln 1821, S. 175 f.

auf den gesamten Besitzwechsel bescheiden. Eine besondere Gruppe bildeten die Armeelieferanten, die für ihre Leistungen mit Nationalgütern abgefunden wurden. Es handelte sich um die Gesellschaften Graffe und Regnier, Entrepreneurs de l'habillement militaire, Paris — Granier et fils, Compagnie des lits militaires, Montpellier — Maes und Co., Paris — Olry und Co., Paris — Pothier, Entrepreneur des lits militaires, Paris. Allein die Gesellschaft Olry und Co. hatte am 15. Vendemiaire XIV/7. Oktober 1805 Güter, mit denen vorher die Ehrenlegion dotiert gewesen war, im Wert von 2 584 624 Francs aus der Staatskasse erhalten. Diese Güter lagen außer im Saardepartement in den drei anderen rheinischen Departements und in den Departements des Forêts und de la Meuse Inférieure[97].

Der in der Tabelle angegebene Wert von 689 973 Francs für die Güter, die allen Armeelieferanten zusammen im Saardepartement überlassen wurden, ist als Mindestwert zu verstehen. Es war aufgrund der Quellenlage nicht möglich, alle Güter zweifelsfrei zu identifizieren und in ihrem damals verrechneten Wert zu bestimmen. Die Armeelieferanten waren bei dem Besitzwechsel mit Sicherheit noch stärker beteiligt. Der Gesamtwert der im Saardepartement in ihre Hände gelangten Objekte ist von Bärsch auf 2 228 072 Francs beziffert worden[98]. Diese Summe, die von keiner anderen Quelle bestätigt wird, erscheint jedoch als zu hoch gegriffen.

Die in der Literatur gelegentlich vertretene Ansicht, die Compagnien seien organisatorisch mit der Ehrenlegion verbunden gewesen und hätten als Unterabteilungen der Ehrenlegionskohorten die Güter als Dotationen empfangen[99], ist falsch. Die Compagnien waren private Handelsgesellschaften, die ihre Aufträge zur Ausstattung des Militärs mit Gerät und Material vom Kriegsministerium erhielten und als Sicherheit für ihre Forderungen bei der permanent herrschenden Geldknappheit des Staates Immobilien akzeptierten[100].

Die nachweisbaren Anteile der Armeelieferanten am gesamten finanziellen Volumen und an der Gesamtfläche lagen im Saardepartement zwischen 10 und 11 %; die Bedeutung der fünf Armeelieferanten als neue Eigentümer von Kirchengut liegt auf der Hand.

Eine Zusammenstellung der Berufsgruppen in der Reihenfolge ihrer finanziellen Investitionen ergibt folgendes Bild:

1. Kaufleute   — 1,7 Millionen Francs
2. Eigentümer   — 0,9 Millionen Francs
3. Beamte   — 0,8 Millionen Francs
4. Armeelieferanten — 0,7 Millionen Francs

---

[97] LHK 587—40/18/10.
[98] LHK 701/646.
[99] So Kliesing, S. 111 und Klompen, S. 70, denen sich de Faria e Castro, S. 88 f. anschließt und dabei das Rhein-Mosel-Departement in den Bereich der Compagnie „Maas" verweist.
[100] Vgl. Büttner, S. 208. Wie rigoros der Staat mit seinen Lieferanten verfahren konnte, zeigt die Behandlung der Compagnie Vanlerberghe, die auch im Saardepartement Güter erhielt, diese aber nicht wie die anderen Gesellschaften möglichst schnell weiterveräußerte. Ihr wurden die Güter ohne vorherige Zahlung der Schulden wieder abgenommen(Büttner, S. 221 f.).

5.	Bauern	—	0,5 Millionen Francs
6.	Selbständige	—	0,5 Millionen Francs
7.	Honoratioren	—	0,2 Millionen Francs
8.	Handwerker	—	0,2 Millionen Francs
9.	Adlige	—	0,2 Millionen Francs
10.	Geistliche	—	0,1 Millionen Francs

Die übrigen Gruppen setzten mit Ausnahme der Käufer, die keine Berufsangaben machten, weniger als 100 000 Francs ein. Diese Übersicht zeigt, daß Klerus und Adel sich sehr zurückhielten und entweder nicht bereit oder nicht in der Lage waren, sich stärker zu engagieren.

Die Kaufleute, Eigentümer und Beamten dagegen nutzten die Gelegenheit, Grundbesitz zu erwerben und konnten es sich offensichtlich leisten, mit großem finanziellen Einsatz zusammen mehr als die Hälfte der versteigerten Kirchengüter in ihren Besitz zu bringen.

Eine mittlere Position nahmen Bauern und Selbständige ein, während Honoratioren und Handwerker im unteren Bereich rangierten.

Die Käufe von Winzern und Müllern besaßen im Hinblick auf den gesamten Geschäftsumfang wenig Bedeutung.

Der Kapitaleinsatz aller 1 571 Käufer erreichte insgesamt eine Höhe von 6 456 868 Francs. Der von den Behörden festgelegte Schätzwert aller versteigerten Güter von 3 911 444 Francs wurde damit bei weitem überschritten. Die 1 298 Steigerer, deren Berufe ermittelt werden konnten, erwarben Güter für 5 982 942 Francs und die 273 Steigerer ohne Berufsangaben kauften für 473 926 Francs. Der über den Schätzpreis hinaus erzielte Mehrerlös betrug 2 545 424 Francs und entsprach einer Steigerung von 65,1 %.

Eine Zusammenstellung der Berufsgruppen nach der Größe des Grunderwerbs ergibt geringfügige Verschiebungen:

1.	Kaufleute	—	2 280 Hektar
2.	Beamte	—	2 071 Hektar
3.	Eigentümer	—	1 751 Hektar
4.	Bauern	—	1 577 Hektar
5.	Armeelieferanten	—	1 175 Hektar
6.	Selbständige	—	1 047 Hektar
7.	Handwerker	—	444 Hektar
8.	Adlige	—	294 Hektar
9.	Honoratioren	—	272 Hektar
10.	Geistliche	—	123 Hektar

Die übrigen Gruppen erwarben mit Ausnahme der Käufer, die keine Berufsangaben machten, weniger als 100 Hektar.

Die Schwankungen im Verhältnis zwischen den Kaufsummen und den erworbenen Flächen bei den verschiedenen Gruppen sind auf deren unterschiedliches Kaufverhalten hinsichtlich der Baulichkeiten zurückzuführen. Es gab Käufer, die mehr Gebäude als andere Interessenten ersteigerten, und deshalb bei einem höheren Kapitaleinsatz relativ weniger Grund und Boden übernahmen[101].

---

[101] Vgl. S. 144.

Die Frage nach der Verteilung von Gebäudekäufen auf die Gruppen führt zu einer Zusammenstellung, aus der die unterschiedlichen Interessen ablesbar sind.

5. BAULICHKEITEN, HÖFE UND WEINGÜTER

TAB. II: DIE VON DEN BERUFSGRUPPEN IN DER 1. PHASE IM SAARDEPARTE-
MENT ERSTEIGERTEN BAULICHKEITEN, HÖFE UND WEINGÜTER

	Höfe	Wein-güter	Häu-ser	Mühlen	Konvent-gebäude (mit Kir-chen)	Ein-zelne Kirchen	Sonstige Immo-bilien	Total
Bauern	20,33	3,50	5,00	7,00	—	—	6	41,83
Kaufleute	25,00	21,00	32,50	24,00	10,00 (4,00)	4	12	128,50
Beamte	17,00	6,25	39,00	8,50	1,50 (1,50)	3	4	79,25
Handwerker	5,33	—	16,60	2,00	—	1	1	26,00
Eigentümer	20,33	5,50	2,33	8,00	2,50 (1,50)	—	2	40,66
Selbständige	17,00	5,00	23,00	9,00	4,00 (2,00)	1	3	62,00
Winzer	0,50	2,50	4,50	—	—	—	4	11,50
Honoratioren	4,00	2,00	6,00	2,50	3,00 (1,00)	—	3	20,50
Geistliche	2,50	—	17,00	1,00	—	—	1	21,50
Müller	1,00	—	—	17,00	1,00 (1,00)	—	—	19,00
Armeelieferanten	25,00	2,00	—	—	—	—	—	27,00
Adlige	9,50	1,00	—	—	—	—	—	10,50
Sonstige	0,50	—	1,00	—	—	—	—	1,50
ohne Angaben	39,00	11,25	12,00	10,00	4,00 (1,00)	1	—	77,25
Total	187,00	60,00	159,00	89,00	26,00 (12,00)	10	36,00	567,00

Diese Übersicht erfaßt die versteigerten Baulichkeiten rein quantitativ, denn einer Analyse nach Größe und Qualität der Objekte stellen sich unlösbare Probleme in den Weg. Der bauliche Zustand eines Hofhauses, eines Stadthauses, einer Mühle oder einer Kirche ist nicht mehr rekonstruierbar, und auch die Preise sind nicht für alle Gebäude zu ermitteln, da viele zusammen mit Land versteigert wurden. Dennoch wurden auch die Hof- und Weingüter, bei denen die Kombination Haus—Land immer gegeben war, mitaufgenommen, da der Verbleib dieser wirtschaftlich besonders attraktiven Objekte besondere Aufmerksamkeit verdient.

Wegen der Ungleichgewichtigkeit der insgesamt 567 früher im kirchlichen Besitz befindlichen Baulichkeiten war eine prozentuale Auswertung undurchführbar. Da die Objekte nicht immer von einzelnen Käufern, sondern zum Teil auch von mehreren Personen, die verschiedenen Berufen angehörten, gesteigert wurden, ergaben sich in einigen Fällen gemischte Zahlen, die als Dezimalbruch festgehalten wurden.

Das Material belegt sehr deutlich, daß einige Berufsgruppen nach Interessenschwerpunkten einkauften und sich überwiegend nach berufsspezifischen Prioritäten richteten, während andere Gruppen bei allen Objektarten zugriffen. Die höchste Anzahl von Baulichkeiten erwarben die Kaufleute, gefolgt von den Beamten, Selbständigen, Bauern und Eigentümern. Armeelieferanten, Handwerker, Geistliche, Honoratioren, Müller, Winzer, Adlige und sonstige Käufer dagegen erwarben sehr viel weniger Objekte. Die Käufer ohne Berufsangaben waren mit recht hohen Werten vertreten.

Das Interesse der Bauern galt den Hofgütern und — sehr eingeschränkt und dennoch überraschend — den Mühlen. Mehr Hofgüter als die Bauern übernahmen nur noch die Kaufleute und die Armeelieferanten, die außerdem noch zwei Weingüter erhielten. Die Kaufleute waren bei allen Objektarten die führende Käuferschicht; nur beim Hauskauf wurden sie von den Beamten überflügelt. Die überragende Bedeutung der Kaufleute beim Aufkauf von Kirchengütern ist nicht zu bezweifeln: Sie allein ersteigerten 10 von 26 Klosterkomplexen, 24 von 89 Mühlen, 32,50 von 159 Häusern und mit weitem Abstand vor allen anderen Mitsteigerern 21 von 60 Weingütern. Von 10 einzelnen Kirchen kauften sie 4 und von 36 sonstigen Immobilien, zu denen vor allem Wirtschaftsgebäude gehörten, 12.

Nur die Beamten zeigten ähnlich breit gestreute Kaufaktivitäten, allerdings in einem etwas kleineren Maßstab. Ihre Interessen richteten sich nicht nur auf die Häuser, von denen sie ein Viertel erwarben, sondern bemerkenswerterweise auch auf agrarische Güter. Ein großer Anteil der Hofgüter und auch der Mühlen gelangte in ihren Besitz.

Die Handwerker bevorzugten bei ihren Käufen Häuser und traten ansonsten kaum in Erscheinung. Hier bewegten offensichtlich berufliche Motive die Kaufentscheidungen.

Die Eigentümer und die Selbständigen waren dagegen wie die Kaufleute und die Beamten bereit, ihr Geld in den unterschiedlichsten Objekten anzulegen.

Die Eigentümer kauften genausoviele Hofgüter wie die Bauern und nahmen zusammen mit diesen die Position hinter den Kaufleuten und den Armeelieferanten ein. Bei Weingütern griffen sie in beschränktem Umfang zu, während sie für Häuser fast kein Interesse aufbrachten und sich damit anders als die Beamten, Kaufleute und Selbständigen verhielten. Sie erwarben Mühlen in einem Umfang wie die Beamten und Selbständigen mit großem Abstand zu den Kaufleuten.

Die Selbständigen traten als Hofgüter- und Hauskäufer hervor und bildeten die zweitgrößte Gruppe unter den Steigerern, die Konventgebäude in ihren Besitz brachten.

Die Winzer waren bei der Versteigerung von Baulichkeiten kaum beteiligt, selbst von den Weingütern kauften sie nur $2^1/2$. Ganz offensichtlich überschritten die aufzubringenden Summen ihre finanziellen Möglichkeiten, und gerade Weingüter waren begehrte Objekte, deren Preise bei den Versteigerungen durch einen vielfach erbitterten Konkurrenzkampf kapitalkräftiger Interessenten hochgetrieben wurden. In einigen Fällen kam es erst zu einem Zuschlag, nachdem bis zu 20 Kerzen abgebrannt worden waren.

Das Interesse der Honoratioren am Erwerb von Baulichkeiten blieb gering, und der Abstand zu den führenden Gruppen war entsprechend groß. Mit 6 Häusern, die diese Gruppe ansteigerte, wurde die höchste Anzahl von Objekten unter den verschiedenen Arten von Baulichkeiten erreicht.

Die Geistlichkeit konzentrierte sich auf den Rückkauf von Wohnhäusern. Das Trierer Domkapitel bemühte sich besonders um die Rettung von Kurienhäusern und schickte den Kanoniker Nikolaus Nell zu den Versteigerungen. Insgesamt jedoch blieb die Aktivität des Klerus bei den Gebäudekäufen wie bei den Landkäufen schwach.

Die Müller steigerten nur Mühlen an, während den Armeelieferanten ausschließlich Hof- und Weingüter zugewiesen wurden, ergänzt durch die in dieser Tabelle nicht enthaltenen Ländereien. Das durch den Besitzwechsel in die Hände des Adels gelangte Kirchengut bestand ebenfalls aus diesen drei Objekten, war aber vom Umfang her gesehen wesentlich kleiner.

Außer der Verteilung der Baulichkeiten auf die Berufsgruppen läßt das Versteigerungsergebnis für die Flächen des Grund und Bodens unter Berücksichtigung der Nutzungsarten Aufschlüsse erwarten.

6. DIE VERTEILUNG DER BODENNUTZUNGSARTEN

TAB. III: DIE VON DEN BERUFSGRUPPEN IN DER 1. PHASE IM SAARDEPARTE-
MENT ERSTEIGERTEN FLÄCHEN NACH NUTZUNGSARTEN IN HEKTAR

	Acker-land	Wiesen	Wild-land	Wein-berge	Gärten	Ge-wässer	Wald	Total
Bauern	648,35	235,10	563,60	21,15	11,14	2,52	96,03	1 577,89
Kaufleute	1 130,90	350,42	596,82	85,48	24,30	54,49	37,74	2 280,15
Beamte	931,28	292,89	770,09	23,98	27,98	13,83	10,64	2 070,69
Handwerker	239,24	53,25	115,58	13,77	2,60	0,18	19,59	444,21
Eigentümer	849,69	242,85	583,92	25,91	17,51	1,66	29,47	1 751,01
Selbständige	560,49	139,26	264.48	30,32	7,21	39,52	6,04	1 047,32
Winzer	28,13	11,66	0,03	3,97	0,11	–	–	43,90
Honoratioren	157,69	41,77	50,28	1,85	2,48	–	18,30	272,37
Geistliche	81,98	21,58	12,90	4,95	1,25	–	0,29	122,95
Müller	26,95	6,22	14,90	0,02	0,50	–	–	48,59
Armeelieferanten	813,84	212,95	111,78	32,47	3,62	–	–	1 174,66
Adlige	129,91	28,25	132,46	1,33	1,96	–	–	293,91
Sonstige	10,54	3,73	31,34	0,29	0,29	0,36	1,36	47,91
ohne Angaben	198,40	170,40	361,27	22,19	13,51	0,72	58,85	825,34
Total	5 807,39	1 810,33	3 609,45	267,68	114,46	113,28	278,31	12 000,90

Die prozentuale Auswertung der von den Berufsgruppen beim Erwerb des Kirchenbesitzes übernommenen Flächen ergibt bezogen auf die versteigerte Gesamtmasse der jeweiligen Nutzungsarten folgende Anteile:

TAB. IV: DIE VON DEN BERUFSGRUPPEN IN DER 1. PHASE IM SAARDEPARTEMENT ERSTEIGERTEN FLÄCHEN IN PROZENTANTEILEN BEZOGEN AUF DIE GESAMTFLÄCHEN DER JEWEILIGEN NUTZUNGSARTEN

	Acker-land	Wie-sen	Wild-land	Wein-berge	Gärten	Ge-wässer	Wald
Bauern	11,2	13,0	15,6	7,9	9,7	2,2	34,5
Kaufleute	19,5	19,4	16,5	31,9	21,2	48,1	13,6
Beamte	16,0	16,2	21,3	9,0	24,4	12,2	3,8
Handwerker	4,1	3,0	3,2	5,1	2,3	0,2	7,0
Eigentümer	14,6	13,4	16,2	9,7	15,3	1,5	10,6
Selbständige	9,7	7,7	7,7	11,3	6,3	34,9	2,2
Winzer	0,5	0,6	–	1,5	0,1	–	–
Honoratioren	2,7	2,3	1,4	0,8	2,2	–	6,6
Geistliche	1,4	1,2	0,4	1,8	1,1	–	0,1
Müller	0,5	0,3	0,4	–	0,4	–	–
Armeelieferanten	14,0	11,7	3,1	12,1	3,2	–	–
Adlige	2,2	1,6	3,7	0,5	1,7	–	–
Sonstige	0,2	0,2	0,9	0,1	0,3	0,3	0,5
ohne Angaben	3,4	9,4	10,0	8,3	11,8	0,6	21,1
Total	100,0	100,0	100,0	100,0	100,0	100,0	100,0

Die Kaufleute erwarben fast ein Fünftel des gesamten Ackerlandes. Ihnen folgten mit Anteilen zwischen 16 und 11 % die Beamten, die Eigentümer, die Armeelieferanten und die Bauern. Die übrigen Gruppen teilten sich in das restliche Ackerland und blieben dabei unter 10 %, die Winzer, die Müller und die sonstigen Käufer sogar unter 1 %.

Das Ergebnis beim Ankauf von Wiesen war ähnlich. Lediglich die Bauern erwarben 1,3 % mehr an Wiesen als die Armeelieferanten und schoben sich deshalb auf die vierte Stelle vor.

Beim Wildland, das wegen seiner minderen Qualität preiswerter war, griffen die Bauern verstärkt zu und erreichten einen Anteil von 15,6 %. Die Kaufleute zeigten sich weniger interessiert als bei den anderen Bodennutzungsarten und blieben mit einem Abstand von fast 5 % hinter den Beamten zurück, die etwas mehr als ein Fünftel kauften. Auffallend ist, daß die Eigentümer im Vergleich zu ihren sonstigen Anteilen viel Wildland erwarben, und daß andererseits die Armeelieferanten nur wenig von dieser Bodenart erhielten. Die ihnen übereigneten Güter besaßen die besten Böden und wiesen entsprechend wenig Wildland auf. Die Winzer, die sich im ganzen kaum beteiligten, traten beim Wildland überhaupt nicht in Erscheinung, und die Geistlichen und die Müller hielten sich außerordentlich zurück. Die Adligen erreichten bei ihren Käufen den höchsten Anteil beim Wildland und überflügelten noch die Armeelieferanten.

Die Versteigerungen der Weinberge erbrachten besonders divergierende Ergebnisse. Die Kaufleute brachten fast ein Drittel aller Weinberge in ihren Besitz, die Armeelieferanten und die Selbständigen jeweils etwas mehr als ein Zehntel. Die Selbständigen erwarben damit anteilmäßig mehr Land als bei den anderen Bodennutzungsarten. Diesen drei Berufsgruppen, zu denen noch die Eigentümer und die Beamten zu zählen wären, die knapp unterhalb der Zehn-Prozent-Marke lagen, standen die anderen Käufer gegenüber, die nur bescheidene Anteile der kirchlichen Weinberge kaufen konnten. Führend waren unter ihnen die Bauern mit 7,9 %, während die Winzer, die sich naturgemäß besonders hätten beteiligen müssen, nur einen Anteil von 1,5 % erreichten. Es erscheint allerdings die Vermutung berechtigt, daß es sich bei den Bauern, die Weinberge steigerten, in Wirklichkeit um Winzer handelte, auch wenn sie in den Verkaufsprotokollen als Bauern geführt wurden. Es können Käufer gewesen sein, die einer doppelten Erwerbstätigkeit als Winzer und als Bauer nachgingen. Die in dieser Richtung angestellten Nachforschungen erwiesen sich als sehr schwierig und unergiebig. Da aber angenommen werden darf, daß die Winzer aufgrund der wirtschaftlichen Lage zu Beginn des 19. Jahrhunderts gezwungen waren, durch die Produktion von Grundnahrungsmitteln wenigstens zu einem Teil für die eigene Bedarfsdeckung zu sorgen, werden die Bauern, die Weinberge steigerten, einmal probeweise als Winzer mitgezählt. Es ergibt sich ein Anteil von 9,4 % (7,9 + 1,5 %). Die Winzer wären als Weinbergskäufer dann zwischen den Eigentümern und den Beamten einzuordnen.

Während die Handwerker 5,1 % der Weinbergsflächen kauften und sich damit für diese Gruppe überraschend hoch beteiligten, waren die Ergebnisse für die restlichen Gruppen bei den Weinbergen kaum nennenswert.

Die größten Teile des Gartenlandes fielen an die Beamten (24,4 %), die Kaufleute (21,2 %), die Eigentümer (15,3 %) und die Bauern (9,7 %). Vor allem die zahlreichen Hauskäufe der Beamten und der Kaufleute trugen dazu bei, daß fast ein Viertel bzw. mehr als ein Fünftel der Gärten in deren Hände kamen, da die Häuser zusammen mit den zugehörigen Gärten versteigert wurden. Bis auf die Käufe der Selbständigen, die 6,3 % des Gartenlandes kauften, gab es keine weiteren größeren Ansteigerungen durch Angehörige anderer Berufe.

Die Kaufleute erwarben fast die Hälfte der Gewässer, gefolgt von den Selbständigen mit einem Drittel und den Beamten mit etwas mehr als einem Zehntel. Die übrigen Berufsgruppen kauften überhaupt keine oder nur sehr geringe Gewässeranteile.

Der Wald fiel, soweit er versteigert wurde, zu einem Drittel an die Bauern. Dieses überraschende Ergebnis kam allerdings nur durch einen einzigen Kauf zustande, bei dem ein Bauer 92 Hektar erwarb[102]). Im übrigen steigerten die Kaufleute mit 13,6 % den zweitgrößten Anteil, gefolgt von den Eigentümern (10,6 %), den Handwerkern, die mit 7 % gegenüber ihren anderen Käufen auffal-

---

102) Am 7. August 1807 erwarb der Bauer Peter Hansen aus Sauscheid für seinen Sohn Michael Hansen den Grimburger Hof mit ausgedehntem Landbesitz, zu dem auch der größte nach der Säkularisation versteigerte Waldbering gehörte (LHK 276/3114/29).

len und den Honoratioren mit 6,6 %. Der Anteil der Käufer ohne Berufsangaben betrug etwas mehr als ein Fünftel und lag damit in dieser Gruppe, über die keine weiteren Aussagen möglich sind, besonders hoch.

7. DIE PREISE

Die von den französischen Behörden versteigerten Kirchengüter im Saardepartement waren von den Experten auf einen Gesamtkapitalwert von 3 911 444 Francs geschätzt worden, wie die Berechnung nach den Angaben auf den Affiches und in den Versteigerungsprotokollen ergab. Es wurde bei den Verkäufen zwischen 1803 und 1813 jedoch ein wesentlich höherer Gesamtpreis erzielt, der einen Betrag von 6 456 868 Francs erreichte. Die Gesamtsteigerungsrate vom Schätzpreis zum Verkaufspreis lag demnach bei 65,1 %.

Der tatsächliche Anstieg ist mit dieser Prozentzahl aber nicht exakt markiert, denn die beiden Ausgangswerte sind, bedingt durch die Quellenlage, nicht miteinander vergleichbar. Für einige Güter nämlich konnte jeweils nur ein Wert ermittelt werden, da entweder die Angabe des Schätzpreises oder die des Verkaufspreises fehlte. Dies gilt durchweg für die an Armeelieferanten abgetretenen Objekte, die meist ohne Schätzpreis erst beim Weiterverkauf erfaßt werden konnten, sowie für andere Güter, die ebenfalls beim Weiterverkauf auftauchten, für die aber die Verkaufsprotokolle fehlten. Eine Berechnung der realen Steigerungsrate muß von direkt miteinander vergleichbaren Zahlen ausgehen und kann nur solche Kaufakte berücksichtigen, für die Schätzpreis und Kaufpreis vorliegen. Der Gesamtschätzpreis reduziert sich bei dieser Art des Vorgehens auf 3 216 199 Francs und der Gesamtverkaufspreis auf 5 514 053 Francs. Die Steigerung jedoch beträgt nunmehr 71,4 %.

Der jährliche Gesamtertrag dieser Güter, für die Schätzpreis und Verkaufspreis bekannt sind, betrug nach dem Wertermittlungsverfahren der französischen Behörden mindestens 160 810 Francs, und das erzielte Versteigerungsergebnis erreichte mindestens den 34fachen Ertrag[103]. Wenn schon der Wertansatz des 20fachen Ertrages als durchaus angemessen zu bezeichnen ist, so kann bei einem Verkaufsergebnis, das den 34fachen jährlichen Ertrag erreichte, wohl kaum von einer Verschleuderung und Verramschung gesprochen werden, es sei denn, die Pachtbeträge wären zu niedrig gewesen[104].

Der Gesamtverkaufspreis ist nicht identisch mit der Einnahme des französischen Staates. Aufgrund der Zahlungsmodalitäten konnten die Steigerer einen

---

[103] Der Kapitalwert von Land war durch die Multiplikation des jährlichen Ertrages mit dem Faktor 20 ermittelt worden, der Wert von Häusern durch die Multiplikation mit dem Faktor 12. Aus dem Gesamtschätzpreis läßt sich ein jährlicher Gesamtertrag von 160 810 Francs berechnen (3 216 199 : 20 = 160 810). Die Häuser werden dabei aus Gründen der Vereinfachung wie Land behandelt. Das bei den Versteigerungen erzielte Vielfache der jährlichen Pacht liegt so bei 34 (5 514 053 : 160 810 = 34). In Wirklichkeit war das erzielte Vielfache des Ertrages wegen des unterschiedlichen Berechnungsmodus bei Gebäuden noch etwas höher.

[104] Auf S. 191 ff. wird das allgemeine Preis- und Lohnniveau untersucht.

153

Zeitraum von 4 Jahren und 3 Monaten bis zur vollständigen Bezahlung der Kaufsumme in Anspruch nehmen. Dies bedeutete, daß Frankreich nur die Kaufsummen für die bis zum Oktober 1809 versteigerten Güter ganz einziehen konnte. Von den später veräußerten Objekten gingen eine oder mehrere Raten an den Rechtsnachfolger Preußen.

Neben dem Gesamtverkaufsergebnis von rund 6,5 Millionen Francs für die Kirchengüterveräußerungen in der französischen Zeit sind die in den einzelnen Jahren zwischen 1803 und 1813 erzielten Verkaufspreise aufschlußreich für die Verteilung des eingesetzten Kapitals, für das Verhältnis von Angebot und Nachfrage, das sich in den jeweiligen Steigerungsraten ausdrückt, und für die Konjunktur auf dem Immobilienmarkt insgesamt.

Auch bei dieser Datenzusammenstellung ist wieder zu berücksichtigen, daß nicht für alle Objekte Schätzpreis und Verkaufspreis bekannt sind. Die Zahlen in den ersten beiden Spalten beziehen sich nur auf solche während eines Jahres veräußerten Güter, für die beide Preisangaben vorliegen; in der dritten Spalte erscheint der höhere, tatsächlich erzielte Jahresverkaufspreis.

Die Preisentwicklung (Francs)

	Schätzpreis	Verkaufspreis	Realer Verkaufspreis
1803	486 772	1 095 635	1 122 135
1804	373 183	675 832	706 202
1805	932 205	1 484 889	2 075 632
1806	49 154	59 190	102 566
1807	440 186	711 700	771 030
1808	280 066	400 540	400 540
1809	6 780	8 290	8 290
1810	26 695	44 977	46 624
1811	590 528	898 050	929 075
1812	30 630	134 950	264 775
1813	?	?	30 000
	3 216 199	5 514 053	6 456 868

Die höchsten Umsätze wurden in den Jahren 1805, 1803, 1811, 1807 und 1804 erreicht, und zwar in dieser Reihenfolge; das niedrigste Ergebnis wurde nach den Jahren 1810 und 1813 im Jahre 1809 erzielt. Die stark ausgeprägten Schwankungen finden ihre Erklärung in verschiedenen Bedingungszusammenhängen. Gleich zu Beginn der Veräußerungen setzte eine lebhafte Kauftätigkeit ein, aus der das zweithöchste Jahresergebnis resultierte, obwohl nicht einmal ein ganzes Jahr zur Verfügung stand, da die Versteigerungen erst im April 1803 ihren Anfang nahmen. Die Nachfrage war sehr groß; eine Kaufzurückhaltung der Bevölkerung ist nicht zu konstatieren. Dies mag zum Teil auch daran gelegen haben, daß bis zum Februar 1804 die Schätzpreise, die gleichzeitig Mindestgebotspreise waren, sehr günstig lagen und erst zu diesem Zeitpunkt aufgrund des Verkaufs-

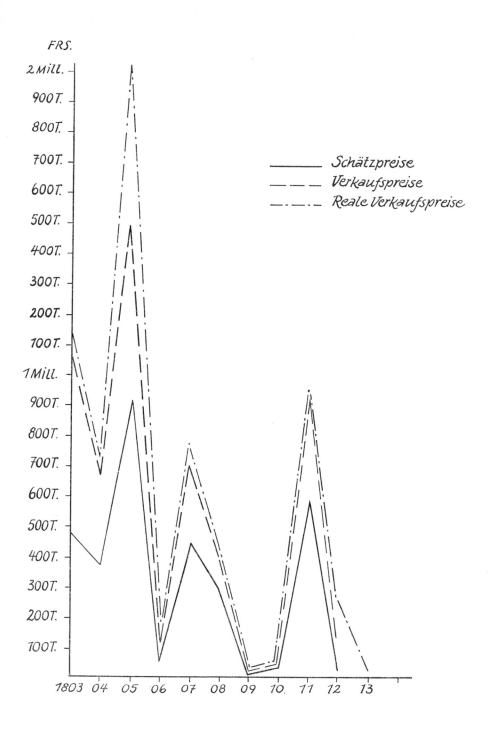

FRS.

| Schätzpreise |
| --- Verkaufspreise |
| --·-- Reale Verkaufspreise |

erfolges verdoppelt wurden[105]). Besonders hohe Preise erzielten Häuser, die zum größten Teil in den Jahren 1803 und 1805 verkauft wurden.

Im Jahre 1804 hielt die Kauflust ungebrochen an, obwohl das finanzielle Ergebnis niedriger lag. Dies war begründet in der französischen Verkaufspolitik, die nach den attraktiven Angeboten des Jahres 1803 eine Vielzahl kleinerer, weniger wertvoller Objekte zum Verkauf stellte, so daß trotz der zweithöchsten Anzahl von Verkaufsakten[106]) finanziell nur das fünftbeste Ergebnis zustandekam.

Das Jahr 1805 brachte den größten Verkaufserfolg der französischen Zeit mit über 2 Millionen Francs. In diesem Jahr allein wurde ein Drittel des Gesamtverkaufsergebnisses erreicht, was vor allem darin begründet lag, daß qualitativ hochwertige Landgüter und Häuser in größeren Mengen auf den Markt kamen, ohne daß jedoch trotz der Angebotsmassierung ein Preisverfall eingetreten wäre. Daraus läßt sich sehr deutlich der Nachholbedarf auf dem Immobilienmarkt ablesen.

Im Jahre 1806 ging mit der Anzahl der Verkaufsakte auch der finanzielle Einsatz schlagartig zurück; die Verkäufe wurden eingestellt[107]).

Erst als ab 1807 ehemalige Dotationsgüter zur Versteigerung kamen, belebte sich die Kaufaktivität wieder und führte im Jahre 1811 zum drittbesten finanziellen Ergebnis. Die Anzahl der Kaufakte war in dieser Zeit zwar erheblich geringer, die Güter wurden jedoch ihrer Qualität wegen höher gehandelt als die anfänglich verkauften Objekte. In den Zwischenjahren 1809, 1810 und im letzten Jahr der französischen Herrschaft wurde fast nichts verkauft. Es ist zu vermuten, daß die Wirtschaftskrise von 1810[108]) und das herannahende Ende des Empire Napoleons Ursache dafür waren, ohne daß jedoch diese Zusammenhänge hier stringent zu beweisen sind.

Neben den absoluten Zahlen für die Kaufsummen in den verschiedenen Jahren erlaubt auch ein Vergleich zwischen Schätz- und Kaufpreisen Rückschlüsse auf den Ablauf der Kirchengüterveräußerungen und auf die Lage auf dem Immobilienmarkt. Für die Berechnung der jeweiligen Steigerungsraten, die als wichtiges Kriterium für den Gang der Transaktionen zu betrachten sind, werden die Spalten 2 und 3 der Tabelle S. 154 über die Entwicklung der Preise herangezogen. Danach ergibt sich folgendes Bild:

1803	+ 125,1 %	1807	+ 61,7 %	1811	+ 52,1 %
1804	+ 81,1 %	1808	+ 43,0 %	1812	+ 340,6 %
1805	+ 59,3 %	1809	+ 22,3 %	1813	?
1806	+ 20,4 %	1810	+ 68,5 %		

Die Zahlen widersprechen in recht eindrucksvoller Weise der Meinung, die Verkaufspreise hätten sich auf einem geringfügig oberhalb der Preistaxe liegenden Niveau eingespielt, da der Finanzbedarf des französischen Staates die Behörden zu einem raschen Verkauf gezwungen hätte. Dadurch sei der Immobilien-

---

105) Vgl. oben S. 120.
106) Vgl. oben S. 128 f.
107) Zu den Gründen s. oben S. 129.
108) Dazu ausführlich: Paul Darmstädter, Studien zur napoleonischen Wirtschaftspolitik. In: VSWG 2, 1904, S. 559–615 und 3, 1905, S. 112–141.

markt zu einem Käufermarkt geworden, bei dem die Preise einseitig von den Steigerern bestimmt worden seien[109]. Richtig ist, daß die Franzosen in einem schnellen Verkauf der Domänengüter die bestmögliche Lösung im fiskalischen Interesse sahen. Theoretisch hätten die Kaufwilligen diese Lage durch Absprachen und kooperatives Verhalten bei den Versteigerungsterminen zu ihren Gunsten nützen können. Die Käufer standen jedoch, wie die Verkaufsprotokolle zeigen, untereinander in einem Konkurrenzkampf, der vor allem bei wirtschaftlich attraktiven Gütern zu einem wechselseitigen Sichüberbieten führte und die Preise hochtrieb. Die Abgabe von mehr als 10 Geboten für ein Objekt war in den ersten drei Jahren durchaus normal[110]; in einzelnen Fällen wurden sogar über 30 Gebote notiert, bei denen der Taxwert um das Zehn- bis Zwölffache überboten wurde. Dies schließt in anderen Fällen Absprachen zur Dämpfung der Preise nicht aus. Der allgemeine Landhunger stand Manipulationen jedoch hemmend entgegen.

Im Jahre 1803 lag der Gesamtverkaufspreis um 125 % höher als der Schätzpreis, der trotz seiner Verdoppelung im Jahre 1804 um 81 % überboten wurde. Im Jahr 1805 fiel die Steigerungsrate nach diesen Erfolgen auf fast 60 % zurück, obwohl der absolut höchste Umsatz erreicht wurde, und sank 1806 auf 20 % ab. Dieses niedrige Ergebnis nach drei guten Verkaufsjahren hat sicherlich zur Einstellung der Verkäufe ab März 1806 beigetragen.

Als bei der zweiten Verkaufswelle die Dotationsgüter der Ehrenlegion und des Senates auf den Markt gelangten, war der Kreis der Interessenten, die diese wertvollen Domänen steigern konnten, wesentlich kleiner und daher die Bildung von Käufergruppen viel eher möglich. Dennoch wurden in den besten Verkaufsjahren 1807 und 1811 Steigerungsraten von 62 bzw. 52 % erzielt.

Der Preisanstieg von 340 % im Jahre 1812 ist atypisch. Er kam nur deshalb zustande, weil die Domänenbehörde in diesem Jahr erstmals große Waldflächen auslobte, in völliger Verkennung der Marktlage jedoch die Schätzpreise viel zu niedrig ansetzte. Da diese Objekte sehr begehrt waren, führte die Konkurrenz unter den Bietern zu hohen Zuwachsraten.

8. DIE MAKLER

Die Identifizierung der Makler unter den Käufern und die Einschätzung ihrer Bedeutung bringen besondere Probleme mit sich. Schon allein die Berufsbezeichnung taucht kein einziges Mal in den Verkaufsprotokollen auf.

Der Fragenkomplex, wie groß die Geschäftstätigkeit auf dem Immobilienmarkt gegen Ende des Ancien Regime war, und ob es überhaupt echte Immobilienmakler gab, ist noch ungeklärt. Sicher ist: Mit der Mobilisierung des Besitzes der Toten Hand durch die Säkularisation innerhalb eines sehr kurzen Zeitraumes

---

[109] Büttner, S. 362 f.; Hashagen, Die Rheinlande, S. 16; Kliesing, S. 113.
[110] Dafür ein Beispiel: Für einen Weiher von 0,70 Hektar Größe in Niederleuken wurden am 2. August 1804 30 Gebote abgegeben, bevor er für 2 450 Francs zugeschlagen wurde. Der Schätzpreis hatte 384 Francs betragen (LHK 276/3029/61).

geriet der Markt in Bewegung und benötigte Steuerungskräfte, die beim Besitzwechsel Schalt- und Lenkungsfunktionen wahrnahmen. Der Staat entzog sich durch seine Verkaufspolitik, die im Grunde an den Bedürfnissen und Möglichkeiten des Marktes vorbeiging, wie die Analyse der zweiten Phase des Besitzwechsels zeigen wird, dieser Aufgabe und machte damit den Weg frei für einzelne Personen, die, ohne eigentlich Makler zu sein, Maklerfunktionen übernahmen und in diesen Beruf hineinwuchsen. Angehörige der verschiedensten Berufsgruppen leisteten in sehr unterschiedlichem Ausmaß und in unterschiedlichen Formen Vermittlerdienste im Immobilienhandel.

Sehr wichtig ist in diesem Zusammenhang, daß nicht nur die französische Verkaufspolitik, sondern auch die Verkaufsgesetzgebung die Einschaltung von Maklern geradezu herausforderte. Wie bereits geschildert, bestand nach den Versteigerungsbedingungen nämlich die Möglichkeit, Nationalgüter durch einen Beauftragten steigern zu lassen. Solche Käufe wurden im Verkaufsprotokoll durch eine besondere Zusatzerklärung „pour command" gekennzeichnet[111]).

Die als Stellvertreter der eigentlichen Käufer bei den Versteigerungen auftretenden Personen sind als Makler bezeichnet worden, wenn sie sich auf die Vermittlung von Gütern beschränkten, und diese nicht auf eigene Rechnung und eigenes Risiko in der Absicht eines späteren Wiederverkaufs erwarben[112]). Dieser Zugriff erscheint jedoch als nicht unproblematisch, da die Käufer, die nur ein- oder zweimal als Beauftragte steigerten, gewiß nicht als Makler angesehen werden können, und gerade diese Personen, die bei Gelegenheit für ihre Nachbarn, Bekannten oder Verwandten kauften, im Saardepartement mehr als drei Viertel aller Vermittler stellten. Als Makler sind vielmehr die anzusehen, die öfter als zweimal auftraten und die außerdem eine Provision erhielten. Gerade solche Zahlungen aber sind aus den zur Verfügung stehenden Quellen nicht zu ermitteln. Es erscheint daher sinnvoller, zunächst von „Vermittlern" zu sprechen.

Es traten insgesamt 135 Vermittler auf (8,6 % aller Käufer), die für andere Personen 326 der 1 409 Güter oder 23,1 % aller verkauften Objekte ansteigerten.

---

111) Als ein für alle Käufe dieser Art repräsentatives Beispiel sei hier der Erwerb von 6,48 Hektar Wiesen in Altrich durch den Eigentümer Matthias Vogel aus Temmels angeführt. Vogel steigerte die Wiesen, die der Abtei Himmerod gehört hatten, am 21. Februar 1806 für 2 600 Francs. Das Verkaufsprotokoll trägt den folgenden Zusatz: „L'an dix huit cent six le vingt deux fevrier à dix heures du matin est comparu au Secrétariat général de la Prefecture de la Sarre le Sr. Mathieu Vogel acquereur suivant procés verbal qui précéde du jour d'hier du domaine y dénommé provenant de l'abbaye d'hemmerodt; lequel en vertu de l'article 11 de la loi du 26. Vendemiaire an 7 et de la condition N° 10 du cahier des charges a declaré pour command le Sr. Georges Merlin Garde Général des forets demeurant à Wittlich pour être subrogé au droit du declarant dans l'acquisition dont s'agit; et laquelle declaration il lui a été octroyé acte et a signé avec moi Secretaire Général de la Prefecture. Trèves le jour mois et an que dessus. Le Secretaire Général. Karsch. M. Vogel".
Der Auftraggeber bestätigt den Kauf einen Monat später: „Le Sr. Georges Merlin Command declaré d'autre part a accepté la declaration et a signé avec moi Secrétaire Général de la Prefecture. Trèves le 20. Mars 1806. Le Secrétaire Général. Karsch. Merling". (LHK 276/3100/29).

112) Büttner, S. 377, Anmerkung 2045. In der übrigen Literatur findet sich für den Makler keine Definition, so daß unklar bleibt, welcher Personenkreis jeweils überhaupt untersucht wurde.

Diese Vermittler kauften für 1 412 830 Francs oder 21,9 % des gesamten im Saardepartement zum Erwerb von Kirchengütern eingesetzten Kapitals von 6 456 868 Francs. Nach der Häufigkeit des Auftretens ergibt sich die folgende Aufgliederung:

73 Vermittler kauften jeweils nur einmal und steigerten dabei Güter im
                Gesamtwert von 210 410 Francs

30	„	—	2 ×	—	238 433	„
10	„	—	3 ×	—	216 776	„
7	„	—	4 ×	—	68 731	„
2	„	—	5 ×	—	73 920	„
2	„	—	6 ×	—	15 520	„
3	„	—	7 ×	—	73 855	„
3	„	—	8 ×	—	74 005	„
1	„	—	9 ×	—	34 345	„
1	„	—	10 ×	—	25 375	„
1	„	—	11 ×	—	144 505	„
1	„	—	17 ×	—	88 600	„
1	„	—	21 ×	—	148 355	„

Unter den 135 „pour command"-Käufern waren die Berufsgruppen sehr unterschiedlich vertreten. Die meisten Vermittler stellten die Beamten mit 31 Personen, gefolgt von 29 Kaufleuten, 20 Handwerkern, 15 Eigentümern, 14 Selbständigen, 10 Bauern, 2 Winzern, 2 Honoratioren, 2 Geistlichen, 1 Müller, 4 Sonstigen und 5 ohne Berufsangaben.

Es überrascht nicht, daß die Beamten und die Kaufleute am häufigsten Immobilien vermittelten. Die Kauflustigen durften bei den Angehörigen dieser Berufe am ehesten die notwendigen Rechtskenntnisse und das wünschenswerte Geschick im Hinblick auf die Geschäftsabwicklung erwarten.

Die 33 wichtigsten Vermittler mit einem Umsatz von jeweils mindestens 10 000 Francs wickelten den größten Teil aller pour-command-Transaktionen ab[113]).

Die 33 wichtigsten Vermittler

Name	Beruf	Wohnort	Umsatz
Christoph Aldringen	× Steuereinnehmer	Trier	62 135
Karl Anton Bernasco	× Kaufmann	Trier	30 425
Robert Billen	× Pfarrer	Metterich	10 500
Joseph Binger	Beamter	Saarbrücken	10 300
Damien Cardon	× Anwalt	Trier	22 710
Matthias Coupette	× Brauer	Trier	51 270
Jean Pierre Fourier	× Domäneneinnehmer	Schweich	22 800
Wilhelm Jos. Fritsch	× Anwalt	Trier	34 345

113) Diejenigen unter ihnen, die außerdem Güter auf eigene Rechnung erwarben, sind
    in der Zusammenstellung mit einem × gekennzeichnet.

Peter Görgen	x Architekt	Trier	10 300
Joh. Jak. Haener	Drucker	Trier	25 375
Jakob Hayn	x Kaufmann	Trier	22 035
Matthias Jos. Hayn	x Kaufmann	Trier	148 355
Peter Heusler	Förster	Faha	24 950
Leopold Heusner	x Notar	Wadern	24 700
Joh. Baptist Horn	x Notar	Trier	10 000
Peter Jonas	x Kaufmann	Trier	15 595
Philipp René Lentz	x Steuerkontrolleur	Manderscheid	11 260
Valentin Leonardy	x Eigentümer	Trier	27 300
Peter Marx	x Kaufmann	Trier	144 505
Anton Mathis	x Beamter	Trier	25 905
Joseph Mathis	x Anwalt	Trier	47 150
Adam Melchior	x Gastwirt	Trier	28 145
Jakob Mertens	Commis de forge	Dalbenden	31 100
Christoph Phil. Nell	x Kaufmann	Trier	25 915
Jakob Nicot	x Friedensrichter	Rhaunen	23 100
Joseph Serres	x Forstbeamter	Wadern	17 400
Friedrich Karl Simon	x Friedensrichter	Konz	15 725
Jakob Vanvolxem	x Brauer	Trier	14 300
Matthias Vogel	x Eigentümer	Temmels	88 600
Matthias Wagner	Winzer	Kröv	13 200
Alexander Warsberg	x Eigentümer	Saarburg	11 325
Joseph Willwersch	x Arzt	Trier	22 650
Matthias Zell	Notar	Trier	58 105

Diese 33 Personen erreichten einen Gesamtumsatz von 1 115 755 Francs oder 79,0 % des Umsatzes aller 135 Vermittler.

Der Verdacht, daß die Vermittler vor allem aus psychologisch zu erklärenden Motiven eingeschaltet worden seien, weil die Kaufinteressenten wegen persönlicher religiöser Skrupel oder wegen der öffentlichen Meinung sich gescheut hätten, als Käufer aufzutreten[114]), läßt sich aus dem Quellenmaterial nicht erhärten. Schon wegen des Konkordates besitzt eine solche Vermutung wenig Wahrscheinlichkeit, und außerdem erfuhr die Umgebung des neuen Kirchenguteigentümers spätestens dann von dem Kauf, wenn er begann, das Grundstück zu bearbeiten oder zu verpachten. Das schließt nicht aus, daß die Erinnerung an die Säkularisation, die den Tatbestand eines gewaltsamen Übergriffs des Staates gegen die Kirche erfüllte, erhalten blieb, und die Frage nach Recht oder Unrecht weiter diskutiert wurde. Eine unmittelbare Einwirkung auf das Kaufverhalten der Bevölkerung läßt sich nicht diagnostizieren.

Auch die Ansicht, die ländlichen Käufer hätten die weite Reise zum Präfekturort, an dem die Versteigerungen stattfanden, wegen der Kosten und des zeitlichen Aufwandes gescheut[115]), läßt sich nicht aufrechterhalten. Die Auftragge-

---

114) Kliesing, S. 120.
115) Klompen, S. 207.

ber, in deren Namen die Vermittler tätig wurden, mußten in jedem Fall spätestens nach Ablauf von sechs Monaten persönlich in Trier ihre Bestätigung zu Protokoll geben, so daß sie wohl in der Wahl des Reisetermins frei waren, nicht aber in der Entscheidung, ob sie überhaupt reisen wollten oder nicht. Ein Verzicht auf die Reise hätte den Verlust des erstrebten Objektes mit sich gebracht.

Eine Untersuchung des Quellenmaterials unter diesem Aspekt ergab, daß die große Mehrheit der Käufe durch Vermittler innerhalb weniger Tage bestätigt wurde, oft sogar am Versteigerungstag selbst oder am folgenden Tag. Daraus drängt sich als Konsequenz auf, daß die Auftraggeber, die sich sofort auf der Präfektur meldeten, bei den Versteigerungen anwesend waren, ohne mitzubieten. Dies war aber nur dann sinnvoll, wenn die Vermittler günstigere Preise erzielen konnten als die Direktkäufer, etwa auf dem Weg über Absprachen. Ein sicherer Nachweis für Manipulationen läßt sich jedoch nicht führen, und die allgemeine Preisentwicklung bei den Güterverkäufen zwischen 1803 und 1813 spricht eher gegen derartige Vorgänge. Möglicherweise lag die Ursache auch in fehlenden französischen Sprachkenntnissen der Auftraggeber. Es geht aus den Quellen jedoch nicht hervor, welche Sprache bei den Versteigerungen benutzt wurde.

Eine kleinere Zahl von Käufen wurde erst nach längerer Frist bestätigt, und in einigen wenigen Fällen schöpften die Auftraggeber den Zeitraum von sechs Monaten voll aus. Der Grund dafür lag, soweit dies zu ermitteln war, in der Abwesenheit oder Unabkömmlichkeit der Betreffenden. So wurden Militärdienst oder Krankheit in den Vollmachten, die relativ selten ausgestellt wurden, angegeben.

Die vier wichtigsten Vermittler Matthias Joseph Hayn, Peter Marx, Matthias Vogel und Christoph Aldringen erreichten zusammen einen Umsatz von 443 595 Francs. Sie wickelten damit nach Preisen fast ein Drittel aller Vermittlerkäufe ab. Es handelte sich um Personen, die das Vermittlungsgeschäft für Auftraggeber in großem Stil betrieben und auch auf eigene Rechnung steigerten, um die Gewinnchancen, die der Immobilienhandel bot, zu nutzen. Diese vier sind daher mit vollem Recht als Makler zu bezeichnen. Sie waren nicht in einer eindeutig zu definierenden Käufergesellschaft organisiert, sondern traten als Einzelpersonen auf und boten auch gegeneinander. Dennoch ist eine lockere Aufteilung des Marktes nach den verschiedenen Interessenschwerpunkten festzustellen. Offensichtlich hat es in dieser Hinsicht Absprachen gegeben, denn Hayn vermittelte vorzugsweise Hof- und Weingüter, sowie Landparzellen, und Vogel hatte sich auf die Vermittlung von Mühlen spezialisiert, während Marx vor allem als Vertreter der Grafen von Kesselstatt Ländereien erwarb. Diese Makler spielten im Immobilienhandel eine führende Rolle, die unter Berücksichtigung der Käufe und Verkäufe auf eigene Rechnung noch deutlicher wird.

Als Amateure erscheinen dagegen die zahlreichen Vermittler, die nur ein oder zwei Güter „pour command" kauften und sich am Weiterverkauf nicht beteiligten. Sie steigerten entweder ein Objekt, um es ihrem Auftraggeber hinterher geschlossen abzutreten oder um einen Teil an einen oder mehrere Mitsteigerer, die zunächst offiziell nicht in Erscheinung traten, abzugeben. Im zweiten Fall fanden sich vor der Versteigerung mehrere Interessenten zusammen, von denen offensichtlich keiner kapitalkräftig genug war, um das Gut allein zu erwerben. Vor dem Präfekten fungierte einer von ihnen als Bieter, der nach erfolgtem Zuschlag seine Mitsteigerer benannte und dabei seinen eigenen Anteil näher bezeichnete.

Diese Käufergruppen fanden sich nicht zusammen, um als organisierte Handelsgesellschaften Konkurrenten auszuschalten, die Preise zu drücken und damit das Geschehen auf dem Immobilienmarkt nachhaltig zu beeinflussen, sondern bildeten sich nach den wirtschaftlichen Möglichkeiten kleinerer Käufer, die eher zufällig in einer besonderen Konstellation von Angebot und Nachfrage gemeinsam steigerten. Mit dem Mittel des Zusammenschlusses versuchten besonders Bauern, Kirchengüter, die auf der Gemarkung ihres Dorfes oder in der Umgebung lagen, in ihren Besitz zu bringen. Es war für sie in der ersten Phase des Besitzwechsels die einzige Möglichkeit, mit finanzkräftigeren Bürgern konkurrieren zu können und Land zu erwerben. Die Käufergruppen erreichten teilweise hohe Mitgliederzahlen, so daß die Einzelanteile oft eine bescheidene Größe hatten[116]. Von daher ist auch zu erklären, warum das Gesamtbild der ersten Phase des Besitzwechsels für die Anzahl der bäuerlichen Käufer einen hohen Wert ergab, das ersteigerte Land im Verhältnis dazu aber eine eher geringe Ausdehnung hatte[117]. Als Anführer dieser Gruppen traten bei den Versteigerungen besonders die dörflichen Bürgermeister auf[118].

9. DIE PÄCHTER

Es ist von großer Bedeutung bei der Frage nach den Folgen der Säkularisation, ob es den Pächtern der Kirchengüter gelang, die von ihnen bewirtschafteten Objekte aufzukaufen und so zu Grundeigentümern aufzusteigen. Die Depossedierung der alten Eigentümer und die Installierung der Pächter als neue Eigentümer wäre mit vollem Recht als tiefgreifender Wandel zu interpretieren.

Die Pächter konnten durch die Auswertung der Affiches erfaßt werden, so daß für die Zeit zwischen 1803 und 1813 der jeweils letzte Bewirtschafter eines Gutes bekannt ist. Er mußte nicht mit dem Pächter von 1794 identisch sein, ihm aber doch in den meisten Fällen in der sozialen Stellung ähneln.

Von den in den Verkaufsankündigungen genannten Pächtern bei Landgütern oder Mietern bei Häusern sind in den Versteigerungsprotokollen 219 Personen, die ihr Pachtgut ganz oder im Verein mit anderen Käufern ersteigerten, vermerkt. Dies sind 13,9 % aller in der ersten Phase des Besitzwechsels aufgetretenen 1571 Käufer. Am Gesamtkaufpreis von 6 456 868 Francs hatten die Pächter einen Anteil von 504 597 Francs oder 7,8 %. Ihr finanzieller Einsatz übertraf den Schätzpreis von 271 915 Francs für die von ihnen ersteigerten Güter um 85,6 % und lag

---

116) Am 7. 7. 1807 steigerten z. B. 23 Bauern aus Weiskirchen die „Grosheid" der Abtei St. Matthias in Trier auf der Gemarkung Weiskirchen; am 30. 10. 1807 erwarben 21 Käufer aus Bengel und Springiersbach den „Habscheiderhof" des Stiftes Springiersbach in Bengel (LHK 276/3110/33 und 276/3125/41).

117) Vgl. S. 143.

118) Auch Geistliche steigerten Güter, um sie anschließend mit Gemeindeangehörigen zu teilen (LHK 276/3136/37).

damit über der durchschnittlichen Steigerungsrate von 71,4 %[119]). Die Pächter boten also, um Eigentümer ihrer Pachtgüter zu werden, höher als andere Käufer, brachten aber durchschnittlich nur 2 304 Francs auf. Sie konnten mit den kapitalkräftigeren Konkurrenten nicht mithalten und mußten, um den Zuschlag dennoch zu erhalten, auf einem niedrigen Niveau relativ hohe Preise zahlen.

Die von ihnen ersteigerte Fläche blieb mit 870,84 Hektar bescheiden; es handelte sich um 7,3 % der verkauften Gesamtfläche von 12 000,90 Hektar. Außer diesem Grund und Boden erwarben die Pächter 30½ von insgesamt 159 versteigerten Häusern, 3½ von 60 Weingütern, 13 von 187 Höfen und 22½ von 89 Mühlen. Ein Fünftel der Häuser und ein Viertel der Mühlen kamen demnach in ihre Hände, während im übrigen die Anteile gering blieben.

Eine Zusammenstellung der verschiedenen Prozentanteile weist darauf hin, daß die Rolle der Pächter beim Besitzwechsel doch eher bescheiden blieb: Die Pächter stellten 13,9 % der Käufer, erwarben 7,3 % der Flächen und waren mit 7,8 % am Gesamtkaufpreis beteiligt.

88 unter ihnen waren Bauern, 24 Beamte, 22 Müller, 19 Kaufleute, 18 Handwerker, 10 Geistliche, 6 Honoratioren, 4 Selbständige, 3 Eigentümer, 2 Winzer, 2 Sonstige und 20 machten keine Angaben. Die Bauern versuchten vornehmlich, die von ihnen bewirtschafteten Landparzellen zu erwerben, die Beamten die von ihnen gemieteten Häuser. Das Interesse der Müller richtete sich naturgemäß auf Mühlen, das der Geistlichen und Handwerker auf Häuser. Kaufleute, Eigentümer und Honoratioren erwarben Höfe und Weingüter, die sie vorher in Pacht gehabt hatten.

---

[119]) Vgl. S. 153.

VII. Die zweite Phase der Besitzumschichtungen

Parallel zur ersten Phase der Besitzumschichtung, bei der die säkularisierten Kirchengüter durch den Staat an Private veräußert wurden, lief — einsetzend mit einer nur kurzen zeitlichen Verzögerung — die zweite Phase des Besitzwechsels, bei der ein Teil der Ersterwerber frühere Kirchengüter an andere Private weiterverkaufte. Dies führte zu einer erneuten, tiefgreifenden Umstrukturierung der Besitzverhältnisse, da die Ergebnisse der amtlichen Versteigerungen durch die Weiterverkäufe nicht nur erheblich korrigiert, sondern zum Teil durch ganz andere Resultate ersetzt wurden. Daraus ergibt sich, daß die Analyse der ersten Phase allein nicht ausreicht, um die Folgen der Säkularisation aufzudecken; die Weiterverkäufe müssen ebenfalls untersucht werden. Der erste Arbeitsgang ist zwar unbedingt erforderlich, da er die Untersuchung der zweiten Phase erst ermöglicht; er verleitet jedoch ohne den zweiten Schritt zu fehlerhaften Schlüssen. Dies ist in der bisherigen Literatur durchweg übersehen worden.

Wie schon erwähnt, war es dem Großteil der Bevölkerung aufgrund der französischen Verkaufspolitik gar nicht möglich, bei den staatlichen Grundgüterversteigerungen mitzubieten[1]), obwohl der Wunsch nach Grunderwerb vorhanden war. In dieser Situation übernahmen einige Erstkäufer Maklerfunktionen, kauften große Güter, teilten sie auf und boten sie in kleinen Losen zum Kauf an.

Diese Verkäufe en détail fanden meist als Versteigerungen statt und wurden fast grundsätzlich in den Orten vorgenommen, in denen auch die Güter lagen. Dies hatte für die Kaufinteressenten den Vorteil, daß sie keine umständlichen Reisen zu unternehmen brauchten, deshalb Zeit und Unkosten sparten und zudem in der gewohnten Umgebung bei genauer Kenntnis der angebotenen Objekte Grundbesitz erwerben konnten. Die Verkäufer durften ihrerseits mit einem großen Kreis von Interessenten rechnen und einen finanziellen Gewinn erwarten. Sie erschienen bei den Versteigerungsterminen in Begleitung von Notaren, die die Transaktionen beurkundeten.

Die Untersuchung der Weiterverkäufe wurde auf das Arrondissement Trier begrenzt, da einerseits die Masse der Notariatsbestände für das gesamte Departement nicht zu bewältigen war, andererseits jedoch, bezogen auf die Fläche, fast 70 % der in der ersten Phase im Saardepartement versteigerten Kirchengüter im Arrondissement Trier lagen[2]) und dort die Erstkäufer 80,4 % des Gesamtfinanzvolumens einsetzten[3]).

Unter den Urkunden fanden sich 443 Exemplare, die Veräußerungen der zweiten Phase zum Gegenstand hatten. Diese Zahl muß aus zwei Gründen wie

---

[1]) Vgl. S. 128 und 158.
[2]) Vgl. S. 136.
[3]) 5 192 663 Francs von 6 456 868 Francs.

alle anderen Zahlen bei der Untersuchung als Mindestzahl betrachtet werden: Die Notare vermerkten nicht immer den früheren kirchlichen Eigentümer, so daß die Güter in diesen Fällen nur dann in die Untersuchung miteinbezogen wurden, wenn sie auf einem anderen Weg zweifelsfrei zu identifizieren waren, etwa durch den Namen eines Hofes oder durch die Nummer eines Hauses. Außerdem wurden Kirchengüter auch vor Notaren, die nicht im Arrondissement Trier ansässig waren, verkauft[4]). Eine lückenlose Aufklärung aller Vorgänge war daher nicht zu leisten; alle zahlenmäßigen Ergebnisse, die den Weiterverkauf betreffen, sind als Mindestwerte zu verstehen.

Die erneute Verschiebung der Besitzverhältnisse durch die zweite Verkaufsphase wird nur dann deutlich, wenn sie mit dem Resultat der ersten Phase verglichen wird. Die Fragen nach der Dimension des Weiterverkaufs, nach den Anteilen der Erstkäufer als neuer Verkäufer, nach der Preisentwicklung und nach den Zweitkäufern sind nur bei der Berücksichtigung der Interdependenz der beiden Phasen zu beantworten. Da aber die amtlichen Versteigerungen für das Saardepartement bearbeitet wurden, die Weiterveräußerungen jedoch für das Arrondissement Trier, muß an dieser Stelle eine neue Ergebnisstatistik, diesmal bezogen auf das Arrondissement Trier, gegeben werden, um die notwendigen Vergleichsmöglichkeiten zu schaffen.

TAB. V: 1. PHASE DES BESITZWECHSELS IM ARRONDISSEMENT TRIER. AUFSCHLÜSSELUNG DER KÄUFER NACH BERUFSGRUPPEN[5])

1	2	3	4	5	6	7	8	9
554	Bauern	420 100	911,63	47,5	8,1	11,0	758	1,64
96	Kaufleute	1 343 545	1 468,99	8,2	25,9	17,7	13 995	15,30
73	Beamte	668 008	1 440,94	6,3	12,9	17,4	9 151	19,73
51	Handwerker	169 544	244,50	4,4	3,3	2,9	3 324	4,79
42	Eigentümer	685 102	1 406,61	3,6	13,2	16,9	16 312	33,49
36	Selbständige	366 609	599,36	3,1	7,1	7,2	10 184	16,64
33	Winzer	61 429	43,90	2,8	1,2	0,5	1 861	1,33
15	Honoratioren	202 145	171,94	1,3	3,9	2,1	13 476	11,46
21	Geistliche	97 416	95,08	1,8	1,9	1,1	4 639	4,52
10	Müller	35 550	46,33	0,8	0,7	0,5	3 555	4,63
5	Armeelieferanten	689 973	1 174,66	0,4	13,3	14,2	137 995	234,93
3	Adlige	143 820	231,08	0,2	2,8	2,8	47 940	77,02
6	Sonstige	11 913	46,75	0,5	0,2	0,5	1 985	7,79
220	ohne Angaben	297 509	413,41	18,9	5,7	5,0	1 352	1,87
1 165	Total	5 192 663	8 295,18				4 457	7,12

4) Z. B. Armeelieferantengüter in Paris.
5) Schlüssel zu Tabelle V
  1. Käuferzahl
  2. Berufsgruppen
  3. Kaufpreise in Francs
  4. Erworbene Flächen in Hektar
  5. Prozentanteil an der Gesamtkäuferzahl
  6. Prozentanteil am Gesamtkaufpreis
  7. Prozentanteil an der Gesamtfläche
  8. Durchschnittskapitaleinsatz in Francs
  9. Durchschnittlich erworbene Fläche in Hektar.

Ein Vergleich mit der Tabelle I[6]) beweist, daß die über die erste Phase des Besitzwechsels im Saardepartement getroffenen Feststellungen auch für das Arrondissement Trier zutreffen. Während die absoluten Zahlen für die Kaufpreise und die erworbenen Flächen wegen der Eingrenzung auf einem etwas niedrigeren Niveau liegen, gibt es nur geringe Abweichungen bei den Anteilwerten in den Spalten 5, 6 und 7. Die Verschiebungen bewegen sich meist um die Ein-Prozent-Marke; lediglich der Anteil der Bauern an der Gesamtkäuferzahl stieg im Arrondissement Trier um 1,5 Punkte, während der Anteil an der Gesamtfläche um 2,1 Punkte fiel. Die wesentlich höheren Differenzen bei den Anteilen der Armeelieferanten erklären sich daher, daß sämtliche diesen zugewiesene, nachweisbaren Kirchengüter im Arrondissement Trier lagen[7]).

Grundsätzlich ergibt sich für die amtlichen Versteigerungen im Arrondissement Trier ein im Verhältnis recht ähnliches Ergebnis wie für alle Versteigerungen der ersten Phase im Saardepartement. Eine erneute, eingehende Analyse erübrigt sich deshalb.

1. DIE ZWEITVERKÄUFER

Eine Überprüfung der Erstkäufer, die auf eigene Rechnung Objekte weiterverkauften, führt zu Aufschlüssen über die Zusammensetzung dieses Personenkreises, über die Flächenausdehnung der Güter, über Einkaufs- und Verkaufspreise und daran anschließend zu einer Gewinn- und Verlustrechnung für die Verkäufer. Die Berechnung der jeweiligen Prozentanteile der verschiedenen Berufsgruppen an der Gesamtverkäuferzahl, an dem Gesamteinkaufs- und an dem Gesamtverkaufspreis und an der weiterverkauften Fläche belegt das Engagement und die Bedeutung dieser Gruppen. Die durchschnittlichen Einkaufspreise, Verkaufspreise und weiterverkauften Flächen pro Verkäufer ergänzen diese Daten. (Vgl. Tab. VI, S. 167).

Von den 1 165 Käufern der ersten Phase im Arrondissement Trier verkauften 197 oder 17 % ersteigerte Kirchengüter weiter. Die Güter nahmen eine Fläche von 3 376,51 Hektar ein. Dies bedeutet, daß 40,7 % des von den Behörden im Arrondissement Trier versteigerten Bodens noch während der französischen Zeit zum zweiten Mal umgeschlagen wurde. Es ist anzunehmen, daß dieser Prozentsatz vielleicht sogar die 50 %-Grenze erreichte, da aufgrund der Quellenlage nicht alle Zweitkäufe faßbar waren. Eine bemerkenswert geringe Anzahl der Erstkäufer trat als Verkäufer auf, unter denen an erster Stelle die Bauern mit genau einem Viertel standen. Ihnen folgten die Kaufleute mit 22,8 % und die Beamten mit 16,2 %; alle anderen Berufsgruppen stellten weniger als 10 % der Verkäufer. Diese Relationen lassen jedoch nicht die tatsächliche Bedeutung der beteiligten Gruppen erkennen.

Hinsichtlich der verkauften Flächen nämlich rangierten 5 Armeelieferanten mit 1 140 Hektar oder einem Drittel der Gesamtfläche weit vor allen anderen Ver-

---

[6]) S. 143.
[7]) Die Prozentanteile änderten sich bei konstant bleibenden, absoluten Zahlen wegen der unterschiedlichen Bezugsbasis.

TAB. VI: 2. PHASE, ARRONDISSEMENT TRIER. AUFSCHLÜSSELUNG DER ERSTKÄUFER, DIE WEITERVERKAUFEN, NACH BERUFSGRUPPEN⁸)

1	2	3	4	5	6	7	8	9	10	11	12	13	14
49	Bauern	80,62	48 232	58 083	+ 9 851	+20,4	24,9	3,3	3,7	2,4	984	1 185	1,64
45	Kaufleute	632,70	417 528	492 899	+ 75 371	+18,1	22,8	28,4	31,3	18,7	9 278	10 953	14,06
32	Beamte	416,91	154 652	172 231	+ 17 579	+11,4	16,2	10,5	10,9	12,3	4 833	5 382	13,02
15	Handwerker	135,55	53 110	63 256	+ 10 146	+19,1	7,6	3,6	4,0	4,0	3 541	4 217	9,03
13	Eigentümer	593,99	181 607	190 140	+ 8 533	+ 4,7	6,6	12,4	12,1	17,6	13 970	14 626	45,69
15	Selbständige	260,10	68 362	93 336	+ 24 974	+36,5	7,6	4,6	5,9	7,7	4 557	6 222	17,34
3	Honoratioren	32,99	24 951	36 000	+ 11 049	+44,3	1,5	1,7	2,3	1,0	8 317	12 000	11,00
2	Winzer	33,56	5 000	6 150	+ 1 150	+23,0	1,0	0,3	0,4	1,0	2 500	3 075	16,78
7	Geistliche	26,96	44 435	35 213	− 9 222	−20,8	3,6	3,0	2,2	0,8	6 348	5 030	3,84
3	Müller	0,73	7 155	6 113	− 1 042	−14,6	1,5	0,5	0,4	–	2 385	2 037	0,24
5	Armeelief.	1 139,96	444 726	405 149	− 39 577	− 8,9	2,5	30,3	25,7	33,8	88 945	81 030	227,99
3	Adlige	17,08	11 725	10 872	− 853	− 7,3	1,5	0,8	0,7	0,5	3 908	3 624	5,69
1	Sonstiger	1,93	1 850	2 930	+ 1 080	+58,4	0,5	0,1	0,2	–	1 850	2 930	1,93
4	ohne Ang.	3,43	5 205	4 112	− 1 093	−21,0	2,0	0,3	0,3	0,1	1 301	1 028	0,85
197	Total	3 376,51	1 468 538	1 576 484	+107 946	+ 7,4					7 454	8 002	17,13

8) Schlüssel zu Tabelle VI

1. Verkäuferzahl
2. Berufsgruppen
3. Weiterverkaufte Flächen in Hektar
4. Einkaufspreise in Francs
5. Verkaufspreise in Francs
6. Gewinn/Verlust in Francs
7. Gewinn/Verlust in %

8. Prozentanteil an der Gesamtverkäuferzahl
9. Prozentanteil am Gesamteinkaufspreis
10. Prozentanteil am Gesamtverkaufspreis
11. Prozentanteil an der gesamten weiterverkauften Fläche
12. Durchschnittseinkaufspreis in Francs
13. Durchschnittsverkaufspreis in Francs
14. Durchschnittlich weiterverkaufte Fläche in Hektar.

käufern ehemaliger Kirchengüter. Ein Vergleich mit den von den Armeelieferanten in der ersten Phase übernommenen Gütern zeigt ihr Bestreben, möglichst alle Objekte abzustoßen. Sie besaßen am Ende der französischen Zeit nur noch 35 Hektar, und wahrscheinlich hatten sie auch diesen Rest zu Bargeld gemacht, auch wenn dafür kein Beleg mehr vorhanden ist. Offensichtlich hatten sie die von ihren jeweiligen Firmensitzen weit entfernt liegenden Immobilien vom Staat nur notgedrungen als Bezahlung für ihre Lieferungen entgegengenommen. Dafür sprechen auch die Verluste, die ihnen der Weiterverkauf einbrachte. Sie nahmen diese aber hin und hatten rechtzeitig vor den politischen Veränderungen der Jahre nach 1813 ihre im Saardepartement gelegenen Güter verkauft.

Als zweitwichtigste Gruppe waren die Kaufleute am Immobilienhandel der zweiten Phase beteiligt. Sie verkauften 632,70 Hektar Land und erzielten den höchsten Gesamtverkaufspreis mit 492 899 Francs[9].

An dritter Stelle folgten die „propriétaires" mit 593,99 Hektar oder 17,6 % der verkauften Fläche und 190 140 Francs oder 12,1 % des Gesamtverkaufspreises, und den vierten Rang nahmen die Beamten ein mit 416,91 Hektar oder 12,3 % und 172 231 Francs oder 10,9 %. Betrachtet man die Beteiligung der Armeelieferanten als Sonderfall, so hatten die Kaufleute, die Eigentümer und die Beamten den Löwenanteil an den Weiterverkäufen, zumal gerade Angehörige dieser Gruppen die Güter der Armeelieferanten übernahmen und weiterverkauften.

Zwischen diesen recht aktiven Immobilienhändlern und den Erstkäufern, die nur wenig weiterveräußerten, rangierten die Selbständigen, die immerhin noch 260,10 Hektar abgaben. Alle anderen Berufsgruppen hatten in der ersten Phase vor allem für den eigenen Bedarf in wesentlich kleinerem Maßstab gesteigert und verkauften dementsprechend nur in geringem Umfang weiter.

Die Bauern, die zahlenmäßig die größte Verkäufergruppe stellten, kamen auf einen Anteil von 2,4 % der gesamten weiterverkauften Fläche und von 3,7 % am Gesamtverkaufspreis. Die Handwerker erreichten jeweils 4 %, während die Verkäufe der Honoratioren, der Winzer, der Geistlichen, der Müller, der Adligen und der sonstigen Erstkäufer bedeutungslos blieben.

Eine Gegenüberstellung der von den einzelnen Berufsgruppen in der ersten Phase ersteigerten und der in der zweiten Phase von ihnen verkauften Flächen ergibt, daß die Bauern 8,8 % des Grund und Bodens weiterveräußerten, die Kaufleute 43,0 %, die Beamten 28,9 %, die Handwerker 55,4 %, die Eigentümer 42,2 %, die Selbständigen 43,4 %, die Winzer 76,4 %, die Honoratioren 19,2 %, die Geistlichen 28,3 %, die Müller 1,6 %, die Armeelieferanten 97,0 %, die Adligen 7,4 %, die Sonstigen 4,1 % und die Käufer ohne Berufsangaben 0,8 %[10]).

Wichtig für die Analyse der zweiten Phase ist nicht nur, wieviel Grund und Boden erneut den Besitzer wechselte, sondern auch welche Bodennutzungsarten gut oder weniger gut verkäuflich waren, welche Anteile also die jeweiligen Nutzflächen beim Weiterverkauf erreichten.

---

9) Die hohe Summe ist durch die rege Beteiligung der Kaufleute an Gebäudeverkäufen mitbedingt.
10) Auffällig sind die hohen Anteile bei Handwerkern und Winzern, die durch größere Landverkäufe einzelner Berufangehöriger zustandekamen.

Ersteigerte Flächen im Arron- dissement Trier, 1. Phase	Weiterverkaufte Flächen im Arrondissement Trier
4 218,37 ha Ackerland	1 968,73 ha Ackerland
1 131,45 ha Wiesen	576,52 ha Wiesen
2 463,03 ha Wildland	650,74 ha Wildland
251,92 ha Weinberge	100,36 ha Weinberge
98,16 ha Gärten	42,99 ha Gärten
24,10 ha Gewässer	9,36 ha Gewässer
108,15 ha Wald	27,81 ha Wald
8 295,18 ha Total	3 376,51 ha Total

An der Spitze lag beim Weiterverkauf nach Anteilen das Wiesenland, von dem über die Hälfte (50,9 %) verkauft wurde. Ihm folgten das Ackerland (46,7 %), das Gartenland (43,8 %), die Weinberge (39,8 %), die Gewässer (38,8 %), das Wildland (26,4 %) und schließlich der Wald (25,7 %).

Das landwirtschaftlich besonders wertvolle Wiesen-, Acker- und Gartenland war gut abzusetzen, und auch die Weinbergsflächen fanden zu zwei Fünfteln Abnehmer. Vom Wildland dagegen wurde noch nach den Gewässern nur ein Viertel verkauft. Diese Nutzungsart mit Flächen von geringer Produktivität war weniger begehrt, zumal Meliorationsmaßnahmen sehr mühselig und zeitraubend waren. Die Tatsache, daß der Wald an letzter Stelle der Skala rangierte, obwohl er zu den gesuchten Liegenschaften gehörte, ist wohl damit zu erklären, daß er nur in geringem Umfang auf den Markt kam und von den Ersterwerbern festgehalten wurde. Ein Blick auf die hohen Preise in der ersten Phase bestätigt diese Überlegung[11].

Die durch die Kirchengüterversteigerungen der ersten Phase ausgelösten Bewegungen auf dem Immobilienmarkt sind unter finanziellem Aspekt auch für die zweite Phase durch eine Gewinn- und Verlustrechnung für die Verkäufer überprüfbar. Dabei muß jedoch die gleiche Einschränkung wie bei der ersten Preisberechnung[12] beachtet werden: Wenn für ein Objekt nur der Einkaufspreis oder nur der Verkaufspreis zu ermitteln war, wie z. B. bei einigen Gütern der Armeelieferanten, dann durfte dieses Objekt nicht in die Preisberechnung miteinbezogen werden, da sonst eine Vergleichsbasis nicht mehr bestanden hätte. Die Angaben in den Spalten 4 und 5 der Tabelle VI gelten also nicht für alle umgeschlagenen Güter, deren Gesamtverkaufspreis 2 008 278 Francs betrug, sondern beziehen sich nur auf die weiterverkauften Güter, deren Einkaufs- und Verkaufspreis bekannt sind.

Bei der Flächenberechnung, deren Ergebnisse in der Spalte 3 enthalten sind, wurden dagegen alle in der zweiten Phase umgeschlagenen Güter berücksichtigt, da nur so die tatsächliche Dimension des Weiterverkaufs im Hinblick auf die Größe des Landes, das in andere Hände überging, festzustellen war. Daraus geht

---

[11] Vgl. S. 157.
[12] S. 153.

hervor, daß keine Preise pro Flächeneinheit genannt werden können, zumal der Wert von mitveräußerten Baulichkeiten nicht herauslösbar ist. Auf der Basis der miteinander vergleichbaren Ein- und Verkaufspreise jedoch sind Aussagen über die allgemeine Entwicklung, wie auch über die Gewinne und Verluste der verschiedenen Berufsgruppen möglich.

Die Verkäufer hatten in der ersten Phase 1 468 538 Francs eingesetzt und beim Weiterverkauf 1 576 484 Francs erlöst. Der Gewinn betrug 107 946 Francs oder 7,4 %. Die zweite Phase brachte also generell gesehen eine Anhebung des Preisniveaus um 7,4 %, nachdem sich in der ersten Phase eine Erhöhung gegenüber den Schätzpreisen um 71,4 % ergeben hatte.

Dieses Resultat vermittelt nicht das reale Bild der Wertsteigerung, da die Armeelieferanten als größte Landverkäufer einen beträchtlichen Verlust hinnehmen mußten. Sie hatten Güter für 444 726 Francs erhalten, konnten aber beim Weiterverkauf nur 405 149 Francs erzielen. Dies war ein Verlust von 39 577 Francs oder 8,9 %. Zwar erlitten auch andere Berufsgruppen Verluste, die prozentual gesehen noch höher lagen, jedoch handelte es sich dabei nicht um Preisdifferenzen dieser Dimension. Der Grund dafür ist in den Manipulationen der staatlichen Behörden zu suchen, die den Armeelieferanten ehemalige Kirchengüter zu stark überhöhten Preisen abtraten. Ein Beispiel: Der Siebenborner Hof in Maring-Noviand, der vor der Säkularisation der Abtei Himmerod gehört hatte, wurde am 6. Dezember 1803 mit einem Schätzwert von 47 300 Francs zur Versteigerung angeboten. Die Domänenverwaltung zog das Angebot jedoch wieder zurück und trat den Hof am 20. Juli 1805 zu einem Preis von 86 000 Francs an die Armeelieferantengesellschaft Granier et fils in Montpellier ab. Am 1. Juli 1810 erwarben Vater und Sohn Matthias Joseph Hayn aus Cochem und Trier den Siebenborner Hof für 72 000 Francs[13]. In fast allen Fällen schlossen die Lieferanten einige Zeit später verlustreiche Verkäufe mit Einheimischen ab, die ihrerseits umgehend zu Weiterveräußerungen en détail schritten und dabei gute Gewinne machten. Welche Preissprünge dabei zustandekamen, belegt das Schicksal des sogenannten Mönchshofes der Abtei Himmerod in Ürzig: Die Gesellschaft Pothier in Paris erhielt ihn 1805 für 27 400 Francs und verkaufte ihn 1811 für 13 000 Francs an den Steuereinnehmer Christoph Aldringen aus Trier und an den Kaufmann Peter Schoemann aus Wittlich, die den Hof 1811 und 1812 an 127 Winzer aus Ürzig, Erden und Rachtig für insgesamt 24 400 Francs weiterveräußerten[14].

Durch diese Verluste der Armeelieferanten wird das Gesamtbild erheblich beeinflußt. Es erscheint deshalb angebracht, zur Beurteilung der Wertsteigerung, die sich ohne diese für die Gesamtentwicklung atypischen Sonderfälle ergab, die Käufe und Verkäufe der Armeelieferanten aus der Berechnung der Preisgestaltung in der zweiten Phase herauszunehmen.

Danach investierten die übrigen Verkäufer 1 023 812 Francs und erlösten beim Weiterverkauf 1 171 335 Francs. Die Transaktionen brachten ihnen einen Gewinn von 147 523 Francs; die Preissteigerung für die verkauften Güter lag bei 14,4 %.

---

13) LHK 701/646; 587—38/340/130; 587—38/353/75.
14) LHK 587—40/45 I/135; 587—35/30/187; 587—35/31/159.

Die spektakulären Zuwachsraten der ersten Phase wurden also nicht mehr erreicht, wohl aber ein deutliches Plus. Von einem Preisverfall kann für beide Verkaufsphasen keine Rede sein.

Die Verkaufsergebnisse fielen je nach der Berufsgruppenzugehörigkeit der Verkäufer sehr unterschiedlich aus. Während Bauern, Kaufleute, Beamte, Selbständige, Honoratioren und Winzer per Saldo Gewinne machen konnten, waren die Weiterverkäufe der Geistlichen, der Müller und der Adligen von Verlusten bestimmt. Dies schließt natürlich nicht aus, daß auch umgekehrt Verluste für die Angehörigen der einen und Gewinne für die Angehörigen der anderen Berufsgruppen eintraten. An dieser Stelle ist darauf hinzuweisen, daß nicht alle Verkäufe der zweiten Phase spekulativer Natur gewesen sind, sondern daß auch Notverkäufe, Eigentumsübertragungen unter Verwandten und Verkäufe anderer Art die Preisentwicklung mitbestimmten. Am 5. Juli 1803 steigerte Nikolaus Provot, Employé aus Trier, das Haus Nr. 1054 in Trier, das vorher dem Simeonstift gehört hatte, für 2 025 Francs. Provot starb, nachdem er zwei Raten von insgesamt 810 Francs bezahlt hatte. Seine Witwe sah sich am 9. Oktober 1805 gezwungen, das Haus mit einer Hypothek in Höhe von 1 444 Francs zu belasten, um den weiteren Zahlungsverpflichtungen nachkommen zu können. Darlehensgeber war Anton Joseph Recking, an den die Witwe Provot das Haus am 28. März 1808 schließlich abtreten mußte, da sie zahlungsunfähig geworden war. Das Haus ging also unter dem Steigerungspreis in andere Hände über[15]).

In einem anderen Fall blieb der Preis beim Weiterverkauf gleich: Am 15. November 1803 erwarb der Mühlenpächter Niklas Kaspar die von ihm bewirtschaftete Hasen-Mühle der Abtei Mettlach in Faha zu einem Preis von 780 Francs. Nach seinem Tod verkauften die Erben am 25. Januar 1810 das Objekt zum gleichen Preis an seinen Sohn Matthias Kaspar[16]).

Eine andere Art nichtspekulativer Weiterverkäufe bestand darin, zur Sicherstellung der Ratenzahlungen an den Staat andere Interessenten noch nachträglich ohne Preiserhöhung an einem Gut zu beteiligen: Peter Zender, Maire von Ehrang, Johann Anton Kochs und Valentin Leonardy, zwei Kaufleute aus Trier steigerten am 18. Januar 1811 den kurfürstlichen Hof in Pfalzel mit 91,27 ha Land für 132 000 Francs. Es handelte sich dabei um den höchsten Steigerungspreis in der französischen Zeit. Nachdem sie zur Finanzierung der Ratenzahlungen im Laufe des Jahres 1812 einzelne Parzellen an Bauern aus Biewer und Pfalzel versteigert hatten, beteiligten sie am 23. Januar 1813 Damien Cardon, Conseiller en la cour imperial, Trier, Emmerich Junck, Tanneur, Ehrang, Peter Eichorn, Boucher, Ehrang und Johann Baptist Geller, Juge de paix, Lebach, zu einem Fünftel an dem Hof. Die vier neuen Miteigentümer zahlten ihren Anteil von 26 400 Francs, der exakt der an den Staat zu zahlenden Jahresrate für 1813 entsprach[17]).

Unter den Verkäufern mit einem Umsatz von über 100 000 Francs erzielten die Kaufleute den höchsten Gewinn mit + 18,1 %. Es folgten die Beamten mit + 11,4 % und die Eigentümer mit + 4,7 %. Die wesentlich höheren Gewinne bei Verkäufen von Berufsgruppen unterhalb der 100 000 Francs-Grenze waren teil-

---

15) LHK 276/3006/69; 587–40/214 II/1492; 587–40/238 I/132.
16) LHK 701/646; 587–34/12/36.
17) LHK 587–40/23 I/150; 587–40/14/121; 587–40/23 II/387.

weise zufallsbedingt, da einige wenige Transaktionen das Preispendel extrem ausschlagen lassen konnten, so z. B. bei der Gruppe der Sonstigen. Hier entstand ein rechnerischer Gewinn von + 58,4 % durch einen einzigen Verkauf. Auch der Zuwachs von + 44,3 % bei den Honoratioren basiert auf einer relativ schmalen Grundlage, während die Selbständigen durch eine rege Geschäftstätigkeit der 100 000 Francs-Grenze nahekamen und ein Plus von 36,5 % erzielten. Die Bauern erreichten bei einem niedrigen Gesamtumsatz eine Steigerung von + 20,4 % und die Handwerker von + 19,1 %. Auch für diese Berufsgruppen war der Weiterverkauf also lohnend, wenn auch in Einzelfällen erhebliche Verluste eintraten[18].

Die Geistlichen, die Adligen und die Müller hatten im Hinblick auf das jeweilige Gesamtergebnis keinen Erfolg bei ihren Verkäufen. Die Verluste lagen bei − 20,8, − 7,3 und − 14,6 %, wobei die Verkäufe der Müller wegen ihrer minimalen Größenordnung vernachlässigt werden können. Die Geistlichen und die Adligen entwickelten analog zu ihrer geringen Beteiligung in der ersten Phase eine sehr mäßige Geschäftstätigkeit. Der letzte Prior des Klausener Konvents, Karl Kaspar Lintz, war der einzige Geistliche, der in größerem Umfang mit säkularisierten Gütern Handel trieb. Er steigerte ehemalige Güter seines Klosters in Esch, Krames, Leiwen und Thörnich für insgesamt 23 316 Francs und erlöste beim Weiterverkauf 23 333 Francs. Die Gewinne und Verluste, die er bei den einzelnen Verkäufen zu verzeichnen hatte, glichen sich im Gesamtergebnis gegenseitig aus, so daß er im ganzen gesehen die Güter zu Einkaufspreisen abgab. Alle übrigen Kleriker veräußerten jeweils nur ein Objekt, wobei die Abschlüsse mit Verlust überwogen.

Bei den Verkäufen durch Adlige war die Beteiligung der Grafen von Kesselstatt unerheblich, da sie nur ganz geringe Teile von angesteigerten Objekten abgaben. Sie hatten in der ersten Phase so gut wie ausschließlich Güter zur Arrondierung ihres Großgrundbesitzes erworben. Die Herzogin von Braunschweig-Bevern dagegen ließ durch ihren Bevollmächtigten fast alle angesteigerten Immobilien wieder verkaufen und mußte dabei einen Verlust von − 7,3 % hinnehmen.

Die Bedeutung der wichtigsten Privatverkäufer von Kirchengut, die in der ersten Phase als Großkäufer auftraten, um Immobilienhandel auf spekulativer Basis zu betreiben, ist mit Hilfe der von ihnen in der zweiten Phase erzielten Verkaufspreise erkennbar.

---

[18] Der Bauer Johann Peter Breiling aus Kürenz erlitt einen Verlust von − 77,5 %, als er 0,71 ha Ackerland in Kürenz für 120 Francs am 30. 9. 1805 weiterverkaufte. Er selbst hatte 533 Francs gezahlt (LHK 276/3066/53; 587—40/236 I/6). Der Bäcker Johann Peter Gietzen aus Trier erlitt einen Verlust von − 17,8 %, als er am 15. 6. 1805 Land in Möhn, für das er 3 000 Francs gezahlt hatte, zum Preis von 2 465 Francs versteigerte (LHK 276/3069/25; 587—40/221/1469).

Name	Beruf	Wohnort	Erzielte Verkaufspreise (frs)
Matthias Jos. Hayn	Kaufmann	Trier	152 211
Jakob Kleutgen	Kaufmann	Trier	86 302
Valentin Leonardy	Kaufmann	Trier	69 705
Matthias Vogel	Eigentümer	Temmels	49 840
Christoph Ph. Nell	Eigentümer	Trier	37 824
Pierre M. Dagoreau	Präfekturbürochef	Trier	35 122
Anton Joseph Recking	Maire	Trier	33 520
Johann Kleutgen	Kaufmann	Trier	29 510
Hubert Merrem	Notar	Bernkastel	24 027
Karl Kaspar Lintz	Geistlicher	Klausen	23 333
Peter Goergen	Architekt	Trier	22 000
Christoph Aldringen	Steuereinnehmer	Trier	21 375
Friedrich Scheer	Bäcker	Trier	21 364
Johann Bapt. Walter	Domäneneinnehmer	Wittlich	20 503
Simon Gabriel Galhau	Eigentümer	Niederlimberg	19 620
Joseph Franz Reiß	Eigentümer	Trier	17 823
Johann Guerber	Postmeister	Püttlingen	17 448
Karl Anton Bernasco	Kaufmann	Trier	16 665
Michel Steuer	Eigentümer	Trier	16 392
Peter Marx	Kaufmann	Trier	16 391
Peter Schoemann	Kaufmann	Wittlich	15 591
Jakob Ludwig Herpein	Beamter	Trier	14 072
Bernard Schmitt	Kaufmann	Trier	13 797
Peter Joseph Weis	Kaufmann	Wittlich	13 693
Claude Jean Hucher	Finanzbeamter	Trier	12 716
Franz Lyon	Eigentümer	Saarburg	12 556
Laurent Augustin Simon	Kaufmann	Metz	12 414
Matthias Jos. Schoemann	Kaufmann	Trier	12 129
Therese Schmitt, geb. Loerscher	Kauffrau	Trier	11 189
Wilhelm Jos. Fritsch	Anwalt	Trier	11 111

Diese 30 Immobilienverkäufer erreichten mit 860 243 frs über die Hälfte (54,6 %) des in Tab. VI, Spalte 5 vermerkten Gesamtverkaufspreises von 1 576 484 frs und übertrafen dabei ihre Kapitalinvestitionen von 737 003 frs um 123 243 frs oder 16,7 %.

Spekulativ operierende Handelsgesellschaften, die in der ersten Phase Güter aufkauften, um sich beim Weiterverkauf zu bereichern, sind für das Arrondissement Trier nicht nachweisbar. Eine Organisation, die etwa hinter den oben angeführten Großkäufern stand, läßt sich nicht aus den Quellen rekonstruieren.

Der wichtigste Käufer, Matthias Joseph Hayn, der auch als Vermittler führend war, zog es vor, bei Käufen auf eigene Rechnung allein zu handeln. Nur beim Erwerb von Armeelieferantengütern, für die große Summen benötigt wurden, schloß er sich mit Anton Joseph Recking zusammen, um dann später die Güter mit ihm zu teilen.

Die ad-hoc in lockerer Form gebildete Käufergruppe scheint charakteristisch für die festzustellenden Gemeinschaftskäufe mit dem Ziel des Weiterverkaufs gewesen zu sein.

Bei den Versteigerungen vor dem Präfekten traten insgesamt 39 Gruppen mit wenigstens zwei und höchstens sieben Mitgliedern auf, die insgesamt 180 530 frs investierten und beim Weiterverkauf 253 187 frs erzielten oder einen Gewinn von 72 657 frs oder 40,2 % machten.

Die Zusammensetzung dieser Gruppen, die auch gegeneinander boten, wechselte ständig; manche traten nur einmal in Erscheinung. Ihre Mitglieder schlossen sich für andere Käufe wieder mit anderen Interessenten zusammen. Eine relativ stabile Gruppe bildeten die Trierer Kaufleute Bernasco und Scheer, denen sich gelegentlich der Arzt Johann Süß anschloß. Johann Kleutgen kaufte mehrmals mit der Witwe Therese Schmitt und deren Schwager Bernard Schmitt, aber auch diese Personen kauften bei Gelegenheit in anderen Gruppen mit. Die Höhe des Gesamtgewinns von 40 % belegt die Bedeutung dieser Flexibilität, während die von diesen „Spekulationsgruppen" aufgebrachten und beim Weiterverkauf erzielten Summen in ihrer absoluten Höhe gegenüber den Summen, die durch die Besitzumschichtungen insgesamt in Bewegung gesetzt wurden, bescheiden blieben.

Die durchschnittlichen Einkaufs- und Verkaufspreise und die durchschnittlich weiterverkauften Flächen, die in den Spalten 12, 13 und 14 der Tabelle VI vermerkt sind, weisen auf die überragende Bedeutung des Bürgertums bei den Zweitverkäufen hin. Eigentümer, Kaufleute, Selbständige und Beamte dominierten auf dem Immobilienmarkt, wenn die Armeelieferanten ihrer Sonderrolle wegen ausgeklammert werden. Geistliche und Adlige, Bauern und Handwerker lagen hinter diesen Berufsgruppen weit zurück.

Ob dieses Resultat nicht nur für den Handel mit Land und für das investierte und das erwirtschaftete Kapital gilt, sondern auch für den Handel mit Baulichkeiten, Höfen und Weingütern, gehört zu den Fragen, die sich in diesem Zusammenhang stellen.

Eine Analyse unter diesem Aspekt setzt voraus, daß die Resultate der amtlichen Versteigerungen dieser Immobilien bekannt sind, damit Vergleiche mit der zweiten Phase gezogen werden können. Da die Versteigerungen für das gesamte Saardepartement aufgenommen wurden, die Weiterveräußerungen aber nur für das Arrondissement Trier, wird hier das Ergebnis der ersten Phase im Arrondissement Trier dargestellt[19]).

---

[19]) Zu diesem Problem vgl. S. 164.

	Höfe	Wein-güter	Häu-ser	Mühlen	Konvent-gebäude (mit Kir-chen)	Ein-zelne Kirchen	Sonstige Immo-bilien	Total
Bauern	15,33	3,50	4,00	4,00	—	—	6	32,83
Kaufleute	19,50	21,00	27,50	17,00	7,00 (3,00)	3,00	8	103,00
Beamte	10,00	6,25	34,00	8,00	1,50 (1,50)	3,00	3	65,75
Handwerker	3,00	—	12,60	1,00	—	—	—	16,60
Eigentümer	17,00	5,50	2,33	8,00	2,50 (1,50)	—	1	36,33
Selbständige	12,33	5,00	20,00	6,00	3,00 (1,00)	1,00	3	50,33
Winzer	0,50	2,50	4,50	—	—	—	4	11,50
Honoratioren	2,50	2,00	5,00	2,00	3,00 (1,00)	—	2	16,50
Geistliche	2,00	—	17,00	1,00	—	—	1	21,00
Müller	1,00	—	—	10,00	—	—	—	11,00
Armeelieferanten	25,00	2,00	—	—	—	—	—	27,00
Adlige	8,50	1,00	—	—	—	—	—	9,50
Sonstige	0,50	—	—	—	—	—	—	0,50
ohne Angaben	11,84	7,25	12,00	9,00	—	—	—	40,00
Total	129,00	56,00	139,00	66,00	17 (8)	7,00	28,00	442,00

Ein Vergleich mit der Tabelle II[20]) zeigt, daß die Versteigerungen von Baulichkeiten während der ersten Phase im Saardepartement und im Arrondissement Trier von den Relationen her fast die gleichen Ergebnisse erbrachten. Die
verschiedenen Berufsgruppen verhielten sich beim Erwerb von Baulichkeiten,
Höfen und Weingütern im Arrondissement Trier mit geringen Abweichungen
genauso wie bei ihren Ankäufen im Saardepartement. Kaufleute, Beamte, Selbst-
ständige und Eigentümer waren auch hier die wichtigsten Abnehmer von Kirchengut; die Bauern rangierten wegen ihres Interesses für Hofgüter auf einem Mittel-
platz, gefolgt von den übrigen Gruppen. Die Beurteilung der Resultate im Saardepartement[21]) kann deshalb für das Arrondissement Trier nach Relationen und
Tendenzen, nicht nach absoluten Zahlen, übernommen werden.

Die Untersuchung, wieviele dieser Baulichkeiten, Höfe und Weingüter in
der zweiten Phase weiterveräußert wurden und in welchem Umfang die Angehörigen der verschiedenen Berufsgruppen als Verkäufer auftraten, ergab das in
der Tabelle VIII dargestellte Bild.

---

[20]) S. 148.
[21]) S. 148 ff.

TAB. VIII: BAULICHKEITEN, HÖFE UND WEINGÜTER, DIE VON DEN ERSTKÄU-
FERN IM ARRONDISSEMENT TRIER WEITERVERKAUFT WURDEN.
AUFSCHLÜSSELUNG DER VERKÄUFER NACH BERUFSGRUPPEN

	Höfe	Wein-güter	Häu-ser	Mühlen	Konvent-gebäude (mit Kir-chen)	Ein-zelne-Kirchen	Sonstige Immo-bilien	Total
Bauern	4,00	–	1,00	2,00	–	–	–	7,00
Kaufleute	10,00	10,00	12,50	8,88	4,66	1,50	2	49,54
Beamte	6,00	1,00	11,00	4,50	1,00 (1,00)	–	1	24,50
Handwerker	1,00	–	2,00	0,33	–	–	–	4,66
Eigentümer	6,16	2,00	0,50	3,00	1,33 (1,00)	–	–	11,66
Selbständige	2,80	1,00	6,50	3,33	1,00 (1,00)	–	–	14,63
Winzer	0,50	1,00	–	–	–	–	–	1,50
Honoratioren	–	–	2,00	1,00	1,00 (1,00)	–	–	4,00
Geistliche	–	–	4,00	–	–	–	–	4,00
Müller	–	–	–	3,00	–	–	–	3,00
Armeelieferanten	20,00	2,00	–	–	–	–	–	22,00
Adlige	–	1,00	–	–	–	–	–	1,00
Sonstige	–	–	–	–	–	–	–	–
ohne Angaben	–	–	2,50	–	–	–	–	2,50
Total	51,50	18,00	41,00	26,00	9(4)	1,50	3	150,00

Von den 442 Objekten, die im Arrondissement Trier durch den Staat versteigert worden waren, kamen 150 oder ein Drittel im Verlauf der zweiten Phase
in andere Hände. Weiterveräußert wurden 40 %/o der Höfe, 32 %/o der Weingüter,
30 %/o der Häuser, 40 %/o der Mühlen, 53 %/o der Konventgebäude, 50 %/o der dazugehörigen Kirchen, 21 %/o der einzelnen Kirchen und 11 %/o der sonstigen Gebäude.
Die Daten besagen nichts über Qualität und Größe der Objekte, belegen aber
rein quantitativ die Ausgestaltung des Immobilienhandels nach dem offiziellen
Verkauf.

Als Verkäufer traten weit vor allen anderen Beteiligten die Kaufleute hervor. Sie veräußerten fast die Hälfte der von ihnen ersteigerten Baulichkeiten,
Höfe und Weingüter. Sie hatten die meisten Klosterkomplexe ersteigert und gaben auch die meisten davon wieder ab. Sie veräußerten die höchste Anzahl von
Häusern und Mühlen.

Auf dem zweiten Platz in der Reihe der Verkäufer rangierten die Beamten,
die vor allem Häuser, Höfe und Mühlen verkauften. Auffällig ist, daß sie trotz
ihrer Beteiligung an Hausverkäufen die höchste Anzahl von Häusern unter allen
Berufsgruppen für den eigenen Bedarf zurückhielten.

Es folgten die Armeelieferanten, die fast alle ihnen zugewiesenen Höfe und
Weingüter in der zweiten Phase wieder abstießen.

Mit den drei genannten Gruppen ist der Kreis der wichtigsten Verkäufer dieser Art von Immobilien bereits abgesteckt. Eine gewisse Bedeutung hatten noch die Selbständigen und die Eigentümer, die mit ihren Veräußerungen von Höfen, Häusern und Mühlen das Ergebnis der zweiten Phase jedoch nicht entscheidend beeinflußten. Sie hatten die Mehrzahl der Güter erworben, um sie selbst zu nutzen. Sie waren weniger als die großen Verkäufergruppen darauf bedacht, neue Geldquellen zu erschließen als vielmehr daran interessiert, Kapital dauerhaft zu investieren.

Den übrigen Erstkäufern kam beim Weiterverkauf eine nur ganz geringe Bedeutung zu, denn die Bauern, Handwerker, Winzer, Honoratioren, Geistlichen, Müller und Adligen behielten fast alle angesteigerten Immobilien für die eigene Nutzung. Ihre Verkäufe waren mehrheitlich nicht von Gewinnstreben bestimmt, sondern von ökonomischen Sachzusammenhängen und Sachzwängen, etwa dann, wenn sich herausstellte, daß sie sich bei den Ansteigerungen übernommen hatten. Dies geht sehr deutlich aus den jeweiligen Einkaufs- und Verkaufspreisen, die allerdings für die erworbenen Flächen mitgelten, hervor.

Wenn also die zuletzt genannten Berufsgruppen sehr wenig weiterverkauften, dann liegt die Vermutung nahe, daß hier nach der ersten Phase der Besitzumschichtung Nachfragereserven existierten, die von den Großkäufern genutzt werden konnten. Damit stellt sich die entscheidende Frage nach den Käufern der zweiten Phase, nachdem die Dimension des Weiterverkaufs in bezug auf Flächen und Baulichkeiten, sowie die Zusammensetzung der Verkäuferschicht untersucht worden sind.

2. DIE ZWEITKÄUFER

Die Überprüfung der notariellen Urkunden im Hinblick auf die bei der zweiten Welle des Besitzwechsels auftretenden Käufer brachte aufschlußreiche Resultate, die in der Tabelle IX (S. 178) zusammengestellt sind.

Den 197 am Weiterverkauf beteiligten Verkäufern standen 5 414 Käufer gegenüber. Die Zahl der neuen Eigentümer erfuhr also eine Steigerung um 2 648 %, so daß durch die privaten Veräußerungen ein ungleich größerer Teil der Bevölkerung ehemalige Kirchengüter erhielt als durch die erste Phase.

Die Ursache für diese Entwicklung lag darin, daß die in der agrarischen Produktion Tätigen erstmals in größerem Umfang die Gelegenheit erhielten, Grund und Boden zu erwerben. Die Bauern, die Winzer und die Einwohner stellten mit 95,1 % den Löwenanteil der neuen Käufer. An dieser Stelle ist ein Sonderproblem zu erörtern, das die Gruppe der Einwohner bietet.

Es handelt sich um Käufer, die nur mit ihrem Vor- und Zunamen und mit ihrem Wohnort, jedoch ohne Berufsangaben in den Quellen erscheinen, und zwar immer dann, wenn der Verkäufer ein Objekt in eine Vielzahl von Losen aufgeteilt hatte und ein entsprechend großer Personenkreis sich an der Versteigerung beteiligte. Dies geschah recht häufig: In 40 Fällen traten zwischen 10 und 20 Käufer, in 45 zwischen 20 und 50, in 21 zwischen 50 und 100 und in 6 Fällen über 100 Käufer in Erscheinung. Die Notare ersparten sich bei der Ausfertigung der

1	2	3	4	5	6	7	8	9
1 028	Bauern	341 614	561,16	19,0	17,0	16,6	332	0,54
3 432	Einwohner	611 129	1 208,13	63,4	30,4	35,8	178	0,25
50	Kaufleute	301 179	545,54	0,9	15,0	16,1	6 024	10,91
32	Beamte	95 377	105,33	0,6	4,7	3,1	2 981	3,29
74	Handwerker	60 238	68,33	1,4	3,0	2,0	814	0,92
28	Eigentümer	179 763	368,85	0,5	9,0	10,9	6 420	13,17
15	Selbständige	77 792	132,22	0,3	3,9	3,9	5 186	8,81
688	Winzer	190 662	70,24	12,7	9,5	2,1	277	0,10
9	Honoratioren	20 694	139,36	0,2	1,0	4,1	2 299	15,48
11	Geistliche	46 618	51,91	0,2	2,3	1,5	4 238	4,71
19	Müller	49 573	20,31	0,4	2,5	0,6	2 609	1,06
3	Adlige	15 138	73,85	0,1	0,8	2,2	5 046	24,61
14	Tagelöhner	1 694	3,84	0,3	0,1	0,1	121	0,27
11	Sonstige	16 807	27,44	0,2	0,8	0,8	1 528	2,49
5 414	Total	2 008 278	3 376,51				371	0,62

Urkunden bei solchen Massenankäufen den Vermerk aller Berufe und hielten bei einem Teil der Käufer nur die Namen, den Flächenanteil, den Kaufpreis und den Wohnort fest. Dabei fällt auf, daß ausgerechnet die Bezeichnungen „laboureur, cultivateur, vigneron und journalier" fehlen, während andere Berufe durchaus genannt werden. Die Schlußfolgerung, es habe sich bei den Käufern ohne Berufsangaben um in der Landwirtschaft Beschäftigte gehandelt, ist naheliegend, aber nicht vollständig zu beweisen. Immerhin ist nicht anzunehmen, daß dieser Personenkreis sich bei solchen Verkäufen fernhielt, während er sich bei Eigentumsübertragungen an einzelne oder einige wenige Käufer, deren Berufe immer festgehalten wurden, sehr intensiv beteiligte. Außerdem stammten gerade die Käufer ohne Berufsangaben bei den Verkäufen von Objekten in vielen Losen so gut wie immer aus den Ortschaften, auf deren Gemarkung die Güter lagen. Diese Gemeinden waren jedoch immer agrarisch strukturierte Orte mit bäuerlicher Bevölkerung. Von den Angehörigen anderer Berufe lebten nur wenige auf dem Dorf, und wenn diese Kirchengüterteile erwarben, wurden sie auch mit ihren Berufen von den Notaren vermerkt[23]).

---

[22]) Schlüsel zu Tabelle IX
   1. Käuferzahl
   2. Berufsgruppen
   3. Kaufpreis in Francs
   4. Erworbene Flächen in Hektar
   5. Prozentanteil an der Gesamtkäuferzahl
   6. Prozentanteil am Gesamtkaufpreis
   7. Prozentanteil an der Gesamtfläche
   8. Durchschnittlich investiertes Kapital in Francs
   9. Durchschnittlich erworbene Fläche in Hektar.
[23]) Am 24. Januar 1806 veräußerte der Kaufmann Johann Kleutgen aus Trier Wein-

Da jedoch ein vollständig abgesicherter Beweis nicht zu führen ist, wurden diese Käufer ohne Berufsangaben als „Einwohner" in die Tabellen aufgenommen und nicht einfach den Bauern zugeschlagen[24]. Ihre Tätigkeit wird aber doch — zumindest mehrheitlich — im Bereich der landwirtschaftlichen Produktion zu suchen sein, möglicherweise im Grenzbereich zwischen Bauern und Tagelöhnern. Darauf deuten die durchschnittlich investierten finanziellen Mittel und die durchschnittlich erworbenen Flächen hin, die den Werten für die Tagelöhner, die in den Quellen als solche bezeichnet werden und deshalb in den Tabellen gesondert ausgewiesen sind, nahekommen. Es erscheint aufgrund der genannten Anhaltspunkte als berechtigt, die Einwohner dem Agrarsektor zuzuordnen.

Die Bauern, Einwohner und Winzer hatten zusammen neben dem Anteil von 95,1 % an der Gesamtkäuferzahl Anteile von 56,9 % an der Gesamtkaufsumme und von 54,5 % an der gesamten weiterverkauften Fläche. Alle anderen Berufsgruppen blieben zahlenmäßig unter einem Prozent bis auf die Handwerker, die gerade 1,4 % erreichten. Von der Gesamtkaufsumme brachten die Kaufleute noch 15 % auf, die Eigentümer 9 %, die Beamten 4,7 % und die Selbständigen 3,9 %. Die entsprechenden Anteile an der Fläche betrugen in derselben Reihenfolge 16,1 %, 10,9 %, 3,1 % und 3,9 %.

Die Berufsgruppen, die in der ersten Phase als Einkäufer und in der zweiten Phase als Verkäufer dominierten, gaben die Immobilien beim Weiterverkauf an die finanziell wesentlich schwächere breite Masse in kleinen Teilen ab und hielten sich vor eigenen Zweitkäufen weitgehend zurück. Die Anteile, die sie dennoch erreichten, sind von einem wichtigen, bereits angesprochenen Faktor mitbestimmt[25]: Es waren Kaufleute, Beamte und Eigentümer, die die Güter der Armeelieferanten übernahmen, und dies verschleiert in gewisser Weise das Resultat des auf die amtlichen Veräußerungen folgenden Besitzwechsels. Sie behielten diese Güter nämlich zum größten Teil nicht, sondern trieben mit ihnen einen lebhaften Handel, bei dem die in der zweiten Phase hervortretenden Käufer in den Besitz auch dieser Objekte kamen. Dadurch verlagerten sich die Gewichte noch einmal, so daß die Resultate, die in der Tabelle IX enthalten sind, korrigiert werden müssen, um dem wahren Bild der Besitzverteilung nahezukommen. Der Verbleib der ursprünglich den Armeelieferanten zugewiesenen Objekte muß in die Berechnung der zweiten Phase hineingenommen werden, auch wenn es sich streng genommen bereits um eine dritte Phase handelte. Betrachtet man jedoch

---

berge des Simeonstiftes in Lieser, die er am 21. Januar 1806 gesteigert hatte, an einen Schneider, einen Schuster und zehn Einwohner ohne Berufsangabe, die alle in Lieser wohnten (LHK 276/3100/33; 587–40/236 II/595). Am 17. Januar 1805 verkauften Wilhelm Joseph Fritsch, Anwalt, Jakob und Johann Kleutgen, Kaufleute, Weinberge und Land der Abtei St. Martin in Kasel, die sie am 5. Juli 1804 gesteigert hatten, an 19 Einwohner, 1 Müller und 1 Schneider (LHK 276/3025/25; 587–40/ 235 I/153).

[24] Zur Vermeidung von Mißverständnissen sei eindringlich darauf verwiesen, daß die Bezeichnung „Einwohner" für diese Personengruppe vom Verfasser ausgewählt und in die Untersuchung eingeführt wurde. Die Verwendung des Begriffes erschien mangels anderer Möglichkeiten gerechtfertigt. Der Terminus, dem in Quellen demographischer Art eine besondere Rechtqualität zukommen kann, ist hier wertneutral zu verstehen.

[25] S. 170.

den Umweg der Güter über die Armeelieferanten als ein Zwischenspiel, so erscheint deren Miteinbeziehung als erlaubt. Gleichzeitig erübrigt sich eine weitergehende Analyse der Tabelle IX, da in der Tabelle X die korrigierten Daten zusammengestellt sind.

Die Tabelle wurde erarbeitet, indem die Käufer, die von Armeelieferanten Güter erworben und wieder weiterverkauft hatten, mit ihren Anteilen herausgerechnet wurden, und die Käufer, die solche Güter erwarben, mit ihren Anteilen hinzugerechnet wurden.

TAB. X: 2. PHASE, ARRONDISSEMENT TRIER. ÜBERARBEITETE
AUFSTELLUNG DER ZWEITKÄUFER[26])

1	2	3	4	5	6	7	8	9
1 123	Bauern	400 790	617,69	18,2	18,0	18,3	357	0,55
3 958	Einwohner	731 156	1 382,98	64,1	32,8	41,0	185	0,34
49	Kaufleute	297 129	479,74	0,8	13,3	14,2	6 063	9,79
31	Beamte	91 957	53,44	0,5	4,1	1,6	2 966	1,72
81	Handwerker	68 153	54,57	1,3	3,0	1,6	841	0,67
26	Eigentümer	180 273	205,40	0,4	8,1	6,1	6 934	7,90
17	Selbständige	89 292	167,52	0,3	4,0	5,0	5 252	9,85
816	Winzer	216 067	99,14	13,2	9,7	2,9	265	0,12
10	Honoratioren	22 704	132,79	0,2	1,0	3,9	2 270	13,28
12	Geistliche	47 623	52,95	0,2	2,1	1,6	3 969	4,41
3	Adlige	15 138	73,85	–	0,7	2,2	5 046	24,61
21	Müller	51 606	23,08	0,3	2,3	0,7	2 457	1,09
16	Tagelöhner	3 704	5,92	0,3	0,2	0,2	231	0,37
11	Sonstige	16 807	27,44	0,2	0,8	0,8	1 528	2,49
6 174	Total	2 232 399	3 376,51				362	0,54

Die Gesamtzahl der Zweitkäufer, die ehemaliges Eigentum der geistlichen Korporationen im Arrondissement Trier erwarben, stieg bei Einschluß des neuerlichen Weiterverkaufs der Armeelieferantengüter um 760 Personen auf 6 174 neue Grundbesitzer. Dies übertraf die Anzahl der Erstkäufer im Arrondissement um mehr als das Fünffache[27]), so daß von einem für die Verkäufer günstigen Marktklima mit reger Nachfrage gesprochen werden kann.

Gleichzeitig ergab sich ein drastisches Absinken der durchschnittlich auf die einzelnen Käufer entfallenden Grundstücksgrößen, da einerseits ein hoher Zuwachs bei den Käuferzahlen zu verzeichnen war, andererseits aber nur ein Teil der in der ersten Phase ersteigerten Immobilien weiterverkauft wurde. Die Flächengröße des durchschnittlich erworbenen Landes fiel von 7,12 Hektar bei den amtlichen Versteigerungen[28]) auf 0,54 Hektar beim Weiterverkauf, und der

---

[26]) Der Schlüssel zu Tab. X ist identisch mit dem zu Tab. IX, Anmerkung 22.
[27]) Vgl. Tab. V, Spalte 1, S. 165.
[28]) Vgl. Tab. V, Spalte 9, S. 165.

180

durchschnittliche Kapitaleinsatz sank von 4 457 Francs auf 362 Francs. Wie aus den Spalten 8 und 9 der Tabelle X hervorgeht, differieren die durchschnittlichen Werte für die einzelnen Berufsgruppen erheblich, und zwar auf einem wesentlich niedrigeren Niveau als in der ersten Phase. Bei den durchschnittlich eingesetzten finanziellen Mitteln reicht die Skala von 185 Francs, die von den Einwohnern aufgebracht wurden, bis zu 6 063 Francs für die Gruppe der Kaufleute. Bei den durchschnittlich erworbenen Flächen findet sich als niedrigster Wert 0,12 Hektar für die Winzer[29] und als höchster 24,61 Hektar für die Adligen.

Die wirtschaftlich schwächeren Schichten beteiligten sich am Immobilienhandel im zweiten Zugriff mit hohen Käuferzahlen, erwarben aber jeweils nur kleine Objektteile.

Die Bauern, die Einwohner und die Winzer stellten gemeinsam 95,5 % aller Zweitkäufer, investierten 60,5 % des gesamten Kapitals und brachten 62,2 % des weiterveräußerten Landes in ihren Besitz. Sie hatten ihre Anteile durch die Güterverkäufe der Armeelieferanten noch steigern können, während die Resultate für die übrigen Berufsgruppen weiter abgesunken waren. Die Kaufleute erreichten bei einem Anteil an der Käuferzahl von nur 0,8 % immerhin noch 13,3 % der Kaufsumme und 14,2 % der weiterveräußerten Fläche; alle anderen Gruppen blieben bis auf die Handwerker, die 1,3 % der Käufer stellten, bei den Käuferzahlanteilen ebenfalls unter der Ein-Prozent-Grenze. Bei den Kaufsummenanteilen und den jeweils erworbenen Flächen rangierten sie unter der Fünf-Prozent-Grenze bis auf die Eigentümer, die auf 8,1 % und 6,1 % kamen.

Der Immobilienmarkt wurde in der zweiten Phase des Besitzwechsels auf der Käuferseite von den im agrarischen Bereich Tätigen beherrscht. Das Bürgertum trat mit Ausnahme der Kaufleute kaum in Erscheinung, und die Käufe von Adel und Klerus blieben, bezogen auf den Gesamtvorgang, bedeutungslos, auch wenn sich im Einzelfall andere Perspektiven ergaben[30]. Die Beamten, Eigentümer, Selbständigen und Honoratioren hatten ihre Kapitalinvestitionen bereits weitgehend in der ersten Phase vorgenommen und tätigten weitere Zukäufe nur in wesentlich bescheidenerem Umfang. Sie traten beim erneuten Besitzwechsel als Verkäufer auf, soweit sie die angesteigerten Objekte nicht für den eigenen Bedarf behielten. Umgekehrt hatten die Bauern in der ersten Phase wegen der für sie zu teuren, geschlossen zur Versteigerung gestellten wirtschaftlichen Einheiten Zurückhaltung üben müssen. Beim Weiterverkauf wirkte sich der aufgestaute Nachholbedarf sehr deutlich aus, wobei offenbleiben muß, ob die Ausgestaltung des Besitzwechsels auf dem dargelegten Niveau Folge einer Marktsättigung oder Folge der beschränkten finanziellen Möglichkeiten dieser Käuferschichten war.

Der Verbleib der Baulichkeiten, der Höfe und der Weingüter, die in der Tabelle VIII[31] aufgeführt sind, bestätigt die auf der Grundlage der Kaufsummen

---

[29] Dieser niedrige Wert ist durch die besondere Qualität des von den Winzern erworbenen Weinberglandes mitbedingt.

[30] Die Brüder Clemens und Edmund von Kesselstatt erweiterten ihren bereits bei den amtlichen Versteigerungen kräftig aufgestockten Grundbesitz durch umfangreiche Zukäufe.

[31] S. 176.

und Flächen getroffenen Aussagen über die Käufer der zweiten Phase. Analog zu den methodischen Schritten, die zu diesen Aussagen führten, wurden auch für die Baulichkeiten, Höfe und Weingüter zwei Tabellen erstellt:

1. Tab. XI Aufschlüsselung der Zweitkäufer nach Berufsgruppen
2. Tab. XII Überarbeitete Aufstellung der Zweitkäufer

Maßgebend für die Anfertigung der zweiten Tabelle war wiederum die Sonderrolle der Armeelieferantengüter bei der Umschichtung der Eigentumsverhältnisse.

Unter den Berufen fehlt die Gruppe der Einwohner, weil die Käufer der hier im Mittelpunkt stehenden Immobilienarten von den Notaren immer mit den Berufsangaben vermerkt wurden. Dies geschah sicherlich deshalb, weil es sich um größere, markante Objekte handelte, denen man mehr Beachtung schenkte als den Landparzellen. Die Quellenlage ist also in dieser Hinsicht als gut zu bezeichnen, wenn auch erneut betont werden muß, daß nicht alle Weiterveräußerungen der zweiten Phase zu erfassen waren. Es ist anzunehmen, daß mehr Objekte als in den Tabellen XI und XII angegeben den Besitzer wechselten.

Die zweite Aufstellung folgt der ersten unmittelbar, da die erste als Berechnungsgrundlage unentbehrlich ist, die zweite jedoch dem tatsächlichen Verbleib der Baulichkeiten, Höfe und Weingüter näherkommt.

Die angegebenen Zahlen beschreiben die Umschichtungen rein quantitativ; die Dezimalbrüche ergaben sich aus der Aufteilung einzelner Objekte.

TAB. XI: BAULICHKEITEN, HÖFE UND WEINGÜTER. 2. PHASE, ARRONDISSEMENT TRIER. AUFSCHLÜSSELUNG DER ZWEITKÄUFER NACH BERUFSGRUPPEN

	Höfe	Weingüter	Häuser	Mühlen	Konventgebäude (mit Kirchen)	Einzelne Kirchen	Sonstige Immobilien	Total
Bauern	26,25	9,00	4,00	7,50	2,00	—	1	49,75
Kaufleute	9,00	1,00	6,66	3,00	2,50 (2,00)	1,00	1	24,16
Beamte	2,00	—	8,00	—	1,50 (0,50)	0,50	—	12,00
Handwerker	1,00	—	6,33	—	0,50	—	—	7,83
Eigentümer	5,50	1,00	3,00	—	—	—	—	9,50
Selbständige	1,50	1,00	5,00	1,00	—	—	—	8,50
Winzer	1,00	6,00	1,00	—	—	—	—	8,00
Honoratioren	4,00	—	2,00	0,50	—	—	—	6,50
Geistliche	1,00	—	3,00	—	1,00	—	—	5,00
Müller	—	—	—	14,00	—	—	—	14,00
Adlige	—	—	—	—	—	—	—	—
Tagelöhner	—	—	—	—	—	—	—	—
Sonstige	0,33	—	2,00	—	1,50 (1,50)	—	1	4,83
Total	51,50	18,00	41,00	26,00	9(4)	1,50	3	150,00

TAB. XII: BAULICHKEITEN, HÖFE UND WEINGÜTER. 2. PHASE, ARRONDISSE-
MENT TRIER. ÜBERARBEITETE AUFSTELLUNG DER ZWEITKÄUFER

	Höfe	Wein-güter	Häu-ser	Mühlen	Konvent-gebäude (mit Kir-chen)	Ein-zelne Kirchen	Sonstige Immo-bilien	Total
Bauern	31,25	9,00	4,00	7,50	2,00	—	1	54,75
Kaufleute	7,50	1,00	6,66	3,00	2,50 (2,00)	1,00	1	22,66
Beamte	0,50	—	8,00	—	1,50 (0,50)	0,50	—	10,50
Handwerker	0,50	—	6,33	—	0,50	—	—	7,33
Eigentümer	2,00	1,00	3,00	—	—	—	—	6,00
Selbständige	2,50	1,00	5,00	1,00	—	—	—	9,50
Winzer	2,00	6,00	1,00	—	—	—	—	9,00
Honoratioren	4,00	—	2,00	0,50	—	—	—	6,50
Geistliche	1,00	—	3,00	—	1,00	—	—	5,00
Müller	—	—	—	14,00	—	—	—	14,00
Adlige	—	—	—	—	—	—	—	—
Tagelöhner	—	—	—	—	—	—	—	—
Sonstige	0,33	—	2,00	—	1,50 (1,50)	—	1	4,83
Total	51,50	18,00	41,00	26,00	9 (4)	1,50	3	150,00

Es fällt auf, daß die Tabellen XI und XII mit Ausnahme zweier Spalten iden-
tische Zahlen bieten. Nur bei den Höfen ergaben sich durch die Verkäufe der
Armeelieferantengüter Verschiebungen. Dementsprechend variieren auch die
Zahlen in der letzten Spalte der beiden Tabellen, die ausweisen, wieviel Objekte
die Gruppen jeweils insgesamt ankauften.

Von allen 150 weiterveräußerten Objekten erwarben die Bauern allein über
ein Drittel, von den Höfen sogar fast zwei Drittel und von den Weingütern die
Hälfte. Sie nahmen damit die führende Position unter den Käufern der zweiten
Phase ein.

Die zweitwichtigste Käuferschicht bildeten die Kaufleute mit einem allerdings
recht deutlichen Abstand. Sie erwarben 22²/₃ Objekte gefolgt von den Müllern
mit 14, den Beamten mit 10¹/₂, den Selbständigen mit 9¹/₂, den Winzern mit 9 und
den anderen Gruppen mit noch weniger Immobilien. Die Adligen und die Tagelöhner kauften überhaupt keine Baulichkeiten, Höfe und Weingüter.

Die führende Position der Bauern erfährt einen weiteren Ausbau, wenn die
Käufe der Winzer hinzugerechnet werden. Dabei ist ein bereits genanntes Problem zu berücksichtigen: Eine eindeutige Identifizierung von Bauern und Winzern in Gemeinden mit Weinbau und damit eine exakte Isolierung der beiden
im agrarischen Bereich tätigen Gruppen ist nicht möglich, da die Winzer häufig
zur Sicherstellung des Eigenbedarfs an Grundnahrungsmitteln auch Ackerbau
betrieben. Die Übergänge waren fließend, so daß nicht mehr festzustellen ist,

ob der Nebenerwerb als Bauer oder als Winzer ausgeübt wurde. Es blieb deshalb nur übrig, die Berufszugehörigkeiten, die die Personen sich selbst zuerkannten, aus den Quellen zu übernehmen.

Die Bauern und Winzer erwarben zusammen den größten Teil der Höfe und Weingüter, während sie sich bei den übrigen Objekten zurückhielten. Es handelte sich um insgesamt 33¹/₄ von 51¹/₂ Höfen und um 15 von 18 Weingütern. Bemerkenswert ist außerdem, daß die Bauern nach den Müllern die zweithöchste Anzahl von Mühlen an sich brachten. Hier mögen ähnliche Übergänge zwischen Bauern und Müllern wie zwischen Bauern und Winzern wirksam gewesen sein.

Das Interesse für Häuser war am größten bei Beamten, Kaufleuten, Handwerkern und Selbständigen, die zusammen 26 von 41 Wohnbauten kauften, während die Müller allein 14 von 26 Mühlen erhielten.

Weiterverkäufe von Konventgebäuden wurden meist erst dann vorgenommen, wenn die Erstkäufer möglichst viele der wertvollen Materialien entfernt hatten. Durch die Demolierungen sank der Preis, so daß auch Bauern und in einem Fall ein Geistlicher zugreifen konnten[32]).

Kirchen wurden, gleichgültig ob sie zu einem Klosterkomplex gehörten oder allein standen, kaum gehandelt. Im gesamten Arrondissement Trier waren 15 Kirchen amtlich versteigert worden, von denen 5¹/₂ noch einmal den Besitzer wechselten.

---

[32]) Der frühere Prior von Klausen, Karl Kaspar Lintz, kaufte das Kloster Klausen. Vgl. S. 103.

VIII. Ergebnis und Bedeutung der Besitzumschichtungen

Die durch die Säkularisation ausgelösten Verschiebungen der Eigentumsverhältnisse lassen sich nach Phasen getrennt recht deutlich darstellen. Ein Gesamtbild des strukturellen Wandels während der französischen Zeit wird jedoch erst durch einen dritten methodischen Schritt ermöglicht: Die Ergebnisse der amtlichen Versteigerungen und der Weiterverkäufe durch Private müssen miteinander in Beziehung gesetzt und miteinander verrechnet werden, denn der Verbleib der Immobilien geht erst aus der Kombination beider Phasen hervor. Dies ist aber aufgrund der Rahmenbedingungen nur für das Arrondissement Trier zu leisten; die Vermutung erscheint jedoch berechtigt, daß die Resultate in den übrigen Arrondissements nicht viel anders gewesen sein können.

Das Gesamtergebnis der Besitzumschichtungen nach zwei Phasen ist in einem weiteren Schritt auf seine Bedeutung hin zu untersuchen, wobei Einflußgrößen und Wandlungsfaktoren sehr heterogener Art zu überprüfen sind. Dazu gehören unter anderem die Frage nach der Dimension der Vorgänge im Vergleich mit anderen Daten, die für die Bevölkerung und für die Flächen vorliegen. Ferner müssen die Komplexe Löhne, Preise, Kapitalmarktverhältnisse und andere schwierige Problembereiche angeschnitten werden. Daß dabei nur sehr unvollständige, punktuelle Aussagen getroffen werden können, liegt in der Natur der Materie und im gegenwärtigen Forschungsstand der Wirtschafts- und Sozialgeschichte dieses postrevolutionären und protoindustriellen Zeitabschnitts begründet.

1. DAS ERGEBNIS DER BESITZUMSCHICHTUNGEN NACH ZWEI PHASEN

In der Tabelle XIII wird zunächst das Gesamtresultat der Veräußerungen dargestellt. Die Einzeldaten wurden errechnet mit Hilfe der Tabellen V, VI und X, und zwar in der Weise, daß von den Ansteigerungen der Erstkäufer im Arrondissement Trier[1]) die Objekte und die damit zusammenhängenden Daten der Erstkäufer, die weiterverkauften[2]), abgezogen und den verbliebenen Werten die Erwerbungen der Zweitkäufer[3]) hinzugerechnet wurden. (Tab. V minus Tab. VI plus Tab. X). Die Gruppe der Erstkäufer, die weiterverkauften, wurde also eliminiert und an ihrer Stelle die neuen Käufer der zweiten Phase eingesetzt.

---

[1]) Tab. V, S. 165.
[2]) Tab. VI, S. 167.
[3]) Tab. X, S. 180.

TAB. XIII: DAS ERGEBNIS DER BESITZUMSCHICHTUNGEN IM ARRONDISSEMENT TRIER NACH ZWEI PHASEN. AUFSCHLÜSSELUNG NACH BERUFSGRUPPEN[4])

1	2	3	4	5	6	7	8	9
1 628	Bauern	772 658	1 448,70	22,8	13,5	17,5	475	0,88
3 958	Einwohner	731 156	1 382,98	55,4	12,8	16,7	185	0,34
100	Kaufleute	1 223 146	1 350,73	1,4	21,4	16,3	12 231	13,50
72	Beamte	605 313	1 077,47	1,0	10,6	13,0	8 407	14,96
117	Handwerker	184 587	163,52	1,6	3,2	2,0	1 578	1,40
55	Eigentümer	683 768	1 018,02	0,8	12,0	12,3	12 432	18,51
38	Selbständige	387 539	506,78	0,5	6,8	6,1	10 198	13,34
847	Winzer	272 496	109,48	11,9	4,8	1,3	322	0,13
22	Honoratioren	199 898	271,74	0,3	3,5	3,3	9 086	12,35
26	Geistliche	100 604	121,07	0,4	1,8	1,4	3 869	4,66
28	Müller	80 001	68,68	0,4	1,4	0,8	2 857	2,45
3	Adlige	147 233	287,85	—	2,6	3,5	49 078	95,95
16	Tagelöhner	3 704	5,92	0,2	0,1	0,1	231	0,37
16	Sonstige	26 870	72,26	0,2	0,5	0,9	1 679	4,52
216	ohne Angaben	292 304	409,98	3,0	5,1	4,9	1 353	1,90
7 142	Total	5 711 277	8 295,18				800	1,16

Die ehemaligen Kirchengüter waren im Verlauf zweier Veräußerungsphasen in die Hände von insgesamt 7 142 Personen gekommen, von denen der kleinere Teil bei den amtlichen Versteigerungen, der größere Teil beim Weiterverkauf zugegriffen hatte. Die verschiedenen Berufsgruppen waren an dieser großen Zahl in höchst unterschiedlichem Ausmaß beteiligt.

Die breite Masse der Käufer gehörte der Landbevölkerung an. Die Bauern und Winzer stellten zusammen 2 475 oder 34,7 % der neuen Grundeigentümer; unter Einschluß der Einwohner als der dritten Gruppe von Erwerbstätigen im agrarischen Bereich mit einem Anteil von mehr als der Hälfte aller Käufer waren es sogar 6 433 Personen oder 90,1 % aller Beteiligten[5]).

Demgegenüber blieben die übrigen Berufsgruppen zahlenmäßig unbedeutend, da sie kaum die Ein-Prozent-Marke erreichten. Die Handwerker stellten 1,6 % der Käufer, die Kaufleute 1,4 %, die Beamten 1,0 %, die Eigentümer 0,8 %, die Selbständigen 0,5 %, die Geistlichen und Müller jeweils 0,4 %, die Honoratio-

---

4) Schlüssel zu Tab. XIII
   1. Käuferzahl
   2. Berufsgruppen
   3. Kaufpreise in Francs
   4. Erworbene Flächen in Hektar
   5. Prozentanteil an der Gesamtkäuferzahl
   6. Prozentanteil am Gesamtkaufpreis
   7. Prozentanteil an der Gesamtfläche
   8. Durchschnittlich investiertes Kapital in Francs
   9. Durchschnittlich erworbene Flächen in Hektar.
5) Bei Berücksichtigung der Käufer, die in den Quellen als Tagelöhner ausgewiesen sind, erhöht sich die Zahl auf 90,3 %.

ren 0,3 % und die Adligen gerade 0,04 %. Die extreme Polung der Käuferzahlen verdeutlicht den Gegensatz zwischen Bauern und Bürgern, von denen die einen in Massen, die anderen als Einzelpersonen auftraten, während Adel und Klerus fast unbeteiligt blieben. Die Gesamtzahl von über 7 000 Käufern widerlegt alle Meinungen, die Bevölkerung hätte sich von säkularisiertem Kirchengut ferngehalten. Das Gegenteil ist richtig.

Aus den auf die einzelnen Berufsgruppen entfallenden Käuferzahlen geht jedoch nicht die Bedeutung dieser Gruppen im Hinblick auf die investierten Mittel und die erworbenen Flächen hervor. Die hierzu aus den Quellen errechneten Zahlen stehen vielmehr teilweise in einem umgekehrt proportionalen Verhältnis zueinander, das — verkürzt ausgedrückt — dadurch gekennzeichnet ist, daß eine übergroße Mehrheit von Käufern relativ wenig an Grund und Boden erhielt und daß eine Minderheit relativ große Einkäufe tätigte.

Die Bauern, Einwohner und Winzer nämlich erwarben trotz ihres hohen Anteils an der Gesamtkäuferzahl „nur" 2 941,16 Hektar oder etwas mehr als ein Drittel der gesamten umgeschlagenen Fläche, wobei sie allerdings den ersten Rang unter allen Gruppen einnahmen[6]. Ihre finanziellen Investitionen waren mit 1 776 310 Francs oder etwas weniger als einem Drittel des Gesamtkapitals ebenfalls am höchsten[7]. Die Kaufleute dagegen investierten trotz ihrer geringen Anzahl 1 223 146 Francs oder ein Fünftel aller Mittel und kauften 1 350,73 Hektar oder ein Sechstel der Gesamtfläche, so daß sie jeweils den zweiten Platz erreichten. Die Relation zwischen Käufern aus dem agrarischen Bereich und den Kaufleuten lag hinsichtlich der Käuferzahl bei 64 : 1, der Kaufsumme bei 1,5 : 1 und der Fläche bei 2,2 : 1. Die bäuerlichen Käufer hatten ihre relativ geringen Anteile der ersten Phase durch Zukäufe in der zweiten Phase gesteigert und dabei die Kaufleute überflügelt, indem sie durch ihre Masse Kaufsummen- und Flächenanteile vergrößerten, während die Kaufleute andererseits als Verkäufer ihren in der ersten Phase ersteigerten Immobilienbesitz wieder abbauten. Der Gewinn, den die Kaufleute dabei machten, erscheint in dieser Rechnung nicht, da hier der Verbleib der Güter untersucht wird.

Den dritten Rang in der Ergebnisstatistik nahmen nach dem investierten Kapital[8] die Eigentümer mit 12,0 % ein, gefolgt von den Beamten mit 10,6 %, den Selbständigen mit 6,8 %, den Honoratioren mit 3,5 %, den Handwerkern mit 3,2 %, den Adligen mit 2,6 %, den Geistlichen mit 1,8 % und den Müllern mit 1,4 %. Die Tagelöhner und die sonstigen Käufer blieben, wie auch bei den anderen Datenreihen, bedeutungslos.

---

[6] Spalte 4   Spalte 7
    1 448,70 ha   17,5 %
    1 382,98 ha   16,7 %
     109,48 ha   1,3 %
    2 941,16 ha   35,5 %

[7] Spalte 2   Spalte 6
    772 658 frs   13,5 %
    731 156 frs   12,8 %
    272 496 frs   4,8 %
    1 776 310 frs   31,1 %

[8] Tab. XIII, Spalte 6.

13*

Die gleiche Reihenfolge der Berufsgruppen ergab sich auch im Hinblick auf die erworbenen Flächen[9]) mit Ausnahme der Eigentümer und Beamten, sowie der Handwerker und Adligen, die jeweils die Plätze tauschten. Es handelte sich dabei um geringfügige Verschiebungen; die Flächenanteile bewegten sich ungefähr parallel zu den Kaufsummenanteilen.

Die durchschnittlich von den einzelnen Berufsgruppenangehörigen eingesetzten finanziellen Mittel und die durchschnittlich von den Käufern pro Kopf erworbenen Flächen, die in den letzten beiden Spalten der Tab. XIII vermerkt sind, belegen anschaulich, wie weit die finanziellen Möglichkeiten der verschiedenen Berufsgruppen auseinanderklafften und wie sehr dementsprechend die Größenordnungen der angesteigerten Immobilien differierten.

Nach dem durchschnittlichen Kapitaleinsatz rangierten die Adligen mit 49 000 Francs extrem weit vor allen anderen Käufern, wobei ein Adliger soviel investierte wie 103 Bauern, 265 Einwohner, 4 Kaufleute, 6 Beamte, 31 Handwerker, 4 Eigentümer, 5 Selbständige, 152 Winzer, 5 Honoratioren, 13 Geistliche, 17 Müller oder 212 Tagelöhner. Dieses Ergebnis war allein durch die Käufe der Brüder von Kesselstatt bedingt. Es handelte sich um ein für die Gesamtentwicklung atypisches Phänomen, da die Grafen von Kesselstatt fast als einzige Adlige nicht emigrierten und während der französischen Zeit ihre Liegenschaften um 280 Hektar Land vermehrten[10]).

Nach ihnen konnten die Eigentümer, die Kaufleute und Selbständigen die durchschnittlich höchsten Geldbeträge zwischen 10 000 und 12 000 Francs aufwenden. Es folgten die Honoratioren und Beamten mit 9 000 bis 8 000 Francs, die Geistlichen, Müller und Handwerker mit 4 000 bis 1 000 Francs und schließlich mit im Vergleich äußerst niedrigen Beträgen die Bauern, Winzer, Tagelöhner und Einwohner, die durchschnittlich zwischen 475 und 185 Francs aufbrachten. Faßt man die Letztgenannten zusammen, so ergibt sich ein Einsatz von 276 Francs pro Person. Diese Zahlen weisen auf die enorme Kluft zwischen Bürgertum und Landbevölkerung hin. Die zahlenmäßig geringe Bürgerschaft war der breiten Masse wirtschaftlich weit überlegen.

Die Vermutung, die Gruppe der Einwohner sei im Grenzbereich zwischen Bauern und Tagelöhnern angesiedelt gewesen[11]), wird von den Zahlen erneut gestützt; möglicherweise hat es sich tatsächlich um Tagelöhner gehandelt, so daß die unterste Schicht der im agrarischen Bereich Erwerbstätigen und bisher ganz oder fast ganz Besitzlosen zu Eigentum an Grund und Boden gelangten, wenn auch jeweils in kleinem Umfang. Die durchschnittlich auf einen Einwohner ent-

---

[9]) Tab. XIII, Spalte 7.
[10]) Ein Beschluß der französischen Regierung vom 11. Mai 1804 hatte festgelegt, daß die Adligen der Ritterschaft und die übrigen Adligen, die nicht den deutschen Reichsständen angehörten, ihr vorher sequestriertes Eigentum zurückerhalten sollten mit der Auflage, es innerhalb von drei Jahren zu veräußern, wenn sie nicht französische Staatsbürger werden wollten (Bormann/Daniels, Bd. IV, S. 526 ff.; de Faria e Castro, S. 79 ff.). Die Grafen von Kesselstatt machten von der letzteren Möglichkeit Gebrauch, nahmen Wohnsitze in Mainz und Trier und beteiligten sich als vermögende Privatleute an den Versteigerungen.
[11]) Vgl. S. 179.

fallenden 34 Ar entsprechen genau einem Morgen[12]) und damit der kleinsten agrarisch noch sinnvoll nutzbaren Betriebseinheit. Sie kostete durchschnittlich 185 Francs. Die in den Quellen als Bauern ausgewiesenen Käufer übertrafen diese Werte mit 475 Francs und 0,88 Hektar jeweils um das Zweieinhalbfache, während umgekehrt die Zahl der Einwohner um das Zweieinhalbfache höher lag als die Zahl der Bauern. Die Überlegungen zu diesem Problembereich bleiben unbefriedigend, da eine gesicherte Beweisführung nicht möglich erscheint. Global gesehen läßt sich jedoch eine Zuordnung dieser Gruppe zur wenig vermögenden Bevölkerungsschicht vornehmen.

Der durchschnittlich von einem Winzer erworbene Grund und Boden umfaßte nur 0,13 Hektar und war mit 322 Francs relativ teuer, da Weinbergsland höher gehandelt wurde als andere Nutzungsarten.

Die von den Angehörigen anderer Berufsgruppen angekauften Flächen bewegten sich durchschnittlich bei einem bis fünf Hektar für die Handwerker, Müller und Geistlichen, bei 12 bis 15 Hektar für die Honoratioren, Selbständigen, Kaufleute und Beamte und bei 18 Hektar für die Eigentümer, die bei fast gleichem durchschnittlichen Kapitaleinsatz relativ weniger Baulichkeiten und mehr Land als die Kaufleute erwarben. Die Adligen nahmen wieder die Spitzenposition mit jeweils 96 Hektar ein.

2. DER VERBLEIB VON BAULICHKEITEN, HÖFEN UND WEINGÜTERN

Das dargestellte Ergebnis der Besitzumschichtungen nach Ablauf von zwei Phasen erhält erst seine letzte Ausgestaltung, wenn auch der Verbleib der Höfe, Weingüter und Baulichkeiten berücksichtigt wird.

Die dazu erarbeitete Tabelle XIV (S. 190) entstand nach dem gleichen methodischen Verfahren wie die Tabelle XIII. (Tab. VII minus Tab. VIII plus Tab. XII)[13]).

Von den 442 im Arrondissement Trier durch die Behörden versteigerten Objekten kamen etwas mehr als 100 oder fast ein Viertel in die Hände von Bauern und Winzer, so daß diese auch hier als führende Käufergruppe einzustufen sind.

Die Kaufleute, die bei den offiziellen Versteigerungen die meisten Hof- und Weingüter erworben hatten, fielen durch ihre Verkaufstätigkeit in der zweiten Phase der Besitzumschichtungen im Endergebnis auf den zweiten Platz zurück. Sie verfügten noch über insgesamt 75 Liegenschaften.

Auch die Beamten, Selbständigen und Eigentümer gaben Güter ab und nahmen die folgenden Rangplätze im Hinblick auf die absolute Zahl mit 51,75, 44,20 und 31,00 der Objekte ein.

Die übrigen Berufsgruppen besaßen trotz ihrer Zukäufe in der zweiten Phase weniger ehemalige Kirchengüter. Die Geistlichen hatten insgesamt 23, die

---

[12]) Nach dem Trierer Ackermaß war 1 Morgen gleich 0,34 Hektar (Trierischer Taschenkalender, 1807, S. 137).
[13]) S. 175, 176, 183.

	Höfe	Wein- güter	Häu- ser	Mühlen	Konvent- gebäude (mit Kir- chen)	Ein- zelne Kirchen	Sonstige Immo- bilien	Total
Bauern	44,50	12,50	7,00	9,50	2,00	—	7	82,50
Kaufleute	17,00	12,00	21,66	11,12	3,84 (5,00)	2,50	7	75,12
Beamte	4,50	5,25	31,00	3,50	2,00 (1,00)	3,50	2	51,75
Handwerker	2,50	—	17,00	0,66	0,50	—	—	20,66
Eigentümer	12,84	4,50	4,83	5,00	2,88 (0,50)	—	1	31,00
Selbständige	12,03	5,00	18,50	3,66	1,00	1,00	3	44,20
Winzer	2,00	7,50	5,50	—	—	—	4	19,00
Honoratioren	8,50	2,00	5,00	1,50	2,00	—	2	21,00
Geistliche	3,00	—	17,00	1,00	1,00	—	1	23,00
Müller	1,00	—	—	21,00	—	—	—	22,00
Adlige	8,50	—	—	—	—	—	—	8,50
Tagelöhner	—	—	—	—	—	—	—	—
Sonstige	0,88	—	2,00	—	1,50 (1,50)	—	1	5,38
ohne Angaben	11,84	7,25	9,50	9,00	—	—	—	37,59
Total	129,00	56,00	139,00	66,00	17(8)	7,00	28	442,00

Müller 22, die Honoratioren 21, die Handwerker 20,66 und die Adligen 8,50 Immobilien erworben, während die Tagelöhner leer ausgingen, wofür ganz sicher finanzielle Gründe maßgebend waren.

Noch bemerkenswerter als dieses Gesamtergebnis erscheint die jeweilige Vermögensstruktur der Gruppen. Von den 129 Höfen hatten die Bauern und Winzer 46,50 gegenüber nur 15,88 nach der ersten Phase in ihren Besitz gebracht. Dies war mehr als ein Drittel aller Höfe. In ihre Hände gelangten auch die meisten Weingüter, von denen sie in der ersten Phase nur sechs hatten kaufen können, nach Abschluß der Umschichtungen jedoch zwanzig oder mehr als ein Drittel der insgesamt 56 Weingüter besaßen. Die zweithöchste Anzahl von Höfen und Weingütern gehörte den Kaufleuten, die 17 bzw. 12 Objekte nach Abschluß beider Phasen behalten hatten. Eigentümer und Selbständige rangierten auf den nachfolgenden Plätzen mit deutlichem Abstand vor den Honoratioren und Beamten, die sich weniger auf dem agrarischen Sektor engagierten. Die übrigen Berufsgruppen erwarben nur in geringem Umfang Hofgüter und überhaupt keine Weingüter.

Bei den Häusern trägt das Bild der Verteilung völlig andere Züge. Hier waren es die Beamten, die mit 31 von 139 Objekten am meisten kauften. Sie nahmen die Chance wahr, bei den Güterversteigerungen Eigentümer von Wohnhäusern zu werden. Es handelte sich fast nur um in Städten gelegene Häuser.

Die Kaufleute erwarben 21²/₃, die Selbständigen 18¹/₂ und die Handwerker und die Geistlichen jeweils 17 Wohnhäuser. Die beiden letztgenannten Gruppen kauften bei ihren Ansteigerungen unter den verschiedenen Objektarten bevorzugt Häuser ein, so daß bei diesen Immobilien die jeweils höchste Anzahl von Kaufakten der Handwerker und Geistlichen zu konstatieren ist. Die Geistlichen kauften Häuser zu Wohnzwecken, die Handwerker außerdem zur Ausübung ihres Gewerbes. Für Ankäufe, die über den persönlichen Bedarf hinausgingen und auf die Erzielung von Gewinn gerichtet waren, hatten beide Gruppen keine Mittel.

Die übrigen Berufsgruppen kauften bis auf die Müller, die Adligen und die Tagelöhner, die sich nicht beteiligten, zwischen 5 und 7 Häuser, wobei besonders das relative Desinteresse der Eigentümer im Vergleich mit deren anderen Käufen auffällt.

Von den 66 Mühlen erwarben die Müller, die sonst kaum hervortraten, 21 oder fast ein Drittel und blieben damit weit vor allen anderen Käufern. Die Kaufleute erhielten 11 Mühlen und die Bauern 9¹/₂, während die übrigen Interessenten nur zwischen einer und 5 Mühlen kauften.

Die 17 Klosterkomplexe gingen fast alle in die Hände bürgerlicher Käufer über bis auf die beiden kleinen Konvente in Filzen (Mosel) und Beurig (Saar), die in der zweiten Phase von Bauern erworben wurden. Die Kaufleute, Eigentümer und Honoratioren teilten die allermeisten Konventgebäude unter sich auf. Bei den Kirchengebäuden hatten die Kaufleute sogar einen Anteil von 50 %, wenn die zu Klöstern gehörigen und die einzelstehenden Kirchen zusammengenommen werden. Außer den Kaufleuten traten als Kirchenkäufer nur noch Beamte, Selbständige und Eigentümer mit geringen Käufen auf. Im ganzen gesehen war der Handel mit Kirchen unbedeutend, da überhaupt nur 15 Objekte in Privathand gelangten. Dies war wohl in der eingeschränkten wirtschaftlichen Nutzbarkeit solcher Immobilien begründet.

Von den sonstigen 28 Immobilien, bei denen es sich meist um Wirtschaftsgebäude wie Scheunen oder Kelterhäuser, aber auch Wasserbehälter oder Stallungen handelte, erwarben die Bauern und Winzer zusammen 11, die Kaufleute 7; der Rest verteilte sich auf einige Gruppen.

Der Verbleib der Baulichkeiten, Höfe und Weingüter war nach Ablauf von zwei Phasen des Besitzwechsels dem Verbleib der Grundflächen sehr ähnlich, da die Berufsgruppen sich bei ihren Käufen jeweils ähnlich verhielten.

Als Endergebnis aller untersuchten Umschichtungen ist festzuhalten, daß die bürgerlichen Käufer ungefähr die Hälfte der von den französischen Behörden verkauften Objekte erwarben und die Erwerbstätigen im agrarischen Bereich ungefähr ein Drittel. Der Rest kam an Adlige, Geistliche und an Käufer, die keine Berufsangaben machten.

3. DAS FINANZIELLE UND WIRTSCHAFTLICHE PROBLEMFELD

Der Versuch, die im Zusammenhang mit den Verkäufen von Nationalgütern auftauchenden Fragen nach den finanziellen Aspekten zu beantworten, stieß auf große Schwierigkeiten, die in der Natur der Quellen und deren fragmentarischer Überlieferung begründet sind. Der Versuch erschien dennoch notwendig, um wenigstens Einblicke in das wirtschaftliche Gefüge der Zeit zu vermitteln, in der

sich die von der Säkularisation ausgelöste Umschichtung der Eigentumsverhältnisse an Grund und Boden abspielte.

Die höchst unterschiedliche Kaufkraft der verschiedenen Berufsgruppen ist
aus den oben vorgelegten Tabellen deutlich ablesbar.

Eine andere Möglichkeit, die Kaufkraft und die wirtschaftliche Lage der Bevölkerung insgesamt einzuschätzen, besteht in der Überprüfung der Preise und
Löhne. Das Quellenmaterial bietet dazu relativ viele Daten und Informationen[14].

Als am wichtigsten erschienen die Getreidepreise, die aufgrund der Ernäh-
rungsgewohnheiten und -möglichkeiten unmittelbar auf die wirtschaftliche und
soziale Lage der Bevölkerung einwirkten und für die unteren Schichten existenz-
bestimmende Geltung hatten[15].

TAB. XV: GETREIDEPREISE IN DER MAIRIE TRIER 1789–1812
ANGABEN IN FRANCS PRO ZENTNER[16]

	Weizen	Mischel-frucht	Roggen	Gerste	Hafer	Heu	Stroh
1789	13,–	10,–	10,–	7,–	4,–	2,–	1,30
1790	9,–	8,–	8,–	7,–	4,–	2,–	1,30
1791	9,–	8,–	8,–	7,–	4,–	2,–	1,30
1792	15,–	12,–	12,–	10,–	4,–	2,–	1,30
1793	15,–	12,–	12,–	10,–	4,–	2,–	1,30
1794	15,–	12,–	12,–	10,–	4,–	2,–	1,30
1795	15,–	12,–	12,–	10,–	4,–	2,–	1,30
1796	15,–	12,–	12,–	10,–	4,–	2,–	1,30
1797	11,50	10,–	10,–	8,–	5,–	2,–	1,30
1798	7,50	6,60	6,60	7,–	4,–	2,–	1,30
1799	9,–	8,–	8,–	7,–	4,–	2,–	1,30
1800	12,–	10,–	9,–	8,–	4,–	2,50	1,30
1801	12,–	10,–	9,–	8,–	4,–	2,50	1,30
1802	15,50	11,50	11,50	10,–	6,–	4,–	2,–
1803	7,73	7,41	7,–	7,43	4,89		
1804	7,71	7,43	6,73	7,86	4,52		
1805	10,18	10,03	9,59	8,72	5,35		
1807	9,48	7,55	7,61	7,75	5,35		
1809	8,05	7,56	6,47	6,78	5,54		
1810	8,64	8,49	8,28	7,64	3,58		
1812	13,65	11,20	9,80	8,08	5,18		

[14] Diese konnten jedoch wegen ihrer Lückenhaftigkeit vielfach nur bedingt miteinander verglichen werden.

[15] Wilhelm Abel, Massenarmut und Hungerkrisen im vorindustriellen Europa. Versuch einer Synopsis. Hamburg, Berlin 1974, passim.

[16] Folgende Quellen wurden bei der Zusammenstellung der Übersicht ausgewertet:
1. Für 1789–1802 Bericht des Maires von Trier an den Präfekten vom 30. Pluv. XI/
19. Februar 1803 (SAT FZ 78, 2100); 2. Für 1803–1805 und für Januar und Februar
1812 das Journal du Département de la Sarre mit seinen Marktberichten aus Trier;
3. Für 1807 ein Preisverzeichnis der Präfektur (SAT, Trevirensia, Plakatdruck);
4. Für 1809 Delamorre, S. 417 ff.; 5. Für 1810 Etat de la nature, de la Quantité et de
la Valeur des Productions indigènes de l'Arrondissement de Trèves (SAT FZ 689).
Die Preise für die Jahre 1807 und 1810 galten für das Arrondissement Trier, die für
1809 für das Saardepartement. Sie sind mangels anderer Angaben in die Tabelle
eingesetzt worden. Für die Jahre 1806, 1808 und 1811 fehlen Preisangaben.

Für den Zeitraum zwischen 1789 und 1812 konnten die Getreidepreise im Bereich der Mairie Trier bis auf einige Jahre ermittelt werden. Es handelt sich dabei um Annäherungswerte, denn alle Fehlerquellen waren nicht auszuschalten. Die Beschränkung auf einen lokalen Bereich erwies sich als unumgänglich, da einigermaßen abgesicherte Datenreihen für das gesamte Saardepartement in dem genannten Zeitraum nicht rekonstruiert werden konnten. Wegen der Bedeutung Triers für den Handel mit agrarischen Produkten dürften die Zahlen jedoch einen exemplarischen Charakter für die konjunkturellen Bewegungen in der Nahrungsmittelproduktion besitzen.

Die Preise waren in den Quellen teilweise für den Zentner, teilweise pro Hektoliter angegeben. Mit Hilfe der entsprechenden Reduktionsfaktoren wurden für alle Jahre die Zentnerpreise errechnet, um Vergleiche zu ermöglichen[17]).

Der Maire von Trier scheint in seinem Preisbericht für die Jahre 1789 bis 1802 in einigen Fällen retrospektive Schätzungen vorgenommen zu haben, denn die von ihm dargestellte absolute Konstanz der Preise zwischen 1792 und 1796 wird in Wirklichkeit wohl kaum bestanden haben. Die Wahrscheinlichkeit spricht dafür, daß in diesen Kriegs- und Besatzungsjahren mit ihren chaotischen Verhältnissen keine Marktnotizen möglich waren. Für die übrigen Jahre wurden die Erhebungsergebnisse offensichtlich schriftlich festgehalten und in der napoleonischen Zeit erschienen sie sogar teilweise im Druck. Die Preisreihen für das als Fourage wichtige Heu und Stroh brechen 1802 leider plötzlich ab.

TAB. XVI: GETREIDEPREIS-INDEX, MAIRIE TRIER 1789–1812
1789 = 100[18])

	Weizen	Mischel-frucht	Roggen	Gerste	Hafer	Heu	Stroh	Gesamt-index
1789	100	100	100	100	100	100	100	100
1790	69	80	80	100	100	100	100	85
1791	69	80	80	100	100	100	100	85
1792	115	120	120	143	100	100	100	122
1793	115	120	120	143	100	100	100	122
1794	115	120	120	143	100	100	100	122
1795	115	120	120	143	100	100	100	122
1796	115	120	120	143	100	100	100	122
1797	88	100	100	114	125	100	100	103
1798	58	66	66	100	100	100	100	76
1799	69	80	80	100	100	100	100	85
1800	92	100	90	114	100	125	100	101
1801	92	100	90	114	100	125	100	101
1802	119	115	115	143	150	200	154	131
1803	59	74	70	106	122			78
1804	59	74	67	112	113			78
1805	78	100	96	125	134			98
1807	73	76	76	111	134			86
1809	62	76	65	97	139			78
1810	66	85	83	109	90			83
1812	105	112	98	115	130			109

17) Weizen: 0,7733; Roggen: 0,7278; Gerste: 0,5913; Hafer: 0,4367; (Litergewichte bei H. Aubin/W. Zorn, Handbuch der deutschen Wirtschafts- und Sozialgeschichte, Stuttgart 1971, Bd. I, S. 677).

18) Die Einzelindices wurden über den Preis der jeweiligen Getreideart im Jahr 1789 errechnet. Für den Gesamtindex wurden die Preise aller Getreidearten pro Jahr addiert und zum Preis im Basisjahr 1789 in Beziehung gesetzt.

Die Indexberechnung, die das Jahr 1789 als Basisjahr zugrunde legt, zeigt das Bild der agrarischen Konjunkturentwicklung noch besser als die Preisangaben der Tab. XV.

GETREIDEPREIS-GESAMTINDEX, MAIRIE TRIER, 1789–1812
1789 = 100

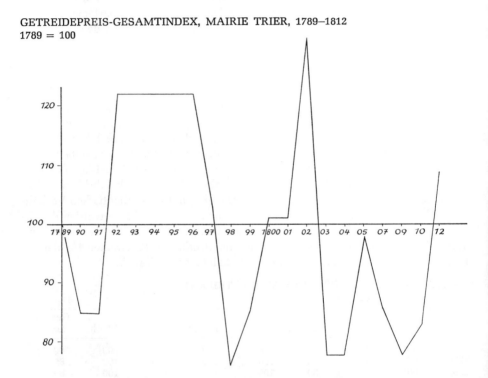

Im Jahr 1789 war die Getreideernte schlecht ausgefallen, so daß allgemein in Europa ein hohes Preisniveau zu verzeichnen war[19]. Auch in Trier war die Teuerung deutlich spürbar. In den Jahren 1790 und 1791 sanken die Preise wegen besserer Ernten, erreichten jedoch zwischen 1792 und 1796 einen Hochstand, der sich katastrophal auf die Versorgung der Bevölkerung auswirkte. Die Ursachen dafür lagen einerseits in den politischen und kriegerischen Ereignissen dieser Epoche, andererseits in den klimatischen Bedingungen. Einem sehr trockenen Sommer 1794 folgte ein zu kalter Winter 1794/95, der bis tief in das Frühjahr 1795 hinein andauerte[20]. Außerdem trieben die ständigen Kontributionsforderungen und Requisitionen, die von den siegreichen französischen Truppen im Erzstift Trier erzwungen wurden, die Preise in die Höhe. Eine Entspannung trat in den letzten beiden Jahren vor der Jahrhundertwende ein, als der Preisindex auf 76 bzw. 85 zurückfiel, aber bereits 1800 stieg er wieder auf das Niveau von 1789 und erreichte im schlechten Erntejahr 1802 den Kulminationspunkt des gesamten Zeitraumes.

---

19) Abel, Massenarmut und Hungerkrisen, S. 258 ff.
20) Abel, Massenarmut und Hungerkrisen, S. 262.

Bedingt durch gute Ernteergebnisse kam es 1803 zu einem Preisrutsch, der den Gesamtindex für Getreide um mehr als ein Drittel auf 78 reduzierte. Der Weizenpreis sank sogar um die Hälfte. Ob ein über die zeitliche Parallele hinausgehender kausaler Zusammenhang mit den im gleichen Jahr einsetzenden Nationalgüterveräußerungen gegeben war, ist wohl kaum zu klären. Die Neigung bürgerlicher Konsumenten, Kapital in Grund und Boden zu investieren, mag gestiegen sein, während umgekehrt die Bauern durch geringere Erlöse für ihre Produkte auch geringere Möglichkeiten hatten, Grundbesitz zu erwerben. Ein abgesicherter Nachweis allerdings ist in dieser Richtung nicht zu führen[21].

Die Getreidepreise pendelten sich in den folgenden Jahren zwischen dem 1803 erreichten Index von 78 und dem für 1805 zu verzeichnenden Index von 98 bis etwa 1810 ein. Relativ gute Ernten und eine allgemeine wirtschaftliche Konsolidierungs- und Aufbauphase bei stabilen innenpolitischen Verhältnissen unter Napoleon kennzeichnen diese Epoche[22].

Ab 1810 zogen die Preise wieder an und übertrafen 1812 die Preise von 1789. Die außenpolitischen Verwicklungen gegen Ende des Kaiserreiches, schlechtere Ernten und die Wirtschaftskrise von 1810/11[23] waren an dieser Entwicklung beteiligt.

Die Höhe der Preise und ihre Bewegungen können für einen enger begrenzten Zeitraum auch für das gesamte Saardepartement angegeben werden, und zwar nicht nur für Getreide, sondern auch für Gemüse, Fleisch und andere Konsumgüter, sowie für Brennmaterialien. Es handelt sich um die Jahre 1798 bis 1802, für die eine Preisstatistik auf der Grundlage amtlicher Erhebungen vorliegt (Tab. XVII, S. 196)[24].

Zu den teuren Produkten zählten um die Wende vom 18. zum 19. Jahrhundert die Fleischwaren, besonders das Schweinefleisch. Exorbitant teuer war der zu den Kolonialwaren gehörige und deshalb seltene Reis, dessen Preise zwischen 46,70 und 82,97 Francs pro Zentner schwankten.

Gemüse war durchschnittlich etwas teurer als Getreide auf einem Niveau knapp unterhalb von 10 Francs pro Zentner. Der Zentner Kartoffeln kostete demgegenüber nur 2¹/₂ Francs. Diese Preisdifferenzen unterstreichen die besondere Bedeutung der Kartoffel als Grundnahrungsmittel. Unter den Literpreisen für Alkoholika war der für Bier am günstigsten, während der Wein ungefähr 1 Franc kostete[25], und die Schnäpse mit etwa 2 Francs pro Liter bezahlt werden mußten. Der Festmeter Buchen- oder Eichenholz kostete zwischen 3 und 4 Francs, im Jahre 1809 sogar 8,42 bzw. 6,47 Francs[26]. Der Raubbau, der mit dem natür-

---

[21]) Der Preisabfall hätte z. B. durch einen erhöhten Export bei erhöhter Getreideproduktion wieder ausgeglichen werden können und sogar zu einem Anstieg des Realeinkommens der Bauern führen können. Produktions- und Absatzstatistiken, die zu einer Klärung beitragen könnten, tauchen jedoch in den Quellen selten auf.

[22]) Vgl. dazu die höchst unterschiedlichen Weizenpreise in den anderen europäischen Ländern mit ihren sehr viel stärkeren Sprüngen bei Abel, Massenarmut und Hungerkrisen, S. 316, Abb. 64.

[23]) Dazu ausführlich: Darmstädter, VSWG 2, 1904, S. 559 f., 579 ff.

[24]) Zegowitz, Anhang, Nr. 5.

[25]) Dieser Betrag ist mit Sicherheit nicht repräsentativ für die Weinpreise während der französischen Zeit, die nach Lagen und Jahrgang sehr schwankten.

[26]) Delamorre, S. 417 ff.

TAB. XVII: WARENPREISE IM SAARDEPARTEMENT 1798–1802.
ANGABEN IN FRANCS PRO ZENTNER, BEI GETRÄNKEN
UND ÖLEN PRO LITER, BEI HOLZ PRO FESTMETER

Waren	An VII 1798/1799	An VIII 1799/1800	An IX 1800/1801	An X 1801/1802
Weizen	9,26	10,14	9,32	13,30
Spelz	7,52	9,02	9,20	14,09
Mischelfrucht	7,87	8,21	6,63	10,89
Roggen	8,31	8,13	7,03	11,50
Gerste	6,42	8,07	5,92	9,70
Hafer	6,10	7,47	4,77	5,66
Heu	3,39	4,05	2,65	2,33
Stroh	2,01	2,34	1,42	1,42
Kleie	4,46	2,90	—	— *
Kartoffeln	—	—	2,66	2,14
Erbsen	—	7,38	7,05	10,88
Bohnen	—	10,01	9,84	9,54
Linsen	—	11,98	10,69	8,09
Reis	—	46,70	82,97	63,67
Ochsenfleisch	28,63	25,50	27,79	29,19
Rindfleisch	24,77	26,50	22,32	26,85
Kalbfleisch	25,00	26,00	21,22	21,53
Hammelfleisch	28,54	29,06	26,31	32,37
Schweinefleisch	64,50	58,00	37,59	41,71
Wein	0,91	0,82	1,11	—
Essig	1,04	1,82	0,72	0,43
Bier	—	—	0,12	0,14
Branntwein	—	2,75	2,52	1,73
Trester	—	—	2,12	1,45
Korn	—	—	0,80	1,54
Buchenholz	3,66	3,96	3,71	4,00
Eichenholz	—	—	2,86	3,66
Tannenholz	—	—	—	—
Steinkohle	0,90	0,95	—	—
Olivenöl	—	—	3,17	3,26
Rübenöl	1,66	1,48	1,78	1,38
Tran	—	—	2,13	1,11
Bucheckernöl	—	—	1,46	1,82
Salz	15,00	9,50	10,87	10,97

lichen Waldreichtum des Saardepartements getrieben worden war[27]), schlug sich in diesen hohen Preisen nieder. Holz war als Brennmaterial kostbar geworden, so daß die Bevölkerung auf andere Rohstoffe ausweichen mußte. Sie fand Ersatz in der Kohle, die im Saarbrücker Raum abgebaut wurde und an erster Stelle unter den Bodenschätzen des Saardepartements stand. Die Kohle war mit einem Zentnerpreis von 90 bis 95 Centimes billig, da sie als Massengut auf der Saar und der Mosel verschifft werden konnte und der Transport, der seiner hohen Kosten wegen damals die Waren über Land enorm verteuerte, zu Wasser sich kostengünstig abwickeln ließ.

Öle kosteten pro Liter zwischen $1\frac{1}{2}$ und $3\frac{1}{4}$ Francs, Salz pro Pfund ungefähr 10 Centimes.

---

[27]) Vgl. oben S. 26.

Zur Erarbeitung der obigen Preisstatistik hatte Zegowitz Fragebogen an die einzelnen Kantone verschickt. Von den Rückantworten konnten noch zwei im Stadtarchiv Trier aufgefunden werden[28]), so daß auch das Preisniveau auf lokaler Ebene für zwei Kantone darstellbar ist. Es handelte sich um die Kantone Wittlich und Saarbrücken und damit um ein Gegensatzpaar von exemplarischer Bedeutung, denn der Raum Wittlich war ländlich, der Raum Saarbrücken städtisch strukturiert.

TAB. XVIII: WARENPREISE IN DEN KANTONEN WITTLICH UND SAARBRÜCKEN AN X (1801/02)[29])

Waren	Wittlich	Saarbrücken
Weißbrot	0,11	0,11
Mischbrot	0,07	0,09
Schwarzbrot	0,06	0,08
Rindfleisch	0,30	0,36
Kalbfleisch	0,24	0,25
Hammelfleisch	0,30	0,32
Schweinefleisch	0,39	0,43
Dörrindfleisch	0,50	0,72
Dörrschweinefleisch	0,60	0,72
Rindsfett	0,73	0,66
Schweineschmalz	0,90	0,86
Kerzen	1,00	0,86
Seife	0,90	0,72
Salz	0,09	0,11
Butter	0,60	0,90
Tabak	2,15	2,15
Reis	0,50	0,47
Lampenöl	3,67	2,29
Olivenöl	4,30	6,46
Wein	0,90	1,72
Bier	0,18	0,22
Branntwein	1,40	2,44
Viez	0,24	—
12 Eier	0,42	0,43

Die Preise im Kanton Saarbrücken lagen eindeutig höher als im Kanton Wittlich, allgemein etwa um 15 %. Billiger waren nur Rindsfett, Schweineschmalz, Kerzen, Seife, Reis und Lampenöl. Die übrigen Waren kosteten teilweise in Saarbrücken erheblich mehr als in Wittlich, so z. B. die Butter und das Olivenöl, die um 50 % teurer waren, oder der Wein, der fast zum doppelten Preis gehandelt wurde. Hier war die Erzeugernähe von entscheidender Bedeutung.

Auch Schuhe und Kleidung kosteten im Kanton Wittlich weniger als im Kanton Saarbrücken: 1 Paar „Mannsschuh" 3,90 frs gegenüber 4,88 frs; ein „Mannskleid" 5,72 frs gegenüber 6,46 frs. Beiden Kantonen gemeinsam war der große Unterschied zwischen Brot- und Fleischpreisen; tierisches Eiweiß war ungefähr

---

28) SAT Hs 1566/200.
29) Angaben in Francs pro Pfund, bei Ölen und Alkoholika pro Maß. 1 Maß entsprach 1,30 Liter (Trierischer Taschenkalender, 1807, S. 92 ff.).

fünfmal so teuer wie das Grundnahrungsmittel Brot. Der höchste Pfundpreis mußte, bedingt durch staatliche Reglementierungen, für Tabak gezahlt werden.

Für die späteren Jahre der französischen Zeit waren im untersuchten Quellenmaterial keine ähnlich detaillierten Preisreihen aufzufinden. Die Daten informieren eher schlaglichtartig über Einzelpreise, die nicht mehr als Anhaltspunkte sein können.

Eine Reise mit der Postkutsche[30] kostete von Trier aus nach Koblenz 1802: 10,00 frs; 1809: 11,85–12,50 frs und 1810: 10,50 frs.

Nach Saarbrücken 1809: 11,85–12,00 frs; 1811: 12,50 frs.

Nach Luxemburg 1808: 3,50 frs; 1809: 5,50–5,92 frs; 1810: 3,50 frs; 1811: 5,00 frs.

Nach Prüm 1808: 9,30 frs; 1809: 9,50 frs und 1811: 9,50 frs.

Ein Doppelzentner Fracht kostete mit der Postkutsche im Jahre 1809 von Trier nach Koblenz 20,00 frs, nach Luxemburg 7,00 frs und nach Prüm 9,00 frs.

Ein Abonnement des Journal du Département de la Sarre kostete 1804/05 halbjährlich 6,50 frs[31].

Mit Hilfe des schon für die Getreidepreise herangezogenen Verzeichnisses aus dem Jahr 1810[32] wurden die folgenden Durchschnittsstückpreise errechnet:

1 Pferd	— 150,00	frs
1 Stück Hornvieh	— 90,51	„
1 Schwein	— 18,92	„
1 Schaf	— 10,73	„
1 Ziege	— 6,65	„
1 Esel/Maultier	— 195,35	„
1 Stück Geflügel	— 0,67	„

Es ist zu beachten, daß es sich um Durchschnittspreise handelt, die teilweise weit über- oder unterschritten wurden. Ein gutes Pferd kostete z. B. 1809 zwischen 200 und 450 frs[33] und eine Kuh wurde im gleichen Jahr bereits für 57 frs abgegeben[34].

Zur Abschätzung der wirtschaftlichen und sozialen Lage der Bevölkerung sind außer den Preisinformationen auch Kenntnisse über Löhne und Gehälter notwendig. Wie schon bei den Preisen erwies sich allerdings auch hier das Quellenmaterial als sehr unvollständig.

Die Jahresgehälter der städtischen Beamten in Trier zur französischen Zeit wurden einer Aufstellung aus dem Jahr 1817 entnommen[35] und ergänzt durch ein Verzeichnis der Mairie Trier aus dem Jahr 1802[36].

---

30) Quellen: Trierischer Ankündiger, 1801/02, Nr. 37; Journal du Département de la Sarre, 1808, Nr. 41, 44 und 1809, Nr. 21; Delamorre, S. 433 f.; Trierischer Taschenkalender, 1810, S. 128 und 1811, S. 147 f.
31) Journal du Département de la Sarre, 1804/05, Nr. 35.
32) Etat de la nature, de la Quantité et de la Valeur des Productions indigènes de l'Arrondissement de Trèves (SAT FZ 689).
33) Delamorre, S. 117.
34) LHK 587–53/63/11.
35) Trierische Kronik, 1817, S. 97 f.
36) SAT FZ 61, 605.

Chefsekretär der Mairie	—	1 500 frs
Stadtrentmeister	—	1 290 „
Stadtbibliothekar	—	1 200 „
Polizei-Kommissar	—	1 000 „
Polizei-Inspektor	—	600 „
Stadtbaumeister	—	400 „
Brandwächter auf dem Gangolfsturm	—	336 „[37]
Polizist	—	144 „
Tambour	—	144 „

Die staatlichen Beamten hatten höhere Jahreseinkommen[38]).

Präfekt	—	8 000 frs
Unterpräfekt	—	3 000 „
Präfekturrat	—	1 200 „
Präsident am Zivilgericht Trier	—	2 200 „
Richter am Zivilgericht Trier	—	1 800 „

Die Richter am Revisionsgerichtshof in Trier erhielten 1802 7 000 frs und die Professoren an der Zentralschule 2 000 frs[39]).

Die Angehörigen der früheren kirchlichen Korporationen bezogen eine Pension von 500 bzw. 600 frs; die Pfarrer der Pfarreien erster Klasse erhielten eine jährliche Bezahlung von 1 500 frs und die Pfarrer der Pfarreien zweiter Klasse von 1 000 frs[40]). Das Gehalt eines Domkapitulars betrug 1 000 frs, und der Bischof Charles Mannay soll sogar 10 000 frs bekommen haben[41]).

Das Quellenmaterial erwies sich im Hinblick auf die Einkommenslage der Tagelöhner mit detaillierten Aufstellungen als recht informativ. Besonders die Berichte der beiden Kantone Wittlich und Saarbrücken aus dem Jahre 1802 sind hervorzuheben, denn hier wurde unterschieden zwischen dem Tagelohn mit Kost, dem Tagelohn ohne Kost, dem Lohn in der Stadt, auf dem Land getrennt nach Sommer und Winter, sowie nach Männern, Frauen und Kindern.

---

[37]) Hinzu kam ein Kohlendeputat.

[38]) Die folgenden Gehälter bei Kentenich, S. 656, 637. Das durchschnittliche Jahresgehalt eines Beamten habe bei 2 000—4 000 frs gelegen (S. 766).

[39]) Zegowitz, S. 248, 287. Georg Friedrich Rebmann, der selbst Präsident des Cour d'Appel in Trier gewesen war, gab in seinen „Rückerinnerungen an unser Elend und fromme Hoffnungen von der Zukunft. Von einem Bewohner des linken Rheinufers, Germanien 1814", S. 107 und 117 an, Richter an Untergerichten hätten 1 000 bis 1 200 Francs verdient, höhere Beamte dagegen 10 000 bis 20 000 Francs. Die gewinnbringenden Posten seien von französischen Beamten besetzt worden, und die schlechtbezahlten Posten habe man deutschen Beamten überlassen. Die Bürokratie sei beherrscht worden „von jungen Laffen aus Paris, ohne alle wissenschaftliche Bildung, blos geübt im Tabellenmachen und in liederlichen Formalitäten" (S. 26).

[40]) Kentenich, S. 661.

[41]) J. Marx, Geschichte des Erzstiftes Trier, S. 445. Es erscheint jedoch wenig glaubhaft, daß Mannay mehr als der Präfekt erhalten haben soll.

TAB. XIX: TAGELÖHNE IN DEN KANTONEN WITTLICH UND SAARBRÜCKEN
AN X (1801/02[42])

			Wittlich	Saarbrücken
a) mit der Kost				
in der Stadt	im Sommer	Männer	0,48	0,57
		Frauen	0,40	0,30
		Kinder	0,30	—
	im Winter	Männer	0,40	0,43
		Frauen	0,25	0,36
		Kinder	0,20	—
auf dem Lande	im Sommer	Männer	0,40	1,08
		Frauen	0,35	0,50
		Kinder	0,15	—
	im Winter	Männer	0,25	0,57
		Frauen	0,20	ohne Arbeit
		Kinder	0,15	—
b) ohne Kost				
in der Stadt	im Sommer	Männer	1,42	1,00
		Frauen	1,20	0,86
		Kinder	0,70	—
	im Winter	Männer	0,90	0,86
		Frauen	0,90	0,57
		Kinder	0,60	—
auf dem Lande	im Sommer	Männer	1,37	1,70
		Frauen	1,15	1,05
		Kinder	0,65	—
	im Winter	Männer	0,85	1,05
		Frauen	0,85	—
		Kinder	0,55	—

Weil angenommen werden darf, daß der Barbetrag des Tagelohnes in der ersten Aufstellung zusammen mit den Naturalleistungen an Kost dem höheren Barbetrag des Tagelohnes ohne Kost gleichzusetzen ist, wird diese zweite Aufstellung zur Überprüfung herangezogen.

Das Gesamtbild zeigt, wie wenig ein Tagelöhner verdiente. Der Lohn pendelte um einen Franc pro Tag.

Die saisonalen und regionalen Schwankungen des Tagelohnes gehen aus den Zahlen überdeutlich hervor. Außerdem waren die Löhne nach Geschlecht und Alter in ihrer Höhe unterschiedlich.

Am meisten verdienten die Männer im Kanton Saarbrücken auf dem Lande im Sommer mit 1,70 frs, gefolgt von den Männern im Kanton Wittlich in der Stadt im Sommer mit 1,42 frs. Den Männern im Kanton Wittlich wurde im Som-

---

[42]) SAT Hs 1566/200. Alle Angaben in Francs.

mer auf dem Lande 1,37 frs gezahlt, den Männern im Kanton Saarbrücken auf dem Lande im Winter 1,05 frs und in der Stadt im Winter 1,00 frs. Im Kanton Wittlich lagen die Löhne für männliche Tagelöhner im Winter unter 1,00 frs bei 0,90 frs und 0,85 frs.

Es ergibt sich ein Tageslohndurchschnitt berechnet auf der Basis eines Jahres von 1,13 frs im Kanton Wittlich und von 1,15 frs im Kanton Saarbrücken. Einer anderen Quelle zufolge lag im Jahre 1802 dieser durchschnittliche Tagelohn im gesamten Saardepartement bei 1,25 frs[43]).

Die Frauen verdienten im Kanton Wittlich durchschnittlich 1,02 frs pro Tag, im Kanton Saarbrücken sogar nur 0,83 frs. Dort fanden sie im Winter auf dem Lande überhaupt keine Arbeit.

Im Kanton Wittlich war die Kinderarbeit offensichtlich selbstverständlich; Kinder erhielten durchschnittlich 0,62 frs pro Tag. Für den Kanton Saarbrücken fehlen entsprechende Zahlen. Ob dies an mangelnden Arbeitsplätzen für Kinder lag, ob man auf kindliche Lohnarbeit verzichtete, oder ob sonstige Gründe vorlagen, kann hier nicht geklärt werden.

Alle Tagelöhner mußten im Winter dem Sommer gegenüber Einkommensverluste hinnehmen. Offen bleibt, wie viele Arbeitsstellen zu den angegebenen Tagelöhnen bereitstanden, wie groß also das Maß an Arbeitslosigkeit war. Im Kanton Wittlich wurden 1802 76 Bettler und 87 Bettlerinnen gegenüber 219 männlichen und 169 weiblichen Tagelöhnern bei 1 769 Ackersleuten und 347 Handwerkern gezählt; für den Kanton Saarbrücken fehlen Angaben. An dieser Stelle muß darauf hingewiesen werden, daß die beiden Kantone im Saardepartement zu den wirtschaftlich besser gestellten gehörten im Vergleich zu Regionen der Eifel und des Hunsrücks. Dort verdienten die Tagelöhner noch weniger. Die Landwirtschaft des Kantons Wittlich war klimatisch begünstigt[44]), und der Kanton Saarbrücken befand sich bereits auf dem Weg hin zur Industrialisierung[45]).

Wenn 280 Arbeitstage pro Jahr angenommen und die durchschnittlichen Tagelöhne von 1,13 frs, 1,15 frs und 1,25 frs zugrunde gelegt werden, dann ergibt sich für die männlichen Tagelöhner ein Jahresdurchschnittseinkommen zwischen 316 und 350 frs unter der Voraussetzung eines fortlaufenden Arbeitsverhältnisses, wobei das Familieneinkommen durch periodische oder ständige Lohnarbeit der Frau und der Kinder erhöht werden konnte.

Aus dem Kanton Wittlich kam als Antwort auf die Frage, worin die Nahrung eines Tagelöhners bestanden habe, die sicherlich übertriebene Auskunft: „Die Woche dreimal Fleisch. Außer den Fleischtagen zweierlei Speisen, bestehend in Gemüse und Mehlspeisen." Für Saarbrücken wurde dagegen Suppe, Gemüse, Milch, Brot und Käse, jedoch kein Fleisch angegeben.

Die Knechte, Mägde, die Diener und Dienerinnen waren finanziell noch schlechter gestellt als die Tagelöhner.

---

[43]) Zegowitz, Anhang, Nr. 5, der für 1801 sogar 1,38 frs angibt.
[44]) Vgl. S. 34.
[45]) Ernest Babelon, Au pays de la Sarre, Sarrelouis et Sarrebrück, Paris 1918, passim.

Jahreslohn des Gesindes in den Kantonen Wittlich und Saarbrücken
An X (1801/02)

		Wittlich	Saarbrücken
in der Stadt	Männer	97,50	118,00
	Frauen	65,47	64,00
auf dem Lande	Männer	97,50	80,00
	Frauen	45,50	60,00

Zu diesen Beträgen ist die Kost hinzuzurechnen, denn sonst hätten die Löhne unter dem Existenzminimum gelegen[46]).

Aus den Jahren 1809 und 1810 sind weitere Tageslöhne bekannt: Die Arbeiter an den Kalköfen in der Mairie Trier erhielten in den beiden Jahren 1,80 frs Lohn pro Tag[47]), die Arbeiter der Quinter Eisenhütte 1,50 frs[48]). Die Trierer Porzellanmanufaktur, die in der ehemaligen Abtei St. Martin eingerichtet worden war, zahlte ihren Arbeitern 1810 1 Franc pro Tag[49]) und die Tuch- und Webwarenarbeiter in Trier erhielten 1810 den gleichen Betrag[50]). Der Tagelohn bei der Lederwarenfabrikation im Arrondissement Trier lag dagegen 1810 bei 2,15 frs[51]). Auch nach Ende der französischen Zeit blieb dieses Lohnniveau ungefähr bestehen[52]).

Ein Vergleich mit den Löhnen, die in anderen rheinischen Departements während der französischen Zeit gezahlt wurden, bestätigt die oben genannten Lohndaten auch für diese Departements. Im Roerdepartement betrug der durchschnittliche Tagelohn 1,00 bis 1,50 frs. Weber erhielten bis zu 1,75 frs, Schmelzhütten- und Brauereiarbeiter bis zu 2,00 frs. Die Löhne in den Baumwollspinnereien lagen dagegen zwischen 0,85 und 0,90 frs[53] oder sogar nur bei 0,60 bis 0,75 frs[54]). Im Donnersbergdepartement benötigte 1809 ein Tagelöhner 1,30 frs für seine Ausgaben pro Tag[55]), und genau dieser Betrag mußte im gleichen Jahr für den Unterhalt eines Hospitalinsassen im Saardepartement aufgebracht werden[56]).

---

46) Vgl. unten S. 204 f.
47) SAT FZ 689, Statistique de 1809, Nr. 5 und FZ 689, Statistique de 1810, Nr. 5.
48) ebd.
49) SAT FZ 689, Statistique de 1810, Nr. 5.
50) SAT FZ 689, Statistique de 1810, Nr. 6.
51) ebd.
52) Der Tagelohn eines Straßenbauarbeiters im Juli 1817 betrug 1,50 frs (Conrad von Hugo, Verkehrspolitik und Straßenbau im Regierungsbezirk Trier von 1815 bis 1875. Phil. Diss. Bonn 1962, S. 59).
53) Conrady, S. 207.
54) Marieluise Schultheis-Friebe, Die französische Wirtschaftspolitik im Roer-Departement 1792–1814. Phil. Diss. Bonn 1969, S. 201, die S. 184 f. die Tagelöhne in den eisenverarbeitenden Betrieben mit 0,70 bis 1,70 frs angibt.
55) Ferdinand Bodmann, Annuaire statistique du Département du Mont-Tonnerre pour l'an 1809, Mainz 1809, S. 152.
56) Delamorre, S. 383.

Damit aber wird der Problembereich der Lebenshaltungskosten und der Kaufkraft thematisiert, der mit Hilfe der verfügbaren Preis- und Lohndaten beleuchtet werden soll.

Wenn der Tagelöhner 1802 im Jahresdurchschnitt im Kanton Wittlich 1,13 frs, im Kanton Saarbrücken 1,15 frs pro Tag erhielt, so entsprach das sehr unterschiedlichen Warengegenwerten.

TAB. XX: KAUFKRAFT EINES TAGELÖHNERS.
WARENGEGENWERTE FÜR EINEN TAGESLOHN[57]

Waren	Wittlich	Saarbrücken
Weißbrot	5,14	5,23
Mischbrot	8,07	6,40
Schwarzbrot	9,42	7,19
Rindfleisch	1,88	1,60
Kalbfleisch	2,35	2,30
Hammelfleisch	1,88	1,80
Schweinefleisch	1,45	1,34
Dörrrindfleisch	1,13	0,80
Dörrschweinefleisch	0,94	0,80
Rindsfett	0,77	0,88
Schweineschmalz	0,63	0,60
Kerzen	0,57	0,60
Seife	0,63	0,80
Salz	6,30	5,23
Butter	0,94	0,64
Tabak	0,26	0,27
Reis	1,13	1,22
Lampenöl	0,40	0,65
Olivenöl	0,34	0,23
Wein	1,64	0,87
Bier	8,07	6,76
Branntwein	0,63	0,61
Viez	6,30	–
Eier (Stück)	32	32

Für den Verdienst eines Tages konnte sich der Tagelöhner zwischen 5 und 9 kg Brot je nach Brotsorte kaufen oder zwischen 1 und 2 kg Fleisch oder etwas mehr als ein halbes Kilogramm Kerzen oder Seife oder Salz. Der Gegenwert für seinen Lohn bestand auch in 0,6 bis 0,9 kg Butter oder in einem Viertel Kilogramm Tabak oder in 1,1 bzw. 1,2 kg Reis. Er bekam jeweils zwischen 0,4 und 0,6 l Lampenöl, zwischen 0,3 und 0,2 l Olivenöl, zwischen 1,6 und 0,9 l Wein, zwischen 8 und 7 l Bier, 0,6 l Branntwein oder 32 Eier für einen Tageslohn. Im Kanton Saarbrücken erhielt der Tagelöhner grundsätzlich weniger Waren für sein Geld als im Kanton Wittlich.

Wenn die für das Jahr 1802 errechneten Durchschnittspreise im Saardepartement herangezogen werden[58] unter Berücksichtigung des von Zegowitz angegebenen Durchschnittstagelohnes von 1,25 frs, dann können weitere Gegenwerte

---

[57] Die Berechnung basiert auf den Daten der Tab. XVIII, S. 197. Angaben in kg, bei Ölen und Alkoholika in Litern.
[58] Tab. XVII, S. 196.

genannt werden, z. B. 29,20 kg Kartoffeln, 5,74 kg Erbsen, 6,55 kg Bohnen, 7,72 kg Linsen, 0,31 m³ Buchenholz, 0,34 m³ Eichenholz oder 65,79 kg Steinkohle.

Im Jahr 1802 war wegen der herrschenden Teuerung die allgemeine Kaufkraft schwächer gewesen als in anderen Jahren. Dies läßt sich unter vielen möglichen Beispielen für den Gegenwert eines Tagelohnes von 1,25 frs an Getreide für 1809 nachweisen[59]).

Gegenwerte an Getreide für einen Tageslohn von 1,25 frs in den Jahren 1802 und 1809 im Vergleich[60])

	Weizen	Mischel- frucht	Roggen	Gerste	Hafer
1802	4,70	5,74	5,43	6,44	11,04
1809	7,76	8,27	9,66	9,22	11,28

Die Lebenshaltungskosten schwankten also innerhalb gewisser Bandbreiten, die unmittelbar mit dem Ernteertrag eines Jahres korrelierten. Sie waren aber auch nach Berufen und damit nach finanzieller Potenz und gesellschaftlichem Prestige höchst unterschiedlich. Die Berichte aus den Kantonen Wittlich und Saarbrücken liefern dazu konkrete Zahlen, die jedoch als Schätzungen der jeweiligen Autoren zu verstehen sind. Die Angaben beziehen sich auf ein Jahr und umgreifen die Kosten für Nahrung, Wohnung, Kleidung, Brennstoff und Krankheit.

TAB. XXI: LEBENSHALTUNGSKOSTEN 1802 IN DEN KANTONEN WITTLICH UND SAARBRÜCKEN[61])

	Wittlich	Saarbrücken
Arzt und Rechtsgelehrter		
in der Stadt	700	1 000
auf dem Lande	700	760
Der reichste Eigentümer, Großkaufmann		
in der Stadt	700	700
auf dem Lande	700	500
Eigentümer, Kaufmann		
in der Stadt	300	700
auf dem Lande	300	500
Handwerker		
in der Stadt	300	420
Tagelöhner		
in der Stadt	250	200
auf dem Lande	250	175

---

59) Das Jahr 1809 wurde deshalb gewählt, weil für dieses Jahr, wie auch für 1802, die durchschnittlichen Getreidepreise im gesamten Departement bekannt sind.
60) Angaben in kg. Errechnet nach den Getreidepreisen der Tab. XVII, S. 196 und der Tab. XV, S. 192.
61) SAT Hs 1566/200. Angaben in Francs.

Bediensteter		
in der Stadt	150	280
auf dem Lande	150	220
Dienerin		
in der Stadt	–	172–215
auf dem Lande	–	160–180

Aus dieser Aufstellung geht die wirtschaftliche und soziale Rangleiter der verschiedenen Bevölkerungsschichten klar hervor. Der Führungsschicht wurde als Existenzminimum ein Betrag von 700 frs, in Saarbrücken sogar von 1 000 frs zuerkannt. Am anderen Ende der Skala stand das Hauspersonal, das im Extremfall nur 160 frs, sehr wahrscheinlich zuzüglich der Kost, zum Leben benötigte und damit noch hinter den Tagelöhnern rangierte.

Die genannten Summen wurden als Existenzminimum betrachtet, denn „on peut établir qu'un revenu de 2 400 fr. est indispensable à tout particulier d'une classe honnête; s'il a femme et enfans il a besoin d'un traitement de 4 000 fr. pour vivre d'une manière un peu au-dessus du strict nécessaire et passer pour un homme aisé. Le petit propriétaire, ou ce que l'on pourrait appeler le petit bourgeois, fait une dépense annuelle de 1 500 fr., mais il est souvent obligé de se resteindre. Les artisans dont la dépense individuelle est de 800 fr. vivent d'une manière plus économique encore; enfin la dépense d'un journalier peut être evaluée à 1 fr. 30 cent. par jour"[62]).

Die der sozialen Stellung für adäquat gehaltenen Beträge der Lebensführung lagen zum Teil erheblich über dem Existenzminimum und verdeutlichen die Kluft zwischen Armen und Reichen. Dabei ist zu berücksichtigen, daß Einkommen von 2 400 bis 4 000 frs nur von einem kleinen Teil der Bevölkerung erreicht wurden. Eine Liste der 100 Höchstbesteuerten in der Stadt Trier aus dem Jahre 1812 belegt dies. Danach hatten die dort aufgeführten Eigentümer durchschnittlich 7 133 frs zu versteuern, die Kaufleute 3 715 frs, die Selbständigen 3 450 frs und die Handwerker 1 380 frs[63]). Diese 100 vermögenden Personen machten ungefähr 1 % der stadttrierischen Bevölkerung aus.

Wenn der Jahreslohn eines Tagelöhners mit 350 frs anzusetzen ist, dann hatten die Eigentümer ein etwa 20mal höheres, die Kaufleute ein 11mal höheres, die Selbständigen ein 10mal höheres und die Handwerker ein 4mal höheres Einkommen und damit eine wesentlich höhere Kaufkraft. Eine vergleichende Berechnung des Warengegenwertes für einen „Tageslohn" müßte diese Multiplikationsfaktoren berücksichtigen[64]).

Die oben genannten Einkommen sind nicht repräsentativ für den Verdienst aller Berufsgruppenzugehörigen, da es sich nur um eine Auswahl handelte. Mit Sicherheit kann aber gesagt werden, daß hier Einkommensobergrenzen vorlie-

---

[62]) Bodmann, S. 252. Die Aussagen beziehen sich auf das Donnersbergdepartement des Jahres 1809. Es ist aber nicht anzunehmen, daß für die Lebenshaltungskosten des gleichen Jahres im Saardepartement wesentlich andere Summen eingesetzt werden müßten.

[63]) SAT FZ 344, Liste des 100 plus Imposés de la Ville de Trèves 1812.

[64]) Auf eine Darstellung dieser Datenreihen wird hier aus Raumgründen verzichtet.

gen, die als Anhaltspunkt für die Dimension der Kapitalinvestitionen beim Erwerb von Immobilien dienen können. Die Eigentümer hatten bei den Besitzumschichtungen durchschnittlich 12 432 frs eingesetzt[65]. Dieser Betrag entsprach dem 1,7fachen Jahreseinkommen der am besten verdienenden Eigentümer. Die Kaufleute investierten durchschnittlich mindestens ein 3,3faches, die Selbständigen ein 3faches, die Handwerker fast genau das einfache und die Tagelöhner weniger als ein Jahreseinkommen.

Eine nähere Berechnung von Korrelationsfaktoren für die Immobilienpreise einerseits und den Preisen für andere Waren, sowie den Löhnen und Lebenshaltungskosten andererseits, wird hier nicht versucht, da das Datenmaterial zu unvollständig ist. Aus den vorgelegten Zahlen für Preise, Löhne und Kaufkraft ergibt sich jedoch, daß die Kirchengüter keineswegs verschleudert wurden, sondern zu Preisen gehandelt wurden, die von einem Teil der Bevölkerung gar nicht aufgebracht werden konnten, und die den sich beteiligenden Käufern spürbare Belastungen brachten. Häuser wurden bei den Besitzumschichtungen zu Preisen zwischen 1 000 und 12 000 frs, am häufigsten zwischen 3 000 und 5 000 frs gehandelt, Ackerland zu etwa 1 000 bis 1 500 frs pro Hektar.

Da nicht anzunehmen ist, daß grundsätzlich Ersparnisse in den erforderlichen Größenordnungen vorhanden waren, stellt sich die Frage nach der Finanzierung der Käufe und damit nach der Lage auf dem Kapitalmarkt.

Bei den notariellen Eigentumsübertragungen der zweiten Phase wurden die Kauf- und Finanzierungsbedingungen häufig mitbeurkundet, so daß Kapitalmarktdaten in direktem Zusammenhang mit den Güterverkäufen vorliegen. Die Bedingungen waren außerordentlich vielgestaltig und sahen sowohl kurz- wie auch längerfristige Ratenzahlungsmöglichkeiten, aber auch Barzahlung vor. Es fanden sich Darlehensverträge unter den Notariatsurkunden mit und ohne Bezug zum Immobilienerwerb. Zusätzliche Informationen brachten notarielle Vermögensaufnahmen, die nach dem Ableben wohlhabender Bürger zur Erbauseinandersetzung angefertigt wurden.

Eine Auswahlsammlung von konkreten Beispielen soll die Frage, aus welchen Quellen und zu welchen Bedingungen das notwendige Kapital aufgebracht wurde, einer Klärung näherbringen.

1. Matthias Vogel, Eigentümer, Temmels, und Jean Marc Delapré, Architekt, Trier, steigerten am 5. Juli 1803 das Haus Nr. 1044 des Simeonstiftes in Trier und verkauften es am 30. Juni 1805 an den Schreiner Michel Schoenberger aus Trier. Dieser belastete das Haus am 22. Oktober 1811 mit einer Hypothek zugunsten des Hermann Joseph Hartmann, berufslos, Trier, dem er 484 frs schuldete. Der Kredit lief zu 5 % Zinsen auf unbestimmte Zeit mit dreimonatiger Kündigungsfrist[66].

---

65) Vgl. Tab. XIII, Spalte 8, S. 186. Auch die Daten für die Kaufleute, Selbständigen, Handwerker und Tagelöhner sind dieser Tabelle entnommen und in Beziehung zu den Jahreseinkommen gesetzt worden.

66) LHK 276/3006/61; 587–40/221/1487; 587–40/227/130. Hartmann lebte offensichtlich vom Geldverleih, denn er taucht sehr oft in den Quellen auf. Auch die Angabe „sans profession" geht in diese Richtung.

2. Christoph Philipp Nell, Kaufmann aus Trier, steigerte am 28. Juli 1803 eine Mühle des Klosters St. Agnes „auf der Weberbach" in Trier für 10 300 frs und verkaufte sie am 6. März 1810 für 10 000 frs an das Handelshaus Erben J. Schmidt, Trier. 4 000 frs waren sofort in bar fällig, den Rest von 6 000 frs stundete Nell auf ein halbes Jahr zu 0,5 % Zinsen pro Monat[67].

3. Die Comp. Maes aus Paris, Armeelieferant, erhielt das Land der alten Karthause vor dem Neutor in Trier[68] mit einer Wertfestsetzung zu 26 600 frs und verkaufte es am 24. Januar 1810 an Charles Daleyden, Eigentümer aus Paris. Dieser erschien im November 1811 in Trier und versteigerte das Objekt an 82 Käufer mit einem Gesamterlös von 30 764 frs. Am 18. September 1812 schloß Daleyden einen Vertrag mit Matthias Joseph Hayn und trat darin seine Rechte und Ansprüche aus dem Verkauf an Hayn ab. Hayn zahlte dafür 14 470 frs sofort, und zwar 5 470 frs in bar und 9 000 frs „en deux effets de commerce". Außerdem verpflichtete er sich, den noch ausstehenden Rest der Kaufsumme, den Daleyden der Firma Maes noch schuldete, in Höhe von 16 293 frs direkt an den Gläubiger zu zahlen[69].

4. Barthel Faber, Bauer, Kinheim, steigerte am 3. November 1803 einen Teil des Hofes „Braunischburg" in Kinheim/Mosel, der früher Eigentum der Abtei Echternach gewesen war, für 3 525 frs und verkaufte am 2. März 1810 an Matthias Joseph Hayn für 3 768 frs. Hayn verpachtete in demselben Kontrakt seinerseits das Objekt an Faber für die Hälfte der Ernte, bevor er es am 26. März 1811 an 20 Bauern und Winzer für 5 198 frs weiterverkaufte. Die Kaufsummen waren zahlbar in 3 gleichen Jahresraten zu 5 % Zinsen[70].

5. Georges Henry, Chef de bureau de l'Ing^r en chef des ponts et chaussées, Trier, steigerte am 28. Juni 1805 das Haus des Domkapitels Trier, Eulenpütz 40, für 1 700 frs und nahm am 21. August 1812 bei Karl Kaspar Busch, Ehrenkanoniker an der Kathedrale zu Trier, eine Hypothek in Höhe von 2 923 frs auf. Am 11. Februar 1814 schließlich überließ er Busch das Haus für 2 500 frs[71].

6. Die Armeelieferantenfirma Olry & Co., Paris, erhielt 53,38 Hektar Land des St. Anna-Klosters, Trier, in Euren mit dem „Speier" und anderen Lagen und verkaufte weiter an Bertrand Loisel, Eigentümer, Maastricht. Loisel bot das Objekt im September 1807 in Euren zum Kauf an und veräußerte es auf Wunsch eines breiten Interessentenkreises geschlossen, nachdem einige Stücke bereits versteigert worden waren. Diese Versteigerungen wurden von ihm annulliert. Als Käufer traten 6 Personen aus Trier und Euren auf, die 66 Mitkäufer benannten und zum Preise von 55 270 frs den Zuschlag erhielten. Ein Drittel war zahlbar am 11. November 1807 ohne Zinsen, ein Drittel am 11. November 1808 mit 5 % Zinsen und ein Drittel am 11. November 1809 mit 5 % Zinsen[72].

---

[67] LHK 587—40/44 II/76.
[68] Die Karthäuser hatten ursprünglich ihr Kloster südlich der Stadtmauer und zogen erst im 18. Jahrhundert in die neuen Gebäude in Konz-Merzlich.
[69] LHK 701/646; 587—40/22/248; 587—40/22/262; 587—40/23 II/297.
[70] LHK 701/646; 587—40/20/28 und 587—38/354/35.
[71] LHK 276/3073/17; 587—40/228/92; 587—40/229/2: 1814.
[72] LHK 587—40/237 II/399; Journal du Département de la Sarre, 1808, Nr. 70.

7. Johann Anton Müller, Kaufmann aus Trier, steigerte am 26. Februar 1808 Land der Abtei Maximin in Pluwig für 1 200 frs. Am 15. Juli 1809 verpfändete er das Land, da er den Pluwiger Hammer erworben und den Kauf mit einem Darlehen über 40 000 frs finanziert hatte und dringend Geld benötigte. Den Kredit hatte er bei zwei Kaufleuten aus Metz zu 5 % auf 6 Jahre aufgenommen[73]).

8. Am 29. April 1809 kaufte Johann Anton Kochs, Kaufmann aus Trier, ein Hofgut der Karthäuser in Konz-Merzlich für 16 000 frs von Pariser „Kleidungslieferanten der Armee von Italien". Der gesamte Kaufpreis war drei Monate nach diesem Termin zu zahlen[74]).

9. Der Trierer Kaufmann Jakob Kleutgen steigerte am 18. Januar 1811 den Niederkircher Hof des Domkapitels von Trier in Zewen für 67 300 frs. Im März 1811 veräußerte er den Hof an 158 Einwohner von Oberkirch, Zewen und Euren für 69 398 frs und räumte dabei den Käufern 9 Ratenzahlungstermine ein[75]).

10. Heinrich Baring, Bauer aus Welschbillig erhielt am 18. Fructidor XIII/ 5. September 1805 von Johann Peter Limbourg, Eigentümer, Helenenberg, einen Kredit über 800 Reichstaler (2 586,87 frs) zu 5 % Zinsen, damit er (Baring) das erste Fünftel für einen von ihm kurz zuvor ersteigerten Hof des Domkapitels in Welschbillig an die Domänenbehörde zahlen konnte. Als Sicherheit verpfändet Baring seine „Kelnessmühle" bei Welschbillig und verpflichtete sich gleichzeitig, am 9. November 1805 66, am 9. November 1806 150 Reichstaler und am 9. November 1807 den Rest zurückzuzahlen[76]).

11. Die Herzogin von Braunschweig-Bevern entlieh am 10. Januar 1806 bei Matthias Joseph Hayn 2 316 frs zum Erwerb von Nationalgütern. Der Betrag war mit 1,5 % pro Monat verzinslich und am 22. November 1807 zurückzuzahlen. Als Sicherheit wurde der Forbacher Hof, der früher dem Hause Nassau-Saarbrükken gehört hatte, hypothekarisch belastet[77]).

12. Der Notar Schaack stellte am 6. April 1807 nach dem Tod des Arztes J. J. Doerner aus Trier fest, daß dieser Forderungen in Höhe von 37 115 frs gegenüber insgesamt 57 Schuldnern hatte[78]).

13. Der Gerichtsvollzieher F. Klitsch aus Trier war bei seinem Tod im Jahre 1808 mit 747 frs bei 33 verschiedenen Gläubigern verschuldet. Die Einzelsummen schwankten zwischen einem und 88 frs[79]).

14. Der Bäcker Peter Helbach aus Trier hatte, wie der Notar Dupré am 17. November 1808 protokollierte, bei seinem Tod 20 Schuldner bei einer Gesamtdarlehenssumme von 18 243 frs[80]).

---

73) LHK 276/3135/33; 587—40/215 II/2094.
74) Journal du Département de la Sarre, 1809, Nr. 25.
75) LHK 276/3149/1; 587—40/18/75.
76) LHK 587—40/7/135.
77) LHK 587—40/236 I/148.
78) LHK 587—40/215 I/1708.
79) LHK 587—40/224/98.
80) LHK 587—40/224/169.

15. Der Schankwirt Peter Neykirch jr. aus Dreis schuldete am 30. August 1810 dem Trierer Viehhändler Samuel Leib die Summe von 896 frs und belastete seine Felder in Dreis mit einer Hypothek in dieser Höhe[81]).

16. Der Kaufmann Jakob Kleutgen hatte bei seinem Tod im Jahre 1811 Forderungen über insgesamt 28 596 frs an seine Schuldner[82]).

17. 35 Darlehensnehmer schuldeten dem Eigentümer Franz Luxenburger, Trier, 1812 insgesamt 26 836 frs. Unter den Schuldnern waren auch Matthias Joseph Hayn (3 232 frs) und Johann Kleutgen (3 555 frs)[83]).

18. Der Notar Staadt aus Saarburg stellte am 16. Juli 1813 das Vermögen des Notars Keller, Beurig, nach dem Tod von dessen Ehefrau fest: a) Möbel im Werte von 7 550 frs; b) Schuldforderungen über 77 692 frs; c) 12 668 frs Bargeld. Die Forderungen richteten sich an insgesamt 591 Schuldner im Gebiet der unteren Saar[84]).

Die Beispiele sind ungleichgewichtig, da die Quellen von sehr heterogener Art sind und nicht alle wesentlichen Informationen wie Zinshöhe und Rückzahlungstermine immer in gleicher Weise mitteilen. Deutlich zeigt sich aber die Unruhe auf dem Kapitalmarkt, die eingetreten war durch politische Umwälzungen, Besatzungsfolgen und vor allem durch die Säkularisation. Die Abteien, Klöster und Stifte, die jahrhundertelang als Darlehensgeber fungiert hatten, bestanden nicht mehr, und jeder, der Kapital benötigte, griff da zu, wo er es gerade bekommen konnte. Es gab also nicht mehr einige wenige finanzkräftige Institutionen, sondern viele kleine Geldgeber, unter denen sich wiederum einige als große Financiers profilierten, und bei diesen handelte es sich besonders um die wichtigsten Kirchengutkäufer wie Hayn, Nell oder die Brüder Kleutgen.

Hayn, Nell und der Kaufmann Ludwig Mohr wurden gegen Ende der französischen Zeit als „banquiers" bezeichnet[85]). Anders als in Köln, wo Banken sich am Immobilienhandel beteiligten[86]), fehlten in Trier Bankhäuser. Erst Johann Joseph Reverchon gründete 1811 in Trier eine Bank. Die Grafen von Kesselstatt wickelten ab 1812 ihre Geldgeschäfte über dieses Bankhaus ab, das auch ihre Kirchengüteraquisitionen zum Teil finanzierte[87]).

Das Bürgertum übernahm innerhalb einer relativ kurzen Frist die Rolle der kirchlichen Korporationen auf dem Kapitalmarkt, soweit nicht einige Bürger wie der Notar Keller in Beurig oder der Arzt Doerner in Trier schon vorher Kapital akkumuliert hatten und als Financiers tätig geworden waren. Die Mobilisierung der finanziellen Reserven des Bürgertums in jeweils kleineren oder größeren Beträgen förderte die Besitzumschichtungen entscheidend. Fast alle Verkäufer von Kirchengut in der zweiten Phase gewährten Ratenzahlungsmöglichkeiten. Erst dadurch und durch die Aufteilung der Objekte war es den bäuerlichen und

---

81) LHK 587—40/226/135.
82) LHK 587—40/22/84.
83) LHK 587—40/228/52.
84) LHK 587—34/16/175.
85) LHK 587—40/229/77; 587—40/22/103.
86) Büttner, S. 380 ff.
87) SAT 54 K, 4253.

den subbäuerlichen Bevölkerungsschichten möglich, Eigentum an Grund und Boden zu erwerben. Auf diese Weise wurde auch das im Einzelfall zwar bescheidene, in der Gesamtsumme aber beträchtliche Kapital der Bauern mobilisiert.

Die französische Verkaufsgesetzgebung erleichterte Käufe mit relativ geringem Eigenkapital auf spekulativer Basis, denn ein Bürger, der in der Lage war, bei größeren Objekten wenigstens ein oder zwei Raten zu zahlen, konnte sich gewinnbringend am Immobilienhandel beteiligen, wenn ihm keine Fehlspekulationen unterliefen. Er teilte das erworbene Gut auf und verkaufte es in Stücken weiter. Mit dem Erlös beglich er seine restlichen Raten und investierte den beim Weiterverkauf erzielten Gewinn wieder in neue Objekte. Etwa auftretende, kurzfristige Zahlungsengpässe überwand er mit Kreditaufnahmen bei seinen mitsteigernden Konkurrenten, denn nur so scheint die paradoxe Tatsache, daß Steigerer von Kirchengütern sowohl als Kreditgeber, wie auch als Kreditnehmer bis zu einer wechselseitigen, kaum zu durchdringenden Verfilzung in den Notariatsurkunden vermerkt sind, erklärbar zu sein.

Eine Begleiterscheinung der amtlichen Immobilienversteigerungen war der schon im Oktober 1803 auftretende Bargeldmangel, der möglicherweise mit zu der Verkaufseinstellung im Jahre 1806 geführt hat[88]. Ab 1807 finden sich in den Quellen jedoch keine Hinweise mehr; wahrscheinlich hatte die positive gesamtwirtschaftliche Entwicklung eine Änderung herbeigeführt.

Das Zinsniveau lag bei etwa 5 bis 6 %, wenn auch in verschiedenen Fällen beträchtlich höhere Zinsen gezahlt wurden.

4. DIMENSION UND AUSWIRKUNGEN DER BESITZUMSCHICHTUNGEN

Der Versuch, über die konkreten Ergebnisse der Besitzumschichtungen hinaus die Bedeutung der Säkularisation unter sozioökonomischem Aspekt abzuschätzen, ist wohl nur dann sinnvoll, wenn die Größenordnung des mobilisierten kirchlichen Besitzes in Beziehung zur Ausdehnung aller Flächen gesetzt wird. Es handelt sich dabei um die grundsätzliche Frage, wie „reich" die Kirche eigentlich war, und wie stark demnach der Schub der auf den Markt drängenden Immobilien ausfiel.

Der geistliche Besitz an Weinbergen, Ackerland und Wiesen im Kurfürstentum Trier ist mit 20,4 % der entsprechenden Gesamtflächen berechnet worden, wobei der Besitz des Kurfürsten der Reichsritterschaft zugeschlagen wurde. Diese habe noch einmal 11,9 % des Landes der drei Nutzungsarten gehabt, so daß Adel und Klerus zusammen fast ein Drittel des Landes besessen hätten[89].

Der Grundbesitzanteil der adligen und geistlichen Herren ist an anderer Stelle sogar auf zwei Drittel des Bodens geschätzt worden[90]. Dies war wohl nur

88) Bericht des Maires von Trier, A. J. Recking, an den Präfekten vom 24. Vend. XII/ 17. Oktober 1803, in dem der Bargeldabfluß nach Innerfrankreich beklagt wird (SAT FZ 78, 2534).

89) Reitz, S. 35, der mit recht eigenwilligen Erhebungs- und Auswertungsverfahren operierte.

90) Perthes, Bd. I, S. 312. Hansen, Von der Französischen Revolution, S. 246, rechnete die Hälfte des Grundbesitzes im Rheinland als Eigentum der beiden Stände.

deshalb möglich, weil der Unterschied zwischen Ober- und Untereigentum und dessen historische Entwicklung[91]) übersehen und aus diesem Grund die Dimension des Kirchenbesitzes völlig falsch eingeschätzt wurde.

Wenn die landwirtschaftlich genutzten, bzw. nutzbaren Flächen des Saardepartements mit den von den französischen Behörden zum Kauf angebotenen kirchlichen Grundgütern verglichen werden[92]), ergeben sich ganz andere Prozentanteile:

| | | Nutzfläche (ha) | |
		Kirchengüter	Saar-departement
Ackerland	— 4,8 % —	6 557,07	136 956
Wiesen, Gärten, Teiche	— 5,7 % —	2 434,09	42 630
Wildland	— 4,3 % —	4 260,37	99 856
Weinberge	— 9,9 % —	300,78	3 053
Total	— 4,8 % —	13 552,31	282 495

Diese Anteile täuschen allerdings, da der Kirchenbesitz in den Arrondissements Birkenfeld und Saarbrücken außerordentlich gering war[93]). Im Arrondissement Trier hatte die Tote Hand wesentlich höhere Anteile[94]):

| | | Nutzfläche (ha) | |
		Kirchengüter	Arrondisse-ment Trier
Ackerland	— 17,3 % —	4 514,17	26 070
Wiesen, Gärten, Teiche	— 17,4 % —	1 405,20	8 090
Wildland	— 10,5 % —	2 751,18	26 236
Weinberge	— 11,7 % —	279,68	2 387
Total	— 14,2 % —	8 950,23	62 783

Zu diesem landwirtschaftlich nutzbaren kirchlichen Besitz im Departement und im Arrondissement Trier von 4,8 % bzw. 14,2 % kommen noch weitere Liegenschaften hinzu, deren Erfassung problematisch ist. Die Größe der für öffentliche Zwecke vom Verkauf zurückgestellten Kirchengüter ist nicht genau bekannt und geht deshalb nicht mit in die Berechnung ein. Dieser Unsicherheitsfaktor dürfte jedoch relativ klein sein.

Ganz anders steht es dagegen mit den Waldungen, die nach der Enteignung grundsätzlich Staatseigentum blieben.

Für den Forstbesitz der geistlichen Korporationen fand sich eine handschriftliche Aufstellung, die spätestens im Jahre 1802 angefertigt wurde[95]). Sie enthält

---

[91]) Vgl. dazu oben S. 46.
[92]) Vgl. S. 61 und S. 134.
[93]) Vgl. S. 85 und S. 164.
[94]) Vgl. S. 61 mit den absoluten Zahlen für die Nutzflächen.
[95]) LHK 276, 2554.

jeweils eine Angabe zur Flächenausdehnung in Morgen und eine Angabe, die den Schätzwert in frs bezeichnet[96]).

Noms des Couvents	Nombre des Arpents des Bois et Forêts	Francs	Hektar
Domstift Trier	16 782	335 658	5 932
Stift St. Paulin	33 270	666 404	11 760
Stift St. Simeon	25 234	504 680	8 919
Stift St. Irminen	15 266	306 333	5 396
Stift Pfalzel	11 053	221 067	3 907
Stift Springiersbach	30 083	601 660	10 633
Stift Kyllburg	2 162	43 242	764
Stift Prüm	4 169	83 392	1 474
Stift Blieskastel	7 178	143 566	2 537
Abtei St. Marien	17 245	344 900	6 095
Abtei St. Martin	23 636	472 739	8 354
Abtei St. Matthias	26 506	530 120	9 369
Abtei St. Maximin	25 105	502 020	8 874
Abtei Himmerod	42 562	851 240	15 044
Abtei Prüm	15 777	315 558	5 576
Abtei Steinfeld	65 956	1 319 136	23 313
Abtei Mettlach	7 658	153 160	2 707
Alexianer-Kl.	774	15 467	274
Augustiner-Kl.	2 050	41 000	725
Dominikaner-Kl.	7 551	151 020	2 669
Kapuziner-Kl.	2 612	52 250	923
Karmeliter-Kl.	3 244	64 892	1 147
Minoriten-Kl.	3 850	77 004	1 361
Kl. St. Agnes	3 225	64 500	1 140
Kl. St. Anna	4 102	82 040	1 450
Kl. St. Johann	4 435	88 700	1 568
Kl. St. Katharina	2 883	57 660	1 019
Kl. St. Klara	1 837	36 750	649
Kl. St. Markus	1 916	38 333	677
Kl. St. Nikolaus	2 730	54 600	965
Welschnonnen-Kl.	4 115	82 309	1 454
Kapuziner-Kl. Bernkastel	550	11 000	194
Franziskaner-Kl. Beurig	923	18 460	326
Kl. Helenenberg	3 197	63 940	1 130
Karthause Konz	27 899	557 980	9 861

---

[96]) Die in der vierten Spalte angefügten Hektargrößen wurden nach den verschiedenen Beispielen bei Zegowitz mit Hilfe des Umrechnungsfaktors 2,8292 ermittelt.

Noms des Couvents	Nombre des Arpents des Bois et Forêts	Francs	Hektar
Kl. Klausen	9 873	197 460	3 490
Franziskaner-Kl. Wittlich	251	5 020	89
Kl. Filzen	4 050	81 000	1 431
Kl. Machern	12 627	252 545	4 463
Kl. Hillesheim	1 349	26 985	477
Kl. Niederprüm	4 492	89 850	1 588
Kl. St. Thomas	11 114	222 280	3 928
Kl. Blieskastel	155	3 100	55
Kl. Meisenheim	550	11 000	194
Kl. Wadern	650	13 000	230

Nach dieser Aufstellung besaßen die Korporationen vor ihrer Aufhebung insgesamt 174 131 Hektar Wald mit einem Schätzwert von 9 855 020 Francs.

Die Problematik dieser Berechnung liegt darin, daß es im Departement nach amtlicher Darstellung aber insgesamt nur 190 687 ha Wald gab, von dem 106 012 ha Nationalwald und 84 675 ha Gemeindewald waren[97]). Entweder waren demnach bei der Erhebung und Berechnung der Forsten Fehler unterlaufen, oder es handelte sich jeweils um den gesamten Waldbesitz einer Korporation mit den Teilen, die in anderen Departements lagen. Diese Teile sind nicht näher zu bestimmen, so daß der kirchliche Waldbesitz im Saardepartement unklar bleibt. Hinzu kommt, daß der landesherrschaftliche Wald fehlt.

Sicher ist, daß der gesamte kirchliche Grundbesitz unter Einschluß der Waldungen erheblich über dem oben genannten 4,8 %-Anteil für die landwirtschaftlichen Nutzflächen im Saardepartement und über dem 14,2 %-Anteil im Arrondissement Trier lag.

Während Gesamtberechnungen des Kirchenbesitzes im Saardepartement und im Arrondissement Trier mit Fehlerquellen und Unsicherheitsfaktoren behaftet sind, ist die Summe der tatsächlich versteigerten Güter sehr viel besser zu ermitteln.

Saardepartement

Nutzungsarten	Nutzflächen in ha[98])	Verst. Kirchengüter in ha[99])	%
Ackerland	136 956	5 807,39	4,2
Wiesen, Gärten, Teiche	42 630	2 038,07	4,8
Wildland	99 856	3 609,45	3,6
Weinberge	3 053	267,68	8,8
Total	282 495	11 722,59	4,1

---

97) Zegowitz, S. 119.
98) ders., S. 200.
99) Vgl. oben S. 131.

Nutzungsarten	Nutzflächen in ha[100])	Verst. Kirchengüter in ha[101])	%
Ackerland	26 070	4 218,37	16,2
Wiesen, Gärten, Teiche	8 090	1 253,71	15,5
Wildland	26 236	2 436,03	9,4
Weinberge	2 387	251,92	10,5
Total	62 783	8 187,03	13,0

Im Saardepartement kamen 4,1 % der landwirtschaftlichen Nutzflächen durch die Kirchengüterversteigerungen in Privathand, im Arrondissement Trier 13 %[102]).

Die Kirche war also nicht so vermögend, wie sie vielfach eingeschätzt wurde, und die Säkularisation brachte keine ungeheueren Mengen an Immobilien auf den Markt. Dennoch sind die Besitzumschichtungen, die im Großraum Trier einen doch erheblichen Teil des Nutzlandes betrafen, als tiefgreifende Vorgänge zu betrachten, denn durch sie wurden Veränderungsprozesse, die auf die agrarischen Strukturen einwirkten, initiiert, beschleunigt und materiell abgestützt. Hinzu kommt, daß der Landanteil in Wirklichkeit noch größer als 13 % war, da sich nicht alle Grundgüter mit exakten Zahlen belegen lassen, und daß außerdem der Mobilisierungsvorgang innerhalb kurzer Zeit eine breite Masse von Grundeigentümern hervorbrachte.

Von der Gesamtbevölkerung des Arrondissements Trier, die für das Jahr 1802 mit 76 656 Menschen anzusetzen ist[103]), beteiligten sich nämlich in zwei Verkaufsrunden insgesamt 7 109 im Arrondissement Trier wohnhafte Personen[104]). Dies entsprach einem Anteil von 9,3 % der Bevölkerung, zu der auch Alte und Kinder gehörten. Nimmt man eine Kopfzahl von 5 Personen pro Familie an und rechnet man pro Familie einen Haupternährer, der auch als Käufer auftreten konnte, so erhöht sich der Prozentsatz des — freilich in höchst unterschiedlichem Ausmaß — von den Verkäufen erfaßten Bevölkerungsteiles im Arrondissement Trier auf 46,4 %. Ein Besitzwechsel jedoch, der zunächst nur einen relativ kleinen Personenkreis betraf, durch den Weiterverkauf aber fast die Hälfte der Bevölkerung erfaßte und ihm erstmals oder zusätzlich Eigentum an Grund und Boden verschaffte, muß als weitreichender sozio-ökonomischer Vorgang bezeichnet werden[105]).

Die Juden hatten daran nur einen bescheidenen Anteil: ihre Kauftätigkeit und ihre Bedeutung für den Besitzwechsel sind in der älteren Literatur maßlos

---

100) Zegowitz, S. 202.
101) Vgl. oben S. 169.
102) Im Arrondissement Koblenz betrug der Anteil des Klerus an den landwirtschaftlichen Nutzflächen zwischen 9,8 und 10,7 % (de Faria e Castro, S. 85).
103) Vgl. S. 39.
104) Vgl. S. 186. Von den dort angegebenen 7 142 Käufern kamen 33 von außerhalb des Arrondissements.
105) Die Frage nach den Käufern, die erstmals Grundeigentum erwarben, bleibt wegen des unabsehbaren Nachforschungsaufwandes offen.

überschätzt worden. Rein zahlenmäßig stellten die Juden nur einen winzigen Bevölkerungsteil dar, wie aus allerdings unvollständigen Quellen hervorgeht. Anläßlich der von Bourbotte 1794 verhängten Kontribution wurde im gesamten trierischen Obererzstift eine Liste der Juden angefertigt[106]), um diese zu den Zahlungen heranziehen zu können.

Juden im Obererzstift, 1794

Aach	3		Maar	6
	darunter 2 Arme			darunter 2 Arme
Bernkastel	5		Mehring	1
Brotdorf	1		Merl	3
Bruttig	3		Merzig	6
Butzweiler	3		Neumagen	5
Cochem	5			darunter 3 Arme
Ediger	2		Niederemmel	2 Arme
Fell	3		Oberemmel	1
Feyen	1		Palzem	2 Arme
Franzenheim	1		Saarburg	2 Arme
Freudenburg	5		Schweich	4
Kernscheid	2 Arme		Trier	14
Kesten	3			darunter 2 Arme
Kirf	2		Treis	5
Klotten	1		Trittenheim	5
Klüsserath	2		Ürzig	2
Könen	4			darunter 1 Armer
Kordel	2 Arme		Wawern	3
Leiwen	5			darunter 2 Arme
Lieser	1 Armer		Wintrich	2
Longuich	1		Wittlich	4

Im Jahre 1794 lebten im Obererzstift Trier 162 Juden, von denen 23 so arm waren, daß sie von den Kontributionszahlungen befreit werden mußten. Es handelte sich offensichtlich um 162 Haushaltungsvorstände, so daß bei Verwendung des Multiplikationsfaktors 5 810 Juden für diesen Bereich, der etwas größer als das Arrondissement Trier war, anzunehmen sind.

Für das Jahr 1802 wurden etwa 800 im Saardepartement wohnhafte Juden geschätzt, die vornehmlich in den Arrondissements Saarbrücken und Birkenfeld lebten[107]). Diese Zahl war aber zu niedrig, denn 1809 lebten nach einer anderen Quelle 3 576 Juden im Saardepartement[108]).

An den Kirchengüterveräußerungen im Arrondissement Trier beteiligten sich, soweit identifizierbar, 13 Juden, von denen 4 außerhalb des Arrondissements wohnten. Diese 13 jüdischen Käufer waren finanzstark und investierten insge-

---

106) SAT FZ 135, 6, Nr. 7.
107) Zegowitz, S. 271.
108) Delamorre, S. 276.

samt 97 773 frs oder pro Kopf durchschnittlich 7 518 frs. Sie kamen damit dem durchschnittlichen Kapitaleinsatz der Beamten am nächsten[109]). Diese im Einzelfall stattlichen Summen waren, bezogen auf den Gesamtvorgang des Besitzwechsels, gering. Den Juden wurde zu Unrecht eine wichtige Rolle in der Säkularisation beigemessen, es sei denn, sie hätten als Kreditgeber die Käufe von Christen finanziert. Aber auch dafür fanden sich in den Quellen nur wenige Beispiele[110]).

Im Raum Trier waren die Juden bis auf wenige Ausnahmefälle ökonomisch und wohl auch gesellschaftlich einflußlos; dafür hatte die restriktive Politik der kurfürstlichen Zeit gesorgt.

Trotzdem begann noch während der Kirchengüterverkäufe die Bildung von Legenden, die nach einem zeitgenössischen Beispiel beinhalteten, daß die „gehässigen" Juden, „um an den Dingen unserer Religion einen wucherischen Gewinn, auch wohl ihren bösen Scherz zu haben, eifrig Gebothe thaten"[111]) und viele Kirchengüter an sich brachten.

Die Mitglieder der 1805 gegründeten Trierer Freimaurerloge[112]) beteiligten sich in erheblichem Maße an den Versteigerungen im Arrondissement Trier. Von 98 für Trier während der französischen Zeit faßbaren Freimaurern kauften 21 Personen ehemalige Kirchengüter für insgesamt 786 691 frs oder 37 461 frs pro Kopf. Dieser hohe Betrag wurde erreicht, weil einige Großkäufer wie Matthias Joseph Hayn, Matthias Vogel oder auch Hubert Merrem, Notar aus Bernkastel, der Loge angehörten. Andere Freimaurer, besonders einige Richter in Trier, begnügten sich mit einem einmaligen Kauf, durch den sie ein Wohnhaus erwarben.

Die Freimaurer, die an den Verkäufen beteiligt waren, rekrutierten sich aus dem wohlhabenden Bürgertum und aus der führenden Beamtenschicht. Die übrigen Logenbrüder entstammten dem Militär und dem Bereich der Kunst und traten nicht als Käufer in Erscheinung, auch nicht als Vermittler. Beweise für konzertierte Aktionen unter Logenmitgliedern fanden sich nicht.

Die Fernwirkungen der Säkularisation im wirtschaftlichen und sozialen Bereich sind nicht leicht festzustellen, da monokausale Erklärungsmodelle zu falschen Einschätzungen führen. Die Säkularisation war nur ein, allerdings außerordentlich wichtiges, Element beim Übergang von der feudalen zur modernen Gesellschaft. Zu den anderen Faktoren, die diesen Prozeß mitbestimmten und untereinander und zusammen mit den Veränderungen der Eigentumsverhältnisse an Grund und Boden ein dichtes Beziehungsgeflecht bildeten, gehörten besonders die während der französischen Zeit im Rheinland durchgeführten Reformen.

Die Reformen betrafen fast alle Lebensbereiche und schafften in der Bevölkerung eine positive Haltung gerade gegenüber Napoleon, unter dessen Herrschaft die neuen Rechtskodifikationen vorgenommen wurden: 1804 — Code Civil (Code Napoleon) / 1807 — Code de Procedure Civil / 1808 — Code de Commerce / 1811 — Code Penal / 1811 — Code d'Instruction Criminelle.

---

109) Vgl. oben S. 186.
110) LHK 587—40/6/86; 587—40/226/135.
111) F. T. Müller, S. 109, 275.
112) Vgl. Winfried Dotzauer, Das aufgeklärte Trier. Freimaurer und Lesegesellschaften bis zum Ende der napoleonischen Zeit. In: Geschichtliche Landeskunde, Bd. IX, hg. v. J. Bärmann, A. Gerlich, L. Petry, Wiesbaden 1973, S. 214 ff., besonders das Mitgliederverzeichnis im Anhang.

In der Rechtspflege traten an die Stelle der früher geheim und schriftlich durchgeführten Verfahren die öffentlichen und mündlichen Verhandlungen. Alle Bürger waren vor dem Gesetz gleich; feudalrechtlich begründete Privilegien existierten schon seit 1798 nicht mehr. Der Instanzenweg war klar geordnet, und die neuen Schwurgerichte erwiesen sich als sehr populär. Zivil- und Strafsachen wurden voneinander getrennt[113]. Freiteilbarkeit und Freivererbbarkeit von Grundeigentum wurden gesetzlich sanktioniert; alle früheren grundherrlichen Konsensrechte fielen weg[114].

Die Aufhebung der Feudalrechte hatte ein Steuersystem ohne Exemtionen für Adel und Klerus gebracht, die Aufhebung der Zünfte die Gewerbefreiheit[115]. Die Errichtung von Handelskammern und Handelsgerichten belegte die staatliche Aufmerksamkeit für die Wirtschaft[116]. Ein besonders wichtiger Schritt hin zu einem modernen Wirtschaftssystem war die Einführung von einheitlichen Münzen, Maßen und Gewichten.

Mit dem Wegfall der alten Hemmnisse setzte sich im Bereich der agrarischen Produktion das individualistische Wirtschaftsprinzip durch. Die Bauernbefreiung war endgültig — de facto, soweit noch erforderlich — nun auch de jure vollzogen. Die staatlichen Organe konzentrierten sich darauf, für eine Verbesserung der Landwirtschaft beratend und aufklärend zu wirken. Das Journal des Saardepartements brachte Artikel, die sich intensiv und eindringlich mit der Landkultur beschäftigten; die Jahrbücher von Zegowitz und Delamorre legten ihre Intentionen in dieser Richtung offen dar.

In Trier wurde 1802 für das Departement eine Kommission für Handlung und Ackerbau auf Weisung des Innenministers gegründet[117]. Bekannter als diese wurde die Gesellschaft für nützliche Forschungen, die sich 1801 konstituiert hatte[118].

Auf dem Benrather Hof zwischen Pellingen und Zerf, der früher der Abtei St. Matthias gehört hatte, wurde eine Zuchtanstalt für Merinoschafe durch den Staat gegründet[119], in Zweibrücken ein staatliches Pferdegestüt.

Im sozialpolitischen Bereich nahm die Gesundheitsfürsorge eine führende Stellung ein. Die obligatorische Pockenimpfung wurde gegen den Widerstand weiter Bevölkerungskreise durchgesetzt[120] und die Approbation von Ärzten

---

113) Hashagen, Die Rheinlande, S. 12 f.
114) Droege, Lage der Landwirtschaft, S. 148.
115) Hansen, Von der Französischen Revolution, S. 260.
116) Hashagen, Die Rheinlande, S. 14; Trierischer Taschenkalender, 1808, S. 95; Bruno Kuske, Gewerbe, Handel und Verkehr. In: H. Aubin, Th. Frings, J. Hansen u. a., Geschichte des Rheinlandes von der ältesten Zeit bis zur Gegenwart, Bd. II, Essen 1922, S. 247; Schultheis-Friebe, S. 24 ff.
117) Trierischer Taschenkalender, 1810, S. 95.
118) Kentenich, S. 657, 675; Journal du Département de la Sarre, 1804/05, Nr. 46; Delamorre, S. 374. Umfassende Informationen bietet: Katharina M. Reidel, Geschichte der Gesellschaft für nützliche Forschungen zu Trier (1801—1900), Trier 1975.
119) Journal du Département de la Sarre, 1804/05, Nr. 1 und 1806, Nr. 33.
120) In den verschiedenen Jahrgängen des Journal du Département de la Sarre finden sich fast regelmäßig belehrende Artikel über die Vorteile der Impfungen und mehrere Male auch Strafandrohungen gegen Impfverweigerer.

durch spezielle medizinische Jurys strenger überwacht[121]). Auf Anordnung des Präfekten etablierte sich am 27. September 1808 im ehemaligen Echternacher Hof in Trier eine Hebammenschule, deren Absolventinnen allein zur Ausübung dieses Berufes berechtigt sein sollten[122]). Der Grund für diese Maßnahme lag in der enormen Säuglingssterblichkeit. Aus hygienischen Gründen wurden die Friedhöfe vor die Städte verlegt und alle Bestattungen in oder bei Kirchen innerhalb der Mauern untersagt.

Die Hospizien, die Wohltätigkeitsbüros und die Bettelhäuser bemühten sich, die schlimmsten Auswüchse von Armut und Not zu lindern, verfügten aber nur über geringe Mittel im Vergleich zu den bestehenden Problemen.

Die geschilderten Gesetze und Maßnahmen konnten nicht ohne Auswirkungen auf die Sozialstrukturen im Saardepartement bleiben. Dazu gehörten der Abstieg von Adel und Klerus, der Aufstieg des Bürgertums, die Befreiung von Gewerbe und Landwirtschaft aus altüberkommenen Bindungen und der Bevölkerungszuwachs[123]). Die allgemeine Teilbarkeit des Grundvermögens und die Niederlassungsfreiheit für Gewerbetreibende, die Anstrengungen auf dem Gebiet der Gesundheitsfürsorge und im Bereich der agrarischen Anbaumethoden, sowie der Wandel der Agrarverfassung wirkten dabei als auslösende oder beschleunigende Kräfte.

In diesem Zusammenhang ist die substantielle Bedeutung der Kirchengüterveräußerungen zu lokalisieren: Die durch die Säkularisation ausgelösten Besitzumschichtungen brachten die liegenden Güter der Toten Hand in kurzer Zeit in die Hände von mehreren tausend Käufern, die über ihr Land frei verfügen und die Anbaumethoden frei wählen konnten. Die Formen von Agrarbesitz und die Ausgestaltung der Agrarverfassung erfuhren zwischen 1794 und 1814 eine Veränderung, die endgültig das moderne, gewinnorientierte und deshalb produktionssteigernde Prinzip der Individualwirtschaft mit vollem Eigeninteresse und voller Eigenverantwortung auch des kleinen Produzenten durchsetzte. Das uneingeschränkte Privateigentum an den Produktionsmitteln und die breite Streuung der Kirchengüter unter viele neue Bodeneigentümer führten zu dem wohl wichtigsten Ergebnis der französischen Zeit unter sozio-ökonomischem Aspekt, nämlich zu einer neuen Wirtschaftsgesinnung[124]).

---

121) Hashagen, Die Rheinlande, S. 19.
122) Trierischer Taschenkalender, 1810, S. 93.
123) Der Fragenkomplex, inwieweit die französische Außen-, Wirtschafts- und Zollpolitik Einfluß auf die Ausformung einzelner Wirtschaftszweige und auf die generelle Entwicklung nahm, z. B. durch die Kontinentalsperre oder durch die Verlegung der Zollgrenze an den Rhein, muß hier ausgeklammert werden. Vgl. zu dieser Thematik die Beiträge von Darmstädter, Steinbach, Kuske und Schultheis-Friebe.
124) Um das Jahr 1819 bemerkte Chaptal, De l'industrie française dazu: „Die Veränderungen, die seit dreißig Jahren im Grundbesitz stattgefunden haben, und die Entstehung einer größeren Zahl kleiner Eigentümer haben zur Verbesserung der Kultur beigetragen. Der neue Eigentümer des Bodens bearbeitet ihn sorgfältiger als der alte; er sucht den Ertrag zu vergrößern und scheut keine Mühe, dahin zu gelangen; er kultiviert alles Land, das ihm anbaufähig erscheint; er bebaut jedes Bodenstück, das Ertrag zu bringen verspricht; er ruht nicht eher, bis er alle diejenigen Verbesserungen durchgeführt hat, die überhaupt möglich sind." (Zitiert nach Wilhelm Abel, Agrarkrisen und Agrarkonjunktur, Hamburg, Berlin ²1966,

Andererseits wurde der früher schon angelaufene Prozeß der Bodenaufteilung, der durch feudalrechtliche und wirtschaftsstrukturelle Hindernisse noch gebremst worden war, enorm beschleunigt. Es handelte sich dabei um einen komplexen Zusammenhang zwischen Bodenzersplitterung und Bevölkerungsexplosion. Gerade die zweite Phase der Besitzumschichtungen führte eine Bodenzersplitterung herbei, die sich zwar noch in Grenzen hielt[125]), die aber in der ersten Hälfte des 19. Jahrhunderts explosionsartig weiterging und schließlich existenzunfähige Kleinstbetriebe hervorbrachte. Die großen Auswanderungswellen des 19. Jahrhunderts belegen dies recht deutlich[126]).

Die von der Säkularisation mitbeeinflußten Wandlungsvorgänge im Saardepartement und im Arrondissement Trier sind an einigen Beispielen und Hinweisen aus den Quellen konkret faßbar. Über den trierischen Vorort Euren hieß es im Jahre 1825: „Auf dem dasigen Banne waren alle geistlichen Korporationen in und um Trier begütert. Vor der Revolution waren der größte Teil der Einwohner dieses Dorfes Bestänger der geistlichen Güter; da sie aber von diesen sanft behandelt wurden, so hatten sie Gelegenheit, etwas zu erwerben. Durch die unter den Franzosen statt gehabte Veräußerung der den geistlichen Korporationen zugehörig gewesenen Grundstücke ist dieses Dorf eins der reichsten der hiesigen Gegend geworden, und es verdient bemerkt zu werden, daß sich kein einziger Armer unter den Einwohnern befindet[127]).“

Der Bevölkerung des Vorortes St. Matthias gelang es dagegen nicht, ihre Lage zu verbessern: „Alles Grundeigentum ... gehörte der Abtei; die Einwohner waren meistens Gesinde und Tagelöhner der Abtei. Ihr Schicksal hat sich nicht gebessert, da ihre Armut ihnen nicht erlaubte, bei der Veräußerung der Mattheiser Güter mit den reichen Privaten der Stadt konkurrieren zu können[128]).“ Diese beiden Beispiele illustrieren, daß in der unmittelbaren Nähe von Trier Bürger und Bauern von den Verkäufen profitierten, nicht aber die unterste Schicht der Erwerbstätigen.

S. 190). Der frühere napoleonische Innenminister stand mit seiner Ansicht nicht allein. Der gewiß nicht franzosenfreundliche Neigebaur schrieb 1821: „Besonders hatte der Bauer gewonnen. Die Zehnten und Frohnden waren ... abgeschafft ... Der Verkauf der geistlichen und Staatsgüter verschaffte vielen ein wohlfeiles Eigentum, die sonst blos Pächter gewesen waren, und es kann nicht geleugnet werden, daß die Landes-Kultur dadurch außerordentlich gewonnen hat.“ (Neigebaur, S. 287). Auch Aubin, Agrargeschichte, S. 139, äußerte sich viel später als Wissenschaftler in dieser Richtung: „Die Domänenkäufer, welche anders wie die geistlichen Grundherren auf höchste Verzinsung ihres Kapitals bedacht waren, beginnen rationeller zu wirtschaften. Bisher schlecht genutztes Land wird intensiver angebaut und oft auffallend höhere Ernten werden erzielt.“ Ähnlich auch Boos, S. 684; Boost, S. 70; Conrady, S. 215.

[125]) Auf den einzelnen Käufer entfielen im Durchschnitt 1,16 ha, auf die Landbevölkerung im Durchschnitt zwischen 34 und 88 Ar (vgl. Tab. XIII, S. 186).
[126]) Vgl. Bernhard Edelmann, Wirtschaftliche und soziale Wandlungen auf dem hohen Hunsrück. Wirtschafts- und sozialwiss. Diss., Mschr., Frankfurt/M. 1922, S. 101 ff., der die negativen Folgen weit höher einschätzt als die positiven und zu einem für die französische Zeit vernichtenden Urteil kommt. Zum Problem der Auswanderung s. Peter Marschalck, Deutsche Überseewanderung im 19. Jahrhundert, Stuttgart 1973, passim, besonders S. 52 ff.
[127]) Trierische Kronik, Bd. X, 1825, S. 289.
[128]) ebd.

Wie bemerkenswert der wirtschaftliche Aufschwung auf dem Lande den Zeitgenossen erschien, zeigt eine Äußerung von Görres, der in einem Brief vom 1. März 1812 sogar von bäuerlichem Wohlstand sprach[129]. Die Bauern seien in vielen Gegenden verschwenderisch geworden und hätten nach Kornverkäufen in den städtischen Wirtshäusern mit ihrem Reichtum geprahlt. Dies war sicherlich übertrieben; die Feststellung hingegen, Vermögen und Kopfzahl seien auf dem platten Lande gewachsen, stimmt mit anderen Berichten überein[130].

Im Jahre 1818 wurde eine allgemeine Verbesserung des Ackerbaues und der Viehzucht gegenüber der Zeit vor 1794 konstatiert und mit der Abschaffung der Feudalrechte und mit der sich immer weiter verbreitenden Stallfütterung bei intensivem Anbau von Futterkräutern begründet. Als wichtigste Folgen wurden die Erweiterung der Ackerbauflächen und die Veredelung der Viehrassen angeführt[131].

Nach einer Mitteilung aus dem Kreise Prüm hielten die Bauern in der Eifel 1821 bereits die Hälfte des Rindviehbestandes im Stall. Der Kleeanbau setzte sich immer stärker durch, so daß bei gesteigerter Düngerproduktion neue Gärten und Felder angelegt werden konnten[132]. Die kultivierten Flächen seien gegenüber dem Zustand um 1800 in zwei Jahrzehnten um $^1/_3$ angewachsen[133].

Die Angaben entziehen sich der Überprüfung. Eine andere Quelle besagt im Gegensatz dazu für das Jahr 1828, der Anbau von Futterkräutern in der Eifel habe sich noch immer nicht durchgesetzt, „da die Stallfütterung noch äußerst zurück ist"[134].

In einer der französischen Herrschaft gegenüber außerordentlich kritisch eingestellten Schrift aus dem Jahr 1817 werden „die Folgen der französischen Revolution durch den Verkauf von Domänen- und geistlichen Gütern" als „vorteilhaft" für das Rheinland bezeichnet[135].

Die Auswirkungen der Güterverkäufe wurden auch in einer Verbreiterung der Existenzbasis vieler Familien, in der Gründung neuer Familien mit der entsprechenden Bevölkerungszunahme und in einer Verschiebung innerhalb der Berufe gesehen. Es habe eine Zunahme bei den Landwirten und eine Abnahme bei den Tagelöhnern gegeben[136].

---

129) Görres an Perthes sen.: „Auf dem Land nimmt der Wohlstand zu." (Perthes, Bd. I, S. 313).

130) Die Bemerkungen über den Reichtum der Bauern stammen von Perthes, Bd. I, S. 312 selbst.

131) Trierische Kronik, 1818, S. 24 und 45. Zu den Reformansätzen im Bereich der Landwirtschaft vor 1794 vgl. oben S. 56 ff.

132) Prümer gemeinnützige Blätter für die Bewohner der Eifel, hg. v. Georg Bärsch, Prüm 1821, Nr. 6, S. 39.

133) Prümer gemeinnützige Blätter, 1822, Nr. 8, S. 59.

134) Stat.-top. Beschreibung 1828, S. 121. Diese Bemerkung ist aufgrund ihrer Relativität schwer zu beurteilen. Die Mitteilung auf S. 117 f. ist dagegen aufschlußreich. Dort heißt es, das Anerbenrecht werde in der Westeifel trotz der gegenteiligen gesetzlichen Regelung weiter praktiziert. Demnach waren die Stockhäuser auch 1828 noch unangetastet.

135) Statistik der preußischen Rheinprovinzen in den drei Perioden ihrer Verwaltung, Köln 1817, S. 140.

136) Edelmann, S. 107 und 109.

Für die östliche Eifel im Dreieck zwischen Mosel und Rhein werden diese Ergebnisse durch den ebenso aufmerksam-kritischen wie auch sachverständigen Beobachter im Jahre 1816, Johann Nepomuk von Schwerz, bestätigt, dessen Mitteilungen auch für Teile des Saardepartements gelten dürften. Seine grundsätzliche Bemerkung über die Güterverkäufe erhellt die Bewußtseinslage in der damaligen Öffentlichkeit: „Seit die Welt besteht, ist Kauf und Verkauf nicht so oft vorgekommen, wie seit den letzten 20 Jahren. Alltäglich steht Etwas zu verkaufen, und seit man in der Moselgegend mit den Versteigerungen der Domainen zu Ende ist, steigen die (Boden-)Preise daselbst von Halbjahr zu Halbjahr auf eine so erstaunliche als unbegreifliche Weise[137].“ Zu den Folgen der Verkäufe wird ausgeführt: „Die Wirtschaft wird besser übersehen, und das Gut durchaus reichlicher gedüngt, zweckmäßiger gebaut und benutzt. Das Beispiel davon geben die Domainen-Verkäufe und deren Versteigerungen im Kleinen fast in allen Dorfschaften unserer Gegend. Die Einwohner vermehrten dadurch ihr Privateigenthum, die Bevölkerung und der Viehstand nahmen zu, die Brache wurde großentheils abgeschafft, die künstlichen Wiesen vermehrten sich, und der Landmann ist durchaus in einem weit besseren Vermögenszustande, als er vorher war[138].“

Eine weitere Auswirkung zeigte sich im Anstieg der Gesindelöhne, wofür eine durch die Verkäufe mitverursachte Umschichtung innerhalb der Berufe verantwortlich gemacht wurde. „Die Ursache liegt bei den Mannspersonen in der häufigsten Requisition zu unaufhörlichen Kriegen und der dadurch veranlaßten Seltenheit derselben; bei den Weibspersonen in den großen Landgüter-Verkäufen und dem dadurch verursachten größeren Selbstbau der einzelnen[139].“

Die positive zeitgenössische Beurteilung der Entwicklung in der Landwirtschaft artikulierte sich in sehr bestimmten Äußerungen: „Der Name Bauer ist, bei der Gleichheit der Bürgerrechte und der Aufhebung aller Privatzwangsmittel, kein Schand- und Spottname mehr[140].“ „. . . der geringste Bauer (ist) ebenso unumschränkter Herr über seinen Morgen Land, wie der größte Eigentümer über die Masse seiner gesammelten Güter. Wir kennen keine Spann- und Handdienste, als die zum Besten des öffentlichen Wohles, wie z. B. zur Fertigung der Wege; keine Erb- oder sonstige Unterthänigkeit, als die Pflichten des Bürgers gegen den Landesherrn; keine Privilegien, keinen Vorzug, keine Exemtion von dem Gesetze. Wir haben Alle nur einen Gott, einen Herrn und ein Gesetz, welchen wir in voller Gleichheit, Einer wie der Andere, unterworfen sind[141].“

Trotz dieser positiven Urteile darf jedoch nicht verkannt werden, daß — langfristig gesehen — der von der Säkularisation mitausgelöste Fortschritt in der Landwirtschaft durch die zunehmende Bodenzersplitterung wieder gehemmt wurde.

---

[137] Schwerz, Beschreibung, S. 172.

[138] Schwerz, Beschreibung, S. 177. Schwerz warnte allerdings gleichzeitig vor den negativen Folgen einer ungehinderten Bodenzersplitterung.

[139] Schwerz, Beschreibung, S. 194.

[140] Schwerz, Beschreibung, S. 236.

[141] Schwerz, Beschreibung, S. 170. Die Errungenschaften der französischen Zeit betonte Schwerz deshalb so ausdrücklich, um den Adressaten des Berichtes, den preußischen König, von einer Rückkehr zu alten, im Rheinland bereits überwundenen Zuständen abzuhalten. Dabei verbot es sich von selbst, durch Übertreibungen die eigene Glaubwürdigkeit zu gefährden.

Während der französischen Zeit erlebte nicht nur der Ackerbau, sondern auch der Weinbau einen wirtschaftlichen Aufschwung, der im wesentlichen auf die gleichen Wandlungsfaktoren zurückzuführen ist. Dabei übernahmen einige Großkäufer von Kirchengut eine Sonderrolle, indem sie ersteigerte Weingüter selbst bewirtschafteten und neue Anbaumethoden auf ihren bald zu Mustergütern avancierten Besitztümern praktizierten. Das Beispiel der von ihnen erzielten Ertrags- und Qualitätssteigerungen wirkte vorbildhaft auf die kleineren Winzer ein und führte bei ihnen zu einem Umdenken.

Als Zeitpunkt für die Einführung der neuen Form des Weinbaus an der Mosel wurde schon wenig später das erste Jahrzehnt des 19. Jahrhunderts genannt[142]. Charakteristisch für den Umschwung waren der Wechsel von der Kleinberger-Traube zum reinen Riesling-Rebsatz, die verbesserte Düngung, die intensivere Weinstockbehandlung, die niedrigere Bauweise zur besseren Nutzung der Bodenwärme, die sorgfältigere Anlage der Reihen und Gassen und schließlich die differenzierten Termine der Hauptlese, Auslese und Spätlese[143]. Diese Maßnahmen führten dazu, daß der Weinbau nach einem Urteil aus dem Jahre 1828 seit der französischen Zeit „die bedeutendsten Fortschritte" machte[144]. In preußischer Zeit sicherte das Zollgesetz von 1818 dem Moselwein zusätzlich eine Monopolstellung, so daß der Gesamtumfang der Rebflächen rasant anwuchs[145].

Zu den Weingütern, die sich an der Mosel in kurzer Zeit einen Namen erwarben, gehörte der frühere Martiner Hof in Graach, den Matthias Joseph Hayn 1806 für 28 375 frs von dem Armeelieferanten Pothier in Paris gekauft hatte[146], und den er nach seinem Vornamen in Josephshof umbenannte. Der Hof wurde zu einer „Musterschule für die Weinproducenten auf der Mosel" und zeichnete sich aus durch Quantität und Qualität seiner Weine. In den dreißiger Jahren des 19. Jahrhunderts soll die jährliche Ernte ca. 100 Fuder erbracht haben[147]. „M. Hain s'est immortalisé par l'amélioration de la culture des vignes[148]."

Ähnliche Modellfunktionen übernahmen die Güter von Karl Ellinkhuysen in Zeltingen, Johann Hugo Reiß in Kröv und Friedrich Handel in Grünhaus-Mertesdorf, die dem Kloster Machern[149], der Abtei Steinfeld[150] und der Abtei Maximin[151] gehört hatten. Hayn und Ellinkhuysen erhielten in preußischer Zeit den Titel eines Kommerzienrates, und Christoph Philipp Nell, dessen Besitz in Trier-St. Matthias ebenfalls Vorbildcharakter trug, wurde sogar geadelt[152].

---

142) Servatius Muhl, Der Weinbau an Mosel und Saar, Trier 1845, S. 20.
143) Vgl. Muhl passim; Meyer, S. 32 ff., s. auch oben S. 49 f.
144) Stat.-top. Beschreibung 1828, S. 128.
145) Hahn/Zorn, S. 21, 29. Im Regierungsbezirk Trier betrug die Anbaufläche 1820 9 517 Morgen, 1827 13 102 Morgen (Stat.-top. Beschreibung, 1828, S. 129).
146) LHK 701/646; Journal du Département de la Sarre, 1810, Nr. 14.
147) Czarnowsky, S. 122.
148) Bourdelois, S. 285.
149) Zum Kauf des Klosters Machern durch Ellinkhuysen vgl. S. 104.
150) Reiß kaufte am 30. Oktober 1807 den Steinfelder Hof in Kröv für 15 000 frs (LHK 276/3125/29).
151) Handel erwarb 1811 Grünhaus-Mertesdorf für 84 700 frs. (LHK 360/43; 701/646). Hayn, Ellinkhuysen und Reiß werden bei Muhl, S. 21 besonders genannt.
152) Die Herausgeber der Trierischen Kronik widmeten 1821 den Band VI Karl Ellinkhuysen, „dem thätigen Beförderer des Weinbaus an der Mosel". Über das Nell'sche

Eine zeitgenössische Stimme vermerkte zu dem aus dem expandierenden Weinbau sich entwickelnden Handel mit Wein: „Bekanntlich war der beste Mosel- und Saarwein zu kurfürstlichen Zeiten in den Händen der Abteien, Stifter, Klöster und mehrerer reicher Familien, und wie bekannt ist, haben diese Eigentümer das größte Verkehr in ihren eigenen Haushaltungen damit getrieben und äußerst selten ein paar Fuder von ihren besten Gewächsen an Auswärtige verkauft. Der beste Moselwein war daher in unsren nahen Umgebungen wenig und in entfernteren kaum dem Namen nach bekannt... Da aber zu französischen Zeiten mehr Tätigkeit und Handelsgeist unter die Trierer gekommen und die Weinkreszens als ein Handelsprodukt angesehen wurde, an dem etwas rechts zu verdienen sei, so bereisten mehrere angehende Kaufleute unsere angrenzende Städte mit ihren Umgebungen und gaben sich Mühe, durch Verkäufe von Mosel- und Saarweinen ihre Glücksgüter zu verbessern. Zur Verbreitung dieses Handelsgeschäfts verdienet allerdings Herr Kommerzienrat Hayn aus Trier genannt zu werden, indem er unter die ersten Moselbewohner gezählt werden darf, der durch Selbstreisen dem Mosel- und Saarwein im Ausland eine Aufnahme verschaffte[153]."

Im Saardepartement überstieg die Weinproduktion bereits im Jahre 1809 den inneren Bedarf um das Doppelte, so daß eine rege Exporttätigkeit nach Westfalen, Holland und in die Gegenden von Roer und Maas verzeichnet wurde[154]. Im Jahre 1822 existierten in Trier die drei Weingroßhandlungen P. L. Mohr, J. M. Grach und Nell & Co.[155].

Eine teilweise übertriebene, aber dennoch bezeichnende Retrospektive enthält ein Schreiben des Bürgermeisters von Zeltingen an den Landrat v. Gärtner in Bernkastel vom 18. Mai 1833: „Vor 40 Jahren befanden sich die besten und vorzüglichsten Güter meist in den Händen reicher Klöster, Abteien und anderer geistlicher Korporationen, die mit Ausnahme einiger weniger, nur wenig auf die Veredlung und bessere Kultur der Weinberge hielten, vielmehr selbe nur höchst mittelmäßig bauten und zuletzt, als die Französische Revolution ausgebrochen und die Aufhebung der Klöster vorauszusehen war, gar nichts mehr darauf verwandten, so daß beim Einzug der Franzosen in die diesseitigen Länder jene

---

Gut berichtete Demian, Stat.-pol. Ansichten, 1815, S. 71, daß „unter Leitung eines in England gebildeten Ökonomen die kostbarsten und interessantesten Versuche unternommen werden", und daß sich auf dem Gut „eine bedeutende Viehzucht, Fischerei, ein geschmackvolles Wohngebäude und Treibhäuser befinden, in welchen neben den seltensten ausländischen Pflanzen, Trauben und Pfirsiche zu jeder Jahreszeit reifen". Im Jahre 1841 vermerkte Czarnowsky, S. 69: „Dem abteilichen Hauptgebäude hat der reichbegüterte Besitzer die bequeme und zugleich prächtige Einrichtung eines modernen Privathauses gegeben... die Anlage der Weinberge... gibt einen Begriff davon, wie weit die Cultur dieses edlen Gewächses durch den Aufwand reicher Mosel-Gutsbesitzer bereits gediehen ist."

[153] Chronik aus der Zeit um 1840/50 zitiert nach Kentenich, Geschichte der Stadt Trier, S. 679.

[154] Delamorre, S. 415. Nach Demian, Stat.-pol. Ansichten, 1815, S. 117 wurden in der französischen Zeit durchschnittlich 5 000—6 000 Fuder Moselwein auf der Mosel verschifft.

[155] Kentenich, Geschichte der Stadt Trier, S. 723; vgl. auch Trierische Kronik, 1818, S. 58.

Weingüter schon meist im Unstande und verfallen waren. Die französische Regierung verkaufte bekanntlich die zu Domänen gewordenen Güter zu Spottpreisen an Private. Diese fingen nun an, die Weinberge nicht nur besser zu bauen, sondern verwendeten auch viel an eine bessere Kultur, und da während der französischen Verwaltungsperiode die Weinpreise immer hoch standen und die Weine, wenn sie auch gering waren, doch stets Absatz fanden, so war bei solchen Umständen überall an der Mosel ein blühender Wohlstand vorherrschend, der sich nach und nach erhob ... Die unter der französischen Herrschaft für die Mosel so günstig gewordenen Umstände, wodurch die Domänen-Güter, die unstreitig mit zu den vorzüglichsten gehörten, in jener Periode in die Hände von Privaten gekommen waren, die Zunahme der Bevölkerung und mehr noch, der günstige Absatz, den sich die Moselweine damals zu erfreuen hatten, trugen viel zur besseren Weinkultur bei ... Bei so gestalteten Dingen war der Zustand der Weinkultur im Jahre 1816 bei dem Eintritte der Preußischen Verwaltung allerdings weit voran geschritten, weil man die Überzeugung hatte, daß es sich der Mühe lohne und bekanntlich der Weinbau nicht ohne besondere bare Ausgaben betrieben werden kann[156].“

Beim Weinbau waren die positiven Auswirkungen der Besitzumschichtungen in der französischen Zeit deutlich erkennbar, sowohl im Hinblick auf die Verbesserung der Anbaumethoden wie auch im Hinblick auf die Verbesserung der wirtschaftlichen Lage der Bevölkerung.

Es ist noch ein letzter Bereich, auf den die Kirchengüterverkäufe innovativ einwirkten, zu beleuchten: Es handelt sich um den Wirtschaftszweig der industriellen Produktion, die um die Wende vom 18. zum 19. Jahrhundert im Saardepartement noch in den Anfängen steckte, abgesehen von den Gruben und Produktionsstätten an der Saar, von denen jedoch keine einzige kircheneigen war, und die deshalb hier außer Betracht bleiben müssen.

Der unmittelbare Zusammenhang zwischen der Enteignung der kirchlichen Korporationen und den Ansätzen einer Industrialisierung läßt sich am besten an den konkreten Fällen aufzeigen.

Durch die Aufhebung standen im Jahre 1802 eine ganze Reihe großer und weiträumiger Klosteranlagen zur Disposition, die sich, soweit sie nicht für öffentliche Aufgaben benötigt wurden, zur Installierung von Manufakturen anboten. Im Saardepartement kam es zu Betriebsgründungen dieser Art in Trier und Mettlach.

---

[156] Zitiert nach Meyer, S. 294 f. Das Schreiben wurde in einer Zeit verfaßt, als im Zusammenhang mit der Gründung des deutschen Zollvereins und schon vorher im Zusammenhang mit dem preußisch-hessischen Zollverein des Jahres 1828 eine wirtschaftliche Katastrophe durch die übermächtige Konkurrenz der süddeutschen Weine über den Moselweinbau hereinbrach. Die Winzer erwarteten Hilfsmaßnahmen von der preußischen Regierung. Aus dieser Konstellation sind die Übertreibungen zu erklären. Das Wort von den „Spottpreisen“ war bedingt durch die wirtschaftliche Hochkonjunktur des Weinbaus an der Mosel während der Phase des preußischen Zollschutzes nach 1818. In dieser Zeit war der Wert der Güter erheblich gestiegen. Zur Weinkrise an der Mosel vgl. Hans Pelger, Karl Marx und die rhein-preußische Weinkrise. Ein Beitrag zur Lage der Moselwinzer um 1840 und zu Marx' erster Auseinandersetzung mit sozial-ökonomischen Fragen mit sechs unbekannten Marx-Artikeln. In: Archiv für Sozialgeschichte XIII, 1973, S. 309—375.

Jakob Leistenschneider gründete 1802 am Domfreihof in Trier eine Tapeten-manufaktur und produzierte jährlich 12 000 Rollen zu einem Preis von 1 bis 6 Francs[157]. Seine Tapeten fanden Absatz in der Kölner Gegend, im Départe-ment Bas-Rhin und auf der rechten Rheinseite, vor allem in Frankfurt, wo er schon 1803 ein Depot unterhielt[158]. Die Manufaktur scheint aber bald wieder eingegangen zu sein, denn nach 1804 wird sie nicht mehr erwähnt.

Joseph Willwersch richtete 1802 im Dominikaner-Kloster eine Baumwoll-spinnerei ein und beschäftigte als Arbeiter die Insassen des dort installierten Gefängnisses[159]. Die Bezahlung war so schlecht, daß die Armen der Stadt sich weigerten, bei ihm zu arbeiten[160]. Wie aus den Berichten des Maires an den Präfekten hervorgeht, blieben in den Jahren 1803 und 1804 größere Fortschritte aus[161], so daß das Unternehmen wieder einging.

Die Tuchmanufaktur von Gibbon, der aus Paris kam, wurde 1802 im Agne-ten-Kloster gegründet, bestand aber schon 1807 nicht mehr[162]. Er produzierte „du drap dit roial . . ., du casimir, de la flanelle dite anglaise[163]" und beschäftigte anfangs 60 Arbeiter[164]. Wegen der ungünstigen Absatzmöglichkeiten für seine feinen Tuche war er gezwungen, die Ware in Paris zu verkaufen. Im Jahre 1805 hatte er noch 8 Arbeiter, die insgesamt 500 Stück Tuch im Werte von 15 000 Francs herstellten[165].

Der Justizbeamte Nikolaus Crell steigerte am 11. Mai 1803 den Mergener Hof der Abtei St. Marien in der Rindertanz 1098 für 5 500 Francs[166] und richtete dort die Baumwollspinnerei Crell und Meurer ein[167]. In den Jahren 1804 und 1805 hatte das Unternehmen 20 Arbeiter, die durch mehrjährige Verträge gebun-den waren[168]. Die Produktion erreichte 1804 1 175 kg im Wert von 8 998 Francs und 1805 1 316 kg im Wert von 7 946 Francs. Im Departement wurden davon 360 bzw. 560 kg abgesetzt; 1 128 kg bzw. 1 222 kg wurden nach Koblenz ausge-führt[169]. Am 20. Juli 1807 übernahm der Trierer Kaufmann Ludwig Mohr das Unternehmen für die Société Mohr et Compagnie und zahlte für das Haus 2 750 Francs. Im gleichen Jahr produzierten 36 Arbeiter der „filature par mécaniques" 2 000 kg Ketten- und Einschlaggarn im Wert von 15 000 Francs. Davon wurden 300 kg im Departement verbraucht und 1 200 kg in Innerfrankreich abgesetzt[170].

---

157) Zegowitz, S. 403.
158) SAT FZ 78, 2534 und 78, 3307.
159) SAT FZ 78, 3307; 78, 2020.
160) SAT FZ 78, 3307.
161) SAT FZ 78, 2534 und 78, 3307.
162) Zegowitz, S. 416; SAT FZ 78, 3307; FZ 689 Statistique de 1807, Nr. 1.
163) Joachim Kermann, Die Manufakturen im Rheinland 1750–1833, Bonn 1972, S. 189.
164) SAT FZ 78, 2020.
165) SAT FZ 308 Tableau d'information des Manufactures et Fabriques... dans l'Arrondissement de Trèves.
166) LHK 276/3002/53.
167) SAT FZ 78, 3307.
168) Ebd. Gibbon hatte diese Vorsichtsmaßnahme nicht getroffen und beklagte sich darüber, daß ihn die Arbeiter nach der Ausbildung verließen, um in andere Be-triebe einzutreten (SAT FZ 308 Rapport zum Tableau d'information).
169) SAT FZ 308.
170) LHK 587—40/237 II/297; SAT FZ 689 Statistique de 1807, Nr. 1.

Für das Jahr 1808 ist eine Reduzierung der Arbeiterzahl und der Produktion um 50 % belegt. 18 Arbeiter stellten noch 1 000 kg Garn im Wert von 7 500 Francs her. 134 kg blieben im Departement, 866 kg wurden nach Innerfrankreich verkauft[171].

Im August 1804 richtete der Trierer Kaufmann Franz Gerard Wittus im ehemaligen Dominkaner-Kloster neben der Baumwollspinnerei des Joseph Willwersch eine Wolldeckenweberei ein[172]. Als Arbeitskräfte wurden ihm 10 Gefangene zur Verfügung gestellt[173], und zusätzlich warb er einige Facharbeiter aus dem rechtsrheinischen Deutschland an[174]. Im Jahre 1805 produzierte das Unternehmen mit 15 Arbeitern 1 200 Wolldecken im Werte von 18 000 Francs. 400 Decken wurden im Departement und 600 Decken in den Niederlanden abgesetzt[175]. In den folgenden Jahren stieg die Arbeiterzahl auf 20 und die Produktion auf 2 000 Decken pro Jahr im Wert von 24 000 Francs an. Von den Decken wurden etwa ein Viertel im Departement und drei Viertel nach Innerfrankreich verkauft[176]. 1809 waren nur noch 10 Arbeiter vorhanden[177]. Am 7. Juni 1811 mußte Wittus ihm gehörende Immobilien an seinen Gläubiger Johann Joseph Reverchon, dem er 27 587 Francs schuldete, abtreten[178]. Seine Wolldeckenmanufaktur wird in der notariellen Urkunde nicht erwähnt; es ist jedoch unwahrscheinlich, daß sie noch bestand[179].

Wittus war ein Opfer des Konkurses von Martin Pascal Lion, dem Besitzer der größten und wichtigsten Manufaktur in Trier. Lion schuldete ihm 115 000 Francs[180].

Der Unternehmer Lion hatte 1807 eine Tuchmanufaktur eröffnet[181], die im gleichen Jahr Waren im Werte von 36 000 Francs, 1808 im Werte von 144 000 Francs und 1810 im Werte von 300 000 Francs produzierte und zunächst 20, dann 70 und 1810 75 Arbeiter beschäftigte[182]. Im Jahre 1810 waren für Lion außerdem noch 400 Heimarbeiter tätig. Es handelte sich also um eine Mischform von Verlags- und Manufaktursystem. Das Unternehmen setzte im Saardepartement nichts ab, sondern arbeitete ausschließlich „pour l'habillement des troupes"[183]. Im Mai 1811 ging es in Konkurs.

---

171) SAT FZ 689 Statistique de 1808, Nr. 1.
172) SAT FZ 78, 3162.
173) Kermann, S. 318.
174) SAT FZ 78, 3307.
175) SAT FZ 308 Tableau d'information.
176) SAT FZ 689 Statistique de 1807, Nr. 1 und Statistique de 1808, Nr. 1.
177) Delamorre, S. 423.
178) LHK 587—40/22/103.
179) Bei Demian, Stat.-pol. Ansichten, S. 69, ist ihre Existenz zwar noch einmal für 1815 festgehalten; es erscheint aber relativ sicher, daß hier ein Irrtum vorliegt. Demian stützte sich recht stark auf das Buch von Delamorre und beschrieb deshalb oft den Zustand von 1809 und nicht den von 1815.
180) LHK 587—40/22/103.
181) Im ehemaligen Kloster St. Agneten (Kermann, S. 189). Ob das städtische Spinn- und Arbeitshaus (vgl. oben S. 93) dem Betrieb angeschlossen wurde, ist unklar.
182) SAT FZ 689 Statistique de 1807, Nr. 1; Statistique de 1808, Nr. 1; Statistique de 1810, Nr. 6.
183) Delamorre, S. 424; Statistique de 1810, Nr. 6 (SAT FZ 689).

Der Betrieb des Domäneneinnehmers Jakob Christian Schmelzer zur Fabri-
kation von Runkelrübenzucker im   Agneten-Kloster zwischen 1811 und 1814
wurde bereits erwähnt[184]).

Als einzige Trierer Manufaktur arbeitete die 1807 in der ehemaligen Abtei
St. Martin von Christian Joseph Deuster gegründete Porzellanmanufaktur[185])
auch in der preußischen Zeit, bis sie 1823 einging[186]). Anton Gand und dessen
Schwager Jakob Freund, Kaufmann aus Hannover, übernahmen das Unternehmen
von Deuster kurz nach seiner Gründung und führten es als Aktiengesellschaft zu
einiger Bedeutung. Im Jahre 1810 wurden von 80 Arbeitern 150 000 Stück Por-
zellan im Werte von 120 000 Francs produziert. 10 000 Stück im Werte von 8 000
Francs wurden im Saardepartement und 140 000 Stück im Werte von 112 000
Francs in Deutschland rechts des Rheins, besonders im Königreich Westfalen,
abgesetzt[187]). Die Manufaktur arbeitete im Stil von Sèvres; der Ton kam aus
Limoges. Im Jahre 1812 kauften sich Nikolaus Deuster, Kaufmann aus Wittlich,
und Peter Marx, Kaufmann aus Trier-Zurlauben, mit je einer Aktie zu 6 000
Francs ein[188]). Am 12. Mai 1813 wurde ein neuer Gesellschaftervertrag zwischen
Anton Gand, dem früheren Präfekten Maximilien Keppler aus Andlau (Bas-Rhin),
der die Manufaktur schon vorher sehr gefördert hatte, dem Präfekturgeneralsekretär Johann Wilhelm Karsch und dem Kaufmann Peter Marx abgeschlossen.
Die Gesellschaft nannte sich jetzt Gand, Marx & Co., und das Kapital wurde auf
198 000 Francs, aufgeteilt in 33 Aktien zu je 6 000 Francs, festgesetzt. Keppler
übernahm 4 Aktien, Gand 4, Karsch 2 und Marx eine Aktie. 22 neue Aktien wurden aufgelegt[189]). Nach dem Zusammenbruch der französischen Herrschaft
mußte das Unternehmen mit einem Verlust von 207 000 Francs liquidiert werden[190]). Am 1. April 1816 nahm Peter Marx, der die Anlage ersteigert hatte, den
Betrieb mit über 50 Beschäftigten wieder auf[191]). Da es aber im Verlauf der folgenden sieben Jahre nicht gelang, einen festen Platz am Markt einzunehmen,
mußte die Manufaktur schließlich endgültig geschlossen werden[192]).

Im Gegensatz zu den bisher genannten Unternehmen war der Steingutmanufaktur von Franz Boch, die dieser 1809 in den Gebäuden der Abtei Mettlach an
der Saar gründete[193]) ein dauerhafter Erfolg beschieden.

Aus der Manufaktur seines Vaters in Septfontaines brachte er 1809 30 Arbeiter mit. Im Jahr 1813 hatte das Unternehmen 34, 1819 45, 1828 100, 1850 413

184) Oben S. 93.
185) Vgl. oben S. 88.
186) Zur Geschichte der Trierer Porzellanmanufaktur. In: Trierische Chronik, VIII,
    Trier 1912, S. 64.
187) SAT FZ 689 Statistique de 1810, Nr. 5.
188) LHK 587—38/355/60; 587—40/46 I/421.
189) LHK 587—40/46 II/168.
190) Kermann, S. 321.
191) Trierische Kronik, 1816, S. 52.
192) Vgl. dazu auch das kritische Urteil, das der im Auftrag der preußischen Regierung
    das Rheinland im Jahre 1816 bereisende Gottlob Kunth über die Manufaktur abgab
    (Gottlob Kunth, Bericht über die Regierungs-Departements von Trier, Coblenz,
    Cöln, Aachen und Düsseldorf vom 12. Oktober 1816. In: Friedrich und Paul Gold-
    schmidt, Das Leben des Staatsrath Kunth, Berlin 1881, S. 185).
193) Vgl. oben S. 102.

und 1864 693 Beschäftigte. Die heute noch bestehende Gesellschaft Villeroy & Boch entstand 1841 durch den Zusammenschluß der Manufaktur von Boch mit dem Betrieb des Nikolaus Villeroy in Wallerfangen[194]).

Von neun Manufakturen im Saardepartement, deren Gründung im ersten Jahrzehnt des 19. Jahrhunderts durch die Kirchengüterveräußerungen mitbeeinflußt worden war, überstand also nur eine einzige die Gründungs- und Aufbauphase.

Die Besitzumschichtungen hatten nicht nur im agrarischen Bereich, sondern auch auf industriellem Gebiet Innovationen freigesetzt, deren Wirkungen jedoch, anders als in der Landwirtschaft, auf die französische Zeit begrenzt blieben. Entscheidend dafür waren die politischen Veränderungen von 1814/15, die die Möglichkeiten und Bedingungen frühindustrieller Produktion im nun wieder östlich der deutsch-französischen Grenze gelegenen Departement grundlegend umstrukturierten. Dies ist hier nicht näher zu untersuchen; wichtig erscheint die prozeßauslösende Funktion der Immobilienverkäufe in einem bescheidenen Rahmen ohne eine darüber hinausgehende Bedeutung. Der finanzielle Gewinn aus dem Handel mit Kirchengütern wurde von den Großkäufern nicht in der industriellen Produktion investiert. Das Kapital blieb an Grund und Boden gebunden.

[194]) Kermann, S. 323.

IX. Anhang

1. ERLÄUTERUNG ZUM DOKUMENTATIONSANHANG

Die Aufstellung der Kirchengüter im Saardepartement umfaßt in vier Teilen die in der ersten Phase der Besitzumschichtung von den französischen Behörden veräußerten Güter, die wegen mangelnden Kaufinteresses oder aus anderen Gründen unverkauft gebliebenen Objekte, die Güter, deren Versteigerungsprotokolle nicht mehr erhalten sind, und schließlich die an Armeelieferanten abgetretenen und von diesen weiterveräußerten Immobilien. Aus Raumgründen war eine Dokumentation der zweiten Phase des Güterhandels unter Privaten nicht möglich.

Die Zusammenstellung der Objekte wurde analog der französischen Verwaltungsorganisation vorgenommen, so daß die Güter nach Arrondissements, Kantonen und Gemeinden gegliedert aufgeführt sind.

Die Daten sind in vier Spalten angeordnet:

Spalte 1: Die Gemeinde, auf deren Gemarkung das Gut lag, und das Versteigerungsdatum sind in kursiver Schrift abgedruckt. Für die Geltungszeit des französischen Revolutionskalenders sind die Versteigerungstage doppelt vermerkt. Darunter folgt die Beschreibung der Objekte in kleinerer Drucktype. Die Bedeutung der Abkürzungen für die Bodennutzungsarten ergibt sich aus dem unten folgenden Abkürzungsverzeichnis. Wenn der Begriff „Land" erscheint, dann ging die Nutzungsart nicht zweifelsfrei aus den Quellen hervor.

Die den Angaben über die Art der Bodennutzung vorgestellten Zahlen geben die jeweilige Flächengröße in Hektar an. Bei den Zahlen vor dem Kürzel Wst (Weinstöcke) handelt es sich dagegen um absolute Zahlen.

Sofern die Quellen eine Objektbezeichnung, einen Flurnamen oder eine Hausnummer enthielten, sind diese in Klammern der Objektbeschreibung beigefügt.

Spalte 2: Hier erscheinen zwei Angaben. In der oberen Zeile ist jeweils die kirchliche Korporation, der das Gut vor der Säkularisation gehörte, notiert; in der unteren ist der Pächter zum Zeitpunkt des Verkaufs vermerkt.

Spalte 3: Diese Spalte nennt die Käufer mit Vornamen, Familiennamen, Wohnort und Beruf. Wegen der besonderen Problematik der Berufsbezeichnungen wurden diese grundsätzlich den Quellen folgend in französischer Sprache festgehalten. Auf diese Weise bleibt die Möglichkeit einer Überprüfung des in dieser Arbeit weiter oben (S. 139 ff.) entwickelten Berufsgruppenmodells gewährleistet. Modifikationen oder andere Interpretationen können sich auf die Originalangaben stützen. Die Übersetzungsvorschläge des Verfassers folgen weiter unten im Anschluß an das Abkürzungsverzeichnis.

Die bei vielen Verkäufen auftretenden Vermittler oder Makler werden jeweils in der Zeile unter den Käufern aufgeführt. Sie sind zur besseren Unterscheidung von den Käufern in Klammern gesetzt.

Spalte 4: In der oberen Zeile steht jeweils der von den Behörden für den Verkauf als Mindestpreis bestimmte Schätzpreis; in der unteren erscheint der tatsächliche Kaufpreis. Alle Preisangaben gelten in Francs.

Die Listen der unverkauft gebliebenen Güter und der Objekte, deren Verbleib nicht mehr zu rekonstruieren war, sind in ähnlicher Weise angelegt. Die Güter erscheinen ohne Käufer und ohne Kaufpreis; die übrigen Daten waren den Verkaufsankündigungen zu entnehmen.

Für die Güter der französischen Armeelieferanten sind in der Spalte 4 die deutschen Käufer aufgeführt, soweit die Quellen darüber Aufschluß gaben. In der Spalte 5 ist das Datum des Kaufvertrages zwischen Armeelieferant und Privatkäufer genannt. Die Lücken bei den Preisangaben in der Spalte 6 waren nicht zu schließen. Es sind nach Möglichkeit der Schätzpreis, der den Armeelieferanten vom Staat angerechnete Kapitalwert und der von den deutschen Käufern gezahlte Kaufpreis vermerkt.

2. ABKÜRZUNGSVERZEICHNIS

Zu Spalte 1

Französische Monatsnamen des Revolutionskalenders bei den
Versteigerungsterminen:

Vend.	— Vendémiaire
Brum.	— Brumaire
Frim.	— Frimaire
Niv.	— Nivôse
Pluv.	— Pluviôse
Vent.	— Ventôse
Germ.	— Germinal
Flor.	— Floréal
Prair.	— Prairial
Mess.	— Messidor
Therm.	— Thermidor
Fruct.	— Fructidor

Bodennutzungsarten:

Ack	— Ackerland
Wie	— Wiesenland
Wild	— Wildland
Wberg	— Weinbergsland
Wst	— Weinstöcke

Zu Spalte 2

Kl.	— Kloster

Zu Spalte 4

S-Preise	— Schätzpreise
K-Preise	— Kaufpreise

Adjoint de la Mairie	— Beigeordneter
Architecte	— Architekt
Archiviste	— Archivbeamter
Aubergiste	— Gastwirt
Avocat	— Anwalt
Avoué	— Anwalt
Banquier	— Bankier
Batelier	— Schiffer
Boucher	— Metzger
Boulanger	— Bäcker
Brasseur	— Brauer
Brigadier de la Gendarmerie	— Gendarmerieoffizier
Cabaretier	— Schankwirt
Chandelier	— Kerzenhändler
Chanoine	— Kanonikus
Charron	— Stellmacher
Chef de Bureau de la Préfecture	— Präfekturbürochef
Chirurgien	— Arzt
Commissaire de police	— Polizeikommissar
Commissaire substitut	— Kommissarstellvertreter
Commissaire près le tribunal criminel	— Kommissar am Kriminalgericht
Concierge de la maison d'arrêt	— Gefängnispförtner
Conseiller de Préfecture	— Präfekturrat
Contrôleur des Contributions	— Steuerbeamter
Contrôleur des droits réunis	— Steuerbeamter
Cordonnier	— Schuster
Couvreur	— Dachdecker
Cultivateur	— Bauer
Curé	— Pfarrer
Desservant	— Pfarrer einer Pfarrei 2. Klasse
Directeur des Domaines	— Domänendirektor
Directeur des droits réunis	— Steuerdirektor
Docteur en med.	— Arzt
Drapier	— Tuchmacher
Employé	— Beamter/Angestellter
Employé aux archives	— Archivbeamter
Employé à la Préfecture	— Präfekturbeamter
Employé à la régie des droits unis	— Steuerbeamter
Entrepreneur des bâtiments	— Bauunternehmer
Ex-Chanoine	— säkularisierter Kanonikus
Ex-Religieux	— säkularisierter Mönch
Ex-Vicaire	— säkularisierter Vikar
Fabricant de tabac	— Tabakproduzent
Forestier	— Förster
Frippière	— Trödelhändlerin

Garde à cheval des forêts	— Waldhüter zu Pferd
Garde forestier	— Waldhüter
Garde général des forêts	— Mitglied der Forstverwaltung
Garde du génie	— Angehöriger der Bauverwaltung
Gendarme	— Gendarm
Geomètre	— Feldmesser
Greffier	— Gerichtsschreiber
Greffier de la cour d'appel	— Gerichtsschreiber am Appellationsgerichtshof
Greffier au tribunal d'appel	— Gerichtsschreiber am Appellationsgerichtshof
Homme de lettre	— Literat
Homme de loi	— Jurist
Huissier	— Gerichtsdiener
Imprimeur	— Drucker und/oder Verleger
Inspecteur des Contributions	— Steuerinspektor
Inspecteur des Domaines	— Domäneninspektor
Inspecteur des droits de péage	— Inspektor der Mautverwaltung
Inspecteur des forêts	— Inspektor der Forstverwaltung
Instituteur	— Lehrer
Jardinier	— Gärtner
Journalier	— Tagelöhner
Juge	— Richter
Juge d'appel	— Richter am Appellationsgericht
Juge de paix	— Friedensrichter
Juge au tribunal special	— Richter am Spezialgericht
Laboureur	— Bauer
Maçon	— Maurer
Maire	— Bürgermeister
Maître d'école	— Lehrer
Maître de forges	— Besitzer eines Hütten- oder Hammerwerkes
Maître de poste	— Posthalter
Marchand	— Kaufmann
Marchand apothicaire	— Apotheker
Marchand de bois	— Holzhändler
Marchand chandelier	— Kerzenhändler
Marchand de chevaux	— Pferdehändler
Marchand de fer	— Eisenhändler
Marchand limonadier	— Limonadenhändler
Marchand de tabac	— Tabakwarenhändler
Marchande	— Kauffrau
Maréchal ferrant	— Hufschmied
Médecin	— Arzt
Membre du Corps législatif	— Mitglied der gesetzgebenden Körperschaft in Paris
Menuisier	— Tischler
Meunier	— Müller
Négociant	— Kaufmann
Notaire	— Notar
Officier retiré	— Offizier a.D.
Orfèvre	— Goldschmied
Particulier	— Privatmann
Pâtissier	— Konditor
Pêcheur	— Fischer

Percepteur des Contributions	— Steuereinnehmer
Percepteur des Domaines	— Domäneneinnehmer
Percepteur de la Mairie	— Bürgermeistereieinnehmer
Perruquier	— Perückenmacher
Pharmacien	— Apotheker
Préfet	— Präfekt
Prêtre	— Priester
Procureur	— Staatsanwalt
Professeur de l'école secondaire	— Gymnasiallehrer
Professeur des belles lettres	— Professor der Literaturwissenschaft
Propriétaire	— Eigentümer
Receveur	— Einnehmer
Receveur des Contributions	— Steuereinnehmer
Receveur des Domaines	— Domäneneinnehmer
Receveur de l'Enregistrement	— Einregistrierungseinnehmer
Receveur général	— Generaleinnehmer
Régisseur de la bergerie	— Schäfereiverwalter
Rentier	— Rentier
Secrétaire général	— Präfekturgeneralsekretär
Secrétaire de la mairie	— Bürgermeistereisekretär
Secrétaire à la Sous-Préfecture	— Sekretär an der Unterpräfektur
Sous-Inspecteur des forêts	— Unterinspektor der Forstverwaltung
Sous-Préfet	— Unterpräfekt
Substitut du procureur	— Staatsanwaltsstellvertreter
Tailleur	— Schneider
Tanneur	— Gerber
Teinturier	— Färber
Tisserand	— Weber
Tonnelier	— Küfer
Vérificateur des Domaines	— Domänenbeamter
Vérificateur de l'Enregistrement	— Einregistrierungsbeamter
Vicaire	— Vikar
Vicaire de la Cathedrale	— Domvikar
Vicaire général	— Generalvikar
Vicaire de la Métropole	— Domvikar
Vigneron	— Winzer

4. KIRCHENGÜTER IM SAARDEPARTEMENT

a) VERSTEIGERTE KIRCHENGÜTER

Objekt	Vorbesitzer Pächter	Käufer (Vermittler)	S-Preise K-Preise
	Arrondissement Trier		
	Kanton Bernkastel		
Bernkastel			
5. Mess. XI—24. Juni 1803			
Kl. Kapuziner	Kl. Kapuziner Bernkastel A. Cetto	Anton Cetto, Bernkastel, Maire	2 000 5 025
1 Haus (Nr. 174)	Abtei St. Marien, Trier Ch. Gouville	Franz Gross, Bernkastel, Marchand	600 1 425
1 Haus (Nr. 273)	Domstift Trier P. G. Nietre	Peter-Gaspar Niederehe	1 200 2 725
1 Haus/0,08 Garten	Kurtrier J. Bridaul	Anton Cetto, Bernkastel, Maire	3 500 11 000
11. Brum. XII—3. Nov. 1803			
5.924 Wst	Stift St. Simeon, Trier	Peter Andreas Mayerbach, Graach, Vigneron	? 1 575
23. Brum. XII—15. Nov. 1803			
1 Haus (Nr. 192)	Kl. Klausen	J. C. Grambert,	? 3 225
27. Germ. XIII—17. April 1905			
1 Haus/0,04 Ack/ 8.076 Wst	Kl. Grauschwestern, Trier Ch. Gouville	Johann Baptist Walter, Simmern, Receveur des Domaines	800 ?
17. Januar 1806			
1 Haus (Nr. 193)	Kl. Klausen	Peter Joseph Schmitgen, Bernkastel, Aubergiste	2 500 2 525
28. Juni 1808			
0,13 Wie/17.216 Wst	Abtei St. Matthias, Trier A. Rapedius	Anton Thanisch, Bernkastel, Valentin Schwartz, Bernkastel (Jakob Ludwig Herpein, Trier, Controleur des Contributions)	7 280 8 400

Objekt	Vorbesitzer Pächter	Käufer (Vermittler)	S-Preise K-Preise

Burgen

21. Brum. XIII—12. Nov. 1804

| 0,08 Ack/0,29 Wie | Kl. Filzen
J. Ertz | Johann Schöner, Burgen,
Peter Spross, Burgen,
Matthias Haag, Burgen,
Nikolaus Bohr, Burgen,
Peter Bottler, Veldenz,
Laboureurs
(Johann Schöner, Burgen,
Laboureur) | 240
515 |

Dusemond

5. Vend. XIV—27. Sept. 1805

| 0,02 Garten/4,16 Ack/
1,84 Wie | Kl. Filzen
E. Hermann | Franz Anton Walter, Lie-
ser, Receveur des Contri-
butions | 5 840
5 900 |
| 1 Haus/0,37 Garten/
2,17 Ack/0,83 Wie/
0,61 Wild (Nr. 50) | Abtei Tholey
H. Winterath | Wilhelm Joseph Fritsch,
Trier, Avocat, Ludwig
Niessen, Mülheim, Nego-
ciant
(Ludwig Niessen, Mül-
heim, Negociant) | 5 520
5 550 |

29. Jan. 1808

| 20.409 Wst
(im Braunenberg) | Kl. Filzen
H. Schiffmann | Johann Kleutgen, Trier,
Negociant; Friedrich
Scheer, Trier, Boulanger,
Peter Marx jr., Trier, Ne-
gociant, M. Joseph Schoe-
mann, Trier, Negociant
(Johann Kleutgen, Trier,
Negociant) | 11 000
16 400 |

Erden

5. Mess. XI—24. Juni 1803

| 1 Haus (Kelterhaus) | Kl. Helenenberg
P. Engler | Matthias Joseph Hayn,
Trier, Negociant
(Jean Marc Delapré, Trier,
Architecte) | 150
225 |

2. Germ. XII—23. März 1804

| 1 Hofgut/9,98 Ack/
1,13 Wie/1,00 Wild/
3.459 Wst | Abtei Machern
M. Jacoby | Matthias Joseph Hayn,
Trier, Negociant
(Jakob Hayn, Trier, Mar-
chand) | 2 042
5 250 |

12. Flor. XII—2. Mai 1804

| 3.100 Wst | Kl. Helenenberg
J. Schmitz | Matthias Joseph Hayn,
Trier, Negociant
(Jakob Hayn, Trier, Mar-
chand) | 200
1 500 |

Objekt	Vorbesitzer Pächter	Käufer (Vermittler)	S-Preise K-Preise

Filzen/Mosel

5. Mess. XI—24. Juni 1803

| Kl. Filzen ohne Kirche/ 1,46 Ack/0,57 Wberg | Kl. Filzen Horn | Matthias Joseph Hayn, Trier, Negociant | 4 000 12 000 |

14. Therm. XII—2. Aug. 1804

| 4.473 Wst | Kl. Filzen | Johann Peter, Filzen, Laboureur, Matthias Krantz, Filzen, Laboureur (Matthias Joseph Hayn, Trier, Negociant) | 250 405 |

21. Brum. XIII—12. Nov. 1804

| 1 Kirche (Pfarrkirche) | Pfarrei Filzen | Karl Anton Bernasco, Trier, Marchand | 300 475 |

Graach

12. Flor. XII—2. Mai 1804

| 0,92 Wberg | Abtei St. Maximin, Trier Th. Jung | Martin Schwab, Graach, Thomas Thanisch, Graach, Peter Bernard, Graach, Joseph Schäfer, Graach, Peter Kiern, Graach, Vignerons (Martin Schwab, Graach, Vigneron) | 2 880 3 625 |
| 1 Hausruine/4.713 Wst | Stift St. Simeon, Trier A. Gassen | Jakob Hayn, Trier, Marchand | 4 000 5 800 |

1. Therm. XII—20. Juli 1804

| 1 Haus (Kelterhaus) | Domstift Trier J. Philips | Peter Andreas Mayerbach, Graach, Vigneron | 115 2 725 |

13. Frim. XIII—4. Dez. 1804

| 1 Haus | Kurtrier M. Velten | Matthias Velten, Graach, Vigneron | 1 680 1 925 |

10. Vent. XIII—1. März 1805

| ¹/₃ Haus (Kelterhaus) | Abtei St. Marien, Trier | Peter Ertz, Graach, Vigneron (Jakob Hayn, Trier, Negociant) | 380 410 |

25. Therm. XIII—13. Aug. 1805

| 1 Haus/0,09 Ack/ 0,35 Wie/0,22 Wild/ 31.000 Wst | Abtei St. Matthias, Trier St. Ertz | Matthias Joseph Hein, Cochem, Negociant (Matthias Joseph Hayn, Trier, Negociant) | 22 400 30 200 |

Objekt	Vorbesitzer Pächter	Käufer (Vermittler)	S-Preise K-Preise
12. Fruct. XIII–30. Aug. 1805			
0,20 Wie/5.960 Wst	Stift St. Paulin, Trier M. Ehlen	Martin Schwab, Graach, Thomas Thanisch, Graach, Peter Kiern, Graach, Matthias Joseph Meyer, Graach, Joseph Schaeffer, Graach, Stephan Ertz, Graach, Cultivateurs (Martin Schwab, Graach, Vigneron)	1 500 8 000
0,12 Wild/10.948 Wst	Kl. Klausen St. Ertz	Johann Wilhelm Daniel, Trier, Verificateur des domaines	11 680 11 800
9. Okt. 1807			
2 Häuser/0,14 Garten/ 0,20 Wie/2,82 Wberg (Echternacher Hof)	Abtei Echternach A. Andres	Peter Andreas Meyerbach, Graach, Propriétaire; Matthias Joseph Hayn, Trier, Negociant; Anton Rapedius, Bernkastel; Peter Kieren, Graach; Thomas Thanisch, Graach; Heinrich Melchior Sontag, Karden; Peter Kaspar Niederehe, Bernkastel; und 8 weitere aus Bernkastel, 5 aus Graach, 1 aus Trier und 1 aus Zeltingen (Peter Andreas Meyerbach, Graach, Propriétaire)	16 400 24 400
28. Juni 1808			
12.495 Wst	Kl. Klausen P. Bernard	Joseph Hyacinthe Duparge, Trier, Propriétaire; Wilhlem Joseph Fritsch, Trier, Avocat Wilhelm Joseph Fritsch, Trier, Avocat)	4 620 7 200
7. Okt. 1808			
1 Hofgut/0,02 Garten/ 0,21 Ack/1,31 Wie/ 0,07 Wild/8.611 Wst	Kl. Karthäuser, Koblenz H. Ehlen	Valentin Leonardy, Trier, Negociant	9 600 ?
Kesten			
7. Frim. XII–29. Nov. 1803			
1 Haus/16.601 Wst	Stift St. Paulin, Trier W. Weinand	Matthias Joseph Hayn, Trier, Negociant	12 000 16 100

Objekt	Vorbesitzer Pächter	Käufer (Vermittler)	S-Preise K-Preise

1. Therm. XII—20. Juli 1804

Objekt	Vorbesitzer Pächter	Käufer (Vermittler)	S-Preise K-Preise
0,04 Garten/0,70 Ack/ 0,23 Wie	Stift St. Paulin, Trier N. Mayrer	Matthias Joseph Schömann, Trier, Negociant; Johann Weissbach, Trier, Negociant (Anton Joseph Baum, Trier, Negociant)	1 120 1 725

25. Therm. XIII—13. Aug. 1805

Objekt	Vorbesitzer Pächter	Käufer (Vermittler)	S-Preise K-Preise
2.084 Wst	Kl. Filzen A. Gassen	Joseph Schimper, Monzel, Laboureur (Friedrich Karl Simon, Konz, Juge de paix)	1 920 3 025

Kues

11. Brum. XII—3. Nov. 1803

Objekt	Vorbesitzer Pächter	Käufer (Vermittler)	S-Preise K-Preise
1 Haus/1.493 Wst (Kelterhaus)	Abtei St. Matthias, Trier M. Mechtel	Emmerich Grach, Trier, Negociant	650 1 350

14. Frim. XII—6. Dez. 1803

Objekt	Vorbesitzer Pächter	Käufer (Vermittler)	S-Preise K-Preise
1 Haus/10.326 Wst	Kl. Helenenberg	Anna Maria Reuther	? 3 400
1 Haus/0,30 Wie/ 3.361 Wst	Stift St. Simeon, Trier J. Herges	Emanuel Lelievre, Trier, Directeur des Domaines	1 760 2 200
1 Haus/32.306 Wst	Abtei Prüm J. Herges	Joseph Herges	4 400 7 300
1 Haus/9.656 Wst	Kl. Dominikaner, Trier K. Müller	Zacharias Mechtel, Kues, Laboureur	1 386 2 225
1 Haus	Kl. Klausen P. Spross	Peter Spross	171 325

2. Prair. XII—22. Mai 1804

Objekt	Vorbesitzer Pächter	Käufer (Vermittler)	S-Preise K-Preise
1 Haus (Kelterhaus)	Kurtrier N. Krop	Anton Cetto, Bernkastel, Maire (Wilhelm Joseph Fritsch, Trier, Avocat)	106 295

13. Frim. XIII—4. Dez. 1804

Objekt	Vorbesitzer Pächter	Käufer (Vermittler)	S-Preise K-Preise
0,02 Garten	Kl. Klausen	Jean Marc Delapré, Trier Architecte	36 115

Objekt	Vorbesitzer Pächter	Käufer (Vermittler)	S-Preise K-Preise

25. Therm. XIII—13. Aug. 1805

| 0,32 Ack/0,17 Wie/
13.550 Wst | Kl. Filzen
J. Arnoldy | Zacharias Mechtel, Kues, Laboureur; Johann Jakob Arnold, Andreas Mechtel, Nikolaus Kronser, Jakob Sprunck, Anton Denzer, Kues, Laboureur; Johann Clemens sen., Johann Clemens jr., Nikolaus Hammes, Bernkastel, Cultivateurs; Emmerich Grach, Trier, Negociant (Zacharias Mechtel, Kues, Laboureur) | 2 176
7 025 |

Lieser

19. Brum. XII—11. Nov. 1803

| 1 Haus/0,01 Garten/
4.224 Wst | Kl. Klausen
H. Barten | Johann Kleutgen, Trier, Marchand de bois (Joseph Junck, Lieser, Propriétaire) | 2 800
2 900 |

12. Fruct. XIII—30. Aug. 1805

| 4.409 Wst | Abtei Steinfeld
N. Hower | Matthias Joseph Berger, Kues, Vigneron | 2 320
4 025 |

10. Jan. 1806

| 1 Haus/4.195 Wst | Abtei Echternach
H. Werner | Joseph Junck, Lieser, Propriétaire (Johann Süss, Trier, Chirurgien) | 1 840
1 925 |

21. Febr. 1806

| 0,08 Garten/0,30 Ack/
2.579 Wst | Stift St. Simeon, Trier | Johann Kleutgen, Trier, Marchand | 1 024
1 350 |
| 1 Haus/3,13 Ack/
0,66 Wie/17.275 Wst | Kurtrier | Wilhelm Joseph Fritsch, Trier, Avocat; Franz Joseph Walter, Lieser, Receveur des Contributions (Wilhelm Joseph Fritsch, Trier, Avocat) | 6 000
7 325 |

22. Sept. 1807

| 1 Haus/3,64 Ack/
0,46 Wie/0,88 Wild/
4.896 Wst | Abtei St. Marien, Trier
H. Schwab | Franz Josph Walter, Lieser, Receveur des Contributions; Matthias Joseph Hayn, Trier, Negociant | 5 000
13 000 |

22. Vend. XII—15. Okt. 1803

| 1 Haus/0,10 Garten/
0,91 Ack/3.965 Wst | Stift St. Paulin, Trier
G. Kellermann | J. Haubs | 4 290
8 050 |

240

Objekt	Vorbesitzer Pächter	Käufer (Vermittler)	S-Preise K-Preise

Lösnich

12. Flor. XIII—2. Mai 1805

Objekt	Vorbesitzer Pächter	Käufer (Vermittler)	S-Preise K-Preise
3.100 Wst	Kl. Helenenberg	Matthias Joseph Hayn, Trier, Negociant	? 1 500

Maring

5. Mess. XI—24. Juni 1803

| 1 Mühle/1,10 Ack/ 0,29 Wie | Kl. Machern Lamberty | Laurent Augustin Simon, Metz, Negociant | 1 900 3 475 |

18. Prair. XIII—7. Juni 1805

| 1 Mühle/0,80 Ack/ 0,37 Wie | Abtei Himmerod J. Assen | Heinrich Ammen, Maring, Meunier | 1 744 6 300 |

17. Juli 1807

| 1 Hofgut/0,04 Garten/ 0,31 Ack/0,05 Wie/ 2.642 Wst (Macherer Höfgen) | Kl. Machern P. J. Weis | Christoph Aldringen, Wittlich, Percepteur | 600 ? |

7. Okt. 1808

| 1 Hofgut/10,86 Ack/ 1,54 Wie/0,44 Wild/ 3.267 Wst | Stift St. Simeon, Trier B. Schwal | Clemens v. Kesselstatt, Trier, Propriétaire (Peter Marx jr., Zurlauben, Negociant) | 9 600 10 900 |

27. Sept. 1811

| 2,16 Wald (Deutschherrenwald) | Deutschorden | Anton Eichorn, Pfalzel, Boucher | 240 460 |

Monzelfeld

12. Fruct. XIII—30. Aug. 1805

| 0,27 Ack/2,12 Wie | Kurtrier J. A. Gassen | Johann Teill, Monzelfeld; Bernhard Bach, Monzelfeld; Matthias Hoffmann, Monzelfeld; Nikolaus Caspari, Bernkastel; Anton Rapedius, Bernkastel (Peter Marx jr., Zurlauben, Negociant) | 2 400 4 050 |
| 0,08 Ack/0,21 Wie/ 16.807 Wst | Abtei St. Matthias, Trier J. Frank | Johann Wilhelm Daniel, Trier, Verificateur des Domaines | 15 568 17 100 |

22. Sept. 1807

| 0,06 Wie (im Graben) | Kurtrier H. Merrem | Johann Theil, Monzelfeld, Cultivateur (Jakob Speicher, Trier, Perruquier) | 60 230 |

Objekt	Vorbesitzer Pächter	Käufer (Vermittler)	S-Preise K-Preise

Mülheim

1. Therm. XII—20. Juli 1804

1 Haus	Kurtrier	Karl Doufner, Mülheim, Notaire	? 325

22. Juni 1807

3.201 Wst	Kl. Filzen P. Weber	Michel Ber, Mülheim, Marechal ferrant	100 510

29. Jan. 1808

0,40 Wie	Kurtrier	Karl Haag, Mülheim, Cultivateur; Reinard Rieb, Mülheim; Philipp Steigerwald, Mülheim; Michel Bär, Mülheim, Marechal ferrant (Karl Haag, Mülheim, Cultivateur)	600 670
0,81 Ack/0,14 Wie	Kurtrier H. Grohe	Karl Doufner, Mülheim, Notaire	740 810

Noviand

2. Mess. XIII—21. Juni 1805

1 Hofgut/1,96 Ack/ 1,27 Wie/0,13 Wberg	Kurtrier N. Weber	Matthias Joseph Hayn, Trier, Negociant	1 580 2 075

15. Sept. 1807

1 Hofgut/0,54 Garten/ 32,79 Ack/5,04 Wie/ 1,21 Wild/0,24 Wberg (Großhof)	Deutschorden H. Weinand	Alexander Kohn, Saargemünd, Marchand de chevaux (Matthias Joseph Hayn, Trier, Negociant)	15 000 20 000

Rachtig

5. Mess. XI—24. Juni 1803

1 Haus	Deutschorden H. Keller	Peter Lil, Rachtig, Vigneron	2 000 3 825

12. Flor. XII—2. Mai 1804

1 Hofgut/0,08 Garten/ 4,56 Ack/0,17 Wie/ 8.317 Wst	Kl. St. Thomas/Kyll J. Theisen, M. Bauser	Sebastian Schumm, Zeltingen, Maire	6 400 6 425
1 Hofgut/0,17 Garten/ 0,26 Ack/1.275 Wst	Deutschorden H. Keller	Peter Liel, Rachtig, Laboureur; Jakob Adams, Zeltingen, Vigneron; Sebastian Adams, Wehlen, Vigneron (Peter Liel, Rachtig, Laboureur)	2 000 3 375

Objekt	Vorbesitzer Pächter	Käufer (Vermittler)	S-Preise K-Preise
13. Frim. XIII—4. Dez. 1804			
0,08 Garten/660 Wst (Meyerei)	Abtei Echternach	Matthias Wintrig, Rachtig, Laboureur	120 350
1 Haus/0,04 Garten (Kelterhaus)	Domstift Trier	Joseph Degen, Rachtig, Laboureur (Joseph Willwersch, Trier, Propriétaire)	750 1 125
15. Jan. 1808			
5.840 Wst	Kl. Grauschwestern, Trier H. Gessinger	Johann Joseph Birck, Merzig, Juge de paix	800 825
22. Juni 1807			
0,02 Wie/4.397 Wst	Abtei Steinfeld J. Keis	Johannes Keer, Rachtig, Laboureur; Peter Liel, Rachtig, Vigneron	900 1 300
Ürzig			
5. Mess. XI—24. Juni 1803			
1 Haus (Zehnde-Haus)	Kurtrier	Johann Jakob Schmitz, Ürzig, Vigneron	300 415
14. Therm. XII—2. Aug. 1804			
1 Haus/0,01 Garten (Kelterhaus)	Abtei Deutz M. Bausen	Johann Peter Berres jr., Ürzig, Vigneron	65 1 125
21. Brum. XIII—12. Nov. 1804			
1 Haus/0,01 Wie (Kelterhaus Layenhaus)	Domstift Trier M. Steffen	Theodor Berg, Ürzig, Laboureur; Johann Maternus Selbach, Ürzig, Laboureur (Wilhelm Joseph Fritsch, Trier, Avocat)	120 500
1. Therm. XII—20. Juli 1804			
1 Haus (Schapprig)	Abtei Himmerod S. Ingelen	Caspar Molitor, Ürzig, Vigneron; Joseph Schmitz, Ürzig, Vigneron; Johann Baptist Walter, Wittlich, Receveur des Domaines	128 1 100
21. Febr. 1806			
1 Haus/0,65 Wie/ 5.740 Wst	Stift Springiersbach J. Erbes	Matthias Joseph Hayn, Trier, Negociant	5 510 6 750
30. Okt. 1807			
1 Hofgut/0,39 Ack/ 0,74 Wie/0,76 Wild/ 11.557 Wst	Kl. Filzen H. Haag	Johann Maternus Haag, Ürzig, Cultivateur (Jakob Molitor, Ürzig, Cultivateur)	2 000 4 350

Objekt	Vorbesitzer Pächter	Käufer (Vermittler)	S-Preise K-Preise
22. Dez. 1807			
1 Hofgut/0,71 Ack/ 0,39 Wie/0,06 Wild/ 3.026 Wst	Kl. Helenenberg H. Haag	Joseph Wilwersch, Trier, Propriétaire	1 400 2 150
7. Okt. 1808			
1 Hofgut/0,69 Ack/ 0,49 Wie/11.257 Wst	Abtei Steinfeld A. Ingelen	Valentin Leonardy, Trier, Negociant	6 100 ?
9. Dez. 1808			
0,08 Wie/0,26 Wild/ 4.118 Wst	Abtei St. Marien H. Molitor	Johann Robert Billen, Schönfeld (Dept. des Forêts), Curé	1 200 1 950
0,13 Wild/2.842 Wst	Kl. Machern H. Schmitz	Johann Robert Billen, Schönfeld (Dept. des Forêts), Curé	700 590
27. Sept. 1811			
0,20 Wald (in der Spitz unter Jakobsgraben)	Kurtrier	Jakob Kleutgen, Trier, Negociant	90 100
2,05 Wald (auf dem hintersten Weg)	Kurtrier	Christoph Aldringen, Trier, Propriétaire, Johann Adam Ingelen, Ürzig	420 620
1,20 Wald (Burgerweg)	Kurtrier	Christoph Aldringen, Trier, Propriétaire, Johann Adam Ingelen, Ürzig	200 800

Wehlen

Objekt	Vorbesitzer Pächter	Käufer (Vermittler)	S-Preise K-Preise
5. Mess. XI—24. Juni 1803			
1 Haus (Nr. 122)	Kurtrier V. Zeitzen	Christoph Haut, Peter Philip Prüm, Michel Esser, Sebastian Stephen, Wehlen, Vignerons	800 3 600
4,89 Wberg	Kl. Machern Elinghausen	Karl Elinckhuysen, Zeltingen, Propriétaire (Matthias Vogel, Temmels, Propriétaire)	2 000 14 000
Kl. Machern/10,62 Ack und Wild auf dem Berg	Kl. Machern Ellinghysen	Karl Ellinckhuysen, Zeltingen, Propriétaire	4 786 30 600
1 Haus/0,05 Garten (Pfalzeler Gesindhof, Kelterhaus)	Stift Pfalzel J. Antoine	Matthias Joseph Hayn, Trier, Negociant	800 3 600
25. Therm. XIII—13. Aug. 1803			
1 Haus/9.825 Wst	Abtei St. Maximin, Trier F. Stein	Karl Anton Bernasco, Trier, Marchand	9 600 14 200

Objekt	Vorbesitzer Pächter	Käufer (Vermittler)	S-Preise K-Preise
17. Juli 1807			
4.826 Wst	Kl. Filzen Antony	Jakob Kleutgen, Trier, Ne-gociant; Christoph Al-dringen, Trier, Employé aux archives	1 200 ?
15. Jan. 1808			
8,12 Ack/3,13 Wie	Kl. Machern Ehlingshausen	Karl Ellinckhussen, Zel-tingen, Propriétaire (Karl Anton Bernasco, Trier, Negociant)	800 12 100

Wintrich

Objekt	Vorbesitzer Pächter	Käufer (Vermittler)	S-Preise K-Preise
7. Frim. XII—29. Nov. 1803			
1 Hofgut/1,52 Ack/ 1,56 Wie/5,72 Wild/ 11.125 Wst	Abtei St. Martin, Trier P. Marx	Matthias Joseph Hayn, Trier, Negociant	7 000 10 000
14. Therm. XII—2. Aug. 1804			
1 Hofgut/0,41 Garten/ 2,52 Ack/0,91 Wie/ 0,53 Wild/1.781 Wst	Kl. Karthause, Konz J. Gesser	Matthias Ertz, Matthias Leyendecker, Nikolaus Kirsten, Johann Köhnen, Wintrich, Cultivateurs (Matthias Joseph Hayn, Trier, Negociant)	862 3 825
5. Vend. XIV—27. Sept. 1804			
5.852 Wst	Kl. Klausen M. Ertz	Damian Ernst Birck, Trier, Procureur; Johann Baptist Gellert, Lebach, Juge de paix (Johann Baptist Horn, Trier, Notaire)	2 950 9 500
22. Juni 1807			
1 Hofgut/0,03 Wie/ 1.450 Wst	Abtei St. Matthias, Trier J. Rohr	Matthias Ertz, Wintrich, Laboureur; Nikolaus Zeimt sr., Nikolaus Zeimt jr., Peter Aucht, Wintrich	200 525
29. Juli 1808			
1 Haus/0,13 Garten/ 0,19 Ack/6.212 Wst	Kl. Welschnonnen, Trier P. Post	Friedrich Scheer, Trier, Negociant	1 400 2 750

Objekt	Vorbesitzer Pächter	Käufer (Vermittler)	S-Preise K-Preise

7. Okt. 1808

Objekt	Vorbesitzer Pächter	Käufer (Vermittler)	S-Preise K-Preise
4,09 Ack/2,01 Wie	Abtei Himmerod N. Quint	Joseph Aldringen, Trier, Pharmacien; Matthias Ertz, Wintrich, Cultivateur; Nikolaus Kirsten, Matthias Leyendecker, Hans Mayer, Matthias Leyden, Peter Klais, Wintrich; Christoph Aldringen, Trier, Archiviste (Joseph Aldringen, Trier, Pharmacien; Matthias Ertz, Wintrich, Cultivateur)	6 400 9 025
3,36 Wie (im Brühl)	Kurtrier M. Leyendecker	Joseph Aldringen, Trier, Pharmacien; Christoph Aldringen, Trier, Archiviste; Matthias Ertz sr., Wintrich, Cultivateur; Matthias Ertz jr., Nikolaus Kirsten, Matthias Leyendecker, Hans Mayer, Matthias Leyden, Peter Klais, Wintrich (Joseph Aldringen, Trier, Pharmacien; Matthias Ertz, Wintrich, Cultivateur)	7 400 8 100

5. Juli 1811

Objekt	Vorbesitzer Pächter	Käufer (Vermittler)	S-Preise K-Preise
2,00 Wald (Martinis Waeldgen)	Abtei St. Martin, Trier	Johann Baptist Gellert, Lebach, Juge de paix; Damian Ernst Birck, Trier, Substitut du procureur (Johann Baptist Gellert, Lebach, Juge de paix)	1 380 3 300
10,00 Wald (Strudgen)	Abtei Himmerod	Johann Gebert, Klüsserath, Propriétaire	7 800 7 900

3. Juli 1812

Objekt	Vorbesitzer Pächter	Käufer (Vermittler)	S-Preise K-Preise
2,00 Wald (Martinswaeldgen)	Abtei St. Martin, Trier	Johann Matthias Klein, Nikolaus Mayer, Johann Kilburg jr., Johann Schoemann, Kesten	? 2 200

Zeltingen

5. Mess. XI—24. Juni 1803

Objekt	Vorbesitzer Pächter	Käufer (Vermittler)	S-Preise K-Preise
1 Haus (Nr. 60)	Kurköln N. Emmerich	Sebastian Schumm, Zeltingen, Maire	2 400 4 025

12. Flor. XII—2. Mai 1804

Objekt	Vorbesitzer Pächter	Käufer (Vermittler)	S-Preise K-Preise
1 Haus/0,01 Ack/ 0,03 Wie/0,06 Wild/ 7.454 Wst	Kl. Klausen Haubs	Sebastian Schumm, Zeltingen, Maire	4 800 12 300

Objekt	Vorbesitzer Pächter	Käufer (Vermittler)	S-Preise K-Preise
1 Haus/0,31 Ack/ 0,81 Wie/0,31 Wild	Abtei Himmerod St. Goss	Sebastian Schumm, Zeltingen, Maire (Andreas Krapf, Zeltingen, Vigneron)	1 082 4 325

19. Pluv. XIII—8. Febr. 1805

2,53 Land (im Kriebsheutgen)	Kurköln M. Weiler	Stephan Beurad, Bombogen, Laboureur (Peter Joseph Weiss, Wittlich, Negociant)	288 400

25. Therm. XIII—13. Aug. 1805

1 Haus/16.165 Wst	Kl. St. Katharina, Trier Moseller	Wilhelm Joseph Fritsch, Trier, Avoué	12 400 12 500

9. Okt. 1807

1,47 Ack/10,67 Wild/ 1,35 Wie/1.061 Wst	Kurköln E. Emmerich	Hubert Merrem, Bernkastel, Notaire	4 000 9 100
8.068 Wst	Abtei Himmerod Schwab	Hubert Merrem, Bernkastel, Notaire	5 000 10 600

30. Okt. 1807

0,02 Ack/0,01 Wie/ 10.676 Wst	Abtei St. Matthias, Trier Ehlen	Jakob Tanisch, Trier, Negociant, Hubert Merrem, Bernkastel, Notaire (Jakob Matthias Hayn, Trier, Negociant)	4 000 7 800
0,88 Ack/0,12 Wie/ 14.271 Wst	Stift Springiersbach Ehlen	Hubert Merrem, Bernkastel, Notaire	3 000 3 800
1 Hofgut/0,09 Ack/ 0,41 Wie/0,13 Wild/ 11.355 Wst	Kl. Grauschwestern, Trier Moseler	Joseph Schnuck	3 200 4 200
1 Hofgut/13.143 Wst	Kl. St. Katharina, Trier Gessinger	Hubert Merrem, Bernkastel, Notaire	6 000 8 725
1 Hofgut/0,21 Ack/ 0,32 Wie/0,05 Wild/ 16.500 Wst	Abtei Steinfeld Liel	Christoph Baur, Trarbach, Vigneron; Peter Liel, Rachtig, Cultivateur (Peter Liel, Rachtig, Cultivateur)	3 500 4 975
0,10 Ack/0,20 Wie/ 8.295 Wst	Kl. St. Anna, Trier Griebeler	Hubert Merrem, Bernkastel, Notaire (Jakob Hayn, Trier, Negociant)	2 400 4 800

18. März 1808

0,01 Wberg (auf dem Raues)	Kl. Klausen Gessinger	Matthias Joseph Hayn, Trier, Negociant	20 30

28. Juni 1808

1 Haus/0,01 Garten/ 0,24 Ack/0,96 Wie/ 0,01 Wild/15.028 Wst	Kl. Lämmchen, Köln N. Kappes	Hubert Merrem, Bernkastel, Notaire	4 000 6 625

Objekt	Vorbesitzer Pächter	Käufer (Vermittler)	S-Preise K-Preise

Kanton Büdlich

Bescheid

1. Frim. XIV—22. Nov. 1805

10,35 Ack/3,18 Wie	Abtei St. Marien, Trier Leister	Matthias Widua, Beuren, Laboureur; Johann Michel Grevelding, Trier, Marchand (Matthias Widua, Beuren, Laboureur)	3 600 3 625

Beuren

13. Fruct. XII—31. Aug. 1804

0,72 Wie	Stift St. Paulin, Trier B. Hermes	Johann Schu, Beuren, Laboureur	1 232 1 875

Büdlich

26. Pluv. XIII—15. Febr. 1805

0,41 Wie	Abtei St. Maximin, Trier	Augustin Jacobs, Büdlich, Laboureur	142 490

10. Vent. XIII—1. März 1805

1 Mühle/0,75 Wie (Büdlicher Mühle)	Abtei St. Maximin, Trier P. Hoff	Peter Schmitz, Naurath, Cultivateur (Johann Peter Müller, Trittenheim, Meunier)	1 518 1 550

Detzem

13. Fruct. XII—31. Aug. 1804

0,14 Wberg	Kl. St. Markus, Trier	Nikolaus Löwen, Detzem, Laboureur	220 515

12. Therm. XIII—31. Juli 1805

1 Haus/1,95 Garten/ 10,20 Ack/2,51 Wie/ 4,86 Wild/0,04 Wberg	Abtei St. Maximin, Trier Dany	Willibrord u. Franz Dany, Riol, Cultivateurs; Matthias Dany, Schweich, Laboureur; Jakob u. Philipp Dany, Detzem, Laboureurs; Susanne Dany, Witwe Johann Kewerig, Detzem; Jakob Fritsch, Trier, Tonnelier; Nikolaus Müller, Hilarius Merges, Johann Löwen, Detzem, Laboureurs (Philipp Cetto, St. Wendel, Negociant)	2 304 9 200

Objekt	Vorbesitzer Pächter	Käufer (Vermittler)	S-Preise K-Preise

Dhron

1. Fruct. XI–19. Aug. 1803

1 Mühle/0,11 Ack/ 0,19 Wie	Abtei Tholey J. Junk	P. Löbscher	1 400 4 000

21. Niv. XII–12. Jan. 1804

1 Mühle/1 Haus	Kurtrier Lahbuscher	Jodoc Longuich, Neumagen, Maire et Notaire	1 000 ?

26. Pluv. XIII–15. Febr. 1805

1 Hofgut/0,23 Garten/ 0,25 Ack/1,25 Wie/ 0,66 Wild/1,10 Wberg/ 0,24 Dorngesträuch	Abtei St. Martin, Trier M. Schneider	Matthias Joseph Hayn, Trier, Negociant; Nikolaus Recking, Trier, Negociant (Matthias Joseph Hayn, Trier, Negociant)	7 600 12 000

1. Frim. XIV–22. Nov. 1805

1 Haus/0,35 Ack/ 0,48 Wie/0,48 Wberg	Kl. Filzen	Jakob Kleutgen, Trier, Marchand; Johann Adam Clemens, Trier, Marchand (Jakob Kleutgen, Trier, Marchand)	1 500 1 650

17. Aug. 1813

1 Hofgut/0,13 Garten/ 4,00 Ack/3,50 Wie/ 25,00 Wild/34.325 Wst (Tholeyer Hof)	Abtei Tholey	Matthias Joseph Hayn, Trier, Negociant; Jodoc Longuich, Neumagen, Notaire	? 30 000

Emmel

26. Pluv. XIII–15. Febr. 1805

0,08 Wie/0,04 Wberg (Mostweinberg in der Kehl/Schönprich)	Stift St. Simeon, Trier	Nikolaus Klassen, Reinsport, Maitre d'école	454 1 525
1 Hofgut/0,14 Ack/ 0,22 Wie/0,70 Wberg	Kl. Litterich? J. Longuich	Johann Longuich, Leiwen, Laboureur	3 520 6 475

Gräfendhron

9. Dez. 1808

0,08 Wie/5,19 Wild (Gallenborn/Weyherwiese)	Kurtrier Reiss	Joseph Fischer, ? , Marchand limonadier	170 185

Objekt	Vorbesitzer Pächter	Käufer (Vermittler)	S-Preise K-Preise

Heidenburg

13. Fruct. XII—31. Aug. 1804

| 1 Hofgut/6,99 Ack/ 0,83 Wie/2,51 Wild/ 1,02 Gebüsch | Abtei St. Martin, Trier M. Margener | Bernard Altmann, Heidenburg, Maréchal ferrant; Johann Hoff, Johann Lex, Matthias Junck, Heidenburg, Cultivateurs (Bernard Altmann, Heidenburg, Maréchal ferrant) | 1 120 2 700 |

26. Pluv. XIII—15. Febr. 1805

| 6,51 Ack/11,71 Wild | Domstift Trier | Johann Bernard Schmit, Trier, Negociant; Witwe Schmit, Trier, Marchande; J. P. Fourier, Schweich, Receveur des Domaines | 2 000 3 125 |

Körverich

26. Pluv. XIII—15. Febr. 1805

| 1 Hofgut/5,43 Ack/ 0,37 Wie/0,84 Wberg | Abtei Echternach M. Schneider | Johann Longuich, Leiwen, Cultivateur | 1 632 7 800 |

12. Therm. XIII—31. Juli 1805

| 0,26 Ack | Kurtrier M. Herres | Michel Herres, Leiwen, Laboureur | 150 305 |

Leiwen

1. Fruct. XI—19. Aug. 1803

1 Mühle/0,21 Wie (Heidenburger Mühle)	Stift St. Simeon, Trier J. Steffes	Matthias Joseph Hayn, Trier, Negociant	1 500 4 575
1 Haus (Kelterhaus)	Kurtrier J. Adamus	Abraham Simon, Thalfang, Marchand	150 700
1 Mühle/0,23 Garten/ 0,35 Wie (Wie: auf der Throner Brücke)	Kurtrier J. Jung	J. P. ?	2 871 2 900

26. Pluv. XIII—15. Febr. 1805

| 2,39 Wild/1,21 Wberg | Kl. Klausen M. Krantz | Karl Kaspar Lintz, Klausen, Curé (Matthias Joseph Hayn, Trier, Negociant) | 2 000 9 000 |

17. Jan. 1806

| 3,43 Ack/1,54 Wie/ 1,37 Wild | Domstift Trier M. Bartzen, N. May | Johann Süss, Trier, Chirurgien; Wwe. Schmitt, geb. Therese Loerscher, Trier, Marchande; Joseph Adams, Leiwen, Cultivateur (Johann Süss, Trier, Chirurgien) | 3 440 3 725 |

Objekt	Vorbesitzer Pächter	Käufer (Vermittler)	S-Preise K-Preise

29. Juli 1808

| 0,05 Wberg | Kl. Karthäuser, Konz J. Werner | Matthias Joseph Hayn, Trier, Negociant | 300 315 |

Müstert

12. Flor. XII—2. Mai 1804

| 1 Hofgut/0,03 Garten/ 0,19 Ack/0,26 Wie/ 1,72 Wberg | Kl. Karthäuser, Konz | Jakob Fritsch, Trier, Pharmacien; Jakob Hayn, Trier, Marchand (Jakob Kleutgen, Trier, Marchand) | 5 496 6 100 |

12. Therm. XIII—31. Juli 1805

| 2 Häuser/0,28 Garten/ 2,44 Ack/1,96 Wie/ 0,53 Wild/150 Wst | Abtei Mettlach N. Schichtel | Matthias Joseph Hayn, Trier, Negociant; Johann Longuich, Leiwen, Propriétaire (Anton Mathis, Trier, Employé à la Préfecture) | 4 000 18 000 |

Naurath

1. Fruct. XI—19. Aug. 1803

| 1 Mühle/0,75 Wie (Büdlicher Mühle) | Abtei St. Maximin, Trier P. Hoff | J. P. Müller | 1 518 1 550 |

13. Fruct. XII—31. Aug. 1804

| 0,10 Garten/0,70 Ack/ 0,11 Wie/2,64 Wild | Stift St. Paulin, Trier N. Welter | Nikolaus Welter, Naurath, Laboureur | 224 450 |
| 0,26 Wie (im Mudelsberg) | Kl. St. Markus, Trier M. Thomes | Nikolaus Welter, Naurath, Laboureur | 60 70 |

Neumagen

1. Fruct. XI—19. Aug. 1803

| Schloßruine (Neuburg) | Kurtrier Aubertin | Servatius | 175 255 |

26. Pluv. XIII—15. Febr. 1805

| 1 Haus/0,97 Wberg | Abtei Wadgassen Häner | Thadeus Lorenz, Trittenheim, Vigneron | 3 520 5 700 |

5. Fruct. XIII—23. Aug. 1805

| 1 Haus/0,40 Ack/ 0,17 Wie/0,86 Wberg | Kl. St. Thomas, Kyll H. Fritzen, P. Fass | Wilhelm Lichtherz, Neumagen, Percepteur des Contributions; Nikolaus Wintrich, Jodoc Longuich, Johann Hermes, Neumagen, Cultivateurs (Wilhelm Lichtherz, Neumagen, Percepteur des Contributions) | 3 408 6 500 |

251

Objekt	Vorbesitzer Pächter	Käufer (Vermittler)	S-Preise K-Preise

26. Febr. 1808

| 1 Hofgut/2,94 Wie/ 10,98 Wild/1,85 Wberg/ 0,70 Busch (Zwiebelbacher Hof) | Kl. Fraulautern P. Hofmann | Heinrich Kohr, Trittenheim, Cultivateur; Matthias Joseph Hayn, Trier, Negociant | 7 680 8 875 |

Reinsport

26. Pluv. XIII—15. Febr. 1804

| 1 Haus/0,14 Garten/ 3,07 Ack/0,22 Wie/ 3,07 Wberg | Abtei St. Maximin, Trier Weissebach, Schömann | Matthias Joseph Hayn, Trier, Negociant | 16 800 24 000 |

Schönberg

1. Fruct. XI—19. Aug. 1803

| 1 Mühle/0,05 Garten | Abtei St. Maximin, Trier A. Breid | Abraham Simon, Thalfang, Marchand | 400 1 025 |

26. Pluv. XIII—15. Febr. 1805

| Platz des früheren Hofes/16,96 Ack/ 0,39 Wie/5,83 Wild | Abtei St. Maximin, Trier J. Junk | Magnus Keupper, Talling, Tailleur | 4 800 7 050 |

Talling

4. Mai 1810

| 0,08 Wie | Kurtrier | Johann Weinig, Talling, Cultivateur | 80 125 |

Thörnich

12. Flor. XII—2. Mai 1804

| 0,11 Garten/0,14 Ack/ 0,10 Wberg | Stift Pfalzel F. Probst, N. Schmitz | Moyses Simon, Thalfang, Marchand | 576 1 050 |

3. Mess. XII—22. Juni 1804

| 0,16 Ack/0,01 Wie | Kurtrier Strauss | Michael Faerber, Thörnich, Laboureur | 160 230 |

12. Therm. XIII—31. Juli 1805

| 0,10 Garten/4,77 Ack/ 0,47 Wie/0,18 Wild/ 0,50 Wberg | Kl. Klausen Ph. Thul | Karl Linz, Klausen, Curé; Jean Pierre Fourier, Schweich, Receveur des Domaines (Karl Linz, Klausen, Curé) | 3 776 10 000 |

Objekt	Vorbesitzer Pächter	Käufer (Vermittler)	S-Preise K-Preise

Kanton Konz

Filzen/Saar

14. Frim. XII—6. Dez. 1803

1 Haus/12.492 Wst (Nr. 6)	Kl. St. Johann, Trier Chilet	Jaegen	1 100 3 625

22. Germ. XII—12. April 1804

1 Scheune (Zehendscheuer)	Domstift Trier	Jakob Fritsch, Trier, Pharmacien	60 400
1 Haus/0,11 Ack/ 0,29 Wie/1,80 Wberg	Abtei St. Maximin, Trier Th. Junk	dem Hospital Saarburg als Ersatzleistung abgetreten	4 800 —

21. April 1808

2,26 Wberg (im Klewerberg)	Abtei Wadgassen Salm	Peter Marx jr., Zurlauben, Negociant; Peter Herrich, St. Barbeln, Negociant; Christoph Schawel, Hamm/ Saar, Negociant (Peter Marx jr., Zurlauben, Negociant)	3 000 5 050

Franzenheim

16. Therm. XI—4. Aug. 1803

1 Mühle/1,40 Land	Abtei St. Matthias, Trier	Anton Joseph Recking, Trier, Maire	? 4 400

26. Fruct. XIII—13. Sept. 1805

0,35 Wie	Domstift Trier Karl Charmet	Peter Herges, Irsch, Percepteur d. Contributions; Christoph Aldringen, Trier, Propriétaire; Michael Zimmer, Schöndorf, Cultivateur; Matthias Thielen, Holzerath, Laboureur; Matthias Berens, Gutweiler, Laboureur; Nikolaus Müller, Franzenheim, Laboureur (Peter Herges, Irsch, Percepteur des Contributions)	240 520
0,26 Wie (In der Trenck-Wiese)	Domstift Trier N. Bender	Nikolaus Anton Bauer, Trier, Controleur des Contributions	640 1 025

Objekt	Vorbesitzer Pächter	Käufer (Vermittler)	S-Preise K-Preise
0,43 Wie/2,91 Wild	Domstift Trier C. Hubert	Nikolaus Franzen, Nikolaus Lorenz, Nikolaus Müller, Anton Mertes, Lukas Bernardi, Franzenheim, Laboureurs (Nikolaus Franzen, Franzenheim, Laboureur)	304 860
0,44 Wie (bei der Cathreiner Wiese)	Domstift Trier Schneider	Peter Herges, Irsch, Percepteur d. Contributions; Christoph Aldringen, Trier, Propriétaire; Matthias Thielen, Holzerath, Laboureur; Matthias Berens, Gutweiler, Laboureur; Nikolaus Müller, Franzenheim, Laboureur (Peter Herges, Irsch, Percepteur d. Contributions)	160 275

26. April 1811

Objekt	Vorbesitzer Pächter	Käufer (Vermittler)	S-Preise K-Preise
6,66 Ack/3,33 Wie/ 24,29 Wild	Deutschorden	Peter Herges, Irsch, Percepteur des Contributions; Bernard Schmitt, Trier, Negociant; Johann Süss, Trier, Chirurgien	? 7 000

Geizenburg

9. Brum. XIV—31. Okt. 1805

Objekt	Vorbesitzer Pächter	Käufer (Vermittler)	S-Preise K-Preise
0,98 Wie (Ruwerbrühl)	Domstift Trier M. Josten	Nikolaus Berens, Trier, Marchand	512 1 300

Gusterath

26. Fruct. XIII—13. Sept. 1805

Objekt	Vorbesitzer Pächter	Käufer (Vermittler)	S-Preise K-Preise
3,09 Ack/1,62 Wie/ 0,35 Wild	Kl. St. Katharina, Trier Delhomme	Johann Peter Kleutgen, Trier, Negociant; Johann Süss, Trier, Chirurgien; Wwe. Schmitt geb. Therese Loerscher, Trier, Marchande	1 360 ?

Irsch

16. Therm. XI—4. Aug. 1803

Objekt	Vorbesitzer Pächter	Käufer (Vermittler)	S-Preise K-Preise
1 Mühle/1 Lohmühle	Abtei St. Martin, Trier N. Lamberti	Nikolaus Lamberti, Irsch, Meunier	1 800 4 275

13. Pluv. XII—3. Febr. 1804

Objekt	Vorbesitzer Pächter	Käufer (Vermittler)	S-Preise K-Preise
16,50 Ack	Abtei St. Martin, Trier J. Schneider	Isaak Levy, Benjamin Engel, Straßburg, Negociants	660 ?

Objekt	Vorbesitzer Pächter	Käufer (Vermittler)	S-Preise K-Preise

8. Germ. XII—29. März 1804

1,16 Wie	Abtei St. Martin, Trier J. Schilz	Thilmann Clemens, Kernscheid, Maire	2 240 2 375
0,71 Wie	Abtei St. Martin, Trier J. Schneider	Nikolaus Lamberti, Irsch, Meunier (Peter Willems, Irsch, Laboureur)	836 850
3,28 Wie	Abtei St. Martin, Trier N. Müller	Adam Wahlen, Kernscheid, Laboureur	3 440 6 100

19. Fruct. XII—6. Sept. 1804

1,48 Wie (Goergenbungert, Kirschbungert)	Abtei St. Martin, Trier P. Kremer	Plazidus Kremer, Irsch, Curé (Philipp René Lentz, Manderscheid, Controleur des Contributions)	496 505

14. Brum. XIII—5. Nov. 1804

1,34 Wild	Abtei St. Martin, Trier J. Schneider	Mangrich Berig, Peter Willems, Peter Heintz, Sebastian Heinsdorf, Irsch, Laboureurs (Peter Wollscheit, Irsch, Laboureur)	800 820
6,27 Ack	Abtei St. Martin, Trier P. Kremer	Sebastian Heinsdorf, Matthias Wollscheit, Peter Wollscheit, Peter Willems, Peter Heintz, Irsch, Laboureurs (Sebastian Heinsdorf, Irsch, Laboureur)	880 1 375

Kernscheid

14. Frim. XII—6. Dez. 1803

0,39 Wie	Domstift Trier T. Klemens	Tilmann Klemens, Kernscheid, Maire	150 1 325

22. Germ. XII—12. April 1804

2,11 Wie	Domstift Trier T. Klemens	Thilmann Clemens, Kernscheid, Maire; Matthias Clemens, Kernscheid, Laboureur; Peter Morgen, Kernscheid, Cultivateur; Matthias Willems, Kernscheid, Cultivateur (Damien Cardon, Trier, Avoué)	2 700 4 550

Objekt	Vorbesitzer Pächter	Käufer (Vermittler)	S-Preise K-Preise

14. Brum. XIII–5. Nov. 1804

Objekt	Vorbesitzer / Pächter	Käufer (Vermittler)	S-Preise / K-Preise
0,43 Wberg	Kl. St. Johann, Trier G. Steffens	Tillmann Clemens, Irsch, Maire; Matthias Clemens, Friedrich Krantz, Adam Wahlen, Johann Jungck, Matthias Ther, Michael, Andreas u. Peter Morgen, Stephan Huberts, Matthias Schneider, Kernscheid, Laboureurs (Tillmann Clemens, Irsch, Maire)	576 581
1,24 Wie	Deutschorden Th. Clemens	Tillmann Clemens, Irsch, Maire; Matthias Clemens, Friedrich Krantz, Adam Wahlen, Johann Jungck, Matthias Ther, Michael, Andreas u. Peter Morgen, Stephan Huberts, Matthias Schneider, Kernscheid, Laboureurs (Tillmann Clemens, Irsch, Maire)	1 520 1 550
3,06 Ack	Kl. St. Anna, Trier St. Willems	Tillmann Clemens, Irsch, Maire; Matthias Clemens, Friedrich Krantz, Matthias Willems, Adam Wahlen, Johann Jungck, Matthias Ther, Peter Morgen, Michael Morgen, Andreas Morgen, Stephan Huberts, Matthias Schneider, Kernscheid, Laboureurs (Tillmann Clemens, Irsch, Maire)	1 184 2 475

Könen

21. Frim. XII–13. Dez. 1803

Objekt	Vorbesitzer / Pächter	Käufer (Vermittler)	S-Preise / K-Preise
1 Mühle/0,59 Land	Domstift Trier J. Reinert	Peter Schmitz, Könen, Laboureur (Matthias Vogel, Temmels, Propriétaire)	700 2 000

2. Prair. XII–22. Mai 1804

Objekt	Vorbesitzer / Pächter	Käufer (Vermittler)	S-Preise / K-Preise
0,17 Ack	Domstift Trier	Anton Joseph Recking, Trier, Maire	200 210
0,01 Land	Kl. Karthäuser, Konz	Nikolaus Zendt, Könen, Laboureur	20 210

Objekt	Vorbesitzer Pächter	Käufer (Vermittler)	S-Preise K-Preise
1,09 Wberg	Domstift Trier J. Kopp	François Lion, Saarburg, Negociant; Nikolaus Salm, Saarburg, Batelier; Christoph Schawel, Hammerfahr, Cultivateur; Wwe. Therese Schmidt, geb. Loerscher, Trier, Marchande; Johann Bernard Schmidt, Mertert, Negociant	976 ?
1,20 Land/0,02 Wie	Kurtrier u. Domstift Trier Schneider, J. Kieffer	Johann Kopp, Könen, Laboureur; Jakob Kieffer, Könen, Laboureur (Johann Kopp, Könen, Laboureur)	512 1 100

14. Brum. XIII—5. Nov. 1804

0,07 Garten/0,07 Ack/ 0,79 Wie/0,13 Wild/ 0,27 Wberg	Domstift Trier J. Oberbillig	Anton Joseph Recking, Trier, Negociant (Matthias Coupette, Trier, Negociant)	2 512 5 250

1. März 1811

1,42 Ack/1,85 Wie/ 0,14 Wberg	Kl. Karthäuser, Konz P. Becker	Nikolaus Salm, Saarburg, Batelier; Anton Licht, Saarburg, Negociant (Nikolaus Salm, Saarburg, Batelier)	2 000 3 700
1 Hofgut/0,01 Garten/ 5,88 Ack/0,35 Wie/ 48,50 Wild	Die Stifts-Fabriken des Grafen von Metternich und des Domdechants, Trier P. Faber	Nikolaus Salm, Saarburg, Batelier; Anton Licht, Saarburg, Negociant (Nikolaus Salm, Saarburg, Batelier)	6 200 12 100

Konz

13. Pluv. XII—3. Febr. 1804

1 Hofgut/7,42 Ack/ 0,82 Wie/0,87 Wild/ 0,57 Wberg	Abtei Himmerod H. Kirsch	N. Valdenaire, Saarburg, Receveur des Domaines	1 200 3 975

22. Germ. XII—12. April 1804

1 Hofgut/0,18 Garten/ 2,32 Ack/1,00 Wie/ 2,65 Wild	Abtei Echternach N. Faber	Matthias Coupette, Trier, Brasseur	896 2 250

26. Therm. XII—14. Aug. 1804

0,88 Wie (Schlaufwies; in der Gayl)	Kl. St. Johann, Trier A. Licht	Franz-Joseph Staadt, Trier, Propriétaire	480 500

Objekt	Vorbesitzer Pächter	Käufer (Vermittler)	S-Preise K-Preise

14. Brum. XIII—5. Nov. 1804

Objekt	Vorbesitzer Pächter	Käufer (Vermittler)	S-Preise K-Preise
1,07 Wberg	Malteser Mohr	Paul Wagner, Konz, Laboureur; Nikolaus Faber, Konz, Laboureur mit 8 weiteren Laboureurs (Paul Wagner, Konz, Laboureur)	496 940
1,05 Wberg	Abtei Echternach M. Peters	Nikolaus Faber, Konz, Laboureur; Paul Wagner, Konz, Laboureur mit 8 weiteren Laboureurs (Nikolaus Faber, Konz, Laboureur)	160 755

27. Flor. XIII—17. Mai 1805

Objekt	Vorbesitzer Pächter	Käufer (Vermittler)	S-Preise K-Preise
0,03 Bauplatz	Deutschorden P. Wagner	Wwe. Nikolaus Bach, geb. Maria Heintz, Konz (Peter Herrig, St. Barbeln, Aubergiste)	80 85

9. Mess. XIII—28. Juni 1805

Objekt	Vorbesitzer Pächter	Käufer (Vermittler)	S-Preise K-Preise
,010 Garten/17,70 Ack/ 5,98 Wie/0,19 Wild	Deutschorden M. Mohr	Matthias Vogel, Temmels, Propriétaire	3 600 12 600
1 Haus/20,20 Ack/ 7,23 Wie/23,59 Wild/ 13.248 Wst	Deutschorden P. Wagner	Johann Baptist Hirn, Trier, Employé à la Préfecture	10 720 20 400

26. Fruct. XIII—13. Sept. 1805

Objekt	Vorbesitzer Pächter	Käufer (Vermittler)	S-Preise K-Preise
7,24 Ack/0,34 Wie/ 2,56 Wild	Stift St. Paulin, Trier F. Kronenbusch	Jakob Greif, Johann Zimmer, Heinrich Hoffmann, Peter, Moritz, Paul Wagner, Konz, Laboureurs (Jakob Greif, Konz, Laboureur)	2 208 3 500

1. März 1811

Objekt	Vorbesitzer Pächter	Käufer (Vermittler)	S-Preise K-Preise
10,73 Ack/2,72 Wie/ 9,91 Wild	Abtei St. Matthias, Trier M. Hoffmann	Friedrich Scheer, Trier, Boulanger	4 900 17 300
7,07 Ack/1,77 Wie/ 2,12 Wild/1,41 Wberg	Pfarrei Konz A. Fischer	Karl Ferdinand Friedrich Ruppenthal, Trier, Avoué	3 900 9 100
25,32 Ack/6,69 Wie/ 15,92 Wild/27.560 Wst	Kl. Minoriten, Trier J. Reinert	Christoph Nell, Trier, Negociant et Propriétaire	9 900 23 000

Konz-Merzlich

27. Fruct. XI—14. Sept. 1803

Objekt	Vorbesitzer Pächter	Käufer (Vermittler)	S-Preise K-Preise
Kl. Karthäuser mit Kirche (Kloster an der Landstraße bei der Mosel)	Kl. Karthäuser, Konz Coupette	Laurent Augustin Simon, Metz, Negociant	7 000 16 100

Objekt	Vorbesitzer Pächter	Käufer (Vermittler)	S-Preise K-Preise
16. Vent. XIII—7. März 1805			
1 Haus/0,81 Garten/ 28,86 Ack/4,71 Wie/ 35,04 Wild/0,54 Wberg (Roscheider Hof)	Abtei St. Matthias, Trier	Wwe. Schmidt geb. Therese Loerscher, Trier, Marchande; Bernard Schmitt, Mertert, Propriétaire; Nikolaus Valdenaire, Saarburg, Receveur de l'Enregistrement (J. Wilwersch, Trier, Propriétaire)	5 040 8 500
26. Fruct. XIII—13. Sept. 1805			
3,54 Wild	Stift St. Irminen, Trier P. Ludwig	Anton Joseph Baum, Trier, Marchand; Peter Schrodt, Krettnach, Cultivateur (Anton Joseph Baum, Trier, Marchand)	32 710
Güter	Stift St. Irminen, Trier	dem Hospital als Ersatzleistung abgetreten	7 500 —
8. Frim. XIV—29. Nov. 1805			
6,00 Wberg	Stift St. Irminen, Trier Ph. Marx	Matthias Coupette, Friedrich Scheer, Trier, Marchands	2 400 6 500
24. Mai 1811			
1,14 Wald (Lay)	Abtei Himmerod	Matthias Glaser, Merzlich, Cultivateur (Franz Anton Kayser, Trier, Propriétaire)	220 260
2,28 Wald (Büschelgen)	Stift St. Irminen, Trier	Franz Anton Kayser, Trier, Propriétaire	240 675
0,28 Wald (Grunert)	Abtei Himmerod	Joseph Aldringen, Trier, Pharmacien	240 280

Korlingen

26. Fruct. XIII—13. Sept. 1805			
1,05 Wild	Abtei St. Martin, Trier J. Mathei	Johann Haw, Nikolaus Jacobs sen., Nikolaus Jacobs jun., Nikolaus Hau, Matthias Clemens, Jakob Matheis, Peter Winkel, Korlingen, Laboureurs (Johann Haw, Korlingen, Laboureur)	128 170
16. Therm. XI—4. Aug. 1803			
1 Mühle	Abtei St. Martin, Trier Ph. Hess	Johann Kleutgen, Trier, Negociant	1 200 2 800

Objekt	Vorbesitzer Pächter	Käufer (Vermittler)	S-Preise K-Preise

Lampaden

16. Vent. XIII—7. März 1805

| 1 Mühle/1 Hofgut/ 5,81 Ack/3,45 Wie/ 17,60 Wild (Hofgut: Paschel) | Abtei St. Matthias, Trier N. Schuler | Peter Oestreich, Benrath, Laboureur; Nikolaus Schuler, Paschel, Laboureur (Peter Oestreich, Benrath, Laboureur) | 4 800 8 075 |

26. Fruct. XIII—13. Sept. 1805

| 0,35 Wie | Abtei St. Matthias, Trier P. Kirchen | Martin Dewald, Pellingen, Laboureur | 96 185 |

29. Sept. 1812

| 5,00 Wald (Friedwald) | Abtei St. Matthias, Trier | Adam Wahlen, Trier, Aubergiste | 210 520 |
| 4,00 Wald (Niederserrer Hofwald) | Stift St. Irminen, Trier/ Stift St. Simeon, Trier | Anton Licht, Saarburg, Negociant (Johann Kleutgen, Trier, Negociant) | 600 3 325 |

Lonzenburg

16. Vent. XIII—7. März 1805

| 1 Haus/13,37 Ack/ 6,33 Wie/17,59 Wild | Kl. St. Katharina, Trier M. Leinenweber | Matthias Leinenweber, Lonzenburg, Laboureur | 6 400 10 300 |

Niedermennig

20. Fruct. XI—7. Sept. 1803

| 1 Hofgut/7,00 Ack/ 4,50 Wie/11,00 Wild/ 24.600 Wst | Abtei Mettlach Kochs | Johann Jakob Staadt, Saarburg, Notaire | 4 400 15 000 |

8. Frim. XIV—29. Nov. 1805

| 0,34 Ack/1,55 Wie/ 7.627 Wst | Kl. St. Anna, Trier M. Nauert | Johann Bernhard Schmit, Mertert, Propriétaire; Nikolaus Valdenaire, Saarburg, Propriétaire; Wwe. Therese Schmidt geb. Loerscher, Trier, Marchande | 2 000 ? |

8. Sept. 1807

| 0,26 Wie/9,55 Wild (beim Kommlinger Wald, beim Niedermenniger Wald) | Deutschorden J. Kopp | Matthias Heinz, Matthias Schouler, Johann Kopp, Johann Kircher, Johann Weber, Johann Berrens, Peter Zimmer, Kommlingen (Anton Joseph Recking, Trier, Maire) | 860 1 600 |

Objekt	Vorbesitzer Pächter	Käufer (Vermittler)	S-Preise K-Preise

Oberemmel

23. Brum. XII–15. Nov. 1803

Objekt	Vorbesitzer Pächter	Käufer (Vermittler)	S-Preise K-Preise
1 Haus/0,35 Ack/ 0,21 Wie/500 Wst	Abtei St. Maximin, Trier Recking	Anton Bertholz	500 2 050
1 Haus (Schäferhaus)	Abtei St. Maximin, Trier	P. Schuh	100 430

14. Frim. XII–6. Dez. 1803

Objekt	Vorbesitzer Pächter	Käufer (Vermittler)	S-Preise K-Preise
11.000 Wst	Abtei St. Maximin, Trier Junk	Matthias Coupette, Trier, Negociant; Emmerich Grach, Trier, Negociant	700 1 050
4.600 Wst (zur Hut)	Abtei St. Maximin, Trier Junk	Matthias Coupette, Trier, Negociant; Emmerich Grach, Trier, Negociant	300 1 200
4.400 Wst (Elzerjunkerberg)	Abtei St. Maximin, Trier Junk	Matthias Coupette, Trier, Negociant; Emmerich Grach, Trier, Negociant	200 650
10.000 Wst	Abtei St. Maximin, Trier K. Müller	Katharine Müller	200 1 925

3. Febr. 1812

Objekt	Vorbesitzer Pächter	Käufer (Vermittler)	S-Preise K-Preise
10,49 Wie (Grossbrühl)	Abtei St. Maximin, Trier	Christoph Philipp Nell, Trier, Rentier	? 17 000

Obermennig

16. Therm. XI–4. Aug. 1803

Objekt	Vorbesitzer Pächter	Käufer (Vermittler)	S-Preise K-Preise
1 Mühle/2,02 Wie/ 5,30 Weiher	Abtei St. Matthias, Trier H. Müller	Emanuel Lelievre, Trier, Directeur des Domaines	2 915 6 100

Obersehr

6. Flor. XIII–26. April 1805

Objekt	Vorbesitzer Pächter	Käufer (Vermittler)	S-Preise K-Preise
1 Hofgut/14,43 Ack/ 7,73 Wie/48,21 Wild/ 0,52 Wald	Abtei St. Matthias, Trier P. Terres	Matthias Thielen, Michael Zimmer, Holzerath, Laboureurs; Nikolaus Jacobs, Korlingen, Matthias Hennen, Schöndorf, Matthias Berens, Gutweiler, Laboureurs (Matthias Berens, Gutweiler, Laboureur)	4 240 10 100

Ollmuth

9. Mess. XIII–28. Juni 1805

Objekt	Vorbesitzer Pächter	Käufer (Vermittler)	S-Preise K-Preise
1 Haus/16,47 Ack/ 5,33 Wie/35,15 Wild	Stift St. Irminen, Trier J. Coltes	Nikolaus Trambert, Ollmuth, Johann Lehnen, Kell, Laboureurs (Nikolaus Trambert, Ollmuth, Laboureur)	5 360 8 025

Objekt	Vorbesitzer Pächter	Käufer (Vermittler)	S-Preise K-Preise

Pellingen

16. Therm. XI—4. Aug. 1803

| 1 Mühle/Garten/Ack/ Wie/1 Weiher | Abtei St. Matthias, Trier | Anton Joseph Recking, Trier, Maire | 2 006 4 400 |

16. Vent. XIII—7. März 1805

| 10,80 Ack/16,74 Wie/ 1,59 Wild | Abtei St. Matthias, Trier N. Zimmer | Johann Bernard Schmit, Trier, Negociant | 4 800 6 750 |

Pluwig

6. Flor. XIII—26. April 1805

| 0,34 Wie (Pluwiger Brühl) | Domstift Trier M. Josten | Johann Peter Gietzen, Trier, Boulanger | 256 800 |

7. Febr. 1806

| 1 Mühle | Domstift Trier | Peter Jost, Pluwig, Maitre de forge | 900 2 400 |

26. Febr. 1808

| 0,08 Wie/6,23 Wild/ 15 Eichenbäume (Wie: Loderwiese) | Abtei St. Maximin, Trier Gemeinde Pluwig | Joseph Anton Müller, Trier, Negociant | 460 1 200 |

Staadt

21. Frim. XII—13. Dez. 1803

| 1 Haus | Abtei St. Maximin, Trier | Wilhelm Joseph Fritsch, Trier, Avocat | ? 5 125 |

Tarforst

16. Therm. XI—4. Aug. 1803

| 1 Mühle | Abtei St. Maximin, Trier Lichtenthal | J. Lichtenthal, Tarforst, Meunier | 1 300 1 525 |

3. Mess. XII—22. Juni 1804

| 0,70 Wie | Stift St. Paulin, Trier J. Wollscheit | Matthias Joseph Hayn, Trier, Negociant | 544 700 |

9. Mess. XIII—28. Juni 1805

| 1 Haus/0,78 Garten/ 4,89 Wie (Schäfferey) | Abtei St. Maximin, Trier Vanvolxen | J. Wollscheit, Tarforst, Laboureur; Sebastian Scharfbillig, Peter Gietzen, Georg Laven, Johann Nikolaus Müller, Trier, Marchands; Peter Marx jr., Zurlauben, Marchand; Philipp Marx, St. Barbeln; Johann Fey, Tarforst, Laboureur; Johann Weber, Filsch, Laboureur; Nikolaus Jacobs, Korlingen, Laboureur (Jakob Wollscheit, Tarforst, Laboureur) | 4 960 8 575 |

Objekt	Vorbesitzer Pächter	Käufer (Vermittler)	S-Preise K-Preise

Tawern

8. Frim. XIV—29. Nov. 1805

| 1,71 Ack/1,10 Wild | Abtei St. Marien, Trier P. Kremer | Johann Peter Kleutgen, Trier, Marchand | 480 545 |

Trier-St. Barbeln

22. Germ. XII—12. April 1804

| 0,88 Land (Berfeld) | Kl. St. Anna, Trier Regneri | Peter Regneri, St. Barbeln, Pecheur; Peter Herrig, Franz Wehr, Jakob Lantzer, Philipp Marx, Veit Herrig, Nikolaus Herrig, Trier-St. Barbeln, Negociants (Peter Regneri, Trier-St. Barbeln, Pecheur) | 880 885 |
| 0,88 Land (im Leim) | Kl. St. Anna, Trier J. Weis | Franz Herrig, Franz Wehr, Jakob Laufer, Veit Herrig, Trier-St. Barbeln, Negociants; Wilhelm Mouch, Peter Lenner, Trier-Löwenbrücken, Negociants (Peter Herrig, Trier-St. Barbeln, Negociant) | 1 040 1 065 |

2. Prair. XII—22. Mai 1804

| 2,41 Ack | Johanniter Ph. Marx | Anton Joseph Recking, Trier, Maire; Franz Joseph Wehr, Philipp Marx, Peter Herrig, Jakob Lanzer, Trier-St. Barbeln, Negociants (Anton Joseph Recking, Trier, Maire) | 2 880 6 300 |

18. Jan. 1811

| 1,76 Ack | Kl. St. Anna, Trier G. Hild | Peter Herrig, Trier-St. Barbeln, Batelier; Philipp Marx, Peter Christ, Trier-St. Barbeln | 2 525 6 000 |

Trier-Feyen

14. Frim. XII—6. Dez. 1803

| 12.200 Wst (im Dirren Garten) | Kl. Karmeliter, Trier St. Maass | Nikolaus Valdenaire, Saarburg, Propriétaire | 200 ? |

22. Germ. XII—12. April 1804

| 3,00 Ack | Kl. Karmeliter St. Maas | Matthias Coupette, Trier, Brasseur (Christoph Philipp Nell, Trier, Negociant) | 176 540 |

Objekt	Vorbesitzer Pächter	Käufer (Vermittler)	S-Preise K-Preise
1 Hofgut/2,28 Ack/ 1,06 Wie/9,74 Wild/ 1,40 Wberg	Stift St. Irminen, Trier P. Haag	Matthias Coupette, Trier, Brasseur (Christoph Philipp Nell, Trier, Negociant)	3 920 4 275
1,73 Land	Malteser	Matthias Coupette, Trier, Brasseur (Christoph Philipp Nell, Trier, Negociant)	336 625

Trier-St. Matthias

14. Prair. XI–3. Juni 1803

1 Mühle/0,35 Land/ 0,35 Wie (Thiergarten)	Abtei St. Matthias, Trier Recking	Johann Peter Gitzen, Trier, Boulanger	1 350 3 150

27. Fruct. XI–14. Sept. 1803

1 Haus/0,24 Garten (Irscher Hof)	Abtei St. Matthias J. Kimeler	Joseph Kimlingen	600 625

4. Vend. XII–27. Sept. 1803

Abtei St. Matthias ohne Kirche/20,00 Ack u. Wberg (Ack: der Chamet)	Abtei St. Matthias, Trier Recking	Christoph Philipp Nell, Trier, Propriétaire	55 220 91 100

27. Niv. XII–18. Jan. 1804

0,17 Land/0,26 Wie/ 0,08 Wie (Land: bey dem Irscher Hof Wie: Bachwiese Wie: Segkaul)	Abtei St. Matthias, Trier Maas	Christoph Philipp Nell, Trier, Propriétaire	300 675
0,70 Wie (Kalbusch)	Abtei St. Matthias, Trier Huppert	Christoph Philipp Nell, Trier, Propriétaire	300 775

13. Pluv. XII–3. Feb. 1804

59,24 Ack/132,88 Wild (Medumländer)	Abtei St. Matthias, Trier	Christoph Philipp Nell, Trier, Propriétaire	7 364 39 000
3,18 Land (Hinterhäuser)	Abtei St. Matthias, Trier	Franz Petry, St. Matthias, Boulanger	200 ?

22. Germ. XII–12. April 1804

6,86 Ack/1,76 Wild	Kl. Karthäuser, Konz D. Oestreich	Wilhelm Bündgen, Dionysius Oestreich, Johann Peter Wehr, Trier-St. Matthias; Franz Wehr, Peter Herrig, Jakob Lanzer, Trier-St. Barbeln, Negociants (Christoph Philipp Nell, Trier, Negociant)	4 960 6 250

Objekt	Vorbesitzer Pächter	Käufer (Vermittler)	S-Preise K-Preise
12. Flor. XII—2. Mai 1804			
1 Mühle/1,67 Ack/ 0,53 Wie (Oestreicher Mühle)	Abtei St. Matthias, Trier Ph. Schmitt	Christoph Philipp Nell, Trier, Negociant	1 536 3 100
16. Vent. XIII—7. März 1805			
3,06 Wie/0,34 Weiher (Irscher Wald, Futtel- wies, Irscher- und Waldweiher)	Abtei St. Matthias, Trier Ch. Maass	Matthias Lorig, Michael Lorig, Matthias Faber, Trier-Feyen, Laboureurs (Christoph Philipp Nell, Trier, Negociant)	3 232 5 600
9. Mess. XIII—28. Juni 1805			
1 Haus/4,05 Ack/ 4,94 Wie/5,30 Wild (Oberbrubacher Hof)	Kl. St. Anna, Trier M. Hubert	Johann Huberts, Oberbru- bach, Cultivateur; Chri- stoph Philipp Nell, Trier, Negociant (Johann Huberts, Ober- brubach, Cultivateur)	2 640 5 025
1. Mai 1807			
9,19 Wie (Thiergarten)	Abtei St. Matthias, Trier F. Scher	Christoph Philipp Nell, Trier, Banquier	11 680 11 800
17. Juli 1807			
1,20 Ack (in der Engelmahr, in der großen Acht)	Kl. St. Anna, Trier Wagner	Johann Grundhewer, Trier-St. Matthias, Culti- vateur	1 200 3 450
26. Febr. 1808			
0,84 Wild (im Hütgen)	Kl. St. Anna, Trier Roos	Peter Wehr, Trier-St. Matthias, Propriétaire; Franz-Joseph Wehr, Wil- helm Boendchen, Trier-St. Matthias, Propriétaire (Peter Wehr, Trier-St. Matthias, Propriétaire)	194 305
Trier-Medard			
27. Fruct. XI—14. Sept. 1803			
1 Haus (am Moselufer)	Abtei St. Matthias, Trier J. Boustert	H. Prüm	500 605
11. Vend. XII—4. Okt. 1803			
1 Haus (Nr. 37)	Abtei St. Matthias, Trier	Anton Joseph Baum, Trier, Negociant	? 310
Kirche und Kirchhof (Pfarrkirche Medard)	Pfarrei Medard	Louis Zegowitz, Trier, Se- crétaire général (Matthias Joseph Hayn, Trier, Negociant)	? 2 225

Objekt	Vorbesitzer Pächter	Käufer (Vermittler)	S-Preise K-Preise

Wawern

27. Fruct. XI—14. Sept. 1803

| 1 Hofgut | Domstift Trier | Jakob Fritsch, Trier, Rentier | 1 400 1 650 |

19. Vent. XII—10. März 1804

| 1 Hofgut/0,06 Garten/ 3,00 Ack/1,41 Wie/ 1,15 Wberg | Kurtrier M. Heimetz | Benjamin Engel, Metz, Negociant | 2 255 5 525 |

26. Fruct. XIII—13. Sept. 1805

| 8,83 Wild | Abtei St. Maximin, Trier M. Jäger | Peter Jonas, Johann Adam Clemens, Trier, Marchands (Peter Jonas, Trier, Marchand) | 128 450 |

26. Febr. 1808

| 0,02 Wie | Stift Kyllburg | Wilhelm Bündgen, Trier-St. Matthias, Propriétaire | 15 35 |

6. Sept. 1811

| 28,00 Wie (Grossbrühl) | Domstift Trier | Christoph Philipp Nell, Trier, Rentier; Alexandre François Brunetau de St. Suzanne, Préfet | ? 20 000 |

Kanton Pfalzel

Aach

1 Fruct. XI—19. Aug. 1803

| 1 Mühle/0,10 Wie | Stift St. Irminen, Trier M. Schwab | N. A. Bauer, Trier, Controleur des Contributions | 1 500 3 025 |

26. Vent. XII—17. März 1804

| 1 Haus (Gefängnis) | Stift St. Irminen, Trier | Johann Kleudgen, Trier, Negociant | 48 55 |
| 1 Haus (Wirtschaft) | Stift St. Irminen, Trier Binsfeld | Peter Binsfeld, Aach, Maire | 400 1 350 |

15. Mai 1808

| 0,67 Wie/3,80 Wild | Stift St. Paulin, Trier P. Binsfeld | Johann Kleutgen, Trier, Negociant | 400 1 900 |

13. Mai 1808

| 1 Scheune/0,16 Garten/ 35,74 Ack/4,13 Wie | Kl. St. Johann, Trier St. Wagner | Michael Steuer, Trier, Propriétaire | 5 000 7 600 |

Objekt	Vorbesitzer Pächter	Käufer (Vermittler)	S-Preise K-Preise
26. April 1811			
1 Hofgut/0,35 Garten/ 0,12 Ack+61 Stück Ack/ 0,80 Wie/1,14 Wild	Stift St. Irminen, Trier Jakob Wolsfeld	Pierre Michel Dagoreau, Trier, Propriétaire, Chef de Bureau de la Prefecture	6 000 9 600
1 Hofgut/3,65 Ack/ 10,12 Wild (Altenhof)	Abtei St. Maximin, Trier und Abtei Echternach Thien	Johann Peter Pauly, Welschbillig, Percepteur des Contributions; Ernst Simon, Konz, Notaire	3 000 6 100
Butzweiler			
11. Vend. XII—4. Okt. 1803			
1 Haus/2,73 Ack	Abtei St. Marien, Trier G. Ungeheuer	Peter Görgen, Trier, Ar- chitecte	900 2 850
1 Scheune (Zehndscheune)	Abtei St. Marien, Trier	Johann Kleutgen, Trier, Negociant	100 215
26. Febr. 1808			
0,04 Garten	Abtei St. Marien, Trier	Johann Baptist Hermann, Trier, Propriétaire	60 75
Ehrang			
21. Frim. XII—13. Dez. 1803			
3,18 Ack (Römerwiese)	Vikar Willwersch, Pfalzel J. Wagner	Johann Emmerich Junk, Ehrang, Tanneur (Johann Kleutgen, Trier, Boulanger)	2 300 3 025
Eisenach			
14. Niv. XIII—4. Jan. 1805			
8,64 Ack/0,25 Wie/ 6,24 Wild	Domstift Trier N. Kordel	Johann Peter Limbourg, Helenenberg, Propriétaire (Matthias Vogel, Tem- mels, Propriétaire)	1 760 2 825
14. Germ. XIII—4. April 1805			
6,33 Ack/0,36 Wie	Kl. Welschnonnen, Trier B. Kordel	Nikolaus Cordel, Eisenach, Laboureur	805 1 200
11,61 Ack/0,65 Wie	Kl. Welschnonnen, Trier Ch. Funck	Matthias Schuben, Mat- thias Por, Eisenach, La- boureurs (Matthias Schuben, Eisen- ach, Laboureur)	1 230 2 500
12. Vend. XIV—4. Okt. 1805			
0,90 Ack/0,24 Wild	Abtei Echternach P. Jonas	Jakob Michaeli, Mennin- gen, Laboureur (Peter Jonas, Trier, Mar- chand)	275 280

Objekt	Vorbesitzer Pächter	Käufer (Vermittler)	S-Preise K-Preise
25. Frim. XIV—16. Dez. 1805			
1 Haus/17,46 Ack/ 1,06 Wie/30,04 Wild	Kurtrier M. Christmann	Jakob Ludwig Herpein, Trier, Inspecteur des Con- tributions	3 080 4 900
22. Juni 1807			
1,62 Ack (bey Lietzbüsch)	Stift St. Irminen, Trier K. Wein	Peter Joseph Weber, Trier, Maréchal ferrant	100 280
1,38 Ack (Kallinger Acht)	Stift St. Irminen, Trier P. Weber	Peter Weber, Trier, Maré- chal ferrant	180 190

Eitelsbach

Objekt	Vorbesitzer Pächter	Käufer (Vermittler)	S-Preise K-Preise
21. Frim. XII—13. Dez. 1803			
1,65 Wild (im Kuhberg)	Vikar Willwersch, Pfalzel M. Görgen	Michel Goergen, Eitels- bach, Tisserand	300 310
16. Mess. XII—5. Juli 1804			
28,27 Wild (Liebfrauenwaldung)	Stift Pfalzel J. Trierweiler	Peter Longen, Eitelsbach, Laboureur	971 1 625
1 Haus/0,35 Garten (Kelterhaus)	Stift Pfalzel	Jakob Bund, Eitelsbach, Laboureur	250 555
5. Vend. XIII—27. Sept. 1804			
0,01 Wie/0,06 Wberg	Kanonikus Haan J. Lieser	Michel Herrig, Ruwer, Aubergiste	80 150
19. Pluv. XIII—8. Febr. 1805			
3,26 Ack/0,26 Wild/ 0,29 Wberg (Wild: Mahrwingert Wberg: vor dem Ge- setze Wberg: im Scholtes)	Kanonikus Kaisersfeld, Pfalzel K. Eichhorn	Karl Hermes, Pfalzel, Greffier du juge de paix; Sebastian Joseph Döll, Pfalzel, Propriétaire; Hu- go Heimes, Pfalzel, In- specteur des droits de péage; Nikolaus Fischer, Pfalzel, Juge de paix; Karl Hermes, Pfalzel, Greffier du juge de paix; Theodor Lichter, Pfalzel, Ex-Vi- caire; Kaspar Eichhorn, Pfalzel, Cultivateur (Damien Cardon, Trier, Avoué)	3 360 4 600
21. Mess. XIII—10. Juli 1805			
0,28 Wild	Kanonikus Linz, Pfalzel J. Zingen	Peter Longen, Eitelsbach, Laboureur	80 85
12. Vend. XIV—4. Okt. 1805			
3,88 Ack/2,88 Wie/ 3,18 Wild	Stift Pfalzel K. Eichhorn	Johann Kleutgen, Trier, Negociant	4 015 4 045

Objekt	Vorbesitzer Pächter	Käufer (Vermittler)	S-Preise K-Preise
25. Frim. XIV—16. Dez. 1805			
0,04 Garten/1,30 Wie/ 0,62 Wild	Stift St. Paulin, Trier J. Debond	Jakob Bund, Eitelsbach, Laboureur	1 210 1 225
26. Febr. 1808			
7,96 Wild (Sangwald)	Stift Pfalzel Eichhorn	Johann Kleutgen, Trier, Negociant	160 800
18. Jan. 1811			
1 Hofgut/2,60 Ack/ 12,00 Wie/3,00 Wild/ 163.688 Wst/Fischrecht des Salmfanges (Karthäuser Hof)	Kl. Karthäuser, Konz Nell	Valentin Leonardy, Trier, Negociant	45 000 62 500
6. März 1812			
6,09 Wald (Scheib)	Kl. Karthäuser, Konz	Valentin Leonardy, Trier, Negociant	630 4 950

Gilzem

Objekt	Vorbesitzer Pächter	Käufer (Vermittler)	S-Preise K-Preise
14. Germ. XIII—4. April 1805			
1 Haus/15,48 Land/ 0,83 Wie	Kl. Welschnonnen, Trier B. Entrers	Nikolaus Kerst, Gilzem, Laboureur; Johann Peter Limbourg, Helenenberg, Propriétaire; Peter Weis, Gilzem, Cultivateur (Nikolaus Kerst, Gilzem, Laboureur)	2 392 2 425
25. Frim. XIV—16. Dez. 1805			
1 Haus/8,38 Ack/ 0,22 Wie/10,21 Wild	Domstift Trier B. Olck	Jakob Holzemer, Bitburg, Propriétaire (Robert Billen, Metterich, Propriétaire)	2 800 3 000
21. April 1808			
0,01 Garten/2,59 Ack/ 0,01 Wie	Kl. Helenenberg P. Breiling	Nikolaus Kirsch, Gilzem, Cultivateur	100 125

Helenenberg

Objekt	Vorbesitzer Pächter	Käufer (Vermittler)	S-Preise K-Preise
1. Fruct. XI—19. Aug. 1803			
Kloster Helenenberg mit Kirche/2,21 Garten/ 36,02 Ack/7,73 Wie/ 5,70 Wild	Kl. Helenenberg Limbourg	Wilhelm Nessler, Völklingen; Jakob Mayer, Sarre-libre, Aubergiste (Matthias Joseph Hayn, Trier, Negociant)	13 000 31 000
1 Mühle/23,00 Ack/ 3,80 Wie/17,00 Wild (Helenenberger Mühle)	Kl. Helenenberg Limbourg	J. P. Limbourg, Helenenberg, Propriétaire	8 500 21 100

Objekt	Vorbesitzer Pächter	Käufer (Vermittler)	S-Preise K-Preise

Hinkel

22. Juni 1807

0,63 Ack/0,28 Wie (Maierey-Länderey auf'm Bornpfad, auf'm Pfarrfeld, hinter Gerstenkirsch, bym Weidenbaum) · Kurtrier / P. Girth · Peter Girth, Hinkel, Laboureur · 240 / 370

Idesheim

27. Germ. XIII—17. April 1805

0,01 Wie/0,74 Wild · Kl. St. Thomas/Kyll Bauer · Nikolaus Anton Bauer, Trier, Controleur des Contributions · 75 / 75

Ittel

15. Germ. XII—5. April 1804

1 Hofgut/19,32 Ack/ 1,51 Wie/9,79 Wild · Stift Pfalzel M. Roster · Johann Emanuel Lange, Trier, Avoué · 2 000 / 2 025

12. Vend. XIV—4. Okt. 1805

0,02 Garten/18,80 Ack/ 2,12 Wie/15,25 Wild · Domstift Trier N. Olck · Johann Peter Limbourg, Welschbillig, Propriétaire; Nikolaus Olck, Johann Ostermann, Theodor Olck, Ittel, Laboureurs (Johann Robert Billen, Metterich, Propriétaire) · 2 720 / 2 750

Ittelkyll

6. Pluv. XII—27. Jan. 1804

1 Mühle/0,26 Ack/ 0,66 Wie/4,95 Wild · Stift St. Simeon, Trier J. Kappes · J. Holzemer, Bitburg, Propriétaire · 1 000 / 4 175

Kasel

21. Niv. XII—12. Jan. 1804

1 Mühle/0,19 Wie · Stift St. Irminen, Trier J. Schmitt · J. Kleudgen, Trier, Negociant · 2 000 / 3 050

16. Mess. XII—5. Juli 1804

1 Hofgut/0,22 Garten/ 0,37 Wie/1,94 Wild/ 1,11 Wberg · Abtei St. Martin, Trier J. Coster · Wilhelm Joseph Fritsch, Trier, Avocat; Jakob Hayn, Jakob Kleutgen, Trier, Negociants (Wilhelm Joseph Fritsch, Trier, Avocat) · 528 / 1 375

Objekt	Vorbesitzer Pächter	Käufer (Vermittler)	S-Preise K-Preise
14. Niv. XIII—4. Jan. 1805			
1 Haus/0,88 Garten/ 2,90 Ack/3,59 Wie/ 13,12 Wild/1,22 Wberg	Stift St. Irminen, Trier Jonas	Christoph Philipp Nell, Trier, Propriétaire (Wilhelm Joseph Fritsch, Trier, Avocat)	1 216 9 675
20. Flor. XIII—10. Mai 1805			
0,32 Wild (oben den Caßler Waldungen)	Stift Pfalzel J. Bund	Jakob Bund, Kasel, Laboureur	48 50
1. Frim. XIV—22. Nov. 1805			
1 Haus/0,38 Garten/ 0,79 Ack/1,75 Wie/ 55,38 Wild/2,65 Wberg	Stift St. Paulin, Trier	P. Louis	1 920 9 000
18. April 1809			
0,87 Ack/0,83 Wild (Mayerei-Ländereien)	Stift St. Irminen, Trier Nell	Johann Kleutgen, Trier, Negociant	280 295

Kersch

Objekt	Vorbesitzer Pächter	Käufer (Vermittler)	S-Preise K-Preise
21. Frim. XII—13. Dez. 1803			
1 Gut	Stift St. Irminen, Trier	Mertes	? 9 100
8. Frim. XIV—29. Nov. 1805			
1 Haus/21,61 Ack/ 2,17 Wie/6,81 Wild	Abtei Echternach K. Bollonia	Wilhelm Rosenzweig, Trierweiler, Curé (Franz Georg Laven, Trier, Marchand)	2 560 2 950

Kimmlingen

Objekt	Vorbesitzer Pächter	Käufer (Vermittler)	S-Preise K-Preise
26. April 1811			
1 Hofgut/1 Mühle/ 141,37 Ack u. Wild/ 2,47 Wie u. Garten (Kimmlinger Hof)	Abtei St. Martin, Trier N. Fusenich	Jakob Ludwig Herpein, Trier, Inspecteur des Contributions	13 000 30 200

Kordel

Objekt	Vorbesitzer Pächter	Käufer (Vermittler)	S-Preise K-Preise
5. Vend. XIII—27. Sept. 1804			
2,12 Land	Abtei St. Marien, Trier J. Weber	Johann Weber, Kordel, Laboureur	1 040 1 075

Mertesdorf

Objekt	Vorbesitzer Pächter	Käufer (Vermittler)	S-Preise K-Preise
14. Prair. XI—3. Juni 1803			
1 Mühle	Abtei St. Maximin, Trier	Matthias Joseph Hayn, Trier, Negociant	? 6 475

Objekt	Vorbesitzer Pächter	Käufer (Vermittler)	S-Preise K-Preise
5. Vend. XIII—27. Sept. 1804 0,14 Garten/1,15 Ack/ 0,27 Wie/4,01 Wild (Maximin Mayereiland)	Abtei St. Maximin, Trier	Jakob Marx, Matthias Kreutz, Wwe. Katharina Breiling, geb. Becker, Mertesdorf, Cultivateurs (Peter Jonas, Trier, Propriétaire)	736 1 400
14. Germ. XIII—4. April 1805 0,13 Wie	Kl. Welschnonnen, Trier	Matthias Joseph Hayn, Trier, Negociant; Damien Cardon, Trier, Avoué	50 50
25. Frim. XIV—16. Dez. 1805 1,03 Wberg	Kl. Augustiner, Trier P. Müller	Matthias Joseph Hayn, Trier, Negociant (Jakob Kleutgen, Trier, Marchand)	880 890
30. Juni 1807 0,72 Wberg (Herren u. Speckberg)	Abtei St. Maximin, Trier J. Schiff	Matthias Joseph Hayn, Trier, Negociant	500 545
21. April 1808 0,08 Wie/2,13 Wild (Paulins Mayereiland)	Stift St. Paulin, Trier J. Breiling	Anton Kochs, Trier, Negociant (Johann Baptist Horn, Trier, Notaire)	400 500
26. April 1811 1 Hofgut/1,39 Garten/ 8,77 Ack/5,30 Wie/ 279,51 Wild/9,04 Wberg/ 1,64 Weiher (Grünhaus)	Abtei St. Maximin, Trier Nell	Friedrich Handel, Trier, Directeur des droits réunis (Peter Marx jr., Trier-Zurlauben, Negociant)	45 500 84 700

Metzdorf

30. Okt. 1807 0,97 Ack/1,09 Wie (Ack: Unterfusenichwald Wie: Schultheysereiwiese Ack: langst die Kopfbach)	Stift St. Paulin, Trier Marx	Johann Peter Gietzen, Trier, Boulanger	237 ?
13. Mai 1808 0,32 Ack/0,12 Wie	Kl. Helenenberg Dahm	Marie Schue, Susanne Schue, Nikolaus Schue, 3 Minderjährige aus Mesenich (Johann Dahm, Mesenich, Cultivateur)	60 150

Objekt	Vorbesitzer Pächter	Käufer (Vermittler)	S-Preise K-Preise

Möhn

11. Prair. XIII–31. Mai 1805

Objekt	Vorbesitzer Pächter	Käufer (Vermittler)	S-Preise K-Preise
0,01 Wie	Kurtrier	Johann Peter Limbourg, Welschbillig, Maire	20 70
4,99 Ack/0,08 Wie/ 6,91 Wild	Abtei St. Martin, Trier M. Rehe	Johann Peter Gietzen, Trier, Boulanger	890 3 000

Morscheid

28. Juni 1808

Objekt	Vorbesitzer Pächter	Käufer (Vermittler)	S-Preise K-Preise
1,03 Wie (im Pragwies)	Kurtrier P. Lauer	Karl Anton Bernasco, Trier, Marchand; Joseph Willwersch, Trier, Propriétaire	200 205

Newel

11. Prair. XIII–31. Mai 1805

Objekt	Vorbesitzer Pächter	Käufer (Vermittler)	S-Preise K-Preise
2,31 Wie (im Brühl)	Stift St. Paulin, Trier N. Gottesch	Joseph Mathis, Trier, Avoué; F. A. Lasalle, Baslimberg, Propriétaire; Charles Briffault, Trier, Receveur particulier à Prüm	1 296 2 100

Niederweiler

27. Germ. XIII–17. April 1805

Objekt	Vorbesitzer Pächter	Käufer (Vermittler)	S-Preise K-Preise
1 Hofgut/0,30 Garten/ 8,60 Ack/0,83 Wie/ 20,40 Wild	Stift St. Irminen, Trier N. Trierweiler	Joseph Willwersch, Trier, Propriétaire	1 894 2 325

Pfalzel

20. Fruct. XI–7. Sept. 1803

Objekt	Vorbesitzer Pächter	Käufer (Vermittler)	S-Preise K-Preise
1 Haus (Nr. 80)	Stift Pfalzel Haan	E. Schily, Pfalzel, Vicaire	400 900
1 Haus (Nr. 62)	Stift Pfalzel Opri	J. N. Fischer	250 1 025
1 Haus (Nr. 64)	Stift Pfalzel Lintz	Johann Baptist Hermann, Trier, Propriétaire	400 1 600
1 Haus (Nr. 76)	Stift Pfalzel Schily	Karl Franz Hermes, Pfalzel, Greffier	1 200 4 600
1 Kirche/1 Haus/Kreuzgang/Archiv (Stiftskirche, Haus Nr. 77/67)	Stift Pfalzel Hermann	Damien Cardon, Trier, Avoué	2 000 3 650
1 Kirche (St. Nikolauskirche)	Stift Pfalzel	Karl Franz Hermes, Pfalzel, Greffier du juge de paix	440 900

Objekt	Vorbesitzer Pächter	Käufer (Vermittler)	S-Preise K-Preise

18. Vend. XII—11. Okt. 1803

Objekt	Vorbesitzer / Pächter	Käufer / (Vermittler)	S-Preise / K-Preise
1 Haus	Stift Pfalzel	J. N. Fischer	500 / 2 150

21. Frim. XII—13. Dez. 1803

| 1 Haus (Nr. 66) | Vikar Willwersch Hermann | Joseph Willwersch, Trier, Propriétaire | 900 / 1 025 |

14. Niv. XII—5. Jan. 1804

| 0,04 Garten/1,48 Ack | Kanonikus Weber Hemmer | Claude Jean Baptiste Hucher, Trier, Verificateur de l'Enregistrement | 1 000 / ? |

21. Niv. XII—12. Jan. 1804

1 Haus/2 Gebäude/ 0,10 Garten (Haus: Nr. 68 Geb: Peterskapelle Geb: Treibhaus)	Stift Pfalzel Kaisersfeld	Matthias Joseph Hayn, Trier, Negociant	1 200 / 2 100
1 Haus (Nr. 72)	Stift Pfalzel	J. Kan	325 / 605
1 Haus (Nr. 79)	Stift Pfalzel	Emanuel Lelievre, Trier, Directeur des Domaines	400 / 850

27. Niv. XII—18. Jan. 1804

| 1 Haus (Nr. 65) | Stift Pfalzel J. Treibel | Damien Cardon, Trier, Avoué | 250 / 295 |

16. Mess. XII—5. Juli 1804

| 1,78 Ack | Vikar Willwersch Jung | Johann Baptist Gellert, Lebach, Juge de paix | 1 456 / 1 650 |

26. Therm. XII—14. Aug. 1804

| 0,05 Garten | Stift Pfalzel Licht | Karl Kaspar Schily, Pfalzel, Prêtre | 66 / 265 |

5. Vend. XIII—27. Sept. 1804

| 0,09 Garten/1,65 Ack | Stift Pfalzel | Johann Baptist Gellert, Lebach, Juge de paix; Daniel Ernst Birck, Trier, Procureur generale (Johann Baptist Gellert, Lebach, Juge de paix) | 1 520 / 2 725 |
| 0,03 Wie/0,14 Wild/ 0,32 Wberg (Wild: Scholtes) | Kanonikus Schimper Schimper | Michael Herrig, Ruwer, Aubergiste | 160 / 650 |

14. Niv. XIII—4. Jan. 1805

| 12,77 Wald (Kastanienwald) | Abtei St. Marien, Trier J. Sturgel | Paul Merz, Trier, Boulanger | 1 760 / 4 050 |

Objekt	Vorbesitzer Pächter	Käufer (Vermittler)	S-Preise K-Preise

19. Pluv. XIII—8. Febr. 1805

1,53 Ack	Kanonikus Kirn Kirn	Sebastian Joseph Döll, Nikolaus Fischer, Karl Hermes, Theodor Lichter, Hugo Heimes, Kaspar Eichhorn, Pfalzel, Proprié- taires (Damien Cardon, Trier, Avoué)	1 568 1 775

14. Germ. XIII—4. April 1805

2,74 Ack	Vikar Willwersch F. Kirsch	Anton Eichhorn, Pfalzel, Boucher; Nikolaus Kerst, Franz Kerst, Johann Schneider, Servatius Lo- rig, Wilhelm Schneider, Trier-Biewer, Cultivateurs (Anton Eichhorn, Pfalzel, Boucher)	1 616 1 925
0,95 Ack (auf dem kleinen Flurchen)	Kurtrier H. Waller	Kaspar Wirtz, Pfalzel, Maire; Sebastian Joseph Döll, Trier, Negociant (Karl Wirtz, Pfalzel, Maire)	576 675

20. Flor. XIII—10. Mai 1805

0,65 Ack (ober der großen Wies)	Kurtrier J. Kirsch	Heinrich Eichhorn, Eh- rang, Cabaretier	608 665
3,03 Ack	Stift St. Irminen, Trier Lorich	Peter Zender, Ehrang, Maire	1 137 1 250
1 Haus/6,48 Ack/ 0,71 Wie	Abtei St. Marien, Trier Adami	Peter Zender, Ehrang, Maire; Heinrich Eichhorn, Ehrang, Cabaretier (Peter Zender, Ehrang, Maire)	2 950 6 125

12. Vend. XIV—4. Okt. 1805

2,31 Ack und Wald	Vikar Willwersch J. Steinbach, P. Herz	Damien Cardon, Trier, Avoué (Heinrich Eichhorn, Eh- rang, Cabaretier)	526 545

9. Brum. XIV—31. Okt. 1805

4,74 Ack	Vikar Willwersch, Pfalzel D. Cardon	Sebastian Döll, Trier, Ne- gociant; Anton Eichhorn, Pfalzel, Boucher (Kaspar Wein, Trier-St. Paulin, Laboureur)	2 400 4 000

8. Sept. 1807

1 Haus	Vikar Lichter	Sebastian Döll, Pfalzel, Propriétaire	480 1 225

Objekt	Vorbesitzer Pächter	Käufer (Vermittler)	S-Preise K-Preise

18. Jan. 1811

| 1 Hofgut/84,00 Ack/ 7,27 Wie (Groß-Pfalzer-Hof) | Kurtrier P. Marx | Peter Zender, Ehrang, Maire; Johann Anton Kochs, Valentin Leonardy, Trier, Negociants | 112 500 132 000 |

27. Sept. 1811

| 1 Haus | Kurtrier | Peter Marx jr., Trier-Zurlauben, Propriétaire | 72 175 |

Pfalzkyll

7. Vent. XII—27. Febr. 1804

| 1 Haus/0,47 Garten/ 25,41 Ack/1,22 Wie/ 20,51 Wild | Abtei Himmerod | Joseph Willwersch, Trier, Docteur en med. | ? ? |

Ramstein

21. Frim. XII—13. Dez. 1803

| 1 Schloßruine/1 Hofgut/ 0,52 Garten/10,60 Ack/ 7,71 Wie/0,87 Wild/ 0,17 Wald | Domstift Trier Sartorius | Wilhelm Joseph Fritsch, Trier, Avocat | 5 500 9 000 |

Ruwer

25. Prair. XI—14. Juni 1803

| 1 Mühle (Gipsmühle) | Abtei St. Maximin, Trier J. Karl | Matthias Joseph Hayn, Negociant | 2 400 6 050 |

21. Frim. XII—13. Dez. 1803

| 1 Mühle/1,00 Ack | Kurtrier Schneider | Johann Kleutgen, Trier, Boulanger | 3 300 3 650 |

21. Niv. XII—12. Jan. 1804

| 1 Mühle/0,26 Wie (Kappesmühle) | Abtei St. Maximin, Trier O. Bales | Johann Kleutgen, Trier, Boulanger | 3 000 3 025 |

8. Germ. XII—29. März 1804

| 2,26 Land | Abtei St. Maximin, Trier M. Herrig | Johann Kleutgen, Trier, Boulanger (Matthias Vogel, Temmels, Propriétaire) | 2 480 2 975 |

Objekt	Vorbesitzer Pächter	Käufer (Vermittler)	S-Preise K-Preise

22. Germ. XII—12. April 1804

| 4,43 Wie/17,52 Land | Abtei St. Maximin, Trier J. Orth | Matthias Joseph Hayn, Trier, Negociant; Johann Kleutgen, Jakob Kleutgen, Friedrich Scherr, Wilhelm Fritsch, Fritsch sen., Joseph Willwersch, Jakob Hayn, Damien Cardon, Franz Willems, Trier, Propriétaires (Matthias Joseph Hayn, Trier, Negociant) | 7 904 19 500 |

19. Fruct. XII—6. Sept. 1804

| 1 Mühle/0,27 Wie (Karthäuser Felsenmühle) | Kl. Karthäuser, Konz Carel | Johannes Höwer, Trier, Cultivateur | 796 810 |

21. Niv. XIII—11. Jan. 1805

| 0,94 Wie (auf dem Wurtz, auf Himmelreich) | Kl. Karthäuser, Konz M. Herrig | Johann Kleutgen, Trier, Marchand | 491 1 325 |

25. Frim. XIV—16. Dez. 1805

| 1,87 Wie/10,17 Wild (Meyerey-Länderey) | Stift St. Paulin, Trier Jonas | Friedrich Schweich, Michel Wolscheit, Michel Herrig, Michel Sonntag, Michel Coster, Johann Wolscheit, Gerard Kreber, Johann Pelzer, Johann Körster, Ruwer, Cultivateurs (Friedrich Schweich, Michel Wolscheit, Ruwer, Cultivateurs) | 2 805 4 125 |
| 1,72 Ack | Abtei St. Maximin, Trier Ph. Kirsch | Johann Kleutgen, Trier, Negociant | 693 755 |

15. Juni 1807

| 1 Mühle/1,12 Land u. Wie (Katzdonier-Mühle) | Abtei St. Maximin, Trier Orth | Johann Baptist Hetzrodt, Trier, Imprimeur | 2 832 4 800 |

23. Nov. 1810

| 1 Hofgut/0,19 Garten/ 9,26 Ack/4,78 Wie/ 1,20 Wild/3,99 Wberg/ 4,21 Wald (Diesburgerhof) | Domstift Trier J. Trierweiler | Johann Kleutgen, Trier, Negociant | 15 000 26 500 |

277

Objekt	Vorbesitzer Pächter	Käufer (Vermittler)	S-Preise K-Preise

Sirzenich

22. Prair. XII—11. Juni 1804

| 27,21 Land (Sirzenicher Ländereyen) | Abtei St. Matthias, Trier P. Hansen | Johann Peter Gietzen, Trier, Boulanger | 1 152 2 125 |

14. Germ. XIII—4. April 1805

| 18,52 Ack | Domstift Trier Jonas | Philipp René Lentz, Manderscheid, Controleur des Contributions | 800 1 050 |

Trier-Biewer

25. Prair. XI—14. Juni 1803

| 1 Mühle/1,35 Land | Abtei St. Marien, Trier B. Kasel | Matthias Joseph Hayn, Trier, Negociant | 3 500 5 475 |

Trier-Euren

11. Prair. XIII—31. Mai 1805

6,00 Wild	Abtei St. Matthias, Trier B. Hummens	Matthias Vogel, Temmels, Propriétaire	448 700
2,99 Ack	Abtei St. Matthias, Trier J. Pauly	Matthias Enser, Andreas Dahlem jr., Johann Basten, Matthias Haag sen., Nikolaus Deutsch, Johann Pauly, Johann Zingen, Andreas Enser, Martin Haag, Wilhelm Deutsch, Matthias Haag jr., Johann Burg, Bernhard Hummens, Trier-Euren, Laboureurs (Matthias Enser, Trier-Euren, Laboureur)	1 500 2 100
Güter	Abtei St. Matthias, Trier/Kl. Karthäuser, Konz/Abtei Himmerod/ Deutschorden	den Vereinigten Hospizien, Trier, als Ersatzleistung abgetreten	47 083 —

5. Juli 1811

| Wald (Johanniterwäldchen) | Johanniter | Peter Marx, Trier, Propriétaire | ? 1 325 |

9. Aug. 1811

| 1 Hofgut/0,03 Garten/ 41,00 Ack u. Wie/ 18,00 Wild/2,11 Wberg | Johanniter A. Ernser | Valentin Leonardy, Trier, Propriétaire (Matthias Zell, Trier, Notaire) | 33 000 36 100 |

Objekt	Vorbesitzer Pächter	Käufer (Vermittler)	S-Preise K-Preise

Trier-Kürenz

27. Frim. XII—19. Dez. 1803

4,92 Ack	Stift St. Irminen, Trier J. Felten	Johann Lorentz, Trier, Particulier	1 000 ?

26. Vent. XII—17. März 1804

2,45 Wie (Sauerwiese)	Domstift Trier (P. Breiling)	Emmanuel Lelievre, Trier, Directeur des Domaines	946 ?

2. Germ. XII—23. März 1804

0,90 Land	Stift St. Paulin, Trier Nell	Nikolaus Nell, Trier, Chanoine (Emanuel Lelievre, Trier, Directeur des Domaines)	1 293 1 300

15. Germ. XII—5. April 1804

0,71 Wberg	Stift St. Simeon, Trier J. Wagner	Joseph Willwersch, Trier, Propriétaire	400 405

19. Flor. XII—9. Mai 1804

7,96 Ack	Stift St. Simeon, Trier J. Wagner	Nikolaus Nell, Trier, Chanoine (Christoph Philipp Nell, Trier, Negociant)	4 848 4 875

5. Vend. XIII—27. Sept. 1804

2,82 Wberg (im Pichter)	Abtei St. Maximin, Trier Th. Junk	Hubert Merrem, Bernkastel, Notaire	1 520 6 275
2,12 Wberg (auf der Awelsbach)	Abtei St. Maximin, Trier Th. Junk	Hubert Merrem, Bernkastel, Notaire	1 520 3 775
2,89 Land (auf der Kisselkaul)	Deutschorden N. Zimmer	Joseph Willwersch, Trier, Propriétaire	816 1 850

27. Frim. XIII—18. Dez. 1804

7,67 Land/1,13 Wie	Abtei Himmerod Jonas	Peter Jonas, Trier, Marchand; Peter Breyling, Trier-Kürenz, Laboureur	3 632 7 150
3,62 Wild	Abtei Himmerod P. Dietz	Michael Wolscheit, Trier-Kürenz, Laboureur	320 500
0,53 Land (bey der alten Sandkaul)	Deutschorden A. Dhane	Joseph Willwersch, Trier, Propriétaire	272 500
0,13 Land	Abtei St. Maximin, Trier Th. Trierweiler	Michael Trierweiler, Trier-Kürenz, Laboureur	78 85

14. Niv. XIII—4. Jan. 1805

1,66 Ack	Stift St. Paulin, Trier K. Weins	Gräfin v. Braunschweig-Bevern	1 808 ?

Objekt	Vorbesitzer Pächter	Käufer (Vermittler)	S-Preise K-Preise

14. Germ. XIII—4. April 1805

| 11,59 Land (auf dem Friedrichs) | Kurtrier J. Wagner | Michel Salm, Johann Peter Breiling, Jakob Görgen, Peter Mülm, Johann Glesner, Andreas Ternes, Matthias Lender, Johann Feldt, Johann Wagner, Theodor Cordel, Michel Reiter, Kaspar Wein, Nikolaus Baden, Wwe. Breiling, geb. Mertesdorf, Trier-Kürenz, Laboureurs (Michel Salm, Johann Feldt, Trier-Kürenz, Laboureurs) | 4 880 4 900 |

20. Flor. XIII—10. Mai 1805

| 2,67 Land | Deutschorden H. Wallter | Jakob Vanvolxem, Trier, Brasseur; Karl Renson, Trier, Negociant (Jakob Vanvolxem, Trier, Brasseur) | 1 008 2 025 |

| 10,74 Ack | Kurtrier J. Feld | Nikolaus Nell, Trier, Chanoine de la Cathedrale; Joseph Willwersch, Trier, Propriétaire; Jakob Anton Kochs, Trier, Negociant; Johann Peter Breiling, Johann Felt, Michel Palm, Michel Reiter, Johann Wagner, Trier-Kürenz, Laboureurs; Wwe. Katharina Breiling, geb. Mertesdorf, Peter Huberti, Trier-Kürenz, Laboureurs (Christoph Philipp Nell, Trier, Negociant) | 5 860 8 000 |

| 2,47 Land (wider der Awelsbach) | Deutschorden Nell | Nikolaus Nell, Trier, Chanoine de la Cathedrale (Christoph Philipp Nell, Trier, Negociant) | 816 1 350 |

21. Mess. XIII—10. Juli 1805

| 0,04 Garten/3,36 Ack/ 1,15 Wie/0,41 Wberg | Kl. St. Klara, Trier P. Marx | Peter Marx, Trier-Zurlauben, Marchand; Joseph Willwersch, Trier, Propriétaire (Peter Marx, Trier-Zurlauben, Marchand) | 6 000 11 100 |

| 0,78 Ack (unter der Landstraße) | Deutschorden J. Brandscheid | Kaspar Wein, Trier-St. Paulin, Laboureur | 528 880 |

Objekt	Vorbesitzer / Pächter	Käufer (Vermittler)	S-Preise / K-Preise
12. Vend. XIV–4. Okt. 1805			
1,51 Wild (an der Kohlbrenner- straße)	Kurtrier J. Adams	Johann Wagner, Trier-Kürenz, Laboureur; Kaspar Wein, Trier-St. Paulin, Laboureur; Jakob Goergen, Matthias Breiling, Trier-Kürenz, Laboureurs	112 115
4,16 Wild	Deutschorden K. Wein	Kaspar Wein, Trier-St. Paulin, Laboureur; Johann Wagner, Jakob Goergen, Matthias Breiling, Trier-Kürenz, Laboureurs (Kaspar Wein, Trier-St. Paulin, Laboureur)	112 115
25. Frim. XIV–16. Dez. 1805			
10,63 Wild	Kurtrier M. Wolscheid	Friedrich Schweich, Ruwer, Aubergiste	208 520
8. Mai 1807			
8,65 Wberg (im Pichter)	Abtei St. Maximin, Trier P. Breiling	Johann Kleutgen, Trier, Negociant; Peter Marx jr., Trier-Zurlauben, Marchand; Dominik Burrig, Trier, Propriétaire	1 600 3 700
16. Juni 1807			
0,12 Ack (auf Endres Gärtgen)	Deutschorden M. Grünhäuser	Johann Grünhäuser, Trier, Cabaretier; Nikolaus Grünhäuser, Johann Kreiling, Matthias **Bohr**, Trier-Kürenz, Laboureurs (Johann Grünhäuser, Trier, Cabaretier)	120 300
19. Febr. 1808			
0,06 Ack/1,38 Wild/ 17.000 Wst (Wst: im Dennelberg Ack: aufm Kreuzberg Wild: beym Kreuzberg)	Kl. Dominikaner, Trier J. Wagner	Jakob Julien, Trier, Garde du génie; Jacques Courtau, Trier, Architecte; Charles Bollonia, Trier, Employé; Marie Antoine Barbe, Trier (Jakob Julien, Trier, Garde du génie)	580 725
21. April 1808			
1,62 Ack	Stift St. Paulin, Trier Eichhorn	Georg Petry, Trier, Propriétaire; Franz Schoemann, Theodor Kordel, Trier-Kürenz (Georg Petry, Trier, Propriétaire)	700 1 325

281

Objekt	Vorbesitzer Pächter	Käufer (Vermittler)	S-Preise K-Preise
0,51 Ack (auf dem Hübel)	Abtei St. Maximin, Trier Staadt	Georg Petry, Trier, Propriétaire	240 305
28. Juni 1808 0,38 Ack (Kisselkaul)	Deutschorden N. Zimmer	Joseph Willwersch, Trier, Propriétaire	320 330
22. Sept. 1809 1 Mühle (Tabaksmühle)	Stift St. Paulin, Trier	Franz Mathis, Trier, Greffier	1 560 3 050
21. Sept. 1810 0,59 Wild (auf Bucholz, im Thomasbüsch'l)	Stift Pfalzel	Jakob Christian Schmelzer, Trier, Receveur des Domaines	30 75
18. Jan. 1811 11,31 Ack (die große und die kleine Acht)	Abtei St. Maximin, Trier A. Müller	Johann Anton Kochs, Trier, Negociant	16 400 29 300
27. Sept. 1811 3,26 Ack	Deutschorden	Franz Joseph Endres, Trier, Boulanger	2 160 4 100

Trier-Zewen

Objekt	Vorbesitzer Pächter	Käufer (Vermittler)	S-Preise K-Preise
18. Vend. XII—11. Okt. 1803 0,25 Ack	Stift St. Simeon, Trier H. Kirsch	Heinrich Kirsch, Trier-Zewen, Cultivateur	125 ?
27. Niv. XII—18. Jan. 1804 8,75 Ack	Kl. St. Anna, Trier Görgen	Claudius Jollivet, Grevenmacher, Maitre des Postes	3 685 ?
14. Niv. XIII—4. Jan. 1805 1 Haus/1,89 Ack (Zewener Turm)	Kurtrier P. Jullien	Ferdinand Zeininger, Trier, Avoué	1 760 2 500
27. Germ. XIII—17. April 1805 1 Hofgut/0,40 Garten/ 14,43 Ack/10,00 Wie/ 0,25 Wberg (Kircherhof)	Kl. Karthäuser, Konz J. Grundhöwer	Jakob Kleutgen, Trier, Marchand; Johann Lorenz Ladner, Trier; Jakob Hayn, Trier, Marchand; Franz Georg Laven, Trier; Franz Gerard Wittus, Trier, Marchand; Johann Baptist Süss, Trier, Chirugien; Peter Classen, Trier, Boulanger (Jakob Kleutgen, Trier, Marchand)	3 440 6 525

Objekt	Vorbesitzer Pächter	Käufer (Vermittler)	S-Preise K-Preise
4,06 Ack	Stift St. Simeon, Trier M. Schneider	Nikolaus Blein, Trier-Zewen, Laboureur; Lorenz Zimmermann, Peter Killburg, Michel Schneider, Michel Trierweiler, Adam Zimmer, Michel May, Hubert Kugel, Johann Blein, Michael Fusenich, Nikolaus Dham, Johann May, Peter Wolf, Jakob Trierweiler, Johann Hamm sen.; Michel Zimmer, Trier-Zewen, Cultivateurs (Nikolaus Blein, Trier-Zewen, Laboureur)	1 680 2 550
0,22 Ack	Abtei Himmerod L. Schneider	Lorenz Schneider, Peter Wolf, Trier-Zewen, Laboureurs (Lorenz Schneider, Trier-Zewen, Laboureur)	45 200
1 Scheune	Domstift Trier P. Wolf	Bernard Herresthal, Trier-Zewen, Laboureur	100 145
0,26 Garten/0,13 Ack (auf dem Hollgrad, im Bergwingert)	Domstift Trier J. Heinz, M. May	Edmund Grange, Trier-Zewen, Laboureur	310 335
3,57 Ack (Schienbeinsgüter)	Stift St. Simeon, Trier L. Schneider	Martin Zimmer, Lorenz Schneider, Heinrich Schumann, Matthias Schneider, Johann Heinz, Peter Kyllburg, Georg May, Nikolaus May, Lorenz Zimmer, Karl Zimmer, Johann Fusenich, Lorenz Schneider jr., Johann Ham sen., Nikolaus Werner, Trier-Zewen, Laboureurs; Johann Pauli, Peter Schaft, Igel, Laboureurs (Martin Zimmer, Trier-Zewen, Laboureur)	1 760 2 400

12. Vend. XIV—4. Okt. 1805

2,47 Ack	Deutschorden P. Jullien	Johann Emanuel Lange, Trier, Avoué	620 640

25. Frim. XIV—16. Dez. 1805

13,78 Ack/0,08 Wberg	Stift St. Simeon, Trier J. Reiss	Johann Grundhöver, Johann Koch, Oberkirch, Laboureurs	5 360 7 100
Haus/Hof/Land	Kl. St. Klara	den Vereinigten Hospizien, Trier, als Ersatzleistung abgetreten	28 566 —

Objekt	Vorbesitzer Pächter	Käufer (Vermittler)	S-Preise K-Preise
Güter	Domstift Trier/Abtei St. Matthias, Trier	den Vereinigten Hospizien, Trier, als Ersatzleistung abgetreten	10 700 —

28. Mai 1807

0,50 Garten/0,15 Ack/ 1,13 Wild/0,34 Wberg (Ack: im Weingarten- Feld, Garten: auf der Olcken; Wberg: Monaise)	Abtei St. Maximin, Trier	Valentin Leonardy, Trier, Marchand	1 000 1 900

18. Jan. 1811

1 Hofgut/31,60 Ack/ 1,25 Wie/4.549 Wst (Niederkirch)	Domstift Trier Ph. Fusenich	Jakob Kleutgen, Trier, Negociant	23 125 67 300

Trier-Zurlauben

9. Therm. XI—18. Juli 1803

Land	Abtei St. Martin, Trier Marx	Peter Marx, Trier-Zurlauben, Negociant	460 510
Land	Abtei St. Maximin, Trier Marx	Anton Joseph Recking, Trier, Maire	40 41

14. Niv. XII—5. Jan. 1804

2,45 Ack (Deutschacht)	Deutschorden J. Müller	Johann Anton Kochs, Trier, Negociant	3 000 3 675

21. Therm. XII—9. Aug. 1804

0,86 Ack	Stift St. Simeon, Trier J. Wagner	Peter Marx sen., Trier- Zurlauben, Aubergiste; Peter Marx jr., Michel Marx, Nikolaus Mettloch, Trier-Zurlauben, Propriétaires (Peter Marx sen., Trier- Zurlauben, Aubergiste)	528 1 600
0,70 Ack (Kolbenolk)	Stift St. Paulin, Trier A. Melchisedech	Gräfin v. Braunschweig- Bevern, Glücksburg (Joseph Mathis, Trier, Avoué)	1 232 1 650

5. Vend. XIII—27. Sept. 1804

0,17 Land	Deutschorden A. Melchisedech	Peter Marx sen., Peter Marx jr., Michel Marx, Nikolaus Mettloch, Trier- Zurlauben, Propriétaires (Johann Melchisedech, Trier-Zurlauben, Jardinier)	320 615

Objekt	Vorbesitzer Pächter	Käufer (Vermittler)	S-Preise K-Preise

27. Frim. XIII—18. Dez. 1804

| 0,06 Ack | Deutschorden A. Berg | Peter Marx jr., Trier-Zurlauben, Propriétaire | 240 245 |

14. Niv. XIII—4. Jan. 1805

| 10,49 Ack (oberste Acht) | Abtei St. Marien J. Müller | Jakob Christian Schmelzer, Trier, Receveur des Domaines | 15 440 15 440 |

20. Flor. XIII—10. Mai 1805

| 0,70 Ack (auf der Weinig) | Kl. Welschnonnen, Trier J. Neumann | Peter Marx, Trier-Zurlauben, Aubergiste (Jakob Kleutgen, Trier, Marchand) | 1 034 1 725 |

25. Frim. XIV—16. Dez. 1805

| 0,09 Wberg (auf der Awelsbach) | Stift St. Paulin, Trier M. Breiling | Johann Wagner, Trier-Kürenz, Laboureur | 96 150 |

22. Okt. 1807

| 1,94 Ack (nahe beim Pulver- u. Salpeterlager) | Abtei St. Marien, Trier M. Steffgen | Karl Barthoneuf, Trier, Propriétaire (Johann Müller, Trier, Propriétaire) | 1 485 3 125 |
| 1,85 Ack (zwischen der Pulver- und Salpeterfabrik und der Mühle) | Abtei St. Marien, Trier M. Steffgen | Karl Barthoneuf, Trier, Propriétaire; Johann Jakob d'Hame, Trier, Propriétaire (Karl Barthoneuf, Trier, Propriétaire) | 2 310 3 000 |

27. Nov. 1807

| 1,08 Ack/0,54 Wie/ 3 Stück Wberg | Stift St. Paulin, Trier F. Exener | Johann Müller, Strass, Propriétaire | 1 680 3 700 |

Trierweiler

22. Prair. XII—11. Juni 1804

| 4,54 Ack/0,20 Wie (Fusenicher Güter) | Abtei St. Matthias, Trier J. Weber | Joseph Willwersch, Trier, Docteur en med. (Philipp René Lentz, Manderscheid, Controleur des Contributions) | 592 1 200 |

25. Frim. XIV—16. Dez. 1805

| 2,19 Wie | Malteser Sauer | Andreas Ernser, Trier, Cultivateur; Georg Stein, Trier, Marchand (Andreas Ernser, Trier, Cultivateur) | 1 088 2 000 |

Objekt	Vorbesitzer Pächter	Käufer (Vermittler)	S-Preise K-Preise
22. Juni 1807			
2,39 Ack/0,13 Wie/ 12,95 Wild	Malteser W. Trierweiler	Wilhelm Trierweiler, Fusenich, Laboureur; Matthias Kerpfert, Percepteur de la Mairie Trierweiler; Nikolaus Schroeder, Fusenich, Cultivateur (Wilhelm Trierweiler, Fusenich, Laboureur)	1 000 1 025
30. Okt. 1807			
1 Gut (Schultheisereigut)	Stift St. Paulin, Trier	Johann Peter Gietzen, Trier, Boulanger (Schmitt)	? 360
26. April 1811			
1 Hofgut/22,16 Ack/ 5,37 Wie/13,46 Wild	Deutschorden Baden	Franz Anton Kayser, Trier, Propriétaire; Jakob Kleutgen, Trier, Negociant	12 125 13 100
Udelfangen			
1 Fruct. XI—19. Aug. 1803			
1 Mühle/1,00 Ack	Malteser N. Veyner	Johann Wilhelm Daniel, Trier, Inspecteur des Domaines; Louis Bilderbeck, Trier, Verificateur des Domaines	2 013 3 550
12. Vend. XIV—4. Okt. 1805			
1 Haus/0,11 Garten/ 25,90 Ack/2,48 Wie/ 35,57 Wild	Malteser N. Harens	Nikolaus Harens, Johann Matthias Harens, Udelfangen (Peter Marx jr., Trier-Zurlauben, Marchand)	4 500 4 525
1 Haus/13,87 Ack/ 0,70 Wie/17,84 Wild	Kl. St. Klara, Trier P. Marx	Nikolaus Burg, Kersch, Laboureur	4 000 4 025
Güter	Kl. St. Klara, Trier	den Vereinigten Hospizien, Trier, als Ersatzleistung abgetreten	4 100 —
Waldrach			
16. Mess. XII—5. Juli 1804			
1 Haus (Kelterhaus)	Stift St. Paulin, Trier	Jean Marc Delapré, Trier, Architecte	60 600
27. Frim. XIII—18. Dez. 1804			
0,22 Wie	Kurtrier	Kaspar Wein, Trier-St. Paulin, Laboureur	6 75

Objekt	Vorbesitzer Pächter	Käufer (Vermittler)	S-Preise K-Preise

Wellkyll

14. Niv. XIII—4. Jan. 1805

| 1 Mühle/1,32 Ack/ 1,01 Wie/16,61 Wild | Abtei St. Maximin, Trier J. Leos | Wilhelm Joseph Fritsch, Trier, Avocat | 1 440 2 725 |

Welschbillig

| Güter | Domstift Trier | den Vereinigten Hospizien, Trier, als Ersatzleistung abgetreten | 3 000 — |

1 Fruct. XI—19. Aug. 1803

| 1 Haus | Kurtrier Falhaurer | Johann Peter Pauly, Welschbillig, Percepteur des Contributions | 400 2 400 |

21. Frim. XII—13. Dez. 1803

| 1 Scheune/14,36 Ack/ 2,10 Wie/22,71 Wild | Abtei Echternach J. P. Limburg | L. H. PH. Galhau, F. A. Lasalle, S. G. A. Galhau, Baslimberg, Propriétaires; L. H. Valette, Sarrelibre, Notaire; G. Renauld, Fremersdorf; A. Kloppstein (Dept. Meuse), Propriétaire (Joseph Willwersch, Trier, Propriétaire) | 5 500 7 100 |

6. Pluv. XII—27. Jan. 1804

| 0,02 Garten/3,27 Ack/ 0,02 Wie/5,74 Wild | Abtei Himmerod G. Olk | Philipp Lenz, Manderscheid, Notaire | 880 ? |

14. Germ. XIII—4. April 1805

| 0,08 Garten/10,60 Ack/ 0,35 Wie | Kl. St. Johann, Trier J. Hauer | Philipp René Lentz, Manderscheid, Controleur des Contributions | 713 720 |

20. Flor. XIII—10. Mai 1805

| 1 Hofgut/8,74 Ack/ 1,98 Wie/21,82 Wild (Wirzhof) | Kl. Helenenberg St. Schwing | Johann Peter Pauly, Welschbillig, Percepteur des Contributions; Francois Albert Lasalle, Baslimberg, Propriétaire (Johann Peter Pauly, Welschbillig, Percepteur des Contributions) | 3 840 6 075 |
| 1 Haus/12,01 Ack/ 14,49 Wild | Domstift Trier K. Dahm | Johann Peter Dahm, Welschbillig, Meunier | 3 360 5 625 |

Objekt	Vorbesitzer Pächter	Käufer (Vermittler)	S-Preise K-Preise
20,49 Ack/6,71 Wie/ 33,93 Wild (Kurfürstenhof)	Kurtrier B. Dahm	François Albert Lasalle, Baslimberg, Propriétaire; Johann Peter Pauly, Welschbillig, Percepteur des Contributions (Adam Melchior, Trier-Pallien, Aubergiste)	6 480 10 100

13. Mai 1808

0,03 Garten/10,73 Ack/ 0,34 Wie	Kl. St. Johann, Trier Zender	Bernhard Schmitt, Trier, Negociant	500 ?

Kanton Saarburg

Ayl

27. Brum. XII—19. Nov. 1803

0,83 Ack/5,49 Wberg	Domstift Trier Lion	Matthias Joseph Hayn, Trier, Negociant	2 500 7 500

8. Frim. XIV—29. Nov. 1805

5,48 Ack	Domstift Trier	Damien Cardon, Trier, Avoué	1 500 2 500

1. März 1811

10,03 Ack/1,66 Wie/ 12,97 Wild	Domstift Trier Altenhoven	Anton Licht, Saarburg, Negociant; Louis Delhomme, Saarburg, Propriétaire; Nikolaus Salm, Saarburg, Batelier	2 700 6 000
24,18 Wie	Domstift Trier A. Licht	Jakob Kleutgen, Trier, Negociant; Damien Cardon, Trier, Juge	10 200 13 000

Beurig

4. Vend. XII—27. Sept. 1803

1 Haus/0,32 Garten/ 1,27 Land (am Ufer der Saar)	Kurtrier Irsch	Keller	2 500 6 000

27. Brum. XII—19. Nov. 1803

13,18 Wild	Kurtrier M. Tressel	Nikolaus Valdenaire, Saarburg, Receveur des Domaines	2 400 ?

Objekt	Vorbesitzer Pächter	Käufer (Vermittler)	S-Preise K-Preise

14. Brum. XIII—5. Nov. 1804

0,56 Garten/1,69 Ack	Kurtrier J. Hermes	Jakob Kontz, Stephan Clemens, Matthias Kontz, Peter Weber, Beurig, Laboureurs; Stephan Arius, Beurig, Officier retiré (Jakob Kontz, Beurig, Laboureur)	1 524 2 625

27. Mess. XIII—16. Juli 1805

2,13 Wild	Kurtrier M. Nilles	Karl Anton Bernasco, Trier, Marchand	136 245
1,21 Wild	Kurtrier M. Schmitt	Nikolaus Salm, Saarburg, Batelier; Matthias Tressel, Beurig, Laboureur (Anton Licht, Saarburg, Boulanger)	112 130

8. Frim. XIV—29. Nov. 1805

1 Haus/0,09 Garten/ 12,54 Ack/0,53 Wie/ 3,00 Busch (Busch: Heydenbusch)	Domstift Trier M. Nillius	Wilhelm Boods, Remich, Propriétaire	4 370 10 600

18. Jan. 1811

1 Haus/6,58 Garten/ 5,30 Ack/10,05 Wie	Kl. Franziskaner, Beurig	François Lion, Saarburg, Propriétaire; Nikolaus Jaeger, Beurig, Propriétaire	21 250 ?

15. Nov. 1811

5,38 Wie	Kurtrier	Theodor Kleutgen, Beurig, Garde à cheval des forêts (Valentin Leonardy, Trier, Propriétaire)	7 200 11 000

Bibelhausen

27. Mess. XIII—16. Juli 1805

0,75 Wie	Domstift Trier P. Reinhard	Peter Reinhart, Bibelhausen, Laboureur; Michel Kramp, Kautzheim (Dept. des forêts), Laboureur (Nikolaus Salm, Saarburg, Batelier)	320 410

Objekt	Vorbesitzer Pächter	Käufer (Vermittler)	S-Preise K-Preise

Bilzingen

1. März 1811

Objekt	Vorbesitzer / Pächter	Käufer (Vermittler)	S-Preise / K-Preise
1 Haus/0,25 Garten/ 40,42 Ack/0,71 Wie	Kurtrier P. Felten	Jakob Ludwig Herpein, Trier, Propriétaire; Simon Gabriel Adolphe Galhau, Beaumarais, Propriétaire (Jakob Ludwig Herpein, Trier, Propriétaire)	5 300 15 600

Dilmar

19. Vent. XII–10. März 1804

| 0,28 Garten/26,82 Ack | Abtei St. Matthias, Trier
N. Denzer | N. Denzer | 660
3 775 |

Faha

23. Brum. XII–15. Nov. 1803

| 1 Mühle/1 Haus/
0,53 Ack
(Hasen-Mühle) | Abtei Mettlach
N. Kaspar | Niklas Kaspar, Faha, Meunier | 660
780 |
| 1 Mühle
(Stegmühle) | Domstift Trier
J. Jäger | E. Turck | 429
655 |

21. Frim. XII–13. Dez. 1803

2,06 Ack/2,70 Wie/ 11,33 Wild	Domstift Trier P. Henzler	Wwe. Heiseler, Faha (Peter Heiseler, Faha, Forestier)	1 280 1 350
0,04 Garten/0,27 Wie	Abtei Mettlach F. Petri	Wwe. Heiseler, Faha (Friedrich Heisler, Kirf, Maire)	105 365
11,00 Garten/10,68 Ack/ 3,65 Wie/6,31 Wild	Deutschorden M. Dumont	Peter Heiseler, Faha, Forestier (Friedrich Heiseler, Kirf, Maire)	3 685 7 550
0,10 Garten/12,00 Ack/ 1,57 Wie/0,44 Wild	Kl. St. Johann, Trier J. Lellig	Jakob Lellig, Münzingen, Cultivateur	5 040 7 050

14. Therm. XII–2. Aug. 1804

| 2,65 Weiher | Kurtrier
P. Henzler | Joseph Willwersch, Matthias Joseph Hayn, Wilhelm Joseph Fritsch, Damien Cardon, Trier, Propriétaires
(Joseph Willwersch, Trier, Propriétaire) | 240
1 050 |

Objekt	Vorbesitzer Pächter	Käufer (Vermittler)	S-Preise K-Preise

8. Frim. XIV—29. Nov. 1805

| 1 Haus/0,34 Garten/ 22,82 Ack/1,91 Wie | Stift St. Simeon, Trier Zehren | Matthias Leininger, Wwe. Maria Zehren, Münzingen | 5 200 8 500 |

Freudenburg

19. Pluv. XIII—8. Febr. 1805

| 1 Haus/144,30 Ack/ 6,63 Wie/8,74 Wild | Abtei St. Maximin, Trier N. Kilzinger | Lorenz Edmund Wanderbach, Luxemburg, Directeur des Domaines au department des forets; Joseph Mathis, Trier, Avoué | 15 584 28 500 |
| 1 Schloßgebäude/ 2,58 Land (das alte Schloß, Schindbungert) | Abtei St. Maximin, Trier M. Marx | Joseph Mathis, Trier, Avoué; Ludwig Edmund Wanderbach, Luxemburg, Directeur des Domaines | 844 900 |

24. Mai 1811

| 1,00 Wald (Eichenwald gen. Goldgrube) | Abtei St. Maximin, Trier | Matthias Vogel, Temmels, Propriétaire | 90 220 |
| 2,00 Wald (Eichen- und Buchenwald gen. Musbach) | Abtei St. Maximin, Trier | Louis Delhomme, Saarburg, Propriétaire (Anton Licht, Saarburg, Negociant, Johann Kleutgen, Trier, Negociant) | 144 275 |

Greimerath

8. Sept. 1807

| 2,77 Rothhecken u. Wild (Felsenstück) | Kurtrier J. Funck | Nikolaus Salm, Saarburg, Batelier; Jakob Salm, Saarburg (Anton Licht, Saarburg, Propriétaire) | 60 600 |

Helfant

22. Germ. XII—12. April 1804

| 4,52 Ack/0,67 Wie | Kurtrier P. Beck | Johann Wilhelm Daniel, Trier, Verificateur des Domaines | 1 456 2 275 |

11. Prair. XIII—31. Mai 1805

| 2 Häuser/67,93 Ack/ 2,34 Wie (Helfanter Hof) | Abtei St. Matthias A. Hild, J. Kieffer | François Albert Lasalle, Baslimberg, Propriétaire; Joseph Mathis, Trier, Avoué; Charles Briffault, Trier, Receveur particulier à Prüm; Matthias Vogel, Temmes, Propriétaire | 9 545 17 800 |

Objekt	Vorbesitzer Pächter	Käufer (Vermittler)	S-Preise K-Preise
8. Frim. XIV—29. Nov. 1805			
0,44 Land (Acht)	Stift St. Simeon, Trier J. Burger	Friedrich Heuseller, Kirf, Maire in Meurich	100 115

Hentern

Objekt	Vorbesitzer Pächter	Käufer (Vermittler)	S-Preise K-Preise
27. Brum. XII—19. Nov. 1803			
1 Mühle/0,95 Ack/ 0,35 Wie (Wie: Mühlenwiese)	Abtei St. Matthias, Trier J. Jung	Matthias Joseph Hayn, Trier, Negociant	2 000 3 625
12. Flor. XII—2. Mai 1804			
1 Hofgut/4,38 Ack/ 2,39 Wie/2,87 Wild	Kl. Karmeliter, Trier J. Brühl	Johann Brühl, Peter Hennen, Valerius Bernard, Nikolaus Löwerz, Jakob Weins, Johann Oestreicher, Michel Philippi, Michel Meucher, Michel Mangrich, Peter Hilgert, Johann Felten, Johann Philippi, Matthias Schu, Matthias Birk, Peter Dorr, Peter Weintz, Hentern, Cultivateurs (Johann Brühl, Hentern, Cultivateur)	3 920 5 525

Irsch

Objekt	Vorbesitzer Pächter	Käufer (Vermittler)	S-Preise K-Preise
2. Prair. XII—22. Mai 1804			
1,41 Wie	Kurtrier J. B. Britten	François Lyon, Saarburg, Negociant; Johann Baptist Britten, Irsch, Laboureur (François Lyon, Saarburg, Negociant)	1 344 1 475
0,84 Wie	Kurtrier H. Hermes	Karl Franz Hermes, Pfalzel, Greffier du juge de paix	688 705
18. März 1808			
6,71 Wie (Brühl)	Kurtrier Britten	Heinrich Schneider, Irsch, Desservant der Irscher Kirche u. 35 Bauern aus Irsch (Alexander Warsberg, Saarburg, Propriétaire)	8 000 8 700

Kahren

Objekt	Vorbesitzer Pächter	Käufer (Vermittler)	S-Preise K-Preise
27. Mess. XIII—16. Juli 1805			
0,73 Ack/0,01 Wie	Domstift Trier Warsberg	Anton Licht, Saarburg, Boulanger	576 585

Objekt	Vorbesitzer Pächter	Käufer (Vermittler)	S-Preise K-Preise

15. Nov. 1811

| 0,12 Ack/0,97 Wie/ 2,83 Wild | Abtei St. Matthias, Trier N. Salm | Louis Delhomme, Saarburg, Propriétaire | 2 325 5 600 |

Kastel (Saar)

21. Frim. XII—13. Dez. 1803

| 1 Haus/4,25 Wberg/ 5,27 Lohhecken | Abtei St. Maximin, Trier | François Albert Lasalle, Niederlimberg, Louis Henri Gilbert Galhau, Niederlimberg; Simon Gabriel Adolphe Galhau, Beaumarais, Propriétaires; L. H. Valette, Sarrelibre, Notaire; A. Klopstein (Dep. Meuse), Propriétaire; Gaspard Renauld, Fremersdorf, Propriétaire (Wilhelm Joseph Fritsch, Trier, Avoué) | 4 275 5 125 |

Kesslingen

22. Germ. XII—12. April 1804

| 1,17 Wie | Domstift Trier P. Henzler | Matthias Weyler, Kesslingen, Laboureur | 646 1 225 |

Kollesleuken

27. Brum. XII—19. Nov. 1803

| 1 Mühle/0,38 Garten | Abtei St. Maximin, Trier J. Wender | Peter Donkel, Körrig, Meunier | 1 500 4 850 |

21. Niv. XIII—11. Jan. 1805

| 1 Haus/12,21 Ack/ 3,76 Wie | Abtei St. Maximin, Trier P. Fisch | Wwe. Therese Schmit geb. Loerscher, Marchande; Bernard Schmitt, Mertert, Propriétaire; Nikolaus Valdenaire, Saarburg, Receveur de l'Enregistrement | 2 480 3 125 |

Krutweiler

7. Febr. 1806

| 0,02 Wie/2.880 Wst | Kurtrier Chevalier | Anton Licht, Saarburg, Boulanger (Johan Bernard Schmit, Trier, Marchand) | 320 395 |

Objekt	Vorbesitzer Pächter	Käufer (Vermittler)	S-Preise K-Preise

Mannebach

7. Febr. 1806

| 2,86 Wie | Kl. Karthäuser | dem Hospital Saarburg als Ersatzleistung abgetreten | 2 720 — |

7. Febr. 1806

| 6,18 Ack/1,40 Wie/ 12,67 Wild | Stift St. Irminen, Trier M. Neis | François Lyon, Saarburg, Marchand; Therese Loerscher, Wwe. Johann Schmit, Trier, Marchande; Johann Bernard Schmit, Mertert, Propriétaire (Matthias Vogel, Temmels, Propriétaire) | 1 930 2 076 |

8. Sept. 1807

| 0,65 Wie | Kurtrier P. Reinck | Alexander Warsberg, Saarburg, Propriétaire | 300 550 |

Münzingen

8. Sept. 1807

| 0,12 Wie (auf dem Kondel) | Kurtrier J. Lellig | Alexander Warsberg, Saarburg, Propriétaire (Chilla Seligmann, Saarlouis, Propriétaire) | 100 105 |

Nennig

21. April 1808

| 3,11 Ack | Abtei Mettlach P. Zender | Karl Anton Bernasco, Trier, Negociant | 1 200 1 550 |

Niederleuken

14. Therm. XII—2. Aug. 1804

| 0,79 Weiher (Jakobweiher) | Kurtrier M. Nusbaum | Johann Wilhelm Flocke, Matthias Keipinger, Nikolaus Reinert, Matthias Braun, Johann Thiel, Matthias Nusbaum, Jakob Funk, Peter Steinmetz, Michel Steinmetz, Johann Abel, Niederleuken, Cultivateurs (Karl Warsberg, Saarburg, Propriétaire) | 320 1 450 |
| 0,70 Weiher (Haan Weiher) | Kurtrier M. Nosbaum | Karl Warsberg, Saarburg, Propriétaire | 384 2 450 |

Objekt	Vorbesitzer Pächter	Käufer (Vermittler)	S-Preise K-Preise
1,41 Weiher (Judenkirchhofweiher)	Kurtrier M. Nosbaum	Heinrich Irsch, Saarburg, Aubergiste; Nikolaus Kronz, Saarburg, Marchand; Christoph Schawel, Hamenfarth, Batelier; Vincent Salm, Saarburg, Batelier; Johann Claude Develing, Saarburg, Propriétaire; M. Steinmetz, Saarburg, Cabaretier (Matthias Steinmetz, Saarburg, Cabaretier)	528 2 175
1,06 Weiher (unterer Weiher)	Kurtrier M. Nosbaum	François Lyon, Saarburg, Negociant	448 2 150

11. Prair. XIII—31. Mai 1805

1 Haus/2,47 Wberg	Kl. Welschnonnen, Trier F. Lyon	Louis Delhomme, Saarburg, Brigadier de la Gendarmerie	1 920 4 025

Oberleuken

22. Germ. XII—12. April 1804

0,53 Land	Domstift Trier N. Nillus	Matthias Weyler, Kesslingen, Laboureur (Matthias Coupette, Trier, Brasseur)	107 220

8. Frim. XIV—29. Nov. 1805

0,53 Wie	Abtei Mettlach N. Hirtz	Peter Hoffmann, Dreisbach, Cultivateur	225 700

Ockfen

4. Vend. XII—27. Sept. 1803

1 Mühle/0,49 Wie	Abtei St. Martin, Trier J. Kiefer	Matthias Vogel, Temmels, Propriétaire	1 386 2 500
1 Mühle/0,01 Garten/ 0,03 Ack/0,52 Wie	Abtei St. Martin, Trier M. Grün	Matthias Vogel, Temmels, Propriétaire	1 518 3 625

8. Germ. XII—29. März 1804

1,28 Wberg (Schifberg)	Liebfrauen-Kapelle, Luxemburg Warsberg	Matthias Vogel, Temmels, Propriétaire	1 600 1 625

Objekt	Vorbesitzer Pächter	Käufer (Vermittler)	S-Preise K-Preise

27. Mess. XIII—16. Juli 1805

| 0,17 Wberg | Kurtrier J. Britten | Johann Baptist Britten, Irsch, Laboureur; Nikolaus Valdenaire, Saarburg, Receveur des Domaines (Nikolaus Salm, Saarburg, Batelier) | 432 445 |

3. Aug. 1810

| 1,00 Weiher | Abtei St. Martin, Trier P. Britten | Johann Anton Bernasco, Trier, Negociant | 240 2 000 |

Palzem

8. Germ. XII—29. März 1804

| 0,22 Garten/28,09 Ack/ 1,55 Wie/1,79 Wild/ 0,24 Wberg | Abtei St. Matthias, Trier N. Grisse | Wilhelm Bodt, Remich, Propriétaire | 4 080 12 000 |

19. Fruct. XII—6. Sept. 1804

| 1,30 Wie (auf der Weitenbach) | Stift St. Simeon, Trier N. Gerardi | Jakob Kleutgen jr., Trier, Marchand (Jakob Hayn, Trier, Negociant) | 1 360 2 000 |

Perl

6. Germ. XIII—27. März 1805

| 1,04 Garten/64,16 Ack/ 16,36 Wie | Domstift Trier | Franz Marx, Colmar, Receveur général du Département du Haut-Rhin (Matthias Coupette, Trier, Negociant) | 23 885 37 100 |

Portz

14. Brum. XIII—5. Nov. 1804

| 0,10 Garten/5,74 Ack/ 0,62 Wie | Kl. Augustiner, Trier J. Lellig | Friedrich Hensler, Kirf, Maire in Meurich | 1 280 3 025 |

16. Prair. XIII—7. Juli 1805

| 9,74 Wie | Deutschorden/Kurtrier R. Schöden | Franz Mathis, Trier, Greffier de la cour d'appel | 1 056 1 060 |

Rommelfangen

16. Mess. XII—5. Juli 1804

| 0,53 Land (auf dem Busch) | Abtei St. Hubert (Ardennen) | Matthias Schauer, Rommelfangen, Laboureur | 50 55 |

Objekt	Vorbesitzer Pächter	Käufer (Vermittler)	S-Preise K-Preise

19. Pluv. XIII—8. Febr. 1805

25,12 Ack/2,81 Wie (kurfürstliche Kellerey)	Kurtrier M. Kinen	Matthias Kinn, Rommelfangen, Laboureur; Katharina Hoffmann, Wwe. Nikolaus Kinn, Rommelfangen (Wilhelm Bods, Remich, Propriétaire)	5 040 8 800

6. Germ. XIII—27. März 1805

1 Haus/36,12 Ack/ 3,78 Wie	Abtei St. Matthias, Trier M. Kinn	Martin Bods, Remich, Marchand	2 640 10 100

21. April 1808

1 Haus/1 Scheune/ 0,43 Garten/31,45 Ack/ 3,11 Wie (Echternacher Hof)	Abtei Echternach A. Felden	Johann Schneider, Trier, Propriétaire	8 000 14 000

8. März 1811

4,00 Eichenwald (Reiterwald)	Stift St. Simeon, Trier	Bernhard Gerardy, Lissingen, Maire in Meurich	120 3 300

Roth

23. Brum. XII—15. Nov. 1803

1 Mühle/0,49 Ack/ 0,49 Wie/0,07 Wild	Abtei St. Maximin, Trier N. Maasen	Niklas Maasen, Roth, Meunier	1 859 2 900

Saarburg

21. Frim. XII—13. Dez. 1803

1 Mühle	Kurtrier M. Schmitt	Nikolaus Valdenaire, Saarburg, Receveur des Domaines	3 885 10 900

2. Prair. XII—22. Mai 1804

1,40 Wie	Domstift Trier F. Heinrizi	Anton Licht, Saarburg, Boulanger; Nikolaus Salm, Saarburg, Batelier (Anton Licht, Saarburg, Boulanger)	960 1 950
1,40 Wie	Kurtrier W. Stocky	Louis Delhomme, Saarburg, Brigadier de la gendarmerie (Wilhelm Joseph Fritsch, Trier, Avocat)	1 920 1 950
0,96 Wie	Kurtrier Kleutgen	Theodor Kleutgen, Beurig, Garde à cheval	256 310
19,85 Wild	Domstift Trier A. Licht	Alexander Warsberg, Saarburg, Propriétaire	1 680 2 325

297

Objekt	Vorbesitzer Pächter	Käufer (Vermittler)	S-Preise K-Preise

9. Brum. XIV—31. Okt. 1805

Objekt	Vorbesitzer Pächter	Käufer (Vermittler)	S-Preise K-Preise
1,12 Wberg	Kurtrier	Philipp René Lentz, Manderscheid, Notaire	128 265

Schoden

19. Pluv. XIII—8. Febr. 1805

Objekt	Vorbesitzer Pächter	Käufer (Vermittler)	S-Preise K-Preise
0,88 Wberg	Abtei Wadgassen Delome	Matthias Vogel, Temmels, Propriétaire	320 1 000

Serrig

27. Mess. XIII—16. Juli 1805

Objekt	Vorbesitzer Pächter	Käufer (Vermittler)	S-Preise K-Preise
0,83 Ack/0,70 Wie	Kl. Karmeliter, Trier M. Waldreich	Bernard Schmitt, Trier, Negociant	400 ?

24. Mai 1811

Objekt	Vorbesitzer Pächter	Käufer (Vermittler)	S-Preise K-Preise
0,90 Eichenwald (Mayereistück)	Kurtrier	Matthias Vogel, Temmels, Propriétaire	160 330

Sinz

6. Germ. XIII—27. März 1805

Objekt	Vorbesitzer Pächter	Käufer (Vermittler)	S-Preise K-Preise
16,09 Ack/0,06 Wie	Abtei St. Matthias, Trier Paule	Johann Weiter, Sinz, Laboureur; Wwe. Adam Pauly, geb. Maria Hein, Sinz (Johann Weiter, Sinz, Laboureur)	5 120 8 825

8. März 1811

Objekt	Vorbesitzer Pächter	Käufer (Vermittler)	S-Preise K-Preise
4,00 Eichen- u. Buchenwald (Höll)	Abtei St. Matthias, Trier	Friedrich Heusseler, Kirf, Maire in Meurich; Nikolaus Reinhart, Orscholz, Negociant	210 6 300
2,000 Eichen- u. Buchenwald (Awelshölzgen)	Abtei St. Maximin, Trier	Matthias Heutgen, Saarburg, Propriétaire	132 3 000

Söst

8. Frim. XIV—29. Nov. 1805

Objekt	Vorbesitzer Pächter	Käufer (Vermittler)	S-Preise K-Preise
1 Haus/0,97 Garten/ 54,00 Ack/3,02 Wie	Abtei St. Matthias, Trier A. Wacht	François Lyon, Saarburg, Negociant; Anton Wacht, Söst, Cultivateur (Matthias Vogel, Temmels, Propriétaire)	7 040 14 100

Südlingen

6. Germ. XIII—27. März 1805

Objekt	Vorbesitzer Pächter	Käufer (Vermittler)	S-Preise K-Preise
1 Haus/19,27 Land	Kurtrier P. Hild	Wilhelm Bods, Remich, Propriétaire	800 5 050

Objekt	Vorbesitzer Pächter	Käufer (Vermittler)	S-Preise K-Preise

Taben

11. Prair. XIII—31. Mai 1805

1 Hofgut/0,17 Garten/ 2,82 Land/0,17 Wie (Hausen)	Abtei St. Maximin, Trier F. Demrath	Joseph Massen, Taben, Laboureur	2 783 5 625

1. März 1811

1 Haus/Garten/Wie	Abtei St. Martin, Trier Henard	Christoph Nell, Trier, Negociant et Propriétaire	1 280 11 000

Tettingen-Botzdorf

6. Germ. XIII—27. März 1805

3,27 Land	Abtei St. Matthias, Trier M. Weidert	Michel Weidert, Tettingen, Forestier	528 950

Trassem

2. Prair. XII—22. Mai 1804

2,11 Wie	Kurtrier J. Develing	Nikolaus Valdenaire, Saarburg, Receveur des Domaines; Nikolaus Salm, Saarburg, Batelier (Alexander Warsberg, Saarburg, Propriétaire)	2 400 2 625
2,11 Wie	Kurtrier Vuy	Alexander Warsberg, Saarburg, Propriétaire	576 720

14. Brum. XIII—5. Nov. 1804

0,81 Wie	Abtei St. Maximin, Trier M. Hever	Franz Mathis, Trier, Greffier à la cour d'appel	1 056 1 300

1. März 1811

1,06 Wie/30,39 Wild	Kurtrier Funck	Alexander Warsberg, Saarburg, Propriétaire	3 100 7 000

Zerf

13. Frim. XIII—4. Dez. 1804

1 Mühle/0,04 Land	Stift St. Paulin, Trier M. Schneider	Johann Baptist Gellert, Lebach, Juge de paix; Johann Steimer, Lebach, Maire (Johann Baptist Gellert, Lebach, Juge de paix)	2 127 2 425

Objekt	Vorbesitzer Pächter	Käufer (Vermittler)	S-Preise K-Preise

Kanton Schweich

Dörbach

12. Therm. XIII—31. Juli 1805

10,64 Ack/0,54 Wie/ 0,24 Wild	Kl. Klausen M. Heinzkyll	Matthias Heinzkyll, Dörbach, Meunier (Jean Pierre Fourier, Schweich, Receveur des Domaines)	3 440 4 800

Ensch

1. Frim. XIV—22. Nov. 1805

1 Haus/2,28 Ack/ 0,34 Wie/0,01 Wild	Stift St. Paulin, Trier Servatius	Johann Dixius, Pölich, Laboureur; Johann Michel Grevelding, Trier, Marchand (Johann Dixius, Pölich, Laboureur)	3 000 4 325

26. Flor. XII—16. Mai 1804

1 Mühle/0,59 Wie	Kurtrier M. Koch	Jakob Christian Schmelzer, Trier, Receveur des Domaines	2 976 3 000

3. Mess. XII—22. Juni 1804

1 Platz (Altescherburg)	Kurtrier	Sebastian Heintz, Georg Joseph Deutzer, Peter Joseph Kremer, Johann Dietzen, Esch, Cultivateurs (Jakob Christian Schmelzer, Trier, Receveur des Domaines)	130 135

12. Therm. XIII—31. Juli 1805

2,36 Ack/4,98 Wie/ 0,51 Wild	Kl. Klausen J. Kremer, S. Heinz	Karl Linz, Klausen, Curé et Propriétaire (Wilhelm Joseph Fritsch, Trier, Avocat)	5 600 5 650

15. Sept. 1807

18,31 Wie (Cameralwiese)	Kurtrier Häner	François Albert Lasalle, Simon Gabriel Galhaud, Louis Henri Gilbert Galhaud, Baslimberg, Propriétaires; Gaspart Renauld, Fremersdorf, Propriétaire (François Albert Lasalle, Baslimberg, Propriétaire)	12 000 18 500

Objekt	Vorbesitzer Pächter	Käufer (Vermittler)	S-Preise K-Preise
22. Sept. 1807			
0,32 Garten/5,13 Ack/ 2,32 Wie/1,90 Wild (Escher Wirtshaus)	Kurtrier Denzer	François Albert Lasalle, Simon Gabriel Adolphe Galhau, Louis Henri Gilbert Galhau, Baslimberg, Propriétaires; Gaspard Renauld, Fremersdorf, Propriétaire (François Albert Lasalle, Baslimberg, Propriétaire)	2 400 2 500

Fastrau

Objekt	Vorbesitzer Pächter	Käufer (Vermittler)	S-Preise K-Preise
14. Prair. XI—3. Juni 1803			
0,37 Wie (Sangbüsch)	Abtei St. Maximin, Trier Ph. Adams	Johann Guerber, Putlange, Maitre des postes	100 250
15. Germ. XII—4. April 1804			
0,18 Garten/13,79 Ack/ 0,51 Wie	Abtei St. Maximin, Trier	J. Kleutgen, Trier, Negociant	2 200 2 250
13. Fruct. XII—31. Aug. 1804			
31,02 Wild	Abtei St. Maximin, Trier Gemeinde Fastrau	Therese Schmit, geb. Loerscher, Trier, Marchande; Matthias Joseph Hayn, Trier, Negociant	660 ?

Fell

Objekt	Vorbesitzer Pächter	Käufer (Vermittler)	S-Preise K-Preise
15. Germ. XII—5. April 1804			
1 Hofgut/1 Schloß/ 1 Mühle/3,13 Garten/ 8,22 Ack/9,55 Wie/ 36,00 Wild/4,68 Wberg (Schloß Fellerburg)	Abtei St. Maximin, Trier J. Rumel	Johann Heinrich Dondelinger, Echternach, Propriétaire (Adam Melchior, Trier-Pallien, Aubergiste)	5 200 18 000
1 Hofgut/31,92 Ack/ 4,77 Wie/14,94 Wild (Fellerhof)	Abtei St. Maximin, Trier P. Michel	den Vereinigten Hospizien Trier als Ersatzleistung abgetreten	17 280 —
24. Mai 1811			
0,57 Rothecken-, Eichen- und Hagebuchenwald (klein Hofwäldgen)	Abtei St. Maximin, Trier	Peter Michels, Fellerhof (Nikolaus Schommer, Trier, Cordonnier)	224 370
6,66 Eichenwald (Hinneswald)	Abtei St. Maximin, Trier	Valentin Leonardy, Trier, Negociant; Nikolaus Reinhart, Orscholz, Negociant	420 2 375

Objekt	Vorbesitzer Pächter	Käufer (Vermittler)	S-Preise K-Preise

Föhren

1. Frim. XIV—22. Nov. 1805

10,62 Land (Acht)	Kurtrier J. Becker	Wendel Porten, Hetze- rath, Laboureur; Johann Weber, Föhren, Labou- reur; Jakob Becker, Ensch, Laboureur; Jakob Bins- feld, Bekond, Laboureur; Johann Haubrich, Föhren, Laboureur; Leonard Los- kill, Föhren, Laboureur (Peter Jonas, Trier, Mar- chand)	1 500 1 925

3. Aug. 1810

0,07 Wie (Unterzehrenstauden)	Kl. St. Thomas/Kyll	Peter Eichorn, Ehrang, Propriétaire	60 65

Hetzerath

12. Therm. XIII—31. Juli 1805

1,51 Ack/2,44 Wie/ 19,34 Wild	Kurtrier M. Hauperich	Johann Nepomuk Serva- tius, Hetzerath, Maire	2 200 4 025

Issel

22. Vent. XIII—13. März 1805

1 Haus/1 Kapelle/ 29,90 Ack/0,10 Wie	Stift St. Irminen, Trier J. Weber	Tobias Nikolai, Schweich, Greffier du juge de paix; Friedrich Wallrath, Johann Loskill, Johann Lorig, Wilhelm Welter, Issel, Cultivateurs; Gerard Wallrath, Schweich, Char- ron (Peter Classen, Trier, Boulanger)	5 600 7 625

Kenn

19. Flor. XII—9. Mai 1804

1,90 Ack/1,04 Wie	Stift St. Simeon, Trier G. Tresen	Nikolaus Haag, Kenn, Cultivateur	1 600 3 025

2. Prair. XII—22. Mai 1804

0,31 Wie/2.745 Wst (an der Moschheck)	Stift Pfalzel	Matthias Foerger, Ruwer, Laboureur	440 445

Objekt	Vorbesitzer Pächter	Käufer (Vermittler)	S-Preise K-Preise

3. Mess. XII—22. Juni 1804

Objekt	Vorbesitzer Pächter	Käufer (Vermittler)	S-Preise K-Preise
1,83 Ack	Stift St. Paulin, Trier M. Helsemer	Nikolaus Grundhöber, Nikolaus Haag, Johann Georg Horsch, Georg Schmitz, Johann Schneider, Johann Schmitt, Kenn, Cultivateurs (Johann Enser, Kenn, Laboureur)	1 472 1 550

1. Frim. XIV—22. Nov. 1805

Objekt	Vorbesitzer Pächter	Käufer (Vermittler)	S-Preise K-Preise
0,08 Garten/5,47 Ack 0,55 Wie	Kurtrier P. Welter	Johann Michel Grevelding, Trier, Marchand	3 000 4 625
4.650 Wst (in der schlimmen Jung)	Stift Pfalzel N. Schmitz	Matthias Foerger, Ruwer, Laboureur	100 125

30. Okt. 1807

Objekt	Vorbesitzer Pächter	Käufer (Vermittler)	S-Preise K-Preise
5.000 Wst	Abtei St. Maximin, Trier	Johann Michel Grevelding, Trier, Marchand	300 335

8. März 1811

Objekt	Vorbesitzer Pächter	Käufer (Vermittler)	S-Preise K-Preise
1.591 Wst (Kevenigsberg)	Abtei Himmerod	Anton Müller, Pluwig, Maitre de forge	80 90

1. Juli 1812

Objekt	Vorbesitzer Pächter	Käufer (Vermittler)	S-Preise K-Preise
1 Hofgut/26,06 Ack/ 24,34 Wie/21,55 Wild (Kenner Hof)	Abtei St. Maximin, Trier	Matthias Joseph Hayn, Trier, Negociant; Johann Lorenz Ladner, Trier, Negociant; Jacques Courteau, Trier, Architecte	30 000 130 000

Klausen

16. Therm. XI—4. Aug. 1803

Objekt	Vorbesitzer Pächter	Käufer (Vermittler)	S-Preise K-Preise
Kloster Klausen ohne Kirche	Kl. Klausen	Matthias Joseph Hayn, Trier, Negociant	8 000 8 100

28. Vend. XII—21. Okt. 1803

Objekt	Vorbesitzer Pächter	Käufer (Vermittler)	S-Preise K-Preise
1 Haus	Kl. Klausen	F. Rhoden, Klausen, Aubergiste	450 1 250

Klüsserath

28. Vend. XII—21. Okt. 1803

Objekt	Vorbesitzer Pächter	Käufer (Vermittler)	S-Preise K-Preise
1 Haus (Nr. 114)	Kl. Helenenberg M. Weller	Louis Zegowitz, Trier, Avoué (Martin Weller)	200 440

Objekt	Vorbesitzer Pächter	Käufer (Vermittler)	S-Preise K-Preise

19. Flor. XII—9. Mai 1804

5.930 Wst	Abtei Himmerod	Peter Schmitz, Klüsserath, Laboureur (Matthias Joseph Hayn, Trier, Negociant)	440 765
0,17 Ack/0,26 Wie/ 0,34 Wild/1,03 Wberg	Kl. St. Thomas/Kyll	Matthias Joseph Hayn, Trier, Negociant	825 925
0,08 Garten/0,87 Ack/ 0,82 Wie	Abtei Himmerod	Peter Schmitz, Klüsserath, Laboureur (Peter Jonas, Trier, Negociant)	462 740

26. Flor. XII—16. Mai 1804

| 1 Haus (Nr. 116, die Mayerey) | Kurtrier Strauss | Wilhelm Follmann, Martin Welter, Klüsserath, Laboureurs (Wilhelm Follmann, Klüsserath, Laboureur) | 800 3 250 |

3. Mess. XII—22. Juni 1804

| 1 Haus/1,43 Ack/ 0,36 Wie/1,03 Wberg | Abtei Echternach M. Schneider | Gräfin von Braunschweig-Bevern, Glücksburg (Joseph Mathis, Trier, Avoué) | 1 360 5 100 |
| 0,01 Garten/0,11 Wberg | Kl. Klausen Traut | Johann Peter Trauth, Klüsserath, Tanneur | 160 530 |

13. Fruct. XII—31. Aug. 1804

| 1 Haus/Garten/1 Platz/ 1 Platz/0,52 Wberg (Haus: Nr. 115 Platz: Schmidtsplatz Platz: in der Eichergasse) | Kl. Vianden J. P. Schmitts | Peter Schmitz, Klüsserath, Laboureur (Philipp René Lentz, Manderscheid, Controleur des Contributions) | 480 880 |

13. Vend. XIII—5. Okt. 1804

| 1 Haus/0,22 Garten (Haus: Nr. 114) | Kl. St. Thomas/Kyll J. Edel | Wilhelm Joseph Fritsch, Trier, Avocat | 462 1 200 |

1. Frim. XIV—22. Nov. 1805

| 1,14 Garten/0,40 Ack/ 0,47 Wie/0,17 Wild/ 0,40 Wberg (Ufflinger Gut) | Kurtrier J. Brosius | Johann Gebert, Klüsserath, Maire; Johann Peter Traut, Klüsserath, Laboureur; Johann Fassian, Leiwen, Laboureur (Johann Gebert, Klüsserath, Maire) | 2 400 2 925 |

22. Sept. 1807

| 1 Mühle/0,10 Ack | Kurtrier Rausch | Johann Gebert, Klüsserath, Propriétaire | 400 1 250 |

Objekt	Vorbesitzer Pächter	Käufer (Vermittler)	S-Preise K-Preise

24. Mai 1811

| 2,85 Eichenwald (Junkerbusch) | Kurtrier | Johann Kleutgen, Trier, Propriétaire | 180 1 425 |
| 3,47 Rothheckenwald (Hofbusch) | Kurtrier | Johann Gebert, Klüsserath, Maire | 1 050 2 000 |

Krames

3. Mess. XII—22. Juni 1804

| 0,92 Ack/0,06 Wie | Kurtrier P. Welwert | Jakob Becker, Krames, Laboureur; Matthias Joseph Hayn, Trier, Negociant | 112 170 |

15. Sept. 1807

| 2,21 Wie | Kl. Klausen Lintz | Matthias Joseph Hayn, Trier, Negociant | 3 000 3 150 |

22. Sept. 1807

| 2,28 Ack/0,08 Wie/ 2,34 Wild | Kl. Klausen Lintz | Karl Lintz, Klausen, Curé (Matthias Joseph Hayn, Trier, Negociant) | 2 000 2 000 |

Lörsch

14. Prair. XI—3. Juni 1803

| 1 Haus/0,19 Garten/ 1.000 Wst | Kl. St. Johann, Trier P. Hermes | Johann Guerber, Putelange, Maitre des postes | 400 3 050 |
| 1 Schuppen mit Kelter | Kl. St. Nikolaus, Trier | Johann Guerber, Putelange, Maitre des postes | 50 300 |

19. Flor. XII—9. Mai 1804

| 3.464 Wst | Kl. St. Markus, Trier | Theodor Ecker, Trier, Cordonnier | 330 1 425 |

22. Vent. XIII—13. März 1805

| 1,11 Wberg | Kl. St. Johann, Trier E. Junck | Emmerich Junck, Ehrang, Tanneur; Theodor Ecker, Trier, Cordonnier (Johann Kleutgen, Trier, Marchand) | 800 2 475 |
| 0,60 Wberg | Kl. Welschnonnen, Trier E. Junk | Emmerich Junck, Ehrang, Tanneur; Theodor Ecker, Trier, Cordonnier (Johann Kleutgen, Trier, Marchand) | 200 1 625 |

Objekt	Vorbesitzer Pächter	Käufer (Vermittler)	S-Preise K-Preise

12. Therm. XIII–31. Juli 1805

| 0,85 Garten/0,62 Ack/ 0,21 Wie/1,04 Wberg | Abtei St. Maximin, Trier J. Reiss | Jean Pierre Fourier, Schweich, Receveur des Domaines; Willibrord Dany, Riol, Propriétaire; Nikolaus Fassian, Jakob Zell, Mehring, Propriétaires (Johann Matthias Zell, Trier, Greffier) | 3 000 6 400 |

Longen

14. Prair. XI–3. Juni 1803

| 1 Haus (Nr. 10) | Kl. Dominikaner, Trier Krantz | Johann Guerber, Putelange, Maitre des postes | 150 975 |

12. Therm. XIII–31. Juli 1805

| 0,63 Wberg | Kl. Dominikaner, Trier Th. Eckes | Simon Jaeger, Schweich, Geomètre | 750 2 125 |

7. Febr. 1806

| 3,23 Wald (Vogteischer Jungenwald) | | Edmund v. Kesselstatt, Mainz, Propriétaire (Joseph Franz Reiss, Trier, Prêtre) | 1 340 1 525 |

Longuich

14. Prair. XI–3. Juni 1803

| 1 Mühle/1 Haus/ 1 Stall/Garten | Abtei St. Maximin, Trier J. Schmitt | Johann Guerber, Putelange, Maitre des postes | 3 000 4 925 |

27. Frim. XII–19. Dez. 1803

| 1 Hofgut/1,93 Garten/ 15,28 Ack/5,23 Wie/ 2,53 Wild/1,81 Wberg (Haupt-Gratzisch-Hof) | Abtei St. Maximin, Trier Hüppinger | N. Biwer | 6 000 18 400 |
| 1 Schloß (Alteburg) | Abtei St. Maximin, Trier N. Gail | Hoff | 330 1 750 |

15. Sept. 1807

| 0,82 Garten/0,33 Ack (Alterberg oder Alterburg) | Abtei St. Maximin, Trier Mertes | Adam Melchior, Trier-Pallien, Aubergiste | 1 000 2 000 |

13. Mai 1808

| 1 Haus/2,28 Garten/ 23,78 Ack/7,08 Wie/ 36,84 Wild/4,83 Wberg | Abtei St. Maximin, Trier Marx | Peter Marx jr., Trier, Negociant; Friedrich Scheer, Johann Kleutgen, Trier, Negociants; Johann Wagner, Kirsch, Cultivateur; 26 Bauern aus Longuich und Kirsch (Peter Marx jr., Trier, Negociant) | 42 000 57 500 |

Objekt	Vorbesitzer Pächter	Käufer (Vermittler)	S-Preise K-Preise

Mehring

28. Vend. XII—21. Okt. 1803

Objekt	Vorbesitzer Pächter	Käufer (Vermittler)	S-Preise K-Preise
1 Platz/1 Wohnung (Kohlplatz/Kohlenhüterwohnung)	Kurtrier	Peter Marx jr., Trier-Zurlauben, Negociant	110 700
1 Haus (Obergasse Nr. 60)	Kl. Karmeliter, Trier Schmaul	Hammenstede, Schweich, Notaire	400 1 050

19. Flor. XII—9. Mai 1804

18.900 Wst	Kl. Karmeliter, Trier	Johann Kleutgen, Trier, Negociant; Matthias Joseph Hayn, Trier, Negociant; Friedrich Scheer, Trier, Boulanger (Johann Kleutgen, Trier, Boulanger)	770 1 600

3. Mess. XII—22. Juni 1804

0,14 Ack/0,84 Wie	Kl. Karmeliter, Trier Schmaul	Lieser Schmaul, Mehring, Marchand	640 1 050

22. Vent. XIII—13. März 1805

1 Haus/0,18 Garten/ 0,51 Wie	Kl. St. Markus, Trier Englert	Philipp René Lentz, Manderscheid, Controleur des Contributions	1 840 2 975

27. Germ. XIII—17. April 1805

2 Mühlen/0,03 Land	Abtei Prüm Ph. König	Johann Egner, Mehring, Meunier (Joseph Franz Reiss, Trier, Vicaire de la Cathedrale)	600 1575

12. Therm. XIII—31. Juli 1805

0,08 Garten/0,65 Wie/ 14,19 Wild (Meyereigut)	Kurtrier N. Schmitz	Peter Eichhorn, Ehrang, Aubergiste (Matthias Joseph Hayn, Trier, Negociant; Peter Eichhorn, Ehrang, Aubergiste)	860 4 000

29. Mai 1807

0,02 Garten/0,66 Wberg (Garten: im Dorf Garten: Schweinswiese)	Stift St. Simeon, Trier	Franz Adams, Mehring, Laboureur; Hans Dixius, Pölich, Laboureur; Peter Müller, Mehring, Aubergiste (Franz Adams, Mehring, Laboureur)	200 910

22. Sept. 1807

1 Hofgut/0,10 Garten/ 5,77 Ack/6,82 Wie/ 16,10 Wild/1,14 Wberg (Zellerhof)	Kurtrier Hummes	Mayer Hertz, Trier, Negociant	10 000 16 800

Objekt	Vorbesitzer Pächter	Käufer (Vermittler)	S-Preise K-Preise
30. Okt. 1807			
0,16 Garten	Kl. Karmeliter	Johann Adam Clemens, Trier, Negociant	120 125
28. Juni 1808			
1 Haus/0,72 Wie	Kl. St. Markus, Trier Hern	Mayer Hertz, Trier, Negociant	900 2 250

Naurath

Objekt	Vorbesitzer Pächter	Käufer (Vermittler)	S-Preise K-Preise
26. Pluv. XIII—15. Febr. 1805			
1,44 Wie (Brühl an der Dhron)	Abtei St. Maximin, Trier Dany	Damian Ernst Birck, Trier, Procureur; Johann Baptist Gellert, Lebach, Juge de paix; Petronnella Finger, Trier, Rentière; Philipp Cetto, St. Wendel, Negociant (Jacob Hayn, Trier, Negociant)	800 3 025
9. Mess. XIII—28. Juni 1805			
0,94 Ack/2,06 Wie/ 16,82 Wild	Abtei Prüm A. Coster	Johann Bernhard Schmit, Trier, Marchand; Tobias Nikolai, Schweich, Greffier; Matthias Hansen, Sehlem, Percepteur des Contributions (Johann Bernhard Schmit, Trier, Marchand)	2 000 2 225

Niederfell

Objekt	Vorbesitzer Pächter	Käufer (Vermittler)	S-Preise K-Preise
28. Vend. XII—21. Okt. 1803			
1 Mühle	Abtei St. Maximin, Trier Ph. Adams	Mayer Hertz, Trier, Negociant	1 100 2 300
1. Frim. XIV—22. Nov. 1805			
0,06 Garten	Abtei St. Maximin, Trier Ph. Adams	Franz Joseph Neureuther, Trier, Officier retiré	15 40

Pölich

Objekt	Vorbesitzer Pächter	Käufer (Vermittler)	S-Preise K-Preise
28. Vend. XII—21. Okt. 1803			
1 Schuppen (Kelterschuppen)	Abtei St. Maximin, Trier	Friedrich Schweich, Ruwer, Aubergiste	50 465
19. Flor. XII—9. Mai 1804			
724 Wst	Kl. St. Markus, Trier	Matthias Joseph Hayn, Trier, Negociant; Johann Kleutgen, Trier, Negociant; Friedrich Scheer, Trier, Boulanger (Johann Anton Kochs, Trier, Negociant)	165 200

Objekt	Vorbesitzer Pächter	Käufer (Vermittler)	S-Preise K-Preise

13. Fruct. XII–31. Aug. 1804

| 1,27 Wie | Abtei St. Maximin, Trier M. Monzel | Michel Monzel, Pölich, Laboureur | 720 835 |

22. Vent. XIII–13. März 1805

| 0,19 Wie | Kl. St. Markus, Trier Englert | Matthias Vogel, Temmels, Propriétaire | 112 120 |

15. Sept. 1807

| 0,20 Ack/0,42 Wie/ 3,12 Wild/0,02 Wberg | Abtei St. Maximin, Trier Prixius | Johann Gebert, Trittenheim, Maire | 1 000 1 025 |

Riol

14. Prair. XI–3. Juni 1803

| 1,01 Wie | Abtei St. Maximin, Trier J. Schmitt | Johann Guerber, Putelange, Maitre des postes | 450 1 650 |

4. Mai 1810

| 1 Gut (Prebender Gut) | Abtei St. Maximin, Trier | Bernard Schmitt, Trier, Negociant; Friedrich Scheer, Trier, Boulanger; Martin Schmitz, Peter Schmitz, Riol | ? 1 650 |

15. Nov. 1811

| 1 Hofgut/0,48 Garten/ 36,16 Ack/7,87 Wie | Abtei St. Maximin, Trier | Willibrord Dany, Riol, Propriétaire (Johann Matthias Zell, Trier, Notaire) | 14 000 21 700 |

Rivenich

11. Frim. XII–3. Dez. 1804

| 2 Häuser | Abtei Echternach | P. Neidhöfer, Kinheim, Negociant | ? 3 825 |

1. Frim. XIV–22. Nov. 1805

| 8,85 Wie | Kl. Klausen J. Hasport | Johann Nepomuk Servatius, Hetzerath, Maire | 6 000 6 025 |

3. Aug. 1810

| 0,69 Wberg (Geisberg) | Kl. Klausen | Johann Servatius, Hetzerath, Propriétaire (Matthias Blasius, Hetzerath, Propriétaire) | 30 35 |

Schleich

3. Mess. XII–22. Juni 1804

| 1 Gebäude/0,70 Wie | Abtei St. Marien, Trier M. Schuler | Philipp Schuler, Schleich, Laboureur | 360 1 000 |

Objekt	Vorbesitzer Pächter	Käufer (Vermittler)	S-Preise K-Preise

24. Mai 1811

| 0,98 Eichen- u. Buchen-wald (Abtey-Wäldgen) | Abtei St. Marien, Trier | Michel Monzel, Pölich, Propriétaire | 360 1 200 |

Schweich

14. Prair. XI—3. Juni 1803

| 3 Keltern/1 Schuppen/ 1 Keller/0,14 Garten | Kurtrier Jäger | Matthias Vogel, Temmels, Propriétaire | 125 900 |

22. Vent. XIII—13. März 1805

0,75 Wberg	Abtei St. Marien, Trier H. Porten	Matthias Schlöder jr., Schweich, Laboureur (Johann Kleutgen, Trier, Marchand)	240 1 425
0,20 Garten/8,62 Ack/ 1,41 Wie/2,64 Wild/ 0,28 Wberg	Kl. Karthäuser, Konz M. Dixius	Matthias Dixius, Johann Reichert, Schweich, Laboreurs (Peter Jonas sen., Trier, Negociant)	2 400 4 075
0,36 Garten/3,56 Ack/ 1,07 Wie/9,24 Wild/ 0,37 Wberg	Stift St. Simeon, Trier J. Rosch	Pierre Michel Louis Dagoreau, Trier, Chef de bureau à la Prefecture; Louis Zegowitz, Secrétaire général; Johann Baptist Hirn, Employé (Pierre Michel Louis Dagoreau, Trier, Chef de bureau à la Prefecture)	2 300 3 050
1 Haus/0,42 Garten/ 9,97 Ack/2,47 Wie (Maximin-Fahrhaus)	Abtei St. Maximin, Trier N. Hermesdorff	Nikolaus Hermesdorf, Schweich, Cultivateur (Franz Georg Weckbecker, Münstermaifeld, Propriétaire)	5 172 6 500
0,80 Wberg	Kurtrier P. Wagner	Simon Jäger, Schweich, Geomètre; Johann Englert, Schweich, Juge de paix (Jakob Hayn, Trier, Negociant)	736 1 900

6. Therm. XIII—25. Juli 1805

| 0,09 Garten/0,68 Wberg | Stift St. Paulin, Trier J. J. Becker | Jakob Becker jr., Johann Winnebeck, Peter Dienhard, Schweich (Jacques Louis Herpein, Trier, Propriétaire) | 300 440 |

Objekt	Vorbesitzer Pächter	Käufer (Vermittler)	S-Preise K-Preise

12. Therm. XIII—31. Juli 1805

0,86 Wberg (Kaffenberg)	Stift Prüm M. Halfen	Matthias Wagner, Johann Dixius, Schweich, Laboureurs; Simon Jäger, Schweich, Geomètre (Matthias Wagner, Schweich, Laboureur)	520 2 775

15. Sept. 1807

34,63 Wild (Fünftel Berg)	Kurtrier Blasius	Edmund v. Kesselstatt, Trier, Propriétaire (Jakob Simon Oppenheim, Trier, Notaire)	1 200 1 700
0,81 Garten/0,31 Ack/ 0,37 Wie/0,62 Wberg (Schultheiserei-Gut)	Kurtrier Dany	Franz Rhode, Trier, Brasseur (Matthias Joseph Hayn, Trier, Negociant)	1 200 2 150

21. Sept. 1810

1 Haus/0,09 Garten/ 0,13 Wie (Niederprümer Hof)	Kl. Niederprüm L'Huillier	Johann Englert, Schweich, Juge de paix (Christoph Aldringen, Trier, Propriétaire)	1 500 1 525

1. März 1811

1 Hofgut/9,95 Ack/ 1,54 Wie/26,83 Wild (Niederprümer-Hof/ Altenhof)	Kl. Niederprüm L'Huillier	Clemens v. Kesselstatt, Trier, Propriétaire (Peter Marx jr., Trier-Zurlauben, Propriétaire)	10 500 15 100

1. Juli 1812

1 Hofgut/29,82 Ack/ 4,64 Wie/45,20 Wild (Großhof)	Kurtrier	Edmund u. Clemens v. Kesselstatt, Trier, Propriétaires (Christoph Aldringen, Wittlich, Percepteur)	25 000 60 200

Sehlem

12. Therm. XIII—31. Juli 1805

1,11 Ack/1,11 Wie/ 14,62 Wild (Scheidhof)	Kurtrier P. Krämer	Matthias Hansen, Johann Theisen, Sehlem, Laboureurs	2 400 3 675

1. Frim. XIV—22. Nov. 1805

9,49 Ack/54,43 Wild	Kl. Klausen Hansen	Matthias Hansen, Sehlem, Percepteur des Contributions; Johann Süss, Trier, Chirugien; Tobias Jakob Nikolai, Trier, Notaire; Johann Bernard Schmit, Mertert, Propriétaire; Wwe. Therese Schmit geb. Loerscher, Marchande	6 000 ?

Objekt	Vorbesitzer Pächter	Käufer (Vermittler)	S-Preise K-Preise

15. Sept. 1807

| 1 Hofgut/0,21 Garten/ 1,66 Ack/0,50 Wie/ 3,50 Wild (Limburger Hof) | Kl. Klausen Zender | Clemens v. Kesselstatt, Trier, Propriétaire (Jakob Simon Oppenheim, Trier, Negociant) | 2 300 3 100 |

22. Sept. 1807

| 1 Haus/35,28 Ack/ 5,29 Wie/60,52 Wild (Schäffereygut) | Kurtrier Servatius | François Albert Lasalle, Simon Galhau, Louis Galhau, Baslimberg, Propriétaires; Gaspar Renauld, Fremersdorf, Propriétaire (François Albert Lasalle, Baslimberg, Propriétaire) | 37 700 37 700 |

1. März 1811

| 6,00 Wie | Kl. Klausen M. Dany | Clemens v. Kesselstatt, Trier, Propriétaire (Peter Marx jr., Trier-Zurlauben, Propriétaire) | 9 100 9 100 |

24. Mai 1811

1,17 Eichenwald (Finkenbusch)	Kurtrier	Christoph Aldringen, Trier, Propriétaire	180 525
0,82 Eichenwald (Burgkopf)	Kurtrier	Jakob Vanvolxem, Trier, Brasseur	100 125
1,81 Eichenwald (Simeonsbusch)	Kurtrier	Matthias Hansen, Sehlem, Propriétaire; Georg Hansen, Esch	240 300

Trittenheim

13. Fruct. XII—31. Aug. 1804

| 0,01 Garten/0,08 Wie/ 17,43 Wild | Kurtrier J. Junk/J. Spieler | Matthias Winter, Leiwen, Laboureur; Aloys Lorenz, Nikolaus Lorenz, Trittenheim, Laboureurs (Matthias Winter, Leiwen, Laboureur) | 1 248 2 700 |

26. Pluv. XIII—15. Febr. 1805

| 1 Haus/0,20 Garten/ 0,22 Ack/0,38 Wie/ 22.231 Wst | Kl. Karthäuser, Konz N. Hermes/Ph. Marx | Matthias Joseph Hayn, Trier, Negociant | 4 880 16 200 |

9. Mess. XIII—28. Juni 1805

| 1 Haus/5,86 Ack/ 1,16 Wie | Abtei St. Matthias, Trier J. Werner | Johann Werner, Thadeus Lorentz, Johann Maringer, Johann Lorentz, Jakob Arens, Trittenheim (Johann Peter Fourier, Schweich, Receveur des Domaines) | 3 800 18 000 |

Objekt	Vorbesitzer Pächter	Käufer (Vermittler)	S-Preise K-Preise

12. Therm. XIII–31. Juli 1805

Objekt	Vorbesitzer Pächter	Käufer (Vermittler)	S-Preise K-Preise
0,13 Ack/0,29 Wie/ 1,34 Wberg	Abtei St. Matthias, Trier B. Hermen	Heinrich Korn, Trittenheim, Laboureur (Matthias Joseph Hayn, Trier, Negociant)	1 200 3 725
0,32 Wberg	Kl. St. Thomas/Kyll P. Classen	Heinrich Korn, Trittenheim, Laboureur (Matthias Joseph Hayn, Trier, Negociant)	450 1 700

Kanton Trier

Trier

2. Flor. XI–22. April 1803

Objekt	Vorbesitzer Pächter	Käufer (Vermittler)	S-Preise K-Preise
2 Häuser (Hosengasse 220 u. 221)	Abtei St. Matthias, Trier Lintz	Kaspar Schmelzer, Trier, Negociant	1 800 13 200
1 Haus (Hosengasse 222)	Abtei St. Matthias Mohr	Ludwig Mohr, Trier, Negociant	1 300 4 500
0,35 Garten	Kl. Welschnonnen, Trier	Louis Zegowitz, Trier, Secrétaire général	300 3 000
1 Haus (Simeonsgasse 1043)	Stift St. Simeon, Trier Geyer	Leopold Geyer, Trier, Commissare de police	2 700 6 000
1 Haus (Simeonstift Nr. 1048)	Stift St. Simeon, Trier Compagnot	Nikolaus Emmersdorf, Remich, Commissaire de police	1 800 4 600
0,08 Land	Abtei St. Martin, Trier	Anton Recking, Trier, Maire	40 45
Abtei St. Martin mit Kirche u. Kirchhof	Abtei St. Martin, Trier	Peter Goergen, Trier, Architecte	820 9 000
1 Haus (Simeonstift Nr. 1046)	Stift St. Simeon, Trier Jurys	Nikolaus Anton Baur, Trier, Contrôleur	726 1 900
0,18 Land	Abtei St. Martin, Trier	Anton Recking, Trier, Maire	450 455
0,87 Garten	Abtei St. Martin, Trier Gerotin	Christoph Nell, Trier, Negociant	2 400 4 650
0,0024 Garten (neben St. Martin)	Abtei St. Martin, Trier	Joseph Ormechville, Trier, Préfet	11 16
ein Stück des Hofes von Fahrgasse 404	Domstift Trier	Anton Joseph Recking, Trier, Maire	130 135
1 Haus (Fahrgasse 404)	Domstift Trier Mohr	Ludwig Mohr, Trier, Negociant	1 870 15 000

313

Objekt	Vorbesitzer Pächter	Käufer (Vermittler)	S-Preise K-Preise
1 Haus (Pallastgasse 95)	Kurtrier Saarburg	Johann Guerber, Pute-lange, Maitre des postes	640 1 900
1 Haus (Fleischgasse 820)	Kl. Karmeliter, Trier Hüth	Johann Adam Clemens, Trier, Fabricant de Tabac	924 1 600
1 Haus (Fleischgasse 821)	Kl. Karmeliter, Trier Klemens	Johann Adam Clemens, Trier, Fabricant de Tabac	1 000 2 100
1 Haus (Diedrichsgasse 930)	Kl. Karmeliter, Trier Niklou	Barthelemi Niklou, Trier, Perruquier	900 1 550
0,97 Garten (neben Rampart)	Kl. Welschnonnen, Trier	Louis Zegowitz, Trier, Secrétaire général; Leo-pold Ludwig Apperderise, Trier, Juge au tribunal	970 4 000

21. Flor. XI—11. Mai 1803

Objekt	Vorbesitzer Pächter	Käufer (Vermittler)	S-Preise K-Preise
1 Haus (bei den Kasernen Nr. 1156)	Kl. Karthäuser, Konz P. Görgen	Johann Kleutgen, Trier, Boulanger	5 000 7 700
2 Häuser (Simeonstift 1060 u. 1061)	Stift St. Simeon, Trier Ruppenthal/Wilhelmi	Franz Rode, Trier, Bras-seur	1 600 5 000
1 Haus/0,90 Garten (Sichelgasse 1101)	Abtei St. Maximin, Trier Greis	Peter Müller, Trier-St. Paulin, Ex-Chanoine	1 800 7 050
1 Haus (Simeonstift Nr. 1047)	Stift St. Simeon, Trier König	Franz Meesen, Trier, Homme de loi	1 980 5 100
1 Haus (Simeonstift 1056)	Stift St. Simeon, Trier Prevot	George François Bidault, Trier, Commissaire sub-stitute	650 2 625
1 Haus (Simeonstift Nr. 1053)	Stift St. Simeon, Trier Nalbach	Damian Ernst Birck, Trier, Commissaire près le Tri-bunal criminelle	2 000 5 900
1 Haus (Simeonstift 1057)	Stift St. Simeon, Trier Thomm	Jean Marc Delapré, Trier, Architecte	1 056 3 500
1 Haus (Rindertanz 1097)	Stift St. Simeon, Trier Krell	Nikolaus Krell, Trier, Commis-Greffier; Franz Jakob Endres, Trier, Bou-langer (Nikolaus Krell, Trier, Commis-Greffier)	700 2 125
1 Haus (Moselgasse 1026)	Stift St. Simeon, Trier Zink	Bernard Seyppell, Trier, Juge d'appel	1 200 5 025
1 Haus (Simeonstift Nr. 1049)	Stift St. Simeon, Trier Meesen	Johann Guerber , Pute-lange, Maitre des postes	1 300 6 050
1 Haus/1 Mühle (Simeonstift 1058 u. 1059)	Stift St. Simeon, Trier Kuhn/Kiefer	Matthias Joseph Hayn, Trier, Negociant	4 600 10 000
1 Haus (Simeonstr. 1041)	Stift St. Simeon, Trier Graffe	Matthias Vogel, Tem-mels, Propriétaire	4 000 8 300

Objekt	Vorbesitzer Pächter	Käufer (Vermittler)	S-Preise K-Preise
1 Haus/Hof (Mergener Hof, Rindertanz 1098)	Abtei St. Marien,Trier Roth	Nikolaus Krell, Trier, Greffier	900 5 500
1 Haus (Liebfrauenstr. 54)	Kurtrier Merk	Johann Koch, Trier, Menuisier	300 2 700
Kl. St. Anna mit Kirche	Kl. St. Anna, Trier Bauer	Matthias Vogel, Temmels, Propriétaire; Johann Guerber, Putelange, Maitre des postes	4 000 14 000
1 Haus mit Kapelle (Liebfrauenstr. 59)	Abtei Himmerod Demmer	Johann Baptist Hetzrodt, Trier, Imprimeur	2 508 9 025

14. Prair. XI—3. Juni 1803

1 Haus (Diedrichsgasse 831)	Kl. Karmeliter, Trier P. Artz	Peter Artz, Trier, Tonnelier	1 500 3 275
1 Haus (auf dem Freydorf 843 Irminen-Freihof)	Stift St. Irminen, Trier	Johann Guerber, Putelange, Maitre des postes	1 800 4 075

25. Prair. XI—14. Juni 1803

1 Haus (Diedrichsgasse 835)	Abtei Wadgassen Schmitt	Matthias Vogel, Temmels, Propriétaire	4 000 12 000
1 Haus (Rahnengasse 326)	Stift St. Paulin, Trier Vanvolxem	Jakob Simon, Trier, Negociant	1 000 1 225
1 Haus (Dominikanergasse 18)	Kl. Dominikaner, Trier Christ	Franz Rousselot, Trier, Employé	500 1 125
0,08 Ack (bei dem Martinstor)	Abtei St. Martin, Trier P. Herter	Anton Joseph Recking, Trier, Maire	36 37
1 Kirche/Garten (Welschnonnenkloster- Kirche)	Kl. Welschnonnen, Trier	Louis Zegowitz, Trier, Secrétaire général	900 4 100

16. Mess. XI—5. Juli 1803

1 Haus (Simeonsgasse 1044)	Stift St. Simeon, Trier Massonnet	Matthias Vogel, Temmels, Propriétaire; Jean Marc Delapré, Trier, Architecte	800 1 800
1 Haus (Moselgasse 1028)	Stift St. Simeon, Trier Zeutzius	Jobe Hermes, Trier, Juge	1 500 4 825
1 Haus (Simeonstift 1054)	Stift St. Simeon, Trier Jonatha	Nikolaus Provot, Trier, Employé	1 100 2 025
1 Haus (Simeonstift 1045)	Stift St. Simeon, Trier Niederehe	Charles Dominique Compagnot, Trier, Conseiller de Prefecture	1 500 3 000

26. Mess. XI—15. Juli 1803

1 Haus (Liebfrauenstr. 61)	Kirche Liebfrauen, Trier Burchard	Anton Joseph Recking, Trier, Maire	759 2 350

Objekt	Vorbesitzer Pächter	Käufer (Vermittler)	S-Preise K-Preise
1 Haus (Liebfrauenstr. 60)	Kirche Liebfrauen, Trier Münch	Johann Matthias Greis, Trier, Notaire	900 4 150
Kl. Karmeliter ohne Kirche	Kl. Karmeliter, Trier Hayn	Anton Joseph Recking, Trier, Negociant	6 000 15 000
0,0015 Land (im Hof des Arrest-hauses in der Dominikanergasse)		François Rousselot, Trier, Employé	18 21

9. Therm. XI—28. Juli 1803

Objekt	Vorbesitzer Pächter	Käufer (Vermittler)	S-Preise K-Preise
1 Haus (unterm Stern Nr. 67)	Domstift Trier Schwalbach	Georg Schwalbach, Trier, Pâtissier	1 000 1 625
1 Haus (unterm Stern Nr. 66)	Domstift Trier Herveux	Adam Philippe, Trier, Cabaretier	1 500 3 850
1 Haus (unterm Stern Nr. 68)	Domstift Trier Cardon	Jean Niclou, Trier, Perruquier	800 2 900
1 Mühle (auf der Weberbach)	Kl. St. Agnes, Trier Antoine	Christoph Nell, Trier, Negociant (Peter Görgen, Trier, Architecte)	4 700 10 300

27. Fruct. XI—14. Sept. 1803

Objekt	Vorbesitzer Pächter	Käufer (Vermittler)	S-Preise K-Preise
Pfarrkirche Gervasius	Pfarrei Gervasius, Trier	Louis Zegowitz, Trier, Secrétaire général	600 1 250

11. Vend. XII—4. Okt. 1803

Objekt	Vorbesitzer Pächter	Käufer (Vermittler)	S-Preise K-Preise
1 Haus (Hosengasse 219)	Abtei St. Matthias, Trier Daniel	Jakob Vanvolxem, Trier, Negociant	1 200 7 150
Klosterkirche der Karmeliter	Kl. Karmeliter, Trier	Karl Anton Bernasco, Trier, Marchand de fer	1 500 ?

19. Brum. XII—11. Nov. 1803

Objekt	Vorbesitzer Pächter	Käufer (Vermittler)	S-Preise K-Preise
1 Haus/1 Kapelle/ 2,00 Garten (Brückergasse 613)	Malteser Failly	Fr. Delaroche	8 000 13 000
0,22 Garten (die Olk)	Kl. St. Agnes, Trier Crager	Johann Karl Bollonia, Manderscheid, Percepteur des Contributions	300 ?

23. Brum. XII—15. Nov. 1803

Objekt	Vorbesitzer Pächter	Käufer (Vermittler)	S-Preise K-Preise
Kl. St. Katharina	Kl. St. Katharina, Trier Willwersch	Anton Joseph Recking, Trier, Negociant	4 000 4 100
0,63 Garten (beim Martinstor)	Deutschorden J. Jung	Johann Anton Kochs, Trier, Negociant	1 500 1 700

21. Frim. XII—13. Dez. 1803

Objekt	Vorbesitzer Pächter	Käufer (Vermittler)	S-Preise K-Preise
1 Hofgut/55,32 Ack/ 0,62 Wie (Marxberg)	Kl. St. Anna, Trier Jakob Müller	Bernard Wettendorf, Trier, Avocat (Joseph Willwersch, Trier, Propriétaire)	3 900 4 600

316

Objekt	Vorbesitzer Pächter	Käufer (Vermittler)	S-Preise K-Preise

27. Niv. XII—18. Jan. 1804

| 1 Mühle/0,12 Ack/ 5,66 Weiher (Tabaksmühle/ Ack: die Mühlenfels) | Abtei St. Marien, Trier Jonas | Charles François Manessy, Trier, Juge | 8 000 ? |

6. Pluv. XII—27. Jan. 1804

| 0,17 Wie (die Teufelsmühl vor dem Simeonstor) | Kl. St. Johann, Trier Berens | M. Marx | 200 470 |

7. Vent. XII—27. Febr. 1804

4,60 Land (die unterste Acht)	Abtei St. Marien, Trier G. Deutsch	Jakob Christian Schmelzer, Trier, Receveur des Domaines	2 466 ?
1,86 Ack (bey d. Abtei St. Marien)	Abtei St. Marien, Trier P. Breyling	Jakob Christian Schmelzer, Trier, Receveur des Domaines	2 310 ?
1,94 Land (die kleine Acht)	Abtei St. Marien, Trier M. Steffgen	Jakob Christian Schmelzer, Trier, Receveur des Domaines	1 485 ?
0,70 Land (im Kaskeller)	Kl. St. Johann, Trier Berens	Tobias Engel, Metz, Hermann Benjamin Engel, Metz, Negociants; Mayer Levy, Thionville, Negociants	800 ?
2,45 Ack	Abtei St. Maximin, Trier	Hermann Benjamin Engel, Straßburg, Negociant; Mayer Levy, Thionville, Negociant	? ?

12. Vent. XII—3. März 1804

| 1 Haus (Löwenbrücken, an der Brücke) | Kl. St. Anna, Trier | B. Berk | 220 530 |

2. Germ. XII—23. März 1804

| 50 Ruthen Garten (an der Sieh um Dich) | Domstift Trier Rousselot | Johann Anton Zeutzius, Trier, Notaire | 440 740 |

19. Flor. XII—9. Mai 1804

| 1 Haus (Moselgasse 1027) | Stift St. Simeon, Trier Häner | Emanuel Lelievre, Trier, Directeur des Domaines | 2 448 2 500 |

8. Prair. XII—28. Mai 1804

| 0,15 Land (auf dem Markusberg) | Abtei St. Matthias, Trier | Franz Blum, Trier, Maçon (Adam Melchior, Trier-Pallien, Aubergiste) | 30 45 |
| 0,43 Ack (vor dem Simeonstor) | Stift St. Simeon, Trier Kiefer | Sebastian Scharfbillig, Trier, Boulanger | 650 910 |

Objekt	Vorbesitzer Pächter	Käufer (Vermittler)	S-Preise K-Preise
0,26 Land	Stift St. Simeon, Trier Kiefer	Johann Müller, Trier- Maar, Marchand	390 980
0,26 Land	Stift St. Simeon, Trier Kiefer	Louis Zegowitz, Trier, Propriétaire	390 925
0,26 Land	Stift St. Simeon, Trier Kiefer	Matthias Joseph Hayn, Trier, Negociant (Louis Zegowitz, Trier, Propriétaire)	390 880
0,35 Land	Stift St. Simeon, Trier Kiefer	Leopold Geyer, Trier, Re- ceveur des Contributions	520 1 225

15. Prair. XII—4. Juni 1804

Objekt	Vorbesitzer Pächter	Käufer (Vermittler)	S-Preise K-Preise
0,52 Land (vor dem Simeonstor)	Stift St. Simeon, Trier Kiefer	Reinhard Adam, Trier, Boulanger	780 1 225
0,35 Land	Stift St. Simeon, Trier Kiefer	Nikolaus Anton Baur, Trier, Controleur des Contributions	520 1 075
0,35 Land	Stift St. Simeon, Trier Kiefer	Johann Cordel, Trier, Me- nuisier	520 1 000
1,06 Wie (neben der Abtei St. Marien)	Abtei St. Marien, Trier Graffe	Johann Jakob Joseph d'Hame, Trier, Membre du corps legislatif; Franz Karl Manessy, Trier, Juge au tribunal criminel; Leopold Geyer, Trier, Re- ceveur des Contributions (Anton Mathis, Trier, Em- ployé à la Prefecture)	1 520 2 775
2,47 Wie (neben der Abtei St. Marien)	Abtei St. Marien, Trier Kordel	Johann Anton Kochs, Trier, Negociant; Jacob Schmelzer, Trier, Rece- veur des Domaines (Matthias Coupette, Trier, Brasseur)	3 681 5 000

16. Mess. XII—5. Juli 1804

Objekt	Vorbesitzer Pächter	Käufer (Vermittler)	S-Preise K-Preise
1 Haus (unterm Stern Nr. 69)	Domstift Trier Göhr	Johann Konrad Saarburg, Trier, Boucher	595 1 900
1 Laden (neben St. Gangolf)	Stift St. Irminen, Trier Reiss	Johann Schmitz, Trier, Boulanger	422 430
1 Haus/1,32 Land (zur Meyen, zwischen Zurlauben u. St. Marien)	Abtei St. Maximin, Trier Mettloch	Jakob Christian Schmel- zer, Trier, Receveur des Domaines	1 040 4 650

14. Therm. XII—2. Aug. 1804

Objekt	Vorbesitzer Pächter	Käufer (Vermittler)	S-Preise K-Preise
0,05 Garten (beim Martinstor)	Deutschorden Wagner	Sebastian Wagner, Trier, Jardinier	105 140

Objekt	Vorbesitzer Pächter	Käufer (Vermittler)	S-Preise K-Preise

21. Therm. XII—9. Aug. 1804

Objekt	Vorbesitzer Pächter	Käufer (Vermittler)	S-Preise K-Preise
0,15 Land (vor dem Simeonstor)	Kl. St. Johann, Trier Berens	Johann Michel Grewelding, Trier, Marchand	252 405
0,08 Land (vor dem Alttor)	Kl. St. Johann, Trier Berens	Johann Peter Kleutgen, Trier, Marchand	144 240
0,30 Land (vor dem Mußtor, beim Kaskeller)	Kl. St. Johann, Trier Berens	Franz Rode, Trier, Brasseur; Heinrich Embser, Trier, Charron (Franz Rode, Trier, Brasseur)	504 550
0,04 Garten (Hintergasse)	Kl. St. Johann, Trier Berens	Thiebault Rosenzweig, Trier, Drapier	240 450

5. Vend. XIII—27. Sept. 1804

1,23 Land (in Marien)	Abtei St. Marien, Trier Petillot	Jakob Christian Schmelzer, Trier, Receveur des Domaines	1 312 1 800

13. Vend. XIII—5. Okt. 1804

0,08 Garten (vor dem Martinstor)	Deutschorden Sauer	Franz Martin Peillers, Trier, Pharmacien (Pierre Dagoreau, Trier, Employé à la Préfecture)	720 1 000
0,15 Ack	Deutschorden Berg	Johann Sprenger, Trier, Boulanger	288 300
0,03 Garten (Deutschgasse)	Deutschorden Andreas Berg	Johann Sauer, Trier	117 125
0,04 Garten (in der großen Olk)	Deutschorden Johann Josten	Sebastian Wagner, Trier, Jardinier	154 160
0,03 Ack (vor dem Brückentor)	Kurtrier Klauer	Nikolaus Fass, Trier, Brasseur (Matthias Wetters, Trier)	70 85
0,55 Ack/0,08 Wberg (im Deimelberg)	Kl. Dominikaner, Trier Liefga	Gräfin von Braunschweig-Bevern, Glücksburg (Joseph Mathis, Trier, Avoué)	1 120 1 325

21. Brum. XIII—12. Nov. 1804

Kl. St. Johann	Kl. St. Johann, Trier	Jakob Kleutgen, Trier, Marchand	7 550 8 000

13. Frim. XIII—4. Dez. 1804

0,01 Garten/2.000 Wst (im Deimelberg)	Stift St. Simeon, Trier Boerem	Jean Marc Delapré, Trier, Architecte	100 200
0,03 Garten/0,06 Land/ 0,25 Wberg (Garten: nahe bei St. Marien, Land: in der Schell, Weinberg: Avelsbach)	Kl. Dominikaner, Trier Liefka/Kirsch	Franz Mathis, Trier, Greffier au tribunal d'appel; Anton Mathis, Trier, Employé à la Préfecture	495 1 200

Objekt	Vorbesitzer Pächter	Käufer (Vermittler)	S-Preise K-Preise
1 Scheune/1,20 Garten/ 0,02 Land (nahe bei Marien)	Abtei St. Marien, Trier	den Vereinigten Hospizien Trier als Ersatzleistung abgetreten	3 975 —

14. Niv. XIII—4. Jan. 1805

Objekt	Vorbesitzer Pächter	Käufer (Vermittler)	S-Preise K-Preise
Abtei St. Marien	Abtei St. Marien, Trier	Jean Marc Delapré, Trier, Architecte	1 560 18 000
5,67 Wberg	Domstift Trier Bollonia	Nikolaus Müller, Trier, Teinturier	3 360 ?

20. Flor. XIII—10. Mai 1805

Objekt	Vorbesitzer Pächter	Käufer (Vermittler)	S-Preise K-Preise
0,08 Garten (Predigergasse)	Kl. Welschnonnen, Trier Koch	Nikolaus Bintz, Trier, Marchand	432 790
0,35 Wie (vor der Muspforte)	Kl. Welschnonnen, Trier Koch	Emmerich Grach, Trier, Marchand	1 072 1 975
1,05 Ack (vor der Simeonspforte)	Kl. Welschnonnen, Trier Koch	Emmerich Grach, Trier, Negociant	976 1 725

4. Prair. XIII—24. Mai 1805

Objekt	Vorbesitzer Pächter	Käufer (Vermittler)	S-Preise K-Preise
1 Haus (Banthusstr. 44)	Domstift Trier Hermann	Nikolaus Nell, Trier, Chanoine	2 100 5 325
1 Haus (Banthusstr. 43)	Domstift Trier Ehrmeyer	Norbert Charles, Trier, Concierge de la maison d'arret	900 2 450
1 Haus (Predigergasse 28)	Domstift Trier Driesch	Johann Salomon, Trier, Greffier	1 800 3 000
1 Haus (Predigergasse 27)	Domstift Trier Breidenbach	Johann Peter Ehrmeyer, Trier, Vicaire de la Cathédrale (Anton Mathis, Trier, Employé à la Prefecture)	1 400 2 300
1 Haus (Napoleonsplatz 7 — Domfreihof)	Domstift Trier Horn	Johann Baptist Horn, Trier, Notaire	1 592 4 225
1 Haus (Dominikanerstr. 19)	Domstift Trier	Wwe. Anna Margarethe Foehr, Trier, Frippière (Matthias Reiss, Trier, Menuisier)	1 700 4 125
1 Haus (Banthusstr. 42)	Domstift Trier Kiweler	Johann Kiweler, Trier, Chanoine	2 000 4 000
1 Haus (Banthusstr. 41)	Domstift Trier Dahm	Charles Faure, Trier, Negociant (Charles Briffault, Trier, Receveur particulier à Prüm)	2 400 4 400

Objekt	Vorbesitzer Pächter	Käufer (Vermittler)	S-Preise K-Preise
1 Haus (Predigergasse 25)	Domstift Trier Schmitz	Pierre Courte, Trier, Professeur de l'école secondaire (Dominique Pierre Graffe, Trier, Receveur de l'Enregistrement)	1 200 2 300
1 Haus (Predigerstr. 26)	Domstift Trier Kirst	Johann Kirst, Trier, Chanoine	800 1 075
1 Haus (Eulenpütz 38)	Domstift Trier Lieser	Johann Jakob Haan, Trier, Avocat (Peter Joseph Marie Hebrard, Trier, Employé à la Prefecture)	900 1 050
1 Haus (Dominikanerstr. 22)	Domstift Trier Welken	Sebastian König, Trier, Juge au tribunal special	1 200 2 625
1 Haus (Dominikanerstr. 23)	Domstift Trier Kelsinger	Jakob Fischer, Trier, Ex-Vicaire de la Cathedrale	500 1 450
1 Haus (Flandergasse 10)	Domstift Trier Fischer	Jakob Leistenschneider, Trier, Imprimeur	4 000 6 650

11. Prair. XIII—31. Mai 1805

2 Häuser/14,31 Ack/ 4,59 Wie/65,66 Wild (Sivenicher Höfe)	Abtei St. Martin, Trier Heinz/Feilen	Johann Anton Kochs, Trier, Negociant	11 200 17 500

9. Mess. XIII—28. Juni 1805

1 Haus (beym Eulenpütz 40)	Domstift Trier Demmer	Georges Henry, Trier, Chef de bureau	1 200 1 700
1 Haus (Dominikanerstr. 20)	Domstift Trier Busch	Karl Anton Busch, Trier, Chanoine	1 500 1 700
1 Haus (Napoleonplatz 65)	Domstift Trier Reiss	Franz Joseph Reiss, Trier, Vicaire de la Cathédrale	1 650 1 675
1 Haus (Eulenpütz 37)	Domstift Trier Staadt	Johann Jakob Staadt, Saarburg, Notaire	2 400 2 425
1 Haus (beym Pallast 51)	Domstift Trier Bourdon	Frl. Margarete Leveling, Trier (Johann Baptist Singer, Trier, Architecte)	1 968 3 600
0,35 Land (auf dem Deimelberg)	Kl. St. Johann, Trier Berens	Joseph Lacomparte, Trier, Orfèvre	100 125

22. Mess. XIII—11. Juli 1805

1 Haus (Weberbach 105)	Pfarrei St. Laurentius, Trier	Johann Fux, Trier, Boulanger	? 2 600

26. Fruct. XIII—13. Sept. 1805

0,10 Garten (bei der Martinspforte)	Deutschorden Lauterborn	Nikolaus Kordel, Trier, Journalier; Johann Weiersbach, Trier, Marchand	157 160

Objekt	Vorbesitzer Pächter	Käufer (Vermittler)	S-Preise K-Preise
0,24 Land (Insel gegenüber Medard)	Abtei St. Matthias, Trier/Kurtrier Wehr	Peter Herrig, Trier-St. Barbeln, Marchand; Philipp Marx, Trier-St. Barbeln, Marchand; Peter Christ, Trier-St. Barbeln, Marchand; Christoph Philipp Nell, Trier, Negociant (Peter Marx jr., Trier-Zurlauben, Marchand)	624 805
0,08 Land	Deutschorden Kaspar Wein	Nikolaus Anton Bauer, Trier, Controleur des Contributions	112 115

16. Vend. XIV—8. Okt. 1805

Objekt	Vorbesitzer Pächter	Käufer (Vermittler)	S-Preise K-Preise
1 Haus (Napoleonplatz 64)	Domstift Trier Morgen	Georg Heinrich Aldringen, Trier, Propriétaire, Johann Franz Reiss, Trier, Vicaire, Peter Herges, Trier, Percepteur, Peter Wagner, Trier	1 800 1 825

3. Brum. XIII—25. Okt. 1805

Objekt	Vorbesitzer Pächter	Käufer (Vermittler)	S-Preise K-Preise
0,70 Land (Pallast-Kelnerey, zwischen Muß- und Altpforte)	Kurtrier Heffinger	Peter Jonas sen., Trier, Marchand	587 590

3. Brum. XIV—25. Okt. 1805

Objekt	Vorbesitzer Pächter	Käufer (Vermittler)	S-Preise K-Preise
0,52 Land (Pallast-Kelnerey)	Kurtrier Heffinger	Nikolaus Anton Bauer, Trier, Controleur des Contributions	440 455
0,08 Garten	Deutschorden Reinard	Johann Kaspar Eppert, Trier, Homme de lettre	320 620
0,35 Wberg	Kl. Augustiner, Trier Trierweiler	Johann Höwer, Trier, Laboureur	48 50
0,03 Ack (in der Schanz)	Kl. Augustiner, Trier G. Köhler	Johann Jakob Kirscht, Trier, Tailleur (Sebastian Scharfbillig, Trier, Boulanger)	28 35
0,08 Garten (vor der Mußpforte)	Kl. Welschnonnen, Trier Neyreither	Matthias Zimmer, Trier, Aubergiste, Peter Jonas sen., Trier, Marchand	144 365
0,26 Ack (vor der Mußpforte)	Domstift Trier J. Bösgen	Nikolaus Anton Bauer, Trier, Controleur des Contributions	256 280
0,51 Ack (vor dem Brücker Thore)	Johanniter Ch. Schneider	Thomas Wolf, Trier, Architecte	640 850

9. Brum. XIV—31. Okt. 1805

Objekt	Vorbesitzer Pächter	Käufer (Vermittler)	S-Preise K-Preise
0,30 Ack	Kl. Welschnonnen, Trier J. Koch	Emmerich Grach, Trier, Negociant	350 360

Objekt	Vorbesitzer Pächter	Käufer (Vermittler)	S-Preise K-Preise
0,16 Garten	Kl. Welschnonnen, Trier Apprederise	Louis de Gousage Apprederise, Trier, Juge	768 900
Kl. Minoriten	Kl. Minoriten, Trier	Johann Peter Kleutgen, Johann Nikolaus Müller, Trier, Marchands; Peter Herrig, Trier-St. Barbeln, Aubergiste (Emmerich Raab, Trier, Curé de St. Gervais)	2 000 3 125
1 Haus (Nr. 21)	Domstift Trier Delacour	François Montainville, Trier, Juge	500 780

25. Frim. XIV—16. Dez. 1805

Objekt	Vorbesitzer Pächter	Käufer (Vermittler)	S-Preise K-Preise
0,35 Ack (in der Schell)	Abtei Himmerod Jonas	Peter Huberti, Trier, Tonnelier (Peter Jonas, Trier, Marchand)	420 605
0,40 Wberg (in der Sonn, aufm Deimelberg)	Kl. St. Katharina, Trier K. Niesen	Kaspar Wein, Trier-St. Paulin, Laboureur	130 135
0,54 Land (vor dem Brücker-Thor)	Abtei Himmerod A. M. Loser	Johann Schneider, Trier, Negociant	512 750

7. Febr. 1806

Objekt	Vorbesitzer Pächter	Käufer (Vermittler)	S-Preise K-Preise
1 Haus (bey der Muspforte 34)	Domstift Trier Zimmer	Matthias Zimmer, Trier, Prêtre; Ferdinand Zeininger, Trier, Avoué	1 000 2 500
0,04 Garten	Stift St. Simeon, Trier Bollonia	Nikolaus Anton Bauer, Trier, Controleur des Contributions	128 130

21. Febr. 1806

Objekt	Vorbesitzer Pächter	Käufer (Vermittler)	S-Preise K-Preise
1 Haus (Eulenpütz 32)	Domstift Trier	Jakob Fritsch, sen., Trier, Negociant	960 1 350

7. März 1806

Objekt	Vorbesitzer Pächter	Käufer (Vermittler)	S-Preise K-Preise
0,03 Land (neben dem Kloster der Grauschwestern)		Louis Zegowitz, Trier, Avocat	240 400

15. Juni 1807

Objekt	Vorbesitzer Pächter	Käufer (Vermittler)	S-Preise K-Preise
1 Haus (Fleischstr. 460)	Kurtrier	Johann Anton Zeutzius, Trier, Notaire	1 000 3 050

30. Okt. 1807

Objekt	Vorbesitzer Pächter	Käufer (Vermittler)	S-Preise K-Preise
1,03 Land (Kästenwäldchen, auf der Mitte der Anhöhe des Marxberges)	Abtei St. Maximin, Trier König	Peter Fink, Trier, Drapier; Mayer Nathan, Bernkastel	120 125

Objekt	Vorbesitzer Pächter	Käufer (Vermittler)	S-Preise K-Preise
26. Febr. 1808			
0,32 Ack (im Kaskeller)	Stift St. Simeon, Trier Sackenheim	Christoph Aldringen, Trier, Propriétaire	120 125
18. März 1808			
1 Haus/0,50 Garten (Echternacher Hof, Diedrichsgasse Nr. 841)	Abtei Echternach Engel	Johann Bernard Berger, Trier, Directeur des Domaines (Jakob Courteau, Trier, Entrepreneur des batiments)	1 800 3 025
12. Jan. 1810			
Kl. Kapuziner	Kl. Kapuziner, Trier	Adalbert Gilquin, Trier, Negociant	4 000 4 300
21. Sept. 1810			
0,05 Ack (bey der Mußpforte)	Kurtrier	Karl Bollonia, Trier, Employé à la Prefecture; Wilhelm Baden, Trier, Tonnelier (Karl Bollonia, Trier, Employé à la Prefecture)	100 155
0,0046 Ack (vor der Mußpforte)	Kurtrier	Karl Bollonia, Trier, Employé à la Prefecture	10 12
23. Nov. 1810			
1 Haus/Hof/Garten (Simeonstift 1055)	Stift St. Simeon, Trier Piersant	Madame Hasenclever née Geyer, Thionville	3 600 7 300
26. April 1811			
0,78 Land (mit Weiden bepflanzt) (die Hälfte d. Moselinsel)	Abtei St. Martin, Trier	Antoine Gand, Trier, Propriétaire	32 975
24. Mai 1811			
0,21 Ack (Mayereistück)	Kurtrier	Johann Adam Hart, Trier-Maar; Theodor Kimlingen, Trier-Maar	500 1 375
6. März 1812			
0,36 Ack	Kl. St. Anna, Trier	Salome Fingulus, Wwe. Münch	? 1 810
13. April 1812			
Hospital St. Elisabeth (in Trier – St. Paulin)	Stift St. Paulin, Trier	Georg Heinrich, Trier, Architecte	? 9 000

Objekt	Vorbesitzer Pächter	Käufer (Vermittler)	S-Preise K-Preise

1. Juli 1812

| Kl. St. Markus | Kl. St. Markus, Trier/ Stadt Trier | Johann Georg Petri, Trier, Receveur des Hospices; Johann Schillinger, Trier, Couvreur; Caspar Feilen, Trier, Drapier | ? 7 710 |

29. Sept. 1812

| Ack (Domherrenblende) | Domstift Trier | Lucas Moris, Trier, Teinturier | ? 3 780 |

Trier-Heiligkreuz

21. Therm. XII—9. Aug. 1804

| 0,06 Wberg | Kl. St. Johann, Trier Berens | Wilhelm Münch, Trier-Löwenbrücken, Aubergiste | 108 113 |

8. Sept. 1807

| Ack/Wberg | Kl. Dominikaner, Trier M. Lifga | Kaspar Heitt, Trier, Médecin | 1 400 2 025 |
| 0,70 Land | Kl. St. Agnes, Trier P. Weber | Michel Morgen, Trier-Olewig, Laboureur | 300 600 |

Trier-Olewig

25. Prair. XI—14. Juni 1803

| 1 Mühle/0,16 Ack/ 0,79 Wie (untere Mühle) | Domstift Trier F. Balles | Franz Balles, Trier-Olewig, Meunier | 1 000 2 025 |
| 1 Mühle/0,16 Ack/ 0,79/Wie (obere Mühle) | Domstift Trier Ch. Ferger | Christoph Ferger, Trier-Olewig, Meunier | 1 200 2 775 |

27. Frim. XII—19. Dez. 1803

| 1 Hofgut/0,26 Garten/ 18,57 Ack und Wild/ 2,96 Wie/0,70 Wberg (Hungerburg) | Kurtrier J. G. Deutsch | Johann Georg Deutsch, Trier-Olewig, Cultivateur | 11 000 11 300 |

26. Flor. XII—16. Mai 1804

| 1 Mühle/1,57 Land/ 0,57 Wberg | Kurtrier Leffer | Peter Joseph von Hontheim, Trier, Vicaire général | 2 928 3 000 |

15. Prair. XII—4. Juni 1804

| 1 Hofgut/13,00 Ack/ 2,00 Wie (Kleeburger Hof) | Kl. St. Katharina, Trier N. Schönhofen | Joseph Willwersch, Trier, Propriétaire; Louise Lebrun, Trier (Matthias Coupette, Trier, Brasseur) | 1 120 3 700 |

Objekt	Vorbesitzer Pächter	Käufer (Vermittler)	S-Preise K-Preise

13. Vend. XIII—5. Okt. 1804

1,40 Land	Abtei Himmerod P. Hontheim	Johannes May, Trier-Olewig, Cultivateur	160 170
1,76 Land	Abtei Himmerod W. Braun	Johann May, Trier-Olewig, Cultivateur	96 260

26. Fruct. XIII—13. Sept. 1805

0,52 Wie/0,52 Wild (Wie: Lämmerwiese)	Abtei Himmerod W. Hontheim	Franz Rode, Trier, Brasseur	160 390
0,26 Wie/0,61 Wberg und Wild	Johanniter J. Bernard, B. Anton	Cornelius Zeimt, Trier-Olewig, Laboureur	784 1 575
0,35 Ack	Kl. St. Markus, Trier B. Anton	Bernard Anton, Trier-Olewig, Laboureur	192 210
0,52 Ack	Deutschorden F. Balles	Franz Balles, Trier-Olewig, Laboureur (Johann Reiss, Trier, Boulanger)	64 545
0,38 Ack/0,20 Wild/ 2,29 Wberg	Deutschorden F. Balles, N. Schönhoven, P. Dortmann	Franz Rode, Trier, Brasseur; Johann Bernard, Trier-Olewig, Laboureur (Franz Rode, Trier, Brasseur)	1 424 3 000
1,40 Wie	Deutschorden Vanvolxem	Johann Peter Gietzen, Trier, Boulanger; Nikolaus Johanni, Trier-Olewig, Laboureur; Matthias Schuh, Trier-Olewig, Laboureur (Johann Peter Gietzen, Trier, Boulanger	1 760 2 825
0,52 Wild	Abtei St. Maximin, Trier D. Schöben	Diedrich Schöben, Trier-Olewig, Laboureur	80 85
Güter	Kl. St. Katharina, Trier	den Vereinigten Hospizien Trier als Ersatzleistung abgetreten	14 412 —

9. Brum. XIV—31. Okt. 1805

9.000 Wst	Kl. Karmeliter, Trier St. Maas	Johann Lorenz Ladner, Trier, Marchand; Johann Georg Petry, Trier, Secrétaire de la mairie (Johann Lorenz Ladner, Trier, Marchand)	700 720

25. Frim. XIV—16. Dez. 1805

1,40 Wberg	Kl. St. Katharina, Trier N. Schönhofen	Jean Marc Delapré, Trier, Architecte	530 660

8. Mai 1807

Wberg	Abtei St. Maximin, Trier	Johann Kleutgen, Trier, Negociant	3 700 ?

Objekt	Vorbesitzer Pächter	Käufer (Vermittler)	S-Preise K-Preise

8. Sept. 1807

| 2.500 Wst (in der Ritzgrube) | Kl. Dominikaner, Trier J. Hewer | Dietrich Schoeben, Trier-Olewig, Propriétaire | 180 230 |

21. April 1808

| 0,51 Wie/0,86 Wild (Wie: Christumswiese, Wild: Eickberg) | Abtei Himmerod Rode | Dominikus Burg, Trier, Propriétaire | 900 2 025 |

Trier-Pallien

2. Flor. XI—22. April 1803

| 1 Haus (Pallien Nr. 9) | Abtei St. Martin, Trier Melchior | Adam Melchior, Trier-Pallien, Aubergiste; Johann Heinrich Dondelinger, Echternach, Propriétaire (Adam Melchior, Trier-Pallien, Aubergiste) | 1 800 4 175 |

25. Prair. XI—14. Juni 1803

| 1 Mühle | Abtei St. Martin, Trier Funke | Matthias Joseph Hayn, Trier, Negociant | 1 650 1 825 |
| 1 Mühle (unterste Mühle) | Abtei St. Martin, Trier Th. Lenninger | Matthias Joseph Hayn, Trier, Negociant | 1 749 2 075 |

8. Prair. XII—28. Mai 1804

| 1 Hofgut/7,04 Ack/ 2,11 Wie/8,80 Wild (die Ottenscheuer; oberhalb von Pallien) | Abtei St. Martin, Trier N. Feilen | Lambert Schneider, Trier, Brasseur | 1 601 9 000 |
| 1 Haus (Grünhaus) | Abtei St. Marien, Trier | den Vereinigten Hospizien Trier als Ersatzleistung abgetreten | 6 100 — |

Trier-St. Paulin

21. Flor. XI—11. Mai 1803

| 1 Haus | Stift St. Paulin, Trier | Johann Anton Kochs, Trier, Negociant | ? 7 100 |

25. Prair. XI—14. Juni 1803

1 Haus (Paulin Nr. 7)	Stift St. Paulin, Trier Schröll	Catherine Guerberg, Wwe. des Capitaine Göldlin	1 500 4 300
1 Haus (Paulin Nr. 8)	Stift St. Paulin, Trier Berg	Caspar Wein, Trier-Kürenz, Cultivateur	200 975
1 Haus (Paulin Nr. 10)	Stift St. Paulin, Trier Meures	Johann Georg Meures, Trier-St. Paulin, Prêtre	957 1 575

Objekt	Vorbesitzer Pächter	Käufer (Vermittler)	S-Preise K-Preise
1 Haus/1,40 Land (Paulin Probsteihaus)	Stift St. Paulin, Trier P. Schmitt	Johann Guerber, Pute- lange, Maître des postes	2 000 5 575
1 Haus (Paulin Nr. 6)	Stift St. Paulin, Trier Hitzler	Constantin Schmitt, Trier, Ex-Réligieux; Peter Marx jr., Trier-Zurlauben, Ne- gociant (Anton Recking, Trier, Negociant)	1 500 3 600
1 Haus (Paulin Nr. 3)	Stift St. Paulin, Trier Müller	Johann Guerber, Pute- lange, Maître des postes	2 739 9 375
1 Kapelle (Walburgis-Kapelle)	Stift St. Paulin, Trier	Paul Franck, Trier-St. Pau- lin, Aubergiste	300 650
0,25 Garten	Stift St. Paulin, Trier Schröll	Leopold Geyer, Trier, Commissaire de police	1 000 1 250

14. Niv. XIII—4. Jan. 1805

0,88 Land (Hausplatz)	Stift St. Paulin, Trier A. Schröll	Johann Anton Kochs, Trier, Negociant	1 152 1 525

21. Mess. XIII—10. Juli 1805

0,19 Ack	Stift St. Paulin, Trier Vanvolxem	Peter Marx jr., Trier-Zur- lauben, Marchand	608 608

8. Sept. 1807

1 Haus (Paulin Nr. 5)	Stift St. Paulin, Trier Daniel	Johann Franz Reiss, Trier, Propriétaire et Prêtre (Johann Guerber, Pute- lange, Maître des postes)	2 400 4 700
0,12 Garten (bei der Kirche)	Stift St. Paulin, Trier	Johann Georg Staadt, Trier, Professeur des bel- les lettres	200 1 250

Kanton Wittlich

Altrich

13. Fruct. XII—31. Aug. 1804

4,37 Ack/0,30 Wie	Abtei Himmerod J. Hommes	Johannes Hommes, Alt- rich, Laboureur (Peter Schömann, Wittlich, Negociant)	648 1 300

12. Pluv. XIII—1. Febr. 1805

6,92 Ack/1,69 Wie	Kl. Klausen J. Leven	Johann Baptist Walter, Wittlich, Receveur des Domaines	3 440 3 475

Objekt	Vorbesitzer Pächter	Käufer (Vermittler)	S-Preise K-Preise
25. Prair. XIII–14. Juni 1805			
2 Häuser/44,02 Ack/ 21,17 Wie (Kirchhof)	Kurtrier M. Lehnen	Hubert Merrem, Bernkastel, Notaire; Matthias Schwab, Zeltingen, Vigneron (Peter Schwab, Bernkastel, Vigneron)	10 000 12 100
21. Febr. 1806			
2 Hofgüter/68,79 Ack/ 11,00 Wie (Hartenhöfe)	Abtei Himmerod J. Zensen, J. P. Theisen	Matthias Joseph Hayn, Trier, Negociant; Peter Joseph Weis, Wittlich, Negociant (Matthias Joseph Hayn, Trier, Negociant)	12 000 12 300
0,96 Weiher	Abtei Himmerod G. Leisen	Matthias Joseph Hayn, Trier, Negociant	300 405
1,32 Wie (Brühlwiese)	Abtei Himmerod F. Delzait	Franz Georg Laven, Trier, Marchand	220 500
7,49 Wie (Siebenborner Wiesen)	Abtei Himmerod	Georg Merlin, Wittlich, Garde général des forêts (Matthias Vogel, Temmels, Propriétaire)	2 560 2 600
22. Juni 1807			
0,54 Ack	Abtei Himmerod F. Marmann	Heinrich Marmann, Büscheid, Laboureur	80 85
30. Juni 1807			
5,28 Ack/0,05 Garten (Röderhof)	Abtei Himmerod A. Simon	Wilhelm Joseph Fritsch, Trier, Avocat	500 825
5,17 Ack/1,12 Wie	Kl. Karmeliter, Trier P. J. Weis	Clemens v. Kesselstatt, Mainz (Damian Cardon, Trier, Avoué)	1 200 13 025
22. Dez. 1807			
1 Hofgut/86,34 Ack/ 8,78 Wie	Stift Springiersbach Braun	Balthasar Servatius, Kirchhof, Curé und 7 Cultivateurs	7 000 ?
1 Hofgut/1,22 Garten/ 16,91 Ack/3,15 Wie	Kurtrier Muhlen	Hubert Merrem, Bernkastel, Notaire	2 400 6 600
7. Okt. 1808			
10,16 Ack/0,76 Wie	Kl. Machern P. J. Weiss	Christoph Aldringen, Trier, Propriétaire	4 000 4 175
5. Juli 1811			
0,17 Wald (Buschrut)	Stift Springiersbach	Matthias Vogel, Temmels, Propriétaire	30 200

329

Objekt	Vorbesitzer Pächter	Käufer (Vermittler)	S-Preise K-Preise
0,42 Wald (Fasse)	Stift Springiersbach	Matthias Leiwen, Altrich, Cultivateur; Balthasar Servatius, Kirchhof, Propriétaire et Curé (Matthias Leiwen, Altrich, Cultivateur)	90 700
0,38 Birkenwald (Birken)	Stift Springiersbach	Matthias Leiwen, Altrich, Cultivateur; Balthasar Servatius, Kirchhof, Propriétaire et Curé (Matthias Leiwen, Altrich, Cultivateur)	60 850

Bausendorf

13. Fruct. XII—31. Aug. 1804

4,09 Ack/0,83 Wie/ 0,24 Wild	Stift Springiersbach M. Chreten	Peter Schömann, Wittlich, Negociant	1 210 1 575

21. Brum. XIII—12. Nov. 1804

0,53 Land/0,17 Wie (Burgmannsgütchen)	Stift Springiersbach J. Gerhards	Jost Kayser, Bausendorf, Laboureur (Johann Baptist Walter, Wittlich, Receveur des Domaines)	160 260

Bengel

22. Vent. XIII—13. März 1805

0,71 Ack (Wartenburger Höfgen)	Stift Springiersbach	Walter Ketter, Bengel, Marechal ferrant (Peter Pütz, Bengel, Tailleur)	128 210

2. Mess. XIII—21. Juni 1805

1 Gebäude/8 Wohnungen/5 Ställe/0,70 Garten	Stift Springiersbach	M. J. Jacobs	4 000 5 150
8,25 Ack/2,75 Wie/ 0,77 Wild	Stift Springiersbach	Johann Süss, Trier, Chirurgien	3 440 5 875

9. Okt. 1807

1 Hofgut/23,14 Ack/ 8,11 Wie/10,40 Wild (Melchhof)	Stift Springiersbach Justen	Johann Peter Clemens, Trier, Boulanger	12 400 14 500

Objekt	Vorbesitzer Pächter	Käufer (Vermittler)	S-Preise K-Preise
30. Okt. 1807			
1 Hofgut/17,13/Ack/ 10,24 Wie (Habscheiderhof)	Stift Springiersbach Schmitz	Johann Nikolaus Ketter, Cultivateur; Johann Peter Meihlen, Bengel, Cultivateur; Karl Breidenbach, Matthias Joseph Jacobs, Wilhelm Lainer, Heinrich Heckel, Peter Calsch, Johann Lang, Springiersbach und 13 Käufer aus Bengel (Johann Nikolaus Ketter, Johann Peter Meihlen, Bengel, Cultivateurs)	4 340 8 150
22. Dez. 1807			
1 Hofgut/8,07 Ack/ 3,46 Wie/0,56 Wild (Schollenhof)	Stift Springiersbach Classen	Johann Anton Kochs, Trier, Negociant	2 000 3 000
8,24 Ack/2,91 Wie/ 0,77 Wild (Falkenhof)	Stift Springiersbach Kelter	Herkel	2 400 3 725
9. Dez. 1808			
0,19 Wie (Bottenwiese)	Kurtrier Berres	Peter Joseph Weiss, Wittlich, Propriétaire	140 145
Bombogen			
12. Pluv. XIII—1. Febr. 1805			
1 Hofgut/23,40 Ack/ 8,34 Wie/10,26 Wild (Helfensteiner Hof)	Kurtrier H. Mezen	Johann Baptist Walter, Wittlich, Receveur des Domaines	5 920 9 050
2. Mess. XIII—21. Juni 1805			
1 Haus/6,85 Ack/ 3,35 Wie/0,94 Wild (Weyerhof)	Kurtrier J. Monzel	Matthias Joseph Hayn, Trier, Negociant	2 960 5 025
17. Juli 1807			
0,54 Ack/0,36 Wie	Kl. Machern Benrard	Etienne Benrard, Bombogen, Cultivateur	160 205
15. Jan. 1808			
4,54 Ack/2,26 Wie/ 0,86 Wild	Abtei Himmerod N. Janger	Jakob Simon, Talling, Marchand; Simon Nathan, Osann, Marchand (Anton Manderfeld, Lissendorf, Propriétaire)	2 000 3 575
2,77 Ack (Handsland)	Kurtrier M. Marzen	Karl Anton Schömann, Berlingen, Cultivateur	500 870

Objekt	Vorbesitzer Pächter	Käufer (Vermittler)	S-Preise K-Preise

24. Mai 1811

1 Hofgut/0,95 Garten/ 13,48 Ack/4,09 Wie (Robischer-Hof)	Kurtrier	Johann Gebert, Klüsserath, Propriétaire	12 000 12 050

27. Sept. 1811

0,70 Wald (Königstannenbusch)	Kurtrier	Johann Deuster, Manderscheid, Notaire	180 345
0,42 Wald (Königstannenbusch)	Kurtrier	Johann Wilhelm Deuster, Manderscheid, Notaire	90 100

Diefenbach

25. Prair. XIII–14. Juni 1805

1,09 Wie	Stift Springiersbach	Heinrich Deuster, Wittlich, Notaire	180 220

Dreis

17. Juli 1807

1,41 Wie	Abtei Himmerod Deuster	Adalbert Lohr, Dreis, Propriétaire (Christoph Aldringen, Trier, Archiviste)	400 410

22. Dez. 1807

1 Mühle/2,42 Ack/ 0,36 Wie/0,34 Wild	Abtei Echternach Heinskyll	Harker	3 700 3 725
1 Hofgut/16,15 Ack/ 4,12 Wie/9,31 Wild/ 0,30 Wberg/0,40 Weiher	Abtei Echternach Lohrs	Adalbert Lohr, Dreis, Propriétaire	3 500 5 500

Flußbach

15. Jan. 1808

3,38 Ack/2,23 Wie/ 6,64 Wild	Stift Springiersbach M. Schwertfegert	Clemens v. Kesselstatt, Mainz, Propriétaire (Peter Marx jr., Trier-Zurlauben, Negociant)	2 500 2 875

Hontheim

15. Jan. 1808

1 Hofgut/0,86 Garten/ 10,91 Ack/7,07 Wie/ 43,66 Wild (Bonsbeuren)	Kurtrier Schrenck	Pierre Henry Porentra, Trier, Controleur des droits réunis (Jakob Vanvolxem, Trier, Propriétaire)	10 000 12 600

Objekt	Vorbesitzer Pächter	Käufer (Vermittler)	S-Preise K-Preise

Hupperath

7. Fruct. XI—25. Aug. 1803

| 1 Mühle/0,99 Garten/ 1,05 Ack/1,03 Wald | Abtei Himmerod | Peter Joseph Weis, Wittlich, Negociant | 767 3 400 |

Kinderbeuren

13. Fruct. XII—31. Aug. 1804

| 2,12 Wild (auf der Heid) | Stift Springiersbach H. Schmitt | Hubert Schmitt, Bausendorf, Laboureur | 112 120 |

18. Prair. XIII—7. Juni 1805

| 1 Hofgut/5,36 Ack/ 0,74 Wie (Werzengütgen) | Stift Springiersbach P. E. Jung | Peter Dienhart, Piesport, Vigneron | 1 632 1 700 |

25. Prair. XIII—14. Juni 1805

| 12,43 Ack/3,18 Wie/ 2,58 Wild | Kl. Machern Servatius | Theodor Berres, Joseph Schmitz, Johann Adam Ingelen, Ürzig, Laboureurs (Matthias Joseph Hayn, Trier, Negociant) | 3 552 3 575 |

21. Febr. 1806

| 9,67 Ack/1,93 Wie/ 1,91 Wild (Knodenhof) | Stift Springiersbach J. Mertes | Matthias Joseph Hayn, Trier, Negociant; Jakob Hayn, Johann Kleutgen, Trier, Marchands, Peter Joseph Weis, Wittlich, Marchand (Matthias Vogel, Temmels, Propriétaire) | 1 980 2 650 |

30. Okt. 1807

| 1,62 Wie (Untervogtei-Wiese in der Stockkaul) | Kurtrier Hocque | Heinrich Adamy, Kröv, Propriétaire | 500 570 |

Kinheim

11. Brum. XII—3. Nov. 1803

| 2 Häuser/0,74 Ack/ 1,85 Wild (Braunischburg) | Abtei Echternach P. Neidhöfer | Barthel Faber, Kinheim, Cultivateur | 3 500 3 525 |

12. Flor. XII—2. Mai 1804

| 1 Haus/0,04 Ack/ 2.772 Wst | Abtei St. Marien, Trier J. Faber | Matthias Adamy, Johann Schetter, Kinheim, Vignerons (Johann Wilhelm Fritsch, Trier, Avocat) | 2 480 4 100 |

Objekt	Vorbesitzer Pächter	Käufer (Vermittler)	S-Preise K-Preise
0,40 Ack/0,15 Wie/ 4.459 Wst	Kl. Filzen P. Vogt	Franz Glandt, Kinheim, Maître d'école; Johann Scheuer, Philipp Müller, Kinheim, Vignerons (Franz Glandt, Kinheim, Maître d'école)	544 1 800

21. Febr. 1806

Objekt	Vorbesitzer Pächter	Käufer (Vermittler)	S-Preise K-Preise
1 Haus	Kl. St. Thomas/Kyll H. Zender	Heinrich Zenders jr., Kinheim, Tonnelier	900 930

9. Okt. 1807

Objekt	Vorbesitzer Pächter	Käufer (Vermittler)	S-Preise K-Preise
1 Hofgut/5,62 Ack/ 0,92 Wie/0,92 Wild (Domkapitularhof)	Domstift Köln Deuster	Clemens v. Kesselstatt, Mainz, Propriétaire (Johann Peter Marx jr., Trier-Zurlauben, Negociant)	1 600 6 050

29. Sept. 1812

Objekt	Vorbesitzer Pächter	Käufer (Vermittler)	S-Preise K-Preise
0,31 Ack/1,850 Wst	Stift Springiersbach	Philipp Scheuer, Kinheim, Vigneron	? 1 925

Kröv

12. Flor. XII—2. Mai 1804

Objekt	Vorbesitzer Pächter	Käufer (Vermittler)	S-Preise K-Preise
0,04 Wie/3.000 Wst	Abtei Himmerod M. Neidhofer	Franz Joseph Reiss, Trier, Vicaire de la Metropole	1 920 2 425

12. Pluv. XIII—1. Febr. 1805

Objekt	Vorbesitzer Pächter	Käufer (Vermittler)	S-Preise K-Preise
1 Hofgut/2,25 Ack/ 2,40 Wie/1,34 Wild	Abtei Stavelot N. Schneiders	Nikolaus Schneiders, Kröv, Laboureur; Philipp Neuthöfer, Kinheim, Peter Martin Schweisthal, Kinheim, Johann Herlinger, Kröv, Matthias Neuthöfer, Kröv, Laboureurs (Nikolaus Schneiders, Kröv, Laboureur)	2 650 6 650

18. Prair. XIII—7. Juni 1805

Objekt	Vorbesitzer Pächter	Käufer (Vermittler)	S-Preise K-Preise
1 Haus/0,75 Ack/ 0,15 Wie	Abtei Echternach B. Faber	Philipp Neithöffer, Peter Martin Schweisthal, Kinheim, Marchands (Karl Anton Bernasco, Trier, Marchand)	3 200 5 525

25. Prair. XIII—14. Juni 1805

Objekt	Vorbesitzer Pächter	Käufer (Vermittler)	S-Preise K-Preise
1 Haus/0,70 Ack/ 1,26 Wie/0,02 Wild/ 24.945 Wst	Kl. Karthause, Koblenz N. Engels	Matthias Joseph Hayn, Trier, Negociant	8 800 8 850

Objekt	Vorbesitzer Pächter	Käufer (Vermittler)	S-Preise K-Preise

2. Mess. XIII—21. Juni 1805

| 1 Haus/4,05 Ack/ 2,08 Wie/0,29 Wild/ 16.866 Wst (Springiersbacher Hof) | Stift Springiersbach B. Schneider | Bartholomäus Schneider, Kröv, Maire und 14 Culti- vateurs aus Kröv (Nikolaus Wagner, Kröv, Vigneron) | 6 000 13 200 |

9. Okt. 1807

| 0,02 Wie/1,10 Wild/ 650 Wst | Kl. St. Thomas/Kyll Neidhöfer | Johann Haringer jr., Mat- thias Neidhöfer, Kröv, Cultivateurs (Johann Haringer jr., Kröv, Cultivateur) | 240 245 |

30. Okt. 1807

| 1 Hofgut/0,98 Ack/ 2,77 Wie/0,07 Wild/ 25.861 Wst | Abtei Steinfeld Steffens | Joseph Franz Reiss, Trier, Propriétaire; Johann Hugo Reiss, Kröv, Propriétaire (Johann Franz Reiss, Trier, Propriétaire) | 3 600 15 000 |

Lüxem

30. Juni 1807

| 0,17 Wie | Kurtrier A. Zimmer | Hilarius Zimmer, Lüxem, Cultivateur | 40 45 |

Minheim

27. Niv. XII—18. Jan. 1804

| 1 Hofgut/1,62 Wie/ 6.241 Wst (Domhof) | Domstift Trier A. Pies | Matthias Joseph Hayn, Trier, Negociant | 2 500 4 000 |

15. Jan. 1808

| 1 Hofgut/0,14 Garten/ 0,70 Ack/0,60 Wie/ 2,46 Wberg (Mattheiser Hof) | Abtei St. Matthias, Trier M. Leiser | Matthias Joseph Hayn, Trier, Negociant | 3 200 7 300 |

Monzel

1. Therm. XII—20. Juli 1804

| 0,78 Ack/0,07 Wild | Kurtrier P. Nikolay | Joseph Mathis, Trier, Avoué | 880 940 |
| 0,99 Ack | Stift St. Paulin, Trier N. Mayrer | Matthias Joseph Schö- mann, Trier, Negociant | 960 1 950 |

25. Prair. XIII—14. Juni 1805

| 5,51 Ack/1,91 Wie/ 0,76 Wild/3.433 Wst | Kl. Machern H. Deuster | Matthias Joseph Hayn, Trier, Negociant | 4 880 6 800 |

Objekt	Vorbesitzer Pächter	Käufer (Vermittler)	S-Preise K-Preise
21. Febr. 1806 1 Gebäude/0,15 Ack	Kl. Klausen N. Adams	Peter Klaus Eiden, Monzel, Laboureur	420 925
4. Dez. 1807 1 Gebäude (Frohnhaus)	Kurtrier Rohr	Matthias Schander, Monzel, Cultivateur	150 350
18. Jan. 1811 0,24 Wie (Geiswiese)	Domstift Trier	Christian Schrenck, Monzel; Matthias Schweisel, Monzel	100 130

Neuerburg

Objekt	Vorbesitzer Pächter	Käufer (Vermittler)	S-Preise K-Preise
1. Therm. XII—20. Juli 1804 3,10 Ack/0,46 Wie/ 0,72 Wild (Helfensteiner Hof)	Kurtrier M. Pauly	Peter Joseph Weis, Wittlich, Negociant	720 2 400
15. Jan. 1808 1 Hofgut/31,37 Ack/ 7,11 Wie/2,25 Wild (Osburger Hof)	Kurtrier K. A. Schömmer	Hubert Merrem, Bernkastel, Notaire; Peter Joseph Weiss, Wittlich, Negociant; Peter Schoemann, Wittlich, Negociant (Valentin Leonardy, Trier, Negociant)	10 000 16 300
19,98 Ack/2,60 Wie/ 3,55 Wild	Kl. Machern J. Schäffer	Anton Joseph Recking, Trier, Maire	7 000 12 500

Olkenbach

Objekt	Vorbesitzer Pächter	Käufer (Vermittler)	S-Preise K-Preise
7. Fruct. XI—25. Aug. 1803 1 Mühle	Stift St. Simeon, Trier	P. Craul	1 079 2 450
15. Jan. 1808 2,93 Ack/2,95 Wie/ 8,25 Wild/0,25 Wberg	Stift St. Simeon, Trier P. Arnoldy	Wilhelm Joseph Fritsch, Trier, Avocat	1 500 2 375
2,71 Wild (Reinzenberg)	Kurtrier Breufeld	Damian Cardon, Trier, Avoué	60 65
29. Jan. 1808 1,64 Ack/0,53 Wie/ 78,97 Wild	Abtei St. Maxinim, Trier Koller	Joseph Steilen, Clemens Arnoldy, Matthias Goergen, Olkenbach (Peter Joseph Weiss, Wittlich, Propriétaire)	2 400 6 000

Objekt	Vorbesitzer Pächter	Käufer (Vermittler)	S-Preise K-Preise

Osann

4. Dez. 1807

Objekt	Vorbesitzer Pächter	Käufer (Vermittler)	S-Preise K-Preise
1,16 Wie (Brühl)	Kurtrier Schömann	Matthias Joseph Hayn, Trier, Negociant	1 200 2 000
3.942 Wst (im Klausener Pichter)	Kl. Klausen	Matthias Schander, Monzel, Cultivateur	700 2 100

Piesport

27. Fruct. XI–14. Sept. 1803

Objekt	Vorbesitzer Pächter	Käufer (Vermittler)	S-Preise K-Preise
1 Hofgut/0,16 Ack/ 0,48 Wie/0,91 Wberg	Stift St. Paulin, Trier Ladoucette	Matthias Joseph Hayn, Trier, Negociant	7 000 11 000
1 Hofgut/0,28 Wberg	Abtei St. Marien, Trier F. Ludwig	Matthias Joseph Hayn, Trier, Negociant	2 000 4 025

7. Vent. XII–27. Febr. 1804

Objekt	Vorbesitzer Pächter	Käufer (Vermittler)	S-Preise K-Preise
1 Haus/0,80 Wberg/ 0,24 Wie/0,13 Wild	Abtei Himmerod Lintz	Joseph Willwersch, Trier, Médecin	4 152 4 650

1. Therm. XII–20. Juli 1804

Objekt	Vorbesitzer Pächter	Käufer (Vermittler)	S-Preise K-Preise
1 Haus/0,44 Wie/ 940 Wst	Domstift Trier W. Keuker	Matthias Joseph Hayn, Trier, Negociant	800 835

18. Prair. XIII–7. Juni 1805

Objekt	Vorbesitzer Pächter	Käufer (Vermittler)	S-Preise K-Preise
4,52 Ack/0,20 Wie	Abtei Mettlach P. Kersten	Peter Kersten, Piesport, Laboureur und 82 weitere Käufer (Peter Kersten, Piesport, Laboureur)	4 880 9 625

12. Therm. XIII–31. Juli 1805

Objekt	Vorbesitzer Pächter	Käufer (Vermittler)	S-Preise K-Preise
0,34 Wberg	Abtei St. Matthias, Trier N. Classen	Matthias Joseph Hayn, Trier, Negociant	1 500 3 850

31. Juli 1807

Objekt	Vorbesitzer Pächter	Käufer (Vermittler)	S-Preise K-Preise
0,10 Wberg	Domstift Trier Wilwert	Matthias Joseph Hayn, Trier, Negociant	500 1 300
1,28 Ack/0,40 Wberg	Domstift Trier Wilwert	Johann Kleutgen, Trier, Negociant; Damian Cardon, Trier, Avoué (Johann Kleutgen, Trier, Negociant)	600 4 000

Platten

27. Pluv. XII–17. Febr. 1804

Objekt	Vorbesitzer Pächter	Käufer (Vermittler)	S-Preise K-Preise
1 Mühl/0,05 Ack/ 0,31 Wie/4.861 Wst	Stift Springiersbach J. Ballmann	Matthias Vogel, Temmels, Propriétaire	1 058 1 375

Objekt	Vorbesitzer Pächter	Käufer (Vermittler)	S-Preise K-Preise

13. Fruct. XII–31. Aug. 1804

| 0,22 Wie (die kleine Brühlwiese über der Straß) | Kurtrier A. Gassen | Peter Joseph Weis, Wittlich, Negociant | 160 305 |

12. Pluv. XIII–1. Febr. 1805

1,89 Wie (auf der Olck)	Kl. Machern Heinz	Gräfin von Braunschweig-Bevern, Glücksburg (Joseph Mathis, Trier, Avoué)	2 560 2 600
4,54 Ack/1,82 Wie/ 1,06 Wild	Kl. Machern P. Trimeden	Peter Alois Ames, Bernkastel, Propriétaire	1 810 2 675
0,55 Garten/10,63 Ack/ 2,20 Wie/0,17 Wild/ 200 Wst	Kl. St. Thomas/Kyll K. Lamberti	Gräfin von Braunschweig-Bevern, Glücksburg (Joseph Mathis, Trier, Avoué)	3 200 4 975

18. Prair. XIII–7. Juni 1805

| 0,31 Garten/14,56 Ack/ 5,54 Wie/0,26 Wild | Stift Springiersbach J. Becker | Johann Baptist Walter, Wittlich, Receveur des Domaines; Jakob Becker, Matthias Balmann, Peter Trimetten, Platten, Laboureurs (Jakob Becker, Platten, Laboureur) | 4 800 6 175 |
| 0,29 Garten/15,65 Ack/ 4,79 Wie/1,50 Wild/ 0,30 Wberg | Abtei Himmerod J. Braun | Matthias Vogel, Temmels, Propriétaire | 4 842 5 900 |

30. Okt. 1807

| 1 Hofgut/1,19 Garten/ 17,87 Ack/1,91 Wie/ 1,03 Wild/0,23 Wberg (Oberster Hof) | Stift St. Irminen, Trier Weis | Johann Peter Wagner, Caspar Lamberti, Johann Lamberti, Nikolaus Neumann, Matthias Ballmann, Johann Schommer, Matthias Theisen, Johann Wilhelm Huwer, Jakob Muhlen, Johann Diederich, Platten, Laboreur) (Johann Peter Wagner, Platten, Laboureurs | 8 000 9 775 |

4. Dez. 1807

| 3,09 Wie (in der Neuwiese) | Kurtrier H. J. Schömann | Jakob Kleutgen, Trier, Negociant | 3 000 ? |

29. Juli 1808

| 1,81 Wie (Lang und Viereckige Wiesen) | Kl. Machern P. Wagner | Gaspard Lamberti, Platten, Meunier; Jakob Mühlen, Johann Peter Wagner, Wilhelm Huwer, Peter Simon, Platten, Cultivateurs (Peter Simon, Platten, Cultivateur) | 1 600 2 025 |

Objekt	Vorbesitzer Pächter	Käufer (Vermittler)	S-Preise K-Preise
0,64 Ack/0,85 Wie/ 2.006 Wst (Helfensteinischer Hof)	Kurtrier J. Otten	Joseph Aldringen, Trier, Marchand apothicaire	400 600

9. Dez. 1808

3,11 Ack	Abtei Himmerod A. Marx	Jakob Kleutgen, Trier, Bernard Schmitt, Trier, Joseph Weiss, Wittlich, Negociants (Jakob Kleutgen, Trier, Negociant)	720 810

27. Sept. 1811

1,37 Wald (Steinbachgraben)	Kurtrier/Stift St. Irminen, Trier	Christoph Aldringen, Trier, Propriétaire; Peter Wagner, Platten, Cultivateur	250 1 000

Pohlbach

7. Fruct. XI—25. Aug. 1803

1 Mühle/0,14 Wie/ Weiher	Kl. Klausen M. Creutzkyll	J. Fischer	1 141 2 190

22. Juni 1807

1 Haus	Kl. Klausen G. Terres	August Hoegener, Pohlbach, Laboureur	60 135

31. Juli 1807

1 Haus/1,12 Garten (Klausener Wirtshaus gegenüber der Klausener Kirche)	Kl. Klausen Högener	Matthias Joseph Hayn, Trier, Negociant; Wilhelm Fritsch, Trier, Avocat; Peter Joseph Weis, Wittlich, Propriétaire (Peter Hoffmann, Blieskastel, Negociant)	5 000 5 100

Reil

21. Brum. XIII—12. Nov. 1804

1,11 Ack	Stift Springiersbach W. Müller	Peter Joseph Weis, Wittlich, Negociant	448 600

12. Pluv. XIII—1. Febr. 1805

1 Hofgut/1,43 Ack/ 11.150 Wst (Administrations-Hof)	Geistliche Güteradministration Heidelberg J. Thoerner	Joseph Ternes, Reilkirch, Laboureur	5 344 6 850

27. Mess. XIII—16. Juli 1805

1 Haus/1.500 Wst (Haus Nr. 92)	Domstift Trier M. Filsen	Matthias Filzen, Reil, Tonnelier; Matthias Joseph Hayn, Trier, Negociant (Matthias Filzen, Reil, Tonnelier)	1 180 1 200

Objekt	Vorbesitzer Pächter	Käufer (Vermittler)	S-Preise K-Preise
1 Haus	Stift Springiersbach P. Lintz	Michel Müller, Reil, Vigneron	500 505
22. Dez. 1807 1 Hofgut/2,53 Wie/ 0,71 Wild/27.000 Wst (Müllayer Hof)	Stift Springiersbach Fellens	Rumpel	8 000 13 800
29. Sept. 1808 1 Haus/0,53 Garten	Stift Springiersbach M. Schweisthal	Johann Jakob Schimper, Reil, Curé	1 020 1 325

Salmrohr

Objekt	Vorbesitzer Pächter	Käufer (Vermittler)	S-Preise K-Preise
7. Okt. 1808 1 Hofgut/12,30 Ack/ 2,00 Wie	Kurtrier P. Weiss	Simon Galhaud, Beaumarais, Propriétaire; Clemens v. Kesselstatt, Trier, Propriétaire (Simon Galhaud, Beaumarais, Propriétaire)	8 000 8 525
9. Dez. 1808 4,57 Ack/0,86 Wie/ 0,30 Wild	Abtei Himmerod P. Schmitt	Bernard Schmitz, Trier, Propriétaire; Jakob Kleutgen, Johann Kleutgen, Trier, Marchands (Bernard Schmitz, Trier, Propriétaire)	1 900 2 000
1,75 Ack/0,20 Wie	Abtei Mettlach Dienhard	Dame Duchateau née Billiotte, Trier	720 780

Springiersbach

Objekt	Vorbesitzer Pächter	Käufer (Vermittler)	S-Preise K-Preise
25. Prair. XIII—14. Juni 1805 1 Haus/5,90 Ack (Haus: Nr. 1)	Stift Springiersbach T. Schirholz	P. F. Feitten	1 200 1 450
2. Mess. XIII—21. Juni 1805 1 Haus/0,41 Garten/ 8,04 Ack/1,64 Wie/ 0,41 Wberg	Stift Springiersbach Q. Feyden	Karl Breidenbach, Springiersbach, Prêtre	3 200 3 350
27. Mess. XIII—16. Juli 1805 1 Haus/0,41 Garten/ 8,04 Ack/1,64 Wie/ 0,41 Wberg (Dunkels-Wittum)	Stift Springiersbach Adams	Wilhelm Joseph Fritsch, Trier, Avocat	3 200 4 450
22. Sept. 1807 1 Haus (Amtmannshaus)	Stift Springiersbach Kelter	Johann Kleutgen, Trier, Negociant	300 ?

Objekt	Vorbesitzer Pächter	Käufer (Vermittler)	S-Preise K-Preise
18. März 1808			
1 Haus/0,66 Wie (Haus: Nr. 3 Clauswiese, Honze-wiese)	Stift Springiersbach	Karl Breidenbach, Springiersbach, Prêtre	300 500
1 Haus/0,15 Garten (Haus: Nr. 2)	Stift Springiersbach Heiss	Karl Breidenbach, Springiersbach, Prêtre (Matthias Joseph Hayn, Trier, Negociant)	300 655
29. Juli 1808			
1 Haus/5,00 Wild (Haus: Nr. 4)	Stift Springiersbach P. Kalsch	Johann Kleutgen, Trier, Negociant	1 000 1 000
22. Sept. 1809			
1 Mühle/0,17 Garten/ 3,31 Ack/2,32 Weiher	Stift Springiersbach J. Höhnen	Matthias Joseph Hayn, Trier, Negociant	4 880 4 880
Wengerohr			
21. Brum. XIII–12. Nov. 1804			
0,79 Ack (im Bachgraben)	Kurtrier G. Zens	Gotthard Löwen, Wengerohr, Laboureur	489 655
5. Juli 1811			
0,73 Wald (Unterhach)	Abtei Himmerod	Anton Joseph Recking, Trier, Propriétaire (Michel Dagoreau, Trier, Propriétaire)	150 770
2,24 Wald (obere Hach)	Abtei Himmerod	Anton Joseph Recking, Trier, Propriétaire (Michel Dagoreau, Trier, Propriétaire)	' 360 1 600
Wittlich			
7. Fruct. XI–25. Aug. 1803			
1 Mühle/0,17 Garten (Hasenmühle)	Abtei Himmerod W. Müller	G. Netzer	2 000 4 600
21. Niv. XII–12. Jan. 1804			
Kl. Franziskaner	Kl. Franziskaner, Wittlich Ballmann	Dominique Ladoucette, Wittlich, Employé à la régie des droits unis (Matthias Vogel, Temmels, Propriétaire)	4 500 6 000
1 Mühle/0,36 Ack/ 0,90 Wie (Burgmühle)	Kurtrier W. Müller	Jean Marc Delapré, Trier, Architecte	2 000 3 025

Objekt	Vorbesitzer Pächter	Käufer (Vermittler)	S-Preise K-Preise
27. Pluv. XII–17. Febr. 1804			
1 Mühle/3,88 Ack/ 1,76 Wie (Himmeroder Stadtmühle)	Abtei Himmerod N. Dionysius	Joseph Willwersch, Trier, Médecin	3 000 3 050
1 Schloß/1 Hofgut/ 2 Mühlen/17,00 Ack/ 0,71 Wie/0,70 Wild/ 0,43 Wberg (Kurfürstliches Schloß, Tiergartenhof)	Kurtrier	Johann Baptist Walter, Wittlich, Receveur des Domaines (Matthias Vogel, Temmels, Propriétaire)	3 482 4 500
12. Pluv. XIII–1. Febr. 1805			
1 Hofgut/0,01 Garten/ 22,84 Ack/5,15 Wie/ 0,49 Wberg (Dieffenbacher Hof)	Abtei Himmerod J. Hof	Hubert Merrem, Bernkastel, Notaire	4 640 6 025
10,20 Ack/2,54 Wie/ 0,38 Wberg	Domstift Trier P. Werner	Matthias Joseph Hayn, Trier, Negociant	2 087 2 825
0,11 Garten/6,01 Ack/ 3,15 Wie/0,59 Wild/ 0,40 Wberg	Kl. Klausen M. Heintz, Denhard	Matthias Coupette, Trier, Negociant	2 844 4 300
19. Pluv. XIII–8. Febr. 1805			
1 Mühle/0,26 Ack/ 1,37 Wie (Rothmühle)	Abtei Himmerod P. Weiss	Karl Anton Bernasco, Trier, Marchand; Friedrich Scheer, Trier, Boulanger; Johann Süss, Trier, Chirurgien (Karl Anton Bernasco, Trier, Marchand)	4 800 6 100
0,64 Ack/0,66 Wie (Volzerhoff)	Abtei Himmerod G. Leisen	Peter Joseph Weiss, Wittlich, Negociant	288 295
27. Mess. XIII–16. Juli 1805			
0,35 Wie/0,54 Wild	Abtei Himmerod P. Kisgen	Peter Kiesgen, Wittlich, Boucher	550 810
0,08 Garten (in der Rohlin)	Abtei Himmerod J. Keuker	Joseph Keucker, Wittlich, Boucher	80 95
21. Febr. 1806			
0,86 Weiher (Falzweyher)	Abtei Himmerod G. Leisen	Johann Heinrich Deuster, Wittlich, Notaire; Peter Joseph Weis, Wittlich, Negociant	300 415

Objekt	Vorbesitzer Pächter	Käufer (Vermittler)	S-Preise K-Preise
30. Juni 1807			
11,72 Wie (Werthwiese)	Kurtrier H. Bernardy	Joseph Keucker, Johann Heinrich Deuster, Notaire, Peter Joseph Weiss, Marchand, Peter Schoemann, Marchand, Nikolaus Stephan, Aubergiste, Jakob Wintrich, Propriétaire, Peter Keucker, Aubergiste, Peter Kisgen, Boucher, Hubert Kisgen, Receveur des Contributions, Nikolaus Bartgen, Tanneur, Philipp Karl Keucker, Wittlich (Joseph Keucker, Wittlich)	4 020 8 250
22. Sept. 1807			
0,32 Wie (Cralporterwiese)	Kurtrier Schömann	Peter Kisgen, Wittlich, Boucher	520 660
1 Hofgut/35,25 Ack/ 16,67 Wie/1,33 Wild	Kurtrier	François Albert Lasalle, Baslimberg, Propriétaire	9 000 15 600
1,53 Wie (Feuchtwies)	Kurtrier Hoque	Claude Hucher, Wittlich, Receveur des Domaines, Peter Joseph Weis, Peter Schoemann, Wittlich, Negociants (Claude Hucher, Wittlich, Receveur des Domaines)	720 720
1 Hofgut/7,53 Ack/ 1,78 Wie/ 0,01 Wberg (Neuhof)	Abtei Himmerod Theusch	Johann Robert Billen, Messerich, Curé; Arnold München, Dudeldorf, Receveur des Contributions, Nikolaus Streit, Metterich, Maire (Johann Robert Billen, Messerich, Curé)	1 800 2 500
13. Mai 1808			
1 Hofgut/23,05 Ack/ 11,37 Wie/25,87 Wild (Failzer Hof)	Abtei Himmerod Weis	Claude Jean Baptiste Hucher, Wittlich, Receveur de l'Enregistrement	6 500 ?
9. Dez. 1808			
0,08 Ack/0,35 Wie (Wie: Unterbogtel)	Kurtrier Alt	Johann Baptist Hucher, Wittlich, Propriétaire	60 75
15,14 Ack/3,47 Wie/ 13,06 Wild (Braun Schmittburger- hof)	Kurtrier Hamann	H. Deroth, Mullenarck, Propriétaire (Matthias Vogel, Temmels, Propriétaire)	3 400 8 950

Objekt	Vorbesitzer Pächter	Käufer (Vermittler)	S-Preise K-Preise

Wittlich-Wahlholz

23. Nov. 1810

9,00 Eichenwald (Wahlholz)	Kl. Machern	Matthias Joseph Hayn, Trier, Propriétaire; Peter Aloys Ames, Bernkastel, Propriétaire (Matthias Joseph Hayn, Trier, Propriétaire)	1 440 14 000

Arrondissement Saarbrücken
Kanton Arnual

Auersmacher

22. Dez. 1807

2,00 Land/0,47 Wie	Abtei Wadgassen H. Grün	Christoph Aldringen, Trier, Propriétaire	1 120 1 175

Kleinblittersdorf

20. Pluv. XII—10. Febr. 1804

0,02 Garten/2,20 Ack/ 0,49 Wie (Frohngut)	Stift Blieskastel A. Grün	Anton Joseph Baum, Trier, Negociant	1 139 1 675
0,03 Garten/3,72 Ack/ 2,04 Wie (Frohngut)	Abtei Wadgassen M. Thyry, P. Hanssen	Bartels	1 940 2 500

26. April 1811

1 Hofgut/0,47 Garten/ 7,10 Wie/50,14 Land (Wintringer Hof)	Abtei Wadgassen H. Lanz	Franz Wilkers, Saarbrük- ken, Pharmacien	32 000 39 900

Knausholz

24. Mess. XII—13. Juli 1804

4,98 Ack/3,66 Wie	Abtei Wadgassen J. Sander	Joseph Hertz, Sarregue- mines, Negociant (Jakob Binger, Saarbrük- ken, Commissaire de po- lice)	1 008 1 200

Ruhlingen

6. Germ. XIII—27. März 1805

14,00 Ack	Deutschorden N. Wernet	Johann Willard, Ruhlin- gen, Laboureur	2 440 4 700

Objekt	Vorbesitzer Pächter	Käufer (Vermittler)	S-Preise K-Preise

Kanton Blieskastel

Blickweiler

6. Germ. XIII–27. März 1805

| 1 Hofgut/1,14 Garten/ 25,35 Ack/2,39 Wie | Stift Blieskastel P. Grohe | Gräfin von Braunschweig-Bevern, Glücksburg (Joseph Mathis, Trier, Avoué) | 10 080 10 080 |

Bliesmengen

27. Germ. XII–17. April 1804

| 1,49 Garten/2,40 Wie | Stift Blieskastel J. P. Kiefer | Wilhelm Fritsch, Trier, Avoué | 2 620 ? |

Ensheim

26. Flor. XII–16. Mai 1804

| 1 Mühle/2,72 Ack (Thalmühle/Breitenberg) | Abtei Wadgassen D. Breit | Johann Matthias Scheidweiler, Trier, Avoué | 1 344 3 275 |

Eschringen

6. Germ. XIII–27. März 1805

| 49,81 Ack/7,09 Wie | Abtei Wadgassen/ Deutschorden B. Maurer | Philipp Cetto, St. Wendel, Negociant (Jakob Binger, Saarbrükken-St. Johann, Commissaire de police) | 8 960 9 100 |

31. Juli 1807

| 23,84 Ack/3,11 Wie (Herrengüter) | Stift Blieskastel H. Franck | François Albert Lasalle, Baslimberg, Propriétaire | 6 000 35 400 |

Gräfinthal

7. Niv. XII–29. Dez. 1803

| Kl. Gräfinthal/5,00 Garten/80,00 Ack/24,00 Wie | Stift Blieskastel J. J. Hager | Philipp Cetto, St. Wendel, Negociant | 26 400 60 000 |

Ormesheim

6. Germ. XIII–27. März 1805

| 1 Hofgut/63,10 Ack/ 15,21 Wie (Neuhof) | Stift Blieskastel M. Vogelsang | Jean Silvestre Vantrot, Saarbrücken, Inspecteur des Domaines; Philippe Charles Albert, Saarbrükken, Receveur des Domaines (Joseph Mathis, Trier, Avoué) | 20 320 20 320 |

Objekt	Vorbesitzer Pächter	Käufer (Vermittler)	S-Preise K-Preise

Reichenborn

27. Germ. XII—17. April 1804

1,11 Ack	Abtei Wadgassen J. J. Würz	Moises Franck, Sarregue- mines, Negociant (Louis Zegowitz, Trier, Propriétaire)	272 650

Sengscheid

26. Flor. XII—16. Mai 1804

6,10 Ack/6,00 Wie	Abtei Wadgassen J. Wirtz, P. Raskopp	Jakob Wirtz, Sengscheid, Forestier (Franz Gerard Wittus, Trier, Negociant)	2 480 3 300

Kanton Lebach

Bilsdorf

24. Mess. XII—13. Juli 1804

0,18 Ack/0,47 Wie	Kurtrier H. Hameler	Jakob Bielstdorffer, Bils- dorf, Laboureur; Nikolaus Reichert, Körprich, Labou- reur; Peter Bielstdorffer, Bilsdorf, Laboureur (Jakob Bielstdorffer, Bils- dorf, Laboureur)	960 1 325

Bous

13. Frim. XIII—4. Dez. 1804

0,46 Wie (Kappesschlag)	Abtei Wadgassen P. Schwind	Wilhelm Marnay, Bous, Forestier	644 1 300

27. Germ. XIII—17. April 1805

0,59 Wie (Pfaffenwies, Botten- wies, Mayerwies)	Abtei Wadgassen	Johann Steimer, Lebach, Maire	480 610

18. Prair. XIII—7. Juli 1805

0,71 Wie (kleine Brühl)	Abtei Wadgassen K. Merling	Johann Merling, Bous, Marchand (Joseph Riem, Bous, La- boureur)	592 955

7. März 1806

0,35 Wie (Verkehrter Strich)	Abtei Wadgassen	Johann Steimer, Lebach, Maire (Johann Baptist Gellert, Lebach, Juge de paix)	35 150

Objekt	Vorbesitzer Pächter	Käufer (Vermittler)	S-Preise K-Preise

Düppenweiler

18. Prair. XIII–7. Juni 1805

0,35 Wie (Butterwiese)	Abtei Wadgassen	Franz Mathis, Trier, Greffier de la cour d'appel	150 440

Labach

24. Mess. XII–13. Juli 1804

3,31 Land	Kl. Fraulautern Schwind	Elias May, Saarbrücken, Negociant	300 1 025

Lebach

29. Jan. 1808

1 Hofgut/0,43 Garten/ 50,77 Ack/9,20 Wie	Kl. Fraulautern Klein	Jeremias Hirsch, Saarbrücken, Propriétaire	26 800 27 600

5. Juli 1811

1,50 Wald (Rondwälgen; Lebacher Busch)	Kl. Fraulautern	Johann Peter Beaumont, Trier, Propriétaire	2 700 4 050

Nalbach

14. Aug. 1807

0,39 Ack/1,55 Wie	Kurtrier Müller	Jakob Becker, Nalbach, Cultivateur; Bernard Reuther, Nalbach, Maire; Michel Souffay, Diefflen, Adjoint de la Mairie Nalbach (Jakob Becker, Nalbach, Cultivateur)	2 100 2 400

4. Mai 1810

1 zerstörte Mühle/ 0,14 Garten/0,71 Land/ 0,35 Wie (Hauptmühle)	Stift St. Simeon, Trier	Karl Anton Bernasco, Trier, Negociant	700 1 050

Schwalbach

27. Vend. XIII–19. Okt. 1804

4,51 Ack (Sitterswald)	Abtei Wadgassen J. A. Schmitt	Jakob Hirsch Worms, Sarrelibre, Negociant (Elias May, Saarbrücken, Negociant)	256 985

Wiesbach

2. Mess. XIII–21. Juni 1805

1 Kapelle/1 Einsiedelei (Wallenborn)		Matthias Vogel, Temmels, Propriétaire	50 50

Objekt	Vorbesitzer Pächter	Käufer (Vermittler)	S-Preise K-Preise

Kanton Merzig

Bachem

8. Prair. XII—28. Mai 1804

0,61 Ack	Abtei St. Maximin, Trier M. Bauer	François Albert Lasalle, Baslimberg, Propriétaire (Anton Mathis, Trier, Employé à la Prefecture)	256 305
0,53 Wie	Abtei St. Maximin, Trier M. Prinz	François Albert Lasalle, Baslimberg, Propriétaire (Anton Mathis, Trier, Employé à la Prefecture)	475 500

14. Aug. 1807

9,89 Ack	Abtei St. Maximin, Trier H. Mayers	Johann Mayers, Matthias Bogmann, Matthias Engels, Matthias Kantenburger, Matthias Bohr, Johann Marxen, Johann Caspar, Johann Boné, Jakob Marxen, Wendel Ensweiler, Matthias Müller, Nikolaus Schitz, Bachem, Cultivateurs (Gregor Ruf, Merzig, Negociant)	1 800 1 825

22. Okt. 1807

2,65 Ack (Herrenfeld)	Kurtrier J. Reiplinger	Johann Riss, Merzig, Aubergiste (Heinrich Siegele, Merzig, Marchand de tabac)	176 190

Bergen

8. Prair. XII—28. Mai 1804

1,06 Wie	Abtei Mettlach N. Michler	Georg Weismüller, Britten, Forestier	760 830

27. Nov. 1807

1 Mühle/3,35 Land/ 2,12 Wie	Abtei Mettlach Müller	Gregor Riss, Merzig, Negociant; Thilmann Baur, Merzig, Negociant (Johann Riss, Merzig, Aubergiste)	3 232 3 250

Besseringen

22. Therm. XI—10. Aug. 1803

1 Mühle	Abtei Mettlach N. Werner	Johann Hoffmann, Dreisbach, Cultivateur	900 3 575

Objekt	Vorbesitzer Pächter	Käufer (Vermittler)	S-Preise K-Preise
1 Haus/0,15 Garten/ 1,27 Ack/1,76 Wie/ 0,85 Land/3,50 Wberg	Abtei Mettlach J. Altmayer	Jakob Ludwig Herpein, Trier, Propriétaire; Johann Baptist Artois, Trier, Avocat	3 213 13 700

7. Vent. XII—27. Febr. 1804

1 Hofgut/8,03 Ack/ 0,31 Wie	Abtei Mettlach J. Ripplinger	Wilhelm Joseph Fritsch, Trier, Avocat	1 717 6 625

8. Prair. XII—28. Mai 1804

1,12 Ack/1,12 Wie/ 5,60 Wild	Kurtrier M. Guldenkirch	Peter Hoffmann, Dreisbach, Cultivateur; Johann Lackas, Steinbach, Cultivateur; Jakob Wandernoth, Steinbach, Cultivateur (Peter Hoffmann, Dreisbach, Cultivateur)	1 056 2 350

21. Germ. XIII—11. April 1805

0,56 Wie (Kauffmannswies)	Abtei Mettlach J. Hoffmann	Jakob Hoffmann, Besseringen, Laboureur (Peter Hoffmann, Dreisbach, Laboureur)	240 305
0,28 Ack (im Kellerwertien)	Kurtrier J. Hoffmann	Michel Hoffmann, Besseringen, Laboureur	164 170

Besseringen-St. Gangolf

19. Vent. XII—10. März 1804

1 Haus/8,96 Ack/ 2,52 Wie/13,54 Wild/ 1,68 Lohhecken	Abtei Mettlach F. Weber	J. Weber	1 400 5 225

Britten

22. Therm. XI—10. Aug. 1803

1 Haus	Kurtrier J. Weismüller	Johann Weismüller, Britten, Forestier	260 285

21. Germ. XIII—11. April 1805

8,97 Wild	Abtei Mettlach	Peter Marx jr., Trier-Zurlauben, Marchand; Jakob Hoffmann, Besseringen, Laboureur (Peter Marx jr., Trier-Zurlauben, Marchand)	200 300

Objekt	Vorbesitzer Pächter	Käufer (Vermittler)	S-Preise K-Preise

Brotdorf

8. Prair. XII—28. Mai 1804

0,17 Wie	Abtei Mettlach K. Siller	Peter Joseph Marx, Mer- zig, Notaire (Johann Wilhelm Daniel, Trier, Verificateur des Do- maines)	144 190

Harlingen

7. Juli 1807

8,34 Ack/0,42 Wie	Domstift Trier J. P. Marx	Simon Gabriel Adolphe Galhau, Baslimberg, Pro- priétaire (François Albert Lasalle, Baslimberg, Propriétaire)	4 140 4 575

Losheim

22. Therm. XI—10. Aug. 1803

1 Mühle	Kurtrier F. Dehay	N. Mess	2 343 4 950
1 Haus	Abtei Mettlach N. Huppenthal	Geizer	950 2 675

8. Prair. XII—28. Mai 1804

1,32 Wild	Abtei Mettlach N. Paulus	Johann Schaeffer, Los- heim, Cultivateur (Peter Jonas, Trier, Ne- gociant)	288 420

13. Vend. XIII—5. Okt. 1804

3,69 Ack	Abtei Mettlach P. Tamble	Gräfin von Braunschweig- Bevern, Glücksburg (Joseph Mathis, Trier, Avoué)	1 440 1 600

21. Germ. XIII—11. April 1805

1,76 Wild	Abtei Mettlach J. Thielen	Johann Schäffer, Losheim, Laboureur	144 170
0,53 Wie (im Langbruchwies)	Abtei Mettlach P. Steuer	Johann Schäffer, Losheim, Laboureur	480 495
0,70 Wild	Abtei Mettlach	Johann Schäffer, Losheim, Laboureur	70 70

27. Nov. 1807

0,60 Wild (im Mezerbach)	Abtei Mettlach	Johann Kohn, Merzig, Huissier	30 75

Objekt	Vorbesitzer Pächter	Käufer (Vermittler)	S-Preise K-Preise

26. Febr. 1808

| 0,35 Wild | Abtei Mettlach | Johann Joseph Birck, Merzig, Juge de paix | 40 45 |

7. Okt. 1808

| 1,06 Wild | Abtei Mettlach | Matthias Wolter, Losheim, Maire | 40 65 |
| 0,17 Ack | Abtei Mettlach | Matthias Wolter, Losheim, Maire | 40 75 |

Merzig

8. Prair. XII—28. Mai 1804

| 3,37 Ack/5,04 Wild | Kurtrier J. B. Schreiner | François Albert Lasalle, Baslimberg, Propriétaire (Anton Mathis, Trier, Employé à la Prefecture) | 1 218 1 850 |

17. April 1807

| 1 Hofgut/50,31 Land und Wie (Probsteigut) | Abtei Wadgassen J. Rieff | Franz Marx, Colmar, Receveur général du Departement du Haut-Rhin (Peter Heusseler, Faha, Garde forestier) | 14 160 23 600 |

7. Okt. 1808

| 2,80 Wild | Abtei Mettlach | Gregor Wolf, Merzig, Marchand | 200 205 |
| 2,80 Wild | Abtei Mettlach | Gregor Ruf, Merzig, Negociant | 200 205 |

Mettlach

22. Therm. XI—10. Aug. 1803

| Abtei Mettlach | Abtei Mettlach | Jakob Leistenschneider, Trier, Imprimeur | 9 890 12 500 |

5. Juli 1811

| 1 Haus/1,16 Land | Abtei Mettlach | Johann Hoffmann, Dreisbach, Batelier | 504 3 625 |
| 2,12 Wild (Fischerberg) | Abtei Mettlach | François Albert Lasalle, Baslimberg, Propriétaire; Gaspard Renaud, Fremersdorf, Propriétaire (Wilhelm Harth, Wanderange, Propriétaire) | 100 240 |

Oppen

21. Germ. XIII—11. April 1805

| 1,38 Wie (Engwies) | Kurtrier P. Selzer | Johann Selzer, Oppen, Meunier | 256 325 |

Objekt	Vorbesitzer Pächter	Käufer (Vermittler)	S-Preise K-Preise
Rissenthal			
8. Prair. XII—28. Mai 1804			
0,01 Garten/0,66 Ack/ 0,37 Wie	Deutschorden P. Selzer	Johann Peter Selzer, Ris- senthal, Laboureur	304 425
Wahlen			
7. März 1806			
0,08 Ack/6,18 Wild	Kurtrier	Joseph Schneider, Nun- kirchen, Maire in Weier- weiler	605 605

Kanton Saarbrücken

Saarbrücken			
1. Therm. XIII—20. Juli 1805			
Deutschhaus	Deutschorden	Delille	? 40 000

Kanton St. Wendel

Alsfassen			
19. Fruct. XII—6. Sept. 1804			
3,11 Land (Breschbacher Acht)	N. Schmitt	Leopold Heusner, St. Wendel, Aubergiste; An- ton Rafetti, St. Wendel Aubergiste (Philipp Cetto, St. Wen- del, Negociant)	384 390
St. Wendel			
15. Germ. XII—5. April 1804			
0,42 Garten	Kurtrier National-Gendarmerie	Anna Margaretha Steutsch, St. Wendel	288 1 950
2,73 Land (Klein-Acht)	Kurtrier Ch. Jung	Philipp Cetto, St. Wendel, Negociant (Peter Herrig, Trier-St. Barbeln, Aubergiste)	832 850
3,12 Land (Breschbacher Acht)	Kurtrier W. Demuth	Anton Raffeti, St. Wendel, Aubergiste	160 330
6,24 Land (vor dem Schulzenwald)	Kurtrier	Philipp Cetto, St. Wendel, Negociant	160 435

Objekt	Vorbesitzer / Pächter	Käufer (Vermittler)	S-Preise / K-Preise
14,13 Land (Sprit-Acht)	Kurtrier N. Riotte	Philipp Cetto, St. Wendel, Negociant	208 700

26. Flor. XII—16. Mai 1804

Objekt	Vorbesitzer / Pächter	Käufer (Vermittler)	S-Preise / K-Preise
1 Scheune/1 Stall (neben der Gendarmerie-Kaserne)	Kurtrier	Joseph d'Hame, Trier, Membre du corps legislatif	400 425

26. Fruct. XII—13. Sept. 1804

Objekt	Vorbesitzer / Pächter	Käufer (Vermittler)	S-Preise / K-Preise
0,13 Wie (Mühlwiese)	Kurtrier J. Greif	Philipp Cetto, St. Wendel, Negociant	224 230
0,16 Wie (Unterbosenbach)	Kurtrier A. Zangerle	Philipp Cetto, St. Wendel, Negociant	256 265
0,16 Wie (Helfgenwiese)	Kurtrier J. Gerber	Philipp Cetto, St. Wendel, Negociant	240 245
0,23 Wie (Bosenbach)	Kurtrier J. Schmidt	Philipp Cetto, St. Wendel, Negociant	208 215
0,22 Wie (Kleewiese)	Kurtrier J. Wassenich	Philipp Cetto, St. Wendel, Negociant	240 255

13. Vend. XIII—5. Okt. 1804

Objekt	Vorbesitzer / Pächter	Käufer (Vermittler)	S-Preise / K-Preise
0,12 Garten/8,58 Ack/ 0,46 Wie	Abtei Tholey Volz	Philipp Cetto, St. Wendel, Negociant	1 608 1 925

5. Pluv. XIII—25. Jan. 1805

Objekt	Vorbesitzer / Pächter	Käufer (Vermittler)	S-Preise / K-Preise
3,44 Land (Reichwiesacht)	Kurtrier N. Blum	Philipp Cetto, St. Wendel, Negociant	3 248 3 325

Steinberg

16. Mess. XIII—5. Juli 1805

Objekt	Vorbesitzer / Pächter	Käufer (Vermittler)	S-Preise / K-Preise
1,64 Wie	Kurtrier N. Winkel	Jakob Vanvolxem, Trier, Brasseur	800 1 125

Theley

26. Fruct. XII—13. Sept. 1804

Objekt	Vorbesitzer / Pächter	Käufer (Vermittler)	S-Preise / K-Preise
1 Scheune (Zehendscheuer)	Kurtrier	Philipp Cetto, St. Wendel, Negociant	60 70
23,32 Land/0,17 Wie	Kurtrier J. Müller	Philipp Cetto, St. Wendel, Negociant	608 725

Objekt	Vorbesitzer Pächter	Käufer (Vermittler)	S-Preise K-Preise

Arrondissement Prüm
Kanton Blankenheim

Marmagen

2. Okt. 1807

1 Hofgut/0,11 Garten/ 11,92 Ack/2,60 Wie/ 7,90 Wild (Heishof)	Abtei Steinfeld H. Nelles	Wwe. Catherine Lelievre, Trier (Johann Jakob Haener, Trier, Imprimeur)	3 000 3 075
1 Hofgut/0,31 Garten/ 23,55 Ack/1,61 Wie/ 2,85 Wild (Heushof oder Abtshof)	Abtei Steinfeld Thurnmüller	Wwe. Catherine Lelievre, Trier (Johann Jakob Haener, Trier, Imprimeur)	4 000 4 325
1 Hofgut/7,48 Ack/ 1,27 Wie/3,87 Wild (Welschenhauser Hof)	Abtei Steinfeld Rau	Wwe. Catherine Lelievre, Trier (Johann Jakob Haener, Trier, Imprimeur)	2 000 2 025
1 Hofgut/4,23 Garten/ 8,13 Ack/1,27 Wie (Gros Monjoier Hof)	Abtei Steinfeld Kusten	Wwe. Catherine Lelievre, Trier (Johann Jakob Haener, Trier, Imprimeur)	2 400 2 925
6,10 Ack/0,53 Wie (Klein Monjoier Hof)	Abtei Steinfeld Muesch	Wwe. Catherine Lelievre, Trier (Johann Jakob Haener, Trier, Imprimeur)	1 400 1 525
1 Hofgut/0,95 Garten/ 10,99 Ack/0,33 Wie/ 5,56 Wild (Thurmhof)	Abtei Steinfeld Thurmüller	Wwe. Catherine Lelievre, Trier (Johann Jakob Haener, Trier, Imprimeur)	3 000 4 700
1 Hofgut/0,02 Garten/ 15,88 Ack/2,53 Wie/ 5,71 Wild (Burghof)	Abtei Steinfeld Schmitt	Wwe. Catherine Lelievre, Trier (Johann Jakob Haener, Trier, Imprimeur)	4 000 4 425

Nettersheim

27. Flor. XIII—17. Mai 1805

| 17,00 Ack/3,90 Wie (Mirbacherhof) | Abtei Steinfeld J. Nelles | Johann Nelles, Johann Hein, Joseph Hein, Matthias Stolz, Martin Closter, Jakob Mayer, Matthias Teisgen, Hubert Zimmermann, Johann Göner, Nettersheim, Cultivateurs (Hermann Joseph Römer, Urft, Cultivateur) | 4 752 4 775 |

354

Objekt	Vorbesitzer Pächter	Käufer (Vermittler)	S-Preise K-Preise

2. Okt. 1807

| 40,00 Wild | Abtei Steinfeld Zimmermann | Wwe. Catherine Lelievre, Trier (Johann Jakob Haener, Trier, Imprimeur) | 600 625 |

Ripsdorf

27. Flor. XIII—17. Mai 1805

| 6,00 Ack/1,50 Wie/ 6,00 Wild (Kirschbaumerhof) | Abtei Steinfeld K. Closter | Johann Neller, Johann Hein, Joseph Hein, Matthias Stolz, Martin Closter, Jakob Meyer, Matthias Teisgen, Hubert Zimmermann, Johann Göner, Nettersheim, Cultivateurs (Hermann Joseph Römer, Urft, Cultivateur) | 2 480 2 500 |

5. Fruct. XIII—23. Aug. 1805

| 0,04 Garten/13,45 Ack/ 2,80 Wie/5,23 Wild (Dergenhof) | Abtei Steinfeld P. Wasems | Anton Manderfelt, Lissendorf, Propriétaire | 2 640 2 725 |

2. Okt. 1807

| 1 Hofgut/0,07 Garten/ 17,03 Ack/1,03 Wie/ 3,80 Wild (Thürgenhof) | Abtei Steinfeld Wasems | Nikolaus Birk, Hungersdorf (Wilhelm Joseph Fritsch, Trier, Avocat) | 2 000 2 025 |

Tondorf

15. Prair. XII—6. Juni 1804

| 6,50 Ack/0,50 Wie (die große Kumm) | Stift Prüm J. J. Jax | Hermann Joseph Neller, Tondorf, Marchand (Peter Anton Boetz, Blankenheim, Receveur des Domaines) | 1 600 1 875 |

Urft

29. Prair. XII—18. Juni 1804

| 12,50 Ack/1,50 Wie (Ack: Königsberger Hofgut Wie: Königsbergbenden) | Abtei Steinfeld Ch. Meyer | Hermann Joseph Römer, Urft, Cultivateur (Anton Manderfeld, Lissendorf, Cultivateur) | 1 056 1 080 |

Objekt	Vorbesitzer Pächter	Käufer (Vermittler)	S-Preise K-Preise

Kanton Daun

Alscheid

12. Jan. 1810

0,04 Weiher (Forellenweyher)	Kurtrier	Franz Anton Kayser, Trier, Propriétaire	60 175

Boverath

19. Fruct. XIII—6. Sept. 1805

0,70 Ack/0,11 Wie/ 0,04 Land	Kurtrier S. Hartmann	Johann Adam Hoelzer, Daun, Aubergiste	304 310

Boxberg

19. Fruct. XIII—6. Sept. 1805

0,22 Ack/0,70 Wie/ 1,76 Wild	Kurtrier J. Dewald	Karl Moritz Hisgen, Daun, Chirurgien (Friedrich Scheer, Trier, Boulanger)	672 675

16. Vend. XIV—8. Okt. 1805

7,78 Land/1,60 Wie (Wie: Wintersberg)	Abtei Steinfeld P. Bertram	Karl Moritz Hisgen, Daun, Chirurgien (Friedrich Scheer, Trier, Boulanger)	208 215

Daun

19. Therm. XIII—7. Aug. 1805

0,26 Garten/4,92 Ack/ 4,15 Wie	Kurtrier S. Hartmann	Matthias Vogel, Tem- mels, Propriétaire; Chri- stian August Creutzer, Blankenheim, Garde gé- néral des forêts	3 696 3 900

19. Fruct. XIII—6. Sept. 1805

4,23 Ack/2,47 Wie/ 6,35 Land	Kurtrier Hölzer	Johann Adam Hölzer, Daun, Aubergiste (Anton Manderfelt, Lis- sendorf, Propriétaire)	1 616 1 625

16. Vend. XIV—8. Okt. 1805

0,09 Garten/7,41 Ack/ 2,47 Wie/21,20 Land	Kurtrier	Egidius Becker, Daun	2 000 3 000

Objekt	Vorbesitzer Pächter	Käufer (Vermittler)	S-Preise K-Preise
5,65 Ack/4,31 Wie/ 12,36 Wild	Kurtrier Deblon	Georg Bersing, Joseph Voegele, Peter Joseph Böwer, Wilhelm Schmitt, Joseph Schlubeck, Franz Molitor, Peter Alf, Peter Joseph Fischer, Franz Bersing, Kaspar Deblon, Daun, Cultivateurs; Karl Moritz Hisgen, Daun, Chirurgien (Georg Bersing, Joseph Voegele, Peter Joseph Böwer, Wilhelm Schmitt, Daun, Cultivateurs)	2 000 2 185
0,35 Ack/4,24 Wie	Kurtrier Deblon	Joseph Bohlen, Hochstaeden? Johann Nikolaus Nelles, Daun, Cultivateur (Joseph Bohlen, Hochstaeden?)	1 200 3 400

Ellscheid

3. Aug. 1810

2 ausgetrocknete Weiher (Finkenweiher, Forellenweiher)	Kurtrier Diewald	Matthias Weber, Ellscheid, Cultivateur	200 310

Gemünden

18. Prair. XIII–7. Juni 1805

1,21 Ack/3,11 Wie/ 1,70 Wild	Kurtrier/Graf von Blankenheim A. Schreiner	Johann Adam Hölzer, Daun, Aubergiste (Jakob Vanvolxem, Trier, Brasseur)	735 1 700

Gillenfeld

9. Aug. 1811

1 Hofgut/1,50 Garten/ 26,00 Ack/6,50 Wie/ 8,00 Wild (Florinshof)	Stift St. Florin, Koblenz N. Heuss	Joseph Matthias Hayn, Trier, Negociant; Jakob Zillgen, Gillenfeld, Propriétaire	9 000 11 000

Katzwinkel

19. Therm. XIII–7. Aug. 1805

1 Haus/8,48 Ack/ 7,51 Wie/7,95 Wild/ 2,12 Wald	Stift Springiersbach K. Bertram	Matthias Vogel, Temmels, Propriétaire; Christian August Creutzer, Blankenheim, Garde général des forêts	3 456 4 650

Objekt	Vorbesitzer Pächter	Käufer (Vermittler)	S-Preise K-Preise

Mehren

19. Therm. XIII—7. Aug. 1805

| 7,59 Ack/2,25 Wie/ 0,35 Wild | Stift Springiersbach L. Schwerdorf | Jakob Hayn, Trier, Marchand | 3 200 3 600 |

19. Fruct. XIII—6. Sept. 1805

| 0,35 Ack/5,30 Wie/ 2,58 ausgetrockneter Weiher | Kurtrier N. Jungen | Kaspar Schimpen, Nikolaus Jungen, Theodor Schenk, Ellscheid; Joseph Umbach, Mehren (Anton Manderfelt, Lissendorf, Propriétaire) | 1 408 1 425 |

Neichen

24. Juli 1807

| 0,22 Wie (Egerwiese) | Kurtrier Diewald | Joseph Diewald, Neichen, Cultivateur | 60 65 |

Oberstadtfeld

5. Pluv. XIII—25. Jan. 1805

| 14,13 Ack/5,29 Wie/ 42,00 Wild | Kurtrier J. Bill | Simon Schmitz, Niederstadtfeld, Curé; Matthias Irmen, Niederstadtfeld, Laboureur (Heinrich Schmitz, Manderscheid, Juge de Paix) | 3 664 7 075 |

21. April 1808

| 1 Mühle/0,02 Wie | Kurtrier Scholzer | Matthias Irmen, Niederstadtfeld, Cultivateur | 1 200 1 775 |

Rengen

19. Fruct. XIII—6. Sept. 1805

| 1,33 Wie/1,00 Land | Kurtrier P. Stoll | Anton Manderfeld, Lissendorf, Propriétaire | 64 70 |

Saxler

14. Niv. XII—5. Jan. 1804

| 12,00 Weiher | Kurtrier | Matthias Joseph Hayn, Trier, Negociant | 300 ? |

Schalkenmehren

19. Therm. XIII—7. Aug. 1805

| 1,06 Ack/0,26 Wie | Kurtrier/Graf von Blankenheim J. Hölzer | Kaspar Unschuld, Manderscheid, Laboureur | **616** 965 |

Objekt	Vorbesitzer Pächter	Käufer (Vermittler)	S-Preise K-Preise

16. Vend. XIV–8. Okt. 1805

| 35,34 Sumpfland/ 35,34 Sumpfland/ 2,12 Weiher (Sumpf: Schalkenmeh-rener Maar Sumpf: Weinfelder Maar Weiher: Saxler Mühlenweiher) | Kurtrier Höwer | Matthias Joseph Hayn, Trier, Negociant; Wilhelm Joseph Fritsch, Trier, Avocat (Matthias Joseph Hayn, Trier, Negociant) | 304 310 |

12. Nov. 1807

| 1,27 Ack/0,31 Wie/ 0,72 Land | Stift Springiersbach Schwerdorf | Matthias Vogel, Tem-mels, Propriétaire | 500 505 |

3. Aug. 1810

| 1,80 Wie (Königswiese; Königs-brühl) | Kurtrier M. Koch | Johann Bernard Schmit, Trier, Propriétaire; Lorenz Ladner, Trier, Negociant (Johann Bernard Schmit, Trier, Propriétaire) | 360 375 |

Schönbach

16. Vend. XIV–8. Okt. 1805

| 0,37 Wie/1,41 Wild | Kurtrier/Kurköln J. Jungen | Johann Jungen, Schalken-mehren, Laboureur (Matthias Joseph Hayn, Trier, Negociant) | 80 125 |

Steinenberg

12. Nov. 1807

| 1,33 Ack | Stift Springiersbach Lenarz | Matthias Lenarz, Steinen-berg, Cultivateur | 200 205 |

28. Juni 1808

| 0,95 Wie/2,54 Wild | Stift Springiersbach F. Hoffmann | Heinrich Schmitz, Mander-scheid, Juge de paix | 500 510 |

Steiningen

28. Aug. 1807

| 1 Hofgut/5,37 Ack/ 3,18 Wie/52,79 Land | Stift Springiersbach N. Annen | Jakob Kleutgen, Trier, Negociant | 2 200 2 625 |

Objekt	Vorbesitzer Pächter	Käufer (Vermittler)	S-Preise K-Preise

Udler

16. Vend. XIV—8. Okt. 1805

3,35 Ack/1,64 Wie/ 21,20 Wild	Kurtrier J. Krewel	Heinrich Schmiz, Mander- scheid, Juge de paix; Jo- hann Peter Pütz, Mander- scheid, Huissier; Matthias Irmen, Niederstadtfeld, Laboureur (Matthias Joseph Hayn, Trier, Negociant)	832 850
2,47 ausgetrockneter Weiher	Kurtrier J. Otten	Matthias Joseph Hayn, Negociant; Wilhelm Jo- seph Fritsch, Trier, Avo- cat (Matthias Joseph Hayn, Trier, Negociant)	320 325

Üdersdorf

28. Juni 1808

2,76 Wie (Kippenscheiderwiese)	Kurtrier J. Haack	Hermann Joseph Haack, Manderscheid, Garde à cheval des forêts, Matthias Braun, Nikolaus Schaff, Johann Peter Pütz, Hein- rich Schmitz, Mander- scheid (Hermann Joseph Haack, Manderscheid, Garde à cheval des forêts)	800 805

Utzerath

3. Aug. 1810

10,00 Wild	Stift Springiersbach Marx	Christoph Aldringen, Trier, Propriétaire	140 185

Weiersbach

16. Vend. XIV—8. Okt. 1805

0,34 Wie (Schulteiserey Wiese)	Kurtrier A. Berus	Matthias Irmen, Nieder- stadtfeld, Laboureur; Hu- bert Schmitz, Niederstadt- feld, Vicaire (Peter Pütz, Mander- scheid, Huissier)	160 245

Kanton Gerolstein

Hillesheim

18. Vend. XII–11. Okt. 1803

Objekt	Vorbesitzer / Pächter	Käufer (Vermittler)	S-Preise / K-Preise
Kl. Hillesheim	Kl. Hillesheim H. Schmitz	Bürkel	1 975 3 550
1 Mühle (die oberste Mühle)	Kurtrier J. Stich	Joseph Stich	3 799 5 225

28. Niv. XIII–18. Jan. 1805

| 0,06 Garten/8,33 Ack/
2,47 Wie
(Mönchsgut) | Kurtrier
L. Schlosser | Gräfin von Braunschweig-
Bevern, Glücksburg
(Wilhelm Joseph Fritsch,
Trier, Avocat) | 4 112
5 025 |

13. Flor. XIII–3. Mai 1805

| 0,14 Garten/7,26 Ack/
3,53 Wie
(Kellnereygut) | Kurtrier
G. Mehren | Johann Heinrich Schmitz,
Hillesheim, Aubergiste
(Charles Charmet, Prüm,
Receveur des Contribu-
tions) | 6 960
7 450 |
| 0,02 Garten/15,19 Ack/
13,18 Wie (Thomasgut) | Kurtrier
J. Schlax | Johann Jakob Schmitz,
Hillesheim, Cultivateur;
Balthasar Schlags, Hilles-
heim, Marchand; Simon
Engels, Hillesheim, Per-
cepteur des Contribu-
tions; Reinhard Schlosser,
Hillesheim, Laboureur;
Lorenz Schlosser, Hilles-
heim, Laboureur; Johann
Schlags, Hillesheim, La-
boureur, Peter Stümper,
Hillesheim, Instituteur
(Johann Jakob Schmitz,
Hillesheim, Cultivcateur) | 4 640
7 700 |

18. Prair. XIII–7. Juni 1805

| 0,08 Garten/15,90 Ack/
2,12 Wie (Mirbachsgut) | Kurtrier
R. Schlosser | Matthias Mineroth, Georg
Mehren, Hubert Kloep,
Simon Engels, Nikolaus
Valentin, Hillesheim, Cul-
tivateurs
(Matthias Vogel, Tem-
mels, Propriétaire) | 3 200
3 500 |

9. Aug. 1811

| 31,00 Ack/7,00 Wie/
7,00 Land
(Paulshof) | Kurtrier
P. Neumann | Johann Theodor Peuchen,
Jünkerath, Maitre de forge | 8 500
8 525 |

Objekt	Vorbesitzer Pächter	Käufer (Vermittler)	S-Preise K-Preise

Hinterweiler

28. Aug. 1807

2,69 Wie	Kurtrier	Anton Manderfeld, Lissendorf, Propriétaire	960 1 125

Loogh

19. Therm. XIII—7. Aug. 1805

1,86 Ack/0,49 Wie/ 0,08 Land (Jufferhöfgen)	Abtei Steinfeld Lenzen	Nikolaus Valentin, Hillesheim, Maire	504 505

Neroth

16. Vend. XIV—8. Okt. 1805

0,28 Wie	Kurtrier P. Weber	Matthias Irmen, Niederstadtfeld, Laboureur (Johann Peter Pütz, Manderscheid, Huissier)	112 120

Scheuren

29. Sept. 1812

1 Gut (Scheurener Gut)	Abtei Prüm	Linden	? 12 650

Rockeskyll

28. Niv. XIII—18. Jan. 1805

0,71 Wie	Kurtrier N. Becker	Nikolaus Becker, Rockeskyll, Aubergiste (Franz Georg Laven, Trier, Marchand)	448 640
14,79 Ack/1,85 Wie/ 8,32 Wild (Bohlengut)	Kl. Hillesheim N. Becker	Nikolaus Becker, Martin Driesch, Lambert Linden, Rockeskyll, Laboureurs (Louis Zegowitz, Trier, Homme de loi)	2 327 5 200

Roth

22. Vend. XII—15. Okt. 1803

1 Haus	Kurtrier	J. Berk	400 1 300

21. Niv. XIII—11. Jan. 1805

0,35 Wie (Wildenholzberg)	Kurtrier Beck	Peter Landsch, Schlausenbach, Laboureur (Jakob Goldschmidt, Prüm, Teinturier)	256 261

Objekt	Vorbesitzer Pächter	Käufer (Vermittler)	S-Preise K-Preise

Kanton Kyllburg

Birresborn

16. Mess. XI—5. Juli 1803

| 1 Mühle | Kurtrier N. Müller | Nikolaus Müller, Birresborn, Meunier (Matthias Joseph Hayn, Trier, Negociant) | 1 815 2 400 |

27. Nov. 1807

| 1 Scheune (Zehntscheuer) | Abtei Prüm | Johann Bach, Birresborn, Cultivateur | 116 130 |

Binsfeld

15. Mai 1807

| 0,79 Wie/50,80 Wild (Wacholter Hof) | Kurtrier J. Ewertz | Matthias Vogel, Temmels, Propriétaire | 3 000 3 075 |

18. Nov. 1808

| 14,00 Land (ausgetrockneter Weiher) | Kurtrier J. Faber | Edmund v. Kesselstatt, Trier, Propriétaire (Peter Marx jr., Trier-Zurlauben, Propriétaire) | 2 400 2 400 |

21. Sept. 1810

| 0,70 Weiher (Mürchen) | Kurtrier Schweizer | Karl Anton Bernasco, Trier, Marchand | 45 110 |

Burbach

27. Nov. 1807

| 1 Mühle/0,35 Land | Kurtrier Ch. Esch | Nikolaus Hof, Balesfeld, Meunier (Matthias Vogel, Temmels, Propriétaire) | 605 2 600 |

Himmerod

16. Mess. XI—5. Juli 1803

| 1 Mühle/2,47 Ack/ 3,18 Wie (Brandmühle) | Abtei Himmerod M. Weber | Matthias Joseph Hayn, Trier, Negociant | 1 540 7 000 |

20. Vend. XIII—12. Okt. 1804

| 1 Haus/0,03 Garten (alte Herberge) | Abtei Himmerod | Konrad Zils, Himmerod, Aubergiste | 320 405 |

20. Vend. XIII—12. Dez. 1804

| 1 Haus (neue Herberge) | Abtei Himmerod K. Zils | Konrad Zils, Himmerod, Aubergiste | 1 500 2 450 |

363

Objekt	Vorbesitzer Pächter	Käufer (Vermittler)	S-Preise K-Preise

9. Brum. XIV–31. Okt. 1805

0,17 Weiher	Abtei Himmerod Haack	Johann Kleutgen, Trier, Boulanger	96 110
Abtei Himmerod	Abtei Himmerod	Karl Anton Bernasco, Trier, Marchand; Friedrich Scheer, Trier, Boulanger (Karl Anton Bernasco, Trier, Marchand)	7 920 21 900

17. Jan. 1806

1 Haus (Waschhaus)	Abtei Himmerod	Karl Anton Bernasco, Trier, Marchand; Friedrich Scheer, Trier, Boulanger	118 120

29. Mai 1807

0,18 Weiher	Abtei Himmerod Wella	Friedrich Scheer, Trier, Boulanger	40 55

Kyllburg

16. Mess. XI–5. Juli 1803

1 Haus	Stift Kyllburg Mamarz	Franz Joseph Hochmuth, Kyllburg, Greffier	528 1 010
1 Haus	Stift Kyllburg	Johann Baptist Nelles, Kyllburg, Juge de paix	264 530
1 Haus	Stift Kyllburg J. Pauly	Heinrich Mannartz, Kyllburg, Aubergiste	343 805
1 Haus	Stift Kyllburg Simon	Johann Matthias Simon, Kyllburg, Notaire	500 820
1 Mühle	Domstift Trier Schmit	Johann Müller, Seffern, Meunier	2 376 4 075
0,11 Garten (kleiner Schloßgarten)	Domstift Trier Weber	Johann Schiltgen, Kyllburg, Curé (Nikolaus Anton Baur, Trier, Controleur)	137 275
0,15 Garten	Stift Kyllburg	Robert Helters, Kyllburg, Cultivateur	253 430
0,17 Garten	Stift Kyllburg P. D. Knod	Johann Joseph Weber, Kyllburg, Tanneur	275 415
0,35 Garten	Stift Kyllburg F. Schweizer	Johann Matthias Simon, Kyllburg, Notaire	902 910

15. Germ. XII–5. April 1804

2,12 Wild	Domstift Trier	Richard Weyland, Kyllburg, Tanneur	66 425

8. Therm. XII–27. Juli 1804

1,06 Wie (Hofwiese)	Domstift Trier F. J. Hochmuth	Johann Baptist Schiltgen, Kyllburg, Curé	1 264 1 345

Objekt	Vorbesitzer Pächter	Käufer (Vermittler)	S-Preise K-Preise

20. Vend. XIII–12. Okt. 1804

Objekt	Vorbesitzer/Pächter	Käufer (Vermittler)	S-Preise/K-Preise
0,35 Wie (Thalwiese)	Domstift Trier H. Mannartz	Johann Baptist Nelles, Kyllburg, Juge de paix	228 500
0,26 Wie (Dreischwiese)	Stift Kyllburg H. Zintz	Robert Helters, Kyllburg, Cultivateur	260 335
0,70 Wie (Kamperswiese)	Kl. St. Thomas/Kyll H. Wallenborn	Hugo Wallenborn, Kyllburg, Brasseur; Peter Erdorff, Kyllburg, Tisserand (Johann Baptist Nelles, Kyllburg, Juge de paix)	800 1 050

10. Vent. XIII–1. März 1805

0,35 Garten (der große Schloßgarten)	Domstift Trier Weber	Alexander Ludwig Vary, Kyllburg, Receveur des Domaines	568 805

1. Mai 1807

0,17 Garten (Stadtgarten)	Kurtrier F. Schweitzer	Ferdinand Zeininger, Trier, Avocat	200 205

7. Okt. 1808

1 Bauplatz	Kurtrier	Johann Baptist Nelles, Kyllburg, Juge de paix (Nikolaus Valentin, Hillesheim, Cultivateur)	40 45

9. Aug. 1811

2,00 Ack/3,00 Wie/ 12,00 Wild (Gratzischgut)	Kurtrier Hochmuth	Franz Anton Kayser, Trier, Propriétaire; Friedrich Schweitzer, Kyllburg; Hugo Niederprüm, Kyllburg, Tanneur	5 550 7 850

Kyllburgweiler

10. Vent. XIII–1. März 1805

0,35 Wie/10,60 Wild (Reifferscheider Gut)	Kl. St. Thomas/Kyll G. Polch	Johann Baptist Nelles, Kyllburg, Juge de paix	996 1 000

9. Brum. XIV–31. Okt. 1805

0,46 Wie (Frauenwiese)	Kl. St. Thomas/Kyll Th. Bechendorf	Johann Matthias Simon, Kyllburg, Notaire; Nikolaus Streit, Metternich, Cultivateur (Johann Matthias Simon, Kyllburg, Notaire)	1 000 1 125

29. Mai 1807

0,43 Wie	Stift Kyllburg Varry	Johann Baptist Nelles, Kyllburg, Juge de paix	300 305

Objekt	Vorbesitzer Pächter	Käufer (Vermittler)	S-Preise K-Preise

Mürlenbach

16. Mess. XI—5. Juli 1803

1 Mühle	Kurtrier J. A. Hever	Matthias Jegen, Dens- born, Meunier; Johann Adam Hewer, Mürlen- bach, Meunier	1 400 2 050

15. Germ. XII—5. April 1804

1 Schloß/0,61 Garten/ 2,68 Ack/2,75 Wie/ 15,00 Wild	Kurtrier A. Scholl	Johann Banner, Mürlen- bach, Marchand	1 920 6 150

24. Mai 1811

3,99 Wie (Römerwiesen)	Abtei Prüm	Heinrich Schäffer, Gerol- stein, Garde à cheval	350 750

Neidenbach

20. Vend. XIII—12. Okt. 1804

1,40 Wie (zum Wasserfall)	Domstift Trier H. Elsen	Johann Baptist Nelles, Kyllburg, Juge de paix	544 1 100

5. Vend. XIV—27. Sept. 1805

6,30 Land	Domstift Trier H. Elsen	Johann Baptist Nelles, Kyllburg, Juge de paix	240 245

Orsfeld

8. Therm. XII—27. Juli 1804

0,70 Wie (Stiftswiese)	Stift Kyllburg P. D. Knodt	Johann Simon, Kyllburg, Tanneur	1 280 1 380

St. Thomas

16. Mess. XI—5. Juli 1803

1 Mühle	Kl. St. Thomas/Kyll M. Pauly	Matthias Joseph Hayn, Trier, Negociant	1 000 4 075

6. Pluv. XIII—27. Jan. 1804

Kl. St. Thomas (ohne Kirche)/1 Hofgut/ 6,76 Ack/7,75 Wie	Kl. St. Thomas/Kyll	Karl Veyder, Malberg	5 500 9 125

Schwickerath

15. Mai 1807

1 Hofgut/0,18 Garten/ 2,03 Wie/35,70 Wild/ 0,04 Busch (Schwickerather Hof)	Kurtrier Niklas	Hubert Schrott, Bitburg, Laboureur	3 878 8 775

Objekt	Vorbesitzer Pächter	Käufer (Vermittler)	S-Preise K-Preise

Seffern

29. Mai 1807

| 0,35 Wie | Abtei Prüm/ Gemeinde Seffern Thiel | Michel Schwickerath, Seffern, Laboureur | 240 360 |

Spang

19. Pluv. XIII–8. Febr. 1805

| 0,12 Garten (Unkig) | Domstift Trier | Johann Peter Keuker, Trier, Marchand | 56 300 |

9. Brum. XIV–31. Okt. 1805

| 0,23 Wie (Rothwiese) | Abtei Himmerod J. Lewer | Valentin Hack, Dudeldorf, Greffier du Juge de paix | 200 205 |

21. Sept. 1810

| 1 Weiher | Abtei Himmerod/ Stift St. Simeon, Trier Schweizer | Johann Baptist Nelles, Kyllburg, Juge de paix | 40 155 |

Spangdahlem

20. Vend. XIII–12. Dez. 1804

3,00 Ack/0,73 Wie/ 0,70 Land	Stift St. Simeon, Trier V. Hack	Alexandre Louis Vary, Kyllburg, Receveur des Domaines (Johann Baptist Nelles, Kyllburg, Juge de paix)	384 1 125
0,53 Ack/1,76 Wild (Wild: Teschland Ack: im Ist)	Abtei Himmerod M. Göten	Johann Baptist Nelles, Kyllburg, Juge de paix	66 310
0,15 Ack/0,20 Wie	Domstift Trier Mathey	Valentin Hack, Dudeldorf, Greffier du Juge de paix	112 140

19. Brum. XIV–31. Okt. 1805

| 2,12 Wie (Gustapfel) | Abtei Himmerod W. Zenz | Jakob Faber, Binsfeld, Cultivateur; Adam Koley, Gransdorf, Cultivateur (Johann Baptist Nelles, Kyllburg, Juge de paix) | 2 000 2 025 |

Zendscheid

20. Vend. XIII–12. Okt. 1804

| 0,26 Wie (Schleidwiese) | Domstift Trier M. Sylvanus | Michel Schramm, St. Thomas, Laboureur | 192 250 |

21. April 1808

| 3,35 Wie | Domstift Trier J. Kommes | Franz Anton Kayser, Trier, Propriétaire (Joseph Willwersch, Trier, Propriétaire) | 1 296 1 325 |

Objekt	Vorbesitzer Pächter	Käufer (Vermittler)	S-Preise K-Preise

Kanton Lissendorf

Mirbach

19. Vent. XII—10. März 1804

1 Haus/0,35 Ack/ 7,60 Wie/17,00 Wild	Kl. Hillesheim Bernardi	Jakob Goldschmidt, Prüm, Teinturier	2 860 7 050

Niederehe

19. Febr. 1808

0,15 Garten/33,01 Ack/ 6,03 Wie/8,25 Wild	Abtei Steinfeld Gottlieb	Anton Joseph Baum, Trier, Negociant	4 000 4 725

Üxheim

1. Therm. XII—20. Juli 1804

1,45 Ack	Abtei Steinfeld J. Hofmann	Anton Manderfeld, Lissendorf, Propriétaire	80 105

Kanton Manderscheid

Bleckhausen

10. Vent. XIII—1. März 1805

0,83 Wie	Kurtrier J. Irmen	Hermann Joseph Haack, Manderscheid, Garde forestier à cheval; Johann Pantenburg, Manderscheid, Cabaretier (Johann Jakob Beaury, Manderscheid, Teinturier)	320 335

Deudesfeld

7. Frim. XIII—28. Nov. 1804

8,00 Wild (Speicherberg)	Kl. St. Thomas/Kyll M. Roll	Matthias Fischer, Weidenbach, Forestier; Nikolaus Bender, Matthias Müller, Deutesfeld, Laboureurs (Hermann Joseph Haack, Manderscheid, Forestier)	256 261

Großlittgen

21. Therm. XII—9. Aug. 1804

0,70 Wie (Brühl)	Kurtrier M. Steffen	Johann Wilhelm Heck, Matthias Pesch, Großlittgen, Laboureurs (Philipp René Lentz, Manderscheid, Controleur des Contributions)	1 280 1 425

Objekt	Vorbesitzer Pächter	Käufer (Vermittler)	S-Preise K-Preise

7. Frim. XIII—28. Nov. 1804

0,28 Wie	Kurtrier W. Heck	Hermann Joseph Haack, Manderscheid, Garde forestier à cheval	48 55

29. Sept. 1812

Güter	Abtei Himmerod	Karl Anton Bernasco, Trier, Negociant	? 17 250

Hau

7. Frim. XIII—28. Nov. 1804

0,70 Wie (unterste Rascopp- wiese)	Abtei Himmerod P. Fischer	Heinrich Schmitz, Mander- scheid, Juge de paix	758 763

10. Vent. XIII—1. März 1805

3,53 Ack/0,70 Wie/ 2,12 Wild (Raskopp)	Abtei Himmerod Th. Zeutzius, N. Müller	Nikolaus Streit, Matthias Otten, Metterich, Cultiva- teurs; Adam Kolley, Gransdorf, Cultivateur (Johann Robert Billen, Metterich, Curé)	1 367 2 200
1,06 Ack/10,77 Wie/ 14,13 Wild (Hau)	Stift St. Simeon, Trier N. Müller	Nikolaus Streit, Matthias Otten, Metterich, Cultiva- teurs; Adam Kolley, Gransdorf, Cultivateur (Johann Robert Billen, Metterich, Curé)	1 025 2 250

Heeg

7. Okt. 1808

0,55 Wie/1,76 Wild/ 1,17 Wald (Wie: Butterwiese Wild: Schuldigfeld Wild: Quittenduich)	Abtei Himmerod	Karl Anton Bernasco, Trier, Negociant; Friedrich Scheer, Trier, Boulanger	1 585 1 650

Hütt

27. Nov. 1807

1 Hofgut/3,00 Ack/ 3,52 Wie/18,36 Wild (Hof Hütt)	Stift St. Simeon, Trier	Alexandre Louis Warry, Bitburg, Receveur des Domaines	3 600 4 700

Immerath

7. Frim. XIII—28. Nov. 1804

0,15 Wie (Maarwiese)	Kurtrier P. Merfeld	Peter Merfeld, Immerath, Laboureur	152 162

Objekt	Vorbesitzer Pächter	Käufer (Vermittler)	S-Preise K-Preise

10. Vent. XIII—1. März 1805

| 1 Hofgut/1,75 Ack/ 1,78 Wie/8,00 Wild (Springiersbacher Hof) | Stift Springiersbach M. Wolrath | Peter Marx jr., Trier-Zur-lauben, Negociant | 2 608 7 525 |

29. Mai 1807

| 0,04 Weiher (Wiessang) | Stift Springiersbach Varry | Johann Baptist Nelles, Kyllburg, Juge de paix | 40 75 |
| 0,88 Land | Kurtrier Varry | Johann Baptist Nelles, Kyllburg, Juge de paix | 100 110 |

Karl

28. Brum. XIII—19. Nov. 1804

| 0,49 Wie/40,33 Wild | Kurtrier P. Schäfer | Peter Schäfer, Karl, La-boureur (Philipp René Lentz, Man-derscheid, Controleur des Contributions) | 1 136 1 165 |

7. Frim. XIII—28. Nov. 1804

| 0,70 Wild (Leitgensteg; Geisschinder) | Kurtrier H. Schmitz | Johann Peter Pütz, Man-derscheid, Huissier du Juge de paix | 100 105 |

Landscheid

7. Frim. XIII—28. Nov. 1804

| 0,90 Wie | Abtei Himmerod J. M. Heinz | Matthias Billenwillems, Johann Matthias Heintz, Johann Heintz, Land-scheid, Laboureurs; Jo-hann Peter Fischer, Heeg, Forestier (Johann Baptist Nelles, Kyllburg, Juge de paix) | 517 635 |

24. Juli 1807

| 0,03 Ack/0,17 Wie (Wie: Pärg Ack: bey Plarwag) | Abtei Himmerod Heinz | Johann Wilhelm Daniel, Trier, Verificateur | 70 75 |

9. Aug. 1811

| 1 Hofgut/32,00 Ack/ 5,00 Wie (Altenhof) | Abtei Himmerod Nelles | Johann Robert Billen, Schönfeld, Propriétaire et Curé; Adam Kolley, Gransdorf, Propriétaire (Johann Robert Billen, Schönfeld, Propriétaire et Curé) | 13 335 14 125 |

Objekt	Vorbesitzer Pächter	Käufer (Vermittler)	S-Preise K-Preise

Manderscheid

7. Frim. XIII—28. Nov. 1804

Objekt	Vorbesitzer Pächter	Käufer (Vermittler)	S-Preise K-Preise
1 Scheune/1 Stall (neben der Gendarmerie-Kaserne)	Kurtrier	Heinrich Schmitz, Manderscheid, Juge de paix; Philipp René Lentz, Manderscheid, Controleur des Contributions (Heinrich Schmitz, Manderscheid, Juge de paix)	150 485
0,04 Garten (auf der Bohrseite; im Brühl)	Kurtrier Schmitz	Heinrich Schmitz, Manderscheid, Juge de paix	100 225
0,08 Wie (Hohebergfahrt; Holzberg)	Kurtrier P. Reehl	Philipp René Lentz, Manderscheid, Controleur des Contributions; Heinrich Schmitz, Manderscheid, Juge de paix; Johann Jakob Beury, Manderscheid, Teinturier (Hermann Joseph Haack, Manderscheid, Garde à cheval des forêts)	320 420
0,04 Garten (Kellnereygarten)	Kurtrier Haack	Johann Jakob Beaury, Manderscheid, Teinturier; Philipp René Lentz, Manderscheid, Controleur des Contributions; Hermann Joseph Haack, Manderscheid, Garde forestier; Heinrich Walscheit, Manderscheid, Medecin (Johann Jakob Beaury, Manderscheid, Teinturier)	256 290
0,70 Wie (Metthau)	Kurtrier Schmitz	Philipp René Lentz, Controleur des Contributions, Heinrich Schmitz, Juge de paix, Johann Jakob Beaury, Teinturier, Hermann Joseph Haack, Garde forestier, Johann Simon, Tanneur, Matthias Braun, Cabaretier, Kaspar Unschult, Tanneur, Manderscheid (Johann Baptist Nelles, Kyllburg, Juge de paix)	688 795

Objekt	Vorbesitzer Pächter	Käufer (Vermittler)	S-Preise K-Preise
0,35 Wie (Ege)	Kurtrier Beaury	Johann Jakob Beaury, Teinturier, Heinrich Schmitz, Juge de paix, Hermann Joseph Haack, Forestier, Philipp René Lentz, Controleur des Contributions, Manderscheid (Johann Jakob Beaury, Manderscheid, Teinturier)	160 215
0,06 Wie (Burgpeschen)	Kurtrier Haack	Hermann Joseph Haack, Manderscheid, Garde forestier à cheval (Anton Joseph Baum, Trier, Negociant)	288 320
0,17 Wie (Brühl)	Kurtrier Haack	Heinrich Schmitz, Manderscheid, Juge de paix (Anton Joseph Baum, Trier, Negociant)	488 650

10. Vent. XIII—1. März 1805

Objekt	Vorbesitzer Pächter	Käufer (Vermittler)	S-Preise K-Preise
0,04 Wie (Dannbach; Weiher im Bungert)	Kurtrier Warlet	Johann Jakob Beaury, Manderscheid, Teinturier; Heinrich Schmitz, Manderscheid, Juge de paix (Johann Jakob Beaury, Manderscheid, Teinturier)	48 135
0,10 Wie (Weiherwiese unter Biederrech)	Kurtrier Beaury	Michel Bracht, Manderscheid, Drapier; Johann Peter Röhl, Manderscheid, Laboureur; (Michel Bracht, Manderscheid, Drapier)	20 25

16. Vend. XIV—8. Okt. 1805

Objekt	Vorbesitzer Pächter	Käufer (Vermittler)	S-Preise K-Preise
0,35 Ack	Kurtrier Nölles	Heinrich Schmitz, Juge de paix, Hermann Joseph Haack, Garde forestier, Johann Peter Pütz, Huissier, Johann Pantenburg, Cabaretier, Manderscheid (Heinrich Schmitz, Juge de paix, Manderscheid)	192 200
1,05 Ack	Kurtrier B. Meister	Hermann Joseph Haack, Garde forestier à cheval, Damien Soucellier, Percepteur, Johann Pantenburg, Cabaretier, Heinrich Schmitz, Juge de paix, Manderscheid (Johann Peter Pütz, Manderscheid, Huissier)	560 570

Objekt	Vorbesitzer Pächter	Käufer (Vermittler)	S-Preise K-Preise
0,35 Wie (Schleifwiese)	Kurtrier P. Erdorf	Heinrich Schmitz, Manderscheid, Juge de paix; Johann Peter Pütz, Manderscheid, Huissier (Heinrich Schmitz, Manderscheid, Juge de paix)	56 80
0,35 Wild (Liesbach; Geisemshüll)	Kurtrier M. Bracht	Heinrich Schmitz, Juge de paix, Johann Peter Pütz, Huissier, Manderscheid (Heinrich Schmitz, Manderscheid, Juge de paix)	36 41
0,35 Wie	Kurtrier Schmitz	Johann Baptist Nelles, Kyllburg, Juge de paix	20 25
0,52 Ack	Kurtrier	Johann Peter Pütz, Huissier; Hermann Joseph Haack, Garde forestier; Heinrich Schmitz, Juge de paix; Johann Pantenburg, Cabaretier, Manderscheid (Johann Peter Pütz, Manderscheid, Huissier)	80 85

15. Mai 1807

Objekt	Vorbesitzer Pächter	Käufer (Vermittler)	S-Preise K-Preise
0,64 Wild	Kurtrier Varry	Johann Baptist Nelles, Kyllburg, Juge de paix	100 200

18. Nov. 1808

Objekt	Vorbesitzer Pächter	Käufer (Vermittler)	S-Preise K-Preise
0,09 Wie (Rosbach)	Kurtrier Hock	Franz Hamant, Hetzerath, Gendarme	190 195

Mückeln

24. Juli 1807

Objekt	Vorbesitzer Pächter	Käufer (Vermittler)	S-Preise K-Preise
6,00 Wild	Kurtrier Nelles	Paul Steylen, Oberscheidweiler, Cultivateur	80 310

21. Sept. 1810

Objekt	Vorbesitzer Pächter	Käufer (Vermittler)	S-Preise K-Preise
0,70 Wild	Kurtrier	Paul Steffes, Mückeln, Cultivateur	30 50

6. März 1812

Objekt	Vorbesitzer Pächter	Käufer (Vermittler)	S-Preise K-Preise
Wald (Ottenthal)	Stift Springiersbach	Gerard Schmitz, Nieder-öfflingen, Maire	? 210

Mulbach

21. Sept. 1810

Objekt	Vorbesitzer Pächter	Käufer (Vermittler)	S-Preise K-Preise
0,52 Weiher (Muhlbacherweyher; Meisweyher)	Abtei Himmerod	Johann Baptist Nelles, Kyllburg, Juge de paix	70 130

Objekt	Vorbesitzer Pächter	Käufer (Vermittler)	S-Preise K-Preise
Musweiler			
21. Therm. XII—9. Aug. 1804			
0,16 Wie (Burgwiese)	Kurtrier Nelles	Jakob Simon, Matthias Heck, Musweiler, Laboureurs (Philipp René Lentz, Manderscheid, Controleur des Contributions)	400 420
Niederöfflingen			
7. März 1806			
0,18 Ack/1,25 Wild (Ack: Kappesflur)	Abtei St. Marien, Trier	Thomas Teusch, Daniel Kreutz, Matthias Schmitz, Niederöfflingen, Laboureurs (Louis Zegowitz, Trier, Avocat)	155 165
Niederwinkel			
21. Therm. XII—9. Aug. 1804			
1,00 Ack/0,28 Wie/ 1,00 Wild	Stift Springiersbach B. Wilhelm	Matthias Joseph Maas, Oberwinkel, Cultivateur	1 367 1 550
Oberscheidweiler			
7. Frim. XIII—28. Nov. 1804			
0,17 Wie	Stift Springiersbach M. J. Maas	Johann Nikolaus Nohn, Hasborn, Laboureur	116 185
5. Pluv. XIII—25. Jan. 1805			
1 Haus/2,80 Ack/ 1,48 Wie/6,45 Wild	Stift Springiersbach M. Schlimpen	Hubert Schlimpen, Oberscheidweiler, Laboureur (Philipp René Lentz, Manderscheid, Controleur des Contributions)	1 760 5 025
Oberwinkel			
7. Vent. XII—27. Febr. 1804			
1 Haus/18,00 Ack/ 7,06 Wie/24,00 Wild	Stift Springiersbach M. Maas	Joseph Willwersch, Trier, Propriétaire	4 088 8 000
Strohn			
7. Frim. XIII—28. Nov. 1804			
1 Einsiedelei/0,01 Garten (Sprinck)	Stift Springiersbach	Heinrich Schmitz, Manderscheid, Juge de paix	20 85
9. Brum. XIV—31. Okt. 1805			
0,35 Sumpfland	Kurtrier M. Köhnen	Matthias Hommes, Strohn, Percepteur des Contributions	200 600

Objekt	Vorbesitzer Pächter	Käufer (Vermittler)	S-Preise K-Preise

7. Okt. 1808

| 0,45 Wie (im Falkenbach) | Kurtrier Abels | Nikolaus Hommes, Mük-keln, Cultivateur | 160 160 |

Strotzbüsch

24. Juli 1807

| 0,22 Land (Echternacher Land) | Abtei Echternach Maas | Joseph Klinckhammer, Sprengerhof, Cultivateur (Anton Manderfeld, Lissendorf, Cultivateur) | 40 50 |

Kanton Prüm

Dausfeld

5. Fruct. XIII—23. Aug. 1805

| 0,59 Wie | Abtei Prüm K. Reuland | Konrad Reuland, Prüm, Tanneur (Johann Peter Heufgen, Prüm, Boulanger) | 284 305 |

Elverath

5. Pluv. XIII—25. Jan. 1805

| 0,09 Land/0,39 Wie | Kurtrier Pettmesser | Franz Pettmesser, Prüm, Sous-Prefet | 448 450 |

Giesdorf

21. Niv. XIII—11. Jan. 1805

| 1 Haus/0,34 Garten/ 5,27 Ack/3,62 Wie/ 9,77 Wild/0,17 Busch | Stift Prüm M. Giebels | Franz Mathis, Trier, Greffier du tribunal d'appel | 1 600 3 125 |

5. Pluv. XIII—25. Jan. 1805

| 0,77 Wie (Sängereywiese) | Stift Prüm H. Jäger | Franz Mathis, Trier, Greffier à la cour d'appel | 528 1 075 |

Gondelsheim

24. Juli 1807

| 14,00 Wild/1 ausgetrock-neter Weiher (Engelscheid; ober der halben Meil) | Abtei Prüm Veling | Joseph Dujon, Prüm, Huissier (Augustin Castert, Prüm) | 120 610 |

375

Objekt	Vorbesitzer Pächter	Käufer (Vermittler)	S-Preise K-Preise

Neuendorf

21. Niv. XIII—11. Jan. 1805

0,35 Wie (Kantenpesch)	Kurtrier E. Knüppen	Hubert Hermes, Neuendorf, Laboureur	112 225

Niederhersdorf

21. Niv. XIII—11. Jan. 1805

1 Hofgut/10,32 Ack/ 3,49 Wie/17,22 Wild/ 0,18 Hecken	Abtei Prüm Ch. Micken	Christoph Micken, Niederhersdorf, Laboureur (Jakob Goldschmidt, Prüm, Teinturier)	3 200 4 125

Niederlauch

18. Nov. 1808

3,00 Wie (Vierkantiger Pesch; Durchfahrt)	Abtei Prüm Müller	Barbe Duchateau née Billiotte, Trier	1 280 1 375

12. Jan. 1810

0,88 Wie (in den Lüschen)	Abtei Prüm Hoffmann	Bartholomäus Wellenstein, Prüm, Receveur des Contributions	460 510

Niedermehlen

22. Vend. XII—15. Okt. 1803

1 Hofgut/2,42 Garten/ 6,88 Ack/4,32 Wie/ 26,85 Wild/3,00 Wald	Abtei Prüm Mayers	Emanuel Lelievre, Trier, Directeur des Domaines; Joseph D'Hame, Trier, Membre du corps legislatif	4 000 8 000

Niederprüm

26. Mess. XI—15. Juli 1803

Kl. Niederprüm/ 0,70 Garten	Kl. Niederprüm H. Limbach	Wilhelm und Andreas Cattrein, Prüm, Negociants (Wilhelm Cattrein, Prüm, Negociant)	3 000 8 400
1 Mühle	Kurtrier J. Weinsheim	Johann Weinsheim, Gondenbrett, Meunier (Matthias Vogel, Temmels, Propriétaire)	875 1 700
1 Mühle/1 Weiher (Sägemühle)	Kl. Niederprüm H. Limbach	Matthias Vogel, Temmels, Propriétaire	242 900

Objekt	Vorbesitzer Pächter	Käufer (Vermittler)	S-Preise K-Preise

21. Frim. XII—13. Dez. 1803

| 1 Mühle | Kl. Niederprüm J. G. Müller | Johann Georg Müller, Niederprüm, Meunier (Matthias Vogel, Temmels, Propriétaire) | 2 400 3 000 |

5. Pluv. XIII—25. Jan. 1805

| 1,88 Land/Weiher | Kl. Niederprüm Limbach | Wilhelm Cattrein, Trier, Negociant | 160 200 |

13. Flor. XIII—3. Mai 1805

| 0,89 Ack | Kl. Niederprüm M. Bley | Anton Ennen, Niederprüm, Laboureur | 400 400 |
| 0,66 Ack/8,81 Wild | Kl. Niederprüm J. P. Heinz | Johann Peter Heinz, Niederprüm, Cultivateur | 208 490 |

5. Fruct. XIII—23. Aug. 1805

3,00 Ack	Kl. Niederprüm K. Schöden	Karl Franz Marion, Aubergiste, Karl Charmet, Receveur des Contributions, Prüm, Johann Peter Heufen, Prüm, Boulanger, Heinrich Limbach, Niederprüm, Maire (Karl Franz Marion, Prüm, Aubergiste)	320 825
0,70 Ack/4,13 Wild	Kl. Niederprüm N. Kewes	Karl Franz Marion, Aubergiste, Karl Charmet, Receveur des Contributions, Johann Peter Heufen, Boulanger, Prüm; Heinrich Limbach, Niederprüm, Maire (Karl Franz Marion, Prüm, Aubergiste)	272 1 225
0,76 Ack	Kl. Niederprüm K. Charmet	Karl Franz Marion, Aubergiste, Karl Charmet, Receveur des Contributions, Johann Peter Heufen, Boulanger, Prüm; Heinrich Limbach, Niederprüm, Maire (Karl Franz Marion, Prüm, Aubergiste)	272 400

26. Vend. XIV—18. Okt. 1805

| 0,17 Wie (Hubertswiese) | Abtei Prüm K. Marion | Edmond Joseph Thubauville, Prüm, Huissier | 150 150 |
| 0,17 Land (Bach) | Kurtrier J. Drost | Heinrich Jaeger, Prüm, Propriétaire (Joseph Dujon, Prüm, Huissier) | 32 50 |

377

Objekt	Vorbesitzer Pächter	Käufer (Vermittler)	S-Preise K-Preise

28. Aug. 1807

| 1,41 Wild (Dittenbüscherweiler; Bischemweg) | Kl. Niederprüm H. Limbach | Adam Ganser, Heinrich Limbach, Niederprüm, Cultivateurs (Adam Ganser, Niederprüm, Cultivateur) | 150 600 |

26. Febr. 1808

| 0,70 Ack/4,13 Wild | Kl. Niederprüm N. Kewes | Adam Ganzer, Cultivateur, Peter Elsen, Niederprüm (Adam Ganzer, Niederprüm, Cultivateur) | 272 500 |

18. Nov. 1808

| 0,45 Wie (Zärtgen; Langwiese) | Kl. Niederprüm H. Limbach | Joseph Dujon, Huissier, Conrad Koch, Marchand chandelier, Prüm (Joseph Dujon, Prüm, Huissier) | 340 455 |

9. Aug. 1811

| 0,45 Garten/0,25 Ack (Werkfeld) | Kl. Niederprüm J. Gauper | Johann Nikolaus Lichten, Prüm, Propriétaire | 1 025 1 030 |
| 0,85 Wie (Massenseiffen; Kleinertzwechselwieß) | Kl. Niederprüm A. Ganser | Peter Benedikt Maria Bender, Prüm, Propriétaire | 1 500 1 515 |

15. Nov. 1811

4,40 Ack	Kl. Niederprüm	Peter Bender, Prüm, Propriétaire; Johann Adam Ganser, Niederprüm, Cultivateur	1 875 1 900
0,70 Wie (im Klump)	Kl. Niederprüm	Karl Charmet, Prüm, Propriétaire	2 875 4 000
1,00 Wie (Pfaffenwiese)	Kl. Niederprüm	Peter Bender, Prüm, Propriétaire	1 000 1 025

Oberlauch

26. Vend. XIV—18. Okt. 1805

| 0,53 Wie (Grawereich) | Abtei Prüm Charmet | Karl Charmet, Prüm, Receveur des Contributions (Johann Alf jr., Prüm, Tanneur) | 272 272 |
| 5,39 Wie (Großbrühl; Königsbrühl) | Abtei Prüm J. Ballmann | Johann Alf, Prüm, Tanneur | 3 465 3 550 |

Objekt	Vorbesitzer Pächter	Käufer (Vermittler)	S-Preise K-Preise

Olzheim

22. Vend. XII—15. Okt. 1803

Objekt	Vorbesitzer Pächter	Käufer (Vermittler)	S-Preise K-Preise
1 Mühle/Garten	Abtei Prüm P. Lentz	M. Linz, Olzheim, Meunier	1 650 4 275

Prüm

26. Mess. XI—15. Juli 1803

Objekt	Vorbesitzer Pächter	Käufer (Vermittler)	S-Preise K-Preise
1 Mühle	Abtei Prüm J. Hargarten	Matthias Joseph Hayn, Trier, Negociant	4 620 12 600
1 Mühle	Abtei Prüm P. Zirbes	Jakob Alff, Prüm, Tanneur	1 706 3 250
1 Haus (Brauhaus in der Ritzgasse)	Abtei Prüm Arimond, July	Lambert Schultes, Prüm, Aubergiste	726 750
1 Haus	Stift Prüm K. Briffault	Peter Bender, Prüm, Juge (Wilhelm Cathrein, Prüm, Marchand)	2 400 9 400
1 Haus (Kirchgasse)	Stift Prüm J. Niesen	Wilhelm Van Hoof, Prüm, Marchand	570 1 450
1 Haus	Stift Prüm A. Perau	Anton Perard, Prüm, Drapier (Johann Heinrich Kämmerer, Prüm, Perruquier)	427 500
1 Haus (in der Hospitalgasse)	Stift Prüm L. Rebenach	Nikolaus Juli, Prüm, Aubergiste (Jakob Alff, Prüm, Tanneur)	590 620
1 Haus (Stiftplatz)	Stift Prüm F. Felix	Jakob Goldschmitt, Prüm, Teinturier	1 500 4 075
1 Haus (Stiftplatz)	Stift Prüm K. Wimpfen	Matthias Conz, Prüm, Avoué (Nikolaus Anton Baur, Trier, Controleur)	1 122 1 625
1 Haus (in der Hospitalgasse)	Abtei Prüm H. Jäger	Johann Peter Heuser, Prüm, Boulanger	1 848 4 075
1 Haus (in der Mühlengasse)	Abtei Prüm H. Thievies	Jakob Alff, Prüm, Tanneur	450 635
1 Haus (in der Breitgasse)	Abtei Prüm Th. Kaspary	Johann Anton Zeutzius, Prüm, Notaire	800 1 100

22. Vend. XII—15. Okt. 1803

Objekt	Vorbesitzer Pächter	Käufer (Vermittler)	S-Preise K-Preise
Pfarrkirche Prüm/ Kirchhof (Peterskirche)	Pfarrei Prüm	Jakob Goldschmidt, Prüm, Teinturier	600 2 000
1 Haus/1 Kapelle/ 0,70 Garten (Einsiedelei)	Abtei Prüm	Jakob Goldschmidt, Prüm, Teinturier	158 700

379

Objekt	Vorbesitzer Pächter	Käufer (Vermittler)	S-Preise K-Preise
1 Scheune/3 Ställe (Hengst-Stall)	Kurtrier	Johann Biever	600 3 700

2. Prair. XII—22. Mai 1804

Objekt	Vorbesitzer Pächter	Käufer (Vermittler)	S-Preise K-Preise
1,63 Garten (Dreyenberg)	Abtei Prüm A. Wolff	Heinrich Armand, Aubergiste, Joseph Dujon, Huissier, Anton Wolf, Huissier, Augustin Kaster, Marchand, Appolonien Spanier, Boucher, Prüm (Michel Armand, Prüm, Aubergiste)	1 233 1 850
0,70 Garten (Windmühle)	Abtei Prüm B. Lintz	Heinrich Armand, Aubergiste, Joseph Dujon, Huissier au tribunal, Anton Wolf, Huissier au tribunal, Augustin Kaster, Marchand, Appolonien Spanier, Boucher, Prüm (Michel Armand, Prüm, Aubergiste)	1 015 1 425

13. Flor. XIII—3. Mai 1805

Objekt	Vorbesitzer Pächter	Käufer (Vermittler)	S-Preise K-Preise
0,35 Wie (Bulichsdelwies)	Kurtrier J. Prion	Edmond Thubanville, Prüm, Huissier	626 626
2,21 Ack/0,88 Wie (auf dem Kalvarie Berg)	Abtei Prüm H. Jäger	Godard Veling, Prüm, Avoué	880 1 125
0,30 Wie (Mühlenpesch)	Abtei Prüm Charmet	Anton Moritz, Prüm, Negociant (Bernard Seyppel, Trier, Juge à la cour d'appel)	336 1 025
1,04 Ack/0,17 Wie	Abtei Prüm J. Koch	Edmond Thubanville, Huissier, Heinrich Jäger, Ex-Chanoine, Joseph Dujon, Huissier, Peter Stümper, Instituteur, Nikolaus Koch, Tanneur, Prüm (Edmond Thubanville, Prüm, Huissier)	656 710

5. Fruct. XIII—23. Aug. 1805

Objekt	Vorbesitzer Pächter	Käufer (Vermittler)	S-Preise K-Preise
1,56 Ack	Stift Prüm Baumgärtner	Karl Franz Marion, Aubergiste, Karl Charmet, Receveur des Contributions, Johann Peter Heufen, Boulanger, Prüm (Karl Franz Marion, Prüm, Aubergiste)	720 725

26. Vend. XIV—18. Okt. 1805

Objekt	Vorbesitzer Pächter	Käufer (Vermittler)	S-Preise K-Preise
1,50 Ack/1,13 Wild	Stift Prüm K. Marion	Heinrich Jaeger, Prüm, Propriétaire (Johann Alf jr., Prüm, Tanneur)	600 670

Objekt	Vorbesitzer Pächter	Käufer (Vermittler)	S-Preise K-Preise
0,17 Wie (Duborn)	Abtei Prüm J. Dujon	Anton Wolf, Prüm, Huissier (Joseph Dujon, Prüm, Huissier)	96 96
0,71 Wie (in der Selbach)	Abtei Prüm H. Hammel	Anton Wolf, Prüm, Huissier (Nikolaus Koch, Prüm, Tanneur)	400 415
0,04 Garten (am Lindenberg)	Kurtrier Charmet	Bartholomäus Wellenstein, Prüm, Receveur des Contributions (Karl Charmet, Prüm, Receveur des Contributions)	64 150
1,59 Land	Kurtrier J. Drost	Peter Zimmer, Prüm, Boulanger	100 125
0,18 Ack	Kurtrier M. Roth	Nikolaus July, Prüm, Aubergiste (Karl Charmet, Prüm, Receveur des Contributions)	160 380
1,24 Land	Kurtrier P. Zapp	Nikolaus July, Aubergiste, Edmond Joseph Thubanville, Huissier, Prüm (Nikolaus July, Prüm, Aubergiste)	400 470
0,09 Land (am Maykränzgen)	Kurtrier M. Roth	Nikolaus Fuchs, Prüm, Tanneur	480 535
0,17 Garten (obere Poligs Pesch)	Kurtrier Fölix	Nikolaus July, Prüm, Aubergiste	420 525
0,06 Garten/2,80 Ack	Stift Prüm Felix	Johann Peter Heufen, Prüm, Boulanger (Karl Charmet, Prüm, Receveur des Contributions)	1 680 1 900

24. Juli 1807

Objekt	Vorbesitzer Pächter	Käufer (Vermittler)	S-Preise K-Preise
0,35 Garten (Groß Bulicht-Pesch)	Kurtrier July	Benedikt Lintz, Secrétaire à la Sous-Préfecture, Bartholomäus Koch, Tanneur, Nikolaus July, Aubergiste, Prüm (Benedikt Lintz, Prüm, Sécrétaire à la Sous-Préfecture)	620 1 150
0,35 Ack (am Dreienberg)	Kurtrier Trost	Joseph Dujon, Prüm, Huissier (Karl Franz Marion, Prüm, Aubergiste)	140 145
0,40 Ack (am Dreyenberg in der Bulisdelle)	Kurtrier Arimond	Benedikt Lintz, Prüm, Secrétaire à la Sous-Préfecture	220 225

Objekt	Vorbesitzer Pächter	Käufer (Vermittler)	S-Preise K-Preise
28. Aug. 1807			
0,53 Wie	Abtei Prüm J. Hargard	Johann Hargarden, Prüm, Meunier (Peter Klotz, Trier, Propriétaire)	200 400
0,40 Wie	Abtei Prüm M. Koch	Nikolaus Koch, Prüm, Tanneur (Karl Franz Marion, Prüm, Aubergiste)	320 420
1,28 Land/2,18 Wie (am Kalvarienberg)	Abtei Prüm Marion	Joseph Dujon, Prüm, Huissier; Nikolaus Alff, Lambert Regnery, Apollinarius Weinsheim, Heinrich Jager, Martin Roth, Benedikt Faust, Johann Biwer, Prüm, Cultivateurs (Joseph Dujon, Prüm, Huissier)	1 800 2 925
3,35 Ack	Stift Prüm Caster	Joseph Stempel, Maire, Peter Heuser, Boulanger, Veronika Nauhoff, geb. Herbrand, Karl Kaspar Schily, Greffier du Juge de paix, Prüm (Joseph Stempel, Prüm, Maire)	500 1 300
0,70 Ack/0,17 Wie	Stift Prüm Marion	Joseph Stempel, Maire, Veronika Nauhoff, geb. Herbrand, Karl Kaspar Schily, Greffier du Juge de paix, Prüm (Johann Peter Heuser, Prüm, Boulanger)	200 600
0,01 Garten/0,22 Wie (auf Kreutzerweg)	Kurtrier H. Jaeger	Johann Peter Spoo, Prüm, Tanneur (Karl Franz Marion, Prüm, Aubergiste)	300 500
0,22 Ack/0,22 Wie	Kurtrier H. Arimond	Joseph Dujon, Huissier, Nikolaus Alff, Tanneur, Prüm (Michel Arimond, Prüm, Propriétaire)	320 410
7. Okt. 1808			
13,00 Wild (Stiftswildland; Benedictland)	Stift Prüm	Joseph Stempel, Medecin, Charles Gaspard Schily, Greffier de la justice, Prüm; Theodor Schneider, Oberemmel, Regisseur de la bergerie (Zell, Trier, Notaire)	300 305

Objekt	Vorbesitzer Pächter	Käufer (Vermittler)	S-Preise K-Preise

9. Aug. 1811

4,90 Ack/13,77 Wie/ 0,74 Garten	Kurtrier J. Jerusalem	Johann Nikolaus Lichten, Prüm, Inspecteur des forêts	27 625 28 700
2,15 Ack (hinter dem Weyer; im Kreutzerweg; auf Meykreuzgeswies; im Ponglingsdell)	Kurtrier	Peter Benedikt Maria Bender, Prüm, Propriétaire	1 625 1 705
0,87 Wie (Brockenwiese)	Abtei Prüm G. Weling	Karl Peter Vingender, Prüm, Juge de paix (Matthias Vogel, Temmels, Propriétaire)	3 125 3 150
1,90 Wie (im Ohlseiffen)	Abtei Prüm L. Spanier	Peter Bender, Prüm, Juge de paix (Johann Adam Hoelzer, Daun, Propriétaire)	2 725 2 730
0,87 Wie (in der obersten Wiese)	Abtei Prüm A. Wolff	Peter Bender, Prüm, Juge de paix (Johann Adam Hoelzer, Daun, Propriétaire)	1 025 1 030
0,30 Wie (in der obersten Wiese)	Abtei Prüm J. Brion	Nikolaus Gangolf Dauphin, Trier, Propriétaire	325 350
Wie (bey der Windmühle)	Abtei Prüm H. Arimond	Johann Nikolaus Lichten, Prüm, Propriétaire	1 625 1 650

15. Nov. 1811

4,12 Ack	Abtei Prüm	Matthias Vogel, Temmels, Propriétaire	5 375 8 050
1,74 Garten/1,17 Wie/ Ack	Abtei Prüm	Peter Johann Enser, Johann Alff, Prüm, Propriétaires	5 125 7 300
0,69 Wie (in Wassenrath; Dausfeld)	Abtei Prüm	Heinrich Harmel, Prüm, Propriétaire	700 750

Rommersheim

21. Niv. XIII–11. Jan. 1805

4,33 Ack/4,24 Wie/ 14,17 Wild/0,53 Hecken (Bolershof)	Kl. Niederprüm B. Pinten	Johann Neumann, Rommersheim, Laboureur, Johann Konrad Koch, Prüm, Marchand (Jakob Goldschmidt, Prüm, Teinturier)	2 480 2 505

26. Vend. XIV–18. Okt. 1805

0,86 Wie (am Graben)	Abtei Prüm A. Wolf	Martin Roth, Prüm, Aubergiste (Anton Wolf, Prüm, Huissier)	400 480

Objekt	Vorbesitzer Pächter	Käufer (Vermittler)	S-Preise K-Preise

Schönecken

27. Niv. XII—18. Jan. 1804

| 1 Schloß (altes Schloß) | Kurtrier | Jakob Goldschmidt, Prüm, Teinturier | 650 670 |

9. Aug. 1811

| 0,80 Garten/7,30 Ack/ 9,96 Wie/48,00 Wild | Kurtrier J. Mohl, F. Arend | Wilhelm Catrein, Prüm, Negociant | 22 000 22 800 |

Schwirzheim

27. Niv. XII—18. Jan. 1804

| 1 Hofgut/2,74 Garten/ 26,23 Ack/15,54 Wie/ 56,60 Wild | Abtei Prüm G. Michels | Emmanuel Lelievre, Trier, Directeur des Domaines (Matthias Vogel, Temmels, Propriétaire) | 2 750 10 300 |

Sellerich

12. Jan. 1804

| 1 Mühle | Kurtrier P. Pelters | Peter Pelters, Sellerich, Cultivateur | 660 1 825 |

Wallersheim

18. Nov. 1808

| 2,10 Wie/38,90 Wild | Abtei Prüm M. Theisen, G. Schneider | Dame Duchateau née Billiotte, Trier | 1 600 1 725 |

Weinsfeld

29. Juli 1808

| 1 Hofgut/0,75 Garten/ 3,36 Ack/2,24 Wie/ 33,93 Wild | Kl. Niederprüm Arimond | Joseph Dujon, Trier, Huissier; Michel Arimond, Cabaretier, Prüm; Konrad Koch, Chandelier, Prüm; Augustin Kaster, Boulanger, Prüm; Johann Alff, Tanneur, Prüm (Joseph Dujon, Trier, Huissier) | 2 200 2 425 |

15. Nov. 1811

1 Hofgut/2,61 Wie	Kl. Niederprüm	Peter Benedikt Maria Bender, Prüm, Propriétaire	4 125 4 150
0,87 Wie (Jungfernwiese)	Kl. Niederprüm	Valentin Leonardy, Trier, Propriétaire	1 625 1 650
0,06 Wie (Durchfahrt; Langestreicht)	Kl. Niederprüm	Karl Charmet, Prüm, Propriétaire	875 1 125

Objekt	Vorbesitzer Pächter	Käufer (Vermittler)	S-Preise K-Preise

Kanton Reifferscheid

Hellenthal

2. Okt. 1807

| 0,44 Ack (am Auel) | Abtei Steinfeld Jotten | Nikolaus Josten, Reiffer-scheid, Cultivateur | 140 150 |

Manscheid

2. Okt. 1807

| 1,00 Wie (Auelswiese) | Abtei Steinfeld | Joseph Glässer, Wilden-burg, Cultivateur (Johann Jakob Haener, Trier, Imprimeur) | 640 750 |

Oberreifferscheid

15. Prair. XII—4. Juni 1804

| 6,15 Wie (Pretenwiese) | Abtei Steinfeld P. Kramer | Paul Cramer, Kirchseifen, Maitre de forge; Johann Peter Pönsgen, Hellenthal, Maitre de forge (Anton Manderfeld, Lis-sendorf, Cultivateur) | 1 440 1 825 |

21. Niv. XIII—11. Jan. 1805

| 4,24 Land/2,70 Wild (Klitschbenden; Herrnland) | Abtei Steinfeld E. Houpp | Edmund Haas, Reiffer-scheid, Maitre de forge | 160 225 |

28. Vent. XIII—19. März 1805

| 0,75 Wie (Heinerseifen; Langenhard) | Abtei Steinfeld J. Kirsel | Matthias Huy, Büchen, Cultivateur (Anton Mathis, Trier, Em-ployé à la Prefecture) | 944 950 |

Steinfeld

15. Prair. XII—4. Juni 1804

| Abtei Steinfeld mit Kirche | Abtei Steinfeld | Hermann Joseph Römer, Urft, Meunier (Peter Jonas sen., Trier, Aubergiste) | 6 000 6 150 |

Objekt	Vorbesitzer Pächter	Käufer (Vermittler)	S-Preise K-Preise

19. Febr. 1807

| 1 Haus/80,87 Ack/ 10,78 Wie/33,67 Wild (Viehhof) | Abtei Steinfeld J. Zander, M. Römer | Johann Ludolf Cremer, Dalbenden, Maitre de forge, Peter Krämer, Dalbenden, Maitre de forge, Michel Renner, Urft, Brasseur, Thomas Kleinhammer, Steinfeld, Propriétaire, Jean Peuchen, Jünkerath, Maitre de forge, Abraham Poensgen, Schleiden, Maitre de forge (Jakob Heinrich Mertens, Dalbenden, Commis de forge) | 18 000 31 000 |

Wildenburg

2. Okt. 1807

6,38 Ack/0,24 Wie	Abtei Steinfeld Gläser	Joseph Glässer, Wildenburg, Cultivateur	600 625
1,27 Wie (oberste Wiese)	Abtei Steinfeld Meul	Nikolaus Schmitz (Wildenburg?), Cultivateur (Johann Jakob Haener, Trier, Imprimeur)	600 1 000
2,85 Wie (unterste Wiese)	Abtei Steinfeld Krach	Johann Peter Klein, Reifferscheid, Receveur des Domaines	1 400 1 500

Kanton Schönberg

Bleialf

21. Niv. XIII–11. Jan. 1805

| 0,01 Garten | Kurtrier Schoupp | Christian Caspers, Bleialf, Maire | 82 85 |

28. Aug. 1807

| 2,00 Wie (Herrenbrühl) | Kurtrier Ch. Garberer | Matthias Klein, Prüm, Sousinspecteur des forêts (Joseph Duyon, Prüm, Huissier) | 1 800 3 025 |

Buchet

27. Pluv. XII–17. Febr. 1804

| 1 Mühle | Kurtrier L. Hammes | Joseph Willwersch, Trier, Propriétaire | 760 800 |

Lanzerath

21. Niv. XIII–11. Jan. 1805

| 3,55 Wie/7,24 Wild | Kurtrier Dham | Peter Manderfeld, Manderfeld, Laboureur | 768 850 |

Objekt	Vorbesitzer Pächter	Käufer (Vermittler)	S-Preise K-Preise

Arrondissement Birkenfeld
Kanton Baumholder

Nahbollenbach

6. Fruct. XII—24. Aug. 1804

1,02 Ack	Kurtrier Ph. Heinz	Jakob Hornung, Kirchen- bollenbach, Marchand (Philipp René Lentz, Man- derscheid, Controleur des Contributions)	208 640

29. Sept. 1812

4,00 Ack (Steinbacherwald)	Kurtrier	Peter Heinz, Mittelbollen- bach (Georg Karl Schuh, Ober- brombach, Géometre)	? 1 990

Kanton Birkenfeld

Hoppstädten

26. Febr. 1808

1 Scheune	Abtei Tholey	Matthias Joseph Hayn, Trier, Negociant	120 **125**

Kanton Hermeskeil

Bierfeld

20. Frim. XIII—11. Dez. 1804

1,52 Ack/0,95 Wie/ 28,05 Wild	Kurtrier J. Schneider	Peter Heck, Bierfeld, La- boureur	775 2 650

Braunshausen

7. Okt. 1808

12,20 Ack und Wild/ 14,00 Wie	Kurtrier N. Gottbill	Nikolaus Gottbill, Trier, Negociant	4 400 9 100

Etgert

31. Juli 1807

7,21 Wie	Kurtrier Hiesgen, Heimes	Leopold Heusner, Wa- dern, Notaire	1 800 1 825

Objekt	Vorbesitzer Pächter	Käufer (Vermittler)	S-Preise K-Preise

Geisfeld

9. Dez. 1808

| 5,91 Wie
(Tieffenthal) | Kurtrier
Welter | Franz Rummel, Züsch,
Garde forestier | 2 300
2 400 |

Gusenburg

27. Germ. XII–17. April 1804

| 0,38 Wie | Domstift Trier
H. Schmitt | Heinrich Schmitt, Peter
Lorig, Gusenburg, Culti-
vateurs
(Anton Joseph Baum,
Trier, Negociant) | 96
130 |

7. Aug. 1807

| Wie
(Etgenborn, Mersch-
wald, Bodenbruch,
auf Wadril) | Domstift Trier
A. Haas | Joseph Serres, Wadern,
Garde général des forêts | 220
230 |

Heddert

20. Frim. XIII–11. Dez. 1804

| 0,57 Ack
(Mayerstücker) | Domstift Trier
M. Schmitt | Michel Raul, Heddert, La-
boureur | 138
165 |

Herl

7. Febr. 1806

| 5,45 Ack/0,88 Wie | Abtei St. Maximin, Trier
J. Prüm | Johann Kleutgen, Trier,
Marchand; Johann Kropf,
Farschweiler, Maire;
Franz Reiffenberg, Os-
burg, Garde forestier
(Johann Kleutgen, Trier,
Marchand) | 2 320
3 050 |

9. Dez. 1808

| 1,13 Wie | Kurtrier
J. Prüm | Johann Kleutgen, Trier,
Marchand | 400
405 |

Hermeskeil

27. Germ. XII–17. April 1804

| 1,91 Wild | Kurtrier | Nikolaus Samson, Her-
meskeil, Laboureur | 36
50 |
| 1,58 Wie | Stift St. Simeon, Trier
M. Delwing | Karl Schwartz, Hermes-
keil, Aubergiste | 720
1 250 |

20. Frim. XIII–11. Dez. 1804

| 2,10 Wie
(Stockwiese) | Kurtrier
J. Heffner | Anton Benedikt Sepp,
Hermeskeil, Receveur des
Contributions | 1 264
1 450 |

Objekt	Vorbesitzer Pächter	Käufer (Vermittler)	S-Preise K-Preise
7. Aug. 1807			
1 Hofgut/0,38 Garten/ 18,30 Ack/22,87 Wie/ 1,90 Wild (Kellnerey)	Kurtrier Gemeinde Hermeskeil	Heinrich Weberbach	15 500 25 100
17. Aug. 1807			
8,34 Wie (Blosfertirrer)	Kurtrier B. Sepp	Franz Geyder, Nonnweiler, Cultivateur	1 300 1 400
15. Sept. 1807			
1 Hofgut/104,16 Land (Thiergarten)	Kurtrier Eiffler	Gustav Kellermann, Meisenheim, Maire; Friedrich Bonnet, Meisenheim, Cultivateur; Friedrich Kempf, Meddersheim (Karl Anton Bernasco, Trier, Marchand)	9 000 12 800
4. Dez. 1807			
5,49 Wie	Kurtrier Mathieu	Franz Rummel, Züsch, Garde forestier; Karl Weber, Züsch, Karl Kirsch, Züsch, Heinrich Battert, Züsch, Johann Nikolaus Moffert, Züsch (Franz Rummel, Züsch, Garde forestier)	800 810

Hinzert

Objekt	Vorbesitzer Pächter	Käufer (Vermittler)	S-Preise K-Preise
7. Aug. 1807			
0,19 Wie	Stift Pfalzel N. Spagner	Peter Wahlen, Peter Esch, Pölert, Laboureurs (Peter Wahlen, Pölert, Laboreur)	200 250

Kell

Objekt	Vorbesitzer Pächter	Käufer (Vermittler)	S-Preise K-Preise
23. Brum. XII—15. Nov. 1803			
1 Mühle/0,50 Wie/ 0,55 Land (Milscheid, Wie: Brandeweinswiese, Land: Hinterhommerich)	Abtei St. Maximin, Trier M. Thomes	Jakob Coblenz, Ottweiler, Marchand	900 1 525
1 Haus	Kurtrier	Konrad Klöckner, Kell, Maire	350 550
20. Frim. XIII—11. Dez. 1804			
0,07 Wie	Stift St. Paulin, Trier P. Göden	Michel Becker, Kell, Laboureur	48 110

Objekt	Vorbesitzer Pächter	Käufer (Vermittler)	S-Preise K-Preise

7. Aug. 1807

| 1 Hofgut/55,47 Land (Milscheiderhof) | Kurtrier J. Harffinger | Johann Harffinger, Schillingen, Garde à cheval des forêts; Konrad Klöckner, Kell, Maire; Karl Schwartz, Hermeskeil, Propriétaire; Johann Kleutgen, Trier, Negociant (Joseph Serres, Wadern, Garde à cheval des forêts) | 13 400 17 400 |

9. Dez. 1808

| 0,06 Wie (Zehnenschemel) | Domstift Trier Neuers | Nikolaus Welter, Geisfeld, Laboureur | 40 45 |

3. Juli 1812

| 4,00 Wald (Pangert) | Kurtrier | Massa, Trier, Inspecteur des forêts | ? 1 500 |

Lorscheid

20. Frim. XIII—11. Dez. 1804

| 1,12 Ack/2,99 Wie | Abtei St. Maximin, Trier J. Hein | Franz Schneider, Lorscheid, Laboureur (Johann Josten, Trier, Boulanger) | 480 1 300 |

Malborn

20. Frim. XIII—11. Dez. 1804

| 2,62 Wie (Pelzwiese; Fleppswiese) | Abtei St. Marien, Trier J. Weyerding | Karl Kirst, Züsch, Boulanger | 240 295 |
| 1,25 Wie (Groß- und Kleinstockwiese; Weyerwiese) | Kurtrier P. Greiber | Karl Kirst, Züsch, Boulanger | 480 485 |

Mandern

20. Frim. XIII—11. Dez. 1804

| 0,19 Ack/0,68 Wie | Kurtrier/Abtei Tholey F. Hamerich | Johann Harlfinger, Schillingen, Garde de forêts (Nikolaus Würtz, Waldweiler, Laboureur) | 576 615 |
| 3,43 Land (Biedelt Rothheck) | | Johann Harlfinger, Schillingen, Forestier | 80 210 |

4. Dez. 1807

| 5,28 Ack (auf dem Land) | Kurtrier Weber | Karl Zandt, Weiskirchen, Propriétaire; Johann Harlfinger, Schillingen, Garde à cheval (Karl Zandt, Weiskirchen, Propriétaire) | 760 1 700 |

Objekt	Vorbesitzer Pächter	Käufer (Vermittler)	S-Preise K-Preise

Nonnweiler

29. Juli 1808

| 0,66 Wie
(Derrwiese) | Kurtrier
J. Motter | Karl Weber, Züsch, La-
boureur | 260
265 |

Osburg

23. Brum. XII—15. Nov. 1803

| 1 Haus | Kurtrier
Reiffenberg | Franz Reiffenberg, Os-
burg, Garde de foret | 450
515 |

Otzenhausen

20. Frim. XIII—11. Dez. 1804

| 0,12 Wie
(Weissenflos) | Kurtrier
F. Laurenz | Franz Laurenz, Züsch, La-
boureur | 48
400 |

7. Okt. 1808

| 1,17 Garten/14,84 Ack/
19,79 Wie/4,77 Wild | Kurtrier
Gottbill | Paul Joseph Serres, Wa-
dern, Garde général des
forêts; Friedrich Hilgard,
Wadern, Receveur des
Domaines; Philipp Cetto,
St. Wendel, Negociant
(Leopold Heusner, Wa-
dern, Notaire) | 9 800
12 000 |

Rascheid

27. Germ. XII—17. April 1804

| 0,76 Wie
(Kinchenbruch) | Kurtrier
K. Schwarz | Johann Breit, Pölert, La-
boureur | 160
510 |

Reinsfeld

13. Vend. XIII—5. Okt. 1804

| 2,55 Wie
(Kapaunenbrühl) | Kl. Karthäuser, Konz
N. Weber, Stüber | Gräfin von Braunschweig-
Bevern, Glücksburg
(Joseph Mathis, Trier,
Avoué) | 1 034
1 150 |

13. Frim. XIII—4. Dez. 1804

| 0,38 Wie
(Lauschbach) | Kl. Karthäuser, Konz
P. Hubert | Johann Schrodt, Reins-
feld, Laboureur
(Christoph Witzel, Trier,
Marchand) | 96
100 |

7. Aug. 1807

| 0,89 Wie
(Kurfürstenbrühl) | Kurtrier
K. Schwarz | Friedrich Karl Simon,
Trier, Juge de paix | 600
1 325 |

Objekt	Vorbesitzer Pächter	Käufer (Vermittler)	S-Preise K-Preise

15. Sept. 1807

| 2,55 Wie (Kapaunenbrühl) | Kl. Karthäuser, Konz Trein | Heinrich Schleip, Kusel, Juge de paix (François Albert Lasalle, Baslimberg, Propriétaire) | 800 1 425 |

Schillingen

23. Brum. XII—15. Nov. 1803

| 1 Haus | Domstift Trier | Johann Harlfinger, Schillingen, Garde à cheval des forêts | 400 950 |

20. Frim. XIII—11. Dez. 1804

| 1,69 Wie | Abtei Tholey J. Harlfinger | Johann Harlfinger, Schillingen, Forestier | 400 900 |

Thalfang

16. Mess. XIII—5. Juli 1805

| Wasserbehälter/ 0,12 Land (im Marstett) | Kurtrier Fr. Kunz | Abraham Simon, Thalfang, Marchand | 112 200 |

Thomm

20. Frim. XIII—11. Dez. 1804

| 0,86 Wie/2,68 Wild | Abtei Echternach A. Görges | Franz Reifenberg, Osburg, Garde de forêts | 931 1 725 |

Waldweiler

20. Frim. XIII—11. Dez. 1804

| 0,38 Land (Mayereistück) | Abtei St. Maximin, Trier J. Harlfinger | Johann Harlfinger, Schillingen, Forestier | 80 85 |
| 1,23 Land/0,99 Wie (Mayereistücker, Rothheck) | Abtei St. Maximin, Trier/Domstift Trier J. Harlfinger | Gräfin von Braunschweig-Bevern, Glücksburg (Anton Mathis, Trier, Employé à la Préfecture) | 800 1 525 |

Kanton Herrstein

Herrstein

6. März 1812

| Wald (Herren Steinenwaeldgen) | Kurtrier | Johann Schude, Herrstein, Johann Caesar, Oberstein, Maire | ? 680 |

Objekt	Vorbesitzer Pächter	Käufer (Vermittler)	S-Preise K-Preise

Hottenbach

6. Therm. XIII—25. Juli 1805

| 0,28 Wie (Brühl; vorm Hahn am Klopplerscheck) | Kurtrier | Johann Nikolaus Speckt, Hottenbach | 35 65 |

Idar

6. März 1812

| 6,36 Wald (Klepp) | Kurtrier | Jakob Caesar, Oberstein, Maire | ? 415 |

Kanton Meisenheim

Staudernheim

6. Fruct. XII—24. Aug. 1804

| 1 Scheune | Domstift Mainz | Michel Seligmann, Kreuznach, Negociant | 110 135 |

Kanton Rhaunen

Bollenbach

3. Vent. XIII—22. Febr. 1805

| 13,93 Ack/1,53 Wie/ 4,14 Wald (Wald: Bollenbacher Wald) | Kurtrier J. Mussel | Leopold Heusner, St. Wendel, Notaire (Jakob Hayn, Trier, Negociant) | 2 448 3 150 |

Gutenthal

6. Therm. XIII—25. Juli 1805

| 2,12 Ack | Kurtrier A. Klein | Wilhelm Jacques, Birkenfeld, Controleur | 112 165 |

Hunolstein

16. Mess. XIII—5. Juli 1805

| 3,62 Ack/0,73 Wie/ 0,30 Wild (Schulteisereyguth) | Kurtrier L. Weyerich | Johann Wagner, Johann Puhl, Johann Bernard, Johann Knob, Johann Matthias Martini, Nikolaus Gehl, Joseph Knob, Johann Peter Feil, Nikolaus Rössler, Nikolaus Wilwert, Hunolstein, Laboureurs (Nikolaus Elsen, Hunolstein, Laboureur) | 832 3 100 |

Objekt	Vorbesitzer Pächter	Käufer (Vermittler)	S-Preise K-Preise
1,41 Wie (unterste Schalsbacher Wiese)	Kurtrier P. Klee	Jacques Nicot, Rhaunen, Juge de paix; Jean Guillaume Jacques, Birkenfeld, Controleur des Contributions	3 040 4 450
1,06 Wie (oberste Schalsbacher Wiese)	Kurtrier D. Wagner	Jacques Nicot, Rhaunen, Juge de paix; Jean Guillaume Jacques, Birkenfeld, Controleur des Contributions	2 756 3 050
0,66 Wie	Kurtrier M. Andrees	Matthias Andres, Merscheid, Laboureur	1 480 1 500

20. Nov. 1807

1 Hofgut/0,87 Garten/ 52,61 Ack/11,92 Wie (Hunolsteinerhof)	Kurtrier Elsen	Matthias Joseph Hayn, Jakob Hayn, Peter Klotz, Jakob Kleutgen, Bernard Schmit, Trier, Negociants (Jacques Nicot, Rhaunen, Juge de paix)	14 000 21 500
5,28 Ack/1,49 Wie	Domstift Trier Wagner	Matthias Joseph Hayn, Jakob Hayn, Trier, Negociants (Jacques Nicot, Rhaunen, Juge de paix)	1 000 1 600

Merscheid

16. Mess. XIII—5. Juli 1805

3,09 Ack/3,62 Wie/ 43,76 Wild	Kurtrier J. M. Kieffer	Hubert Merrem, Bernkastel, Notaire (Friedrich Karl Simon, Konz, Juge de paix)	8 080 12 700

Morbach

26. Therm. XII—14. Aug. 1804

0,05 Wie (Forheimlich)	Kurtrier W. Steinberg	Guillaume Jacques, Herrstein, Controleur des Contributions	95 140

Oberkirn

6. Therm. XIII—25. Juli 1805

35, 89 Land/3,76 Wie	Kurtrier H. Götz	Jacques Nicot, Rhaunen, Juge de paix; Leopold Heusner, Wadern, Notaire	8 560 11 100

Objekt	Vorbesitzer Pächter	Käufer (Vermittler)	S-Preise K-Preise

Odert

16. Mess. XIII–5. Juli 1805

| 1,06 Wie (Weyer-Wiese) | Kurtrier H. Fuchs | Jacques Nicot, Rhaunen, Juge de paix; Jean Guillaume Jacques, Birkenfeld, Controleur des Contributions | 2 240 3 000 |

Riedenburg

18. Vend. XII–11. Okt. 1803

| 1 Haus/0,07 Land (Forsthaus) | Kurtrier | P. Lieser | 250 1 250 |

Weiperath

16. Mess. XIII–5. Juli 1805

| 6,93 Ack/0,14 Wie (Ack: Kaullenberg Wie: Kaullenberger-wies) | Kurtrier A. Thes | Jacques Nicot, Rhaunen, Juge de paix; Jean Guillaume Jacques, Birkenfeld, Controleur des Contributions | 732 1 050 |

Kanton Wadern

Mitlosheim

6. Therm. XIII–25. Juli 1805

| 0,37 Wie (Kurfürstenwiese) | Kurtrier M. Weber | Peter Kewenig, Trier (Jean Marc Delapré, Trier, Architecte) | 384 400 |

Rappweiler

3. Juli 1812

| 6,36 Wald (Lanen) | Kurtrier | Johann Falk, Wadern | ? 1 000 |

Sitzerath

4. Brum. XIII–26. Okt. 1804

| 0,74 Wie (Brühlwiese) | Stift St. Paulin, Trier/ Domstift Trier M. Palm, J. Loscheter | Moises Franck, Sarreguemines, Negociant | 1 000 1 050 |

Thailen

6. Therm. XIII–25. Juli 1805

| 0,22 Wie (Kreilerswiese) | Abtei St. Matthias, Trier M. Gimmler | Johann Weiller, Wadern | 192 265 |

395

Objekt	Vorbesitzer Pächter	Käufer (Vermittler)	S-Preise K-Preise

26. April 1811
| 1 Hofgut (Mettlacher Hofgut) | Abtei Mettlach | Moyses Franck, Sarregue-mines, Negociant (Leopold Heusner, Wa-dern, Notaire) | ? 2 700 |

Wadern

20. Fruct. XI–7. Sept. 1803
| 1 Mühle | Stift St. Simeon, Trier C. Johann | Wilhelm Joseph Fritsch, Trier, Avocat | 990 1 650 |

21. Niv. XII–12. Jan. 1804
| 1 Kirche (Kapuziner-Kirche) | Kl. Kapuziner, Wadern | Matthias Joseph Hayn, Trier, Negociant | 800 930 |

16. Mess. XIII–5. Juli 1805
| 0,70 Land (Klosterbering) | Kl. Kapuziner, Wadern P. Kratz | Johann Zimmermann, Wa-dern, Marchand | 640 2 075 |
| Wasserbehälter/ 0,08 Land | Kl. Kapuziner, Wadern Nikolas | Johann Zimmermann, Wa-dern, Marchand | 48 55 |

7. Okt. 1808
| 6,00 Ack/3,74 Wie | Pfarrei Wadern Hages | Nikolaus Klauck, Maire, Paul Joseph Serres, Garde général des forêts, Peter Kratz, Boucher, Wadern (Leopold Heusner, Wa-dern, Notaire) | 5 200 10 000 |

Wadrill

3. Fruct. XI–21. Aug. 1803
| 1 Mühle | Stift St. Paulin, Trier | Johann Schmitz | ? 3 027 |

7. Aug. 1807
| 1 Hofgut/2,31 Garten/ 1 Schloßruine/26,67 Ack/ 19,12 Wie/1,78 Wild/ 1,73 Bäche/92,25 Roth-hecken/0,91 Wege (Hof von Grimburg/ Schloß Grimburg) | Kurtrier Hoberger | Michael Hausen, Sau-scheid, Cultivateur (Peter Hausen, Sauscheid, Cultivateur) | 8 000 18 100 |

Weiskirchen

2. Prair. XII–22. Mai 1804
| 1 Mühle/1,92 Wie | Abtei St. Matthias, Trier J. Schmitz | François Lyon, Saarburg, Negociant; Johann Kleut-gen, Trier, Boulanger (Johann Wilhelm Daniel, Trier, Verificateur des Domaines) | 1 488 1 600 |

Objekt	Vorbesitzer Pächter	Käufer (Vermittler)	S-Preise K-Preise

3. Vent. XIII—22. Febr. 1805

| 1 Hofgut/0,13 Garten/ 15,97 Ack/12,51 Wie/ 11,86 Land | Abtei St. Matthias, Trier P. Frey | Georg Vauthier, Confeld, Marchand; Hugo Karl Zandt, Weiskirchen, Propriétaire; Johann Hoffmann, Weiskirchen, Marchand (Georg Vauthier, Confeld, Marchand) | 6 557 11 000 |

6. Therm. XIII—25. Juli 1805

| 1,13 Land (Meyerstück) | Abtei St. Matthias, Trier P. Frey | Hugo Zandt, Weiskirchen, Propriétaire (Jakob Nathan, Trier) | 320 430 |

7. Juli 1807

| 7,85 Wie/43,52 Land (Land: Grosheid) | Abtei St. Matthias, Trier Jung | 23 Laboureurs, Confeld und Weiskirchen (Karl Zandt, Weiskirchen, Propriétaire) | 4 300 6 900 |
| 5,12 Wie (Groß-Bundert oder Deutsch-Bungert) | Abtei St. Matthias, Trier P. Aufmesser | Peter Aufmesser, Confeld, Nikolaus Kols, Michel Johann, Jakob Feilen, Michel Jager, Matthias Gedert, Johann Jonas, Christoph Weitz, Peter Klauck, Lorenz Baur, Peter Lädgen, Hans Dewald, Joseph Schonert, Jakob Schwartz, Matthias Merter, Matthias Roeder, Matthias Weber, Peter Jun, Nikolaus Boels sen., Hans Schmitt, Matthias Barth, Matthias Sauer, Anton Weber, Weiskirchen, Laboureurs (Karl Zandt, Weiskirchen, Propriétaire) | 1 700 3 050 |

3. Juli 1812

| 4,00 Wald (Friedwald) | Abtei St. Matthias, Trier | Karl Zandt, Weiskirchen, Propriétaire; Adam Juni, Weiskirchen | ? 4 000 |

Zwalbach

16. Mess. XIII—5. Juli 1805

| 1 Haus/0,93 Ack/ 1,01 Wie | Kurtrier Steuer | Matthias Schomer, Zwalbach, Laboureur (Wwe. Kunigunde Steuer, geb. Marx) | 1 600 2 075 |

7. Okt. 1808

| 8,10 Ack und Wild (Acht) | Abtei Mettlach M. Ludwig | Matthias Ludwig, Rappweiler, Cultivateur | 2 000 2 050 |

b) ZUM KAUF ANGEBOTENE OBJEKTE,
DIE KEINEN STEIGERER FANDEN

Ort Datum	Objekt (Objektbezeichnung)	Vorbesitzer Pächter	S-Preise

Arrondissement Trier
Kanton Bernkastel

Ort Datum	Objekt (Objektbezeichnung)	Vorbesitzer Pächter	S-Preise
Dusemond 9. Brum. XII–11. Nov. 1803	0,27 Wberg (Brauneberg)	Kl. Karthäuser J. Rehm	1.035
Graach 14. Frim. XII–6. Dez. 1803	1 Haus/0,05 Wie/10.325 Wst	Kl. Helenenberg P. Beucher	1.400
Lieser 19. Brum. XII–11. Nov. 1803	0,15 Garten/4,50 Ack/ 0,75 Wie	Kl. Machern P. Hover	3.465
Maring 19. Brum. XII–11. Nov. 1803	1,32 Ack/3,66 Wie/ Wberg (Berresfeld)	Abtei Himmerod A. Lichter J. Hieronimus	600
Ürzig 28. Vend. XII–21. Okt. 1803	1 Haus/2.450 Wst	Abtei St. Martin, Trier P. Jansen	1.001
	1 Haus/12.008 Wst/0,53 Ack/0,30 Wie/0,10 Wild	Kl. St. Thomas/Kyll J. Zender	2.035

Kanton Büdlich

Ort Datum	Objekt (Objektbezeichnung)	Vorbesitzer Pächter	S-Preise
Bescheid 1. Fruct. XI–19. Aug. 1803	1 Mühle/0,23 Garten (Bescheider-Mühle)	Abtei St. Marien, Trier E. Cremer	700
10. Jan. 1806	5,49 Ack/0,05 Wie (Roderhof)	Abtei Himmerod M. Zimmer	1.120
Leiwen 1. Fruct. XI–19. Aug. 1803	0,01 Bauplatz	Stift St. Simeon, Trier	50
Neumagen 1. Fruct. XI–19. Aug. 1803	1 Mühle/0,02 Garten (Petersmühle)	Kurtrier M. Labuscher	1.000

Ort Datum	Objekt (Objektbezeichnung)	Vorbesitzer Pächter	S-Preise

Kanton Konz

Ort Datum	Objekt	Vorbesitzer Pächter	S-Preise
Franzenheim 12. Juni 1807	0,35 Ack (beim Sauer- brun)	Abtei St. Matthias, Trier P. Hermeling	60
Hamm 21. Niv. XII–12. Jan. 1804	0,11 Garten/3,40 Ack/ 2,25 Wild	Domstift Trier Ch. Chavel	500
Könen 21. Niv. XII–12. Jan. 1804	1,00 Wie (auf dem Wehr)	Domstift Trier Ch. Chavel	800
Konz 27. Fruct. XI–14. Sept. 1803	1 Platz (bei der Konzer Brücke)		85
Oberemmel 23. Brum. XII–15. Nov. 1803	0,70 Wberg (im Elzerjunkerberg)	Abtei St. Maximin, Trier Baum	150
12. Vent. XII–3. März 1804	3,22 Ack/1,33 Wie/ 0,44 Wild	Abtei St. Maximin, Trier Burg	500
Obermennig 27. Fruct. XI–14. Sept. 1803	6,72 Wie	Müller	4.400
Trier-St. Barbeln 27. Niv. XII–18. Jan. 1804	1,23 Land (Grosacht)	Kl. St. Anna, Trier Times	700
	0,70 Land (Kloster- garten)	Kl. St. Anna, Trier Minnich	600
Wawern 19. Vent. XII–10. März 1804	0,08 Garten/9,79 Ack/ 2,11 Wild	Domstift Trier D. Greiff	3.080
8. Frim. XIV–29. Nov. 1805	0,08 Garten/1,06 Wie/ 1,06 Wberg/4,00 Ack	Kl. St. Anna, Trier A. Licht	4.800

Kanton Pfalzel

Ort Datum	Objekt	Vorbesitzer Pächter	S-Preise
Eitelsbach 18. Vend. XII–11. Okt. 1803	0,25 Land/10.000 Wst (in der Jeng)	Kl. St. Anna, Trier F. Schweich	500
	0,53 Land/0,08 Wie/ 20.335 Wst	Domstift Trier M. Herrig	1.000
Ittel 6. Pluv. XII–27. Jan. 1804	1,26 Wie	Kurtrier B. Dahm	605

Ort Datum	Objekt (Objektbezeichnung)	Vorbesitzer Pächter	S-Preise
Kasel 18. Vend. XII–11. Okt. 1803	2.055 Wst	Kurtrier Herpein	70
18. Vend. XII–11. Okt. 1803	0,07 Garten/0,39 Wie/ 3.837 Wst	Stift St. Simeon, Trier M. Endres	350
Pfalzel 27. Niv. XII–18. Jan. 1804	0,05 Garten	Stift Pfalzel Hermann	80
12. Vent. XII–3. März 1804	1,70 Ack	Stift Pfalzel J. Lieser	660
	0,04 Garten	Stift Pfalzel K. Hofmann	33
	0,04 Garten	Stift Pfalzel Hofmann	495
	1,10 Ack	Stift Pfalzel Hofmann	495
	0,04 Garten (auf dem Wild)	Stift Pfalzel J. Lieser	33
	25,10 Wie	Kurtrier Hayn	19.250
	0,05 Garten	Stift Pfalzel Lichter	66
	6,42 Ack	Stift Pfalzel Lichter	3.564
14. Niv. XIII–4. Jan. 1805	1,86 Wie	Abtei Himmerod Jonas	2.080
Ruwer 11. Vend. XII–4. Okt. 1803	1 Mühle/0,09 Ack/0,74 Wie (Neumühle nahe beim Grünhaus)	Abtei St. Maximin, Trier Durbach	4.300
12. Vent. XII–3. März 1804	17,51 Ack/4,44 Wie (Ack: die Kaisers Acht)	Abtei St. Maximin, Trier J. Ort	5.940
14. Niv. XIII–4. Jan. 1805	0,17 Garten/0,62 Ack	Domstift Trier Ch. Diederich	352
Trier-Euren 18. Vend. XII–11. Okt. 1803	0,44 Wberg	Kl. St. Johann, Trier Regnery	700
	Wberg/0,35 Ack	Stift St. Paulin, Trier K. Niesen	125
Trier–Kürenz 5. Vend. XIII–27. Sept. 1804	0,26 Land (Allodium)	Stift St. Simeon, Trier M. Christmann	81
Trier-Zurlauben 13. Fruct. XI–31. Aug. 1803	0,13 Ack (Zurlauben)	Abtei St. Martin, Trier Mettloch	500

Ort Datum	Objekt (Objektbezeichnung)	Vorbesitzer Pächter	S-Preise
	0,22 Ack	Abtei St. Martin, Trier M. Marx	330
7. Frim. XII–29. Nov. 1803	1,63 Ack (Großfraß)	Stift St. Paulin, Trier M. Marx	2.140
	0,88 Ack (Kleinfraß)	Stift St. Paulin, Trier J. Hard	890
7. Frim. XII–29. Nov. 1803	1 Haus	Stift St. Paulin J. Hardt	900
	0,77 Ack (Marätchen)	Abtei St. Martin, Trier N. Mettlach	1.100
13. Pluv. XII–3. Febr. 1804	0,08 Garten	Domstift Trier N. Teuther	110
	1,02 Land (die kleine Acht)	Abtei St. Martin, Trier M. Marx	935
	1,15 Land (Grosacht)	Abtei St. Martin, Trier P. Christ	650
Waldrach 1. Fruct. XI–19. Aug. 1803	0,60 Wberg	Kurtrier Reiss	400
? 7. Vent. XII–27. Febr. 1804	1 Hofgut/0,74 Garten/ 25,41 Ack/1,22 Wie/ 20,51 Wild	Abtei Himmerod J. Wolsfeld	1.320

Kanton Saarburg

Ort Datum	Objekt (Objektbezeichnung)	Vorbesitzer Pächter	S-Preise
Beurig 4. Vend. XII–27. Sept. 1803	1 Haus (Jägerhaus)	Kurtrier Kleutgen	500
Irsch 4. Vend. XII–27. Sept. 1803	1 Scheune (verbrannt)	Kurtrier J. Dressel	18
Serrig 4. Vend. XII–27. Sept. 1803	1 Scheune	Kurtrier J. Dressel	150

Kanton Schweich

Ort Datum	Objekt (Objektbezeichnung)	Vorbesitzer Pächter	S-Preise
Esch 28. Vend. XII–21. Okt. 1803	0,30 Weiher	Kurtrier Servatius	80

Ort Datum	Objekt (Objektbezeichnung)	Vorbesitzer Pächter	S-Preise
Hetzerath 28. Vend. XII–21. Nov. 1803	0,70 Weiher	Kurtrier Servatius	200
Klüsserath 28. Vend. XII–21. Okt. 1803	1 Mühle/0,14 Land (an der Salm)	Kurtrier Ph. Anthensirsels	600
Rivenich 28. Vend. XII–21. Okt. 1803	1 Mühle/0,09 Garten	Deutschorden J. Schonn	700

Kanton Trier

Ort Datum	Objekt (Objektbezeichnung)	Vorbesitzer Pächter	S-Preise
Trier 1. Fruct. XI–19. Aug. 1803	1 Haus (Fingerhutsgäß- chen Nr. 872)	Kl. St. Katharina, Trier R. Hark	100
1. Fruct. XI–19. Aug. 1803	1 Scheune (zur Glocken Nr. 8)	Domstift Trier Petillot	442
22. Vend. XII–15. Okt. 1803	1 Kapelle (neben dem Kapuziner- kloster)	Bourquet	300
27. Fruct. XI–21. Okt. 1803	1 Haus (Medard, hinter dem Dorf)	Abtei St. Matthias, Trier N. Herrig	300
19. Brum. XII–11. Nov. 1803	0,70 Ack	Kl. St. Agnes, Trier Weiller	400
	0,40 Wberg	Kl. St. Katharina, Trier K. Niesen	200
	1,76 Ack (Gaßlock)	Stift St. Irminen, Trier Lagrange, Courtot	4.800
	1,32 Ack/0,35 Wberg (im Kaskeller)	Kl. St. Markus, Trier Th. Eckes	2.800
23. Brum. XII–15. Nov. 1803	0,01 Garten (beim Mußtor)	Domstift Trier Bollonia	319
	0,88 Ack (im Fröschen- pfuhl und Kestenberg)	Stift St. Irminen, Trier J. Fusenich	1.100
	0,70 Ack (bey St. Antonius)	Domstift Trier Th. Wolf	1.000
27. Frim. XII–19. Dez. 1803	0,03 Garten	Kurtrier X. Bousson	121
	1 Haus (Flandergasse 1106)	Kl. Welschnonnen, Trier Kindt	500

Ort Datum	Objekt (Objektbezeichnung)	Vorbesitzer Pächter	S-Preise
	0,15 Garten	Kurtrier J. Kremer	500
	0,09 Garten	Deutschorden Duhaut	300
14. Niv. XII–5. Jan. 1804	0,08 Garten (Diedrichsgasse)	Domstift Trier Parisse	660
6. Pluv. XII–27. Jan. 1804	0,70 Garten (auf der Such)	Stift St. Paulin, Trier	1.375
	1,76 Garten (in der Feldgasse)	Kl. St. Johann, Trier Kl. St. Klara, Trier Berens	3 300
	0,35 Land (vor dem Neutor)	Kl. St. Johann, Trier Berens	396
	0,08 Garten (auf der Antonius- Burgmauer)	Kl. St. Johann, Trier Berens	440
13. Pluv. XII–3. Febr. 1804	0,35 Ack	Kl. Dominikaner, Trier Lifga	300
	0,03 Garten (in der Veltergasse beim Simeonstor)	Stift St. Simeon, Trier Eschermann	200
	0,21 Ack (am Martinstor)	Deutschorden	250
13. Pluv. XII–3. Febr. 1804	0,10 Garten	Kanonikus Schmitz P. Marx	253
13. Pluv. XII–3. Febr. 1804	0,17 Garten (Diedrichsgasse)	Domstift Trier G. Welter	600
27. Pluv. XII–17. Febr. 1804	0,21 Wberg	Vikar Harings P. Borens	200
7. Vent. XII–27. Febr. 1804	0,40 Land (auf der Straße)	Kl. St. Johann, Trier Berens	495
	0,52 Wberg (auf dem Deimelberg)	Kl. St. Johann, Trier Berens	594
12. Vent. XII–3. März 1804	2,46 Ack	Kl. St. Anna, Trier B. Beck	2.924
	0,17 Garten (beim Martinstor)	Deutschorden S. Wagner	300
26. Vent. XII–17. März 1804	0,25 Wberg (im Kas- keller)	Kl. Dominikaner, Trier Lifga	550
Trier-Heiligkreuz 27. Niv. XII–18. Jan. 1804	1,23 Land	Kl. St. Anna, Trier P. Seffer	500

Ort Datum	Objekt (Objektbezeichnung)	Vorbesitzer Pächter	S-Preise
	1,41 Land (die Karthäuser Spitz)	Kl. Karthäuser, Konz A. Mohr	400
	0,08 Land/0,26 Wie (Land: im Tholeyer Garten, Wie: bey dem Irscher Hof)	Abtei Tholey S. Marx	**200**
Trier-St. Matthias 27. Niv. XII–18. Jan. 1804	2,47 Land (die Pech)	Abtei St. Matthias, Trier Bousert	1.200
Trier-Olewig 27. Fruct. XI–14. Sept. 1803	1,00 Wberg	Kurtrier K. Niesen	500
11. Vend. XII–4. Okt. 1803	1,14 Wberg	Stift St. Irminen, Trier Felten	200

Kanton Wittlich

Ort Datum	Objekt	Vorbesitzer Pächter	S-Preise
Bengel 7. Fruct. XI–25. Aug. 1803	1 Haus	Stift Springiersbach	1.320
Kröv 11. Brum. XII–3. Nov. 1803	6.523 Wst	Kurtrier Ph. Hermes	440
Neuerburg 7. Fruct. XI–25. Aug. 1803	1 Weiher	Kl. Machern Henitz	500
Wittlich 27. Pluv. XII–17. Febr. 1804	1 Haus	Kurtrier Ladoucette	400

Arrondissement Saarbrücken
Kanton Arnual

Ort Datum	Objekt	Vorbesitzer	S-Preise
Auersmacher 3. Therm. XI–22. Juli 1803	1 Mühle/0,70 Wie (an der Blies bei Auersmacher)	Stift Blieskastel	4.000

404

Ort Datum	Objekt (Objektbezeichnung)	Vorbesitzer Pächter	S-Preise

Kanton Blieskastel

Ort Datum	Objekt (Objektbezeichnung)	Vorbesitzer Pächter	S-Preise
Blieskastel 9. Therm. XI–28. Juli 1803	Kl. Franziskaner ohne Kirche	Kl. Franziskaner, Blies- kastel Hauk	660
	1 Kirche (Klosterkirche)	Kl. Franziskaner, Blies- kastel	800
14. Aug. 1807	0,76 Garten (Wermingsgarten)	Stift Blieskastel Lemarche	600
	1,10 Wie (in den kleinen Strengen)	Stift Blieskastel Bruck	1.500
	6,85 Ack	Stift Blieskastel Korn	1.600
Bliesmengen 7. Niv. XII–29. Dez. 1803	2,00 Wberg	Stift Blieskastel M. Munich	330
Ensheim 23. Brum. XII–15. Nov. 1803	1 Haus	Abtei Wadgassen Breunig	1.500
27. Brum. XII–19. Nov. 1803	6,71 Garten	Abtei Wadgassen F. Brunig	1.650

Kanton Lebach

Ort Datum	Objekt (Objektbezeichnung)	Vorbesitzer Pächter	S-Preise
Bous 22. Therm. XI–10. Aug. 1803	1 Haus (Amtshaus)	Abtei Wadgassen W. Marnay	1.500
	1 Garten	Abtei Wadgassen J. Neudecker	275
Labach 22. Therm. XI–10. Aug. 1803	1 Mühle/0,36 Wie	Kl. Fraulautern J. Schwind	1.300
Schwarzenholz 22. Therm. XI–10. Aug. 1803	1 Mühle (Nonnenmühle)	Kl. Fraulautern M. Blas	1.300
22. Therm. XI–10. Aug. 1803	1 Scheune/0,36 Land	Kl. Fraulautern L. Weisgerber	230
Ensheim 27. Brum. XII–19. Nov. 1803	0,31 Garten (Hummersgärten)	Abtei Wadgassen J. Wack	140
Reichenbrunn 23. Brum. XII–15. Nov. 1803	1 Haus	Abtei Wadgassen Ch. Schmitt	200

Ort Datum	Objekt (Objektbezeichnung)	Vorbesitzer Pächter	S-Preise
27. Brum. XII–19. Nov. 1803	11,36 Wie	Abtei Wadgassen J. Wack	2.640
Sengscheid 23. Brum. XII–15. Nov. 1803	1 Haus (Nr. 1)	Abtei Wadgassen J. Wurz	400
27. Brum. XII–19. Nov. 1803	5,41 Wie/78,53 Ack	Abtei Wadgassen J. Wack	18.000
? 7. Niv. XII–29. Dez. 1803	1 Hofgut/1,50 Garten und Wie/25,00 Ack und Wild (Greinhof)	Kl. Fraulautern J. Kremer	3.500

Kanton Merzig

Ort Datum	Objekt (Objektbezeichnung)	Vorbesitzer Pächter	S-Preise
Besseringen 27. Pluv. XII–17. Febr. 1804	4,21 Wie	Abtei Mettlach M. Baur	2.200
	0,07 Wie (Mayerwiese)	Kurtrier N. Streut	286
	1,33 Wie (Ponter-Brühl)	Abtei Mettlach N. Leinen	711
	3,29 Wie (Statterwies)	Kurtrier H. Marchand	2.365
	1,26 Weiher	Abtei Mettlach	140
19. Vent. XII–10. März 1804	21,57 Wild	Abtei Mettlach	616
	12,32 Lohhecken	Abtei Mettlach	352
Bietzen 19. Vent. XII–10. März 1804	1,12 Ack	Domstift Trier J. Kohnen	297
Menningen 19. Vent. XII–10. März 1804	0,28 Ack	Abtei Mettlach V. Horf	33
19. Vent. XII–10. März 1804	28,70 Ack	Domstift Trier V. Braun	1.397
Merzig 22. Therm. XI–10. Aug. 1803	1 Scheune/ Garten	Kurtrier Kissling	1.200
Mettlach 22. Therm. XI–10. Aug. 1803	1 Hütte/0,98 Land/1,15 Wie (Hütte: Speder- baracke, Land: die Acht, Wie: Neuwiese, Land: Kleinsteinigfeld)	Abtei Mettlach F. Ehrang	1.300

Ort Datum	Objekt (Objektbezeichnung)	Vorbesitzer Pächter	S-Preise
	Kanton Saarbrücken		
Saarbrücken 3. Therm. XI–22. Juli 1803	Garten/0,52 Ack/1,31 Wie (Teil der Güter der Deutschmühle)	Deutschorden J. Freudenburger	1.188
	1 Haus	Abtei Wadgassen Charton	1.800
	1 Mühle/0,24 Garten/ 0,82 Wie/4,50 Weiher (Deutschmühle)	Deutschorden Freudenberger	10.000
20. Pluv. XII–10. Febr. 1804	0,59 Weiher (Dinnstatten-Weiher)	Deutschorden F. Rumpel	73
? 7. Vent. XII–27. Febr. 1804	1 Hofgut/0,10 Garten/ 13,76 Ack/2,38 Wie/ 1,12 Wild	Abtei Mettlach J. Becker	3.282
	Kanton St. Wendel		
Alsfassen 13. Pluv. XII–3. Febr. 1804	2,92 Wie (Breschbacher Wiese)	Kurtrier N. Schmitt	1.353
	1,13 Wie (Breschbacher Wiese)	Kurtrier N. Schmitt	1.071
St. Wendel 13. Pluv. XII–3. Febr. 1804	1 Scheune/1,21 Garten, Wie, Ack (Scheune: Zehend- scheuer, Garten, Wie, Ack: Schloßgarten und -graben, Mottwiese, Rübenacker)	Kurtrier Cetto	1.628
13. Pluv. XII–3. Febr. 1804	5,48 Land (Brühlwiese und Teil des Rüben- ackers)	Kurtrier	3.982
	2,83 Land und Garten (Heiligenhäusgesacht)	Kurtrier Charlain	2.799
	Kanton Waldmohr		
Jägersburg 7. Niv. XII–29. Dez. 1803	1 Haus/1,98 Ack/0,30 Wie	Kl. Fraulautern J. Metzinger	500

Ort	Objekt	Vorbesitzer	S-Preise
Datum	(Objektbezeichnung)	Pächter	

Arrondissement Prüm
Kanton Blankenheim

Urft 16. Therm. XI–4. Aug. 1803	1 Eisenhütte/2 Mühlen/ 7 Weiher (Steinfelder Hüttenwerk)	Abtei Steinfeld C. Closter	4.000

Kanton Daun

Daun 14. Niv. XII–5. Jan. 1804	1 Stall	Kurtrier	50
	1 Scheune	Kurtrier	50

Kanton Gerolstein

Hillesheim 18. Vend. XII–11. Nov. 1803	0,01 Scheunenplatz	Kurtrier	47

Kanton Kyllburg

Kyllburg 6. Pluv. XII–27. Jan. 1804	1 Haus	Stift Kyllburg	450

Kanton Lissendorf

Niederehe 7. Niv. XII–29. Dez. 1803	0,88 Garten (Bongert, Kappes- garten, Altgarten)	Abtei Steinfeld	850
19. Vent. XII–10. März 1804	1 Mühle	Abtei Steinfeld L. Blum	673

Kanton Manderscheid

Altenhof 12. Vent. XII–3. März 1804	1 Hofgut/2 Häuser/12,00 Ack/6,00 Wie/10,00 Wild (Altenhof)	Abtei Himmerod N. Kreschel, P. Simon	6.677
Trautzberg 7. Vent. XII–27. Febr. 1804	1 Hofgut mit: 0,35 Gar- ten/10,66 Ack/6,36 Wie/ 21,20 Wild	Stift Springiersbach Sartorius	4.964

Ort Datum	Objekt (Objektbezeichnung)	Vorbesitzer Pächter	S-Preise
Strohn 24. Febr. 1809	0,58 Wie	Kurtrier	20
Strotzbüsch 9. Brum. XIV–31. Okt. 1805	0,12 Wild	Abtei Echternach J. M. Hager	70
19. Febr. 1807	0,22 Land (Echternacher Land)	Abtei Echternach Maas	40
? 7. Vent. XII–27. Febr. 1804	1 Hofgut/6,00 Ack/ 19,55 Wild	Stift Springiersbach M. Schladweiler	3.759

Kanton Prüm

Ort Datum	Objekt (Objektbezeichnung)	Vorbesitzer Pächter	S-Preise
Büdesheim 22. Vend. XII–15. Okt. 1803	1 Mühle/12,95 Garten/ 13,30 Ack/4,56 Wie/9,15 Wild/5,49 Wald	Abtei Prüm J. Schmitz	2.200
Prüm 4. Vend. XII–27. Sept. 1803	1 Stall (Ritzgasse)	Abtei Prüm J. Wellenstein	120
22. Vend. XII–15. Okt. 1803	1 Stall	Abtei Prüm W. Wanhof	78
	0,03 Garten (Hospitalgasse)	Abtei Prüm Scheurette	143
	3 Weiher (im Klosterbering)	Abtei Prüm	550
19. Brum. XII–11. Nov. 1803	1,29 Garten	Kurtrier P. Stimper	1.200
	0,33 Garten/1,93 Ack/ 0,91 Wie/1,00 Wild	Abtei Prüm N. Koch	1.300
	1,06 Garten	Abtei Prüm F. Brost	1.000
	0,77 Garten	Abtei Prüm Wellenstein	1.140
	0,53 Garten/0,47 Ack	Abtei Prüm B. Wellenstein	1.070
6. Pluv. XII–27. Jan. 1804	0,15 Land (rechts und links des Baches)	Abtei Prüm	700
Weinsfeld 22. Sept. 1809	Wild (beym Hölzgen)	Kurtrier Hölzer	160

Ort Datum	Objekt (Objektbezeichnung)	Vorbesitzer Pächter	S-Preise

Kanton Reifferscheid

Ort Datum	Objekt (Objektbezeichnung)	Vorbesitzer Pächter	S-Preise
Hellenthal 7. Frim. XII–29. Nov. 1803	1 Mühle (Hellenthaler Mühle)	Abtei Steinfeld M. Müller	3.600
Steinfeld 7. Frim. XII–29. Nov. 1803	1,71 Garten (Kappesgarten)	Abtei Steinfeld E. Latzsig	1.200
	2,05 Garten	Abtei Steinfeld E. Latzsig	1.500

Kanton Schönberg

Ort Datum	Objekt	Vorbesitzer Pächter	S-Preise
Schönberg 22. Vend. XII–15. Okt. 1803	1 Mühle	Kurtrier Lamberti	1.267

Arrondissement Birkenfeld
Kanton Hermeskeil

Ort Datum	Objekt	Vorbesitzer Pächter	S-Preise
Dhronecken 12. Vent. XII–3. März 1804	1 Hofgut/0,12 Garten/ 15,25 Ack/2,76 Wie/7,63 Wild	Kurtrier F. Eiffler	7.857
Lascheid 12. Vent. XII–3. März 1804	1 Hofgut/9,91 Ack/5,84 Wie	Kurtrier M. Weber	7.568

Kanton Herrstein

Ort Datum	Objekt	Vorbesitzer Pächter	S-Preise
Oberstein 20. Pluv. XII–10. Febr. 1804	1 Haus/41,00 Ack/ 9,23 Wie/40,27 Wild (Göltscheiderhof)	Kurtrier/Graf von Styrum Ritter	7.700

Kanton Wadern

Ort Datum	Objekt	Vorbesitzer Pächter	S-Preise
Wadern 20. Fruct. XI–7. Sept. 1803	1 Mühlenplatz	Stift St. Simeon, Trier	50

410

Ort Datum	Objekt (Objektbezeichnung)	Vorbesitzer Pächter	S-Preise
	Arrondissement Trier *Kanton Bernkastel*		
Bernkastel 5. Mess. XI–24. Juni 1803	1 Haus	Domstift Trier F.-J. Meinem	800
	1 Haus (Nr. 239)	Domstift Trier Deuster	1.200
	1 Haus	Benefiziat Knig S. Schil	1.500
Gonzerath 18. April 1809	0,76 Wie	Kurtrier C. Dietz	400
Graach 7. Okt. 1808	1 Hofgut/0,02 Garten/ 0,45 Wie/0,27 Wild/ 10.918 Wst	Kl. St. Johann, Trier H. Ertz	10.000
Lieser 22. Dez. 1807	2.600 Wst	Kl. Machern Rehm	80
Maring 12. Flor. XII–2. Mai 1804	4.479 Wst	Abtei St. Matthias, Trier P. Zerbes	2.384
22. Dez. 1807	3,09 Ack (Paulus Auvand)	Stift St. Paulin, Trier Schrenck	2.300
	3.878 Wst	Abtei St. Matthias, Trier Schrenck	1.600
Noviand 22. Dez. 1807	0,82 Wie (im Brix)	Deutschorden Schrenck	700
Zeltingen 17. Jan. 1806	2,59 Ack	Kurköln	560
	Kanton Büdlich		
Prosterath 27. Nov. 1807	1 Mühle/0,03 Garten/ 1,75 Wie (Schmelz- mühle)	Abtei St. Maximin, Trier	1.210

411

Ort Datum	Objekt (Objektbezeichnung)	Vorbesitzer Pächter	S-Preise

Kanton Konz

Ort Datum	Objekt (Objektbezeichnung)	Vorbesitzer Pächter	S-Preise
Benrath 16. Vent. XIII–7. März 1805	1 Hofgut/36,33 Ack/17,11 Wie/92,92 Wild/3,25 Weiher (Benrather Hof) Als staatl. Schäferei verwendet.	Abtei St. Matthias, Trier P. Östereich	9.040
Hockweiler 26. Fruct. XIII–13. Sept. 1805	0,75 Wie	Abtei St. Martin, Trier N. Bender	1.200
Könen 2. Prair. XII–22. Mai 1804	1,20 Ack	Domstift Trier J. Kiefer	464
Niedersehr 6. Flor. XIII–26. April 1805	1 Hofgut/8,41 Ack/ 5,48 Wie/37,04 Wild/ 8,09 Land	Stift St. Simeon, Trier H. Rossler	5.200
Oberemmel 2. Prair. XII–22. Mai 1804	18,84 Ack/2,83 Wie	Abtei St. Maximin, Trier Recking, Burg, Gilquin	2.512
26. Fruct. XIII–13. Sept. 1805	0,23 Wie	Malteser P. Ludwig	208
Pellingen 26. Fruct. XIII–13. Sept. 1805	0,35 Wie	Abtei St. Martin, Trier Dewald	320
Tarforst 12. Juni 1807	0,16 Ack/0,13 Wie/ 0,60 Land (Wie: bey Gripsbach, Wie: im Dreyeck, Land: im Dreyeck)	Abtei St. Maximin, Trier P. Schmitt	240
Trier-St. Barbeln 15. Germ. XII–5. April 1804	0,83 Ack	Kl. Karthäuser, Konz P. Marx	2.000
Trier-Feyen 15. Germ. XII–5. April 1804	3,52 Wie	Abtei St. Matthias, Trier P. Jonas	6.700
Trier-St. Matthias 18. April 1809	1,37 Ack	Kl. St. Anna, Trier M. Clemens	180

Kanton Pfalzel

Ort Datum	Objekt (Objektbezeichnung)	Vorbesitzer Pächter	S-Preise
Eisenach 11. Prair. XIII–31. Mai 1805	1,65 Ack	Abtei Echternach C. Wein	160
	0,58 Ack	Kl. St. Thomas, Kyll	50

Ort Datum	Objekt (Objektbezeichnung)	Vorbesitzer Pächter	S-Preise
Eitelsbach 27. Frim. XIII–18. Dez. 1804	1,61 Wie (Kasselwiese)	Stift St. Paulin, Trier N. Mayer	676
	0,13 Wild/0,43 Land (Wild: bey Haynberg, Land: für dem Gesetze)	Stift Pfalzel Schily	400
20. Flor. XIII–10. Mai 1805	0,06 Land (im Scholtes)	Stift Pfalzel	80
Gilzem 14. April 1809	1,03 Ack	Abtei Echternach K. Wein	190
Meckel 29. Mai 1807	0,88 Bruch (Immerath)	Kurtrier Varry	100
Pfalzel 8. Germ. XII–29. März 1804	0,03 Garten/1,10 Ack	Kanonikus Pfeiffer Hermann	605
	0,04 Garten/1,04 Ack	Kanonikus Lintz J. Zingen	462
19. Pluv. XIII–8. Febr. 1805	0,04 Garten (auf dem Wild)	Kanonikus Kirn Kirn	80
14. Germ. XIII–4. April 1805	0,06 Garten/1,05 Ack	Stift Pfalzel Wirtz	720
25. Frim. XIV–16. Dez. 1805	3,92 Wberg	Abtei St. Marien, Trier Neurey	4.400
8. Jan. 1811	7,02 Land	Wittumhof des Pfarrers B. Kirn	6.750
Trier-Euren 22. Prair. XII–11. Juni 1804	17,53 Ack/0,44 Wild	Domstift Trier J. Fisch	6.400
Trier-Kürenz 27. Fruct. XI–14. Sept. 1803	0,06 Wberg	Kurtrier C. Wein	40
11. Vend. XII–4. Okt. 1803	0,79 Wberg (Küsterei- Weinberg)	Stift St. Simeon, Trier Berrens	420
	1,54 Wberg (Wberg: im Altenberg, Wberg: im Herrenberg)	Stift St. Paulin, Trier Reiss	300
	0,12 Wberg	Stift St. Paulin, Trier Reiss	33
23. Brum. XII–15. Nov. 1803	2,11 Land (beim Langenstrich)	Deutschorden M. Henschel	1.000
	1,76 Land	Deutschorden M. Henschel	1.000

Ort Datum	Objekt (Objektbezeichnung)	Vorbesitzer Pächter	S-Preise
14. Niv. XII–5. Jan. 1804	0,88 Ack (wieder der Avelsbach)	Deutschorden Willwersch	1.760
	5,11 Ack	Deutschorden Willwersch	2.937
14. Niv. XII–5. Jan. 1804	0,77 Land (Mechspitzen- wiese)	Deutschorden J. A. Sauer	561
	2,87 Ack (bey der Maar- wiese, im Langenstrich an der Straß)	Deutschorden Willwersch	1.683
27. Pluv. XII–17. Febr. 1804	0,08 Land/0,25 Wberg	Kl. Dominikaner, Trier Liefka	990
26. Vent. XII–17. März 1804	2,06 Ack	Stift St. Irminen, Trier Willwersch	990
	7,59 Ack	Stift St. Simeon, Trier J. Wagner	2.750
	6,00 Ack	Kurtrier J. Feld	2.090
	4,80 Ack	Kurtrier J. Feld	1.815
	0,78 Ack (unter der Landstraße)	Kurtrier J. Brandscheit	363
	6,14 Ack	Deutschorden Nell, Waller, Zimmer	1.518
18. April 1809	1,03 Wberg (in der Awelsbach)	Abtei St. Maximin, Trier Baaden	1.850
Trierweiler 22. Prair. XII–11. Juni 1804	0,93 Wie	Abtei Echternach Rosenzweig	1.760
	1,06 Wie	Kl. Karthäuser, Konz Oberkirch	900
21. April 1808	6,63 Ack	Abtei Himmerod W. Lambert	1.000

Kanton Saarburg

Beurig 11. Prair. XIII–31. Mai 1805	3,16 Wild	Kurtrier Kleutgen	26
8. März 1811	1,00 Wald (Eichen) (Krutterberg)	Kurtrier	420
	2,00 Wald (Eichen) (Werberg)	Kurtrier	720

Ort Datum	Objekt (Objektbezeichnung)	Vorbesitzer Pächter	S-Preise
Hentern 8. Frim. XIV–29. Nov. 1805	8,45 Wie	Abtei St. Matthias, Trier	3.200
Irsch 16. Vend. XIV–8. Okt. 1805	0,02 Garten/3,00 Land (Botenstücker)	Kurtrier M. Walerich	170
18. April 1809	31.584 Wst	Abtei St. Martin, Trier Vanvolxem, Schmit	2.300
8. März 1811	0,43 Wald (Eichen) (auf der Scheif)	Kurtrier	240
	0,33 Wald (Eichen) (Söschergewann)	Kurtrier	180
	0,68 Wald (Eichen) (Neuhausergewann)	Kurtrier	360
	0,33 Wald (Eichen) (Birkgewann)	Kurtrier	180
	0,33 Wald (Eichen) (Pfondsgewann)	Kurtrier	180
Körrig 11. Prair. XIII–31. Mai 1805	0,21 Ack	Kurtrier N. Felten	48
Niederleuken 6. Germ. XIII–27. März 1805	5,24 Ack (Kellerey- bungert, Schlosberg)	Kurtrier A. Licht	1.456
8. Sept. 1807	1,05 Wberg (Louney- Weyher; im Erdenbach)	Kurtrier	80
Rommelfangen 19. Fruct. XII–6. Sept. 1804	3,06 Land (auf dem Altz- lerfeld, zum Hambuch)	Stift St. Simeon, Trier J. B. Gerardi	160
Saarburg 19. Fruct. XII–6. Sept. 1804	0,38 Garten	Kurtrier Chevalier	464
Schoden 8. Sept. 1807	0,12 Wie/0,06 Wberg	Stift St. Irminen, Trier M. Winchel	120
Söst 14. Brum. XIII–5. Nov. 1804	4,76 Ack/0,70 Wie	Domstift Trier J. Söster	1.328
Trassem 19. Pluv. XIII–8. Febr. 1805	0,44 Wie	Kl. Augustiner, Trier J. Lellig	112

Ort Datum	Objekt (Objektbezeichnung)	Vorbesitzer Pächter	S-Preise

Kanton Schweich

Ort Datum	Objekt (Objektbezeichnung)	Vorbesitzer Pächter	S-Preise
Esch 1. Frim. XIV—22. Nov. 1805	0,08 Garten/1,76 Ack/ 2,22 Wie	Kurtrier J. Schönhoven	1.200
Hetzerath 22. Sept. 1807	2,15 Ack/2,36 Wie/ 11,21 Wild	Kl. St. Johann, Trier Hauprich	5.000
Kenn 1. Frim. XIV—22. Nov. 1805	1.591 Wst (in der Mohecken)	Abtei Himmerod	100
Riol 24. Febr. 1809	0,75 Garten	Abtei St. Maximin, Trier	520
Rivenich 13. Fruct. XII—31. Aug. 1804	0,83 Wie (im Brühl)	Deutschorden J. Schons	720
Schweich 9. Mess. XIII—28. Juni 1805	1,39 Wberg	Kl. Niederprüm S. Jäger	2.730
12. Therm. XIII—31. Juli 1805	106,88 Wild	Kurtrier S. Jäger	2.000

Kanton Trier

Ort Datum	Objekt (Objektbezeichnung)	Vorbesitzer Pächter	S-Preise
Trier 2. Flor. XI—22. April 1803	1 Haus (Ziegelgasse Nr. 1109)	Abtei Tholey Donop	1.000
13. Pluv. XII—3. Febr. 1804	Kl. Alexianer (Klostergebäude in der Krahnengasse)	Kl. Alexianer, Trier	2.178
7. Vent. XII—27. Febr. 1804	2,45 Land	Abtei St. Maximin, Trier Häner	2.200
2. Germ. XII—23. März 1804	0,35 Wberg (auf dem Deimelberg)	Kl. St. Agnes, Trier Weiler	825
	0,08 Ack (auf der Kanderbach)	Kl. St. Agnes, Trier Weiler	206
	0,08 Ack (auf der Kandelbach)	Kl. St. Agnes, Trier Weiler	206
	0,08 Ack (auf der Kanderbach)	Kl. St. Agnes, Trier Weiler	206

Ort Datum	Objekt (Objektbezeichnung)	Vorbesitzer Pächter	S-Preise
2. Germ. XII—23. März 1804	0,52 Ack (vor dem Mußtor)	Kl. St. Agnes, Trier Weiler	1.237
	0,70 Wberg (auf dem Deimelberg)	Kl. St. Agnes, Trier Weiler	1.650
26. Flor. XII—16. Mai 1804	4,22 Land (Martinerwiese)	Abtei St. Martin, Trier M. Steinmetz	5.704
	0,66 Land	Abtei St. Martin, Trier P. Werner	844
	1,05 Land	Abtei St. Martin, Trier J. Lanzer	1.723
	0,26 Ack (über der Brücke)	Abtei St. Martin, Trier J. Reinard	528
	2,11 Land (auf der Schäferey)	Abtei St. Martin, Trier J. Reinard	3.776
	2,81 Land (im Langenfeld)	Abtei St. Martin M. Ernzer	2.311
	0,26 Land	Abtei St. Martin, Trier S. Scharbillig	491
	0,26 Land	Abtei St. Martin W. Reuther	620
16. Mess. XII—5. Juli 1804	1 Kirche (Dominikaner-Kirche)	Kl. Dominikaner, Trier	750
13. Vend. XIII—5. Okt. 1804	3,16 Garten	Stift St. Irminen, Trier P. Christ	9.120
	Stift St. Irminen	Stift St. Irminen, Trier	5.500
	0,06 Garten	Deutschorden P. Christ	154
27. Frim. XIII—18. Dez. 1804	2,47 Garten mit Gebäuden (nahe bei der Abtei)	Abtei St. Maximin, Trier P. Weber	5.360
4. Prair. XIII—24. Mai 1805	0,26 Ack (auf der Straß)	Kl. St. Johann, Trier Behrens	432
26. Fruct. XIII—13. Sept. 1805	0,81 Land	Deutschorden J. Schneider	1.488
3. Brum. XIV—25. Okt. 1805	0,78 Land (Pallast Kellnerey)	Kurtrier Heffinger	733
25. Frim. XIV—16. Dez. 1805	1,05 Land (am Deimelberg)	Kurtrier M. Asselborn	976
21. Febr. 1806	1 Haus (Kelterhaus bey der Mußpforte)	Domstift Trier	180
	1 Mühle (Theobaldsmühle)	Stift St. Simeon, Trier F. Ehlentz	2.451

Ort Datum	Objekt (Objektbezeichnung)	Vorbesitzer Pächter	S-Preise
19. Febr. 1807	1 Kapelle (beim Simeonsstift)	Stift St. Simeon, Trier Brüger	100
13. Mai 1808	0,69 Garten (am Kloster)	Kl. Dominikaner, Trier N. Charles	1.500
19. Mai 1809	0,51 Wberg (auf dem Deymelberg)	Kl. St. Johann, Trier K. Bollonia	40
Trier-Heiligkreuz 26. Fruct. XIII–13. Sept. 1805	0,13 Garten	Kl. St. Klara, Trier M. Clemens	96
Trier-Olewig 2. Germ. XII–23. März 1804	0,44 Wberg	Kl. St. Agnes, Trier Weiler	1.031
	0,35 Ack	Kl. St. Agnes, Trier Weiler	825
	1,40 Ack	Kl. St. Agnes, Trier Weiler	3.300
	1,40 Wberg (Ritzgraben)	Kl. St. Agnes, Trier Weiler	3.300
	0,53 Ack	Kl. St. Agnes, Trier Weiler	1.237
21. Febr. 1806	0,27 Land	Kl. Dominikaner, Trier Liefga	400
Trier-Pallien 5. Vend. XIV–27. Sept. 1805	0,17 Garten (Spargelfeld)	Abtei St. Martin, Trier	480
Trier-St. Paulin 14. Niv. XIII–4. Jan. 1805	1 kl. Haus mit Stall und Mauer	Kanonikus Pierson Neissius	430

Kanton Wittlich

Ort Datum	Objekt (Objektbezeichnung)	Vorbesitzer Pächter	S-Preise
Altrich 22. Dez. 1807	8,85 Ack/1,81 Wie	Abtei Himmerod Weis	2.000
Bengel 13. Fruct. XII–31. Aug. 1804	0,15 Wie (auf der Alferwiese)	Kurtrier J. Lebens	272
Bergweiler 22. Juni 1807	0,35 Ack	Abtei Himmerod M. Thul	40
4. Dez. 1807	0,38 Wild (im Windhüttgen)	Abtei Himmerod Thul	30

Ort Datum	Objekt (Objektbezeichnung)	Vorbesitzer Pächter	S-Preise
Kinderbeuren 1. Therm. XII–20. Juli 1804	2,29 Ack/0,53 Wie/0,49 Wild (Kurtrierischer Hof)	Kurtrier W. Arend	816
Minheim 22. Dez. 1807	4,19 Ack	Kl. Klausen Lintz	1.400
Monzel 4. Dez. 1807	1,84 Wie (Hundswiese)	Kurtrier Berrens	600
	3.942 Wst (in dem Clausener Pichter)	Kl. Klausen	700
Osann 4. Dez. 1807	2,03 Ack/2,30 Wie	Kl. Klausen Ch. Schrenck	1.400
Platten 21. Febr. 1806	3,09 Wie (große Brühlwiese)	Kurtrier J. Selbach	3.280
Plein 22. Sept. 1809	1 Einsiedelei (Kirche und Wohnung) (Ancus)	Trierischer Einsiedler	150
Reil 27. Mess. XIII–16. Juli 1805	1 Haus (Nr. 1)	Kl. Klausen Ch. Arens	1.200
Springiersbach 19. Vent. XII–10. März 1804	Stift Springiersbach	Stift Springiersbach	5.320
25. Prair. XIII–14. Juni 1805	1 Haus/16,68 Ack/10,43 Wie/11,71 Wild	Stift Springiersbach J. P. Niedhöffer	8.000
	1 Haus	Stift Springersbach	1.500
	1,83 Ack/0,18 Wie	Stift Springiersbach K. Breitenbach	600
2. Mess. XIII–21. Juni 1805	1 Haus/0,51 Garten/8,04 Ack/1,64 Wie/0,41 Wberg	Stift Springiersbach H. Vallebron	3.200
9. Okt. 1807	0,79 Ack/0,52 Wild	Stift Springiersbach Meilen	220
Wengerohr und Umgebung 25. Therm. XIII–13. Aug. 1805	20,08 Busch	Abtei Himmerod/Stift Springiersbach/Kurtrier/ Deutschorden	1.187

Ort Datum	Objekt (Objektbezeichnung)	Vorbesitzer Pächter	S-Preise

Arrondissement Saarbrücken
Kanton Blieskastel

Ort Datum	Objekt (Objektbezeichnung)	Vorbesitzer Pächter	S-Preise
Blieskastel 23. Brum. XII–15. Nov. 1803	1 Haus (Nr. 22)	Stift Blieskastel Hager	300
7. Niv. XII–29. Dez. 1803	1,48 Wberg	Stift Blieskastel J. J. Hager	550
Eschringen 27. Germ. XII–17. April 1804	2 Keller (unter dem Arresthaus)	Abtei Wadgassen Breunig	72
Ormesheim 27. Germ. XII–17. April 1804	3,55 Ack/0,38 Wie (Vierherrengut)	Abtei Wadgassen M. Wannenmacher	1.539
Rohrbach 26. Fruct. XII–13. Sept. 1804	1,77 Wie (Pfaffenwiese)	Abtei Wadgassen J. Bender	1.050

Kanton Lebach

Ort Datum	Objekt	Vorbesitzer Pächter	S-Preise
Bous 14. Aug. 1807	1,80 Wie (im großen Brühl)	Abtei Wadgassen Ziegler	1.600
Hellenhausen 7. März 1806	1 Kapelle (Vogelsbrunnen)		60
Nalbach 27. Vend. XIII–19. Okt. 1804	0,47 Ack/0,59 Wie	Stift St. Simeon, Trier	200
Schwalbach 14. Aug. 1807	24,71 Ack (Waldnusheck)	Abtei Wadgassen Spies	3.120
Schwarzenholz 7. März 1806	0,24 Weiher	Kl. Fraulautern	50

Kanton Merzig

Ort Datum	Objekt	Vorbesitzer Pächter	S-Preise
Merzig 14. Aug. 1807	4,03 Ack	Abtei Mettlach Temble	1.120

420

Ort Datum	Objekt (Objektbezeichnung)	Vorbesitzer Pächter	S-Preise
Mettlach 21. Mess. XIII–10. Juli 1805	1 Haus (Fahrhaus)	Abtei Mettlach	360
Saarhölzbach 8. Prair. XII–28. Mai 1804	60,76 Wild	Abtei Mettlach	700

Kanton St. Wendel

Eisweiler 5. Pluv. XIII–25. Jan. 1805	7,68 Wie/21,94 Land	Kurtrier J. Schmitt	7.656

Arrondissement Prüm
Kanton Blankenheim

Üdelhoven 15. Prair. XII–4. Juni 1804	7,00 Ack/3,00 Wie/ 10,00 Wild (Prümischer Hof)	Stift Prüm J. Christmann	?

Kanton Daun

Ellscheid 22. Sept. 1809	0,18 Ack/0,40 Wie/ 12,00 Wild	Stift Springiersbach Maas	280
	0,80 Weiher (Mittlerweyher)	Kurtrier Jünger	360
Nerdlen 16. Vend. XIV–8. Okt. 1805	1,76 Ack/8,50 Wie	Kurtrier J. Goldschmitt	1.680
11. Aug. 1809	0,95 Ack/6,35 Wie	Kurtrier Diewald	1.280
Saxler 16. Vend. XIV–8. Okt. 1805	2,91 Wie	Kurtrier J. Gröfen	864
11. Aug. 1809	1,35 Wie/6,00 Weiher	Kurtrier Gräffen	1.220

Ort Datum	Objekt (Objektbezeichnung)	Vorbesitzer Pächter	S-Preise
Schalkenmehren 16. Vend. XIV–8. Okt. 1805	0,88 Ack/0,08 Wild/ 0,30 Wie	Stift Springiersbach J. Rehmann	600
22. Sept. 1809	5,00 Wild (bey der alten Burg)	Kurtrier Unschuld	300

Kanton Gerolstein

Walsdorf 16. Vend. XIV–8. Okt. 1805	0,70 Ack/0,35 Wie	Kurtrier/Herzog von Arenberg H. Schneider	40
18. Nov. 1808	0,95 Ack/0,01 Wie	Herzog von Arenberg/ Kurtrier H. Schneider	80

Kanton Kyllburg

Kyllburg 16. Mess. XI–5. Juli 1803	1 Haus	Stift Kyllburg	53
10. Vent. XIII–1. März 1805	1 Stall	Domstift Trier	80
5. Vend. XIV–27. Sept. 1805	10,60 Land (Heidenland)	Domstift Trier J. Weber	160
	0,39 Ack	Stift Kyllburg M. Stadtfeld	68
	0,35 Ack	Stift Kyllburg N. Uffling	61
	0,17 Ack (im Thal)	Stift Kyllburg H. Mannartz	64
9. Brum. XIV–31. Okt. 1805	0,03 Garten (am Meiselter)	Stift Kyllburg H. Zintz	20
Kyllburgweiler 5. Vend. XIV–27. Sept. 1805	0,35 Wie	Stift Kyllburg J. Schmidt	384
Orsfeld 15. Germ. XII–5. April 1804	1,68 Garten/7,68 Ack/ 2,36 Wie/20,00 Wild	Kurtrier J. Polch	6.100
Rom 8. Therm. XII–27. Juli 1804	1,23 Ack/1,75 Wie/ 28,00 Wild	Abtei Prüm B. Meister	1.404

Ort Datum	Objekt (Objektbezeichnung)	Vorbesitzer Pächter	S-Preise
Spang 22. Sept. 1809	0,09 Ack (im Hilscheiter Graben)	Abtei Himmerod	40
5. Vend. XIV–27. Sept. 1805	4,26 Ack/8,47 Wie/ 14,83 Wild	Abtei Himmerod	2.568
	0,35 Ack/0,35 Wie (Wie: Thalwiese)	Abtei Himmerod A. Koley	96
5. Vend. XIV–27. Sept. 1805	0,11 Ack	Abtei Himmerod Heimsöth	52
St. Thomas 9. Brum. XIV–31. Okt. 1805	1,59 Weiher	Kl. St. Thomas, Kyll	**110**
	0,11 Wie (Imberswiese)	Kl. St. Thomas, Kyll	192
	0,31 Wie (Aetzwiese)	Kl. St. Thomas, Kyll	240
	0,35 Wie (Lohwiese)	Kl. St. Thomas, Kyll A. Koley	282
9. Aug. 1811	1 Hofgut/0,35 Garten/ 20,63 Ack/11,85 Wie/ 30,69 Wild (Bruderholz)	Kl. St. Thomas, Kyll Pütz	11.100
	8,00 Wie (Bruchwiese, Hasberg)	Kl. St. Thomas, Kyll Hochmuth	10.100
Zendscheid 10. Vent. XIII–1. März 1805	2,11 Land (Johannesgut)	Domstift Trier J. Kontz	544

Kanton Lissendorf

Ort Datum	Objekt (Objektbezeichnung)	Vorbesitzer Pächter	S-Preise
Kerpen 6. Niv. XIV–27. Dez. 1805	0,86 Ack	Abtei Steinfeld N. Schomberg	33
7. Okt. 1808	0,68 Ack (Juffernland)	Abtei Steinfeld	30
22. Sept. 1809	0,40 Ack (Juffernland)	Abtei Steinfeld	30
Niederehe 29. Prair. XII–18. Juni 1804	1 Gebäude (Bierbrauerei, Bäckerei und Schmiede)	Abtei Steinfeld	300
21. Mess. XIII–10. Juli 1805	0,81 Garten/29,00 Ack/ 5,00 Wie/10,00 Wild	Abtei Steinfeld M. Siegel	7.280

423

Ort Datum	Objekt (Objektbezeichnung)	Vorbesitzer Pächter	S-Preise

Kanton Manderscheid

Ort Datum	Objekt (Objektbezeichnung)	Vorbesitzer Pächter	S-Preise
Großlittgen 21. April 1808	1 Scheune/1 Stall	Kurtrier	300
Landscheid 9. Brum. XIV–31. Okt. 1805	0,04 Wie	Abtei Himmerod Lentz	55
11. Aug. 1809	1,96 Wald (Birkenwäld- chen, Hühnerkopf)	Stift St. Simeon, Trier	152
Manderscheid 1. Mai 1807	1 Haus/0,17 Garten (Stadtgarten)	Kurtrier F. Schweitzer	200
Niederwinkel 15. Mai 1807	1 Hofgut/5,65 Ack/ 1,76 Wie/20,49 Wild	Kurtrier P. Dewald	3.200

Kanton Prüm

Ort Datum	Objekt (Objektbezeichnung)	Vorbesitzer Pächter	S-Preise
Niederlauch 27. Nov. 1807	1,00 Wie (in der Läscht)	Abtei Prüm	736
Niederprüm 8. Therm. XII–27. Juli 1804	3,18 Ack	Kl. Niederprüm K. Charmet	832
9. Aug. 1811	1,50 Wie (Klosterpesch)	Kl. Niederprüm K. Marion	6.375
Oberlauch 26. Vend. XIV–18. Okt. 1805	3,00 Wie	Abtei Prüm P. Koch	2.016
Prüm 8. Therm. XII–27. Juli 1804	0,35 Wie (auf dem Phils- kämp)	Abtei Prüm Thiebauville	360
13. Flor. XIII–3. Mai 1805	1,21 Wie (Walchrater- wiese)	Abtei Prüm J. Koch	600
	1,00 Wie	Abtei Prüm A. Manthoui	736
5. Fruct. XIII–23. Aug. 1805	0,03 Garten	Kurtrier J. Koch, K. Reuland	96
26. Vend. XIV–18. Okt. 1805	1,41 Wie (über dem Wehr)	Abtei Prüm A. Mathoui	500
9. Aug. 1811	0,06 Wie (beym Dan- born)	Abtei Prüm J. Wellenstein	1.500

Ort Datum	Objekt (Objektbezeichnung)	Vorbesitzer Pächter	S-Preise

Kanton Reifferscheid

Ort Datum	Objekt	Vorbesitzer Pächter	S-Preise
Hecken 15. Prair. XII–4. Juni 1804	1,65 Wie	Abtei Steinfeld H. Hof	880
Wahlen 22. Sept. 1809	Wie	Abtei Steinfeld H. Hoff	600
Wildenburg 15. Prair. XII–4. Juni 1804	Gebäude/0,60 Garten (Gebäude der Priorei)	Abtei Steinfeld H. Meul	288
15. Frim. XIV–6. Dez. 1805	7,10 Ack/0,30 Wie	Abtei Steinfeld J. Gläsner	800
	0,62 Wie (Auelswiese)	Abtei Steinfeld	500

Kanton Schönberg

Ort Datum	Objekt	Vorbesitzer Pächter	S-Preise
Ihren 21. Niv. XIII–11. Jan. 1805	2,49 Wie	Kurtrier L. Hammer	1.520

Arrondissement Birkenfeld
Kanton Grumbach

Ort Datum	Objekt	Vorbesitzer Pächter	S-Preise
Mittelreidenbach 10. Jan. 1806	0,98 Ack	Kurtrier N. Heinen	192

Kanton Hermeskeil

Ort Datum	Objekt	Vorbesitzer Pächter	S-Preise
Hermeskeil 7. Aug. 1807	0,60 Wie (Freiwiesen)	K. Schwarz	1.700
Mandern 20. Frim. XIII–11. Dez. 1804	0,76 Garten (Siebernborn)	Abtei St. Maximin, Trier J. A. Lauer	310

425

Ort Datum	Objekt (Objektbezeichnung)	Vorbesitzer Pächter	S-Preise
Osburg 6. Niv. XIV–27. Dez. 1805	0,56 Wie (Nonnwiese)	Kl. St. Katharina, Trier N. Scherf	180
Sauscheid 27. Germ. XII–17. April 1804	1,14 Wie (Etgenborn, Merschwald, Baden- bruch)	Domstift Trier F. Kamerich	340
4. Dez. 1807	1 Mühle/0,83 Wie (Nothmühle, Brühl)	Domstift Trier	1.400

Kanton Herrstein

Ort Datum	Objekt	Vorbesitzer Pächter	S-Preise
Herrstein 3. Vent. XIII–22. Febr. 1805	3,44 Wie	Kurtrier/Fürst v. Styrum W. J. Herstein	7.040
Oberstein 19. Fruct. XII–6. Sept. 1804	0,09 Land (vor Anacker)	Fürst v. Styrum/Kurtrier J. Fölix	103
	0,11 Wie (die oberste Auwiese)	Fürst v. Styrum/Kurtrier J. Fölix	193
	0,21 Wie (Auwiese)	Fürst v. Styrum/Kurtrier J. Leiser	179
	0,19 Wie (Auwiese)	Fürst v. Styrum/Kurtrier J. Leiser	148
	0,05 Land (auf dem Auacker)	Fürst v. Styrum/Kurtrier P. J. Gelborn	207
	0,05 Land (auf dem Auacker)	Fürst v. Styrum/Kurtrier J. Fölix	171
	0,05 Land (auf dem Auacker)	Fürst v. Styrum/Kurtrier J. Hoffmann	306
	0,05 Land (auf dem Auacker)	Fürst v. Styrum/Kurtrier A. Abraham	319
	0,05 Land (auf dem Auacker)	Fürst v. Styrum/Kurtrier K. Höblin	310
	0,05 Land (auf dem Auacker)	Fürst v. Styrum/Kurtrier J. Lanzmann	218
	0,04 Land (auf dem Auacker)	Fürst v. Styrum/Kurtrier J. Wild	146
3. Vent. XIII–22. Febr. 1805	2,19 Ack (Burgacker)	Fürst v. Styrum/Kurtrier J. G. Werle	3.404
	0,01 Wie	Fürst v. Styrum/Kurtrier	30

Ort Datum	Objekt (Objektbezeichnung)	Vorbesitzer Pächter	S-Preise
	1,44 Wie (Winkelbach)	Fürst v. Styrum/Kurtrier J. Gantzer	1.873
	0,21 Ack (im Auacker)	Fürst v. Styrum/Kurtrier J. Kullmann	724
3. Vent. XIII–22. Febr. 1805	1 Schloß/4,57 Land/ 24,46 Wild (das alte Schloß)	Fürst v. Styrum/Kurtrier J. Fölix, G. Becker, J. Götten, S. Keller	1.600

Kanton Rhaunen

Ort Datum	Objekt (Objektbezeichnung)	Vorbesitzer Pächter	S-Preise
Bundenbach 12. Vend. XIV–4. Okt. 1805	0,92 Ack/2,08 Wie	Kurtrier T. Meinhard	2.080

Kanton Wadern

Ort Datum	Objekt (Objektbezeichnung)	Vorbesitzer Pächter	S-Preise
Sitzerath 6. Niv. XIV–27. Dez. 1805	0,43 Wie (Boten- und Schützen- wiese)	Domstift Trier Nacher	200
Wadrill 24. Febr. 1809	0,06 Wie (Mayerwiese)	Domstift Trier	20

d) AN ARMEELIEFERANTEN VOM STAAT ABGETRETENE
UND VON DIESEN WEITERVERÄUSSERTE GÜTER

Graffe & Regnier, Paris, Entrepreneurs de l'habillement militaire

Ort	Objekt	Vorbesitzer	Käufer	Kaufdatum	– S-Preise
					– Kapitalwert
					  bei der
					  Abtretung
					– K-Preise

Irsch bei Trier	5,65 Wie [Langwiese mit Bantel; hinter der Burg; Habig mit der Froschwiese; große Neuwiese; Teichwiese unter dem Pleinenberg mit Eiselgot]	Abtei St. Martin, Trier	Christoph Philipp Nell, Trier, Rentier; Alexandre François Bruneteau de Ste. Susanne, Trier, Préfet	31. 12. 1811	? 8.200 7.600
	1 Hofgut	Abtei St. Martin, Trier			? 23.200 ?
Konz-Merzlich	1 Hofgut/11,18 Ack/ 3,57 Wie/10,44 Wild/ 0,35 Wberg	Stift St. Irminen, Trier	Johann Anton Kochs, Trier, Negociant	14. 7. 1806	? 19.100 16.000
Ockfen	1 Hofgut/6,68 Land/ 3,90 Wie/34.430 Wst	Abtei St. Martin, Trier			? ? ?

Ort	Objekt	Vorbesitzer	Käufer	Kaufdatum	– S-Preise – Kapitalwert bei der Abtretung – K-Preise
		Granier & Fils, Montpellier, Compagnie des lits militaires			
Bengel	1 Hofgut/20,45 Ack/ 5,90 Wie/9,51 Wild [Mühlenhof]	Stift Springiersbach	Simon Gabriel Adolphe Galhau, Beaumarais, Propriétaire	7. 11. 1809	? 10.000 ?
Kinderbeuren	1 Hofgut/27,01 Ack/ 4,98 Wie/4,31 Wild [Neidhof]	Stift Springiersbach	Matthias Joseph Hayn, Trier, Negociant	7. 11. 1809	? 12.000 ?
Maring	1 Hofgut/36,00 Ack/ 18,52 Wie/0,35 Wild/ 15.484 Wst (Siebenborn)	Abtei Himmerod	Matthias Joseph Hayn, Trier, Negociant; Matthias Joseph Hein, Cochem, Negociant	1. 7. 1810	47.300 86.000 72.000
Noviand	1 Hofgut/0,19 Garten/ 9,28 Ack/1,84 Wie (Deutschhaus-Hof)	Deutschorden	Matthias Joseph Hayn, Trier, Negociant	7. 11. 1809	? 11.500 ?
		Maes & Co., Paris, Fournisseur de l'armée			
Konz-Merzlich	1 Hofgut/0,14 Garten/ 21,91 Ack/6,51 Wie/ 22,26 Wild/130.007 Wst	Kl. Karthäuser, Konz	Christoph Philipp Nell, Trier, Rentier	28. 10. 1812	? 84.000 58.000

Ort	Objekt	Vorbesitzer	Käufer	Kaufdatum	– S-Preise – Kapitalwert bei der Abtretung – K-Preise
Nennig	2 Hofgüter/2 Häuser/1 Mühle u. jeder Hof: 0,56 Garten/38,00 Ack/3,50 Wie/4.383 Wst	Abtei St. Matthias, Trier	Guillaume Lasalle de Luisenthal, Dagstuhl, Major au Service de S. M.; François Albert Lasalle, Baslimberg, Propriétaire; Caspar Renauld, Fremersdorf, Propriétaire	6. 4. 1808	? 52.522 ?
Taben, Freudenburg	1 Hofgut (Propstei St. Maximin)	Abtei St. Maximin, Trier	Christoph Philipp Nell, Trier, Propriétaire	7. 8. 1810	? 40.000 37.000
Trier	13,13 Ack (die alte Karthause)	Kl. Karthäuser, Konz	Verkauf in 82 Losen	22./23. Nov. 1811, 6. Dez. 1811	? 26.600 34.239
Trier-St. Matthias	11,00 Wberg (Thiergarten)	Abtei St. Matthias, Trier	Matthias Joseph Hayn, Trier, Negociant	23. 7. 1807	? 17.600 ?
			Olry & Co., Paris, Fournisseur de l'armée		
Ehrang	6,89 Ack (Piesport)	Kurtrier			5.225 ? ?
	4,59 Wie (Moselinsel Hahnenwerth)	Kurtrier	Peter Marx jr., Trier-Zurlauben, Propriétaire	15. 1. 1811	? ? 8.300

Ort	Objekt	Vorbesitzer	Käufer	Kaufdatum	– S-Preise – Kapitalwert bei der Abtretung – K-Preise		
	7,84 Wie (Geisport)	Kurtrier	François de Wendel, Hayange, Maître de forges	15. 1. 1811	?	?	11.700
Idesheim	26,73 Adx/2,91 Wie/ 1,41 Wild	Stift St. Simeon, Trier	62 Lose an Bauern aus Idesheim und Ittel	9. Mai 1811	12.605	?	?
Kersch, Olk, Udelfangen, Aach	1 Hofgut/42,93 Adx/ 4,27 Wie/29,54 Wild (Echternacherhof)	Abtei Echternach	Pierre Charles Laroche, Versailles, Propriétaire	30. 5. 1806	?	10.000	3.000
Newel	1 Hofgut/30,04 Adx/ 1,96 Wie/1,76 Wild (Martiner Hof)	Abtei St. Martin, Trier	Johan Joseph Faber, Wiltz, Tanneur; Johann Peter Limbourg, Helenenberg, Propriétaire	30. 5. 1806	?	12.677	7.000
Pfalzel	Güter	Stift Pfalzel	Damien Cardon, Trier, Avocat; Johann Rosenbacher, Trier Rentier; Hermann, Trier, Controleur des Contributions; Valentin Leonardy, Trier, Negociant; Peter Classen, Trier, Boulanger; Wilhelm Deutsch, Euren, Cultivateur; Kaspar Wirtz, Pfalzel, Maire; Bartholomäus Casel, Pulvermühle; Charles Barthoneuf, Trier, Commissaire des poudres et salpetre	14. 11. 1808	?	10.600	24.900

Ort	Objekt	Vorbesitzer	Käufer	Kaufdatum	– S-Preise – Kapitalwert bei der Abtretung – K-Preise
Trier	Güter	Kl. St. Agnes, Trier	Käufer aus Trier	6. 1., 7. 1., 9. 1., 10. 1., 31. 5., 10. 6. 1806	? 28.500 20.130
Trier-Euren	1 Hofgut	Stift St. Simeon, Trier	Wwe. Eve Enser geb. Haag, Euren, Propriétaire u. 37 Mitkäufer	14. 5. 1806	? 9.600 15.000
	53,38 Land (Speier und andere Lagen)	Kl. St. Anna, Trier	Jakob Kleutgen, Johann Bernard Schmitt, Trier, Negociants; Johann Schiff, Martin Haag, Wilhelm Deutsch, Johann Hermann, Trier-Euren, Propriétaires, und 66 Bauern aus Euren	21. 9. 1807	? 55.270 ?
Trier-Kürenz	1 Hofgut/9,18 Ack/ 1,41 Wie/10,87 Wild (Aveler Hof)	Stift St. Paulin, Trier	Nikolaus Nell, Trier, Chanoine	31. 5. 1806	? 17.600 7.000
Trierweiler	1 Hofgut/29,71 Ack/ 7,67 Wie/1,89 Wild (Tommes- oder Felteshof)	Deutschorden	Antoine Philibert Mané, Berlin, Directeur divisionnaire chargé des equipages des postes de l'armée	29. 2. 1808	? 16.244 9.000

François Pothier, Paris, Entrepreneur des lits militaires

Ort	Objekt	Vorbesitzer	Käufer	Kaufdatum	— S-Preise — Kapitalwert bei der Abtretung — K-Preise		
Altrich	1 Hofgut/144,76 Adk (Sackpächte)	Abtei Himmerod	Anton Joseph Recking, Trier, Maire; Matthias Joseph Hayn, Trier, Negociant	29. 1. 1806	?	24.000	?
Bengel	1 Hofgut/31,89 Wie	Stift Springiersbach	Anton Joseph Recking, Trier, Maire; Matthias Joseph Hayn, Trier, Negociant	29. 1. 1806	?	18.500	?
Erden	1 Hofgut/0,49 Garten/ 11,87 Adk/0,22 Wie/ 5,40 Wild (Reuscherhof)	Abtei Machern	Christoph Aldringen, Trier, Percepteur des Contributions	24. 1. 1811	4.450	8.100	8.100
Graach	1 Hofgut/0,29 Garten/ 8,95 Wie/10,36 Wild/ 3,83 Wberg (Martinshof, von Hayn in „Josephshof" umbenannt)	Abtei St. Martin, Trier	Matthias Joseph Hayn, Trier, Negociant	10. 3. 1810	?	?	28.376
Kesten	1 Hofgut/0,39 Garten/ 7,26 Adk/2,54 Wie/0,31 Wild (Himmeroder Hof)	Abtei Himmerod	Peter Schoemann, Wittlich, Negociant	11. 9. 1812	?	17.400	18.000
Piesport	1 Hofgut/0,36 Wie/ 3,89 Wberg (Klausener Güter)	Kl. Klausen	Matthias Joseph Hayn, Trier, Negociant	14. 4. 1806	13.970	30.000	?

Ort	Objekt	Vorbesitzer	Käufer	Kaufdatum	– S-Preise – Kapitalwert bei der Abtretung – K-Preise
Platten	1 Hofgut/14,95 Ack/6,61 Wie/1,10 Wild (unterster Hof)	Stift St. Irminen, Trier	Christoph Aldringen, Wittlich, Percepteur des Contributions	11. 9. 1812	? ? 15.000
Pohlbach	Güter	Kl. Klausen			? 10.000 ?
Ürzig	1 Hofgut/17,98 Ack/6,80 Wie/3,08 Wild (Mönchshof)	Abtei Himmerod	Christoph Aldringen, Trier, Percepteur des Contributions; Peter Schoemann, Wittlich, Negociant	13. 4. 1811	? 27.400 13.000
Wengerohr	1 Hofgut/52,01 Ack/21,65 Wie (Roedergüter)	Kurtrier	Anton Joseph Recking, Trier, Maire; Matthias Joseph Hayn, Trier, Negociant	29. 1. 1806	? 13.080 ?
	1 Hofgut (Springiersbacher Hof)	Stift Springiersbach	Matthias Joseph Hayn, Trier, Negociant; Anton Joseph Recking, Trier, Maire	23. 1. 1806	? ? ?
Wintrich	1 Hofgut/5,47 Ack/6,00 Wie/5,54 Wild (Filzener Güter)	Kl. Filzen	Peter Kranz, Wintrich, Vigneron mit 14 Winzern aus Filzen	26. 7. 1806	? 10.100 10.100

Ort	Objekt	Vorbesitzer	Käufer	Kaufdatum	– S-Preise
					– Kapitalwert
					  bei der
					  Abtretung
					– K-Preise

Wittlich	1 Hofgut/1,00 Garten/ 16,93 Ack/8,11 Wie/ 2,02 Wild/0,23 Wberg (Thomasergut)	Kl. St. Thomas, Kyll	Anton Joseph Recking, Trier, Maire; Matthias Joseph Hayn, Trier, Negociant	29. 1. 1806	? ? ?
Wittlich-Wahlholz	1 Hofgut	Kl. Machern	Anton Joseph Recking, Trier, Maire; Matthias Joseph Hayn, Trier, Negociant	29. 1. 1806	? 17.620 ?

5. ORTSVERZEICHNIS ZUR LISTE DER KIRCHENGÜTER

1536.

VENTE
DE BIENS NATIONAUX.

41

DÉPARTEMENT
DE LA SARRE.

ARRONDISSEMENT
de Trèves

COMMUNE
de St Mathias

(MAIRIE
Trèves.)

L'AN *seize* de la République française, le *neuf* du mois de *Messidor*, à *onze* heures *du matin* en exécution de notre arrêté du *9. Prairial Dernier* pris à la requête du Directeur du domaine national du Département, et conformément aux lois publiées dans les quatre nouveaux Départemens du Rhin, par arrêté du Gouvernement du 4 Frimaire an 11, et à celles des 15 et 16 Floréal an 10, et 5 Ventôse an 12, relatives à l'aliénation des domaines nationaux ; il a été procédé pardevant nous Préfet, en l'hôtel de la Préfecture du Département de la Sarre à Trèves, les affiches et publications préalablement faites, à l'adjudication définitive au plus offrant, d'*un Domaine* national provenant de *Couvent de Ste Anne* situé à *St Mathias* formant le N.° *11.* de l'affiche arrêtée le *9. Prairial Dernier*

Ce domaine consistant : *en un cens de biens dit oberbrubacherhoff ayant maison, grange, curie, et un autre petit bâtiment ; environ quatre hectares cinq ares ou onze arpens quatrevingt verger de terres labourables ; cinq hectares trente ares ou quinze arpens de terres sauvages et quatre hectares quatrevingt quatorze ares ou quatorze arpens de prairies loué à Mathias Hubert.*

dont la vente a eu lieu aux conditions suivantes ;

SAVOIR:

1.° Le bien vendu sera franc de toutes dettes, hypothèques, rentes, redevances ou prestations foncières.

2.° Le bien est vendu tel qu'il est indiqué dans le présent procès-verbal d'adjudication : l'on n'en garantit, ni la consistance, ni le produit, ni les tenans, ni les aboutissans.

3.° Le prix de la vente, sera acquitté en numéraire par cinquième : le premier dans les trois mois de l'adjudication; le second, un an après le premier, et les trois autres ainsi successivement d'année en année. L'intérêt sera payé à cinq pour cent par an des quatre derniers termes.

4.° L'adjudicataire sera tenu de payer le droit d'enregistrement dans les vingt jours de l'adjudication, à raison de deux pour cent du prix de la vente (non compris le décime en sus de ce droit tant qu'il subsistera); ainsi que les frais de timbre. Tous autres frais de vente demeurent à la charge de la République.

5.° Les paiemens seront poursuivis et recouvrés en vertu du procès-verbal d'adjudication, lequel emportera hypothèque sur le bien vendu. L'adjudicataire ne souscrira, ni obligations, ni cédules.

6.° L'acquéreur en retard de payer aux termes ci-dessus fixés, demeurera déchu de plein droit si, dans la quinzaine de la contrainte à lui signifiée, il ne s'est libéré : il ne sera pas sujet à la folle enchère; mais il sera tenu de payer par forme de dommages et intérêts, une somme égale au dixième du prix de l'adjudication, dans le cas où il n'aurait encore fait aucuns paiemens; et au vingtième, s'il a délivré un ou plusieurs à comptes, le tout sans préjudice de la restitution des fruits.

7.° Le fermage ou loyer est acquit à l'adjudicataire proportionnellement et à compter du jour de la vente; il supporte aussi à compter de ce jour, la contribution foncière.

8.° Pour être admis à résilier le bail du fermier ou locataire du bien vendu, l'adjudicataire devra lui payer :

Une demie année de loyer si c'est une maison, ou un moulin ;

Si c'est un bien rural, ou une usine autre qu'un moulin, une somme égale au quart des fermages qui auraient cours depuis la résiliation effectuée du bail jusqu'à la fin, si ce bail avait eu son entière exécution.

9.° La résiliation prévue dans l'article précédent n'aura son effet;

SAVOIR:

A l'égard des maisons et moulins, que six mois après la notification que l'acquéreur aura faite au locataire, de la volonté qu'il a de l'exercer;

A l'égard des biens ruraux, qu'après l'année de ferme qui suivra celle dans le courant de laquelle la notification aura été faite.

La résiliation des usines, autres que les moulins, n'aura son effet que deux ans après la notification.

10.° L'adjudicataire a la faculté d'élire un command, ou ami, à charge par lui d'en faire sa déclaration au secrétariat de la Préfecture dans trois fois vingt-quatre heures de l'adjudication, et par le command déclaré d'en faire l'acceptation dans les six mois à dater de la même époque.

11.° L'acquéreur d'une maison, usine ou d'un bois, ne pourra en faire la démolition ou n'asseoir aucune coupe, avant d'avoir soldé le prix entier de la vente, sous peine d'exigibilité de ce qui restera dû, à moins qu'il n'en ait obtenu la permission du Préfet sur l'avis du Sous-préfet; elle ne lui sera donnée qu'après qu'il aura fourni caution.

Les conditions ci-dessus ayant été lues et interprêtées dans les deux langues aux amateurs présens, la mise à prix telle qu'elle a été déterminée par le procès-verbal d'expertise, a été proclamée à la somme de *Deux mille six cent quarante francs 2640.*

Après quoi il a été successivement allumé *deux* feux pendant lesquels il a été fait différentes mises dont la dernière montant à *5025* a eu lieu par *Jean huberti*

Un nouveau feu ayant ensuite été allumé, qui s'est éteint sans qu'il ait été fait aucune autre mise, nous Préfet du Département de la Sarre avons adjugés et adjugeons le bien désigné ci-dessus, au *Jean huberti cultivateur* demeurant à *Obereisenbach* dernier enchérisseur, moyennant ladite somme de *cinq mille vingt cinq francs*

pour en jouir en toute propriété, à charge par lui de remplir les conditions retenues au présent procès-verbal d'adjudication, ce qu'il a promis, et a signé avec nous et le Directeur des Domaines.

Trèves, les jour, mois et an que dessus.

Johan Hubert

Pour le Préfet,
Le conseiller de Préf.
Lefeuvre

Le sujpr de
Trèves

L'an treize le dix Messidor à onze heures du matin est comparu au Secrétariat général de la Préfecture de la Sarre Jean huberti acquereur suivant procès verbal qui précède Du jour d'hier du Domaine y Dénommé provenant du couvent de St Anne; lequel en vertu de l'article 11 de la Loi du 26. Vendemiaire an 9 et de la condition N°40. du cahier des charges a Déclaré pour commande Le sieur Christophe Philippe Nell négociant Demeurant à Trèves pour être subrogé pour la moitié au Droit du Déclarant dans l'acquisition du domaine

spécifié dans le procès verbal qui précède, de
laquelle déclaration il lui a été octroyé acte et a
signé avec moi secrétaire général de la Préfecture

Trèven ce jour, mois et an que d'autre part

Johann Helot   Le Secret.re Gr.l de la Préf.re

[signature]

Le Sieur Christoph Philipp Nell Comand déclare
ci dessus présent à la déclaration l'a accepté et a
signé avec moi secrétaire général de la Préfecture.

Trèven le 10. Messidor an 13.

Le Secret. Gr.l de la Préf.

[signature]

Droit — — — 80.
D — — 10 — 8.
Timbre — — 3 — 20.
————————
114. 18.

[long handwritten note / signature]

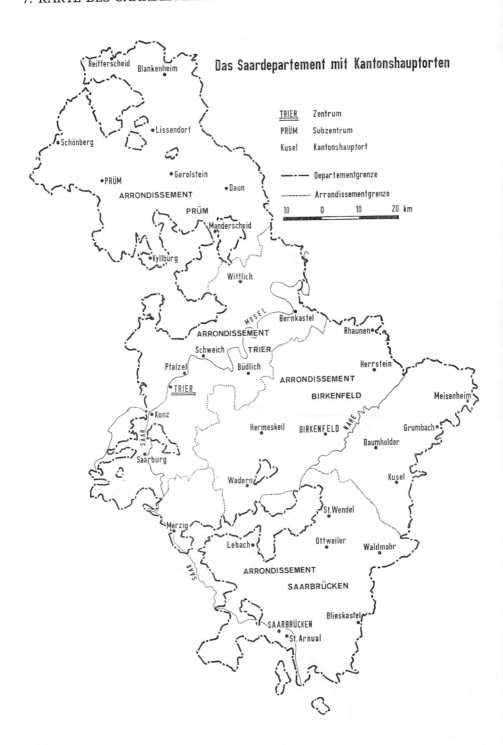

Das Saardepartement mit Kantonshauptorten